Die Habsburgermonarchie im Jahre 1848

István Deák

DER K.(u.)K. OFFIZIER

1848-1918

Ins Deutsche übertragen von
Marie -Therese Pitner

BÖHLAU VERLAG WIEN · KÖLN · WEIMAR

Gedruckt mit Unterstützung durch
das Bundesministerium für Wissenschaft und Forschung.

Titel der englischen Originalausgabe:
István Deák, Beyond Nationalism.
A Social and Political History of the Habsburg Officer Corps,
1848-1918

Die Deutsche Bibliothek - CIP-Einheitsaufnahme
Deák, István:
Der K.(u.)K. Offizier : 1848 - 1918 / István Deák. -
Wien ; Köln ; Weimar : Böhlau, 1991
ISBN 3-205-05380-X

Druck: Rema*print,* A-1160 Wien

Für meine Frau Gloria, meine Tochter Éva und meine Schwester Éva

Inhalt

Vorwort zur englischen Auflage 9
Dank 11
Vorwort zur deutschen Ausgabe 13

Einführung 14
Einige Bemerkungen über die Dynastie und ihre Völker 22
Über Rangklassen und Titel 27
Organisation und Kommandostruktur 29
Zeugnisse in den Archiven 31

1. Von den Türkenkriegen bis zu den Revolutionen des Jahres 1848
Lehensaufgebote, Grenztruppen und die Armee
in der Zeit des aufgeklärten Absolutismus 38
Die Zeit der Stagnation 1815-1848 42
Die große Krise der Jahre 1848-1849 44

2. Absolutismus, liberale Reform und die Ideologie des Präventivkrieges: Die Armee zwischen 1850 und 1914
Das Jahrzehnt des kaiserlichen Absolutismus
und die Niederlage bei Solferino: 1850-1859 57
Konstitutionelle Experimente und die Niederlage bei Königgrätz: 1860-1866 . 63
Reform und Konsolidierung: 1867-1897 70
Die Krise der Doppelmonarchie und der Armee: 1897-1906 86
Auf dem Weg in den Krieg 91

3. Die Schmiede der zukünftigen Offiziere
Kadetten und Zöglinge in der Vorreformzeit 98
Die fünfziger und sechziger Jahre des 19. Jahrhunderts:
Eine Zeit des Übergangs 105
Militärische Erziehung in der liberalen Doppelmonarchie 107

4. Das Leben im Regiment
Die Ankunft in der Garnison 117
Das Kommando in einer vielsprachigen Armee 122
Offiziere und einfache Soldaten 126
Auf der Suche nach dem Glück beim Militär 132
Flucht vom Regiment 135

5. Von Zahltag zu Zahltag
Vom unbezahlten zum schlecht bezahlten Dienst 140
Bürgerlicher Komfort in einem bürgerlichen Zeitalter 146
Über Schuldner und Wucherer 151

6. Ritter der letzten Tage 155
Ehrennotwehr 157
Duell 159
Rencontre 164

7. Ehe und Familie, Sexualmoral und Kriminalität
Frauen und Kinder 169
Konkubinen, Mätressen, Prostituierte und sexuelle Vergehen 173
Andere Verbrechen und Militärgerichtsverfahren 177

8. Offiziere im Ruhestand, Witwen und Waisen
Hoffen auf eine Pension 180
Blasse Witwen und hungrige Waisen 183

9. Adelige Offiziere 188
Wie wurde man Adeliger? 189
Alter und neuer Adel 191

10. Religion, Nationalität, Fortbildung und Karriere 199
Die Karriereleiter hinauf 200
Religionsbekenntnis 204
Jüdische Soldaten 207
Nationalität 215
Karriere und Nationalität 224
Fortbildungskurse 226

11. Die Offiziere im Ersten Weltkrieg
Der Weg an die Front 229
Siege trotz Schwäche 230
Das Ende des Berufsheeres 232
Der Krieg der Reserveoffiziere 233
Die Juden im Krieg 236
Der Nationalitätenkampf 238
Die Politik während des Krieges 240
Der Katastrophe entgegen 242
Zurück in die Heimat 244

Epilog
Habsburgische Offiziere in den Nachfolgestaaten und im Zweiten Weltkrieg . 248

Bibliographischer Essay
Literatur 257
Memoiren 259
Wissenschaftliche Werke und historische Darstellungen 268

Anhang
Ortsnamen 273
Anmerkungen 275
Namenregister 327
Abbildungsverzeichnis 332

Vorwort zur englischen Auflage

Die Jugend in den dreißiger Jahren unseres Jahrhunderts in Ungarn verbracht zu haben, heißt, mit Erinnerungen an Siege und Niederlagen aufgewachsen zu sein sowie mit einer immer noch vorhandenen Nostalgie gelebt zu haben, die sich rund um die Habsburgermonarchie rankte. Die Soldaten dieses zusammengeschrumpften, kleinen Ungarn trugen die Uniformen, schwenkten die Fahnen und schulterten die Gewehre der ehemaligen österreichisch-ungarischen Armee. Der königliche Palast auf dem Budapester Burgberg beherbergte allerdings keinen Monarchen mehr, hatte doch das ungarische Parlament die habsburgische Dynastie 1921 abgesetzt: Dem Gesetz nach war Ungarn aber immer noch ein Königreich, und Reichsverweser Miklós Horthy, der den Platz des Monarchen einnahm, trug die Uniform eines österreichisch-ungarischen Admirals. Bei den großen Paraden stand Erzherzog Joseph in der Uniform eines österreichisch-ungarischen Feldmarschalls an seiner Seite. Ungarns Vergangenheit war allgegenwärtig: in den prächtigen öffentlichen Bauten, den gußeisernen Eisenbahnstationen, den in „Schönbrunner gelb“ gestrichenen Kasernen, den reich verzierten Wohnhäusern, die vorwiegend aus der Zeit Franz Josephs stammten und Gedenktafeln an seine Regierungszeit trugen. Diese Vergangenheit zeigte sich auch auf den Boulevards, die Namen habsburgischer Herrscher oder ihrer Gemahlinnen trugen (später zu Ehren Lenins und seiner Mitstreiter umbenannt und erst kürzlich wieder rückbenannt wurden), in den anmutigen Donaubrücken (eine nach Franz Joseph, die andere nach seiner Gemahlin Elisabeth benannt) und in den prächtigen öffentlichen Festen, die angeblich auf alte ungarische Bräuche zurückgingen, wie wir heute jedoch wissen, vorwiegend aus der Zeit Franz Josephs stammten. Kriegsveteranen aus dem Ersten Weltkrieg marschierten feierlich hinter ihren Regimentsfahnen oder schoben sich - ohne Beine - in erbärmlichen hölzernen Wägelchen vorwärts. An den Straßenecken standen Bettler mit zittrigen Köpfen, Orden an ihrer Brust: „Doberdo“, pflegten sie zu stammeln und meinten damit jene steinige Hochebene an der italienischen Front, wo sich so viele einen Bombenschock eingehandelt hatten.

Da waren die an Schlachten gemahnenden Ordensbänder in der Kommode meines Vaters und seine beiden silbernen Tapferkeitsmedaillen, über deren Verleihung er nie sprechen wollte. Da war auch die schwere, von Grünspan bedeckte, von einer Granate zerrissene Feldflasche, die ich mit geradezu heiliger Ehrfurcht betrachtete, da ich, wenn auch nur ganz vage, fühlte, daß ich vielleicht nie geboren worden wäre, hätte mein Vater sie an jenem fernen Tag, da ihn eine Kugel traf, nicht zufällig an seiner Hüfte getragen.

Überall fühlten und atmeten wir die Monarchie und den Krieg. Unsere Schulbücher lehrten uns, daß die Habsburgermonarchie ein starkes, glückliches und friedliches Reich gewesen war, in dem man Hunderte und Aberhunderte Kilometer ohne Paß reisen konnte, obwohl die österreichische Reichshälfte für uns Ungarn ein fremdes Land und die Österreicher nicht wirklich unsere Freunde gewesen waren. Wir lernten, daß unser König ein guter Herrscher gewesen war, obwohl er 1849 die tapfersten ungarischen Patrioten hatte aufhängen lassen, und daß es dennoch außer Frage stand, daß wir je wieder einen König aus derselben Dynastie haben würden. Wir lernten auch, daß die Tschechen, Slowaken, Serben, Kroaten, Rumänen, Ruthenen, Polen, Italiener und Deutschösterreicher mit uns Schulter an Schulter im Weltkrieg gekämpft hatten, obwohl diese Nationen in der Mehrzahl stets unsere Feinde und vor allem die Rumänen und Tschechen besonders feige und nichtsnutzig gewesen waren. Wir lernten, daß viele Juden im Krieg tapfer gekämpft hatten, obwohl das jüdische Volk als der Fluch des Landes angesehen werden sollte. Wir lernten, daß unsere Soldaten die besten auf der Welt waren, auch wenn Ungarn seit dem 15. Jahrhundert keinen einzigen Krieg gewonnen hatte. Und schließlich erzählte man uns, daß Ungarn ein großes und souveränes Königreich innerhalb der österreichisch-ungarischen Monarchie gewesen war und daß ihm nach 1918 bitteres Unrecht widerfahren sei, als man es zweier Drittel seines Gebietes beraubte. Natürlich mußte es für uns Jugendliche eine heilige Pflicht sein, dieses Unrecht wiedergutzumachen und die verlorenen Gebiete von unseren Nachbarn zurückzugewinnen: von Rumänien, Jugoslawien, der Tschechoslowakei und Österreich. Auch während des Zweiten Weltkriegs blieb die Erinnerung an die Habsburgermonarchie noch wach: Als Hitlers Soldaten im Frühjahr 1941 durch unser Land zogen, um Jugoslawien anzugreifen, sagte man uns, daß die Deutschen im Ersten Weltkrieg unsere Waffenbrüder gewesen waren und Jugoslawien, gegen dessen Serben wir in demselben Krieg gekämpft hatten, sein trauriges Los durchaus verdiente. Unabhängig davon, daß Ungarn mit Jugoslawien kurz vor dem deutschen Angriff ein ewiges Freundschaftsbündnis geschlossen hatte.

Im Juni 1941 schien Ungarns Kriegstradition eine Wiedergeburt zu erleben, als seine Truppen sich dem deutschen Angriff auf die Sowjetunion anschlossen. Bald jedoch wurde der Krieg unpopulär, und eine ganze ungarische Armee wurde am Fluß Don vernichtet. Als die alten Offiziere nach und nach wegstarben, wurden sie durch selbstbewußte junge Männer ersetzt - viele von ihnen Nationalsozialisten -, die immer weniger Gemeinsamkeiten mit den früheren habsburgischen Offizieren aufzuweisen hatten. Dazu kamen die antisemitischen Gesetze, die aus den jüdischen Veteranen des Ersten Weltkrieges Parias und aus den ordengeschmückten habsburgischen Offizieren Zwangsarbeiter machten. Aber sogar in den schrecklichen Zeiten unter Eichmann im Jahre 1944, als jüdische Frauen, Kinder und Kriegsinvalide in Viehwagen gepfercht und deportiert wurden, gab es noch schwache Überreste der habsburgischen Tradition und der toleranten Militärpraxis unter den Habsburgern. Selbst die ungarischen Nationalsozialisten nahmen bei ihren Aktionen im Winter 1944/45 die höchstdekorierten jüdischen Veteranen von den antisemitischen Gesetzen aus.

Mit der Errichtung der kommunistischen Herrschaft in Ungarn um 1948 setzte die öffentliche Neubewertung der habsburgischen Geschichte und der Geschichte des Ersten Weltkriegs ein. Die Habsburger und die ehemaligen Führungsschichten wurden in den Lehrbüchern zu feudal-kapitalistischen Unterdrückern gestempelt, das habsburgische Ungarn als „Halb-Kolonie" des westlichen Kapitalismus bezeichnet und der Erste Weltkrieg zu einem imperialistischen Konflikt. Ich verließ Ungarn mitten in diesem Umerziehungsprozeß, und erst in den sechziger Jahren erwachte in mir als Professor für Geschichte in den USA mein Interesse für die Habsburgermonarchie neu. Noch später, in den achtziger Jahren, begann ich mich für die habsburgische Armee und die bislang undokumentierte Rolle des habsburgischen Offizierskorps zu begeistern. Schon früher war mir bei Forschungsarbeiten zur ungarischen Revolution 1848/49 und ihrem Anführer Ludwig Kossuth im Wiener Kriegsarchiv bewußt geworden, welch mannigfaltig reiches Material zu allen Aspekten der habsburgischen Militärgeschichte, und speziell zu den Leuten, die im Dienst des Kaisers standen, hier seiner Aufarbeitung harrt. In den Dokumenten spiegelt sich das quälende Dilemma wider, in dem sich die Soldaten in den Revolutionen und Kriegen der Jahre 1848/49 befanden, ob sie weiterhin dem Kaiser dienen oder in den Dienst jener Nation eintreten sollten, in die sie hineingeboren worden waren. Auch geht aus diesen Dokumenten - im Gegensatz zu dem, was ich gelernt hatte - hervor, daß 1848/49 mindestens ebensoviele ungarische Offiziere loyal auf seiten der Habsburger standen wie in das Lager von Ludwig Kossuth wechselten. Ich entdeckte, daß es gerade die habsburgische Armee, und im besonderen das Offizierskorps, gewesen war, das damals die Monarchie einte, und daß es auch weiterhin vor allem die Offiziere waren, welche die Monarchie bis 1918 zusammenhielten.

Wer waren diese Männer, die diese starken Bande über alle Sprachen, Religionen und Nationen hinweg zu schmieden vermochten? Ich war entschlossen, dies herauszufinden. Die vorliegende Studie ist das Ergebnis des vor etwa zehn Jahren in Wien gefaßten Entschlusses, ihre Geschichte zu schreiben.

Dank

Selbst für das Zustandekommen dieses seinem Umfang nach so bescheidenen Buches bedurfte es einer kleinen Armee von Mitarbeitern. Diese kleine Armee, die so nach und nach entstand, umfaßte Historiker, Archivare, Bibliothekare, Dissertanten, Direktoren verschiedener Fonds, Verleger, Verwandte und Freunde, die mir dabei halfen, meine Ziele zu formulieren, mir bei den Forschungsarbeiten zur Seite standen, für mich statistische Auswertungen übernahmen, mir finanzielle Mittel zur Verfügung stellten, Zwischenergebnisse meiner Forschungen veröffentlichten, es mir ermöglichten, meine Arbeiten über die habsburgische Armee bei Konferenzen und Vorträgen vorzustellen, mir die Möglichkeit zu Interviews in Radio und Fersehen boten, die vorläufigen und endgültigen Manuskripte lasen oder diese für die Veröffentlichung vorbereiteten.

Mein besonderer Dank in Österreich gilt Dr. Peter Broucek und Dr. Rainer Egger sowie anderen Mitarbeitern des Wiener Kriegsarchivs, einschließlich des damaligen, inzwischen verstorbenen Direktors Dr. Walter Wagner. Nicht weniger dankbar bin ich dem damaligen Leiter der Militärwissenschaftlichen Abteilung im österreichischen Verteidigungsministerium, Dr. Othmar Tuider, sowie dem Leiter des neuen Militärhistorischen Dienstes, Univ.Doz. Dr. Manfried Rauchensteiner, und seinem Mitarbeiter Dr. Erwin A. Schmidl. Vor allem letzterer war mir in den vielen Jahren unserer Freundschaft eine unschätzbare Hilfe: Ich bewundere seinen Eifer und seine Begabung. Mein Dank gilt weiters Herrn Franz Steip, der mich anläßlich eines meiner

Wienaufenthalte unterstützte. Wertvolle Hilfe wurde mir in Österreich auch durch den Doyen der österreichischen Militärgeschichte, Hofrat Dr. Johann Christoph Allmayer-Beck, die Professoren Moritz Csáky und Horst Haselsteiner, den verstorbenen Professor Ludwig Gogolák sowie Dozent Dr. Waltraud Heindl und Dr. Walter Lukan zuteil. Letzterer veröffentlichte meinen Beitrag über die Offiziere in der Zeitschrift *Österreichische Osthefte*. Zu großem Dank verpflichtet bin ich weiters Dr. Peter Urbanitsch, der es mir gestattete, in das Manuskript zu dem Monumentalwerk *Die bewaffnete Macht* Einsicht zu nehmen, als dessen Mitherausgeber er fungierte, und der das Manuskript meines Buches korrigierte. Auch will ich es nicht verabsäumen, mich bei dem Historiker Dr. Peter Schmidtbauer zu bedanken, der mir bei der Auswertung der Dienstbeschreibungen der habsburgischen Offiziere half.

Nicht unerwähnt sollen der Historiker Liviu Maior von der Universität Cluj-Napoca in Rumänien und der Soziologe Victor Karády aus Paris bleiben. Die Liste der Ungarn, die mir bei meinen Studien halfen, ist noch länger, so daß ich das Gefühl habe, die gesamte ungarische wissenschaftliche Gemeinschaft wurde in Bewegung gesetzt, um meine Forschungen zu einem erfolgreichen Abschluß zu bringen. Ich will hier nur einige Namen nennen: die Soziologen Gyula Benda und László Füstös; die jungen Historiker Péter Dippold und Mária Csicskó, die für mich die ungarischen Offiziere aus dem Adel untersuchten; den verstorbenen György Ránki, der mir als Direktor des Instituts für Geschichte der Ungarischen Akademie der Wissenschaften sowohl seine Gastfreundschaft als auch seinen Rat zuteil werden ließ und mich zu zahlreichen wissenschaftlichen Veranstaltungen einlud; Ferenc Glatz, Ránkis Nachfolger als Direktor des Instituts und später ungarischer Unterrichtsminister, der zwei meiner kurzen Arbeiten über die Offiziere in der Zeitschrift *História* veröffentlichte; Zoltán Szász aus demselben Institut, der mir eine finanzielle Unterstützung zukommen ließ; Gábor Bona vom Ungarischen Institut für Militärgeschichte sowie meine Freunde Péter Hanák und Tibor Hajdu, beide hervorragende Historiker. Oberst, mittlerweile General, Kálmán Kéri, der vor dem Zweiten Weltkrieg in der ungarischen Armee gedient, dessen militärische Laufbahn aber bereits unter den Habsburgern begonnen hatte und der unter den Stalinisten verfolgt worden war, verbrachte lange Stunden mit mir, in denen er mir von seiner Jugend und seiner Karriere erzählte, mir von den Ergebnissen seiner Forschungen berichtete und mich mit seiner Begeisterung für die habsburgische Vielvölkerarmee ansteckte.

Diese Aufzählung umfaßt allerdings bei weitem nicht alle Ungarn, die mich bei meiner Arbeit unterstützt haben. So möchte ich noch Károly Tóth erwähnen, der mir dabei half, die Daten der Offiziere zu erfassen, sowie Zoltán Vas und die Mitarbeiter des Computerzentrums der Universität Szeged in Ungarn sowie meine Freunde Mária M. Kovács und György Bence, die das Manuskript lasen. Auch mein Schwager Pál Veress und meine Schwester Éva halfen mir in vielfältiger Weise. Schließlich gilt mein Dank auch den beiden jungen ungarischen Soziologen Dr. András Ungár und Dr. Antal Örkény, die freiwillig viele Stunden damit zugebracht haben, die Daten der von mir ausgewählten etwa 1.200 Offiziere zu kodieren und einzugeben. Es ist nicht ihr Fehler, wenn nur ein relativ geringer Teil des mir von ihnen zur Verfügung gestellten Materials tatsächlich in diesem Buch berücksichtigt wurde. Ich war es, der sich relativ strikt ihren Forderungen nach so ausgeklügelten Verfahren, wie einer *cluster analysis*, entgegenstellte und es vorzog, dort, wo wissenschaftliche Daten vielleicht gerechtfertigter gewesen wären, Geschichten und selbst Anekdoten einzuflechten.

Ich danke dem kanadischen Historiker Nándor F. Dreisziger für seine Einladung an das Royal Military College in Kingston, Ontario. Mein Dank in den USA gilt Professor Béla K. Király, der mich zu mehreren von ihm organisierten Konferenzen zu dem Thema „Krieg und Gesellschaft in Osteuropa" eingeladen und einige meiner Arbeiten über die Habsburgerarmee veröffentlicht hat; Prof. Daniel Chirot für die Veröffentlichung eines meiner Artikel in der Zeitschrift *East European Politics and Societies* und Prof. Sol Wank für die Publikation eines anderen Artikels; den Professoren Gunther E. Rothenberg, Gary Cohen und Ferenc Fehér sowie meinen ehemaligen Studenten Dr. Peter Black und Prof. Leonard Smith, die alle mein Manuskript gelesen und korrigiert haben; den Mitarbeitern des Osteuropainstituts an der Columbia University und ganz besonders John Micgiel. Robert Scott las wiederholt das Manuskript und brachte seine redaktionelle Begabung ein, um meinen Stil zu verbessern; Valur Ingimundarson leistete mir große Dienste beim Erstellen des Indexes sowie beim Lesen der Druckfahnen. Nancy Lane und Paul Schlotthauer von Oxford University Press widmeten sich mit viel gutem Willen und großer Sorgfalt meinem Manuskript.

Meinen Dank möchte ich auch dem Direktor und den Mitarbeitern des Wilson Centers in Washington D.C. aussprechen, wo ich 1986 mit der Arbeit an meinem Buch ein sehr glückliches Semester verbringen durfte. Ebenso danke ich der Fulbright-Hays Kommission in Washington D.C. und IREX in Princeton für die Gewährung ihrer Stipendien und für die Organisation meiner wiederholten Reisen nach Österreich und Osteuropa. Zu jenen, die mir bei IREX am meisten geholfen haben, zählen Vivian Abbot, Livia Plaks und Margit Serényi.

Auch meine Frau Gloria half mir ganz wesentlich bei meiner Arbeit, obwohl sie gleichzeitig mit einem eigenen zweibändigen kunstgeschichtlichen Werk beschäftigt war. Ihr und meiner Tochter Éva bleibe ich in inniger Liebe verbunden.

New York, Dezember 1989
I.D.

Vorwort zur deutschen Ausgabe

Kurz nach Erscheinen der englischen Ausgabe folgt nun diese deutsche Ausgabe, für deren Erscheinen ich dem Direktor des Böhlau-Verlages, Dr. Peter Rauch, und seinen Mitarbeitern sehr herzlich danken möchte. Großer Dank gilt aber auch Frau Mag. Marie-Therese Pitner für ihre gelungene Übersetzung sowie meinem Freund Dr. Erwin A. Schmidl und Dr. Peter Urbanitsch, die beide nach der englischen nun auch die deutsche Fassung meines Buches gelesen und korrigiert haben.

New York, Jänner 1991
I.D.

Einführung

Im März 1848 bestand die Habsburgermonarchie aus einer Unzahl von Königreichen, Fürsten- und Herzogtümern, Markgrafschaften und Grafschaften, Baronien und Adelsgütern. An der Spitze dieser Vielzahl territorialer Einheiten und der verschiedenen Völker, die in ihnen lebten, stand ein kränklicher, etwas einfältiger, aber gütiger Monarch. Wie die habsburgischen Herrscher vor ihm, verfügte Kaiser Ferdinand theoretisch über eine absolute Macht, auch wenn er den historischen Rechten und Privilegien jedes einzelnen seiner Länder verpflichtet war. Unaufhörlich zogen Abordnungen von Nationalpolitikern an seinem Thron vorbei und forderten mehr Rechte für ihre eigenen Leute. Alle bekannten sie ihre unerschütterliche Treue gegenüber Ihrer Kaiserlichen und Königlichen Apostolischen Majestät, blickten aber gleichzeitig habgierig auf die Besitzungen ihrer Nachbarn innerhalb des Reiches und waren auf der ständigen Suche nach einer ausländischen Macht, die ihre Forderungen unterstützen könnte.

Im Oktober 1918, also 70 Jahre später, bestand die Habsburgermonarchie (sieht man von Bosnien-Herzegowina ab) nur mehr aus zwei großen politischen Einheiten, nämlich Österreich und Ungarn. Jede Reichshälfte umfaßte eine Vielzahl alter historischer Länder mit unterschiedlicher Autonomie, keiner der in diesen Ländern lebenden Nationalitäten aber ging es um die Anerkennung der Autorität der Dynastie. Ihre Führer trafen vielmehr Vorbereitungen, um sich einer der benachbarten Mächte anzuschließen oder ihren eigenen unabhängigen Staat zu gründen, wobei sie ohne Unterlaß Ansprüche auf Gebiete ihrer Nachbarn innerhalb Österreich-Ungarns erhoben. Die Auflösung der Monarchie vollzog sich unter den Augen eines ernsten, frommen und gütigen jungen Mannes, Kaiser und König Karls, der seine Autorität, auch wenn er geschworen hatte, die Verfassungen Österreichs und Ungarns zu respektieren, auf Gottes Gnaden zurückführte.

Im März 1848 wurde die Habsburgermonarchie von der bislang schwersten inneren Krise ihrer langen und komplizierten Geschichte erschüttert, doch gelang es ihr, diese Herausforderung innerhalb der folgenden eineinhalb Jahre zu bestehen. Die nächste schwere Krise jedoch, hervorgerufen durch den Ersten Weltkrieg, versetzte ihr den Todesstoß. In den dazwischenliegenden Jahren durchlebte die Monarchie viele schwere Zeiten, doch gelang es ihr anfangs, den Fortbestand zu sichern und - zumindest wirtschaftlich und kulturell - sogar einen Aufschwung zu erleben, der dem Ethos der verschiedenen Völker ihrer Untertanen einen unauslöschlichen Stempel aufdrückte. Dieser Fortbestand der Monarchie trotz einer überwältigenden Fülle von Hindernissen wurde durch zwei Faktoren ermöglicht: die habsburgische Vielvölkerarmee und die 68 Jahre dauernde Regierung Kaiser und König Franz Josephs. Daß es diesem fleißigen, aufrechten, vernünftigen, scheinbar kühlen und recht phantasielosen Monarchen gelang, sein Reich zusammenhalten, verdankte er zu einem Großteil dem Zauber, der von seinem langen Leben ausging, doch auch der Loyalität und der Ergebenheit seiner Armee. Diese war im März 1848 an der Seite der Dynastie gestanden und nahm diesen Platz auch noch Ende Oktober 1918 ein, ja sogar noch nach dem Zusammenbruch der Monarchie selbst.

Dank ihrer eindrucksvollen Präsenz in allen Ländern der Monarchie war die Armee die bedeutendste gesamtmonarchische Einrichtung des Reiches. 1867 war dieses Reich in zwei politisch gleichberechtigte Teile geteilt worden: Österreich (das bis 1916 offiziell einen wesentlich komplizierteren Namen trug) und Ungarn. Da Franz Joseph gleichzeitig Kaiser von Österreich und König von Ungarn war und er 1867 geschworen hatte, die Verfassungen beider Länder zu respektieren, verkörperte er in seiner Person sowohl den Konflikt der unterschiedlichen Interessen als auch die Einheit der beiden weitgehend souveränen Staaten. Einige gemeinsame Einrichtungen blieben bestehen, keine jedoch war so allgegenwärtig wie das gemeinsame Heer (so genannt zur Unterscheidung von beiden „nationalen“ Armeen, den Landwehren Österreichs bzw. Ungarns).

Neben dem gemeinsamen Monarchen und der gemeinsamen Armee gab es noch ein gemeinsames Außenministerium, das jedoch, der Natur der Sache nach, innerhalb der Monarchie nicht so präsent war. Weiters gab es ein gemeinsames Finanzministerium, das sich allerdings vorwiegend mit der Administration der Budgets für das Außenministerium, die Armee und einige andere gemeinsame finanzielle Einrichtungen befaßte. Von der gemeinsamen Marine war - verständlicherweise - in den meisten Teilen des Reiches nichts zu sehen. Schließlich muß auch die breite Masse der Soldaten der gemeinsamen Armee von der Liste der die Gesamtmonarchie umfassenden Institutionen gestrichen werden, da die Soldaten nach Einführung der allgemeinen Wehrpflicht im Jahre 1868 im Durchschnitt nur drei Jahre lang aktiven Dienst versahen, eine Zeitspanne, die zu kurz war, um eine ethnische zugunsten einer supranationalen Identität abzulegen. Bleiben also noch die Offiziere und in geringerem Ausmaß die Unteroffiziere, die sich auf Lebenszeit dem Militärdienst verschrieben hatten.

Die Offiziere waren das Nervenzentrum und der Geist der Armee. Natürlich hatte jeder einzelne von ihnen seine spezifische - und nur allzu oft gemischte - ethnische Herkunft, für sie alle aber war der Dienst für den Monarchen oberste Pflicht, hinter der alle anderen Überlegungen zurückstanden. Die Offiziere selbst sahen sich in erster Linie als direkte Untertanen Franz Josephs und erst in zweiter Linie als Untertanen der Monarchie, vielleicht auch nur deshalb, weil es um 1900 keinen einzigen Offizier im aktiven Dienst gab, der nicht direkt von seinem Herrscher ernannt worden war und ihm persönliche Treue geschworen hatte. Diese tiefe Verbundenheit zwischen jedem einzelnen Offizier und seinem Monarchen, die in Zusammenhang mit Franz Josephs eigener militärischer Ausbildung und seiner Vorliebe für militärischen Pomp gesehen werden muß, stärkte die Identifikation der Offiziere mit der höchsten Staatsinstanz. Sie bedeutete für das Offizierskorps einen zusätzlichen Ansporn, als Wächter der Vielvölkermonarchie zu handeln.

Ziel dieses Buches ist es, die soziale und ethnische Herkunft der Offiziere, die Gründe für ihren Eintritt in die Armee, ihre Erziehung und Ausbildung, ihre Ideologie, ihren Lebensstil und ihre besonderen Gewohnheiten, ihre Rolle in Politik, Kultur und Gesellschaft, die Entwicklung des Offizierskorps zwischen 1848 und 1918, die

Beziehungen der Offiziere zu den Zivilbehörden, ihre Verantwortung für den Fortbestand und den letztlichen Zusammenbruch der Monarchie und schließlich auch ihren Einfluß auf die Geschichte des östlichen Mitteleuropa nach 1918 zu untersuchen. Die Offiziere sollen als Einzelpersonen und in ihrer Gesamtheit als eigene Schicht oder Klasse untersucht werden. Sie waren ein einzigartiges Phänomen in einem einzigartigen europäischen Staat, doch werde ich auch versuchen, ihnen innerhalb der großen Familie dynastischer und republikanischer Offizierskorps und Armeen einen Platz zuzuordnen.

Wenn auch viele Beispiele von Armeen angeführt werden können, deren Soldaten unterschiedlichen Volksgruppen angehören, hält doch fast keine einem Vergleich mit der k.u.k. Armee stand. Auch das britische und das französische Militär bedienten sich häufig der Truppen aus den Kolonien, doch verschmolzen diese nie mit den Einheiten des Mutterlandes; es wurden lediglich Berufs- und Unteroffiziere entsandt, um die Regimenter aus den Kolonien zu befehligen. Die Armee des Osmanischen Reiches war wohl ethnisch gesehen ebenso bunt zusammengewürfelt wie jene der Habsburgermonarchie, doch mußte man Moslem sein, um in einer regulären Einheit dienen oder Karriere machen zu können. Die Armee des Zaren wurde von Russisch-Orthodoxen und Angehörigen der russischen Nation beherrscht. Auch die sowjetische Armee kann nicht mit der ehemaligen österreichisch-ungarischen Armee verglichen werden: Obwohl die sowjetische Bevölkerung zu mehr als der Hälfte aus Nicht-Russen besteht, ist die Armeesprache ausschließlich russisch, wobei der Sensibilität anderer Volksgruppen kaum Beachtung geschenkt wird. Auch üben die Angehörigen der sowjetischen Armee ihren Beruf sozusagen „exterritorial" aus, d.h. die Soldaten sind im allgemeinen weit weg von ihrer Heimat stationiert. Und schließlich benachteiligt die sowjetische Armee ihre nicht-slawischen Minderheiten. Mit den Worten zweier Experten: „Eine klare Mehrheit der Angehörigen der Kampftruppen (der Sowjetarmee) sind Slawen, meistens 80 Prozent oder mehr. In den Versorgungstruppen hingegen sind bis zu 90 Prozent der Soldaten nicht-slawischer Herkunft, vor allem Asiaten und Kaukasier. In den Kampftruppen werden Nicht-Slawen meist für Versorgungsaufgaben herangezogen, sei es in der Küche oder in der Kleiderkammer."[1]

Lediglich eine einzige große Armee, nämlich jene der Republik Indien, könnte vielleicht zurecht mit jener der Habsburger verglichen werden. Auch sie ist eine Vielvölkerarmee, in der keine ethnische Gruppe und auch kaum eine Religion dominiert; gesprochen wird die jeweilige Verkehrssprache (oder Sprachen); die Armee leidet an einer Überrepräsentation gewisser religiöser und ethnischer Gruppen, wie etwa der Sikhs, im Offizierskorps; vertreten wird eine supranationale, gesamtindische Ideologie, die alle ethnischen, religiösen und auch lokalen Überlegungen überwinden soll.

In der österreichisch-ungarischen k.u.k. Armee war Deutsch die Kommando- und Dienstsprache sowie die Muttersprache der absoluten Mehrheit der Offiziere, nicht jedoch - ausgenommen in den deutschsprachigen Einheiten - die Unterrichts- oder Umgangssprache für die Mannschaften. In allen Einheiten gab es eine oder mehrere „Regimentssprachen", die von den einfachen Soldaten gesprochen wurden und die jeder habsburgische Offizier erlernen mußte, ähnlich wie heute noch die Offiziere in der indischen Armee. Die Völker der Monarchie und damit ihre Soldaten sprachen zehn Hauptsprachen und Dutzende weniger bedeutende Idiome. Außerdem gab es einen großen Unterschied zwischen der Umgangssprache der Offiziere und jener der Mannschaften. Waren unter der breiten Masse der Soldaten mehr oder weniger alle Nationalitäten vertreten, gab es unter den Offizieren wesentlich mehr Angehörige jener Gruppen, die auf eine Tradition im Militärdienst und in der Loyalität zum Haus Österreich zurückblickten oder über eine, relativ gesehen, breitere Bildung verfügten. Die Abschätzung des Einflusses einer Armee und ihrer Offiziere auf Politik, Gesellschaft, Wirtschaft oder Kultur eines Landes erfordert Vorsicht. Entsprechende Ansichten reichen von so weitreichenden Behauptungen, wie etwa, daß in Preußen „nicht so sehr die Armee für den Staat als der Staat für die Armee da war“ bis zu der bescheideneren Meinung, daß die Armee in den modernen Demokratien ein gehorsames Werkzeug der Regierung und der Menschen, die diese Regierung gewählt haben, sei. Einige glauben in jedem kapitalistischen Staat einen „militärisch-industriellen Komplex“ erkennen zu können, wieder andere meinen, der wichtigste sozialistische Staat - die Sowjetunion - existiere allein mit dem Ziel einer militärischen Expansion. Autoren aus den Reihen des Militärs wiederum neigen dazu, die Rolle der Armee in Staat und Gesellschaft herunterzuspielen. Für sie ist die Armee stets ein loyales, oft vernachlässigtes und bitter mißverstandenes Instrumentarium in den Händen der jeweiligen Machthaber. Häufig sehen sie die Armee und ihre Offiziere als Opfer rücksichtsloser und unverantwortlicher Zivilisten.

Zweifellos hat das Militär sowohl als gesellschaftliche Einrichtung als auch als Interessensgruppe in der modernen Geschichte eine entscheidende Rolle gespielt, eine Rolle, die bisher nur unzureichend untersucht wurde. Zum Teil liegt der Grund dafür darin, daß Historiker und Intellektuelle sich im allgemeinen nur ungern mit einer Gruppe beschäftigen, die für sie nichts anderes darstellt als einen Haufen rauher Kerle. Die Brutalität, scheinbare Ziellosigkeit und lähmende Langeweile des Soldatenlebens in Friedenszeiten sind fast ebenso abstoßend wie die Greuel eines Krieges. Sozialhistoriker beschäftigen sich eher mit Arbeitern, Bauern, Mägden, Prostituierten oder Sklaven als mit einer Elitegruppe wie dem Offizierskorps. Kriegshistoriker auf der anderen Seite konzentrieren sich oft auf strategische Überlegungen, Ausrüstung und Feldzüge, und Historiker der politischen Geschichte untersuchen die Politik der Generäle. Erst in den letzten Jahren wird die militärische Sozialgeschichte als ernstzunehmende Disziplin anerkannt, was seinen Niederschlag bereits in einigen bemerkenswerten Arbeiten über das Militär als Faktor der Gesellschaft oder über das Leben von Offizieren und einfachen Soldaten gefunden hat.

Wie die beiden anderen von großen Dynastien beherrschten Reiche, Preußen / Deutschland und Rußland, war die Habsburgermonarchie ein militaristischer Staat: Die Herrscher all dieser Länder sahen sich selbst in erster Linie und vor allem als Soldaten. Sie gestanden den Offizieren ihrer Armee eine gehobene soziale Stellung zu, und in der Propaganda des Herrscherhauses hoben sie die Offiziere als Beispiel hervor, dem es zu folgen galt. Der Militärdienst und die Bereitschaft, für die Verteidigung der Monarchie zu sterben, wurden als oberste Pflicht und höchste Tugend angesehen. Das autoritäre Gefüge der Armee und die militärische Disziplin ganz allgemein wurden auf weite Bereiche der zivilen Gesellschaft übertragen, angefangen von den Eisenbahnern bis zu Schulkindern und Arbeitern in der Landwirtschaft. Das Tragen einer Uniform, oft einschließlich Säbel oder Degen, war ein den Beamten, Studenten und anderen Gruppen vorgeschriebenes und von diesen auch gewünschtes Unterscheidungsmerkmal. Der Ehrenkodex der Offiziere schließlich, der sich vermutlich von der mittelalterlichen Auffassung der Ritter ableitete, stellte eine zunächst nur innerhalb des Adels, später jedoch von der gesamten Bildungsschicht des Landes anerkannte Norm dar.

Im Unterschied zur deutschen war aber die österreichische Gesellschaft weniger kriegerisch. Bis etwa zur Mitte des 19. Jahrhunderts wurden die politischen Entscheidungen vom Herrscher, der kaiserlichen Bürokratie und den Vertretern der Stände getroffen, die auf den verschiedenen Landtagen zusammentraten. Danach ging die politische Macht zunehmend in die Hände der Regierungen Österreichs und Ungarns, der jeweiligen Beamtenschaft und der beiden Parlamente über, wo das Offizierskorps - mit Ausnahme einiger pensionierter Offiziere - weder vertreten war noch über einen bedeutenden politischen Einfluß verfügte. Während des gesamten Untersuchungszeitraumes hatte Österreich-Ungarn im Vergleich zu den anderen europäischen Mächten das niedrigste Militärbudget. Die politische Schwäche der Armee sei an dem folgenden Beispiel demonstriert. Als die Unternehmer im frühen 20. Jahrhundert endlich erkannten, welchen finanziellen Gewinn sie aus der Ausrüstung des Militärs schlagen konnten, beschlossen die beiden Regierungen und Parlamente entgegen schärfster Proteste der Armeeführung eine im Verhältnis wesentlich höhere Summe für die Ausrüstung der eher unnützen Marine denn für die Armee bereitzustellen. Abgesehen von imperialistischen Träumen lag der Grund für diese Entscheidung darin, daß die Konstruktion und Ausstattung der Kriegsschiffe für die Schwerindustrie und die Banken einen größeren und unmittelbareren Gewinn brachte als die Ausrüstung des Heeres. Dem kann entgegengehalten werden, daß der Einfluß des Militärs in der Zeit um 1906 zuzunehmen begann und gerade dieser durch die Aggressivität der Verzweiflung gekennzeichnete Einfluß vielleicht mit ein Grund für den Zusammenbruch der Monarchie gewesen sein mag. War auf der einen Seite der Einfluß der Armee auf Politik und Wirtschaft eher beschränkt, kann andererseits ihr Einfluß auf Kultur und Lebensweise kaum überschätzt werden. Der Militärdienst war die prägendste Erfahrung im Leben eines einfachen Mannes. Die Armee brachte ihre Rekruten in entferntgelegene Gebiete, unterwies sie in Fragen der Hygiene sowie im Schreiben und Lesen und prägte ihnen eine Art des persönlichen Verhaltens ein, die es leicht machte, einen Soldaten auch noch nach seiner Entlassung zu erkennen. Die Erfahrung des Militärdienstes mag vielleicht brutal gewesen sein, doch war sie gleichermaßen unvergeßlich. Durch die Schaffung des Reserveoffizierkorps im Jahre 1868 verbreiteten sich Ideologie und Lebensweise der Berufsoffiziere unter einem ständig wachsenden Kreis von Zivilisten des Mittelstandes. Ob als guter oder böser Held, der Offizier war eine hervorstechende Figur auf der Bühne, in Operetten, Romanen und in der Presse, was in wirklichen und erfundenen Geschichten die enge Verflechtung der Gesellschaft mit dem Offizierskorps und über die Offiziere mit dem Monarchen und der Monarchie widerspiegelte.

Die Streitkräfte der dynastischen europäischen Großmächte verfolgten traditionell ein doppeltes Ziel: den Bestand des Reiches durch die Verhinderung oder Unterdrükkung von Aufständen innerhalb der eigenen Grenzen zu sichern und den Ruhm des Herrscherhauses in Kriegen zu mehren. Als Schlußfolgerung dieser Untersuchung über den Zeitraum von 1848 bis 1918 kann festgestellt werden, daß die Armee des Hauses Habsburg die erste dieser beiden Aufgaben in bewundernswerter Art und Weise erfüllte, indem das Reich durch ihre bloße Präsenz zusammengehalten wurde und ein großer Aufstand innerhalb der Grenzen nur einmal, nämlich im ersten Jahr des Untersuchungszeitraumes, niedergeschlagen werden mußte. Bei der Erfüllung ihrer zweiten Aufgabe aber scheiterte die Armee, gingen doch die beiden großen Kriege, die geschlagen wurden, verloren. Die Kriege des Jahres 1859 gegen Frankreich und Sardinien und des Jahres 1866 gegen Preußen und Italien bedeuteten eine Schmach für den Kaiser und brachten den Verlust einiger Gebiete. 1878 konnte die Armee die Besitzungen des Hauses Österreich zwar durch die Eroberung Bosnien-Herzegowinas vergrößern, jedoch erst nach einem schwierigen Kampf gegen den entschlossenen Widerstand der nur mangelhaft ausgerüsteten Freischärler.

Die Erfolge der habsburgischen Armee in Friedenszeiten und ihre Niederlagen in den Kriegen zwischen 1848 und 1918 waren das Ergebnis vieler Faktoren, die meist nichts mit der Effizienz des Militärs zu tun hatten. Der Friede im eigenen Land wurde unter anderem durch den wachsenden Wohlstand, eine industrielle Revolution sowie die konservative Loyalität und politische Einfalt der Bauern gesichert, aus deren Reihen die meisten Rekruten der Armee stammten. Die Niederlagen in den kriegerischen Auseinandersetzungen waren mitbedingt durch die relative Rückständigkeit der österreichisch-ungarischen Wirtschaft und Gesellschaft, das Fehlen finanzieller Mittel und die Überlegenheit der französischen bzw. der preußischen Armeeführung 1859 und 1866. Diese Diskrepanz zwischen der erfolgreichen Aufrechterhaltung des Friedens im eigenen Land und den Mißerfolgen in den Kriegen wurde noch dadurch vergrößert, daß die Armee in erster Linie dafür ausgebildet und ausgerüstet war, die Ordnung in der Heimat zu sichern. Die militärische Ausbildung und die Ideologie des Offizierskorps boten beste Voraussetzungen dafür, die Monarchie innerhalb ihrer eigenen Grenzen zu stabilisieren, nicht jedoch für eine expansionistische Politik. Franz Joseph erkannte dies ganz klar, doch erst nachdem er zwei Kriege verloren hatte. Ja mehr noch, der Kaiser war von der Bedeutung seiner Soldaten als Repräsentanten der Größe der Monarchie so überzeugt, daß er starr an dem traditionellen Gepränge festhielt, auch wenn die militärische Effizienz eindeutig darunter litt. Zeitgenossen und Historiker führten diese Einstellung bisweilen auf die Phantasielosigkeit und selbst Dummheit des Kaisers zurück, doch hatte er vielleicht insofern recht, als eine Kavallerieschwadron in goldverbrämter Uniform, eine Militärkapelle - die legendäre „Banda" -, wie sie jeden Sonntag in allen Städten des Landes aufspielte, oder eine eindrucksvolle Militärparade anläßlich eines bestimmten Festtages das allgemeine Gefühl der unveränderlichen Stabilität ganz entschieden förderten.

Zu einer Zeit, da die Bewohner der Monarchie mit jeder nur denkbaren Art der nationalistischen und sozialen Propaganda überhäuft wurden, da sich die Parlamentsabgeordneten mehr mit handgreiflichen Auseinandersetzungen denn mit der Gesetzgebung befaßten, boten die Armee und ihr oberster Kriegsherr, der Kaiser, ein Bild des Friedens, der Ordnung, der Toleranz und der Kontinuität. Erst zu Beginn des 20. Jahrhunderts, als der Kaiser schon in einem recht vorgerückten Alter stand, kam es zu einer grundlegenden Neuorganisation der Armee unter einer neuen Führung. Nun endlich wurden die Soldaten für eine moderne Kriegsführung und die Anforderungen einer expansionistischen Politik ausgebildet. Die Spannungen im eigenen Land und auf internationaler Ebene, die zumindest teilweise durch die Politik der Armee hervorgerufen wurden, veranlaßten die militärische Führung, das Risiko eines Krieges einzugehen, um diese Spannungen zu verringern.

Bis zu Beginn des 20. Jahrhunderts eigneten sich Erziehung, Ausbildung und Ideologie des Offizierskorps bestens für die Verfolgung der Ziele des Kaisers im eigenen Land. Die Offiziere stellten keine Fragen, waren im allgemeinen unbestechlich und flößten Respekt ein. Die neue Armeeführung hingegen, die Anfang des 20. Jahrhunderts eingesetzt wurde, vertrat immer mehr ihre eigene politische Meinung, kritisierte den Staat häufig, war gleichzeitig allzu zuversichtlich und allzu pessimistisch und daher zunehmend bereit, in einem großen Krieg geistige und moralische Zuflucht zu suchen. Als sich die Monarchie im Juli 1914 mit dem Angriff auf Serbien diesem Programm verschrieb, begann ihr Verhängnis.

Die beiden ersten Kapitel geben einen chronologischen Abriß der Geschichte der Armee mit besonderer Berücksichtigung der Zeit zwischen 1848 und 1914. Auf diesen Überblick folgen einige Kapitel, die sich mit Schlüsselaspekten des Lebens und der Geisteshaltung der Offiziere befassen. Die letzten beiden Kapitel schließlich behandeln die Rolle der habsburgischen Offiziere während und nach dem Ersten Weltkrieg. Das ganze Buch versucht, die Einzigartigkeit des habsburgischen Offizierskorps als jener Institution aufzuzeigen, der es gelang, den Bestand der Vielvölkermonarchie mit einem minimalen Einsatz an Gewalt zu sichern. Was fast wie ein Wunder anmutet, war dem Umstand zu verdanken, daß das Offizierskorps eine gleichzeitig in sich geschlossene und doch offene Institution war: geschlossen, weil die Berufsoffiziere, die oft selbst Söhne von Soldaten waren und ein Leben in politischer Isolation führten, eine abgegrenzte Klasse, eine klar umrissene Interessensgemeinschaft bildeten, und weil die stets recht zahlreichen, aus niedrigeren Gesellschaftsschichten stammenden Offiziere eine besondere Loyalität gegenüber jener Armee empfanden, die ihnen Würde und einen gehobenen sozialen Status ermöglicht hatte. Auf der anderen Seite war dieses Offizierskorps auch offen, aufgrund der bereitwilligen Aufnahme Tausender Reserveoffiziere, die aus den gebildeten Schichten der unzähligen Nationalitäten der Monarchie stammten, durch die Berufsoffiziere und aufgrund deren ideologischer Begeisterung.

Hoffentlich gelingt es mir auch zu zeigen, daß die Offiziere und die Armee durch einen bemerkenswerten institutionellen Zusammenhalt verbunden waren, zumindest bis zum zweiten Jahr des Ersten Weltkrieges, als die Kämpfe von rasch ausgebildeten Männern weitergeführt werden mußten, war doch die stehende Armee aus der Zeit vor 1914 fast zur Gänze vernichtet worden. Man könnte sogar sagen, daß die restliche Kriegszeit nicht mehr von einem solide ausgebildeten Heer, sondern von einer Art Bürgermiliz bestritten wurde. Schließlich möchte ich dem Leser den begrenzten intellektuellen Horizont Franz Josephs vor Augen führen, der paradoxerweise sowohl für die Armee als auch für die Völker der Monarchie ein Segen war. Ein einfallsreicherer und unternehmungsfreudiger Monarch hätte sein Offizierskorps möglicherweise neuen politischen Ideen und Einflüssen ausgesetzt und so den Zusammenbruch des militärischen Oberbaus und damit der Monarchie beschleunigt. Es ist äußerst unwahrscheinlich, daß die Völker der Monarchie irgendeinen Vorteil aus einer solch übereilten Entwicklung gezogen hätten, brachte doch selbst der relativ verspätete Zusammenbruch im Jahre 1918 keine Änderung zum Besseren. Die Nachfolgestaaten der Nachkriegszeit, die den Anspruch erhoben, auf nationaler Selbstbestimmung gegründet zu sein, in Wirklichkeit jedoch fast alle Vielvölkerstaaten waren, zeigten nur wenig von jener ethnischen Indifferenz des Kaisers und der habsburgischen Armee. Ihre wirtschaftliche Schwäche, die sozialen Wirren und der gegenseitige Haß zogen eine Reihe von Tragödien nach sich, von denen sich die Völker dieser Gebiete erst erholen müssen.

Ich hoffe, es gelingt mir mit diesem Buch, das historische Dilemma deutlich zu machen, das durch den Abgang der supranationalen Dynastie der Habsburger hervorgerufen wurde. Zweifellos kann die Monarchie nicht mehr wiedererrichtet werden, und in der Tat dürfte dem modernen, westlichen Lebensstil nichts fremder sein als ein Hof und eine Armee als Verfechter feudaler Werte. Heute jedoch, da wir uns, zumindest in Westeuropa, mit der Idee eines allmählichen Verschwindens der Nationalstaaten anzufreunden beginnen, die durch einen übernationalen Staat ersetzt werden sollen, verdient es durchaus eine Erwähnung, daß die Nationalstaaten Mittel- und Ostmitteleuropas keineswegs eine lange, sondern vielmehr erst eine sehr kurze Geschichte haben. Vor zweihundert Jahren gab es in diesem Gebiet keinen einzigen Nationalstaat, und auch vor hundert Jahren nur einige wenige. In Anbetracht der heutigen Veränderungen in Ostmitteleuropa, einem durch wirtschaftliche Rückständigkeit, ethnischen Antagonismus und allmähliche Demokratisierung gekennzeichneten Gebiet, ist es durchaus nützlich, das habsburgische Experiment zu studieren, das durch eine integre Verwaltung, zahllose Freiheiten, wirtschaftlichen Fortschritt und das Fehlen politischer Grenzen in dem gesamten Raum zwischen den Karpaten und den Schweizer Alpen gekennzeichnet war. Ich bin überzeugt, daß wir hier viel lernen können, während die Geschichte der mittel- und ostmitteleuropäischen Nationalstaaten nach 1918 uns nur zeigen kann, was es zu vermeiden gilt.

Wie bereits angesprochen, läuft die Geschichte der habsburgischen Armee vor dem Hintergrund einer enormen politischen, ethnischen und institutionellen Komplexität ab, die ihren Zusammenhalt der überragenden Autorität des Herrscherhauses Habsburg verdankte. Im Interesse der Klarheit erscheint es mir daher wichtig, zu Beginn einen Überblick über die Dynastie, die unterschiedlichen Völker, die in ihren Ländern lebten, und über die verschiedenen Rangklassen und die Organisationsstruktur der Armee zu geben. Dann folgt eine Beschreibung der umfangreichen archivalischen und gedruckten statistischen Quellen, die als Grundlage dieser Studie gedient haben. Selbstverständlich stützt sich diese Untersuchung auch auf andere Quellen: Erinnerungen, historische Literatur und selbst Belletristik. Um mich kurz zu fassen, wurde die ausführliche Darstellung dieser Quellen in das letzte Kapitel verlegt.

Einige Bemerkungen über die Dynastie und ihre Völker

Von der Familie Habsburg weiß man, daß ihre Ahnen bereits im 10. Jahrhundert als Feudalherren im Gebiet der heutigen Schweiz lebten. Österreich als territoriale Einheit ist sogar noch älter. Die gemeinsame Geschichte beginnt jedoch erst in den letzten Jahrzehnten des 13. Jahrhunderts, als Rudolf von Habsburg als gewählter deutscher König und Oberhaupt des Heiligen Römischen Reiches in den Besitz des Herzogtums Österreich, eines Babenbergischen Erbes, kam. Seit damals stiftet der Name „Österreich" häufig Verwirrung, wird damit doch im Laufe der Zeit sowohl ein Herrscherhaus als auch ein Gebiet von stark unterschiedlicher Ausdehnung und Bedeutung bezeichnet.[2] Im 16. Jahrhundert war das Haus Österreich die weltweit bedeutendste Herrscherfamilie mit so weitverstreuten Besitzungen wie Ungarn, Böhmen, den Niederlanden, Spanien, Mexiko, Peru und den Philippinen. „Österreich" als geographischer und politischer Begriff wurde abwechselnd auf das alte Herzogtum Österreich, das sich rund um Wien und im Westen der Stadt erstreckte, und auf die habsburgischen Besitzungen in Mittel- und Ostmitteleuropa bezogen. Und heute ist es der Name einer kleinen Republik.

Seit dem 15. bzw. 16. Jahrhundert trugen die Habsburger unter anderem die Kronen Spaniens, Böhmens und Ungarns und wurden, mit einer kurzen Unterbrechung im 18. Jahrhundert, auch regelmäßig zum Oberhaupt des Heiligen Römischen Reiches gewählt. Im 16. Jahrhundert waren die habsburgischen Besitzungen allerdings zwischen einer „deutschen" und einer „spanischen" Linie geteilt, wobei letztere 1700 ausstarb.[3]

1806 fügte sich Kaiser Franz in die Auflösung des Heiligen Römischen Reiches, doch führte das Oberhaupt des Hauses Habsburg noch bis 1866 den Vorsitz im Deutschen Bund, einem losen Verband unabhängiger Staaten. Was uns im Zusammenhang mit diesem Buch beschäftigt, ist hingegen nicht so sehr die Rolle der Habsburger im Deutschen Bund, sondern vielmehr die Macht, die sie in ihren eigenen Ländern in Mittel- und Ostmitteleuropa ausübten.

1804 nahm Franz den Titel eines Kaisers von Österreich an, und bis 1867 umfaßte das österreichische Kaiserreich die folgenden Ländergruppen:

1. Die sogenannten Erblande, bestehend aus den Erzherzogtümern Österreich unter und ob der Enns, der Gefürsteten Grafschaft Tirol mit den vorarlbergischen Grafschaften sowie den Herzogtümern Salzburg, Steiermark, Kärnten und Krain. Letzteres gehört heute ebenso wie die südlichen Teile der Steiermark und Kärntens zu Jugoslawien, wohingegen die südliche Hälfte Tirols heute ein Teil Italiens ist. Die übrigen Erblande bilden mit einem kleinen Teil des ehemaligen Königreiches Ungarn das Gebiet der Republik Österreich.
2. Die Länder der böhmischen Krone, nämlich das Königreich Böhmen, die Markgrafschaft Mähren und das Herzogtum Schlesien, die heute mit Ausnahme eines kleinen Teiles Schlesiens, der zu Polen gehört, alle in der Tschechoslowakei liegen.

3. Das adriatische Küstenland (einschließlich Triest) und das Königreich Dalmatien, die heute mit Ausnahme eines kleinen Teiles, der zu Italien gehört (Triest), beide in Jugoslawien liegen.
4. Das Königreich Lombardo-Venetien, das heute zu Italien gehört.
5. Das Königreich Galizien und Lodomerien, das heute zwischen Polen und der Sowjetunion aufgeteilt ist, und das Herzogtum Bukowina, heute teilweise in der Sowjetunion, teilweise in Rumänien.
6. Und schließlich die Länder der Heiligen Ungarischen Krone, nämlich das Königreich Ungarn und das Großfürstentum Siebenbürgen. Das Königreich Kroatien und Slawonien, zu dem auch ein Großteil der getrennt verwalteten Militärgrenze gehörte, war zwar schon seit Jahrhunderten in Personalunion mit Ungarn verbunden, wurde aber von 1849 bis 1867 als eigenes Kronland (zusammen mit dem Küstenland und Fiume) verwaltet - dies als Dank für die 1848 bewiesene Kaisertreue der Kroaten unter dem Banus Jelačić (eine Haltung, welche die Ungarn verständlicherweise weniger positiv einschätzten).
   Heute sind diese Länder zwischen Ungarn, der Tschechoslowakei, Rumänien, Jugoslawien, Österreich und der Sowjetunion aufgeteilt.

Die Lombardei verloren die Habsburger 1859 und Venetien 1866. Ebenfalls 1866 wurden sie auch aus dem Deutschen Bund ausgeschlossen, der nun vom siegreichen Preußen beherrscht wurde. Ein Jahr später war Franz Joseph gezwungen, sein Reich in zwei Hälften zu teilen, die eine mit dem Zentrum in Wien, die andere in Budapest. Obwohl durch eine Anzahl gemeinsamer Einrichtungen miteinander verbunden, waren die beiden Reichshälften doch jede für sich weitgehend souverän. Diese Doppelmonarchie hatte nicht einmal eine Hauptstadt, obwohl Wien weiterhin als diese angesehen wurde, und der Kaiser und König war gesetzlich dazu verpflichtet, beiden Reichshälften die gleiche Aufmerksamheit zu schenken.

Wie wurden diese beiden Reichshälften nun genannt? Diese Frage ist viel komplexer als dies auf den ersten Blick den Anschein hat. Da sich die einzelnen Länder auf nahezu nichts einigen konnten, nicht einmal auf einen vernünftigen Namen, wurde die nicht-ungarische Reichshälfte offiziell als „die im Reichsrat vertretenen Königreiche und Länder“ bezeichnet, wobei der Reichsrat das in Wien tagende Parlament war. Die andere Hälfte der Doppelmonarchie lief unter dem einfacheren Namen „Länder der heiligen ungarischen Stephanskrone“ und umfaßte das Königreich Ungarn, Siebenbürgen (nun mit Ungarn vereint) und das untergeordnete Königreich Kroatien-Slawonien.

Um die Sache noch komplizierter zu machen, besetzten die Truppen der Doppelmonarchie 1878 die türkischen Provinzen Bosnien und Herzegowina, wobei diese Gebiete allerdings erst 1908 formell annektiert wurden. Gleichzeitig beiden Reichshälften der Doppelmonarchie zugehörig und vom gemeinsamen Finanzminister verwaltet, wurde Bosnien-Herzegowina als gemeinsame Aquisition gehandhabt und bildete so einen dritten, wenn auch nicht gleichermaßen autonomen Teil der Doppelmonarchie.

Ganz offensichtlich können weder wir - noch konnte je irgend jemand - die beiden Reichshälften bei ihren lächerlich schwerfälligen offiziellen Namen nennen. Stattdessen wurde es allgemein üblich, von Cisleithanien und Transleithanien zu sprechen, nach dem kleinen Fluß Leitha östlich von Wien, der Ungarn (Transleithanien) von der anderen Reichshälfte trennte. Doch auch diese Namen klingen heute veraltet und schwerfällig, weshalb hier die Bezeichnung „Österreich" für jenen Teil der Monarchie verwendet wird, dessen Zentrum in Wien lag, und „Ungarn" für den Teil mit dem Zentrum in Budapest. Dies war bereits in zeitgenössischen Quellen durchaus üblich, wenn es auch erst ab 1915 offiziell sanktioniert war. Geht es um beide Reichshälften gemeinsam, so werden die Bezeichnungen „Doppelmonarchie", „Österreich-Ungarn" oder „Habsburgermonarchie" verwendet.[4]

Mit „Österreich" konnte daher genauso jener Teil der Doppelmonarchie gemeint sein, der weder Ungarn noch Bosnien-Herzegowina war, wie auch die habsburgischen Erblande im engeren Sinne, ebenso aber auch das Erzherzogtum Österreich unter und ob der Enns (Nieder- und Oberösterreich). Gleichermaßen kompliziert war die Verwaltung Österreich-Ungarns, und Statistiken wurden im allgemeinen getrennt für Österreich, Ungarn und Bosnien-Herzegowina erstellt. Viele in dieser Studie angeführte Statistiken, die sich auf die Gesamtmonarchie beziehen, sind daher entweder von mir selbst oder von anderen Historikern zusammengestellt.

Tabelle E.1. Die Bevölkerung der Habsburgermonarchie 1910

Gebiet	Absolutzahl	Prozentsatz
Österreich	28,571.934	55,6
Ungarn	20,886.487	40,6
Bosnien-Herzegowina	1,931.802	3,8
Ingesamt	51,390.223	100,0

Innerhalb der Grenzen der Monarchie lebten elf größere und verschiedene kleinere Nationalitäten. Während nur eine Handvoll Ungarn (Magyaren) sowie Slowaken in Österreich und nur wenige Tschechen, Polen, Slowenen und Italiener in Ungarn lebten, waren die anderen Volksgruppen in beiden Staaten recht stark vertreten. Grundsätzlich gilt für die Geschichte der Monarchie, daß die ethnischen Grenzen mit den politischen nicht übereinstimmten und die verschiedenen Nationalitäten bunt zusammengewürfelt über den gesamten Raum der Monarchie verstreut lebten. Nach 1918 bemühten sich die sogenannten Nachfolgestaaten tapfer, diesem unglücklichen Zustand ein Ende zu bereiten, was ihnen zu einem Großteil dank so moderner Techniken wie der erzwungenen Assimilation, der Verfolgung und der Ausweisung auch weitgehend gelang. In der gesamten Habsburgermonarchie können lediglich die deutschsprachigen Gebiete Salzburg, Oberösterreich und Vorarlberg als einsprachige Gebiete bezeichnet werden. Es sei darauf hingewiesen, daß Bosnien-Herzegowina stets große Probleme mit der Spaltung der Bevölkerung in Katholiken, Orthodoxe und Moslems hatte und noch immer hat. In allen anderen Gebieten gab es eine oder mehrere ethnische Minderheiten, oder sie waren, wie etwa die Bukowina, ein wahres Puzzle von verschiedenen Völkern. Außerdem waren die meisten Volksgruppen gleichzeitig in mehreren Gebieten und selbst außerhalb der Monarchie vertreten. Eine serbisch bzw. kroatisch sprechende Bevölkerung beispielsweise lebte in Südungarn, Kroatien-Slawonien, Bosnien-Herzegowina, dem adriatischen Küstenland und in Dalmatien sowie im unabhängigen Königreich Serbien und im Osmanischen Reich.

Die Gesamtzahlen in den Tabellen E.1. und E.2. - Ergebnisse meiner eigenen Berechnungen - sind ein alles andere als perfekter Verschnitt der statistischen Angaben aus Österreich, Ungarn und Bosnien-Herzegowina, da es mir nicht möglich war, die relativ kleine Zahl von Tschechen, Polen und Slowenen in Ungarn sowie von Slowaken und Magyaren in Österreich zu berücksichtigen. Folglich fallen diese Völker gemeinsam mit so kleinen ethnischen Gruppen wie den Armeniern, Griechen, Bulgaren, Albanern, Türken und Zigeunern in die Kategorie „andere". Andererseits gelang es mir, jene Nicht-Bosnier (vor allem Soldaten und Beamte), die in Bosnien-Herzegowina lebten, ihrer jeweiligen Nationalitätengruppe zuzuordnen. Alles in allem genügt es zu wissen, daß die sogenannten herrschenden Nationalitäten, die Deutschen und Ungarn, gemeinsam 43 %, die Slawen 45 % und der Rest 12 % der Gesamtbevölkerung ausmachten.

Tabelle E.2. Die Nationalitäten der Habsburgermonarchie 1910

Nationalität	Absolutzahl	Prozentsatz
Deutsche	12,006.521	23,36
Tschechen	6,442.133	12,54
Slowaken	1,967.970	3,83
Polen	4,976.804	9,68
Ruthenen (Ukrainer)	3,997.831	7,78
Slowenen	1,255.620	2,44
Serben und Kroaten	4,380.891	8,52
Italiener	768.422	1,50
Rumänen	3,224.147	6,27
Ungarn (Magyaren)	10,056.315	19,57
andere	2,313.569	4,51
Insgesamt	51,390.223	100,00

Manche Gebiete waren um vieles heterogener als andere. Zu jenen, wo die Nationalitäten am meisten gemischt waren, gehörten Schlesien (776.000 Einwohner im Jahre 1914), wo 47 % als Deutsche, 30 % als Polen und 23 % als Tschechen galten. Weiters Galizien (8,812.000 Einwohner im Jahre 1914) mit 54 % Polen, 43 % Ruthenen und 3 % Deutschen und die Bukowina (818.000 Einwohner im Jahre 1914), wo 42 % ruthenisch, 32 % rumänisch, 21 % deutsch und 5 % ein anderes Idiom sprachen. Ungarn - ohne Kroatien-Slawonien, aber mit der Adriastadt Fiume - hatte 1910 eine Bevölkerung von 18,261.533 Einwohnern, von denen 54 % ungarisch, 16 % rumänisch, 11 % deutsch, 11 % slowakisch, 4 % serbo-kroatisch, 3 % ruthenisch und 1 % eine andere Sprache sprachen.[5]

Es sei darauf hingewiesen, daß sich die Methoden bei der Erstellung ethnischer Statistiken in den beiden Reichshälften der Monarchie voneinander unterschieden, wobei die österreichischen Volkszähler nach der „Umgangssprache“ und die ungarischen nach der „Muttersprache“ (auf ungarisch *anyanyelv*) fragten. Da sich „Umgangssprache“ auf jene Sprache bezog, derer sich eine Person im täglichen Leben am häufigsten bediente, ist es klar, daß die Assimilation, vor allem in eine starke Volksgruppe, in Österreich leichter erfolgen konnte als in Ungarn. Und dennoch war die ungarische Regierung besonders darauf bedacht zu beweisen, daß die Magyaren in ihrem Königreich die absolute Mehrheit stellten. Man beachte auch, daß die Juden nicht als eigene Nationalität anerkannt waren und sie im allgemeinen die Sprache jener ethnischen Gruppe als ihre Umgangs- oder Muttersprache angaben, in die sie sich am stärksten integriert fühlten: in Galizien polnisch, in Ungarn magyarisch, in Böhmen und Mähren tschechisch oder deutsch. Yiddischsprechende Juden meldeten sich (oder wurden gezählt) in Galizien im allgemeinen als Polen und in der Bukowina als Deutsche. Die Konfessionsstatistiken zeigen, daß die Juden 1910 4,4 % (2,258.013) der Gesamtbevölkerung der Monarchie ausmachten.

Es ist wichtig, sich vor Augen zu halten, daß sich viele Einwohner der Monarchie im 19. Jahrhundert trotz starker nationalistischer Agitation noch kaum einer nationalen Identität bewußt waren, vor allem in den weniger entwickelten östlichen Provinzen. Wurden sie gefragt, sagten sie, sie seien „von hier“, oder gaben den Namen eines Gebietes oder eines Kreises als ihr Vaterland an. Millionen beherrschten zwei oder mehr Sprachen gleich gut. Daß ein höherer Prozentsatz der Einwohner der Monarchie sich seiner Nationalität nicht sicher oder bereit war, diese auf der Stelle zu wechseln, wird durch die von den Nachfolgestaaten nach 1918 veröffentlichten sehr divergierenden und widersprüchlichen ethnischen Statistiken deutlich. Das heißt, daß alle Daten, die sich auf die Nationalität beziehen, trotz der zweifellosen Ehrenhaftigkeit der Volkszähler und Statistiker, mit Vorbehalt behandelt werden müssen. Die gleiche Vorsicht gilt für die offiziellen Militärstatistiken über die ethnische Zugehörigkeit, wie wir später noch sehen werden.

Die Ortsnamen der Monarchie spiegeln dieselbe ethnische Komplexität wider. Tausende Gemeinden, Flüsse und Berge hatten zwei, drei oder sogar vier Namen, die meisten durchaus gebräuchlich, andere von den Behörden aufgezwungen. Daher werden Historiker, gleichgültig welche Bezeichnung sie verwenden, hier und da den Nationalstolz des einen oder anderen verletzen. Da dies ein Buch über die deutschsprechende gemeinsame Armee ist, werde ich die deutschen Namen verwenden, wenn solche vorhanden und nicht völlig veraltet sind. So werde ich die Bezeichnung „Lemberg“ und nicht das polnische „Lwów“, das ukrainische „Lviv“ oder das russische „Lvov“ verwenden. Unsere Schwierigkeiten ergeben sich jedoch dadurch, daß die Armee nach 1867 der Sensibilität der Ungarn entgegenzukommen versuchte, d. h. daß Ungarn betreffende offizielle Veröffentlichungen der k. u. k. Armee durchwegs ungarische Ortsnamen verwendeten. So werde ich „Kassa“ und nicht das deutsche „Kaschau“ oder das slowakische „Košice“ verwenden, obwohl diese Stadt heute in der Slowakei liegt. Eine mehrsprachige Nomenklatur im Anhang soll die Neugier des Lesers in dieser Hinsicht befriedigen.

Was die Personennamen anbelangt, werde ich mich wiederum streng an die Militärpraxis halten, wie sie aus dem jährlich von der k.u.k. Armee veröffentlichten Militär-Schematismus hervorgeht. Dieser Militär-Schematismus gab sorgfältig die ethnische Schreibweise der Familiennamen an (so etwa schrieb man den südslawischen Feldmarschall „Boroević“ und nicht nach der deutschen Schreibweise „Boroewitsch“), übersetzte aber alle Vornamen auf deutsch, mit dem Ergebnis, daß z. B. mein Vater als Stephan anstatt István Deák angeführt wird. Im von der Ungarischen Landwehr oder *honvédség* veröffentlichten Offiziers-Militär-Schematismus erschienen alle Vornamen auf ungarisch, nur jene der kroatischen Offiziere auf serbo-kroatisch.

Wem all dies kompliziert klingt, der bedenke daß im österreichischen Parlament Faustkämpfe über den richtigen ethnischen Namen der einen oder anderen Kleinstadt ausbrachen und man im ungarischen Parlament als Verräter bezeichnet worden wäre, hätte man von Franz Joseph als Kaiser und nicht als König gesprochen.

Über Rangklassen und Titel

Offiziersränge werden im Text häufig vorkommen. Die nachstehende Tabelle gibt einen Überblick über die Rangklassen in der habsburgischen Armee mit ihrer ungefähren Befehlsverantwortung.

Die Marineoffiziere und jene Offiziere, die in Spezialeinheiten der Armee dienten, hatten andere Rangklassen als die in Tabelle 1.3 angeführten, diese fügen sich aber nahtlos in die Gesamt-Rangklassen. So befand sich ein Admiral in derselben III. Rangklasse wie ein Feldzeugmeister oder General der Kavallerie, ein Linienschiffskapitän entsprach einem Obersten und ein Linienschiffsleutnant einem Hauptmann. Militärärzte, Militärgeistliche, Auditoren und andere Militärbeamte sowie das technische Personal hatten ihre eigenen phantasievollen Rangklassen, wie Feldbischof, der einem Feldmarschalleutnant gleichgestellt war, Feldrabbiner der IX. Rangklasse bzw. Regimentsarzt, die beide den Rang eines Hauptmannes innehatten, Militärbaurechnungsakzessist, gleichrangig dem Leutnant, und Abteilungsvorstand des Marine-hydrographischen Amtes, der im Rang eines Oberstleutnants stand.

Die Rangklassen der Oberoffiziere änderten sich zwischen 1848 und 1914, wie Tabelle E.4 zeigt, sehr häufig und sind äußerst verwirrend.

Tabelle E.3. Rangklassen in der Habsburgerarmee (nach 1908)

Rangklasse	Rang		Kommandofunktion
	I	Feldmarschall	Heeresgruppe
	II	Generaloberst	Armee (100.000-200.000)
Generäle	III	General der Infanterie, General der Kavallerie, Feldzeugmeister	Armee oder Armeekorps (30.000-40.000)
	IV	Feldmarschall-Leutnant	(Truppen-) Division (15.000-20.000)
	V	Generalmajor	Brigade (2 Regimenter; 6.000-8.000)
	VI	Oberst	Regiment (3.000-4.000)
Stabsoffiziere	VII	Oberstleutnant	unabhängiges Bataillon oder stellvertretender Regimentskommandant
	VIII	Major	Bataillon (1.000)
	IX	Hauptmann Rittmeister	Kompanie (200-500)
Oberoffiziere		Oberleutnant	Stellvertretender Kompaniekommandant oder Zugskommandant
	XI	Leutnant	Zug (50)
Fähnriche	XII	Fähnrich	Zug

Tabelle E.4. Oberoffiziere in der Habsburgerarmee

Rangklassen	Vor 1850	1850-1866	1867-1868	1869-1907	1908-1918
IX	Hauptmann	Hauptmann I. Classe	Hauptmann I. Classe	Hauptmann I. Classe	Hauptmann (In d. Kavallerie und im Train: Rittmeister)
IX	Capitän-Leutnant	Hauptmann II. Classe	Hauptmann II. Classe	Hauptmann II. Classe	
X	Oberleutnant	Oberleutnant	Oberleutnant	Oberleutnant	Oberleutnant
XI	Unterleutnant	Unterleutnant I. Classe			
XI	Fähnrich	Unterleutnant II. Classe	Unterleutnant	Leutnant	Leutnant
XII	Cadet	Cadet	Cadet	Cadet-Offiziers-stellvertreter	Fähnrich

Die strenge hierarchische Ordnung des Offizierskorps zeigte sich in zahlloser Weise, unter anderem in der Anrede der verschiedenen Rangklassen: Höhere Generäle ab Feldmarschalleutnant wurden mit „Exzellenz“ angeredet, Stabsoffiziere mit „Hochwohlgeboren“ tituliert, während die Offiziere unter dem Rang eines Hauptmannes sich mit dem bloßen „Wohlgeboren“ zufrieden geben mußten. Jede militärische Rangklasse entsprach einer Rangklasse im öffentlichen Dienst, doch waren die Beamten, wie wir später noch sehen werden, besser bezahlt. Ebenfalls recht überraschend für einen Staat, dessen Offiziere automatisch Zugang zum kaiserlich-königlichen Hof hatten, Beamte jedoch nicht, erfreuten sich die Beamten des Vorrangs gegenüber den Militärs bei offiziellen Zeremonien, Gottesdiensten und kirchlichen Prozessionen. Wie ein Militärhandbuch vermerkt, war es nur in den Garnisonskirchen den hohen Militärs erlaubt, die ausgewählten Kirchenstühle zu besetzen, die üblicherweise der zivilen Führung vorbehalten waren.[6]

Organisation und Kommandostruktur

Das Herz der traditionellen Armee war das Regiment, das in diesem Buch wesentlich öfter angesprochen werden wird als jede andere Kommandoebene. Von Kriegsunternehmern, Lehensherren oder Landtagen erstmals im 17. Jahrhundert gebildet, unterschieden sich die Regimenter durch eigene Sitten, unterschiedliche Uniformen und das geschlossene Leben ihres Offizierskorps. In der Frühzeit stand ein Regiment unter der Autorität des Regimentsinhabers. Er entschied, wem die Einheit wie lange und zu welchem Sold dienen sollte, er hatte die absolute Jurisdiktionsgewalt, er ernannte die Offiziere und beschloß ihre Beförderung, er genehmigte oder untersagte Eheschließungen, er bezahlte die Offiziere und Mannschaften, und er war der einzige, an den man sich um eine Pension wenden konnte. Der Oberst, der als sein Stellvertreter fungierte, überwachte lediglich die täglichen Operationen des Regiments.

Dies alles sollte sich im 18. Jahrhundert ändern, als die Regimenter nach und nach der Zentralmacht unterstellt wurden. Dies zeigte sich schon darin, daß eine Zahl dem Namen des Regiments beigefügt und die Uniform des obersten Kriegsherrn, des Kaisers, übernommen wurde. 1868 verloren die Regimentsinhaber dann die letzten Überreste ihrer einstigen administrativen, wirtschaftlichen oder juridischen Autorität. Von diesem Zeitpunkt an hatte der Regimentsinhaber - entweder ein ausländischer Fürst, ein habsburgischer Erzherzog, ein Hocharistokrat oder, immer häufiger, ein pensionierter General - kaum ein anderes Privileg, als daß das Regiment seinen Namen (entweder für immer oder auf Zeit) trug und er bei feierlichen Anlässen in der Uniform des Regiments erscheinen durfte. Die wirkliche Autorität war nun der Oberst, doch war er seinerseits ein bezahlter Diener des Staates, ein bloßer „Militärbeamter“ geworden.

In dieser Übergangszeit unternahmen die Offizierskorps der Regimenter große Anstrengungen, wenigstens etwas von der Tradition und Individualität ihrer Einheiten zu retten. Den böhmischen Achter-Dragonern war es gestattet, einmal pro Jahr „unter

Trompetenschall und mit fliegender Standarte durch die k.k. Hofburg“ zu marschieren. Außerdem hatte ihr Kommandant das Recht, unangemeldet und in voller Rüstung vor dem Kaiser zu erscheinen. Die böhmischen 14. Dragoner waren glattrasiert, während es sonst obligatorisch war, einen Schnurrbart zu tragen. Das böhmische Infanterie-Regiment Nr. 28, Theodor Graf Baillet de Latour, nahm, zumindest bis zur Mitte des 19. Jahrhunderts, nur blonde Offiziere auf. In dem 7. Chevaux-légers-Regiment Carl Freiherr Kress von Kressenstein hingegen prahlten die Offiziere mit ihren Bärten. Ein anderes Regiment hatte eine Ehrenmedaille an der Standarte. Dessen ungeachtet trugen in der zweiten Hälfte des 19. Jahrhunderts alle Regimenter die vom Kriegsministerium vorgeschriebene Kleidung - und diese war innerhalb der Waffengattung, wie Infanterie, Kavallerie oder Artillerie, weitgehend einheitlich. Es ist richtig, daß sich die Regimenter der Infanterie und der Kavallerie durch die Egalisierungsfarbe an den Krägen und Aufschlägen ihrer Uniform und die Farbe der Knöpfe unterschieden, doch bedurfte es eines besonders geübten Auges, um zwischen der „kaisergelben“ Egalisierungsfarbe (mit gelben Knöpfen) des 2. Infanterie-Regiments Alexander I., Kaiser von Rußland, und dem „Schwefelgelb“ (ebenfalls mit gelben Knöpfen) des 16. Warasdiner (später: ungarischen [kroatischen]) Infanterie-Regiments Feldzeugmeister Giesl von Gieslingen zu unterscheiden. Dennoch wurden diese winzigen Unterschiede und natürlich die Tradition eines Regiments für ungeheuer wichtig erachtet, und die Treue eines Offiziers galt immer seinem Regiment, nicht seiner Kompanie, seinem Bataillon, der Division oder dem Armeekorps. Noch nach 1868, als die Beförderung nicht mehr innerhalb des Regiments, sondern innerhalb der gesamten Waffengattung erfolgte, nannte man das Regiment die Familie des Offiziers.

Das Offizierskorps des Regiments schützte „die Ehre des Regiments“, und niemand konnte ohne Zustimmung der Offiziersversammlung in das Regiment eintreten, heiraten oder seinen Rang behalten. Ende des 19. Jahrhunderts waren viele Privilegien der Regimenter jedoch zu bloß symbolischen Rechten geworden. Obwohl einige Regimenter eindeutig ein höheres Ansehen genossen und geachteter waren als andere, gab es in der habsburgischen Armee nie „Garderegimenter“ wie in der britischen, russischen und preußischen Armee.

All dies heißt jedoch nicht, daß alle Einheiten eines Regiments ständig an ein und demselben Ort stationiert waren oder jedes Regiment in sich abgeschlossen war. Im Gegenteil, vor der Reformära waren die beiden voll ausgebildeten Bataillone eines Regiments, die Linienbataillone, im allgemeinen weit entfernt vom Hauptquartier des Regiments stationiert, und nur selten marschierten Regimenter als geschlossene Einheiten in eine Schlacht. Nach den achtziger Jahren des 19. Jahrhunderts befanden sich die Regimenter, wie wir noch sehen werden, meist in der Nähe ihrer Ergänzungsbezirke, waren aber nichtsdestotrotz über ein gewisses Gebiet verstreut. Die kleinsten Verwaltungseinheiten waren die Kompanien, von denen es in einem Regiment etwa 16 gab. Der kleinste selbständige Verband war in der Regel die (Truppen-) Division, die mehrere Regimenter und dazu Artillerie und Unterstützungstruppen umfaßte.[7]

Eine Division konnte ohne zusätzliche Hilfe eine Schlacht bestreiten, ein Regiment hingegen, das nur aus Infanterie, Kavallerie oder Artillerie bestand, war dazu nicht in der Lage. Dennoch wurde ein Offizier stets mit seinem Regiment oder, im Falle der

Jäger und einiger technischer Einheiten, mit seinem unabhängigen Bataillon identifiziert. Damit verfügte der Regimentskommandant über ein sehr hohes Ansehen und eine besondere moralische Verantwortung.[8]

In diesem Buch werden gelegentlich auch die Organisation der Armee und die Kommandostruktur angesprochen werden. Beide Bereiche waren im Laufe der Zeit zahlreichen Änderungen unterworfen und wurden nach 1868 unerhört kompliziert, zum Teil aufgrund der von den sogenannten Delegationen ausgeübten Kontrolle des Heeres durch das österreichische und das ungarische Parlament, und zum Teil durch die Gründung der Landwehren im Jahre 1868. Um mich später darauf beziehen zu können, habe ich in Tabelle E.5 versucht, den Aufbau dieses Systems zu skizzieren, doch ist es aufgrund seiner Komplexität unmöglich, es graphisch umfassend und doch übersichtlich darzustellen. Der von der Verwaltung her dem gemeinsamen Kriegsminister unterstellte „Chef des Generalstabes der gesammten bewaffneten Macht" beispielsweise, war nicht nur für die Operationen der gemeinsamen Armee, sondern auch für jene der Landwehren verantwortlich, sein Verwaltungsvorgesetzter hingegen, der gemeinsame Kriegsminister, hatte keine Autorität über die Landwehren.

Oberleutnant
des k.u.k. Infanterieregiments Nr. 4
„Hoch- u. Deutschmeister"
in Paradeuniform, 1901.

Zeugnisse in den Archiven

Jahrhunderte peinlichster bürokratischer Genauigkeit haben ihre Spuren in einer wahrhaft erstaunlichen Flut von Dokumenten über die Habsburgerarmee und ihr Offizierskorps hinterlassen. Im 18. Jahrhundert, als in weiten Teilen der Monarchie noch ein von einer stümperhaften Verwaltung verursachtes Chaos herrschte, legten ausgebildete Militärbeamte bereits Berge von Papier über das Leben und die Aktivitäten der Soldaten an. Sie registrierten die persönlichen Daten von Millionen von Rekruten, gaben absurd detaillierte Befehle an die Truppen, hielten die Protokolle von Militärgerichtsverfahren fest, nahmen Petitionen von Soldaten, ihren Witwen und Waisen zu den Akten und führten einen ausgedehnten Briefverkehr mit den Zivilbehörden. Die größte Bedeutung im Zusammenhang mit diesem Buch kommt jedoch der Tatsache zu, daß die militärische Bürokratie von den Zeiten Maria Theresias bis zum Ende des Ersten Weltkrieges minutiös detaillierte Informationen über jeden Offizier sammelte, der die Uniform des Kaisers trug.

Tabelle E.5. Die bewaffnete Macht der Habsburgermonarchie im Jahre 1900

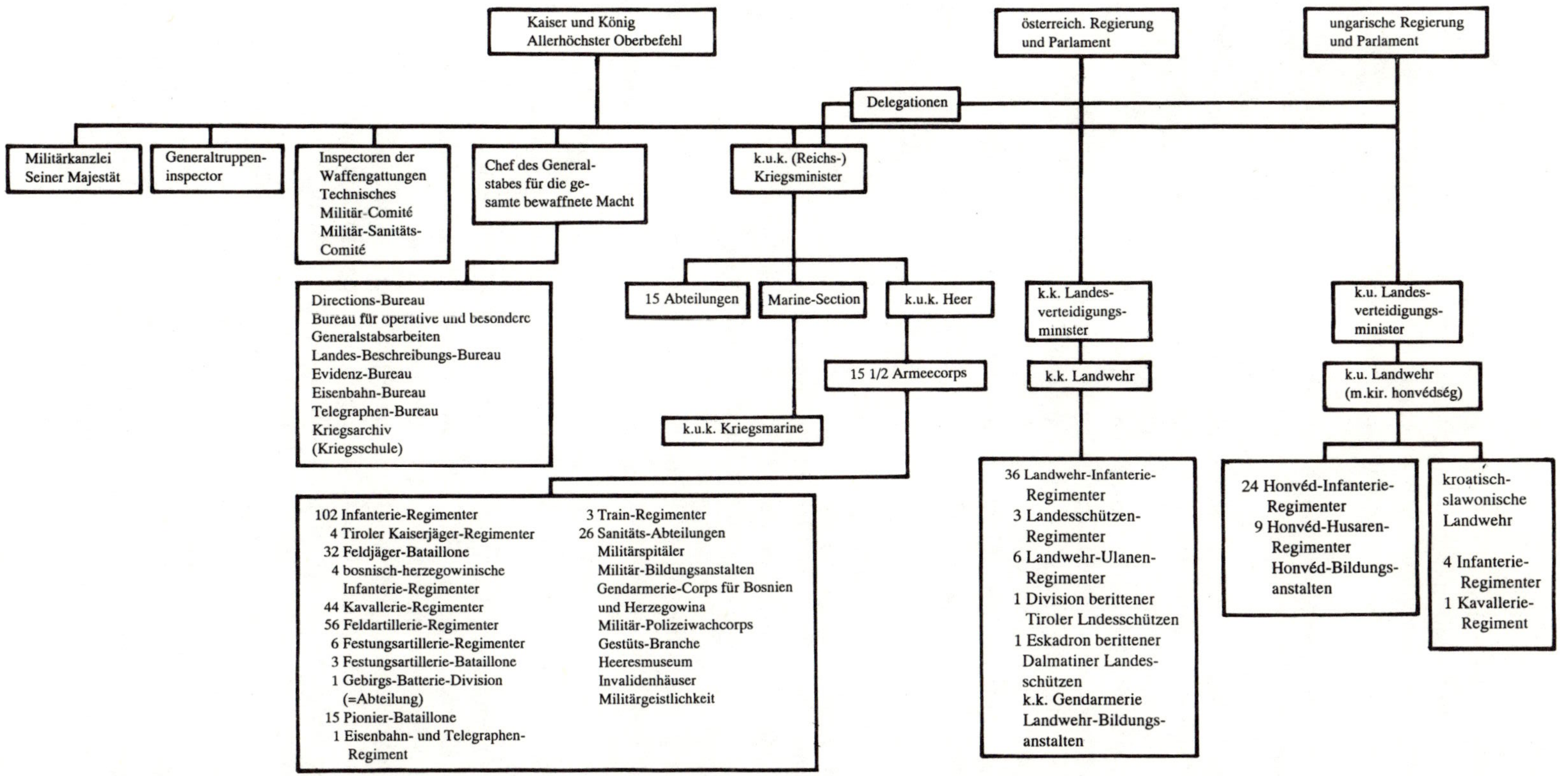

Die *Conduite-Liste* eines Offiziers, ab 1870 dann die noch genauere *Qualifikations-Liste,* wurde jedes Jahr auf den neuesten Stand gebracht und enthielt Daten wie Name und (wenn vorhanden) Adelsprädikat, Ort und Datum der Geburt, Heimatzuständigkeit, Religionsbekenntnis und etwaige Änderungen desselben; Beruf des Vaters; Erziehung und Bildungsgang (einschließlich einer Liste aller besuchten Schulen und Kurse, der erworbenen Titel und gelegentlich einer kompletten Abschrift dieser Dokumente); Familienstand und, wenn verheiratet, auch Höhe und Art der Heiratskaution, die von der Braut oder dem Bräutigam bei der Hofkammer hinterlegt werden mußte und deren Zinsen dem Ehepaar ausbezahlt wurden; Zahl, Alter und Geschlecht der Kinder sowie Vermerke, ob die Militärbehörden bereits für deren Erziehung vorgesorgt hatten oder nicht; Hinweise auf die Privatverhältnisse, einschließlich des Privateinkommens und der Gesamthöhe und Art seiner Verschuldung. Es folgte eine vollständige Beschreibung seiner dienstlichen Verwendungen, einschließlich aller Beförderungen, Verdienste und Versetzungen sowie aller Änderungen in der Stationierung seines Truppenkörpers; seine Kenntnis der verschiedenen Länder, Flüsse und Berge der Monarchie; seine Auslandsreisen; seine, wenn vorhanden, besonderen Geschicklichkeiten und Begabungen auf den Gebieten des Sports wie auch der Musik und der Schönen Künste; sowie seine Kenntnis der innerhalb und außerhalb der Monarchie gesprochenen Sprachen. Dazu kamen eine jährliche Auswertung seiner Führungsqualitäten, seines Umgangs mit dem Kameraden und seines mehr oder weniger respektvollen Verhaltens gegenüber den Vorgesetzten. Ebenfalls verzeichnet wurden sein Geschick im Reiten, Fechten und Zielschießen, sein Hang zum Trinken oder Spielen und, ganz allgemein, sein Verhalten als Offizier und Ehrenmann. Erfaßt wurden auch seine besondere Verwendbarkeit, wie beispielsweise für die „Mappierung“ (kartographische Arbeiten), Tätigkeiten im Rahmen des Unterrichts oder des Generalstabs; der Zeitpunkt für eine Beförderung und seine Eignung für einen höheren Kommandoposten; sein Gesundheitszustand; seine körperliche und geistige Belastbarkeit in einem Feldzug; sein Benehmen „vor dem Feinde“ (so erprobt); Auszeichnungen, die er bekommen hatte; etwaige Verstöße gegen die Disziplin oder Vorladungen vor einen Ehrenrat oder ein Militärgericht.

Die einzelnen Kommandanten erhielten genaue Anweisungen über die Abfassung dieser Qualifikations-Listen, die bis zum 30. September des jeweiligen Jahres ausgefüllt und in einer Kopie an das Kriegsministerium geschickt werden mußten. Die Auswertung erfolgte durch eine Kommission, bestehend aus den Vorgesetzten der Offiziere, wobei das rangniedrigste Mitglied der Kommission als erstes seine Meinung äußerte. Die Dienstbeschreibung mußte von jedem Kommissionsmitglied unterzeichnet werden. Brigade- und Divisionskommandanten gaben in der Regel lediglich an, mit dem in Frage stehenden Offizier nicht persönlich bekannt zu sein. Die Bewertung der Obersten und Generäle erfolgte mit einem speziellen Formular, den sogenannten *Hauptberichten.* Abweichende Meinungen mußten eingetragen und eigens unterzeichnet werden. Die Dienstbeschreibungen waren geheim, doch mußte ein Offizier schriftlich von allen behebbaren Mängeln in Kenntnis gesetzt werden. Er wurde auch davon unterrichtet, wenn er, infolge einer Unzulänglichkeit (etwa ungenügender Kenntnis einer Regimentssprache), in der Beförderungsliste, der „Rangtour“, zurückversetzt wurde. [9] Gleichzeitig lassen diese umfangreichen Qualifikations-Listen viele Fragen offen. Vor allem in der Vorreformära, d. h. der Zeit vor 1868, enthalten sie als Beruf des Vaters oft einfach „Adeliger", „Bürger" oder „Soldat", sogar später findet man oft Angaben wie „Ökonom", „Kaufmann" oder „Beamter" ohne nähere Bezeichnung. Die Namen der Mutter und der Ehefrau eines Offiziers werden kaum je erwähnt. Hinweise auf sein Vermögen und sein Privateinkommen sind im allgemeinen unvollständig, und die wahren Gründe für eine plötzliche Pensionierung oder einen unvermittelten Rücktritt können manchmal nur aus früheren Aussagen der Vorgesetzten geschlossen werden. Das Todesdatum eines Offiziers ist nur gelegentlich verzeichnet, als Nachsatz, und dann stets mit Bleistift hinzugefügt. Unter anderem wurde mir bald klar, daß die Bewertung der Sprachkenntnisse mit Vorsicht behandelt werden muß. Das Militärgesetz schrieb formell eine strenge Strafe - d. h. keine Vorrückung - für jene Offiziere vor, die den Anforderungen der Berherrschung der Regimentssprache oder -sprachen nicht gerecht wurden. Es ist daher nicht verwunderlich, daß die Sprachkenntnisse eines Offiziers früher oder später fast allgemein als „zum Dienstgebrauch genügend" beurteilt wurden.

Es wurde mir auch klar, daß man bei den meisten Beurteilungen des Verhaltens, die von „ziemlich gut" bis „vorzüglich" reichten, zwischen den Zeilen lesen muß, da offensichtlich allgemein schwaches Lob als Abqualifizierung galt. Ein „guter Schütze" mochte in Wirklichkeit gar nicht so gut gewesen sein, ein lediglich „ziemlich guter Reiter" hatte vermutlich wenig Ahnung vom Reiten. Ein Oberst, der als „zum Regimentskommandanten gut geeignet" beurteilt wurde, würde wohl nie mit einer derartigen Verantwortung betraut werden, da mußte man schon „vorzüglich geeignet" sein. Die österreichische Armee litt unter einer starken Inflation an positiven Beschreibungen. Gleichzeitig dürften sich Vorurteile, Voreingenommenheit und persönliche Feindschaft hinter diesen konventionellen Sätzen verborgen haben. Natürlich können wir heute nicht mehr feststellen, wieviele dieser Beurteilungen von Vorurteilen beeinflußt waren. Tatsache bleibt jedoch, daß jede einzelne jährliche Dienstbeschreibung durch die Vorgesetzten des Offiziers, vom Kompaniekommandanten bis hinauf zum General, der die Division befehligte, unterzeichnet werden mußte. Vermutlich wurde die Meinung des unmittelbaren Vorgesetzten im allgemeinen von den höherrangigen Vorgesetzen akzeptiert, obwohl wir wiederholt auf Beispiele einer abweichenden Beurteilung stoßen, die stets schriftlich niedergelegt wurden.

Diese Dienstbeschreibungen der einzelnen Offiziere weisen allerdings einen großen Mangel auf, der dem Forscher seine Arbeit erschwert, für die Zeitgenossen aber zweifellos ein großer Segen war. Weder die alten Conduite-Listen noch die jüngeren Qualifikations-Listen enthalten auch nur den geringsten Hinweis auf die ethnische Herkunft oder die Muttersprache eines Offiziers, Fragen, die für die supranationale Habsburgerarmee ohne jede Bedeutung waren. Informationen darüber können nur aus anderen Quellen abgeleitet werden.

Die Dienstbeschreibungen werden sorgfältig im Wiener Kriegsarchiv verwahrt, wo sie in einem riesigen und düsteren Keller 4.500 große Kisten füllen. Trotz ihrer offenkundigen Mängel sind sie eine historische Quelle von unschätzbarem Wert, die ich versucht habe, bestmöglich zu nützen.

Die Methode, derer ich mich bedient habe, um ein kollektives Bild der Offiziere zu zeichnen, bestand darin, mich auf zwei Auswahlgruppen zu konzentrieren, und zwar jene Berufsoffiziere, die 1870, und jene, die 1900 den Rang eines Leutnants im aktiven Dienst innehatten. Da die erste Generation im allgemein zwischen 1840 und 1850 und die zweite zwischen 1870 und 1880 geboren wurde, umfaßt die Laufbahn der beiden Gruppen praktisch den gesamten hier untersuchten Zeitraum. Ich habe stichprobenartig jeden zehnten Leutnant der beiden Gruppen aus dem Rangverzeichnis der Offiziere in den Militärschematismen der Jahre 1871 und 1901 herausgegriffen. Da in den betreffenden Jahren jeweils etwa 5.000 Leutnante (Berufsoffiziere) angeführt sind, erhielt ich eine repräsentative Auswahl von etwa 500 Berufsoffizieren (um genau zu sein 486 bzw. 517) aus jeder Gruppe. Viele Aussagen dieser Studie basieren auf einer Analyse dieser etwas mehr als 1.000 Leutnante.

Diese Methode hat ihre Vor- und Nachteile. Offensichtlich waren einige Leutnante älter als andere, wobei das höchste bzw. niedrigste Alter in der Gruppe von 1870 51 bzw. 18 Jahre und in der Gruppe von 1900 46 bzw. 19 Jahre beträgt. Die Extremwerte stellen jedoch nur vereinzelte Ausnahmen dar. Meine ursprüngliche Absicht, aus den Militärschematismen nur jene Leutnante herauszusuchen, die im selben Jahr ausgemustert wurden, mußte ich fallenlassen, da die Anzahl der ausgemusterten Leutnante in einigen Waffengattungen von Jahr zu Jahr stark schwankte.

Meine endgültige Liste enthält eine Zufallsauswahl von Offizieren der verschiedenen Waffengattungen: Infanterie, Jäger, Kavallerie, Artillerie, Genie-Waffe und andere technische Zweige, Traintruppe, Sanität[10], Militär-Polizeiwachcorps und Gestütsbranche. Ich habe auch versucht, jene Militärbeamten miteinzubeziehen, die einer Kampftruppe angeschlossen waren, nämlich die Militärärzte, Auditoren und Truppen-Rechnungsführer.[11] Nicht berücksichtigt sind die Reserveoffiziere, die in Wirklichkeit Zivilisten waren. Ebenfalls unberücksichtigt ließ ich die Militärgeistlichen, die eine Gruppe für sich bildeten und überdies die Statistiken über die konfessionelle Zusammensetzung des Korps verfälschen könnten.

Ich mußte jedoch einige Zugeständnisse an die Realität machen. Um 1900 begannen die Militärärzte und Auditoren, die damals schon alle eine Universitätsausbildung hatten, ihre Laufbahn in der Regel schon als Oberleutnante; diese wurden in meiner Auswahl mitberücksichtigt.

Es gab noch andere Probleme. Nach 1907 wurden die traditionellen Qualifikations-Listen durch einen kürzeren und weniger aufschlußreichen Fragebogen ersetzt, und während des Ersten Weltkrieges gab es überhaupt keine Qualifikations-Listen mehr. Stattdessen wurde von den Kommandanten an der Front flüchtig ein wesentlich kürzeres Vormerkblatt ausgefüllt. Damit sind die Berichte über meine Gruppe von 1900 ungleichmäßig und unvollständig, während jene der Generation von 1870 praktisch vollständig sind (nur eine Handvoll jener Offiziere, die 1870 Leutnante gewesen waren, dienten noch im Ersten Weltkrieg).

Oberoffiziere, wie etwa ein Leutnant, befanden sich noch in ihrer Bewährungszeit, und viele, die in meine Stichprobe hineinfallen, beendeten ihre Karriere kurz darauf, indem sie ihren Dienst innerhalb von ein oder zwei Jahren quittierten. Natürlich hätte ich eine ebenso repräsentative Auswahl von Stabsoffizieren (Majoren, Oberstleutnanten und Obersten) oder eine vollständige Aufzählung der Generäle als Grundlage für die vorliegende Studie nehmen können, doch hätte dies lediglich Einblick in eine kleine Elite innerhalb einer Elite ermöglicht. Die von mir gewählte Methode sollte zeigen, wer eine Offizierslaufbahn in der Habsburgerarmee einschlug und wer wirklich Karriere beim Militär machte.

Neben diesen Dienstbeschreibungen der Offiziere stammen die wichtigsten Daten für diese Studie aus den durchwegs sehr sorgfältig verfaßten und verläßlichen österreichischen und ungarischen Statistiken. Die Hauptquelle sind dabei die erstmals 1780 und ab diesem Jahr in einem regelmäßigen Abstand von zehn Jahren durchgeführten und in der zweiten Hälfte des 19. Jahrhunderts verbesserten Volkszählungen. Als älteste und größte bürokratische Organisation der Monarchie erstellte und veröffentlichte das Heer seine eigenen genauen Statistiken. Die bedeutendste unter diesen Statistiken, das Militär-Statistische Jahrbuch, wurde ab 1870, aus unbekanntem Grund aber nur bis 1911 herausgegeben. Von der III. Section des k.u.k. Technischen Militär-Comités des gemeinsamen Kriegsministeriums[12] erstellt und veröffentlicht, umfaßte jedes Jahrbuch einige hundert Seiten und enthielt äußerst detaillierte Angaben u. a. über die Gesundheit und körperliche Verfassung der Rekruten, ihre Lebensdaten und ihren Zivilberuf sowie, gegebenenfalls, die Gründe für eine Abweisung. Genaue Statistiken gibt es weiters über die Verluste der Truppen sowie über Zahl und Art der Krankheitsfälle, Selbstmorde, Desertionen, Vorladungen vor ein Militärgericht, Gefängnisstrafen und Hinrichtungen. Die Angaben wurden sowohl nach den einzelnen Rekrutierungsbezirken als auch kumulativ in Absolut- und Prozentzahlen angegeben.

Die Militär-Statistischen Jahrbücher enthielten genaue Einzelheiten über die Militärschulen, die Kadetten und nicht zuletzt auch über das Offizierskorps, einschließlich Zahl und Prozentsatz der Offiziere im aktiven Dienst, in der Reserve und im Ruhestand, ihre jeweilige Altersverteilung nach Rang und Waffengattung, ihre Laufbahn im Bezug zu den Schulen oder Spezialkursen, die sie besucht hatten, und die Feldzüge, an denen sie teilgenommen hatten. Weiters angegeben waren die konfessionelle und ethnische Zugehörigkeit der Offiziere - letztere nur zwischen 1897 und 1911 -, Zahl und prozentueller Anteil jeder dieser Gruppen an den verschiedenen Waffengattungen, Zahl und Art der Beförderungen sowie die Zahl jener, die den Dienst quittiert hatten, einschließlich der Gründe, die dazu geführt hatten. Leider erschienen nicht alle diese statistischen Auswertungen jährlich, und außerdem gibt es offensichtlich weder in den Jahrbüchern noch in den Archiven irgendeinen schriftlichen Hinweis, nach welcher Methode die Statistiken erstellt wurden.

Natürlich habe ich noch andere Archivquellen hinzugezogen, darunter die Akten des Kriegsministeriums, der Militärschulen und der Militärgerichte. So gelang es mir beispielsweise, die Militärgerichtsprotokolle über fast alle Offiziere aus meiner Stichprobe, die für das ein oder andere Vergehen verurteilt wurden, zu finden. Darüber hinaus las ich zahlreiche Protokolle anderer interessanter Gerichtsverfahren, in die Offiziere verwickelt waren, die es mir mit Hilfe des zeitgenössischen Index der Militärgerichtsprotokolle zwischen 1896 und 1915 zu identifizieren gelang.

Ergänzt wurden meine Arbeiten im Wiener Kriegsarchiv durch Forschungen im Budapester Kriegsarchiv. Dort gelang es mir u. a., eine Stichprobe von 200 Honvéd-Offizieren (ungarische Landwehr) zusammenzustellen. Diese Stichprobe besteht aus zwei gleich großen Gruppen, und zwar jenen Offizieren, die 1880, und jenen, die 1900 den Rang eines Leutnants innehatten. Auch hier mußte ich einige Zugeständnisse an die Realität machen. 1870 befand sich die erst zwei Jahre zuvor gegründete Honvéd-Armee noch im Aufbaustadium. Ich entschied mich daher stattdessen für die Generation von 1880. Selbst eine oberflächliche Prüfung zeigt, daß die Honvéd-Leutnante hinsichtlich Ausbildung, Erfahrung, Reisen und Sprachkenntnissen weit hinter ihren Kameraden in der k.u.k. Armee zurückblieben. Dies galt aber nicht für ihre gesellschaftliche Stellung, wurden doch viele Honvéd-Offiziere aus dem ungarischen Adel rekrutiert. Es geht auch klar hervor, daß die Honvéd-Armee um 1900 der k.u.k. Armee bereits sehr ähnlich geworden war.

Für diese genannten Forschungsarbeiten reiste ich wiederholt nach Wien und Budapest und verbrachte viele Monate in den beiden Kriegsarchiven. Dennoch bin ich mir bewußt daß Tausende weitere Dokumente, die sich mit dem Leben der Offiziere beschäftigen, unberücksichtigt bleiben mußten. Auch konnte ich kaum mehr als einen Blick in die Militärarchive in der ČSFR (zum Zeitpunkt meiner Arbeiten noch ČSSR!), Polen, Rumänien, Jugoslawien und Italien werfen, die alle militärische Unterlagen über die Habsburgerarmee beherbergen. Auf der Friedenskonferenz nach dem Ersten Weltkrieg in Paris wurde beschlossen, daß jeder Nachfolgestaat das Recht hatte, in den Wiener Zentralarchiven alle Dokumente herauszusuchen, die sich im besonderen mit Angelegenheiten ihres Gebietes beschäftigen. Das Ergebnis war ein Chaos. Da es unmöglich war, die riesigen urkundlichen Sammlungen in den verschiedenen Wiener Zentralarchiven zu überblicken, und extrem schwierig, zwischen Dokumenten nationalen und supranationalen Charakters zu unterscheiden, wurden viele Offiziersbeschreibungen mehr oder weniger aufs Geratewohl aus Wien weggebracht. Die Qualifikations-Listen der Offiziere, die ihren Dienst in der Armee eines Nachfolgestaates beendet hatten, wurden manchmal in Wien belassen, manchmal in die Kriegsarchive des neuen Staates gebracht und in wieder anderen Fällen zwischen den beiden aufgeteilt. Um nur ein Beispiel zu nennen, wurde die Qualifikations-Liste meines Vaters, der als Oberleutnant der Reserve während des Ersten Weltkrieges in einem Festungsartillerie-Regiment der k.u.k. Armee gedient hatte, nach dem Krieg nach Budapest gebracht, die Papiere über seine Ausbildung als Scheinwerfer-Spezialist in Wien aber verblieben in Österreich.

Noch eine letzte Anmerkung zum physischen Zustand und zur Lesbarkeit der Dokumente. Anders als viele gedruckte Veröffentlichungen aus der Zeit der Jahrhundertwende, die rasch zerfallen, befinden sich diese Archivpapiere in einwandfreiem Zustand. Bis nach 1900, als langsam maschinschriftliche Dokumente auftauchen, sind die Texte natürlich handgeschrieben. Die Kurrentschrift hat ihre Probleme, doch die von Kopisten angefertigten oder abgeschriebenen Dokumente sind recht gut lesbar, wie auch die meisten anderen offiziellen Papiere, die von den in der Kunst der Kalligraphie geübten Offizieren und Unteroffizieren angefertigt wurden.

1. Von den Türkenkriegen bis zu den Revolutionen des Jahres 1848

Lehensaufgebote, Grenztruppen und die Armee in der Zeit des aufgeklärten Absolutismus

Die Vorläufer der europäischen stehenden Armeen waren so bunt zusammengewürfelte Streitkräfte wie Lehensaufgebote, Söldnerheere, Stadt- und Bauernmilizen und fürstliche Leibgarden, Truppen, die immer nur für eine bestimmte Zeit beisammen blieben. Die Angehörigen der Aufgebote und Milizen kehrten nach Hause zurück, die Söldner wurden zu Banditen, und die stehenden Heere der Renaissancefürsten mußten aufgelöst werden, weil es an Geld fehlte und auch weil die Stände eine solche militärische Präsenz nicht duldeten. Die habsburgischen Besitzungen bildeten in dieser Hinsicht keine Ausnahme, sondern sind vielmehr ein hervorragendes Beispiel für den rücksichtslosen Ehrgeiz der Landesherren, die feindselige Haltung der Stände und die hoffnungslose Geldknappheit. Im 16. Jahrhundert mußten die Habsburger ihre Energien gleichzeitig in den Kämpfen gegen die Osmanen, die Franzosen und die protestantischen deutschen Fürsten sowie gegen den aufmüpfigen Adel in ihren eigenen Ländern und oft gegen ihre eigenen Truppen einsetzen. Für all das gab es nie genug Geld. Immer wieder verweigerten die Stände, oft aus religiösen Gründen, ihrem Herrscher die notwendigen Geldmittel, und dieser wiederum bediente sich seiner bescheidenen Mittel, um Gefolgsleute zu finden und teure Eheschließungen zu finanzieren, die das Herrscherhaus an den Rand des finanziellen Ruins brachten. So borgten sich die Habsburger im 16. Jahrhundert von den Fuggern und Welsern und später von jüdischen Armeelieferanten oder Kriegsunternehmern wie Albrecht von Wallenstein Geld. Die Bankiers gingen dabei bankrott, und als Wallenstein zu mächtig geworden war, wurde er (1634) auf Betreiben Kaiser Ferdinands II. ermordet. Es ist dies vielleicht das erste Beispiel für die legendäre „Undankbarkeit des Hauses Habsburg“, welche die Beziehungen zwischen dem jeweiligen Herrscher und seinen großen Feldherren bis tief in den Ersten Weltkrieg hinein prägen sollte.

Gunther E. Rothenberg teilt die frühe Geschichte der habsburgischen Armee in drei Perioden ein: (1) von 1522 bis etwa 1625, als gewisse institutionelle Grundlagen geschaffen wurden, (2) das 17. und frühe 18. Jahrhundert, als langsam ein stehendes Heer verwirklicht und Österreich zur Großmacht wurde, und (3) von 1744-1815, als das Militär in ein verläßliches Staatsinstrumentarium umgewandelt wurde, das auch dem Druck der preußischen und französischen Kriege standzuhalten vermochte.[1]

Die erste ständige militärische Institution im habsburgischen Reich war erstaunlicherweise nicht ein stehendes Heer, sondern eine Grenzverteidigungslinie, die ab 1522 zur Abwehr der Osmanen eingerichtet wurde. Besetzt war dieses Gebiet mit Söldnern, lokalen Milizen und bezeichnenderweise auch bewaffneten Bauern, die in Militärsiedlungen lebten. Es war dies die berühmte Militärgrenze, die quer durch Kroatien-Slawonien und Ungarn verlief, nach der Vertreibung der Türken Ende des 17. Jahrhunderts aber auf Dauer an die südliche Grenze dieser beiden Länder verlegt wurde. Bisweilen wurde diese Militärgrenze auf die gesamte Südgrenze ausgedehnt und reichte von den Hochländern der Adria bis zu den östlichen Karpaten, tief im heutigen Rumänien. Bis zu ihrer Auflösung im Jahre 1881 stand die Militärgrenze unter der direkten Kontrolle Wiens und war für den Fortbestand der Monarchie von entscheidender Bedeutung, doch war sie auch eine Quelle ständig wiederkehrender Konflikte mit den ungarischen, siebenbürgischen und kroatischen Ständen, die Gebiete der Militärgrenze für sich beanspruchten.

Zunächst war die Militärgrenze eher ein Unruheherd als ein Segen. Die vorwiegend aus christlichen Flüchtlingen aus dem Balkan bestehenden Grenzertruppen kämpften nicht nur gegen die Türken, sondern auch gegeneinander, gegen benachbarte Gutsbesitzer und gegen die Habsburger. In den europäischen Feldzügen, an denen sie bisweilen teilnahmen, waren sie bald bekannt für ihre Plünderungen. Erst unter Maria Theresia wurden die Grenzer schließlich in reguläre, uniformierte Formationen umgewandelt und in 18 Infanterie-Regimenter eingeteilt, von denen sich elf in Kroatien-Slawonien befanden. Diese Regimenter waren mehr als bloße Militäreinheiten und stellten eigene territoriale Einheiten dar, die jeweils wieder in kleinere Gebiete, sogenannte Compagnien, unterteilt waren. Die verantwortlichen Offiziere waren sowohl Militärkommandanten als auch die leitenden Organe der Zivilverwaltung, die für die Wirtschaft, die soziale Organisation und das Erziehunsgwesen in ihren Gebieten verantwortlich waren. Die Einwohner der Militärgrenze, einschließlich der Frauen und Kinder, waren dem Gesetz nach Untertanen des Regiments, das ihr Leben in allen Bereichen genau regelte. Die Dienstpflicht galt für jeden männlichen Erwachsenen und umfaßte den aktiven Dienst in Linienbataillonen, die Besetzung der Wachtürme der Militärgrenze, die Bewachung der Kontumazlinie, die zur Abwehr der Pest und der Cholera errichtet wurde, sowie die ständige Bereitschaft, jederzeit Einfälle aus dem Süden abzuwehren. Für ältere Männer bestand die Dienstpflicht darin, sozusagen ein letztes Aufgebot zu bilden.

Als Gegenleistung für diese Dienste erfreuten sich die Grenzer vieler Privilegien. Die Straßen und öffentlichen Gebäude in diesem Gebiet wurden von Pionieren der Armee gebaut (zweifellos mit Hilfe der Grenzer, die sich bitter über diesen Frondienst beklagten); ihre Söhne erhielten eine unentgeltliche Grundschulerziehung und wurden, waren sie begabt, in Kadettenschulen geschickt und konnten Offiziere werden. Die Grenzer waren keine Leibeigenen und erkannten daher auch keinen Lehensherrn an. Keinem Gutsbesitzer gegenüber waren sie zu einer Leistung in Form von Arbeit, Geld oder Waren verpflichtet. Anders als die übrigen Bauern in den Ländern der heiligen ungarischen Stephanskrone standen sie nicht unter der Oberhoheit der vom Adel beherrschten Komitatsverwaltung. Selbst in der Frühzeit, als die Bauern andernorts verpflichtet wurden, die Religion ihres Herrn anzunehmen, erfreuten sie sich konfessioneller Freiheit. In Kroatien-Slawonien durften die Grenzer die von den Vorfahren übernommene soziale Lebensform (*Zadruga*) beibehalten, eine Art Großfamilie unter der Autorität eines patriarchalischen Familienoberhauptes. Die Besitzungen der Zadruga waren unveräußerlich und verblieben in der Familie. Diese Privilegien wurden allerdings nicht immer geschätzt, da die Disziplin streng und die Grenzerregimenter arm waren. Die Militärsiedlungen, die von den Flüchtlingen aus dem Balkan und von vielen serbischen, kroatischen und rumänischen Bauern als ein Fortschritt empfunden wurden (was sie nicht hinderte, von Zeit zu Zeit einen Aufstand zu machen), wurden von anderen für eine Versklavung gehalten. Die Szekler z. B., ein freier ungarischer Stamm im östlichen Siebenbürgen, machten 1764 einen blutigen Aufstand, nachdem Maria Theresia einen Teil des Landes ihrer Vorfahren in zwei Grenzer-Regimenter umgewandelt hatte.

In ihrer letzten Form umfaßte die Militärgrenze ein ethnisches Mosaik von katholischen Kroaten, orthodoxen Serben, deutschen und rumänischen Siedlern im Banat und in Rumänien sowie Szeklern in Siebenbürgen. Es gab sogar einige wenige Grenzer Kavallerie-Regimenter und ein Bataillon serbischer Tschaikisten (Stromwache) in Südungarn.[2]

Der Hofkriegsrat war die zweite ständige Militäreinrichtung der Monarchie.[3] Von Kaiser Ferdinand I. 1556 gegründet, bestand diese halb militärische, halb zivile Institution bis 1848, als sie durch das Kriegsministerium ersetzt wurde. Nach Jahren der Instabilität im 16. Jahrhundert, in denen es drei miteinander konkurrierende Hofkriegsräte gegeben hatte, wurde der Hofkriegsrat schließlich mit der gesamten Militärverwaltung, der Rekrutierung und der Kriegführung betraut. Diese Einrichtung (wie auch die Nachfolgeinstitution, das Kriegsministerium) hatte stets mit dem Widerstand der Länder gegen das Konzept einer zentralisierten Militärbürokratie zu kämpfen. Die unabhängigen deutschen Fürsten des Heiligen Römischen Reiches erkannten seine Autorität ebensowenig an wie einige Länder, die zu den habsburgischen Besitzungen gehörten. Vor allem die Ungarn sahen in der Vereinigung ihres Königreiches mit dem Rest der Monarchie ein Abkommen zwischen souveränen Staaten und bestanden darauf, ihr eigenes Militärbudget zu bestimmen und ihre eigenen Rekruten auszuheben. Aber zumindest in Böhmen gelang während des 30jährigen Krieges ein größerer Durchbruch, als die tschechischen Adeligen in der Schlacht am Weißen Berg 1620 geschlagen wurden und die böhmischen Stände mit der sogenannten Verneuerten Landesordnung 1627 ihre militärischen Rechte verloren. Danach festigte der Hofkriegsrat allmählich seine absolute Autorität über einen Großteil der österreichischen Erblande sowie über Böhmen, Mähren und Schlesien.

Im Laufe der Zeit kam es zu einer grundsätzlichen und dauerhaften Trennung zwischen jenen habsburgischen Besitzungen, in denen der Hofkriegsrat nahezu beliebig Rekruten ausheben konnte, und jenen Ländern, wie Ungarn, Siebenbürgen, „Zivil-Kroatien“ (d.h. Kroatien ohne die Militärgrenze), Tirol und (nach 1714) den österreichischen Niederlanden, wo die Rekrutierung und die Festsetzung des Militärhaushaltes Privilegien des jeweiligen Landtages blieben.

Im 17. und frühen 18. Jahrhundert gab es mehrere bedeutende habsburgische Feldherren, wie etwa Wallenstein, der den Habsburgern im Dreißigjährigen Krieg diente, und Graf Raimondo Montecuccoli, der die Türken 1664 bei St. Gotthard besiegte. Herausragend war Prinz Eugen von Savoyen, mit dessen Hilfe Ungarn Ende des 17. Jahrhunderts von den Osmanen befreit wurde und der die Türken dann auch im Krieg von 1716-1718 besiegte. In der Zwischenzeit gewann er gemeinsam mit dem britischen General Marlborough aufsehenerregende Siege über die Franzosen im spanischen Erbfolgekrieg (1701-1714). Doch blieb die Organisation des stehenden österreichischen Heeres auch in Hinkunft mangelhaft, und die Schwäche der Armee, wie sie in den Kriegen gegen die Türken 1738-1739 und gegen Friedrich den Großen nach 1740 zutage trat, wäre beinahe verhängnisvoll gewesen.

Schließlich war es Maria Theresia (1740-1780), die unter der Mithilfe fähiger Ratgeber eine wirklich stehende Armee schuf, der es gelang, die Preußen aufzuhalten. Maria Theresias neue Armee, zusammengewürfelt aus einigen bereits bestehenden habsburgischen Regimentern, Söldnerformationen und Einheiten, die von verschiedenen Ständen und Hocharistokraten aufgestellt wurden, belief sich auf 200.000 Mann in Friedenszeiten und wurde von einer hervorragenden Artillerie unterstützt, die bis zuletzt der Stolz der habsburgischen Streitkräfte bleiben sollte. Die Armee war in ständige Regimenter eingeteilt, die jedes sowohl eine Zahl als auch einen Namen führten. Deutsch wurde zur allgemeinen Kommando- und Dienstsprache. Eine Militärakademie und technische Schulen wurden eingerichtet, und das Exerzieren und die Disziplin wurden ebenso vereinheitlicht wie die Militärjustiz, die medizinische Versorgung, die militärische Erziehung und die Ausmusterung der Offiziere. Gleichermaßen bedeutend für die Zukunft der Armee war, daß Maria Theresia - die sich gezwungen sah, gegen die deutschen Fürsten Krieg zu führen, der aber selbst die Kaiserwürde notgedrungen versagt blieb - erste Schritte unternahm, aus ihren Streitkräften ein „österreichisches" Heer im Gegensatz zur kaiserlichen (römisch-deutschen) Armee zu machen. Als ihr Gemahl 1745 zum Kaiser gekrönt wurde, befahl sie, daß ihre Armee kaiserlich-königliche Armee oder k.k. Armee heißen sollte und die kaiserlichen schwarz-gelben Farben von ihrem Heer getragen werden sollten, um die politische Einheit ihrer Familienbesitzungen zu unterstreichen.[4]

Dies alles bedeutete aber nicht das Ende der innenpolitischen Schwierigkeiten. Die Rekrutierung erfolgte weiterhin uneinheitlich, da Ungarn, Tirol, Norditalien und die österreichischen Niederlande (Belgien) immer noch weniger Leute zur Verfügung stellten als dies ihrem Anteil entsprochen hätte. Obwohl die Monarchie einen Großteil Schlesiens, seines reichsten Landes, an Friedrich den Großen verloren hatte, erfreuten sich die habsburgischen Länder eines wachsenden Wohlstands. Das Militärbudget hingegen blieb weit hinter dieser Entwicklung zurück. Der Erwerb Galiziens im Jahre 1772 und der Bukowina im Jahre 1775 blieben - lange Jahre hindurch - eine größere finanzielle und politische Belastung als sie an Nutzen mit sich brachten. Auch konnten sich weder Maria Theresia noch ihr Sohn Joseph (seit 1765 Mitregent) entschließen, worauf sie das außenpolitische Interesse der Monarchie legen sollten. Sie beharrten darauf, die habsburgische Präsenz in Deutschland und Italien weiterhin aufrechtzuerhalten, beteiligten sich aber auch an der Aufteilung Polens, und vor allem Joseph versuchte, mit Rußland in Südosteuropa zu konkurrieren. Dies bedeutete eine weitere Energieverschwendung, und da es nun keinen Feldherrn vom Format eines Prinzen Eugen mehr gab, folgten blutige Niederlagen: im Siebenjährigen Krieg zwischen 1756 und 1763 gegen Preußen sowie in Josephs unglücklichem Türkenkrieg der Jahre 1788-1791. Josephs Versuche, alles und jedes in seinem Reich zu modernisieren und zu zentralisieren, angefangen von der Verwaltung und dem Erziehungswesen bis hin zum Militär und den Rechten der Bauern, führten zu zunehmendem Widerstand der

Länder und praktisch zu einem Kriegszustand in Ungarn und Belgien. Joseph starb 1790, sich selbst seines Scheitern bewußt, aber er hinterließ eine Tradition der zentralisierten Bürokratie, die für immer mit seinem Namen verbunden ist. Der „Josephinismus" war unter seiner Regierung betont fortschrittlich, später verlor er jedoch viel von seinem ursprünglichen ideologischen Inhalt und bedeutete nicht nur bürokratische Effizienz, sondern auch übertriebene Genauigkeit.[5]

Die französischen Revolutions- und die Napoleonischen Kriege erwiesen sich als kritische Prüfung für die Monarchie. Natürlich gab es viele Rückschläge bei Jemappes, Fleurus, Lodi, Arcola, Rivoli, Mantua, Marengo, Hohenlinden, Austerlitz und Wagram, aber bereits 1796 besiegte Erzherzog Carl die Franzosen in zwei aufeinanderfolgenden Schlachten in Deutschland, und 1798 schlug General Melas die Franzosen in Italien. Dann folgte Erzherzog Carls Sieg bei Aspern im Jahre 1809, die erste Niederlage Napoleons in einer großen Schlacht.[6] Insgesamt gesehen verlegten sich die österreichischen Truppen zu sehr aufs Exerzieren, und gleichzeitig fehlte es ihnen an Motivation. Als sie diese Motivation aber schließlich in der Verteidigung der Heimat fanden, wie 1809 in Tirol, mußte Kaiser Franz (1792-1835) den nationalen Eifer seiner Untertanen zügeln, da er sich den Luxus eines Patriotismus in seinem auf dynastischer Treue gegründeten Staat nicht leisten konnte.

Gegen Ende der Napoleonischen Kriege stellte Österreich im Feldzug gegen Frankreich mit 300.000 Mann die größte Streitmacht, weshalb die Österreicher mit Feldmarschall Fürst Karl Schwarzenberg auch den Oberbefehlshaber der alliierten Truppen stellten. Das Kaiserreich Österreich (wie das Land seit 1804 hieß) hatte die jakobinische Aufwiegelung der Revolutionsjahre und die wiederholten Einfälle der Franzosen erfolgreich überstanden. Die Streitigkeiten innerhalb der Armee waren nur minimal gewesen, und jene Handvoll ungarischer Offiziere, die eine Verschwörung angezettelt hatten, um nationale Unabhängigkeit und vielleicht sogar die Errichtung einer Republik zu erreichen, wurden 1795 entweder hingerichtet oder eingesperrt. In den letzten Kriegsjahren wurde in den Erblanden und in den böhmischen Ländern (nicht natürlich in Ungarn) eine Landwehr gegründet, doch konnte diese „Volksarmee" nie die Bedeutung der preußischen Landwehr erreichen und wurde 1831 abgeschafft. Die einzige dauerhafte Neuerung war die Reorganisation des Generalstabes. Von Maria Theresia 1758 geschaffen und schwerfällig General-Quartiermeister-Stab genannt, war diese winzige Institution den Generälen zutiefst verhaßt. Sie zogen Exerzieren und blindes Drauflosschlagen jeglicher Planung und eingehenderen Überlegung vor, und so spielte der Generalstab - wie wir später noch sehen werden - bis zur zweiten Hälfte des 19. Jahrhunderts auch nur eine untergeordnete Rolle.[7]

Die Zeit der Stagnation 1815 - 1848

Das Kaiserreich Österreich ging aus den Napoleonischen Kriegen mit einem großen Prestigegewinn hervor. Wien war die Gastgeberstadt für die nach dem Krieg abgehaltene Friedenskonferenz, und Staatskanzler Metternich war allgemein als „Kutscher Europas" anerkannt. Der nicht sehr bedauerte Verlust Belgiens an den König der Niederlande wurde durch den Erwerb des Erzbistums Salzburg und der ehemaligen Republik Venedig, einschließlich Dalmatiens, bei weitem kompensiert. Der Glanz des Wiener Kongresses konnte jedoch nur schwer die wachsende Kluft zwischen Österreich und den westeuropäischen Wirtschaften verbergen, und die Staatskasse war praktisch leer. Metternich sah es immer noch gerne, wenn Österreich die Rolle des „Polizisten Europas" spielte; österreichische Garnisonen versahen sowohl in den Festungen des Deutschen Bundes in Deutschland als auch in jenen der italienischen Klientelstaaten ihren Dienst. 1820-1821 marschierten österreichische Truppen in Neapel ein, 1831 gab es militärische Vorstöße nach Mittelitalien, und 1846 schlugen die Österreicher eine polnische Revolution in der kleinen Republik Krakau nieder, die in der Folge annektiert wurde.

Österreichs internationale Verpflichtungen erforderten ein starkes Heer, aber dafür gab es nicht genug Geld. Als Graf Anton Kolowrat 1826 die Federführung in der Innenpolitik übernahm, setzte die Regierung alles daran, den Streitkräften die Flügel zu stutzen. Es ist dies das erste, aber sicherlich nicht letzte Beispiel für die ablehnende Haltung einer zivilen Führung gegenüber dem Militär in der jüngeren österreichischen Geschichte. Wie Gunther E. Rothenberg zeigt, erhielt die Armee 1817 noch die Hälfte aller Einnahmen, 1830 jedoch nur mehr 23 %.[8] So standen nie mehr als 250.000 Mann gleichzeitig im aktiven Dienst, obwohl die Armee über eine theoretische Truppenstärke von 400.000 Mann verfügte, was für ein Reich mit etwa 30 Millionen Einwohnern eine recht beachtliche Streitmacht dargestellt hätte. Die übrigen Soldaten wurden beurlaubt und mußten für sich selbst sorgen, und sogar jene im aktiven Dienst wurden oft freigestellt, vor allem während der Erntezeit, um die Armee von der Last ihrer Versorgung zu befreien.

Mehr denn je lag das Hauptinteresse auf dem „Zauber der Montur", zum Teil wegen des Konservatismus der Generäle, aber auch weil Paraden viel weniger kosteten als die Ausbildung für einen wirklichen Krieg. Ein Infanterist erhielt jährlich nur 20 Schuß Munition, das heißt, er feuerte während seiner Ausbildung, wenn überhaupt, nur sehr selten eine wirkliche Kugel ab. (Ein Schuß kostete unter Berücksichtigung der Gewehrabnützung genausoviel wie die tägliche Verpflegung eines Soldaten.)[9] In den meisten Ländern der Monarchie erfolgte die Rekrutierung nach einer selektiven Konskription, die 1776 eingeführt worden war, von der aber Adelige, Priester, Hausbesitzer, Bauern, Angehörige der Bildungsschicht und alle Vertreter eines ehrbaren Berufes befreit waren. Wer es sich leisten konnte, zahlte überdies lieber den beträchtlichen Ablösungsbeitrag („Reluition") von bis zu 800 Gulden. Da die Behörden das Recht hatten, Unerwünschte zu den Fahnen zu schicken, versahen in Wirklichkeit vor allem die Armen den Dienst in den Streitkräften.

Die Länge des Dienstes war in den verschiedenen Ländern der Monarchie unterschiedlich, wurde 1845 jedoch im ganzen Reich auf einheitlich acht Jahre herabgesetzt. Ungarn (Tirol seit 1815 nicht mehr) behielt weiterhin das Prinzip der freiwilligen Anwerbung bei.[10] In der Praxis wurden dort aber all jene als Soldaten angeworben, die den Musterungskommissionen und den öffentlichen Behörden nicht entkommen konnten. Selbst in Anbetracht des zeitgenössischen europäischen Standards war die Disziplin streng und die Unterbringung der Soldaten oft entsetzlich. Die Truppen wurden aber wenigstens ausreichend verpflegt. Die Regimenter waren fast ständig unterwegs, zum Teil aufgrund politischer und militärischer Notwendigkeit, in zunehmendem Maße aber, um ein Fraternisieren mit der Zivilbevölkerung zu verhindern.

Die ethnische und soziale Zusammensetzung des Offizierskorps hatte sich, wie wir noch sehen werden, seit dem 18. Jahrhundert nicht wesentlich geändert: Seine teils adeligen, teils nicht-adeligen Mitglieder waren zum einen Deutsche, zum anderen Ungarn, Slawen, Italiener und Rumänen, mit einer starken Beimischung von Ausländern. Das Korps erfreute sich einer gesellschaftlichen Sonderstellung, war aber schlecht bezahlt und vernachlässigt. Vor 1848 gab es etwa 10.000 Offiziere, deren Beförderung sogar noch langsamer erfolgte als in den übrigen Armeen Europas, wenn auch in Österreich manch üble Praktiken, wie der Stellenkauf, weniger schlimm gehandhabt wurden als beispielsweise in der britischen Armee. Damals, wie zu allen Zeiten ihres Bestandes, kümmerte sich die Armee nicht um die ethnische Herkunft der Offiziere und erstaunlicherweise auch kaum um deren soziale Herkunft, mit Ausnahme der regierenden Fürsten und Aristokraten. Und obwohl sich der Oberste Kriegsherr zum römisch-katholischen Glauben bekannte, wurde dem Religionsbekenntnis und der Frömmigkeit eines Offiziers keine Bedeutung bei der Beförderung beigemessen. Die Offiziere waren durchwegs unpolitisch, und die Revolution des Jahres 1848 ging sicher nicht von den Reihen der Armee aus. Zwar hatte es einige kleinere Verschwörungen unter italienischen und polnischen Offizieren gegeben, doch konnten diese ohne Schwierigkeiten niedergeschlagen werden. Und trotzdem erlebte die Armee Anfang März 1848 die größte oder besser gesagt einzige innere Krise ihrer Geschichte.

Die große Krise der Jahre 1848-1849

Die österreichischen Revolutionen begannen Mitte März 1848 als Folge der Februar-Revolution in Paris.[11] Innerhalb weniger Tage war die Zentralmacht zusammengebrochen, war Metternich nach England geflohen und hatten die althergebrachten Landtage der einzelnen Länder und selbsternannte Nationalkomitees Kaiser Ferdinand I. (1835-1848) weitreichende Konzessionen abgerungen. Die Revolutionen proklamierten allgemeine Brüderlichkeit und den gemeinsamen Kampf gegen die reaktionäre Tyrannei. Da die nationalen Ziele der verschiedenen politischen Gruppierungen nur schwer vereinbar waren, kam es unweigerlich zu Auseinandersetzungen unter den Aufständischen. Studenten und Bürger in Wien forderten eine demokratische Umgestaltung der Monarchie, aber auch die Vereinigung jener Teile der Monarchie, die einst zum Heiligen Römischen Reich gehört hatten, mit einem fortschrittlichen deutschen Reich, das zu entstehen schien. Die Revolutionäre in Mailand und Venedig arbeiteten für die Schaffung eines fortschrittlichen, geeinten italienischen Staates, zu dem auch einige Gebiete gehören sollten, die von den Deutschösterreichern für das zukünftigen geeinte Reich der Deutschen beansprucht wurden. Die liberalen

Reformer in Prag forderten einen geeinten tschechischen Staat, dem auch Millionen von Deutschsprachigen angehören sollten; die tschechischen Patrioten aber wollten nichts von einer Eingliederung ihrer Gebiete in einen zukünftigen großen deutschen Staat hören (was das Ziel der deutschen Nationalisten war). Die ungarische politische Führung hatte eine Wiedervereinigung mit Siebenbürgen und eine Umwandlung der Länder der heiligen ungarischen Stephanskrone in einen modernen, liberalen und magyarisch-beherrschten Einheitsstaat im Auge, doch kollidierte dies wiederum mit den Interessen der kroatischen Revolutionäre, die selbst einen souveränen Staat wollten, und den Bemühungen der slowakischen, rumänischen und serbischen politischen Bewegungen, die eine Autonomie innerhalb Ungarns oder sogar eine mögliche Vereinigung mit ihren Brüdern in Böhmen, den Donaufürstentümern Moldau und Walachei sowie dem Fürstentum Serbien wünschten. Und man könnte diese Aufzählung noch ohne weiteres beliebig fortsetzen!

Das Reich schien dem Zusammenbruch nahe. Einige Generäle waren zu einem entschlossenen Widerstand bereit, doch erhielten sie vom Kaiser entweder widersprüchliche oder gar keine Befehle. So sahen die Generäle zu, wie ihre Truppen, nach anfänglicher Gewaltanwendung, aus Wien hinausgedrängt wurden. In anderen Orten, in Budapest und Prag etwa, blieben die Einheiten in den Kasernen und versuchten neutral zu bleiben.

Die Situation wurde noch schwieriger, als König Karl Albert von Piemont-Sardinien Österreich am 23. März den Krieg erklärte und seine Armee gemeinsam mit den Revolutionären aus diesem Gebiet die österreichischen Truppen aus der Lombardei vertrieb. In Venedig wurde die Republik ausgerufen, und der dortige österreichische Gouverneur übergab die Macht an Revolutionsführer Daniele Manin.

Von der gesamten habsburgischen Armee waren im März 1848 nur die in Oberitalien stationierten Verbände der Italienarmee auf einen Krieg vorbereitet. Obwohl sie noch vor den revolutionären Ereignissen verstärkt worden waren, standen ihrem Kommandanten, Feldmarschall Johann Josef Wenzel Graf Radetzky, insgesamt nur 73.000 Mann zur Verfügung, einschließlich der Versorgungstruppen und der Festungsbesatzungen. Seinen Streitkräften gehörten etwa 20.000 Italiener an, von denen die meisten bald verlorengingen, entweder weil sie desertierten oder in Venedig stationiert waren.[12] Aber der damals 82jährige Radetzky war ein hervorragender General, der seinen Ruhm schon in den Napoleonischen Kriegen erworben hatte, und er gab nicht so schnell auf. Sein größter Trumpf war seine Beliebtheit bei den Truppen und unter den italienischen Bauern. Diese sahen in ihm gewissermaßen ihren Schutzherrn gegen die aristokratischen italienischen Revolutionäre, die sehr oft ihre Grundherren waren. Die Bauern kümmerten sich auch wenig um die von den Intellektuellen angeführte politische Bewegung, ein nicht nur für Norditalien, sondern auch für andere Gebiete des Reiches typisches Phänomen, dem letztlich die Dynastie ihre Rettung verdankte. Radetzky zog seine Streitkräfte in das „Festungsviereck" zurück, jene vier großen österreichischen Festungen (Peschiera, Mantua, Verona und Legnano), die Oberitalien schützten, und bereitete einen Gegenangriff vor. Inzwischen drängte er die österreichische Regierung, die zwar nach der März-Revolution neu gebildet worden, in ihrer Zusammensetzung aber immer noch ziemlich konservativ und dem

Herrscherhaus treu ergeben war, weder Piemont noch den heimischen Aufständischen irgendwelche Zugeständnisse zu machen.

Aber nichts konnte damals die verwirrten Behörden in Wien stoppen - die österreichische Regierung und wen sonst es gelüstete, im Namen des Kaisers zu sprechen -, der langen Reihe von angriffslustigen Bittstellern bei Hof die verschiedensten Verfassungen und andere Konzessionen zu gewähren. Die wichtigste dieser Konzessionen war die Ungarn gewährte Verfassung, in der dem Land das Recht auf eine Vereinigung mit Siebenbürgen, die Oberhoheit über Kroatien-Slawonien und schließlich sogar eine Eingliederung der Militärgrenze zugestanden wurde. Durch die Verfassung wurde ungarisch zur offiziellen Sprache des neuen, geeinten Staates, wurden umfassende liberale Reformen eingeleitet und eine konstitutionelle Regierung eingesetzt, die einem in Kürze zu wählenden Volksparlament verantwortlich war. Ungarn wurde die selbständige Verwaltung seiner Finanzen zugestanden, ein eigener Kriegsminister und sogar ein Außenministerium. Allerdings ließ die Verfassung völlig offen, wie die beiden Außenministerien und die Militärbehörden in Wien und Budapest ihre Tätigkeit abstimmen sollten. Als weiteres großes Zugeständnis erhielten die Ungarn das Recht, alle auf ungarischem Gebiet stationierten habsburgischen Truppen den Eid auf ihre Verfassung schwören zu lassen. Damit wurden diese Soldaten dem ungarischen Kriegsminister unterstellt. Es war allerdings nicht klar, ob es auch einen Austausch von Regimentern dergestalt geben sollte, daß die aus Ungarn und Siebenbürgen stammenden Regimenter in diese Gebiete zurückkehren und die nicht-ungarischen Einheiten das Land verlassen sollten. Radetzky wollte von all dem jedenfalls nichts hören, und obwohl er einem seiner Kavallerie-Obersten die Erlaubnis erteilte, die Truppe zu verlassen, um den Posten des ungarischen Kriegsministers anzunehmen, behielt er die ungarischen Truppen, die kroatischen Grenzer und alle anderen weiterhin unter seinem Kommando.[13]

Die österreichischen Streitkräfte waren damals verwaltungstechnisch in zwölf große territoriale Kommanden, die sogenannten General-Militär-Commanden, aufgeteilt, an deren Spitze jeweils ein höherer General stand. Von diesen fielen nun fünf theoretisch unter die Autorität der ungarischen Regierung. Bei den Regimentern war die Lage nicht besser. Von den 35 cisleithanischen oder sogenannten „deutschen" Infanterie-Regimentern befanden sich damals sechs in Italien und vier in Ungarn. Von den fünfzehn ungarischen Infanterie-Regimentern waren sechs in Österreich und vier in Italien stationiert. Von den acht italienischen Infanterie-Regimentern war die Hälfte außerhalb Norditaliens stationiert. Bei der Kavallerie war die Situation gleichermaßen kompliziert. Von den 25 „deutschen" Kavallerie-Regimentern (zu denen natürlich auch Einheiten gehörten, die aus Tschechen, Polen, Ruthenen und Slowenen gebildet wurden) dienten zu jener Zeit dreizehn in Ungarn. Auf der anderen Seite waren von den zwölf ungarischen Husaren-Regimentern nur sechs auf ungarischem Gebiet stationiert.[14] Die Kommandohoheit über diese Regimenter und die Frage ihrer Loyalität wurden so zu brennenden Fragen, da die anfänglich fast unblutigen Revolutionen bald zu einer Reihe von Bürgerkriegen entarteten und im Herbst 1848 zu einem regelrechten Krieg zwischen Österreich und Ungarn führten. Außerdem gewährt die obige schematische Aufzählung der Verteilung der Regimenter kaum einen wirklichen Einblick in diese komplizierte Frage, wird doch dabei nur die Stationierung der vollausgebildeten ersten und zweiten Bataillone jedes Regiments berücksichtigt. Es gab aber auch noch ein drittes Bataillon, das vor allem aus jungen Soldaten bestand und im allgemeinen im engeren Ergänzungsbezirk des Regiments stationiert war. Zusätzlich war jedes Infanterie-Regiment verpflichtet, zwei Kompanien besonders großer Soldaten an eigene Grenadier-Bataillone abzustellen, die aus Soldaten verschiedener Regimenter bestanden und daher nur selten am selben Ort wie die übrigen Bataillone der jeweiligen Regimenter dienten. Dies bedeutete, daß alle Infanterie- und die meisten Kavallerie-Regimenter mehr oder weniger stark aufgesplittert waren, und als die Bürgerkriege bzw. der Krieg zwischen Österreich und Ungarn ausbrachen, fand man verschiedene Bataillone derselben Regimenter in beiden Lagern, die einander bisweilen sogar direkt gegenüberstanden.[15] Kein Wunder, daß jene österreichischen Militärhistoriker, die sich nach Ende des Krieges mit diesen Ereignissen befaßten, ausnahmslos einige, wenn auch noch so kleine Einheiten jedes Regiments fanden, die auf der Seite des Kaisers und nicht gegen ihn gekämpft hatten. Ihr Mut und ihre Treue wurden daher besonders gelobt, während das Verhalten aller übrigen geflissentlich übersehen wurde.

Neben den Konflikten in Norditalien kam es im Juni 1848 in einem anderen Teil der Monarchie, nämlich in Prag, zu blutigen Auseinandersetzungen, als Feldmarschall Alfred Fürst zu Windisch-Graetz dort einen örtlichen Aufstand niederschlug. Dies war der Beginn der militärischen Gegenrevolution, allerdings noch Monate bevor die Armee das Heft in die Hand nehmen konnte. Es ist richtig, daß Radetzky den Piemontesen am 24. Juli bei Custozza eine vernichtende Niederlage zufügte, in der Folge die Lombardei zurückeroberte und Karl Albert am 9. August zum Abschluß eines Waffenstillstands zwang, doch hatte dieser österreichische Erfolg keine ernstzunehmenden Auswirkungen auf die übrige Monarchie. In Wien lag die Macht in den Händen revolutionärer Studenten und nicht der Regierung, und bereits im Mai hatten Kaiser und Hof nach Tirol fliehen müssen. Immer noch gab es keine zentrale Autorität. Inzwischen hatten sich die Serben und danach auch die Kroaten gegen Ungarn erhoben.

Die Agitation serbischer Politiker setzte im Frühjahr 1848 zur gleichen Zeit wie die anderer nationalistischer Bewegungen ein und zielte auf die offizielle Anerkennung der orthodoxen Serben als autonome ethnisch-religiöse Einheit innerhalb Ungarns ab.[16] Da Ferdinand in Ungarn alle Rechte der neu konstituierten ungarischen Regierung übergeben hatte, verließ die serbische Delegation Wien mit leeren Händen. Dies führte zu einer Radikalisierung der Lage, die bald durch den militärischen und politischen Beistand des benachbarten Fürstentums Serbien, eines autonomen Staates unter nomineller osmanischer Oberhoheit, verschärft wurde. Die serbischen Führer begannen nun expansionistische Bestrebungen zu nähren, wobei sie praktisch das gesamte südungarische Gebiet für sich beanspruchten, und im späten Mai machten sie einen offenen Aufstand gegen die Budapester Regierung. Die Streitkräfte der Aufständischen bestanden zu einem Großteil aus Grenzer-Einheiten, die darüber verärgert waren, daß sie dem ungarischen Kriegsminister unterstanden. Die Budapester Regierung forderte kaiserlich-königliche reguläre Truppen und Einheiten der ungarischen

Nationalgarde, jener kurz zuvor gegründeten Miliz, gegen die Serben an. Zuerst waren die regulären Streitkräfte bereit, den Aufstand niederzuschlagen, der aus dem Ausland geschürt schien, bald aber wurde die Sache komplizierter, als sich herausstellte, daß die Grenzer von habsburgischen Offizieren angeführt wurden und sie die kaiserlich-königlichen Fahnen trugen. Nun standen einander habsburgische Truppen gegenüber, wobei in den Kämpfen die Einheiten auf serbischer Seite im allgemeinen die Oberhand behielten. Inzwischen begannen sich die Offiziere in beiden Lagern verächtlich über die „Advokaten", „Schreiberlinge" und den „radikalen Mob" in Wien und Budapest zu äußern.

Der Konflikt im Süden artete bald zu einem gegenseitigen Massaker aus, in dem serbische Grenzer und Bauern Ungarn, deutsche Siedler und rumänische Bauern niedermetzelten und umgekehrt die ungarische Nationalgarde mit gleicher Münze antwortete. Nichts verdeutlicht besser die Wirren jener Zeit und das moralische Dilemma der kaiserlich-königlichen Offiziere als die Abenteuer von Oberst Friedrich Freiherr von Blomberg, dessen Geschichte ich mir aus meinem Buch über Ludwig Kossuth und die ungarische Revolution von 1848-1849 auszuborgen erlaube.[17]

Im Sommer des Jahres 1848 befehligte Blomberg, selbst Deutschösterreicher, ein polnisches Uhlanen-Regiment (auch Ulanen; polnische Lanzenreiter), das im Banat, einem wohlhabenden Gebiet im südlichen Ungarn, stationiert war, wo eine stark gemischte Bevölkerung aus Deutschen, Magyaren, orthodoxen und katholischen Serben, Rumänen und Bulgaren lebte. Als Blomberg von serbischen Aufständischen bedroht wurde, wandte er sich um weitere Anweisungen an seinen kommandierenden General. Dieser, obwohl persönlich der Budapester Regierung nicht sehr gewogen, wies den Oberst an, gegen die Grenzer und ausländischen Freiwilligen zu kämpfen. Eine gleichlautende Aufforderung erging auch vom königlich-ungarischen Kommissar in diesem Gebiet, der seinerseits ein Serbe war. Blomberg kämpfte, und zwar erfolgreich, aber als der Anführer der serbischen Aufständischen, ein habsburgischer Oberst deutschösterreichischer Herkunft, Blomberg an seine Pflicht gegenüber dem Kaiser gemahnte, die über seiner Pflicht gegenüber dem König stünde (wobei Kaiser und König natürlich ein und dieselbe Person waren), befahl Blomberg seinen Polen, das Gebiet zu verlassen. Damit überließ er seine deutschen Landsleute, die zufällig loyal auf seiten der Ungarn standen, dem Zorn der Serben. Völlig verunsichert wandte sich Blomberg in einem Schreiben an den österreichischen Kriegsminister General Graf Theodor Baillet de la Tour: „Erbarmen sich Eure Exzellenz unserer zwangvollen Lage; ich bitte unterthänigst rufen Sie uns ab aus diesem Lande ... der Zwiespalt ist mehr als man ertragen kann."[18] Aber Blomberg wurde nicht abberufen, da sein Regiment, wie ihn der österreichische Kriegsminister in seiner Antwort erinnerte, unter ungarischer Oberhoheit stand. Stattdessen wurde Blomberg angewiesen, „sein Gewissen zu befragen". Das früher unter seinem Schutz stehende Gebiet wurde von den Serben besetzt, was nicht ohne Gewalt und Plünderungen vor sich ging, doch wurde es zweimal von den Ungarn befreit, zunächst unter dem Befehl eines ehemaligen habsburgischen Offiziers serbischer Nationalität und dann unter einem polnischen General.

Es ist wohl eine Erwähnung wert, daß sowohl Blomberg als auch sein ehemaliger Gegner auf serbischer Seite, Oberst Ferdinand Mayerhofer, später Generäle in der habsburgischen Armee wurden, während der ungarische Regierungsbeauftragte Sebő Vukovics (oder Vukovič) und der polnische General Józef Bem am Ende des Krieges ins Exil flohen und der ungarische Kommandant serbischer Nationalität, General János Damjanich (oder Damjanič) von den Österreichern gehängt wurde.

Der serbische Aufstand wurde durch das gleichzeitige Aufkommen einer kroatischen politischen Bewegung und den Aufstand der Kroaten gegen Ungarn begünstigt.[19] Die Situation der Kroaten war eine ganz andere als die der Serben, da das Königreich Kroatien-Slawonien schon vor 1848 als eigenständiges Gebiet anerkannt und der Führer der Kroaten, Josip Jelačić ein kaiserlich-königlicher General war. Erst kurz zuvor war er von Ferdinand zum Banus (Statthalter) des sogenannten Zivil-Kroatiens und gleichzeitig zum kommandierenden General des Agramer General-Militär-Commandos ernannt worden. Seine doppelte Bestellung entsprang der Absicht des Hofes, den Einfluß Ungarns in Kroatien-Slawonien zu schwächen und die Loyalität der kroatischen Grenzer auch weiterhin zu sichern. Jelačić hatte sich als erbitterter Feind der Ungarn, treuer habsburgischer Untertan und kroatischer Patriot erwiesen - und dies genau in dieser Reihenfolge. Unter ihm wurde die fortschrittliche nationale kroatische Revolution zu einer mächtigen Bewegung zum Erhalt der Monarchie und zur Untergrabung der ungarischen Souveränität.

Als Banus von Zivilkroatien verweigerte Jelačić sofort dem ungarischen Ministerpräsidenten und als kommandierender General in Kroatien auch dem ungarischen Kriegsminister jeden Gehorsam. Die Ungarn erklärten ihn daraufhin mit Zustimmung des Kaisers und Königs zum Rebellen. Unter starkem ungarischem Druck enthob Ferdinand Jelačić im Juni sogar all seiner Posten. Der Führer der Kroaten jedoch mißachtete den Befehl und war dabei 1848 nicht der erste habsburgische Offizier (man denke an Radetzky!), der einem Befehl seines kaiserlichen Herrn im Interesse der Monarchie nicht gehorchte. Im geheimen von einigen Mitgliedern des Hofes und Kriegsminister Baillet de la Tour ermutigt, mobilisierte Jelačić die kroatischen Grenzer und marschierte am 11. September in Ungarn ein.

Die Ungarn, die nun, wenn auch nicht offiziell, so doch de facto von Ludwig Kossuth, dem Finanzminister der konstitutionellen Regierung, geführt wurden, befahlen einem habsburgischen General, gegen den Rebellen Jelačić zu ziehen. Die Spaltung der Armee schien besiegelt. Aber Generalmajor Franz Ottinger zögerte, gegen seinen Waffenbruder zu kämpfen. Stattdessen zog er seine Truppen von der ungarisch-kroatischen Grenze ab, trat von seinem Posten zurück und ging zu Jelačić über, wobei er eine Anzahl nicht-ungarischer Einheiten mitnahm. Kossuth versuchte es nun mit einem anderen General, diesmal einem Magyaren, doch mit ebensowenig Erfolg. Ein dritter habsburgischer Offizier schließlich, Generalmajor János Móga, ebenfalls ein Magyare, war zum Widerstand bereit. Seine bunt zusammengewürfelten Truppen, die aus kaiserlich-königlichen regulären Einheiten, einigen Bataillonen der erst kürzlich gegründeten Honvéd-Armee und Angehörigen der ungarischen Nationalgarde (in Wirklichkeit nur ärmlich bewaffneten Bauern) bestanden, stoppten die kroatischen Grenzer am 29. September bei Pákozd, nahe von Budapest. Die Entscheidung scheint dabei von der Artillerie herbeigeführt worden zu sein, die auf beiden Seiten von tschechischen Kanonieren des 5. Prager Artillerie-Regiments bedient wurde. Da die Tschechen im ungarischen Lager besser zielten als ihre Kameraden vom selben Regiment im kroatischen Lager, konnte die ungarische Revolution ihren Fortgang nehmen.[20]

Zwischen der „königlich ungarischen" und der „kaiserlich-königlichen kroatischen Armee" wurde ein dreitägiger Waffenstillstand vereinbart, und Jelačić nützte diese Ruhepause zum Rückzug in Richtung Österreich. Er behauptete später, es sehr eilig gehabt zu haben, da am 6. Oktober in Wien eine weitere radikale Revolution ausgebrochen war. Der Kaiser, der im August nach Wien zurückgekehrt war, mußte erneut fliehen (diesmal nach Olmütz in Mähren); Latour (der wirkliche Name des österreichischen Ministers lautete Baillet de la Tour, er war jedoch allgemein unter dem Namen Latour bekannt - und gehaßt) wurde vom Mob auf einer Laterne aufgehängt, und die kaiserliche Armee war einmal mehr aus der Hauptstadt hinausgedrängt worden.

Die Wiener Oktoberrevolution war ein Wendepunkt in der habsburgischen Geschichte. Sie brachte den gemäßigten Revolutionären und Bürgern der Stadt eine Ernüchterung, führte dazu, daß sich die österreichischen und böhmisch-mährischen Bauern gegen die städtischen Revolutionäre wandten und erlaubte es Feldmarschall Windisch-Graetz, die Sache in die Hand zu nehmen. Er sammelte in Böhmen eine mächtige Armee, transportierte sie per Bahn nach Niederösterreich und stürmte am 31. Oktober, verstärkt durch Jelačićs Kroaten, die Hauptstadt. Am Tage zuvor hatten die kaiserlichen Truppen in Schwechat nahe von Wien die erbärmlich kleine ungarische Armee geschlagen, die Jelačić gefolgt und eher zögernd auf österreichisches Gebiet vorgedrungen war.

Den Grenzern wurde es nun erlaubt, die Hauptstadt zu plündern, und in Wien wurde der Belagerungszustand ausgerufen, der bis 1853 aufrecht bleiben sollte. Einige Revolutionsführer wurden hingerichtet, darunter auch der Wiener Kommandant Wenzel Cäsar Messenhauser, ein ehemaliger habsburgischer Oberleutnant.

Der politische Bruch zwischen Österreich und Ungarn war nun vollkommen, er hinderte allerdings die Militärbehörden der beiden Länder nicht daran, noch einige Wochen lang wiederholt zusammenzuarbeiten. Er hinderte auch den ungarischen Kriegsminister nicht, in Namen Seiner Majestät des Königs viele weitere Monate hindurch Befehle zu erlassen und Offiziere zu befördern.

Am 3. Oktober wurden durch ein kaiserlich-königliches Manifest sowohl die ungarische Nationalversammlung als auch der Landesverteidigungsausschuß, jenes Exekutivorgan, das als ungarische Regierung fungierte, aufgelöst. Ferdinand unterstellte Ungarn einem militärischen Generalbevollmächtigten. In Hinkunft galten alle habsburgischen Offiziere in ungarischen Diensten als Verräter und Rebellen. Dies hinderte die österreichischen Militärbehörden aber nicht, einige Überläufer aus den ungarischen Reihen sogar noch mehrere Monate später mit offenen Armen aufzunehmen, andere hingegen einzusperren. Die Ungarn erklärten das Manifest für ungesetzlich und rüsteten zum Krieg. Kossuth wurde zum eigentlichen Diktator des Landes, unter

Ungarische Husaren im Kampf mit österreichischer Infanterie und Dragonern bei der Festung Komorn am 24. Februar 1849.

Kontrolle des Parlaments, und betraute den 30jährigen ehemaligen Oberleutnant des kaiserlich-königlichen Husaren-Regiments Nr. 12, Arthur Görgey, mit dem Oberbefehl über die ungarischen Streitkräfte, die der österreichischen Armee in Westungarn gegenüberstanden.[21]

Das war die Situation im Spätherbst 1848. Die Revolution war überall niedergeschlagen worden, im Oktober auch ein polnischer Aufstand in Lemberg. Die Piemontesen waren aus der Lombardei vertrieben worden, und nur Venedig und Ungarn leisteten noch weiter Widerstand. Österreich hatte mit Feldmarschalleutnant Felix Fürst Schwarzenberg nun einen neuen mächtigen Ministerpräsidenten, Radetzky kontrollierte Norditalien, und Windisch-Graetz war mit dem Oberkommando über den bevorstehenden Feldzug gegen Ungarn betraut worden.

Im Dezember drangen österreichische Truppen von allen Seiten her in Ungarn ein. Im Jänner besetzten sie Budapest, waren aber nicht in der Lage, das ganze Land zu erobern. Innerhalb kurzer Zeit gelang es Kossuth, eine Nationalarmee von fast 200.000 Mann aufzubieten, und im Frühling 1849 eroberten die Ungarn Budapest nach einer Reihe glänzender Siege zurück. Im Mai waren sowohl Ungarn als auch Siebenbürgen praktisch von österreichischen Truppen geräumt. Der siegreiche ungarische Feldzug in Siebenbürgen war von Józef Bem, einem exilierten polnischen General, angeführt worden, der Feldzug in Ungarn selbst von Görgey und anderen, vorwiegend jungen habsburgischen Offizieren.

Um den Krieg mit Ungarn rascher zu beenden, suchte und erhielt der neue Kaiser Franz Joseph (Ferdinand hatte im Dezember huldvoll abgedankt) im Mai 1849 russische Militärhilfe.[22] Dies war ein großer Fehler seitens Österreichs, da damit der Ruf der habsburgischen Armee für immer untergraben war, während die Österreicher sich aller Wahrscheinlichkeit nach auch allein gegen die Ungarn durchgesetzt hätten. In Italien hatte Radetzky im März ohne Schwierigkeiten einen zweiten piemontesischen Angriff zerschlagen. Venedig wurde belagert und sollte sich im August ergeben. Einheiten nahezu aller habsburgischer Regimenter marschierten nun gegen Ungarn, und der dortige energische österreichische Befehlshaber, Feldzeugmeister Ludwig Freiherr von Haynau, verfügte damit über Truppen in der Stärke von 175.000 Mann. Auch am regulären Zulauf und an Freiwilligen mangelte es auf österreichischer Seite nicht. Es zeigte sich, daß die Mehrheit der Bewohner der Monarchie - Deutsche, Tschechen, Serben, Rumänen und sogar Polen sowie die Bauern ganz allgemein - den österreichischen Absolutismus und die ethnische Toleranz der Österreicher einem Nationalitätenkonflikt und den städtischen und aristokratischen Revolutionären vorzogen.

Jedenfalls erschienen nun auch die Russen auf der Szene, und die verbündeten, etwa 360.000 Mann starken Armeen drängten die 170.000 Mann der Honvéd-Truppen nach und nach in den südöstlichen Winkel Ungarns zurück. Schon vor der Ankunft der zaristischen Armee hatte sich unter der ungarischen Bevölkerung eine Kriegsmüdigkeit breit gemacht. Görgey ergab sich im August, und die letzte ungarische Festung strich Anfang Oktober die Nationalflagge.

Die Österreicher übten nach dem Krieg ziemlich brutale Rache, wobei 498 ehemalige habsburgische Offiziere, darunter 24 kaiserlich-königliche Generäle, vor ein Kriegsgericht gestellt wurden. Etwa 40 Offiziere (jedoch keiner der alten Armee-Generäle) wurden hingerichtet, die meisten anderen zu schwerem Kerker verurteilt. Die Vergeltung traf auch Tausende Zivilisten.[23]

Es gibt keinerlei Hinweis, daß die militärische Führung den Versuch unternommen hätte, die Gründe für diese einzigartige Krise innerhalb des Offizierskorps zu untersuchen, und so müssen wir dies an ihrer Stelle tun. Durch die konstitutionellen Abmachungen zwischen Ungarn und dem Kaiser und König war etwa ein Drittel der habsburgischen Streitkräfte unter ungarische Autorität gestellt worden. Erkannte ein habsburgischer Offizier in Ungarn, daß er der falschen Obrigkeit gehorcht hatte, war es schon zu spät. Er hatte den Eid auf die ungarische Verfassung geschworen, wurde aus Budapest bezahlt, war von Ungarn - natürlich im Namen des Königs - befördert worden und wurde von ungarischen politischen Bevollmächtigten beobachtet. Bis zum Herbst waren ein Rücktritt oder eine Pensionierung relativ leicht, danach riskierte jeder Offizier, der versuchte zurückzutreten, von den ungarischen Behörden eingesperrt zu werden. Oder er riskierte es, wenn es ihm gelang, zu den Österreichern überzulaufen, von den österreichischen Behörden eingesperrt zu werden. Abgesehen davon war es sogar nach dem Manifest vom 3. Oktober nicht ganz klar, ob ein Verbleib bei der ungarischen Armee wirklich illegal war. Die Budapester Regierung versicherte den Offizieren, daß das Manifest eine Fälschung der schlechten Ratgeber des Königs oder dieser dazu überredet worden sei. Viele Berufsoffiziere in der ungarischen Honvéd-Armee erstatteten weiterhin unbeirrt ausschließlich dem königlich-ungarischen Kriegsminister, Oberst (und nun General) Lázár Mészáros, Bericht und nie dem „illegalen“ Landesverteidigungsausschuß.

Trotz allem ist es dennoch richtig, daß ein Verbleib auf ungarischer Seite die persönliche Entscheidung eines Offiziers war. Zumindest 1.000 Offiziere oder etwa 10 % des habsburgischen Offizierskorps entschieden sich dafür, selbst nachdem die ungarische Nationalversammlung am 14. April 1849 das „treubrüchige Habsburg-Lothringische Haus des Thrones verlustig“ erklärt und Kossuth als Gouverneur-Präsidenten bejubelt hatte.

Bei weitem nicht alle aufständischen Offiziere waren ethnisch gesehen Ungarn. Der ungarische Militärhistoriker Gábor Bona schätzt, daß von den 830 Generälen und Stabsoffizieren der Honvéd-Armee (die große Mehrzahl von ihnen habsburgische Berufsoffiziere) 571 oder 68,8 % Magyaren, 129 oder 15,5 % Deutsche, 35 oder 4,2 % Polen und 31 oder 3,6 % Serben oder Kroaten waren.[24]

Von den vierzehn ungarischen aufständischen Kommandanten, die von den Österreichern in der Festung Arad in Ungarn verurteilt wurden, wurden dreizehn gehängt oder erschossen. Einer war ein nicht aus Österreich stammender Deutscher, ein weiterer ein Deutschösterreicher, weiters zwei Deutsche aus Ungarn, ein Kroate, ein Serbe und zwei Magyaren armenischer Abstammung. Von den fünf „reinen“ Magyaren konnte nicht jeder ungarisch sprechen oder verstehen. Die einzige Gemeinsamkeit all dieser Männer war, daß keine Gesetzmäßigkeit festgestellt werden kann.

Die Altersverteilung der vierzehn Offiziere reicht von 30 bis 57 Jahren, ihr Rang, den sie vor der Revolution in der Armee innegehabt hatten, von Leutnant bis Oberst. Fünf waren Infanteristen, einer Pionier, und acht kamen aus der Kavallerie. Die meisten standen vor Kriegsbeginn im aktiven Dienst, drei hatten ihren Dienst quittiert, waren aber 1848 auf Geheiß der ungarischen Regierung wieder reaktiviert worden. Einer war griechisch-orthodox, einer Calvinist und die anderen Katholiken. Einer der Generäle, Karl Graf Leiningen-Westerburg, kam aus einer fürstlichen Familie aus Hessen, ein anderer General gehörte der ungarischen Aristokratie an, konnte aber nicht ungarisch. Wieder ein anderer war ein reicher Gutsbesitzer, während die übrigen Angeklagten über kein oder nur ein bescheidenes Privatvermögen verfügten. Einige hatten Brüder in der österreichischen Armee, zwei hatten habsburgische Generäle zu Vätern und Onkeln. Keiner der in Arad Angeklagten war vor dem Krieg politisch tätig gewesen. Einige waren in der alten Armee rasch befördert worden, die meisten hingegen die Hierarchieleiter langsam emporgeklommen. Keiner hatte je Schwierigkeiten mit den habsburgischen Militärbehörden gehabt. Vor dem Militärgericht gaben sie an, nur ihre Pflicht auf jenem Posten getan zu haben, auf den sie vom König berufen worden waren. Selbst den Tod vor Augen und in ihren privaten Briefen beteuerten einige, loyale habsburgische Untertanen gewesen zu sein. „Ich war stets ein treuer Untertan des Hauses Österreich - und ich werde als ein solcher sterben, da ich Ungarn nur zum Wohle Österreichs gedient habe", schrieb General Ernő Kiss einen Tag vor seiner Hinrichtung an seine Tochter. „Du weißt, daß ich in diese schreckliche Lage kam, ohne es zu beabsichtigen, trotz meiner Liebe, die ich für den Herrscher und das Vaterland empfinde", schrieb General Ernst Ritter Poelt von Poeltenberg, ein Deutschösterreicher ohne Ungarisch-Kenntnisse, der vor dem Krieg Hauptmann in einem ungarischen Husaren-Regiment gewesen war. Das Wort Vaterland in seinem Brief bezog sich zweifellos auf das Kaiserreich Österreich und nicht auf Ungarn.[25]

Was also motivierte diese Offiziere? Einer von ihnen, General Nagysándor, war Republikaner, ein anderer, Leiningen, ein Liberaler, der glaubte, den Kampf für ein vereinigtes Deutschland am besten dadurch voranzutreiben, indem er in Kossuths Armee diente. Auch fühlte er sich Ungarn aufgrund seiner Ehe mit einer ungarischen Adeligen tief verbunden. In ihrer Zeit bei der Honvéd-Armee traten alle für die patriotische Sache der Ungarn ein, im österreichischen Gefängnis sprachen und schrieben viele etwas anderes. Angesichts der besonderen Umstände müssen derartige Aussagen natürlich mit Vorsicht interpretiert werden. Sicher ist, daß die meisten, wenn auch nicht alle, um eine äußerst rasche Beförderung in der Honvéd-Armee bemüht waren und sie tatsächlich rasch von Zugs- und Kompaniekommandanten zum Kommando über ganze Brigaden, Divisionen und Armeekorps vorrückten. Einige glaubten sogar an die Aussicht auf eine Aufnahme und später sogar Beförderung in der zaristischen Armee, wenn sie sich nicht den Österreichern, sondern den Russen ergaben.

Und doch wäre es falsch, diese Männer Söldner oder Opportunisten zu nennen. Die Tradition eines freien, ungebundenen Dienstes war bei den Offizieren üblich. Sie sahen sich als geistige Erben Prinz Eugen von Savoyens, der seine gemischte ethnische Herkunft und seine Gleichgültigkeit gegenüber der Nationalität dadurch zum Ausdruck brachte, daß er seinen Namen in drei Sprachen schrieb: „Eugenio von Savoie". Hunderte Ausländer dienten damals in den habsburgischen Streitkräften, und nur wenige hielten dies für abnormal oder unüblich.[26] Hunderte habsburgische Offiziere dienten im Laufe ihres Lebens mehr als einem Herrn. Die Todesstrafe für Verrat war ein Berufsrisiko, das man - natürlich widerwillig - in Kauf nahm.

Der ausschlaggebende Grund, warum 1.000 habsburgische Offiziere in der ungarischen Armee dienten, war sehr wahrscheinlich weder ungarischer Patriotismus noch Karrieredenken, sondern die Loyalität zum eigenen Regiment, dem wahren Vaterland des Offiziers, oder, war dies nicht der Fall, dann die Ergebenheit gegenüber einem charismatischen Kommandanten. Die ungarischen Kavallerie-Regimenter bildeten zweifellos ein solches „Vaterland", und Befehlshaber vom Format eines Arthur Görgey waren solch charismatische Führungspersönlichkeiten. Dieser ruhige, kühle, oft rücksichtslose junge Kavallerie-Leutnant, der drei Jahre vor Ausbruch des Krieges seinen Dienst quittiert hatte, übte selbst auf jene Berufsoffiziere, die ihm an Erfahrung und Dienstalter weit voraus waren, eine enorme Anziehungskraft aus. Dank der persönlichen Intervention von Zar Nikolaus entging Görgey nach dem Krieg einer

Bestrafung. Es ist eine tragische Ironie der Geschichte, daß er dank seiner Persönlichkeit unbeabsichtigterweise zum Anlaß für die Hinrichtung oder Gefängnisstrafe Hunderter Offiziere wurde, die ihm blind gefolgt waren und sich ergaben, anstatt ins Ausland zu flüchten, wie dies Hunderte andere taten, die nicht unter seinem Kommando standen.

Selbstverständlich hatten die einfachen Soldaten in dieser Hinsicht weniger mitzureden als die Offiziere. Viele von ihnen, vielleicht sogar die Mehrheit, hatten nur eine sehr vage Vorstellung, auf welcher Seite sie standen. Die Situation im Sommer 1848, als, um mit den Worten des ungarischen Aristokraten Graf Majláth zu sprechen, „der König von Ungarn dem König von Kroatien den Krieg erklärt hatte und der Kaiser von Österreich neutral war und diese drei Monarchen ein und dieselbe Person waren",[27] war auch tatsächlich sehr schwer zu verstehen.

Und doch trafen viele einfache Soldaten in diesem Krieg ihre eigene politische Entscheidung. Zum Beispiel desertierten die meisten von Radetzkys italienischen Soldaten bereits sehr früh während des Feldzuges, einige meuterten sogar gegen die Österreicher.[28] Auch im ungarischen Krieg gab es viele Beispiele von Soldaten, welche die Seite wechselten oder sich gegen ihre Offiziere auflehnten. In einigen großen ungarischen Festungen, wo sich die Offiziersräte in wichtigen Beratungen für oder gegen die ungarische Regierung entscheiden mußten, nahmen einfache Soldaten bisweilen an diesen Entscheidungen teil, und es ist zumindest ein Beispiel bekannt, wo die Mannschaft in der großen Festung Peterwardein in Slawonien die Offiziere mit Gewalt daran hinderte, sich den Österreichern zu ergeben.

Während des Krieges bestanden die österreichischen und ungarischen Armeen in der großen Mehrheit aus Dienstpflichtigen. Sowohl die österreichischen Okkupationsstreitkräfte in Ungarn als auch die ungarischen Behörden zwangen junge Männer, unabhängig von ihrer Nationalität, zum Dienst. Auf beiden Seiten gab es aber auch Tausende Freiwillige. Einige der besten Bataillone der Honvéd-Armee wurden von slowakischen Bergarbeitern oder deutschen Handwerkern und Studenten gestellt. Auf der anderen Seite waren die Bauern aller Nationalitäten das Rückgrat der habsburgischen Infanterie und Kavallerie.

Wir können also die Schlußfolgerung ziehen, daß das hervorstechendste Charakteristikum der Revolutionen und des Krieges die Verwirrung war. So war es oft unmöglich, zwischen befreundeten und feindlichen Soldaten zu unterscheiden. Die neu geschaffenen Honvéd-Bataillone wurden mit neuen Fahnen und Uniformen ausgestattet, die Angehörigen der habsburgischen regulären Truppen auf ungarischer Seite trugen aber im allgemeinen noch die alte Fahne und traditionelle Uniformen, was manchmal zu peinlichen Mißverständnissen führte. Voller Verzweiflung befahl Windisch-Graetz seinen Soldaten, ein weißes Band auf ihrem Tschako zu tragen. Die Ungarn antworteten mit einem roten Band - und es sah aus, als ob sich die beiden Gegner in einem friedlichen Manöver befänden. Die Konfusion ging aber noch weiter, da die Horn- und Trommelsignale dieselben geblieben waren, wie auch das Exerzieren und im allgemeinen die Kommandosprache.

Und doch war wiederum nicht alles nur Verwirrung. Trotz des Opera-buffa-Anscheins dieser ganzen Affäre, war dies ein sehr ernster Krieg, mit nahezu 50.000 Infanteristen, 60 Kavallerie-Schwadronen und Hunderten von Geschützen in einem einzigen Gefecht und mit insgesamt 100.000 Gefallenen. Letztlich wurde die Monarchie durch so entschlossene Generäle wie Radetzky, Windisch-Graetz, Jelačić und Haynau und durch die etwa 9.000 Berufsoffiziere (von denen etwa 2.000 aus Ungarn stammten) gerettet, die während des ganzen Krieges im Dienst des Kaisers geblieben waren. Diese Offiziere konnten das beruhigende Gefühl haben, durch ihren Kampf gegen die Revolutionäre und die Ungarn für den Frieden im eigenen Land, für das Ende des ethnischen Konflikts und des Klassenkrieges gefochten zu haben. Und da sowohl die Aristokratie als auch die Mittelschicht, ob deutsch, magyarisch, polnisch oder italienisch, sich als unverläßlich erwiesen hatte, konnten sie auch das beruhigende Gefühl haben, daß sie, die Offiziere, die einzigen Angehörigen der gesellschaftlichen Elite gewesen waren, die sich der Dynastie für würdig erwiesen hatten. Nur wenige Offiziere zweifelten daran, daß sie nach so vielen Jahren der schweren Vernachlässigung letztlich ihren gerechten Lohn als vornehmster Stand im Reich ernten würden.

Die Folgen der Revolution und des ungarischen Krieges waren zahlreich. Das Land verfiel keineswegs in eine Ohnmacht, nach der Niederlage lenkten die Ungarn ihre Bemühungen vielmehr auf die sozialen und politischen Belange, wo schon vor 1848 große Erfolge erzielt worden waren. 1867 sollte der ungarische Adel, das Rückgrat der ungarischen Nationalbewegung, einen großen, verspäteten Sieg erringen. Auf militärischem Gebiet hatten die Habsburger ihre Erfahrungen mit der Honvéd-Armee gesammelt, die in ihrem Führungsstil so viel demokratischer und in ihrer Ideologie so viel nationaler war. Diese Erfahrungen beschleunigten letztlich die Reformen in der österreichischen Armee und führten zu einem wachsenden Bewußtsein der Nationalitätenfrage.

Feldmarschalleutnant, mit Stab.
Karikatur von Fritz Schönpflug, 1908.

2. Absolutismus, liberale Reform und die Ideologie des Präventivkrieges: Die Armee zwischen 1850 und 1914

Das Jahrzehnt des kaiserlichen Absolutismus und die Niederlage bei Solferino: 1850 - 1859

Es war in der Tat eine mächtige und stolze Armee, die aus den Revolutionskriegen hervorging.[1] 1850, als Österreich Preußen wegen der Besetzung des Fürstentumes Hessen beinahe den Krieg erklärte, war die Monarchie in der Lage, eine wohlausgerüstete Streitmacht von 450.000 Mann zu mobilisieren. Die zahlenmäßig schwächeren Preußen zogen sich zurück, sie räumten Hessen und unterzeichneten die für sie beschämende „Olmützer Punktation".[2]

Diese Schmach Preußens fügte sich bestens in Ministerpräsident Schwarzenbergs großdeutsche Pläne von einem geeinten Reich unter österreichischer Führung. Dazu sollte es jedoch nicht kommen. Schwarzenbergs Machtpolitik führte vielmehr zum Zusammenbruch der konservativen österreichisch-preußischen Allianz. Schwarzenberg starb 1852, sein Erbe einer dynamischen Außenpolitik wurde aber nicht preisgegeben. Während des Krimkrieges wäre Österreich in einem Akt eklatanter Undankbarkeit beinahe auf seiten der französisch-britisch-sardisch-osmanischen Allianz in den Krieg gegen Rußland eingetreten. Diesmal wurden mit einem ruinösen Kostenaufwand rund 500.000 Mann mobilisiert, und zwischen 1854 und 1856 besetzte eine große österreichische Streitmacht die Donaufürstentümer Moldau und Walachei.[3] Im Frieden von Paris, der den Krimkrieg beendete, gewann Österreich nichts. Es verlor vielmehr nicht nur die Freundschaft Rußlands, sondern sah sich nun im Süden einem selbstbewußten Sardinien und im Osten einem neuerrichteten und bald irredentistischen Rumänien gegenüber. Angemerkt sei in diesem Zusammenhang, daß der junge Kaiser und seine politischen Ratgeber es waren, die vehement zu diesem sorglosen Manöver drängten, während die militärische Führung über den Zerfall des konservativen dynastischen Bündnisses zwischen den beiden Kaiserreichen (und auch mit Preußen) entsetzt war.

Innenpolitisch wurde die kurze Zeitspanne einer konstitutionellen Regierung (mit der Einschränkung, daß in weiten Teilen des Reiches das Kriegsrecht herrschte) bald durch die Errichtung einer neo-absolutistischen Herrschaft beendet. Die Armee selbst stand seit 1849 unter dem persönlichen Befehl des Kaisers. Franz Joseph, der erste „Soldatenkaiser" seit Joseph II. (und, wie wir noch sehen werden, als Kommandant in einer Schlacht nicht viel erfolgreicher als dieser), hoffte, sein Reich auf die beiden Pfeiler einer ihm ergebenen Beamtenschaft und Armee stellen zu können.

In den letzten 70 Jahren ihres Bestandes waren sowohl die Monarchie als auch die Armee so eng an die Person Franz Josephs gebunden, daß jede Geschichte dieser beiden Institutionen ohne einige Anmerkungen zu seiner Persönlichkeit nur unvollständig wäre.[4]

Franz Joseph wurde 1830 als ältester Sohn Erzherzog Franz Karls und Enkel Kaiser Franz' geboren. Er war daher 18 Jahre alt, als er im Dezember 1848 den Thron bestieg, nachdem sein Onkel, Kaiser Ferdinand, von Franz Josephs Mutter (der bayerischen Prinzessin Sophie), Ministerpräsident Schwarzenberg und den führenden Generälen zum Rücktritt gedrängt worden war. Die dramatischen Ereignisse des Jahres 1848 bestimmten den Charakter der 68 Jahre dauernden Regierungszeit Franz Josephs. Durch einen Akt von fragwürdiger Gesetzlichkeit auf den Thron gekommen, um die auf Tradition und Gesetz gegründete alte Ordnung zu retten, wurde er zum obersten Hüter der Legitimität in seinem Reich. Andererseits hatte er, zumindest in jüngeren Jahren, keinerlei Hemmungen, diverse Verfassungen und Gesetze einfach auf kaiserliche Anordnung hin abzuschaffen. Im Krieg gegen Ungarn ritt er in der Schlacht von Györ an der Spitze seiner siegreichen Truppen, die Erfolge der Ungarn zwangen ihn aber, mit der beschämenden Bitte um Unterstützung an Zar Nikolaus heranzutreten. Während Franz Joseph sich selbst gerne als beliebten und erfolgreichen Militärkommandanten gesehen hätte, machte er mit 19 Jahren die Erfahrung der wahren Grenzen seiner Macht.

Franz Joseph, der damit dem Drängen seiner Mutter und seiner engsten Ratgeber nachgab, vermeinte zunächst, in seinem geeinten und zentralisierten Reich gleichzeitig die Funktion des Ministerpräsidenten und des obersten Militärbefehlshabers ausüben zu können. Doch trotz aller Selbstüberschätzung und Sturheit wurde ihm allmählich bewußt, wie rückständig, in sich gespalten und militärisch schwach Österreich war. Um zu retten, was noch zu retten war, akzeptierte er den Ausgleich des Jahres 1867, durch den unter anderem ein ehemaliger ungarischer Aufständischer, Gyula (Julius) Graf Andrássy, zum Ministerpräsidenten der einen Reichshälfte der Monarchie wurde. Einst von einem österreichischen Scharfrichter *in effigie* gehängt, wurde Andrássy, der *beau pendu* („schöne Gehängte"), auch Außenminister jenes Staatengebildes, das nach 1867 als Doppelmonarchie bekannt wurde. Zu weiteren Experimenten war Franz Joseph aber nicht mehr bereit.

In breiten Kreisen wurde Franz Joseph als Europas letzter *grand seigneur* angesehen: Trotz seiner grenzenlosen Höflichkeit und Unnahbarkeit hatte er dennoch die persönlichen Vorlieben eines Kleinbürgers. Er heiratete und liebte sein ganzes Leben lang die bildhübsche Bayern-Prinzessin Elisabeth, doch da ihm in dieser Ehe alles andere als Glück beschieden war, tröstete er sich zuletzt mit der bürgerlichen Schauspielerin Katharina Schratt, die in ihrem Lebensstil ebenfalls durch und durch kleinbürgerlich war. Der Kaiser war pünktlich, rücksichtsvoll, ehrlich, verläßlich, phantasielos, langweilig und - was für seine Völker von größter Bedeutung war - von religiöser und ethnischer Toleranz. Es war ihm gleichgültig, ob ein Untertan ein Deutscher, Ungar oder Slawe war, solange er seiner Pflicht als Untertan nachkam. Mit der gleichen Demut und Würde, mit der er den Segen des Papstes empfing, nahm er auch den Segen eines Rabbiners oder eines moslemischen Geistlichen entgegen. Bei Militärparaden fragte er einen adeligen Kavallerie-Offizier dieselben belanglosen Fragen wie den ruthenischen Offiziersburschen und belohnte alle, die eine Anerkennung verdient hatten, ohne Unterschied ihrer Herkunft. Rügen aber gab es nur für Offiziere.

Unzählige Geschichten ranken sich um Franz Joseph, und erstaunlicherweise sind fast alle wahr. Er konnte sich über den kleinsten Fehler an der Unifom eines Erzherzogs oder das kleinste Mißgeschick bei einer Militärparade fürchterlich aufregen, aber Strategie interessierte ihn nicht, und er weigerte sich, seine immer größer werdende Marine zu inspizieren, da er, wie er freimütig zugab, nichts von Marineangelegenheiten verstand und sich auch nicht darum kümmerte. Er liebte es, mit dem Zug zu fahren, da Züge ihm von Jugend auf vertraut waren, hingegen lehnte er es ab, das Telephon oder einen Aufzug zu benützen.[5] Franz Joseph weigerte sich, seine alten und abgetragenen Uniformen abzulegen, wie er überhaupt einen spartanischen Lebensstil vorzog und einen solchen auch von seinen Untergebenen erwartete, zu denen er auch die Minister seines Kabinetts zählte. Andererseits gab er aus der eigenen Tasche viele Millionen für die Förderung der Künste, die Unterstützung der Armen, für Untergebene in finanziellen Schwierigkeiten und für seine krankhaft verschwenderische Frau aus. Entscheidender ist, daß Franz Joseph sich, nachdem er in seiner Jugend eine verhängnisvolle Personalpolitik betrieben hatte, nach und nach seiner intellektuellen Grenzen bewußt wurde und anderen bereitwillig Macht übertrug, vorausgesetzt die grundsätzlichen Interessen seines Hauses, die Regeln des Anstands und die Gesetze wurden beachtet. Sein Staat war tatsächlich ein Rechtsstaat, zumindest nach den sechziger Jahren des 19. Jahrhunderts. Außerdem wollte Franz Joseph nach dem verhängnisvollen österreichisch-preußischen Krieg des Jahres 1866 jede weitere größere bewaffnete Auseinandersetzung vermeiden und zog es vor, daß seine Armee ein prächtiges Schauspiel blieb. Es ging ihm auch um die Bewahrung der alten Traditionen seines zum Untergang verurteilten Hauses, und so sah er denn auch 1914 die Entscheidung zum Krieg: „Wenn die Monarchie schon zugrundegehen soll, so soll sie wenigstens anständig zugrundegehen.“[6]

Kaiser Franz Joseph um 1850.

In den fünfziger Jahren des 19. Jahrhunderts war Franz Joseph noch unerfahren und ungestüm und ließ sich auf allzu viele Experimente ein. Was das Militär betraf, beschränkte er das in der Verfassung verankerte Kriegsministerium - eine unliebsame Erinnerung an die erst kurz zurückliegenden Revolutionen - auf reine Verwaltungsaufgaben und schaffte es schließlich 1853 überhaupt ab. Anstelle des Ministeriums errichtete er ein Armeeoberkommando, das er 1860 aber ebenfalls abschaffte und erneut durch ein Reichskriegsministerium ersetzte. Nachdem er sich in den fünfziger Jahren des 19. Jahrhunderts selbst zum Oberbefehlshaber gemacht hatte, verstärkte er die Macht und Verantwortung seiner persönlichen Militärkanzlei und vertraute sie seinem Ersten Generaladjutanten, Feldmarschalleutnant Graf Karl Ludwig Grünne, an. Die gesamte Regierungszeit Franz Josephs hindurch war das Verhältnis dieser Militärkanzlei Seiner Majestät zum Kriegsministerium und zum Generalstab belastet. Der Einfluß des Generalstabes war in den fünfziger Jahren des 19. Jahrhunderts auf ein Minimum beschränkt worden, gewann aber nach 1867 wieder zunehmend an Bedeutung. Es ist allerdings richtig, daß die Militärkanzlei des Kaisers nie jene Bedeutung erlangen konnte wie vergleichbare Institutionen im Wilhelminischen Deutschland. Auch stellte der Generalstab das in der Verfassung verankerte Kriegsministerium in Österreich-Ungarn nie derart in den Schatten wie dies dem Großen Generalstab im Zweiten Deutschen Reich gelang.[7]

In den fünfziger Jahren des 19. Jahrhunderts war Grünne der einflußreichste Soldat im Reich, einige bezeichneten ihn sogar als den wahren Herrscher der Monarchie.[8] Das ist aber insofern nicht richtig, als Franz Joseph - und Erzherzogin Sophie - oft ihre eigenen Wege gingen und der Einfluß von Staatsmännern, wie Außenminister Karl Graf Buol, Polizeiminister Johann Freiherr von Kempen (selbst ein Soldat) und Innenminister Alexander Freiherr von Bach, nicht unterschätzt werden darf. Diese Betrauung Grünnes mit einer Machtposition war nichtsdestotrotz ein schwerer Irrtum, da dieser überheblichste aller Aristokraten ein unerfahrener Soldat und schwacher Politiker war. Er verbesserte weder die Lebensbedingungen noch die Schlagkraft der Truppen. „Um 24 Gulden bekomme ich Leutnants genug!“, schleuderte er einer Gruppe von Offizieren entgegen, die ihn um eine Erhöhung ihrer Gage ersuchten.[9] Zugegebenermaßen blieben die Militärausgaben während der Amtszeit Grünnes annähernd gleich (123,030.000 Gulden oder 36,1 % der Budgetausgaben im Jahr 1857 gegenüber 62,068.000 oder 37,3 % der gesamten Staatsausgaben im Jahr 1847), doch wie üblich ging ein viel zu großer Teil dieser Summe für die Bezahlung der Militärverwaltung auf, so daß für die Truppen zu wenig übrigblieb. 1860 beispielsweise (nur ein Jahr nach Grünnes Entlassung) wurden 48,4 % des österreichischen Militärbudgets für die Verwaltung ausgegeben, während sich dieser Anteil im selben Jahr in Frankreich auf 42 % und in Preußen auf 43 % belief.[10]

Die innere Sicherheit verschlang große Summen. Die Ereignisse der Jahre 1848 und 1849 hatten gezeigt, daß die regulären Truppen - wie eigentlich auch in Frankreich und Preußen - moralisch und technisch nicht darauf vorbereitet waren, mit Volksaufständen umzugehen. 1848 hieß der immer gleichlautende Befehl für die Streitkräfte, im Falle einer Bedrohung ohne Warnung in die Menge zu schießen. Die Soldaten hatten keine Übung im Umgang mit Demonstrationen und taten daher ihr möglichstes, jede direkte Konfrontation zu vermeiden. Bedienten sie sich gelegentlich doch ihrer Waffen, wie beispielsweise die in Wien belagerten ungarischen Grenadiere am

13. März 1848, schürte dies die Flammen des Aufstands nur neu. Die bürgerliche Nationalgarde, die in Wien die regulären Truppen ersetzte, erwies sich als wirkungsvoller und rücksichtsloser, wie z.B. am 22. August 1848, als sie 22 Demonstranten aus den Reihen der Unterschicht tötete und 340 weitere verwundete. Natürlich wollte die Nachrevolutionsregierung nichts von Bürgern in Uniform hören, und so wurde 1850 die Gendarmerie gegründet, eine paramilitärische Streitmacht, deren Angehörige bald zum alltäglichen Bild im Leben der Einwohner der Monarchie gehörten.[11]

Die Gendarmerie, die schließlich auf 19 Regimenter aufgestockt wurde, war eine exklusive Truppe: gut bezahlt, gut ausgebildet und allgemein gehaßt. Ihre Rücksichtslosigkeit war bekannt, doch in Anbetracht der Tatsache, daß der Belagerungszustand 1854 überall aufgehoben war, konnte das, zumindest bis in die sechziger Jahre des 19. Jahrhunderts unter vielen seiner Völker unpopuläre Regime, nicht auf sie verzichten. Die Gendarmen machten Jagd auf politische Verräter in Ungarn, Siebenbürgen und Norditalien. Auch machten sie kurzen Prozeß mit den am Land umherstreunenden „patriotischen Banditen". Tatsächlich war es schwierig, wenn nicht sogar unmöglich, in der östlichen Hälfte der Monarchie Eisenbahnen oder Fabriken zu errichten, solange diese Banden von Deserteuren, ehemaligen Honvéd-Soldaten und schlichten Banditen nicht zerschlagen waren.

Neben der Gründung der Gendarmerie gab es in den fünfziger Jahren des 19. Jahrhunderts wenige militärische Reformen. 1858 wurde die allgemeine Wehrpflicht eingeführt, allerdings nur in der Theorie. 1852 wurde eine Generalstabsschule, die sogenannte Kriegsschule, gegründet, und auch die höheren Militärkommanden wurden wiederholt umgebildet, doch Ideologie, Ausbildung und Lebensbedingungen der Soldaten blieben im wesentlichen gleich.

In den späten fünfziger Jahren des 19. Jahrhunderts war die politische Situation in Norditalien unhaltbar geworden. Daran änderte nichts, daß die österreichische Verwaltung in der Lombardei und Venetien nachsichtiger und effizienter war als jene der unabhängigen italienischen Staaten. Die Bildungsschichten standen geschlossen auf der Seite des *Risorgimento*, und die Truppen der österreichischen Besatzungsmacht lebten wie auf feindlichem Gebiet. 1857 trat der damals 90jährige Radetzky endlich in den Ruhestand, doch verfügte sein Nachfolger, Feldzeugmeister Franz Graf Gyulai, weder über Radetzkys Genie noch über dessen Charisma. Dieser ungarische Aristokrat war vielmehr ein Leuteschinder der ärgsten Sorte und außerdem unbestritten dumm.[12]

Schon lange zeichnete sich ein Krieg mit Frankreich und Sardinien ab. 1858 kamen Napoleon III. und der sardische Ministerpräsident Camillo Graf Cavour in Plombiőres überein, Österreich aus Italien hinauszudrängen, und kurz darauf begann Sardinien, Österreich zu einer Kriegserklärung zu provozieren. Die Monarchie nahm die Herausforderung an, doch ohne jede entsprechende diplomatische und militärische Vorbereitung. Grünne und die führenden Generäle waren gegen ein Ultimatum an Sardinien, das aber dennoch am 23. April 1859 abging, und drei Tage später befanden sich die beiden Länder im Kriegszustand.[13] Frankreich trat unmittelbar darauf in den Krieg ein, wie dies Cavour und Napoleon III. vereinbart hatten.

Die Hauptmacht der französischen Streitkräfte würde nicht vor Ende Mai am Kriegsschauplatz eintreffen, was Gyulais 107.000 Mann starken Kampftruppen die hervorragende Gelegenheit geboten hätte, die schwächeren Sarden anzugreifen und zu schlagen.[14] Aber Gyulai vergeudete mit Hin- und Rückmärschen einige Wochen. Inzwischen machte den hungrigen Soldaten, die in ihrer schweren Kleidung stark unter der Hitze zu leiden hatten, der mangelnde Nachschub zu schaffen. Das 1856 gegründete und vorwiegend aus dilettierenden Aristokraten bestehende Adjutanten-Corps untergrub die Arbeit des kompetenteren, aber kleineren und wenig geachteten Generalstabs, und die Korpskommandanten (mit einer Ausnahme alles Aristokraten) waren untereinander zerstritten. So wartete die Armee die Ankunft der französischen Truppen ab und erlitt am 4. Juni bei Magenta in einer unentschiedenen Schlacht schwere Verluste. Der leicht entmutigte Gyulai befahl seinen Truppen den Rückzug bis zum österreichischen Festungsviereck, wo er von niemandem geringeren als Franz Joseph selbst und Grünne abgelöst wurde, die das Kommando über die Truppen übernahmen. Die Auseinandersetzungen gingen aber weiter, nun zwischen Grünne und Feldzeugmeister Heinrich Freiherrn von Hess, dem begabten Chef des Generalstabes. Als die Streitkräfte schließlich unter dem persönlichen Befehl Franz Josephs aus den Festungen aufbrachen, erlitten sie am 24. Juni bei Solferino eine furchtbare Niederlage. Von den an der Schlacht beteiligten 160.000 Österreichern wurden mindestens 22.000 verwundet oder getötet.[15] Der Anblick des Blutbades veranlaßte den Schweizer Henri Dunant zur Gründung des Roten Kreuzes.

Aus Angst vor einer Einmischung Preußens und vor einem europaweiten Krieg unterzeichneten Napoleon III. und Franz Joseph am 11. Juli den Waffenstillstand von Villafranca. Gemäß dieses Vertrages trat Österreich die Lombardei an Frankreich ab, das dieses Gebiet seinerseits Sardinien überließ. Venetien verblieb noch bei Österreich, das damit weiterhin einen Fuß in Italien hatte. Der Monarchie gelang es jedoch nicht mehr, das zu verhindern, wovor man sich so lange gefürchtet hatte: Innerhalb von zwei Jahren gab es in allen italienischen Fürstentümern sowie in einigen österreichischen Klientelstaaten revolutionäre Aufstände, und es kam zur Einigung Italiens unter König Viktor Emanuel II. von Sardinien. Neben Venetien fehlte nur das päpstliche Rom, das unter dem Schutz französischer Truppen verblieb. Hatte Österreich sich im Krimkrieg Rußland und Rumänien zu möglichen Feinde gemacht, stand es nun auch dem Problem eines irredentistischen Italien gegenüber.

Historiker sind sich darüber einig, daß die Niederlage von 1859 durch die Unfähigkeit Gyulais, Franz Josephs und Grünnes, das Durcheinander in der Armeeführung, die überlegene Organisation und den Schwung der französischen Armee sowie die neuen gezogenen Kanonen der französischen Artillerie herbeigeführt wurde. Wie ich an anderer Stelle zu zeigen versucht habe, kann ich mich der weitverbreiteten Meinung nicht anschließen, daß die Niederlage auch auf die Treulosigkeit der Italiener und Ungarn in der Monarchie zurückzuführen sei.[16] Das Mißtrauen der Armeeführung gegenüber manchen Nationalitäten war zweifellos groß, und so wurden einige der besten Einheiten aufgeteilt, um die Länder - allen voran Ungarn - unter Kontrolle zu halten. Es ist auch richtig, daß seitens der Franzosen und Sarden Desertionen durch die Gründung einer ungarischen Legion und die Einsetzung eines ungarischen Exil-

Direktoriums unter der Leitung von Ludwig Kossuth ermutigt wurden. Tausende italienische Soldaten und viele Ungarn gingen zum Feind über, doch stammten die italienischen Deserteure häufiger aus lombardischen denn aus venetischen, friaulischen oder Südtiroler Regimentern. Die Lombarden fochten den Krieg auf heimischem Boden. Es war ihnen ein Leichtes, unter der Zivilbevölkerung unterzutauchen. Für andere Italiener und Nicht-Italiener war dies schon bedeutend schwieriger, und so verblieben die meisten Italiener, Magyaren, Polen und Kroaten, ob loyal oder illoyal, bei ihren Einheiten. Sie erlitten schwere Verluste und erhielten viele Tapferkeitsmedaillen. Auch die Zivilbevölkerung schloß sich den Aktivitäten der Revolutionäre nicht an. Im Gegenteil, in Ungarn wurden zur Unterstützung des Kaisers sogar zwei Freiwilligen-Husaren-Regimenter aufgestellt.

Während des Krieges nahmen die Franzosen Tausende österreichische Soldaten jeder nur denkbaren Nationalität gefangen, und einige ungarische Kriegsgefangene meldeten sich tatsächlich freiwillig zu Kossuths Legion. Für die meisten anderen ungarischen Gefangenen aber war diese Legion nur eine neue Armee, in die sie zwangsweise eingegliedert wurden. Die französischen Einheiten hatten den Befehl, alle Kriegsgefangenen, die enge oder „ungarische“ Hosen trugen (im Unterschied zu den von den „deutschen“ Regimentern getragenen weiten Pantalons), in ein Hauptquartier der Legion zu bringen. Paradoxerweise trugen die regulären Regimenter der Kroaten und die Grenzer ebenfalls enge, ungarische Hosen, und so fanden sich die Kroaten, diese glühenden Gegner der nationalen ungarischen Anliegen, plötzlich in der ungarischen Legion wieder. Kein Wunder, daß die Desertionsrate aus der Legion ebenso hoch war wie aus der österreichischen Armee. Die Legion kam im Krieg jedenfalls nicht zum Einsatz. Ebenso paradox ist die Tatsache, daß Ungarn, die sich während des Krieges ergaben, oft getötet wurden, weil man sie irrtümlicherweise für Kroaten hielt, die bei den Franzosen dafür bekannt waren, keine Gefangenen zu nehmen.

1859 wären bei Kriegsende die Reserven der österreichischen Armee noch groß genug gewesen, um den Kampf noch einige Zeit fortzusetzen. Dies war aber nur ein schwacher Trost angesichts der allgemeinen Erkenntnis, daß bei den Streitkräften etwas ganz grundlegend nicht stimmte. Rufe nach einer Armeereform mischten sich in die immer lauter werdende Forderung nach einer wirtschaftlichen, moralischen und politischen Verjüngung der Monarchie. Die nächsten Jahre sollten zeigen, daß die Monarchie in der Lage war, ihre wirtschaftliche und politische Struktur, nicht aber ihre Armee umzugestalten - zumindest damals nicht.

Konstitutionelle Experimente und die Niederlage bei Königgrätz: 1860 - 1866

Der Ausgang des Krieges 1859 führte zu einer Säuberung der Armeeführung. Der Kaiser selbst traf den Entschluß, nie wieder das Kommando über eine Armee zu übernehmen. Er entließ Gyulai, Grünne und Dutzende andere. Erzherzog Albrecht (ein Sohn Erzherzog Carls, des Siegers von Aspern), der 1848 große Entschlossenheit gezeigt und sich als kommandierender General in Ungarn als ebenso unnachgiebig erwiesen hatte, übernahm immer wichtigere militärische Posten.[17] Feldmarschalleutnant (später Feldzeugmeister) Ludwig von Benedek, dem Kleinadel angehörend und Lutheraner, wurde zum Befehlshaber in Ungarn ernannt und gleichzeitig zum Chef des österreichischen General-Quartiermeister-Stabes - nebenbei ein weiterer Beweis für die relative Bedeutungslosigkeit dieser Institution zu jener Zeit. Benedek wurde in Ungarn geboren, trug einen magyarischen Namen und sprach gut ungarisch, doch interessierte er sich nicht für die nationalen ungarischen Anliegen. Er tat sich 1849 im Ungarnfeldzug und erneut 1859 bei Solferino hervor, wo er ein vorwiegend aus Magyaren bestehendes Korps befehligte und die ihm gegenüberstehenden Sarden besiegte, bevor er sich dem allgemeinen Rückzug anschließen mußte. Dadurch wurde er in der Armee berühmt und zum Idol der Wiener Presse. Aber Benedek war nicht Radetzky, wie sich 1866 nur allzu deutlich herausstellen sollte, und als Stratege war er weit weniger einfallsreich als Hess, den er als Chef des General-Quartiermeister-Stabes abgelöst hatte. Ganz im Sinne der so hochgehaltenen österreichischen Militärtradition, hielt er wenig vom Lernen. Er belächelte die gewissenhafte Planung des preußischen Generalstabes und setzte lieber auf den Schwung des Frontalangriffs mit dem Bajonett.[18]

Benedek war aber nicht der einzige, der diese Säuberungsaktion überstand, auch viele andere, 1859 weit weniger erfolgreiche Generäle als er waren einer Entlassung entgangen. Im Offizierskorps gab es keine Säuberungen, doch wurde den Offizieren eine Prämie in Aussicht gestellt, wenn sie bereit waren, ihren Dienst zu quittieren. Etwa 800 machten von diesem Angebot Gebrauch.[19] Die Wirksamkeit dieser Maßnahme war allerdings zweifelhaft, da jene, die zurücktraten, oft gerade die mit dem meisten Schwung und der größten Begabung waren, die bei den sich ausbreitenden Eisenbahnen oder in der Industrie rasch eine Anstellung fanden. Erstmals begannen Adelige das Korps zu verlassen, und die neue Mittelschicht war nicht ausreichend motiviert, um sie zu ersetzen. Die Besoldung der jüngeren Offiziere blieb, wie wir später noch sehen werden, miserabel, und so fehlte es an Offizieren und gut ausgebildeten Unteroffizieren.

Der Krieg des Jahres 1859 setzte dem absolutistischen Experiment in Österreich ein Ende. Solange das Reich stark war oder zumindest zu sein schien, konnte die Regierung auf öffentliche Unterstützung verzichten. Nun war es notwendig, Gefolgsleute zu gewinnen. Daher erließ Franz Joseph das sogenannte Oktoberdiplom, mit dem eine zentrale Reichsvertretung in Wien (allerdings mit beschränkter Macht) eingerichtet und die alten Landtage wiederbelebt wurden. Diese Maßnahmen würden, so hoffte man, den Interessen der einzelnen Länder entgegenkommen, vor allem den Wünschen der Ungarn, die stets das größte Problem der Monarchie dargestellt hatten. Die Ungarn nützten die Gelegenheit auch tatsächlich, setzten ihr Parlament wieder ein und stellten die autonome Verwaltung in den Komitaten wieder her, aber nur, um noch wirkungsvoller für eine Restauration der Verfassung von 1848 und die Souveränität Ungarns zu kämpfen. Einige ungarische Politiker, vor allem die erst kürzlich amnestierten ehemaligen Verbannten und politischen Gefangenen, wollten noch mehr. Sie strebten die völlige Unabhängigkeit an, die es ihrerseits den Magyaren erlaubt hätte, über die nicht-magyarischen Minderheiten Ungarns zu herrschen. Zumindest die große Mehrheit der Ungarn war aber gegen einen bewaffneten Kampf. Inzwischen hatten die Deutschliberalen, die bedingungslos für einen Zentralismus eintraten, das Oktoberdiplom mit der darin implizit enthaltenen Gefahr eines Föderalismus zum Scheitern gebracht.

Die Fronten waren klar gezogen und blieben bis zur Auflösung der Monarchie im wesentlichen gleich. Ein Föderalismus jeglicher Prägung stieß auf den erbitterten Widerstand der Deutschösterreicher, die sich ihrer zahlenmäßigen Minderheit in der Monarchie schmerzlich bewußt waren und es daher strikt ablehnten, auch nur das kleinste Zipfelchen der deutschen kulturellen, wirtschaftlichen und politischen Vorherrschaft abzugeben. Neben ihnen verteidigten auch die Ungarn den Zentralismus - nach 1867 sogar noch vehementer -, wobei sich deren zentralistische Bemühungen nicht auf Wien, sondern auf Budapest konzentrierten. Im Gegensatz dazu lagen die Hoffnungen der kleineren Nationalitätengruppen des Reiches auf der Einführung eines stärker auf föderalistischen Grundlagen ausgerichteten Systems.

Grob gesprochen begannen zwei politische Lager in der Monarchie Gestalt anzunehmen. Im ersten Lager bildeten die Deutschen verschiedener politischer Schattierung, von alldeutschen Nationalisten bis hin zu Liberalen und Sozialisten, eine sehr unbehagliche Allianz mit den ungarischen politischen Parteien. Die Magyaren hegten keine besondere Liebe für die Deutschösterreicher, die für sie Bewohner eines fremden Landes waren, noch geringer hingegen war ihre Vorliebe für die Slawen und Rumänen. Im zweiten Lager waren die tschechischen, kroatischen, serbischen, ruthenischen, rumänischen und italienischen Politiker versammelt, die unabhängig von ihrem sozialen Programm und der politischen Ideologie für die Autonomie der kleinen Länder eintraten. In diesem Streit erfreuten sich die Slawen bisweilen der Unterstützung so ungewöhnlicher Verbündeter wie der konservativen Aristokraten, Beamten, Offiziere und des katholischen hohen Klerus, mit anderen Worten den „altösterreichischen“ habsburgischen Loyalisten, die den deutschen und ungarischen Nationalismus für gefährlicher für die Monarchie erachteten als den slawischen. Mit der Zeit aber wurden diese „Altösterreicher“ immer „nationaler“ und schlossen sich der einen oder anderen lokalen nationalen Bewegung an. Am Ende standen fast nur mehr die Offiziere weiterhin treu zur Idee einer geeinten Monarchie.

Daneben gab es eine Reihe von besonderen Bündnissen und Feindschaften. Die polnische politische Führung beispielsweise neigte zur Unterstützung der Wiener Regierung, gleichgültig ob liberal oder konservativ, föderalistisch oder zentralistisch gesinnt, solange die Regierung es den Polen erlaubte, ihre Vorherrschaft gegenüber den Ruthenen in Galizien zu behaupten. Oder die Serben in Ungarn, die sich abwechselnd mit den Kroaten verbündeten oder die Unterstützung der Magyaren gegen die kroatischen politischen Ambitionen suchten. Oder schließlich die Italiener in Dalmatien, die den Österreichern gegenüber aus Angst vor der kroatischen Mehrheit in diesem Gebiet im allgemeinen loyal gesinnt waren. Was auch immer der Kaiser daher zu tun versuchte, mußte auf den erbitterten Widerstand vieler politischer Gruppierungen stoßen.

Da sich das 1860 ausgearbeitete Regierungssystem als undurchführbar erwies, erließ der Kaiser im Februar 1861 ein Patent, das die Befugnisse der neuen Legislative mit zwei Kammern in Wien stark erweiterte und gleichzeitig die Macht der Landtage beschnitt.[20] Unter anderem wurde mit dem Februarpatent die Kontrolle der Militärausgaben dem Reichsrat überantwortet. Dies war ganz im Sinne der Deutschliberalen, doch ärgerten sie sich darüber, ihre Macht mit der kaiserlichen Bürokratie teilen zu müssen. Sie trachteten danach, völlig ungehindert ein liberales Reformprogramm der Emanzipation und der Modernisierung verwirklichen zu können. Die Ungarn wiederum waren gegen jede Art eines zentralen Parlaments für die Gesamtmonarchie. Auch die anderen nationalen Politiker waren von einer solchen Idee nicht sehr angetan. Dennoch funktionierte dieses neue System dank der Unterstützung der kaiserlichen Bürokratie und der Deutschliberalen etwa vier Jahre lang und erlaubte einen spektakulären wirtschaftlichen Aufschwung der Monarchie. Von nicht geringerer Bedeutung ist die Tatsache, daß es dem Kabinett unter Anton Ritter von Schmerling beinahe gelang, das Budget - vermutlich das erste Mal in der Geschichte der Habsburgermonarchie - fast auszugleichen. Dies ging allerdings nur durch eine Kürzung der Militärausgaben von 179 Millionen Gulden im Jahre 1861 auf 96 Millionen im Jahre 1865.[21] Die Folgen für die Monarchie waren verheerend.

Die Armee litt unter diesem Geldmangel und sollte doch gleichzeitig die irredentistische Agitation in den von Italienern bewohnten Gebieten niederschlagen, die Ungarn in Schach halten und zwei Kriege schlagen, um die Präsenz der Habsburger in Deutschland und Italien zu sichern. In der Theorie betrug die Stärke der Armee in Friedenszeiten 600.000 und bei einer Mobilisierung 850.000 Mann, in Wirklichkeit jedoch standen 1865 nicht mehr als 374.000 Mann im aktiven Dienst.[22]

Dank der Olmützer Punktation des Jahres 1850 hatte Österreich seine Vormachtstellung im Deutschen Bund bewahrt, doch nachdem Bismarck 1862 preußischer Ministerpräsident geworden war, war es nur mehr eine Frage der Zeit, wann diese angegriffen würde. Wirtschaftlich gesehen hatte Preußen in Norddeutschland durch den sogenannten Zollverein schon lange die Vorrangstellung inne. 1864 allerdings unternahmen Österreich und Preußen gemeinsam eine „Strafexpedition“ des Deutschen Bundes gegen den dänischen König: Der Konflikt um die Zugehörigkeit der beiden Elbherzogtümer Schleswig und Holstein führte zum Einmarsch einer gemeinsamen österreichisch-preußischen Expeditionsstreitmacht in Dänemark am 1. Februar 1864. Die kleine dänische Armee leistete tapferen Widerstand, im Oktober desselben Jahres aber war der Krieg bereits beendet.[23]

Das k.k. Armeekorps unter Feldmarschalleutnant Ludwig von Gablenz konnte sich auszeichnen und errang durch die Erstürmung der schwer befestigten dänischen Schanzen bei Oeversee einen entscheidenden Erfolg. Preußische und österreichische Beobachter verwiesen zwar auf die enorm hohen Verluste derartiger Frontalangriffe, doch ihre Warnungen fanden im allgemeinen Frohlocken keine Beachtung, da ja ohnedies „alles mit dem Bajonett erreicht werden [könne]“.[24]

Es ist leicht, den österreichischen Kommandanten vorzuwerfen, ihre Leute Hals über Kopf in das konzentrierte Feuer des Feindes gehetzt zu haben, aber man sollte nicht vergessen, daß die Armee vorwiegend aus ungebildeten Bauern bestand, denen man leichter das Vorgehen in geschlossenen Formationen beibringen konnte als eine Eigeninitiative oder die Ausführung schwierigen Manöver.[25] Im Jahre 1864 in Dänemark und erneut im Krieg von 1866 zahlte Österreich einen hohen Preis dafür, die betuchten und gebildeten Schichten von der Wehrpflicht ausgenommen zu haben.

Feldmarschalleutnant (später Feldzeugmeister) Ludwig Ritter von Benedek (1804-1881)

Die Auseinandersetzungen zwischen den beiden Verbündeten brachen unmittelbar nach dem dänischen Krieg aus. Bismarck begann, Franz Joseph systematisch zu einer Kriegserklärung zu provozieren, allerdings nicht, um Österreich zu vernichten, sondern um sich selbst von der österreichischen Präsenz in Deutschland zu befreien. In dem nun ausbrechenden Konflikt schlugen sich die meisten deutschen Staaten auf die Seite Österreichs gegen Preußen, ihre militärische Unterstützung war jedoch, mit Ausnahme jener Sachsens, kaum von Bedeutung. Inzwischen hatte sich Bismarck der aktiven Intervention Italiens auf seiner Seite versichert.

Die Geschichte des sieben Wochen dauernden Krieges von 1866, ein echter Wendepunkt in der europäischen Geschichte, ist nur allzu gut bekannt.[26] Was die Bevölkerungszahlen betrifft, hatte Franz Joseph zwar die Oberhand: Seinem Reich mit 35 Millionen Einwohnern, unterstützt von zahlreichen Verbündeten, standen 18 Millionen Preußen gegenüber. Die Truppenstärke aber war mehr oder weniger gleich. Da über 100.000 Österreicher im Süden belassen werden mußten, um den Italienern die Stirn zu bieten, standen den 254.000 preußischen Invasoren in Böhmen nur etwa 175.000 Österreicher und 32.000 Sachsen gegenüber.[27] Die Kavallerie und Artillerie der beiden Gegner waren einander ebenbürtig, die österreichische Infanterie aber in Ausbildung, Taktik, Ausrüstung und wahrscheinlich auch in ihrer Moral weit unterlegen. Auf der anderen Seite befanden sich die Österreicher auf heimischem Territorium, und die meisten ausländischen Beobachter, unter ihnen Friedrich Engels, erwarteten einen Sieg der Österreicher.

Diese Beobachter übersahen aber mehrere Faktoren, die zugunsten Preußens sprachen: die allgemeine Wehrpflicht, die während der Napoleonischen Kriege eingeführt worden war; Krupps gezogene Gußstahl-Kanonen; das Hinterlader-Zündnadelgewehr, das es einem Schützen erlaubte, sowohl schnell als auch aus einer liegenden Position zu feuern, während sein österreichischer Gegner stehen mußte, um sein, wenn auch treffsichereres Lorenz-Vorderladergewehr zu laden; die überlegene Ausbildung und präzise Planung des preußischen Generalstabes im Gegensatz zur sorglosen Haltung der Österreicher; die geschickte Ausnützung der Eisenbahnen und des Telegraphen durch die Preußen; die ethnische Homogenität und Kriegstradition der Preußen; und nicht zuletzt den enormen qualitativen Unterschied zwischen Helmuth von Moltke, dem preußischen Befehlshaber, und Benedek, seinem österreichischen Gegenspieler. Ersterer war ein Militärgenie, ruhig und voller Selbstvertrauen, letzterer ein zögernder, willensschwacher Pessimist.

Benedek nahm das Kommando über die Armee an der Nordfront nur deshalb an, weil es ihm von seinem geliebten Souverän befohlen worden war, und Franz Joseph bestellte Benedek nur, um dem öffentlichen Druck nachzugeben. Erzherzog Albrecht wäre die wesentlich bessere Wahl gewesen, und paradoxerweise war es dieselbe Wiener Presse, die vor dem Krieg die Bestellung des „liberalen“ Benedek, dieses „bürgerlichen Generals“, gefordert hatte, die danach ganz offen der Vermutung Ausdruck gab, daß seine Bestellung dem Wunsch des Kaisers entsprochen habe, einem Mitglied seiner eigenen Familie die Schmach einer Niederlage zu ersparen. In Wirklichkeit war Franz Joseph vor Königgrätz ebenso von einem Sieg überzeugt wie die Wiener Presse und fast jeder in der Monarchie.

Preußen und Italien erklärten Österreich am 18. Juni 1866 den Krieg. Elf Tage später fügten die eindringenden Preußen dem I. österreichischen Armeekorps bei Gitschin eine schwere Niederlage zu. Daraufhin und aufgrund anderer schlechter Nachrichten von den Schlachtfeldern entschloß sich Benedek, seine Hauptarmee nach Mähren zu verlegen, um die Preußen dort zu erwarten. Diese Taktik hätte durchaus aufgehen können, aber Benedek war bereits so entmutigt, daß er seinen Kaiser ersuchte, sofort Frieden zu schließen. Die Bitte wurde in einem kaiserlichen Telegramm abgeschlagen, was Benedek fälschlicherweise als Befehl verstand, eine Entscheidungsschlacht zu suchen. Treu marschierte er aus Olmütz heraus, stieß in den ersten Julitagen bei Königgrätz auf die Preußen und wurde vernichtend geschlagen. Es war dies die bis dato größte Schlacht der modernen Geschichte, in die ungefähr eine halbe Million Kämpfer verwickelt waren. Die Entscheidung wurde durch die unerwartete Ankunft der preußischen 2. Armee herbeigeführt, die herangeeilt war, um den beiden anderen preußischen Armeen beizustehen.[28]

Zunächst erfolgte der Rückzug der Österreicher noch geordnet, doch dann brach Panik aus, und alles flüchtete blindlings. Nur die Selbstaufopferung der Artillerie rettete Benedeks Armee vor der völligen Vernichtung. Die Verluste der Österreicher bei Königgrätz beliefen sich auf 1.313 Offiziere und 41.499 Mann, die entweder getötet, vermißt, verwundet oder gefangengenommen wurden. Die preußischen Verluste machten lediglich 359 Offiziere und 8.794 Mann aus.[29] Doch trotz der allgemeinen Niedergeschlagenheit im österreichischen Lager war der Krieg noch nicht verloren. Noch verfügte Benedek über 180.000 Mann, und in Norditalien, wo sich weitere 110.000 Österreicher mit 260.000 Angehörigen der regulären italienischen Streitkräfte und den 40.000 Freiwilligen Garibaldis messen mußten, hatte Erzherzog Albrecht am 28. Juni einen entscheidenden Sieg bei Custozza errungen.[30] Der Triumph im Süden wurde am 20. Juli bei Lissa vervollständigt, wo Vizeadmiral Wilhelm von Tegetthoff eine bei weitem größere italienische Flotte überwältigte.

Am 10. Juli übernahm Erzherzog Albrecht das Kommando über die österreichischen Streitkräfte und errichtete eine wirkungsvolle Verteidigungslinie entlang der Donau, die durch Truppen verstärkt wurde, die aus Italien nach Norden eilten. Plötzlich gab es viele Freiwillige, die bei der Verteidigung Österreichs halfen. Auch Bismarcks halbherzigem Versuch, die Flamme der Revolution nach Nordungarn zu tragen, indem er eine „ungarische Legion“ dorthin sandte, war kein Erfolg beschieden. Ungarns inoffizieller Führer Ferenc Deák (kein Verwandter von mir) ging Bismarck vielmehr aus dem Weg und versicherte dem Kaiser, daß seine ungarischen Landsleute die Bedrängnis der Monarchie nicht ausnützen würden. Zur Krönung all dessen hatten die Preußen mit der Cholera in ihren Reihen zu kämpfen und waren zudem beunruhigt über die angeblichen Pläne Napoleons III., Österreich zur Hilfe zu kommen.

Franz Joseph war es, der (ähnlich wie 1859) beschloß, dem Blutvergießen ein Ende zu bereiten; diese Entscheidung war stark von der Forderung der Stadt Wien beeinflußt, die Hauptstadt zur offenen Stadt zu erklären. Am 21. Juli wurden der Waffenstillstand von Nikolsburg und am 23. August dann der Friede von Prag mit Preußen unterzeichnet, wodurch es Österreich ermöglicht wurde, sich mit den in österreichisches Gebiet einfallenden italienischen Freischärlern zu befassen. Zur allgemeinen Überraschung - und selbst Wilhelm I. mußte erst dazu überredet werden - verlangte Bismarck keine Gebietsabtretungen Österreichs. Stattdessen annektierte er Hannover, Hessen und einige andere deutsche Staaten, ersetzte den alten Deutschen Bund durch einen von Preußen beherrschten Norddeutschen Bund und zwang die süddeutschen Staaten zu einem Militärbündnis mit Preußen. Die jahrhundertelange Präsenz der Habsburger in Deutschland war damit beendet.

In Italien dauerte der Krieg noch einige Wochen länger, aber Franz Joseph hatte Venetien bereits an die Franzosen abgetreten, die das Gebiet ihrerseits Italien überließen. Es stimmt, daß Venetien Frankreich für dessen Neutralität schon vor Beginn der Kampfhandlungen versprochen war, und es stimmt auch, daß die Österreicher hier besonders unbeliebt waren. Und dennoch war die Abtretung Venetiens ein schwerer Schlag für die Soldaten, die sich auf dem italienischen Kriegsschauplatz so wacker geschlagen hatten. Einer Ironie des Schicksals gleich, hatte der italienische König vor dem Ausbruch der Feindseligkeiten angeboten, Venetien und den von Italienern bewohnten Teil Südtirols für die beachtliche Summe von 400 Millionen Gulden zu kaufen.[31] Franz Joseph, der sich in seiner Ehre gekränkt sah, hatte das Angebot entrüstet zurückgewiesen. Nun mußte er Venetien entschädigungslos abtreten.

Nach dem Krieg wurde ein Militärgerichtsverfahren gegen Benedek und seine beiden unfähigen Adjutanten, die Generäle Henikstein und Krismanić, eingeleitet. Franz Joseph ließ das Verfahren gegen Benedek schließlich einstellen, allerdings nicht ohne die Veröffentlichung eines vom Hof beeinflußten Presseberichtes über Benedeks „Schuld“ und die „Großzügigkeit“ des Kaisers. Der unglückliche Feldzeugmeister ging in Pension, ohne je ein Wort zu einer eigenen Verteidigung gesagt oder geschrieben zu haben. Er wurde zum Symbol dessen, was die Offiziere als Undankbarkeit des kaiserlichen Hofes und der Öffentlichkeit gegenüber einer schwergeprüften Armee empfanden.

Reform und Konsolidierung: 1867 - 1897

Statt die habsburgische Monarchie zu zerstören und ihre deutschsprachigen Gebiete zu annektieren, entschloß sich Bismarck vielmehr für eine „kleindeutsche“ Lösung und ging daran, Österreich als Verbündeten und Juniorpartner zu gewinnen. Er drängte die Führung der Monarchie, eine Lösung für ihre innenpolitischen Probleme, darunter vor allem das vorrangigste, nämlich das ungarische Problem, zu finden. Franz Joseph selbst war sich der Notwendigkeit einer politischen Neuordnung so völlig bewußt, daß er bereits ein Jahr vor dem österreichisch-preußischen Krieg Verhandlungen mit den Ungarn begonnen hatte. Die Hauptakteure bei diesen oft heftigen und mühseligen Beratungen waren Ferenc Deák, Graf Andrássy, Oberst Friedrich von Beck (damals Chef der Militärkanzlei Seiner Majestät), Erzherzog Albrecht, Kaiserin Elisabeth und etwas später Friedrich Ferdinand Freiherr von Beust, der neue österreichische Außenminister. Es ist durchaus eine Erwähnung wert, daß keiner der Genannten ein Slawe oder Deutschösterreicher war. Beust war ein sächsischer Flüchtling, Beck kam aus dem Rheinland, Kaiserin Elisabeth aus Bayern, Andrássy und Deák waren Ungarn, und Erzherzog Albrecht war ein Habsburger mit einer engen Verbundenheit zur Familientradition und einem ebenso tiefen Haß gegenüber jedem Nationalismus, einschließlich des deutschen.

Das schwierigste Problem der Ausgleichsverhandlungen war jenes der Streitkräfte.[32] Die Ungarn drängten auf völlige militärische Souveränität. Sie waren zwar bereit, einen Beitrag zu einer gemeinsamen Verteidigung zu leisten, aber gegen eine vereinte Armee. Sie wollten die nationale Honvéd-Armee wieder auferstehen lassen, mit ihren Uniformen und Abzeichen der Revolution von 1848/49 sowie ungarisch als Kommando- und Dienstsprache. Solches wiederum wies der Kaiser kategorisch zurück. Deák und Andrássy waren persönlich bereit, in der Frage des Heeres weitgehende Zugeständnisse zu machen, doch mußten sie behutsam vorgehen, da es in ihrem Land eine sehr starke Opposition gab, für die bereits die Personalunion zwischen Österreich und Ungarn ein großes Zugeständnis war. Die leidenschaftlich magyarophile (und angeblich auch leidenschaftlich „andrássyphile“) Kaiserin Elisabeth drängte ihren Gemahl zum Ausgleich mit den Ungarn. Auch Beust und - etwas zurückhaltender - Beck tendierten zu einem Ausgleich. Nur Erzherzog Albrecht setzte sich, solange es ihm möglich war, für eine vereinte Armee der Gesamtmonarchie ein.[33]

Der 1867 schließlich ausgehandelte Ausgleich wurde in einem Gesetz niedergelegt, das in zwei Versionen erlassen wurde, eines in deutscher Sprache und eines auf ungarisch, sowie in einer Reihe zusätzlicher, auf eine bestimmte Zeit festgelegter, vorwiegend wirtschaftlicher Vereinbarungen. Sowohl Österreich als auch Ungarn hatten eine eigene Verfassung und ein eigenes Kabinett, das direkt der Legislative verantwortlich war. Es gab aber auch drei gemeinsame Ministerien, eines für die Verwaltung der gemeinsamen k.u.k. Armee, ein anderes für die Außenpolitik und ein drittes zur Regelung der Finanzen der beiden anderen gemeinsamen Ministerien. Das Abkommen über die wirtschaftliche Zusammenarbeit umfaßte die Schaffung einer gemeinsamen Notenbank und einer Zollunion. Diese wirtschaftlichen Vereinbarungen waren jedoch, im Unterschied zum staatsrechtlichen Ausgleich, widerrufbar und mußten alle zehn Jahre neu ausgehandelt werden. Ungarns Beitrag zu den gemeinsamen Ausgaben wurde anfänglich mit 30 % festgesetzt, womit das Nationaleinkommen des Landes etwas unterschätzt wurde. Danach drängten die Österreicher stets auf eine Erhöhung des proportionellen Anteils der Ungarn, so daß dieser bis 1907 schließlich auf 36,4 % anwuchs. Ungarn selbst war in zwei Teile geteilt: das Königreich Ungarn (das wieder mit Siebenbürgen vereinigt war) und das wesentlich kleinere Königreich Kroatien-Slawonien. 1868 schlossen Ungarn und Kroaten einen Separatausgleich, den sogenannten *Nagodba*, durch den die Kroaten allerdings nicht zufriedengestellt wurden.

Schließlich sei noch erwähnt, daß die beiden Parlamente, das österreichische und das ungarische, als Folge des Ausgleichs jeweils sechzig Mitglieder (40 aus dem Abgeordneten- und 20 aus dem Herrenhaus, wobei der ungarischen Delegation auch acht Kroaten angehörten) entsandten, um Fragen von gemeinsamem Interesse zu klären. Die beiden Delegationen trafen einander halbjährlich abwechselnd in Wien und Budapest. Sie nahmen die Berichte der gemeinsamen Minister entgegen und beschlossen, wofür oder wie das gemeinsame Budget ausgegeben werden sollte. Bezeichnenderweise tagten die beiden Delegationen getrennt, obwohl sie im selben Gebäude zusammentrafen, und verkehrten nur schriftlich miteinander. In der Praxis fungierte jede Delegation als Sprachrohr des eigenen Parlaments und der eigenen Regierung. Im Falle Ungarns bedeutete dies eine kräftige Vertretung der Mehrheitspartei, im Falle Österreichs keine klare Position, da es im Wiener Reichsrat nie zur Bildung einer beständigen Mehrheit kam.[34]

Nach 1867 wurden die wichtigen Fragen der Doppelmonarchie in direkten Treffen zwischen den beiden Ministerpräsidenten geregelt oder schließlich bei den Sitzungen des „Gemeinsamen Ministerrates“, bestehend aus dem Herrscher, den beiden Ministerpräsidenten, dem Außenminister (der als inoffizieller Kanzler der Doppelmonarchie fungierte), den gemeinsamen Ministern für Krieg und Finanzen und wechselnden Persönlichkeiten, die vom Ministerrat den Beratungen beigezogen wurden.[35]

Der Ausgleich stellte niemanden zufrieden, und genau dies sicherte seinen Fortbestand. Hauptnutznießer dieser neuen Konstellation waren die deutschösterreichischen und ungarischen sozialen und politischen Eliten, obwohl sie selbst dies nie zugegeben hätten. Der Unmut der Slawen, Rumänen und Italiener war sicherlich berechtigter, der wachsende Wohlstand und wiederholte Konzessionen an ihre nationalen Interessen, zumindest in der österreichischen Reichshälfte, hielten sie jedoch in Schranken. In Ungarn wurde das gleiche Ergebnis mit strengen Verwaltungsmaßnahmen erzielt.

Nach 1867 nahm die Entwicklung in den beiden Reichshälften der Doppelmonarchie einen gänzlich unterschiedlichen Verlauf. In Österreich wurden den Eliten der verschiedenen Nationalitäten nach und nach politische Gleichstellung gewährt, und mit der Einführung des allgemeinen Wahlrechts im Jahre 1907 sogar den sozial niedrigen Klassen. Dies führte wiederholt zu Krisen im österreichischen parlamentarischen System und zu dessen zeitweiliger Ablöse durch nahezu diktatorische Beamtenregierungen. In Ungarn behielt die gesamte Periode des Dualismus hindurch die magyarische Oligarchie die Kontrolle fest in der Hand, war jedoch bereit, viele Vertreter neuer Schichten ins Parlament wählen zu lassen: weniger gern, wenn diese aus der magyarischen Bauernschaft kamen, lieber, wenn sie den deutschen und slawischen Minderheiten oder der jüdischen Gemeinschaft angehörten. Damit war der Fortbestand eines vitalen ungarischen parlamentarischen Systems gesichert.

Da man sich in Österreich stets uneins war, während die ungarische politische Führung zumindest hinsichtlich der großen Probleme der Monarchie Einigkeit zeigte, gelang es den Ungarn, einen beherrschenden Einfluß auf die österreichisch-ungarische Außenpolitik zu gewinnen. Nicht hingegen gilt dies für ihren Einfluß auf das Militär, blieb doch die Armee unter Kontrolle der politischen Führung. Der politische Einfluß sowohl des ungarischen als auch des österreichischen Parlaments wurde allerdings durch persönliche und unabhängige Entscheidungen des Herrschers relativiert, der sich auf dem Gebiet der Außen- und Militärpolitik weitgehende Vorrechte bewahrte.

Die militärischen Vereinbarungen des Ausgleichs fanden ihren Niederschlag in einem österreichischen und einem ungarischen Wehrgesetz, die beide 1868 verabschiedet wurden. Daß diese Gesetze nahezu niemanden zufriedenstellten, war auch diesmal mit ein Grund für ihre im wesentlichen unveränderte Beibehaltung bis 1918. Die beiden Wehrgesetze sahen ein gemeinsames Heer und eine gemeinsame Marine unter einem Reichskriegsminister sowie drei Landwehren, nämlich eine österreichische, eine ungarische und eine kroatisch-slawonische, vor. Da die letzte der drei genannten Landwehren eigentlich nur eine Verlängerung der ungarischen Landwehr oder *Honvédség* war, gab es nur zwei „nationale“ Verteidigungsminister, einen österreichischen und einen ungarischen. Die Landwehren trugen eine Abart der Uniformen der k.u.k. Armee, wobei die ungarischen und kroatischen Landwehren eigene nationale Abzeichen hatten und ihren Treueeid nicht auf den Kaiser, sondern auf den König und die Verfassung schworen. Die Kommando- und Dienstsprache der k.u.k. Armee sowie der österreichischen Landwehr war deutsch, jene der Honvédség ungarisch und jene der kroatisch-slawonischen *Hrvatsko Domobrantsvo* serbo-kroatisch.

Es war Vorschrift, daß alle Kader die von den Truppen gesprochenen Sprachen lernen mußten, was allerdings im allgemeinen von der ungarischen Landwehr nicht berücksichtigt wurde. Für die kroatisch-slawonische Landwehr stellte sich dieses Problem nicht, da der Anteil der nicht serbisch- bzw. kroatischsprachigen Soldaten in keinem ihrer Bataillone über 20 % lag, dem für eine Einheit erforderlichen Mindestanteil, um als mehrsprachig zu gelten.

Mit diesen beiden Wehrgesetzen des Jahres 1868 wurde auch die allgemeine Wehrpflicht eingeführt, mit der Zusatzklausel, daß etwa 80 % der Rekruten in die k.u.k. Armee und Marine eingegliedert und der Rest zu gleichen Teilen auf die österreichische und die ungarische Landwehr aufgeteilt wurde.[36] Die Möglichkeit, sich durch Zahlung einer Taxe vom Militär freizukaufen, wurde abgeschafft, die Stellungspflicht auf das Alter von 20 Jahren und die Dauer des aktiven Dienstes in der k.u.k. Armee mit drei Jahren festgelegt, auf die sieben Jahre in der Reserve und weitere zwei Jahre in der Reserve der Landwehren folgten. Rekruten, die direkt in die

Landwehren eintraten, hatten einen aktiven Dienst von zwei Jahren zu absolvieren, gefolgt von zehn Jahren in der Reserve.

Die Landwehren waren zunächst als Formationen der zweiten Linie konzipiert und hatten auch bis 1912 keine eigene Artillerie oder technische Truppen. Da sich die ungarischen Politiker jedoch fleißig bemühten, die Schlagkraft der Honvédség zu erhöhen, zog auch die österreichische Landwehr mit einer gewissen Zurückhaltung nach. Dies führte dazu, daß die Infanterie und Kavallerie der Landwehr oft besser als ihre Kameraden im k.u.k. Heer ausgerüstet waren, obwohl die Offiziere der k.u.k. Armee auch weiterhin ein höheres Ansehen und eine höhere gesellschaftliche Stellung als die Landwehr-Offiziere genossen.

Die jährliche Verteilung der Rekruten wurde durch das Los entschieden. Wer die höchsten Zahlen zog, wurde in die k.u.k. Armee oder in eine der Landwehren eingeteilt. Wer eine mittlere Nummer zog, wurde der Ersatzreserve zugeteilt, in der die Ausbildungszeit nach 1882 acht Wochen betrug und zehn Jahre hindurch einmal jährlich wiederholt wurde. Wer die niedrigsten Nummern zog, wurde nach 1886 dem Landsturm, einer nur im Kriegsfall aufgestellten Reserve, zugeteilt.

Zur Ersatzreserve gehörten außer den Wehrpflichtigen, die eine der mittleren Nummern gezogen hatten, auch Seminaristen, Lehrer, Lehrer-Ausbildner, Besitzer von Erbgütern und aus gesundheitlichen Gründen Mindertaugliche. Die militärische Ausbildung in der Ersatzreserve war praktisch wertlos, und dennoch mußten ihre Einheiten 1914 dazu herhalten, die dezimierten regulären Formationen an der Front wieder aufzufüllen. Dem nur unzureichend organisierten Landsturm gehörten Soldaten an, die überhaupt nie eine Ausbildung erhalten hatten, sowie Veteranen aktiver Dienstformationen (bis zum Alter von 42 Jahren). Im Ersten Weltkrieg wurde auch der Landsturm an die Front geworfen, wobei ganze Divisionen dieser drittklassigen Formation überstürzt zum Einsatz kamen und schreckliche Verluste erlitten.

Die Wehrgesetze des Jahres 1868 legten die Zahl der Rekruten, die jährlich in die k.u.k. Armee aufgenommen wurden, mit 95.400 (56.000 aus Österreich und weniger als 40.000 aus Ungarn) fest. Zusätzliche 20.000 Rekruten wurden den Landwehren zugeteilt. Die 1889 neu verabschiedeten Wehrgesetze erhöhten das Rekrutenkontingent in der k.u.k. Armee auf 103.000 Mann. Zusätzlich wurden nach 1889 jährlich 12.500 Rekruten direkt in die ungarische und 10.000 in die österreichische Landwehr einberufen. Die jährliche Gesamtzahl von 125.500 Rekruten blieb bis 1912 gleich, obwohl die Bevölkerung der Monarchie inzwischen von 42 auf 52 Millionen angewachsen war. Da die Militärgesetze alle zehn Jahre erneuert werden mußten, waren die beiden Parlamente dafür mitverantwortlich, daß die österreichisch-ungarische Armee das verhältnismäßig kleinste aller stehenden Heere der kontinentalen Großmächte blieb, wobei sich das Verhältnis immer mehr zu Ungunsten der Monarchie verschob.[37]

Die Ungarn empfanden die Wehrgesetze des Jahres 1868 lediglich als Provisorien, und so gab es die nächsten fünf Jahrzehnte hindurch anhaltende Bemühungen im Budapester Parlament, die ungarische Landwehr auf alle aus Ungarn stammenden Soldaten auszudehnen. Sollte dies nicht erreicht werden, erhoffte man sich zumindest die Zulassung des Ungarischen als Kommando- und Dienstsprache in allen aus Ungarn stammenden Regimentern der k.u.k. Armee. Dabei verfolgten die liberale Regierungspartei (oder „Partei von 1867") und die ebenfalls liberale nationale Oppositionspartei (auch bekannt als „48er Partei" oder „Unabhängigkeitspartei") dasselbe Ziel, mit dem Unterschied, daß die Regierungspartei zu einem langsameren Vorgehen bereit war. So führten in dem Parlament, wo fast jeder eine Teilung der Streitkräfte und die Schaffung einer echten ungarischen Nationalarmee wünschte (die natürlich etwa zur Hälfte aus Nicht-Magyaren bestehen würde), die alle zehn Jahre stattfindenden Debatten über den Entwurf des Wehrgesetzes zu Schreiduellen und gegenseitigen Anschuldigen des Verrats. In der Zwischenzeit versetzten Studenten, Angehörige des Mittelstandes und Handwerker Budapest, vor allem in den Jahren 1888/89 und zwischen 1903 und 1906 in Aufruhr und forderten die Entfernung der verhaßten habsburgischen Farben schwarz-gelb und des Doppeladlers von allen militärischen Schildern. Zur gleichen Zeit machten in Agram kroatische Demostranten ihrem Zorn über die nationalen ungarischen Embleme Luft.

Die erbitterten Auseinandersetzungen über die „Armeesprache" drängten alle anderen Punkte in den Hintergrund, was allerdings nichts daran änderte, daß Ungarn sowohl wirtschaftlich als auch auf den Gebieten der Erziehung, des Gesundheitswesens und der Kultur einen Aufschwung erlebte. Es ist daher um so paradoxer, daß gerade jene politische und gesellschaftliche Elite, die der Unterstützung der Streitkräfte der Monarchie gegen die Kroaten, die nationalen Minderheiten, gegen irredentistische Nachbarn und die Arbeiterklasse sowie den bäuerlichen Unmut so dringend benötigte, ihre Energien verschwendete, eben diese Armee zu schwächen. Entgegen der Meinung damaliger ungarischer Politiker und vieler ungarischer Historiker seither wäre eine unabhängige ungarische Armee nie in der Lage gewesen, das von den Ungarn offiziell als das „Ungarische Reich" bezeichnete Gebiet zu bewahren.

Auch in der österreichischen Reichshälfte der Doppelmonarchie hatte das politische Leben seine Schwächen. Im Wiener Reichsrat wetteiferten die deutschen Liberalen, die Deutschnationalen und deutschösterreichischen Sozialdemokraten mit den tschechischen Liberalen, Radikalen und Sozialisten sowie den italienischen, slowenischen, ruthenischen und rumänischen Nationalisten darum, auf die „feudale", „reaktionäre", „germanische", „hungarophile", „pro-slawische", „verjudete", „von Jesuiten beherrschte", „korrupte", „ineffiziente" und „verschwenderische" Armee zu schimpfen. Vor allem die tschechischen Abgeordneten forderten eine eigene Landwehr nach ungarischem Muster oder zumindest die Zulassung von tschechisch als Kommando- und Dienstsprache in jenen Regimentern, die sich aus tschechischen Gebieten rekrutierten. Aus all diesen Forderungen wurde nichts, obwohl das System am Rande des Zusammenbruchs schien. Ein Witz aus dem Ersten Weltkrieg, demzufolge die Lage in der habsburgischen Monarchie „hoffnungslos, aber nicht ernst" war (im Gegensatz zum Deutschen Reich, wo die Lage schlimmstenfalls „ernst, aber nicht hoffnungslos" sein konnte), charakterisiert die Doppelmonarchie und die Stellung ihrer Armee auf das Treffendste.

Die Wehrgesetze des Jahres 1868 wurden zwar nie außer Kraft gesetzt, nach und nach aber weitere Zugeständnisse an das Nationalgefühl und an praktische Überlegungen gemacht. 1882 wurde in der k.u.k. Armee das Territorialprinzip verstärkt; die fünfzehneinhalb Armeekorps der Monarchie rekrutierten ihre Soldaten jeweils aus einem genau festgelegten Gebiet. Das ständige Umherziehen der Linien-Bataillone hatte bereits früher ein Ende gefunden. Nun verbrachten sogar die voll ausgebildeten Einheiten immer längere Zeiten an ihrem angestammten Platz oder in dessen näherer Umgebung. Damit konnte man zwar Ausgaben einsparen und den Ungarn entgegenkommen, es nahm aber den Offizieren eine Möglichkeit, jene Länder kennenzulernen, die sie im Ernstfall verteidigen sollten. 1881 z. B. befanden sich von den 41 aus Ungarn stammenden k.u.k. Infanterie-Regimentern nur 14 auf österreichischem Boden, weitere acht leisteten ihren Dienst bei der Okkupation des neu erworbenen und gemeinsam verwalteten Gebietes Bosnien-Herzegowina. Im selben Jahr war von den 39 aus Österreich stammenden k.u.k Infanterie-Regimentern kein einziges in Ungarn stationiert. 1897 befanden sich von den 188 aus Ungarn stammenden k.u.k. Infanterie-Bataillonen nur 17 in Österreich und 24 in Bosnien-Herzegowina. Im selben Jahr waren von den 18 ungarischen Kavallerie-Regimentern der k.u.k. Armee fünf in Österreich, aber kein einziges der österreichischen Kavallerie-Regimenter in Ungarn stationiert.[38] In der Folge sollte es noch weitere Konzessionen an das ungarische Nationalgefühl geben.

Die Landwehren waren von Beginn an territorial und stationär organisiert. Ihre Bataillone (die Landwehr-Regimenter wurden erst 1890 eingeführt) rekrutierten ihre Soldaten aus einem streng definierten Ergänzungsbezirk, in dem die Einheiten auch ständig stationiert waren. Dies brachte es mit sich, daß die Landwehroffiziere oft sogar nicht einmal mit ihrer eigenen Reichshälfte der Monarchie vertraut waren. Nach all diesen Ausführungen möchte ich unterstreichen, daß die Teilung der Streitkräfte in drei (oder vier) unabhängige Organisationen nie zu einer wirklich gefährlichen Situation führte. Die Oberkommandanten beider Landwehren waren habsburgische Erzherzöge, und die Landwehren stellten wiederholt ihre Loyalität unter Beweis, so etwa durch ihr entschlossenes Vorgehen bei lokalen Unruhen, während des Okkupationsfeldzuges in Bosnien-Herzegowina und vor allem im Ersten Weltkrieg. In Summe hatte jener militärische Oberbau, wie er 1868 geschaffen worden war, jedoch viele Nachteile und nur einen Vorteil: er überdauerte.

1868 und in den nachfolgenden Jahren erlebten die Streitkräfte eine Reihe von Reformen. So wurden unter anderem die letzten Reste der Käuflichkeit der Offiziersstellen abgeschafft. Die in jeder Hinsicht überholte Militärgrenze wurde nach und nach aufgelöst und ihre Regimenter bis 1873 in die reguläre Infanterie eingegliedert. Dieses Vorhaben ging allerdings nicht ohne größere Komplikationen und viele Auseinandersetzungen zwischen den Ungarn und Kroaten vor sich, wurde aber dennoch zu einem Abschluß gebracht. Zum letzten großen Grenzer-Aufstand kam es 1871, als einige Unteroffiziere und einfache Soldaten des 3. Oguliner Grenz-Infanterie-Regiments mit der Absicht der Schaffung einer kroatischen Nationalarmee und in weiterer Folge der Errichtung eines unabhängigen südslawischen Staates eine Verschwörung anzettelten. Die Meuterer töteten einige ihrer Offiziere, wurden jedoch sofort von Grenzer-Kompanien überwältigt, die dem kommandierenden General in Kroatien-Slawonien, Anton Freiherr von Mollinary, der selbst aus der Militärgrenze stammte, treu ergeben waren. Acht Jahre später quittierte Mollinary wegen eines Vorfalls, den er als rücksichtslose Einmischung seitens Ungarns in kroatische Angelegenheiten ansah, seinen Dienst.[39]

Im Zuge der Militärreform wurden auch die Uniformen praktischer, die Ausrüstung modernisiert und eine Reihe neuer Waffenproduktionsstätten errichtet. Militärspitäler, Invalidenheime und zahlreiche Kasernen wurden gebaut, die uns heute vielleicht düster anmuten, damals aber eine enorme Verbesserung gegenüber den von Joseph II. aufgehobenen Klöstern und den Bauernhöfen darstellten, in denen viele Soldaten bis dahin einquartiert waren. Das Essen der einfachen Soldaten bei den Manövern wurde erstmals in einer mobilen Feldküche zubereitet. Auch die Besoldung wurde, wenn auch kaum nennenswert, verbessert. 1889 beispielsweise mußte ein einfacher Soldat mit 6 Kreuzern täglich sein Auslangen finden. Nach den Abzügen für Ausgaben, wie Wäscherei, Tabak, Salben für die Füße, Fett für das Gewehr und ein sauberes Tuch für den Nacken, blieben ihm 0,80 Kreuzer pro Tag.[40]

In dieser Zeit wurden auch die Militärschulen reorganisiert und ihr Lehrplan neu überdacht; Fortbildungskurse für begabte Offiziere wurden eingerichtet; die Besoldung und die Pensionsleistungen für die Offiziere und Unteroffiziere wurden verbessert und Vorsorge für ihre Witwen und Waisen getroffen. Schließlich wurde auch ein Reserveoffizierskorps eingerichtet, zu dem nur gebildete Bürger Zutritt hatten. Mehr davon in einem späteren Kapitel.

Zwei Männer waren die treibenden Kräfte hinter dieser und anderen Reformen: General Franz Freiherr von John (Reichskriegsminister von 1866 bis 1868 und Generalstabschef von 1866 bis 1869 sowie erneut von 1874 bis 1876) und General Franz Freiherr Kuhn von Kuhnenfeld (Reichskriegsminister von 1868 bis 1874).[41]

Sowohl John als auch Kuhn waren „liberale Zentralisten", d. h. sie glaubten an eine aufgeklärte und geeinte Militärverwaltung. Kuhn war der aggressivere Anti-Konservative der beiden. Er führte humanistische Gegenstände im Lehrplan der Militärschulen ein; ihm gelang es - wenn auch nur vorübergehend -, den Generalstab, den er als allzu elitäre Institution empfand, in den Hintergrund zu drängen; und er tat sein bestes, um, erfüllt von bürgerlich-liberalen Idealen, das Offizierskorps in eine Einrichtung des Mittelstandes zu verwandeln. Erzherzog Albrecht, der das Reichskriegsministerium aus persönlichen und ideologischen Gründen gerne als bloße Verwaltungsbehörde militärischer Belange gesehen hätte, stand von Anfang an in Opposition zu John und Kuhn. Er war es, der 1868 den Rücktritt Johns und 1874 die Demission Kuhns herbeiführte, doch war auch er nicht allmächtig. Trotz seiner heftigen Proteste wurde 1869 die Position des Armeeoberkommandanten abgeschafft, worauf er sich in Hinkunft mit der Rolle eines Generalinspektors des k.u.k. Heeres zufriedengeben mußte. Erzherzog Albrecht war der einzige Feldmarschall der Monarchie in Friedenszeiten, aber als er alt und fast blind geworden war, verlor dieser große Soldat viel von seinem früheren Einfluß und seiner Macht.

Aber nicht nur Albrecht war ein Gegner der beiden einander ablösenden liberalen Kriegsminister. Auch der Generalstab, die Militärkanzlei und die Generaladjutantur waren über die Macht des Ministeriums verärgert. Alle drei Institutionen sowie auch

Feldzeugmeister (später Generaloberst)
Graf Friedrich Beck-Rzikowsky (1830-1920).

das Reichskriegsministerium wurden jedoch allmählich von Friedrich Beck in den Hintergrund gedrängt, der sich eines größeren und längeren Vertrauens seines Souveräns erfreute als irgendein anderer General vor oder nach ihm.[42]

Der Stern des 1830, also im selben Jahr wie Franz Joseph, geborenen Beck ging 1866 anläßlich der Schlacht von Königgrätz auf, als er noch Oberst und Adjutant des Kaisers war. Schon 1867 wurde er zum Chef der Militärkanzlei Seiner Majestät ernannt, 1874 zum Generaladjutanten und 1881 im Alter von 51 Jahren zum Generalstabschef. Diesen Posten bekleidete er bis 1906, als er schließlich mit 76 Jahren zum Rücktritt gezwungen wurde. Beck überlebte seinen kaiserlichen Herrn und starb 1920 im Alter von 90 Jahren. Dieser ruhige, vorsichtige, unerhört ergebene, aus dem Mittelstand stammende Deutsche (der allerdings in eine aristokratische Familie eingeheiratet hatte) wurde im Laufe der Jahre zum Freund des Kaisers. Franz Joseph reichte Beck gelegentlich die Hand, und in vorgerücktem Alter saßen die beiden Männer bisweilen beisammen und unterhielten sich. In der Öffentlichkeit wurde Beck der „Vize-Kaiser" genannt, und es umgab ihn fast dieselbe Aura wie den Kaiser und König. Franz Joseph suchte gerne Becks Rat, der stets lautete, einen Krieg zu verhindern. In militärischen Fragen nahm Beck eine Mittelposition ein: Einerseits hielt er nichts von Kuhns liberalen Experimenten, andererseits verhinderte er still und heimlich auch Albrechts reaktionäre Politik, obwohl er im Grunde seines Herzens sicherlich ein Konservativer war.

Als „Chef des Generalstabes der gesammten bewaffneten Macht" suchte Beck bei den vielfältigen internen Konflikte der Armee ausgleichend zu wirken. Er achtete darauf, daß der Kriegsminister allein Sorge für die militärische Organisation, Verwaltung, Justiz, Ausbildung und Versorgung trug, und hielt Verbindung zu den beiden Parlamenten. Den Generalstab betraute er mit der Aufgabe der militärischen Planung, der Leitung der Operationen, des Geheimdienstes und des Truppen-Transportes im Falle einer Mobilmachung. Einige behaupteten, daß der in keiner der beiden Verfassungen verankerte Generalstab unter Beck viel zu mächtig wurde. Es stimmt, daß der Generalstab als Oberkommando der Streitkräfte fungierte und seine Unterordnung unter das in der Verfassung verankerte Reichskriegsministerium unter Beck zunehmend nur mehr nomineller Natur war. Andererseits aber bedurfte es, zumindest im Falle eines Krieges, gerade wegen dieser Dreiteilung der Streitkräfte der Monarchie eines einheitlichen Kommandos. Beck versuchte, die Armee zu modernisieren und gleichzeitig ihre althergebrachte supranationale Ideologie zu bewahren.

Letzter Schiedsrichter zwischen den rivalisierenden Parteien war jedoch nicht Beck, sondern Franz Joseph, der alle Kontroversen erfolgreich in einem Meer von Papier ertränkte. Zugleich höflich und distanziert, reduzierte der „Alte Herr in der Hofburg" alle Klagen auf das richtige Maß. Er gewährte über hundert Audienzen in der Woche, empfing alle Besuche, gleichgültig ob Erzherzöge, Kabinettmitglieder oder die Ärmsten der Armen, in derselben Atmosphäre von Würde und sorgfältig ausgeklügeltem Ritual. Selbst in Habt-Acht-Stellung, veranlaßte er seine Besucher, die gleiche militärische Haltung einzunehmen und ihm kurz und präzise zu berichten. Wer sich auch nur im geringsten inkorrekt benahm, wurde vor Ablauf der zur Verfügung stehenden Zeit mit einem kaum merkbaren Zusammenschlagen der Haken oder einem Nicken des kaiserlichen Hauptes entlassen. In seiner erlauchten Gegenwart wurde alle Leidenschaft und aller Haß auf bloße zeremonielle und bürokratische Routine reduziert.

Nie hatte die Habsburgermonarchie eine derart lange Friedenszeit erlebt wie zwischen 1867 und 1914. Für Berufssoldaten war dies natürlich ein zweifelhafter Segen. Mit Ausnahme jener „glücklichen Minderheit", die an den örtlich begrenzten Militäroperationen an der Südgrenze der Monarchie teilnahm, durchlief eine ganze Generation von Offizieren ihre Berufslaufbahn ohne je gekämpft zu haben. Ein 1870 ausgemusterter Offizier beispielsweise ging 1910 im Alter von 60 Jahren in Pension und hatte stets nur Exerzieren, Paraden und die üblichen Herbstmanöver erlebt. Da trug der Feind rote oder blaue Abzeichen, und selbst der berauschendste Kavallerie-Angriff konnte durch einen verächtlichen Generalstabsoffizier mit einer weißen

Armbinde (als Schiedsrichter) gestoppt werden. All dies war sehr frustrierend, aber bei weitem nicht so frustrierend wie das langsame Vorrücken der Offiziere auf der Karriereleiter, ein Schicksal, das so anders war als jene ruhmreichen Karrieren, welche sich die vorhergehende Generation auf den Schlachtfeldern in Ungarn, bei Solferino und Königgrätz erkämpft hatte.

Welche Feldzüge gab es in diesen langen Jahren eines allgemeinen Friedens? 1869 lehnten sich die Einwohner der Gebirgsgegend von Krisvosije im südlichen Dalmatien gegen die Einführung der allgemeinen Wehrpflicht auf und verfochten ihr geheiligtes Recht, Waffen tragen zu dürfen. 18 Infanterie-Bataillone und eine Reihe anderer Einheiten brauchten einige Monate, die etwa tausend Aufständischen einigermaßen zur Aufgabe zu zwingen. Als Gegenleistung erhielten die Rebellen zumindest vorübergehend all das, wofür sie gekämpft hatten.[43] 1878/79 kam dann die Okkupation von Bosnien-Herzegowina, eine wesentlich ernstere Angelegenheit, an der 270.000 Soldaten beteiligt waren, und dann 1881 ein weiterer Aufstand in dem Gebiet von Krisvosije sowie im erst kürzlich okkupierten Bosnien-Herzegowina.[44] Aber das war auch schon alles.

In all diesen Feldzügen erwiesen sich die Truppen als verläßlich und loyal, und die Armeeführung als keineswegs besonders wirkungsvoll. Insgesamt gesehen gelang es den österreichisch-ungarischen Truppen, diese Gebiete mit ihren Operationen weit besser zu „befrieden", als dies Deutsche und Italiener im Zweiten Weltkrieg vermochten. Die Balkanexpeditionen zwischen 1869 und 1881 zeigten, daß lokale Rivalitäten, wie etwa zwischen den Katholiken und Moslems, am besten von „einheimischen" Generälen geregelt wurden: der österreichisch-ungarische Kommandant jeder dieser militärischen Expeditionen war selbst Südslawe.

Das Engagement der Monarchie auf dem Balkan war die logische Folge, nachdem Österreich-Ungarn aus Deutschland und Italien hinausgedrängt worden war. Während des Deutsch-Französischen Krieges 1870/71 hatte es für Österreich eine letzte Gelegenheit gegeben, wieder auf der deutschen Bühne Fuß zu fassen und Rache für Königgrätz zu nehmen. Tatsächlich gab es bereits 1867 Verhandlungen in diesem Sinne zwischen Franz Joseph und Napoleon III. Drei Jahre später drängten Außenminister Beust, Erzherzog Albrecht und Kriegsminister Kuhn auf eine bewaffnete Intervention an der Seite Frankreichs, aber der ungarische Ministerpräsident Andrássy stellte sich dagegen: Für ihn war, wie für alle Ungarn, der Zar und nicht Bismarck der wahre Feind. Wie so oft war die öffentliche Meinung in der Monarchie geteilt, wobei die Tschechen und anderen Slawen für einen Krieg gegen Preußen plädierten, die Mehrheit der Deutschösterreicher und die Ungarn hingegen für Bismarck Stimmung machten. Da sowohl Generalstabschef John als auch General Beck Zurückhaltung empfahlen, sprach sich der immer vorsichtige Franz Joseph für eine bewaffnete Neutralität aus. So sah die Monarchie ohnmächtig zu, wie Frankreich geschlagen und ein deutsches Kaiserreich proklamiert wurde, obwohl die Monarchie, wie Kuhn und andere beteuerten, in der Lage gewesen wäre, 600.000 Mann gegen Preußen zu mobilisieren. Es ist ein reizvolles Gedankenspiel, sich zu überlegen, ob ein österreichisch-ungarischer Angriff auf Preußen im Jahre 1870 die Geschichte Deutschlands und damit der Welt hätte ändern können.[45]

1871 löste Andrássy Beust als Außenminister ab und beschleunigte so eine Aussöhnung zwischen den Habsburgern und den Hohenzollern, die durch Wiens Furcht vor Rußland erleichtert wurde. Die russische Bedrohung war ja 1870 ein Hauptgrund für Franz Josephs Weigerung gewesen, in den Krieg einzutreten. Drei Jahre später sorgte Bismarck für eine Erneuerung des Bündnisses zwischen Rußland, Preußen und Österreich-Ungarn, aber schon 1875 kam es zwischen Österreich-Ungarn und Rußland zu schwerwiegenden Differenzen in der Balkanfrage.

Im Juni desselben Jahres erhoben sich die Einwohner von Bosnien-Herzegowina gegen ihre osmanischen Oberherren. Der Aufstand war von der österreichisch-ungarischen Propaganda und durch Waffenlieferungen unterstützt worden. Das Fürstentum Serbien, in der Theorie ein Vasallenstaat der Osmanen, schloß sich unmittelbar darauf der Erhebung an, gefolgt 1876 von Montenegro und den bulgarischen Provinzen des Osmanischen Reiches. Entgegen des allgemein erwarteten völligen Zusammenbruchs aber ertränkten die Türken den bulgarischen Aufstand in einem Meer von Blut und fügten der serbischen Armee im September 1876 eine vernichtende Niederlage zu. Diese Siege erhitzten die Gemüter in Rußland, dessen Elite von pan-slawistischen Ideen erfüllt war, und im April 1877 fühlte sich Zar Alexander II. genötigt, dem Sultan den Krieg zu erklären.

Nach einem unerwartet starken türkischen Widerstand stand die russische Armee im März 1878 vor den Toren Konstantinopels. Im selben Monat ersuchten die Osmanen um einen Waffenstillstand und unterzeichneten in San Stefano einen Vertrag, der auf ihren Rückzug aus dem Balkan und dessen völlige Übernahme durch die Russen hinauslief. Für die anderen Großmächte war eine solche Lösung jedoch nicht akzeptabel, und sie zwangen die Russen an den Verhandlungstisch.[46] Der Berliner Kongreß im Juni und Juli 1878 beschloß die völlige Unabhängigkeit der territorial etwas erweiterten Staaten Rumänien und Serbien und bevollmächtigte Österreich-Ungarn, Bosnien-Herzegowina zu okkupieren und im Sandschak von Novi Bazar - einem Landstreifen zwischen Serbien und Montenegro - Garnisonen zu errichten. Es hatte zwar ein vorläufiges Abkommen zwischen Andrássy und dem russischen Außenminister Ignatiev über die Aufteilung der Beute auf dem Balkan gegeben, doch fühlten sich die Russen durch den Berliner Kongreß und dessen Beschlüsse betrogen, da sie im Gegensatz zu Österreich-Ungarn keine Gebietsgewinne gemacht hatten.

Die Folgen des Balkankrieges waren von großer Tragweite. Seit dieser Zeit übten Rumänien und Serbien eine immer größer werdende Anziehungskraft auf die Angehörigen ihrer Volksgruppe im Raum der Monarchie aus. Da änderte es wenig, daß beide Länder damals in einer gewissen Abhängigkeit von Österreich-Ungarn standen. Die Russen wiederum konnten die Schmach von Berlin nicht vergessen, für die sie Andrássy weit mehr verantwortlich machten als Bismarck oder den britischen Premier Disraeli. Das Mandat der Monarchie in Bosnien-Herzegowina mußte unausweichlich zu einem Konflikt mit Serbien führen, das diese Gebiete mit dem Hinweis auf historische Rechte und die Nationalität der Bevölkerung für sich beanspruchte. Bald wurde klar, daß der relative Erfolg der Monarchie in Berlin ohne die politische Unterstützung des Deutschen Reiches unmöglich gewesen wäre.

In der Monarchie war die öffentliche Meinung wieder einmal geteilt. Die Ungarn machten Stimmung für die Osmanen, die Tschechen und Südslawen ihrerseits für Rußland. Selbst die Armeeführung war in eine konservative pro-russische Gruppe um Erzherzog Albrecht und eine andere Gruppe gespalten, die für einen Krieg gegen den Zaren eintrat. Wieder war es Beck, der zur Vorsicht mahnte, indem er andeutete, Italien könnte Österreich-Ungarn in den Rücken fallen. Es war dies weder das erste noch das letzte Mal, daß ein österreichisch-ungarischer Angriff durch die wirkliche oder vermeintliche Gefahr eines Zweifrontenkrieges vereitelt wurde.

Die Okkupation Bosnien-Herzegowinas versprach ein Kinderspiel zu werden. „Zwei Kompagnien und eine ‚Musikbanda' müßten für den Zweck genügen", soll Andrássy angeblich geprahlt haben. Wider Erwarten stießen die österreichisch-ungarischen Truppen aber auf den erbitterten Widerstand von 90.000 türkischen Soldaten und weiten Teilen der moslemischen Bevölkerung.[47] Die christliche Bevölkerung, die traditionell unter dem Joch der moslemischen Grundbesitzer litt, hieß die Invasoren willkommen und schloß sich ihnen sogar bisweilen an. Der Feldzug dauerte vom 29. Juli bis zum 20. Oktober 1878 und nach offiziellen Statistiken hatte die österreichisch-ungarische Armee 5.198 Verluste zu beklagen. Die tatsächlichen Zahlen dürften bei etwa 3.300 Toten, 6.700 Verwundeten und 110.000 Kranken gelegen sein.[48] Die Kosten waren letztlich beträchtlich und erregten in beiden Parlamenten großen Unmut.

Zunächst standen die beiden besetzten Gebiete unter Militärverwaltung, wobei sie sehr unterschiedlich behandelt wurden. In Bosnien ging Feldzeugmeister Josef Freiherr Philippović von Philippsberg, ein aus einer Grenzer-Familie stammender katholischer Kroate, recht brutal gegen die moslemischen Aufständischen vor und unterdrückte jeden Versuch der Wiederherstellung der lokalen Verwaltung. Im November 1878 ersetzte ihn Franz Joseph durch einen gemäßigteren Kommandanten. In der Herzegowina setzte Feldmarschalleutnant Stephan Freiherr von Jovanović, ebenfalls ein aus einer Grenzer-Familie gebürtiger katholischer Kroate, schon sehr bald wieder eine örtliche Verwaltung ein und verfolgte damit eine Politik, die sich nach und nach schließlich in beiden Gebieten durchsetzte. In Hinkunft war die österreichisch-ungarische Herrschaft in Bosnien-Herzegowina durch die Zusammenarbeit der Behörden mit den moslemischen Grundbesitzern gekennzeichnet. Dies wiederum stieß die christlichen Bauern vor den Kopf.

Als gemeinsam erworbene Aquisition behandelt, wurden die beiden rückständigen Gebiete, wo es an Straßen, Schulen und Spitälern fehlte, zum Modell einer aufgeklärten Verwaltung, raschen wirtschaftlichen Aufschwungs und einer langsam wachsenden lokalen Autonomie. Die Verbesserungen der Infrastruktur waren weitgehend das Werk der Pioniere und Genie-Offiziere der Armee. Eine Versetzung nach Bosnien-Herzegowina wurde zur Herausforderung für die ehrgeizigsten Offiziere der Monarchie. Im Zuge des Emanzipationsprozesses stellte die Armee in Bosnien-Herzegowina bald einige Jäger-Bataillone aus Freiwilligen auf. Später wurde in beiden Gebieten die allgemeine Wehrpflicht eingeführt und die Freiwilligen-Bataillone wurden in reguläre Infanterie-Regimenter umgewandelt. 1894 gab es vier bosnisch-herzegowinische Infanterie-Regimenter, zu denen 1903 noch ein Jäger-Bataillon hinzukam. Die „Bosniaken“, wie sie im Volksmund genannt wurden, zählten zu den besten und verläßlichsten Soldaten der Monarchie.[49]

Nach der Okkupation Bosnien-Herzegowinas schien in der Monarchie alles zum Besten. Sowohl Österreich als auch Ungarn hatten endlich eine dauerhafte Regierung unter Graf Eduard Taaffe (1879-1893) in Wien und unter Kálmán (Koloman) Tisza (1875-1890) in Budapest. 1879 wurde der Zweibund mit Deutschland unterzeichnet, der den deutschen Schutz im Falle eines russischen Angriffs auf Österreich-Ungarn sicherte, Österreich-Ungarn aber nicht zur Hilfe im Falle eines französischen Angriffs auf Deutschland verpflichtete. Trotz dieses Geheimvertrages, dessen wesentliche Punkte keineswegs geheim waren, erneuerten die drei großen konservativen Mächte Rußland, Deutschland und Österreich-Ungarn 1881 und noch einmal 1884 ihr Bündnis. Italien trat dem Zweibund 1882 bei und Rumänien 1883. Da Serbien damals quasi ein Klientelstaat war, lebte die Monarchie im Frieden mit ihren Nachbarn oder war sogar mit ihnen verbündet. Die Zukunft schien gesichert.

Von noch größerer Bedeutung war, trotz zeitweiliger Rückschläge, wie beispielsweise 1873, die außerordentliche wirtschaftliche Entwicklung, die im Gegenzug zu weiteren Verbesserungen führte. 1869 arbeiteten 67,2 % der österreichischen Bevölkerung in der Landwirtschaft, in Ungarn waren es 80 %. Bis 1910 ging dieser Anteil auf 53,1 bzw. 66,7 % zurück. Zwischen 1864 und 1866 produzierte Ungarn im Jahresdurchschnitt 1,720.000 t Weizen und 200.000 t Zuckerrüben, zwischen 1911 und 1913 betrug der Jahresdurchschnitt 4,910.000 t Weizen und 4,333.000 t Zuckerrüben, was bei letzteren einen Anstieg auf das Zwanzigfache bedeutete. Die Weizenproduktion in Bosnien-Herzegowina wurde zwischen 1897 und 1913 verdoppelt.

1881 verbrauchte die österreichisch-ungarische Industrie 520.000 t Roheisen, 1911 waren es 2,150.000 t. Der Industrieproduktionsindex stieg zwischen 1880 und 1913 in Österreich auf mehr als das Dreifache, in Ungarn war der Anstieg sogar noch größer. 1870 betrug die Gesamtlänge des österreichisch-ungarischen Eisenbahnnetzes 9.600 km, 1900 bereits 36.300 km. Damit kam die Dichte des Eisenbahnnetzes (im Verhältnis zur Bevölkerung) an jene Deutschlands und Englands heran. 1848 belief sich das Kapitalguthaben in ungarischen Kreditinstituten auf insgesamt 3,7 Millionen Kronen, 1890 auf 348,5 Millionen Kronen und 1913 auf mehr als 2,5 Milliarden Kronen. Zwischen 1901 und 1905 lag die Sterberate von Kindern unter einem Jahr bei 21,5 % und damit wie in Preußen (19 %). 1911/12 gab es 1.705 Grundschüler pro 10.000 Einwohner in Österreich und 1.319 in Ungarn. Die Vergleichszahlen für das Deutsche Reich lauten 1.581, für Frankreich 1.435, für Italien 980 und gar nur 370 für Rußland.[50]

Seit Mitte der achtziger Jahre des 19. Jahrhunderts war das Budget sowohl in Österreich als auch in Ungarn ausgeglichen, und 1892 ging die Monarchie auf den Goldstandard über. Die Militärausgaben aber hielten mit dem Wirtschaftswachstum nicht mit. 1868 betrug das Budget der k.u.k. Armee 190 Millionen Kronen, 1882 268 Millionen Kronen und 1910 436 Millionen Kronen. Bedenkt man die stark gestiegenen Rüstungskosten und die schwache Inflation, war dies bei weitem nicht ausreichend. Nur die Marineausgaben stiegen recht beträchtlich von 15,9 Millionen Kronen im Jahr 1868 auf 98,9 Millionen Kronen im Jahr 1910.[51] Die Zahl der Soldaten im aktiven Dienst der k.u.k. Armee wuchs fast unmerklich von 290.500 im Jahre 1872 auf 327.600 Mann in 1910. Während mit anderen Worten die Bevölkerung der Monarchie zwischen 1870 und 1914 um 48,5 % zunahm, wuchs die Truppenstärke lediglich um 14 %. Die Zahl der Infanterie-Regimenter wurde zwar 1883 von 80 auf 102 erhöht, doch war dies nur eine Verschiebung innerhalb der Kader, ohne eine wesentliche Steigerung des Effektivstandes.

1906 dienten in der Donaumonarchie 0,29 % der Bevölkerung beim Militär, in Rußland 0,35 %, im Deutschen Reich 0,47 % und in Frankreich 0,75 %.[52] Demzufolge kann Österreich-Ungarn nach 1867 nicht mehr als militärische Großmacht angesehen werden, und dies nicht etwa, weil sie wirtschaftlich nicht in der Lage gewesen wäre, sich zu behaupten, sondern weil dazu nicht genügend Geld bereitgestellt wurde. Der Grund für die Kürzung der finanziellen Mittel war ein praktischer oder besser gesagt ein nationaler.

Der stärkste Widerstand gegen den Ausgleich von 1867 kam von den tschechischen Nationalisten, die sich um ihre Rechte geprellt sahen und in der Folge den Reichsrat für die nächsten zwölf Jahre boykottierten. Die Unzufriedenheit der tschechischen Politiker griff auf die Straße über, und 1868 mußte in Prag das Kriegsrecht verhängt werden. Kurz darauf versuchte die österreichische Regierung, die Polen und Tschechen versöhnlich zu stimmen, indem Galizien (1868) und Böhmen (1871) begrenzte Autonomie gewährt wurde. In Galizien war dies ein Erfolg, da die ruthenische Führung zu schwach war, um gegen die polnische Vorherrschaft zu protestieren; in Böhmen aber stießen die Aussichten auf eine regionale Autonomie auf den entschlossenen Widerstand der deutschen Minderheit. 1871 legte die Regierung in Budapest ihr Veto gegen eine Autonomie Böhmens ein, da die Ungarn kein Interesse hatten, den Dualismus durch einen „Trialismus“ zu ersetzen. Danach konnte die Monarchie nicht länger auf die bedingungslose Loyalität der Böhmen zählen, was um so schwerer wog, als die (tschechische) Mittelschicht inzwischen nach und nach eine beherrschende Stellung in der böhmischen Wirtschaft und Politik erlangt hatte. In die Defensive gedrängt, suchte die bislang dominierende deutsche Minderheit in Böhmen und Mähren nicht mehr länger bei der Regierung in Wien Unterstützung, sondern bei den deutschösterreichischen politischen Parteien. Der tschechisch-deutsche Konflikt kennzeichnete in Hinkunft das Leben im Reich.

Die Regierung von Graf Taaffe konnte die tschechischen Abgeordneten 1879 zwar zur Rückkehr in den Reichsrat bewegen, doch stieß dies wiederum auf den entschlossenen Widerstand der deutschen politischen Parteien. In den achtziger Jahren befand sich der deutsch-österreichische Liberalismus im Niedergang. Seinen Platz übernahmen größtenteils die Deutschnationalen, die nicht nur wie zuvor die Liberalen gegen übermäßige Militärausgaben auftraten, sondern auch die Monarchie in ihrer Gesamtheit in Frage stellten. Die radikalen Alldeutschen unter der Führung Georg Ritter von Schönerers lehnten die Armee überhaupt ab und sahen in den deutschsprachigen Offizieren Abtrünnige und Verräter. Die sozialdemokratische Bewegung, die in den siebziger Jahren aufkam, war, wenn auch aus anderen ideologischen Gründen, nicht weniger armeefeindlich eingestellt.

1885/86 brach eine neuerliche Krise am Balkan aus, die mit einem kurzen Krieg zwischen Serbien und Bulgarien, einem Klientelstaat Rußlands, ihren Anfang nahm. Nur ein Ultimatum der Monarchie bewahrte die geschlagenen Serben vor der Vernichtung. Es folgten politische Unruhen in Bulgarien, und wieder einmal stand Europa am Rande eines großen Krieges.[53] In Wien drängte eine Kriegspartei unter der Führung Kronprinz Rudolfs auf einen Präventivschlag gegen Rußland, aber erneut wurden diese Pläne durch die Vorsicht Franz Josephs und Becks zunichte gemacht, wobei letzterer ins Treffen führte, daß man weder den deutschen Verbündeten noch der Öffentlichkeit zu Hause absolut vertrauen könnte und die Armee darüber hinaus nicht auf einen Krieg vorbereitet war.[54] Einmal mehr hatten die innenpolitischen Schwierigkeiten für die Monarchie ihr Gutes, trugen sie doch dazu bei, ein selbstmörderisches militärisches Abenteuer zu verhindern. Das Drei-Kaiser-Bündnis aber wurde 1887 nicht mehr erneuert, und die politischen Schwierigkeiten in der Monarchie dauerten an.

1889 gestalteten sich die alle zehn Jahre stattfindenden Verhandlungen über die Wehrgesetze viel schwieriger als 1879. Die ungarische Öffentlichkeit war empört über Versuche der Budapester k.u.k. Behörden, feierlich der österreichischen Helden des Krieges von 1848/49 zu gedenken. Der im ungarischen Parlament vorgelegte Gesetzesentwurf für das Wehrgesetz verschärfte die Lage. Hauptstreitpunkt war natürlich die Kommandosprache in der k.u.k. Armee, aber auch der für Reserve-Offiziersanwärter verpflichtende Deutschtest. Einmal mehr lehnte Franz Joseph die ungarischen Forderungen ab, da es ihm nur allzu klar war, daß eine Teilung der Armee in zwei Streitkräfte letztlich zur Auflösung der Monarchie führen müßte. Es gab wilde Straßenszenen in den ungarischen Städten, und obwohl das Wehrgesetz schließlich (dank der Bemühungen des ungarischen Ministerpräsidenten Kálmán Tisza, der im Verlauf der Ereignisse fast gelyncht worden wäre) verabschiedet wurde, war es mit jenem letzten Rest von Wohlwollen, den es zwischen der Armeeführung und den ungarischen Politikern bislang noch gegeben hatte, nun endgültig vorbei.[55] Um nur ein Beispiel zu nennen, untersagte die Regierung in Budapest 1890 die Überstellung bosnischer Einheiten über Ungarn nach Wien, mit der kuriosen Begründung, daß der Durchzug „fremder“ Truppen durch die Verfassung verboten wäre. So mußten die bosnischen Truppen Österreich-Ungarns auf dem Seeweg transportiert werden, um an der großen Parade anläßlich des Geburtstags des österreichisch-ungarischen Herrschers teilzunehmen.[56]

Die Situation wurde noch schlimmer, als Erzherzog Franz Ferdinand nach dem Selbstmord von Kronprinz Rudolf im Jahre 1889 zunächst informell und erst 1896 dann offiziell zum Thronfolger wurde. Rudolf war abwechselnd überschwänglich pro-magyarisch und dann wieder vehement anti-magyarisch gewesen, wie das seinem leidenschaftlichen Temperament und seinen verwirrten politischen Ansichten entsprach. Franz Ferdinand hingegen war ein Mann mit festen Prinzipien, was für die Zukunft nichts Gutes ahnen ließ. Nur wer zu Kompromissen bereit war, konnte mit Erfolg diesen unerhört komplizierten Staat leiten. Als bigotter Katholik, Antisemit

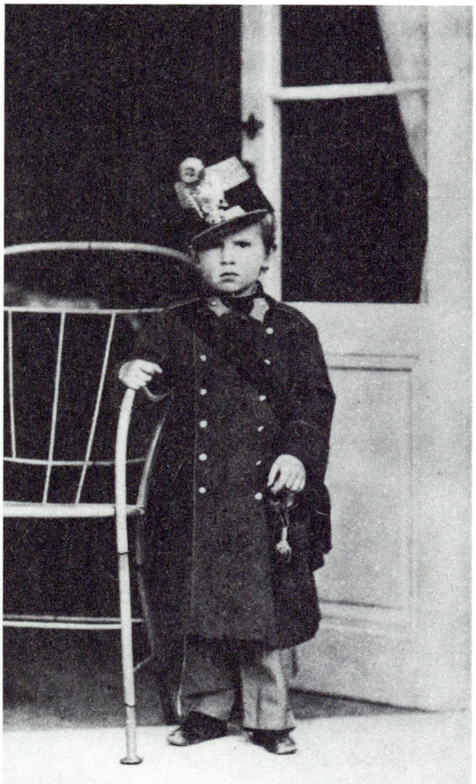

Der dreijährige Kronprinz Rudolf (links) als Oberstinhaber des k.k. Infanterie-Regimentes Nr. 19. Erzherzog Franz Ferdinand (rechts) als Admiral.

und Absolutist haßte der Erzherzog die Ungarn, weil er in ihnen die Hauptunruhestifter der Monarchie sah und die liberale ungarische Führung für ein Werkzeug der Juden und des internationalen Kapitalismus hielt. Ein weiterer Grund für Franz Ferdinands leidenschaftlichen Haß gegen die Magyaren lag darin, daß er im Gegensatz zu Franz Joseph, Rudolf und den meisten anderen Habsburgern äußerst unbegabt für Sprachen war. Unfähig, die komplizierte ungarische Sprache zu erlernen, fühlte sich Franz Ferdinand tief verletzt, als er einst als junger Oberst ein ungarisches Husarenregiment befehligte und nichts dagegen tun konnte, daß seine Offiziere in seiner Gegenwart ungarisch sprachen. Gemäß der habsburgischen Militärtradition war es aber völlig korrekt, daß sich die Offiziere der Regimentssprache bedienten, außer wenn sie Befehle erteilten.[57]

1882 und erneut 1884 gab es blutige Arbeiterdemonstrationen in Wien, und obwohl die Arbeiterbewegung - anders als die nationalistische Bewegung - die Monarchie nie ernsthaft bedrohte, gab es nun auch eine „rote Gefahr". Zur selben Zeit deckte die österreichische Polizei einige kleinere anarchistische Verschwörungen auf, was die Armee in einen solchen Schrecken versetzte, daß sie ihren Offizieren befahl, einen eidesstattlichen Revers zu unterzeichnen, daß sie nie einer geheimen Vereinigung angehört hatten oder dies je tun würden.[58]

Graf Taaffes Politik, jede politische Gruppierung des Reiches, einschließlich der Deutschösterreicher, in „gemäßigter Unzufriedenheit" zu halten, verlängerte zwar sein Verbleiben im Amt, war aber offensichtlich keine Lösung. 1893 schließlich entließ Franz Joseph seinen Ministerpräsidenten nach dem Ausbruch neulicher Unruhen in Böhmen.[59] Drei Jahre zuvor war auch Ministerpräsident Kálmán Tisza in Ungarn zurückgetreten. Damit hatte die Monarchie ihre fähigsten und kraftvollsten Führerpersönlichkeiten verloren. Das Zeitalter der beständigen Regierungen gehörte sowohl in Österreich als auch in Ungarn der Vergangenheit an.

Immer wieder mußten Truppen eingreifen, um Unruhestifter zum Schweigen zu bringen, was schließlich zur ständigen Stationierung größerer Truppenkontingente in Prag, Wien, Graz und Budapest führte. Die Garnisonen bestanden zum Teil aus bosnischen Soldaten, die nicht ganz verstanden, worum es wirklich ging. Die früheren Grenzer durch diese „neuen Kosaken" zu ersetzen, erwies sich als wirkungsvolle Maßnahme, doch begannen sich die ungarischen, deutschen und tschechischen Nationalisten, vor allem die Studenten, bald wie unter einer fremden Besatzung zu fühlen und zu benehmen.[60]

Die Lage war trist genug, doch darf man nicht übersehen, daß die Bedeutung politischer Demonstrationen sowohl von der zeitgenössischen Presse als auch später von Historikern stark überbewertet wurde. Die Mehrzahl der Einwohner der Monarchie war von diesen politischen Unruhen nicht betroffen. Für die Bauern blieben der Durchzug einer Kavallerie-Schwadron und für die Städter die sonntäglichen Konzerte der Regimentskapelle die farbenprächtigsten Ereignisse ihres Lebens. In den Augen der Mehrheit hatte sich nichts verändert. Der Kaiser residierte in der Hofburg oder in Schönbrunn, und seine bisweiligen Ausflüge zur Gemsenjagd in die Alpen wurden von derselben Presse in höchsten Tönen gefeiert, von der die Minister Seiner Majestät als Diebsgesindel, nationale Verräter und Mörder kritisiert wurden.

Die Krise der Doppelmonarchie und der Armee: 1897 - 1906

1895 starb Erzherzog Albrecht, der letzte Staatsmann und General, der noch in rein dynastischen Dimensionen dachte: „Spaltet sich die Armee", schrieb er einst Kronprinz Rudolf, „entwertet sich ihr Geist, so ist die Dynastie verloren, und Oesterreich besteht nicht mehr."[61] Nach Erzherzog Albrecht war Beck der inoffizielle Chef des gesamten Militärapparates. Er verfolgte die gleiche Politik wie Franz Joseph: Die Einhaltung der Vereinbarungen des Ausgleichs war die einzig gangbare Lösung für den Fortbestand der Monarchie. Im nächsten Jahrzehnt aber war gerade dieser Ausgleich Ziel heftiger Angriffe von allen Seiten.

Im selben Jahr, in dem Erzherzog Albrecht starb, wurde Graf Kasimir Badeni, ein polnischer Aristokrat italienischer Abstammung, zum österreichischen Ministerpräsidenten ernannt. Nun war die Reihe an Badeni, eine Lösung für das Problem der Wahlreform im Reich und für die Schwierigkeiten zwischen den verschiedenen

Sprachgruppen in Böhmen zu finden. 1896 wurde das österreichische Wahlrecht durch die Schaffung einer sogenannten fünften Kurie ausgedehnt, wodurch Millionen zusätzlicher Männer wählen durften, auch wenn ihre Stimmen aufgrund des abgestuften Wahlsystems weniger zählten als jene der Angehörigen höherer Kurien. Die folgenden Wahlen brachten wie üblich eine starke Aufsplitterung des Reichsrates, dem nun auch 14 Sozialdemokraten angehörten. Diesem Gremium legte Badeni 1897 seinen Plan zur Einführung einer zweisprachigen Verwaltung in Böhmen vor, im Zuge dessen alle böhmischen Beamten verpflichtet werden sollten, innerhalb von drei Jahren tschechisch bzw. deutsch zu lernen. Ein durchaus vernünftiger Vorschlag für ein Gebiet, in dem die Mehrzahl der Einwohner tschechisch und die Minderheit deutsch sprach. Das Ergebnis aber war ein Chaos. Da viele deutsche Beamte weder tschechisch konnten noch es lernen wollten, organisierten die deutschen Parteien gewalttätige Protestdemonstrationen und verlegten sich im Reichsrat auf eine Obstruktionspolitik, um diesen lahmzulegen. Als letzte Zuflucht versuchte Badeni die Geschäftsordnung des Abgeordnetenhauses zu ändern, womit er aber nur die Sozialdemokraten und die deutschen Nationalisten zu einem taktischen Bündnis gegen ihn veranlaßte. Am 26. November 1897 stürmten sie mit vereinten Kräften das Rednerpult des Präsidenten. Die Polizei mußte eingreifen, um die aufgebrachten Abgeordneten zur Räumung des Gebäudes zu zwingen, was die deutsche Presse, einschließlich der liberalen und im allgemeinen loyalen „Neuen Freien Presse" einhellig als „blutige Tyrannei" bezeichnete.[62]

Am heftigsten waren die deutschen Proteste in Graz, das nahe der Sprachgrenze mit den Slawen lag und daher ein Zentrum des militanten deutschen Nationalismus war. Angesichts des Aufruhrs ersuchte der Statthalter der Steiermark um militärische Assistenz. Der örtliche Korpskommandant gab dem Ansuchen statt, und am 27. November standen Armeeinheiten dem von Studenten angeführten wütenden Pöbel gegenüber. Als das 2. bosnisch-herzegowinische Infanterie-Regiment angegriffen wurde, erteilten die Offiziere den Schießbefehl. Es gab einen Toten und zahlreiche Verwundete. Das folgende Begräbnis wurde zu einer gewaltigen Demonstration gegen die Armee. Die Wortführer wetterten gegen die „schwarz-gelben moslemischen Söldner", und der Grazer Gemeinderat bedauerte öffentlich die Anwesenheit von „Ausländern". Teile des 7. Kärntner Infanterie-Regiments, die schließlich die Bosniaken ablösten, wurden als nationale Befreier gefeiert.[63]

Die Tatsache, daß viele der Studentenführer Reserveoffiziere oder Reserveoffiziersanwärter waren, war ein besonders harter Schlag für die Moral der Berufsoffiziere, die in der Mehrzahl selbst Deutsche waren. Offiziere wurden in den Straßen deutschsprachiger Städte öffentlich als Verräter bezeichnet, und wo sonst, wenn nicht hier, sollten sie noch Achtung genießen? Wieder einmal zeigte sich, daß die gebildeten Deutschen zu den am wenigsten verläßlichen Untertanen der Monarchie zählten. Die gleichen Studenten, die in Uniform die Kaiserhymne intonierten, sangen in ihren Verbindungen das Lied von der „Wacht am Rhein" und schworen dort nicht Franz Joseph, sondern dem deutschen Kaiser die Treue.[64]

Kaiser und Armeeführung waren erzürnt: 33 Studenten, Reserveoffizieren und Fähnrichen wurde in der Folge von militärischen Ehrenräten ihr militärischer Rang aberkannt.[65] Der unglückliche Badeni wurde noch im selben Jahr entlassen und seine Sprachenverordnungen allmählich wieder rückgängig gemacht. Dies wiederum führte zu erbitterten Gegenprotesten der Tschechen in Prag und zur Zerstörung von deutschem und jüdischem Eigentum.[66] Auch die deutschen Demonstrationen hörten in den nächsten drei Jahren nicht auf. 1898 kam es in Graz zu neuerlichen Zusammenstößen zwischen den regulären Truppen und deutschen Nationalisten. In der Zwischenzeit wurden böhmische Rekruten von tschechischen Nationalisten angewiesen, „*zde*" anstatt des vorgeschriebenen „hier" zu antworten, wenn sie aufgerufen wurden.

Der Reichsrat war lahmgelegt, und so sahen sich mehrere einander ablösende Beamtenregierungen gezwungen, unter Berufung auf den vielkritisierten Artikel 14 der Verfassung, das Notverordnungsrecht, fast diktatorisch zu regieren. Erst 1902 gelang es, wie durch ein Wunder, im Reichsrat eine arbeitsfähige Mehrheit zustandezubringen, die den gemeinsamen Kriegsminister ermutigte, eine bescheidene Anhebung des Rekrutenkontingents zu fordern. Nun probte die ungarische Öffentlichkeit den Aufstand. Die mehrere Jahre andauernde folgende Krise brachte das Land an den Rand eines Bürgerkriegs. Zumindest prophezeiten dies die ungarische Regierung und Presse, sollte der Herrscher nicht den ungarischen Interessen in der Militärfrage entgegenkommen.

Seit dem Rücktritt von Kálmán Tisza im Jahre 1890 hatten die ungarischen Ministerpräsidenten stets versucht, politisches Kapital für sich selbst herauszuschlagen, wenn sie von Wien im Austausch für ihre Unterstützung der k.u.k. Armee Konzessionen verlangten. Sie unterstützten die Forderungen der Opposition, wie etwa die verpflichtende Überstellung ungarischer Offiziere zu ungarischen Regimentern und umgekehrt die Abschiebung von Österreichern aus ungarischen Einheiten; weiters die Lockerung der Bestimmung, daß ungarische Offiziere deutsch sprechen mußten; sie forderten die Ausbildung ungarischer Kadetten ausschließlich in ungarischen Militärschulen, die Anerkennung von ungarisch als eine der offiziellen Militärsprachen; und sprachen sich für die Verwendung ungarischer Fahnen und Abzeichen in ungarischen Einheiten aus. Einige dieser Forderungen waren offensichtlich unrealistisch, wie auch die Ungarn nur allzu gut wußten, da sie den Fortbestand der Streitkräfte gefährdeten und - wie der französische Militärattaché 1903 in seinem Bericht an Paris hervorhob - es einfach nicht genug ungarische Offiziere gab, um alle aus Ungarn stammenden Einheiten zu befehligen.[67] Obwohl die ungarischen Politiker nie offen zwischen den magyarischen und jenen nicht-magyarischen Berufsoffizieren, die aber trotzdem ungarische Bürger waren, unterschieden, waren die meisten ungarischen k.u.k. Offiziere Nicht-Magyaren, vorwiegend Deutsche. Die meisten dieser Offiziere und, wie sich bald herausstellen sollte, auch die meisten magyarischen Offiziere wollten gar nicht zu einer ungarischen Einheit versetzt werden.

Die ungarische Aufwiegelung wird aber dennoch durch die in gewisser Weise gerechtfertigte Sorge verständlich - wie dies Gunther Rothenberg darstellt -, daß Franz Ferdinand, würde er einmal den Thron bestiegen haben, sicher versuchen würde, den Ausgleich zu untergraben.[68] So stand eine Wiederholung der Ereignisse von 1848 bevor: Den Ungarn ging es darum, für den Fall des Zusammenbruchs der Monarchie ihre Souveranität und ihre nationale Verteidigungskraft zu stärken, kam es nicht so weit, wollte man darauf vorbereitet sein, wenn die Österreicher versuchen sollten, den Ausgleich zu untergraben. Die Österreicher ihrerseits ergriffen Vorkehrungen, um einen immer wahrscheinlicher werdenden Abfall Ungarns zu verhindern.

Wiederholte Regierungskrisen in Ungarn im Jahre 1903, die sich stets an der Frage der Armee entzündeten, veranlaßten Franz Joseph schließlich am 16. September zum Erlaß seines berühmten Armeebefehls von Chłopy, in dem er auf eine einheitliche Sprache in der k.u.k. Armee pochte, was die Ungarn nicht akzeptieren wollten. Unter anderem hieß es dort: „Getreu ihrem Eid wird Meine gesamte Wehrmacht fortschreiten auf dem Wege ernster Pflichterfüllung, durchdrungen von jenem Geiste der Einigkeit und Harmonie, welcher jede nationale Eigenart achtet und alle Gegensätze löst, indem er die besonderen Vorzüge jedes Volksstammes zum Wohle des Ganzen verwertet." Die Ungarn empfanden diese scheinbar harmlose Stellungnahme wie einen Schlag ins Gesicht, waren sie ihrer Auffassung nach doch nicht einfach eine von vielen Nationalitäten, sondern Ungarn mit seinen verschiedenen Volksgruppen vielmehr eine souveräne Nation auf gleicher Ebene mit Österreich und seinen vielfältigen Volksgruppen. Schlimmer noch, der Ausdruck „Volksstamm" wurde auf ungarisch als „Stammesgruppe" (*néptörzs*) übersetzt, was in den Augen der Ungarn eine unverzeihliche Beleidigung war.[69]

Der folgende Aufruhr im Budapester Parlament überbot alles bisher Dagewesene, und obwohl Franz Joseph den ungarischen Interessen schließlich in der Frage der Armee entgegenkam (er genehmigte beispielsweise, daß ungarische Offiziere sich zu ungarischen Regimentern versetzen lassen konnten, und ordnete an, daß an allen Gebäuden der k.u.k. Armee in Ungarn neben der kaiserlichen die ungarische Flagge gehißt werde), gaben sich die Ungarn damit nicht mehr zufrieden.

Im November 1903 wurde Kálmán Tiszas Sohn István ungarischer Ministerpräsident. Diese ungewöhnlich fähige und starke Persönlichkeit war bereit, die Doppelmonarchie zu retten, allerdings nur um den Preis weiterer Konzessionen an die Ungarn.[70] Seine im Grunde positiven Absichten wurden mißverstanden: In Österreich sah man in ihnen eine Manifestation des magyarischen Chauvinismus, in Ungarn wurden sie als feige Kapitulation vor den österreichischen Interessen interpretiert. In letzter Verzweiflung löste Tisza das Parlament in Budapest auf und schrieb Neuwahlen aus. Im Jänner 1905 erlitt er eine vernichtende Niederlage. Trotz aller Wahlschiebung war dies der erste Sieg der nationalen Opposition. Am 18. Juni 1905 bestellte Franz Joseph General Baron Géza Fejérváry, den Kommandanten der Adeligen Ungarischen Leibgarde, zum Ministerpräsidenten. Da Fejérváry nicht die Unterstützung des Parlaments genoß und die ungarische Verfassung keinen Notstandsartikel für die Regierung vorsah, war damit eine Verfassungskrise geschaffen worden.

Jahre hindurch hatte die ungarische Opposition gefordet, daß keine Steuern gezahlt und keine Rekruten gestellt werden sollten: Nun wurde dies zur offiziellen Politik des ungarischen Parlaments. Die Situation war ganz ähnlich wie 1848, da auch die Kroaten auf eine Aufkündigung ihres eigenen Ausgleichs mit Ungarn drängten und ein blutiger Konflikt zwischen Ungarn und Kroaten drohte. Die hoffnungslos verfahrene parlamentarische Situation in Österreich wie auch in Ungarn ließ sogar den Souverän mit der Einführung eines allgemeinen Wahlrechts liebäugeln, in der Hoffnung, daß die von der unteren Schichten geforderten Sozialreformen den Nationalismus der Mittelschichten eindämmen würden. Dies hätte ein Bündnis des Monarchen mit den Sozialdemokraten und den bürgerlichen Christlichsozialen bedeutet.

Im Dezember 1905 schlug der ungarische Innenminister offiziell eine Wahlrechtsreform vor, und drei Monate später löste General Fejérváry mit Hilfe einiger Honvéd-Bataillone das Parlament gewaltsam auf. Ein offener Bruch mit Österreich rückte in den Bereich der Möglichkeiten. General Beck hatte bereits Pläne für eine bewaffnete Invasion Ungarns ausgearbeitet, den berühmten „Fall U" (Ungarn), aber nichts Derartiges geschah.[71] Es war vorauszusehen, daß die Angehörigen der Honvéd-Armee nicht gegen ihre Waffenbrüder kämpfen würden und sowohl die nationalen Minderheiten als auch die organisierte Arbeiterschaft größeres Vertrauen in den Herrscher setzten als in die in sozialen Belangen konservative und ethnisch intolerante nationale Opposition. So lenkten die bislang unversöhnlichen Oppositionparteien unter der Führung Ferenc Kossuths, des opportunistischen und schwachen Sohnes Ludwig Kossuths, plötzlich ein. Im April 1906 schlossen die verschiedenen Unabhängigkeitsparteien einen Vertrag mit dem König: Im Austausch für ihr Versprechen, ein neues Budget und das neue Wehrgesetz zu genehmigen, betraute der König die oppositionelle Koalition mit der Regierungsbildung. Die ungarische Verfassungskrise war damit vorüber, aber auch die letzte Gelegenheit zu einer Reform des Landes, die den Forderungen der Nationalitäten und der unteren Schichten Genüge getan hätte.

Viel erfolgreicher gestaltete sich die politische Reform in Österreich, wo Ministerpräsident Max Wladimir Beck Ende 1906 das allgemeine, gleiche Wahlrecht für Männer einführte. Die folgenden Wahlen in den Reichsrat brachten einen Erfolg der Christlichsozialen (98 Mandate) und der Sozialdemokraten (87 Mandate) sowie eine relative Schwächung jener Parteien, die als einzigen Programmpunkt den Nationalismus auf ihre Fahnen geheftet hatten.[72] Österreich war somit ein echter demokratischer Staat geworden, dadurch aber - wie die späteren Ereignisse noch zeigen sollten - keineswegs leichter regierbar.

Das Jahr 1906 war einzigartig in der Geschichte der Monarchie. Im Oktober wurde der energische und entschlossene Graf Aloys Lexa von Aehrenthal zum Außenminister ernannt, und einen Monat später löste Franz Conrad von Hötzendorf Beck als Generalstabschef ab. Beck hatte seinem Kaiser 60 Jahre lang gedient, und sein Abschied hatte ebensolchen Symbolcharakter wie die Tatsache, daß bei den Armeemanövern desselben Jahres erstmals ein Panzerwagen auftauchte. Franz Joseph tat diesen Panzerwagen angeblich als Spielzeug ab, der nie eine wirkliche militärische Rolle spielen würde, da er die Pferde erschreckte.[73]

Die Ernennungen von Aehrenthal und Conrad waren auf den Einfluß Franz Ferdinands zurückzuführen, den Franz Joseph als „unbesonnenen Spinner" abqualifizierte. In Hinkunft lag das Schicksal der Monarchie in den Händen dynamischerer Männer, eine zwar notwendige, nichtsdestotrotz aber gefährliche Entwicklung, zumal die internationale Lage zunehmend bedrohlich und schwierig wurde.

Auf dem Weg in den Krieg

Außenpolitisch waren die letzten Jahre des 19. und die ersten Jahre des 20. Jahrhunderts eine ruhige Zeit für die Monarchie, die es ihr erlaubte, die innenpolitischen Stürme zu überstehen. Das Bündnis mit dem Deutschen Reich war gefestigt, Rußland im Fernen Osten und Italien in Abessinien beschäftigt. Europa befand sich in einem Wettlauf um Kolonien, an dem Franz Joseph selbst nie das geringste Interesse gezeigt hatte. Auch Franz Ferdinand, sonst ein forscher und glühender Militarist, hatte zwar ein Faible für die Marine, aber sonst nur wenig übrig für eine territoriale Ausweitung und Abenteuer in der Fremde. Im Gegenteil, er hoffte, das konservative dynastische Bündnis mit Rußland zu erneuern, um dadurch revolutionäre Umtriebe in beiden Monarchien besser kontrollieren zu können. Sein Hauptanliegen war der drohende Abfall Ungarns, und er umgab sich in seinem Hauptquartier im Schloß Belvedere mit einer Clique militärischer und politischer Ratgeber, die für ihn Pläne für eine drastische Neuorganisation des Reiches ausarbeiteten. Einige dieser Pläne waren durchaus klug und sahen gewissermaßen Vereinigte Staaten von Österreich vor, doch sollte es ganz anders kommen.[74]

Das einzig konkrete Ergebnis dieser Pläne und Intrigen der „Belvedere Kamarilla“ war ein tiefes Mißtrauen seitens des Kaisers und der ungarischen Politiker. Franz Joseph konnte dem Thronfolger seine morganatische Ehe mit Gräfin Sophie Chotek im Jahre 1900 nicht verzeihen, die nicht nur die absolute Autorität des Kaisers über seine Familie untergrub, sondern auch die Monarchie zu spalten drohte. Die ungarische Verfassung kannte nämlich keine morganatische Ehe, und daher war es dem Gesetz nach möglich, daß Franz Ferdinands Nachkommen ihm auf dem ungarischen Thron nachfolgten; das habsburgische Familiengesetz hingegen verbot eine solche Nachfolge in den österreichischen Besitzungen. Der Thronfolger hatte zwar vor seiner Eheschließung im Namen seiner Kinder formell auf alle Thronansprüche verzichtet, doch war dieser Verzicht unter Zwang erfolgt und befriedigte weder Onkel noch Neffen. Die Ungarn ihrerseits waren verärgert, weil der Thronfolger Ungarn in seinem Eisenbahnwaggon vorzugsweise mit heruntergelassenen Vorhängen durchquerte und sich weigerte, ein ungarisches Regiment zu inspizieren.[75]

Franz Ferdinand hatte zu verschiedenen Fragen eine vorgefaßte Meinung, war allerdings nicht immer konsequent. So meinte er etwa, daß ein Krieg verhindert werden müßte, trat aber für die Bestellung Conrads zum Generalstabschef ein, obwohl dieser einer kriegerischen Auseinandersetzung keineswegs abgeneigt war. Der neue Chef des Generalstabes hatte mit seiner pessimistischen Einschätzung der außenpolitischen Entwicklung jedoch recht. 1903 ermordeten serbische Armeeoffiziere den pro-österreichischen König Alexander Obrenovich und dessen Frau und setzten an ihrer Stelle einen Karageorgevich auf den Thron. Von da an war die serbische Politik auf eine Vereinigung mit den von den Südslawen bewohnten Teilen der Monarchie ausgerichtet. Zwischen 1904 und 1909 war die Monarchie überdies in einen Zollkonflikt mit Serbien verwickelt. Conrad hatte auch recht, daß Italien keineswegs ein verläßlicher Bündnispartner, sondern vielmehr der geheime Feind der Monarchie war.

Franz Conrad von Hötzendorf wurde 1852 geboren und war demnach um 22 Jahre jünger als Beck. Anders als der „außerösterreichische Deutsche" Beck war er in der Monarchie geboren und, während Becks glänzende Karriere zumindest teilweise auf seine Freundschaft mit dem Kaiser zurückzuführen war, erreichte Conrad seine Erfolge allein durch Ehrgeiz und Begabung.[76] Durch seine Ausbildung an der Militärakademie und dann an der Kriegsschule geprägt, war Conrad ein hochgebildeter Soldat. Seine Kriegserfahrung war verständlicherweise gering: Er hatte lediglich an den Balkanfeldzügen 1878/79 und 1882 teilgenommen. Als äußerst gewissenhafter, umsichtiger und charismatischer Offizier hatte er durch seine Schriften über militärische Taktik und durch die erfolgreiche Führung des k.u.k. Infanterie-Regiments „Kaiser" Nr. 1 von 1895 bis 1899 auf sich aufmerksam gemacht. Danach erklomm er rasch die Karriereleiter und gewann eine Schar von Bewunderern, die auf diesen „modernen" General schworen.

Aus heutiger Sicht fällt es allerdings nicht leicht, Conrads legendären Ruf zu verstehen oder seine so sehr gepriesene Voraussicht zu würdigen. Zwar hat er die Gefahren genau erkannt, welche die Monarchie bedrohten, doch war er sicher nicht der einzige. Und auch wenn seine Einschätzung bezüglich der feindlichen Haltung der Italiener, Serben und Rumänen gegenüber der Monarchie richtig war, mußte man daraus nicht unbedingt den Schluß ziehen, daß ein militärischer Angriff von dieser Seite unvermeidbar war. Der Irredentismus bedrohte sicherlich die Integrität der Monarchie, Conrad aber bewertete die Gefahr eines drohenden Abfalls wohl zu hoch. Die rumänische Minderheit war unter der ungarischen Herrschaft machtlos; die italienische Minderheit in Österreich war sehr klein und nicht durchwegs illoyal; und die meisten kroatischen, bosnischen und serbischen Politiker in Österreich-Ungarn, die mit ihrer Situation zweifellos nicht zufrieden waren, fürchteten sich noch mehr vor einem großserbischen Imperialismus und zogen eine Autonomie innerhalb der Monarchie dem Anschluß an das serbische Königreich vor.

Schon früh erkannte Conrad, wie wichtig unauffällige Felduniformen, moderne Technologien, konzentriert eingesetzte, starke Artillerie und eine adäquate Kriegführung in den Bergen waren. Er nahm eine Umstrukturierung der Kriegsschule und des Generalstabes in Angriff und legte auf allgemeine Kenntnisse ebenso Wert wie auf den Erwerb von Führungsqualitäten und das körperliche Training. Obwohl er sehr wohl um die Wirkung der Feuerkraft moderner Gewehre wußte, beharrte er auf der entscheidenden Bedeutung von massierten Infanterie-Angriffen mit dem Bajonett, wobei er argumentierte, daß trotz der sicherlich schrecklichen Verluste der überlegene *élan* stets den Sieg davontragen werde. Mit dieser Vorliebe für die Offensive unterschied er sich zweifellos nicht von den anderen europäischen Generälen jener Zeit. Auch daß Conrad 1914 katastrophale strategische Fehler unterliefen, hob ihn einmal mehr nicht von den meisten anderen Generälen jener Tage ab. Was Conrad hingegen einzigartig in Europa machte, war sein tiefer Pessimismus gegenüber dem Staat, dem er diente. Da er an der Zukunft zweifelte, trat er für einen Präventivkrieg, zunächst gegen Serbien und dann zunehmend auch gegen Italien ein. Damit zog er sich den Unmut sowohl des Kaisers als auch Franz Ferdinands zu, und so wurde Conrad im Dezember 1911 entlassen. Ein Jahr später wurde er jedoch auf Drängen seiner

Franz Conrad von Hötzendorf, langjähriger Chef
des Generalstabes der gesamten bewaffneten Macht.

Generalskameraden wieder in sein Amt eingesetzt, und daher war es Conrad, der die Monarchie 1914 in den Krieg führte.

Zur außenpolitischen Krise kam es 1908 nach dem Aufstand der Jungtürken in Konstantinopel, in dem sich eine Verjüngung und „Nationalisierung" des bislang altersschwachen osmanischen Vielvölkerreiches ankündigte. Unter anderem pochten die Jungtürken auf die Souveränität über die von Österreich-Ungarn besetzten Provinzen Bosnien und Herzegowina. Um dem Verlust der beiden Gebiete vorzubeugen und die Freundschaft Rußlands zu gewinnen, schlug Außenminister Aehrenthal seinem russischen Amtskollegen Alexander Izvolsky eine Teilung des Balkans in einen russischen und einen österreichisch-ungarischen Einflußbereich vor. Im Zuge dessen annektierte Österreich-Ungarn formell Bosnien-Herzegowina; Rußlands Bestrebungen bei den Dardanellen hingegen wurden durch Großbritannien und die übrigen Großmächte vereitelt. Die Russen waren daher über die einseitige Annexion ebenso verärgert wie die Westmächte, die zuvor nicht konsultiert worden waren. Serbiens Empörung kannte keine Grenzen, und von diesem Zeitpunkt an zielte die serbische Politik darauf ab, die Doppelmonarchie durch Propaganda, gezielte Desinformation und Untergrundaktionen zu schwächen, wobei letztere in den Plänen einiger serbischer Offiziere durchaus auch Mord einschlossen.

Wäre es nach Conrad gegangen, wäre der serbische Schrei der Entrüstung mit einem österreichischen Einmarsch beantwortet worden. Er führte ganz richtig ins Treffen, daß Rußland, das erst kürzlich von Japan geschlagen worden war und sich kaum von einer großen Revolution erholt hatte, nicht in der Lage wäre, Serbien zu helfen. Aber Conrads Plan, Serbien zunächst vernichtend zu schlagen und dann zu annektieren, zog nicht in Betracht, daß sich die Mehrzahl der im Raum der Monarchie lebenden Serben einem Angriff auf ihre serbischen Brüder widersetzen würden und noch mehr Serben innerhalb der eigenen Grenzen das letzte waren, was Österreich-Ungarn brauchte. Da weder Franz Joseph noch Franz Ferdinand oder Aehrenthal Conrads Vorschlag guthießen, kam es 1908 nicht zum Krieg.

Die Annexionskrise wurde schließlich durch die bedingungslose Unterstützung des Deutschen Reiches für seinen einzigen wirklichen Verbündeten beigelegt. Im März 1909 wurde Serbien zur Erklärung gezwungen, daß die Annexion seine Rechte nicht verletzt hätte, und mußte seine Armee auf den Truppenstand in Friedenszeiten verringern und die offizielle anti-österreichische Propaganda einstellen. Diese Schmach konnten weder Serbien noch dessen Schutzmacht, das russische Reich, so leicht vergessen.[77]

Während der Annexionskrise kam es zur Teilmobilmachung der k.u.k. Armee, die nicht ohne einige unangenehme „nationale“ Zwischenfälle (mehr davon in Kapitel 11) vorsichging, die als Warnung hätten dienen können. Was noch schwerer wog, war die Tatsache, daß diese Krise erstmals in der jüngeren Geschichte der Habsburger gezeigt hatte, daß die militärische Führung - und nicht nur Conrad allein - in einer ideologischen Opposition zum Kaiser stand, was in den Tagen General Becks unvorstellbar gewesen wäre. Immer mehr jüngere Generäle und Generalstabsoffiziere fanden an sozialdarwinistischen Gedanken Gefallen. Für Conrad ging es um einen Kampf ums Überleben zwischen einzelnen Staaten, für andere um einen Kampf zwischen der überlegenen germanischen und der minderwertigen slawischen Rasse: „Die Anerkennung des Kampfes um Dasein als Grundprinzip alles irdischen Geschehens ist die einzige reelle und vernünftige Grundlage jedweder Politik“, schrieb Conrad. Nicht nur von Darwin, sondern auch von Nietzsche beeinflußt, hielt sich Conrad an eine aktivistische Philosophie und versicherte: „Der Daseinswille schafft und beherrscht die Welt, seine unmittelbare Folge ist der Daseinskampf.“[78] Conrad wollte den Krieg, um die Vielvölkermonarchie zu retten. Einige seiner Kameraden und immer mehr Politiker wollten den Krieg nicht nur, um die Monarchie zu retten, sondern auch weil ihnen der Krieg als Lebensziel und letzter Beweis der Überlegenheit der germanischen Rasse erschien.

Zum Unglück für die Monarchie starb Außenminister Aehrenthal 1912; sein Nachfolger wurde 1913 der weit weniger geachtete Graf Berchtold.[79] Unter ihm konnten niedrige Beamte des k.u.k. Ministeriums des Äußeren, des „Ballhausplatzes", bisweilen in verantwortungsloser Weise nach eigenem Gutdünken schalten und walten und legten so mit den Grundstein für die Tragödie des Jahres 1914. Da sich der betagte Kaiser immer mehr seiner einzig wahren Leidenschaft, der täglichen bürokratischen Routine, widmete, stand Franz Ferdinand der Kriegspartei nahezu allein gegenüber.

Auch die innenpolitische Situation gab Anlaß zur Sorge. 1908 trat Österreichs bislang erfolgreicher reformfreudiger Ministerpräsident Freiherr von Beck zurück. Auf ihn folgte erneut eine Reihe von Beamten. Anläßlich der großen Feierlichkeiten zur sechzigsten Wiederkehr des Regierungsantritts von Kaiser Franz Joseph im Jahre 1908 kam es in Prag zu schweren Zusammenstössen zwischen Deutschen und Tschechen, so daß über die Stadt erneut der Ausnahmezustand verhängt werden mußte. Die österreichischen Wahlen im Jahr 1911 ergaben wieder einen nicht arbeitsfähigen Reichsrat, der unter sich durch nationale und ideologische Gegensätze gespalten war. Nun waren sogar die internationalistischen Sozialdemokraten in einander feindlich gesinnte nationale Gruppen aufgesplittert.[80]

Die internationale Lage wurde durch die Marokkokrise 1911 und - noch bedrohlicher für die Monarchie - die Balkankriege der Jahre 1912 und 1913 erneut angeheizt. Im ersten Balkankrieg griffen Serbien, Griechenland und Bulgarien die Türkei an und fügten den Türken eine schwere Niederlage zu. Im zweiten Balkankrieg fielen dann Serbien, Griechenland, Rumänien und sogar das Osmanische Reich über Bulgarien her, das in der ersten Auseinandersetzung ihrer Meinung nach zu große Gebietsgewinne gemacht hatte, und schlugen es vernichtend. Durch diese Konflikte wurde das Osmanische Reich praktisch aus dem Balkan hinausgedrängt, und die möglichen Feinde der Monarchie - Rumänien und Serbien - hatten beträchtliche Gebietsgewinne zu verzeichnen. Ein österreichisch-ungarisches Ultimatum hinderte Serbien zwar daran, Albanien zu besetzen, doch erwies sich dies wie 1908 als Pyrrhussieg. Die beiden Teilmobilmachungen in den Jahren 1908 und 1912/13 kosteten die Monarchie insgesamt eine Milliarde Kronen.[81]

Die beiden Regierungen und Parlamente einigten sich schließlich darüber, daß es galt, die Verteidigung der Monarchie zu stärken. Den Anstoß dazu gab István Tisza, dessen liberale Partei in Ungarn wieder stärker geworden war. Das in beiden Reichshälften der Monarchie angenommene Kriegsleistungsgesetz von 1912 sah Notmaßnahmen für den Fall eines Krieges vor, denenzufolge Arbeitskräfte, Güter, Waren und Dienstleistungen dem Staat zur Verfügung gestellt werden mußten. Das jährliche Rekrutenkontingent wurde von 139.000 auf 181.000 Mann angehoben. Inzwischen bestellte Kriegsminister Auffenberg geheim und illegal zwölf Batterien der später so berühmten schweren 30,5 cm Mörser bei den Škoda-Werken in Böhmen und setzte noch weitere Schritte zur Stärkung der Streitkräfte. Wie sich jedoch bald herausstellen sollte, kamen diese Maßnahmen zu spät.[82]

Im Juni 1914 entschloß sich Franz Ferdinand, zu Manövern nach Bosnien-Herzegowina zu fahren. Da er nicht als Thronfolger reiste, sondern in seiner Funktion als

Generalinspektor der gesamten bewaffneten Macht, konnte seine Frau mitkommen und den geziemenden Respekt genießen, welcher der Gemahlin eines Oberkommandierenden zustand. Daher war aber auch nicht die Polizei, sondern das in Sicherheitsfragen unerfahrene Militär für die Sicherheit Franz Ferdinands in Sarajewo verantwortlich.

Daß das Attentat von Sarajewo am 28. Juni gelang, lag zum einen an der typisch österreichisch-ungarischen Schlamperei, zum andern an einer Reihe unglücklicher Mißverständnisse und Zwischenfälle. Der Attentäter Gavrilo Princip und seine Freunde waren großteils arme bosnische Studenten, erfüllt von anarchistischen und patriotischen Idealen. Im Hintergrund waren allerdings der russische Militärattaché in Belgrad, Artamonov, und viele serbische Offiziere an dieser Verschwörung beteiligt. Artamonov hatte das Geld zur Verfügung gestellt, während die Offiziere die zukünftigen Mörder ausgebildet, ausgerüstet und an ihren Einsatzort gebracht hatten. Die serbische Regierung wußte von dieser Verschwörung, verabsäumte es aber aus Furcht vor den Verschwörern, Wien zu warnen.

Nachdem mit Franz Ferdinand der entschiedenste Kriegsgegner ausgeschaltet war, schürte die österreichisch-ungarische Kriegspartei weiter das Feuer. Die Verantwortung für die Entscheidung zum Krieg lag, abgesehen von der deutschen Regierung und dem Großen Generalstab in Berlin, bei Conrad, Kriegsminister Krobatin, Außenminister Berchtold, einer Anzahl Diplomaten und dem österreichischen Ministerpräsidenten Stürgkh. Nur der ungarische Ministerpräsident István Tisza machte sich für eine diplomatische Lösung stark, doch schließlich gab auch er seinen Widerstand auf, zumal Ungarns unentbehrlicher Verbündeter, das Deutsche Reich, eine gewaltsame Lösung befürwortete.[83] Die letzte Verantwortung für die Entscheidung aber lag bei Franz Joseph, der trotz seiner Erleichterung über den Tod Franz Ferdinands und trotz seiner unheilvollen Vorahnungen der Abfassung des unannehmbaren Ultimatums zustimmte.[84] Er unterzeichnete den fatalen Mobilisierungsbefehl nicht zuletzt, um die Ehre seines Hauses zu retten.

Als am 28. Juli 1914 Serbien der Krieg erklärt wurde, zählten die Streitkräfte der Monarchie 414.000 Soldaten und Unteroffiziere. Die Mobilisierung stellte weitere 2,846.000 Mann bereit, einschließlich Reservisten und Angehörige des Jahrgangs 1914, womit schließlich eine Gesamtzahl von 3,260.000 Mann aufgeboten wurde. Diese wurden von weniger als 60.000 Offizieren geführt. Wie aus Tabelle 2.1 hervorgeht, lagen Österreich-Ungarns Militärausgaben 1890 unter denen Italiens, obwohl dieses sowohl von der Bevölkerungszahl her als auch hinsichtlich der Wirtschaftsproduktion viel schwächer als die Donaumonarchie war. Selbst später stiegen die österreichisch-ungarischen Militärausgaben nur sehr langsam. Der große Sprung nach 1910 (in Wirklichkeit nach 1912) konnte bis 1914 keine drastische Änderung bewirken. Conrad hatte gar nicht so unrecht, wenn er 1907 meinte, die Monarchie müsse gar keinen Vertreter zur Zweiten Haager Abrüstungskonferenz entsenden, da sie sich ohnehin in einem Zustand ständiger Abrüstung befände.

Der berühmte 30,5 cm Mörser.

Tabelle 2.1. Militärausgaben der Großmächte (Indexzahlen)

	Frankreich	Rußland	Deutschland	Italien	Österreich-Ungarn
1890	100(142)*	100 (145)*	100 (121)*	100 (79)*	100 (64)*
1900	98	141	139	99	106
1910	132	215	169	154	140
1914	139	304	365	178	284

* (in Millionen- Dollar)

Quelle: Paul M. Kennedy, „The First World War and the International Power System", *International Security* 9, Nr. 1 (Sommer 1984): 8

In Kapitel 11 werde ich zu zeigen versuchen, daß die Berufsoffiziere im Ersten Weltkrieg sehr wohl ihre Pflicht taten, sie aber zu wenige waren, um eine solch enorme Masse von Menschen zu befehligen. Zuerst aber wollen wir uns einer Studie über die Offiziere selbst zuwenden: ihrer Erziehung, ihrer Ausbildung, ihrem Lebensstil und ihrer konfessionellen und ethnischen Herkunft sowie ihrer Berufslaufbahn.[85]

3. Die Schmiede der zukünftigen Offiziere

Kadetten und Zöglinge in der Vorreformzeit

Die Umgestaltung des habsburgischen Offizierskorps von einer Gruppe disziplinloser Adeliger und Söldner im 17. Jahrhundert zu einer zentral kontrollierten Berufskaste in den späten sechziger Jahren des 19. Jahrunderts war ein langer und mühseliger Prozeß. Bis weit ins 19. Jahrhundert hinein waren Rekrutierung und Ausbildung der zukünftigen Offiziere eine sehr verwirrende Angelegenheit, und erst langsam und in verschiedenen Etappen begann sich ein einheitliches Schema abzuzeichnen.

Um 1850 standen einem jungen Mann viele Wege offen, die Offizierslaufbahn einzuschlagen, deren unüblichster zweifellos jener über eine reguläre Schulbildung war. Der durchschnittliche Truppenoffizier erhielt sein Patent, nachdem er seine Laufbahn mit einem direkten Eintritt in ein Regiment begonnen hatte. Doch schloß diese einfache Feststellung eine ganze Reihe von Möglichkeiten in sich. Zum Beispiel konnte sich der Betreffende als einfacher Soldat „von der Pike auf" hochdienen, Voraussetzung dafür war Mut in der Schlacht, und Tausende schlugen diesen Weg ein.

Eine Sonderstellung genossen die Bewohner der 18 Grenzinfanterie-Regimenter (es sei daran erinnert, daß diese Regimenter nicht nur militärische, sondern auch verwaltungstechnische und territoriale Einheiten waren), wo es seit den Zeiten Maria Theresias die Schulpflicht gab. Unter den Aufsicht der Obristen und Hauptleute des Regiments wurden die Söhne (und zu einem geringeren Ausmaß auch die Töchter) dieser Bauern-Soldaten, in der Regel von Unteroffizieren, im Lesen und Schreiben in ihrer Muttersprache sowie auf deutsch unterwiesen. War ein Bub begabt oder verfügte er über gute Beziehungen, wurde er in eine höhere Schule geschickt, wo er kein Schulgeld zahlen mußte. Da war er schon vereidigter Soldat, unabhängig von seinem Alter. Wurde er erneut für genügend begabt erachtet, konnte er nun eine Militärakademie besuchen oder als Kadett, mit der Aussicht, es bis zum Unteroffizier oder sogar Offizier zu bringen, in ein Grenz-Regiment eintreten. Einige der berühmtesten habsburgischen Generäle hatten ihre Karriere so begonnen.

Vorausgesetzt er war in der Lage, seine Uniform und Ausrüstung zu bezahlen (was ihn zu einem *expropriis* Gemeinen machte), konnte sich ein Bub auch freiwillig zum Militär melden und durfte die Hoffnung hegen, in das Kadettenkorps des Regiments aufgenommen zu werden. Oder er konnte eine militärische Grundschule (Unter- und Obererziehungshaus) absolvieren, die im allgemeinen den Söhnen von Unteroffizieren und niederen Beamten vorbehalten war, und als Kadett in ein Regiment eintreten, mit der guten Aussicht, Offizier zu werden. Er konnte wahlweise auch direkt als Kadett in ein Regiment eintreten, in der Regel im Alter von 14 oder 15 Jahren, und dann auf seine Ernennung zum Offizier hoffen.

Selbst bei diesen Kadetten gab es verwirrend viele Unterschiede. „Kaiserliche Kadetten" erhielten ihren monatlichen Sold vom Staat und hatten das Anrecht auf jeden dritten freien Leutnantsposten im Regiment. Die anderen waren „Regimentskadetten", meist Buben, deren Eltern mit ihnen nicht fertig geworden waren. Die Zulassungsprüfung zum Regimentskadettenkorps, wenn es überhaupt ein solches gab, war im allgemeinen eine Farce. Ein 17jähriger Bewerber wurde von seinem Prüfer nach dem Namen des Kaisers und dessen Vorgänger gefragt und mußte einen fiktiven Brief an seine Eltern schreiben, in dem er um die Erlaubnis ansuchte, in das Regiment eintreten zu dürfen.

Das Problem war, daß viele Einheiten eine große Zahl von Kadetten aufnahmen (das 3. Infanterie-Regiment beispielsweise hatte 1841 42 Kadetten), im Offizierskorps des Regiments aber manchmal jahrelang nicht eine einzige Stelle frei wurde. Selbst wenn sich zufällig eine Gelegenheit bot, wurde der Posten oft mit einem Außenstehenden besetzt, der durch den Oberst oder den Regimentsinhaber vermittelt wurde. So warteten die Kadetten, wurden alt und hatten in der Zwischenzeit meist nichts gelernt.[1]

Es gab aber auch einige wenige bereits früher eingerichtete höhere Militärschulen, in denen die Elite des Offizierskorps ausgebildet wurde. Zu diesen Institutionen zählte eine Reihe mittlerer Schulen, die sogenannten Schul-Compagnien, deren Zöglinge überwiegend aus Militärgrundschulen kamen. Theoretisch sollten an diesen Schul-Compagnien Unteroffiziere ausgebildet werden, die besseren Zöglinge konnten es aber bis zum Offizier bringen. Einige Schul-Compagnien, beispielsweise die Pionier-Korpsschule in Tulln in Niederösterreich, erwarben sich einen außerordentlichen Ruf[2], die renommiertesten Schulen aber waren die Militärakademien, eine für die Infanterie und Kavallerie in Wiener Neustadt sowie eine für die technischen Zweige in Wien.

Albrecht von Wallenstein hatte 1624 die erste österreichische Militärakademie gegründet, doch überlebte diese Schule ihren Gründer nicht. 1666 errichtete Baron Richthausen von Chaos eine Schule für angehende Militär-Ingenieure in Wien, und 1717 wandelte Prinz Eugen diese Schule in eine ordentliche Akademie für Ingenieure um (k.k. Ingenieurakademie bzw. Genieakademie). Bis 1852 als private Einrichtung geführt, verlangte die aus der „Chaos'schen Stiftung" hervorgegangene Akademie ein jährliches Schulgeld von 1.000 Gulden - eine sehr hohe Summe -, wobei diese Kosten später zunehmend von privaten Gönnern und den Landständen übernommen wurden.[3]

Die ersten staatlich unterstützten höheren Militärschulen wurden in den fünfziger Jahren des 18. Jahrhunderts von Maria Theresia eingerichtet. Ihr Ziel war aber weniger die Ausbildung von Offizieren als vielmehr die Versorgung von Militärwaisen, von Söhnen verdienter Offiziere und von jüngeren Söhnen aus dem niederen Landadel - ein Anliegen, das den habsburgischen Herrschern bis in die letzten Tage der Monarchie stets am Herzen lag. Ihre besten Ausbildungsanstalten waren zunächst gar keine Schulen, sondern die Einheiten der ungarischen und italienischen Adeligen Leibgarde in Wien respektive in Mailand, die einer Handvoll Söhnen von verarmten ungarischen und italienischen Adeligen eine allgemeine Ausbildung zuteil werden ließen. Diese Ansätze eines militärischen Erziehungswesens wurden später von Joseph II. und seinen Nachfolgern ausgeweitet, so daß es um die Mitte des 19. Jahrhunderts eine Anzahl von Militärschulen mit wohlbegründeten Traditionen gab. Die bedeutendste war wohl die 1756 gegründete Theresianische Militärakademie in Wiener Neustadt, welche die k.(u.).k. Armee mit den bestausgebildeten Infanterie-, Jäger- und Kavallerie-Offizieren versorgte.[4]

Bis zur Mitte des 19. Jahrhunderts nahm die Militärakademie jährlich 100 Buben zwischen elf und zwölf Jahren auf, die dann sieben oder acht Jahre lang in ihrer Obhut blieben, bevor sie als Leutnante II. Klasse ausgemustert wurden. Von weniger begabten Akademikern wurde erwartet, daß sie die Laufbahn eines Unteroffiziers einschlugen; die Absolventen aber wurden fast ausnahmslos als Offiziere ausgemustert. Die Zöglinge waren vorwiegend Offizierssöhne. Theoretisch wurde einem Zögling um so eher ein „Freiplatz" gewährt, je niedriger der Rang seines Vaters war, was freie Unterkunft, Verpflegung und ein kleines Taschengeld bedeutete. In der Praxis jedoch, so schrieb ein Kritiker der österreichischen Armee 1842, wurde ihm als Sohn eines Feldmarschalleutnants automatisch ein Freiplatz zugesprochen.[5] Einige Zöglinge hatten „halbe Freiplätze", und einige wenige zahlten das volle Schulgeld, das 800 Gulden pro Jahr betrug. Dieser Betrag, der dem Jahressold eines Hauptmanns entsprach, war so hoch, daß ihn sich nur ausländische Fürsten, begüterte Aristokraten und sehr reiche Bürger leisten konnten.

Katholischer Militärgeistlicher.

Die Akademie stand unter dem Befehl eines Generals, und die Mehrheit ihrer Lehrer waren Offiziere. Vor 1852 jedoch wurde der Unterricht in den unteren Klassen großteils von Piaristen-Patres bestritten. Tatsächlich war die Akademie eine eigenartige Mischung zwischen einem Kloster und einer Kaserne. Zunächst wurden nur Katholiken zugelassen, später auch Protestanten. Jeden Tag wurde eine Messe gefeiert, später wurde sie durch ein rasch heruntergeleiertes Gebet ersetzt. Religion scheint im Leben der Zöglinge überhaupt nur eine äußerst untergeordnete Rolle gespielt zu haben. Der Religionsunterricht wurde als lästige Pflicht angesehen und bezeichnenderweise meist von einem tschechischen Pater gehalten, über dessen böhmischen Akzent sich viele Verfasser in ihren Memorien lustig machten.[6] Religiöse Feiern waren eine Formalität, die ebenso zum Pomp und zum täglichen Leben eines

Offiziers gehörten wie die großen Paraden, die Pflicht des Wachestehens bei der Hofburg und feierliche Militärbegräbnisse.

Der Lehrplan räumte dem theoretischen Wissen den Vorrang ein: Mathematik und Geometrisches Zeichnen zählten in dem vorgegebenen Punktesystem vier Punkte, deutsch und französisch zwei und Geschichte, Geographie und Naturgeschichte jeweils einen Punkt. Fechten, Leibesübungen und Musik zählten nicht - zumindest bis in die fünfziger Jahre des 19. Jahrhunderts. Die Zöglinge behandelten die Professoren wichtiger Gegenstände - durchwegs Angehörige des Militärs - mit allem Respekt, die Lehrer unwichtigerer Gegenstände - oft Priester oder Zivilisten - dafür aber mit einem Gutteil an Verachtung. Die Last des Unterrichts war enorm und betrug 35 bis 38 Stunden pro Woche. Etwa 60 Gegenstände wurden unterrichtet, alle unter strenger Aufsicht und eiserner Disziplin.

Die Militärakademiker schliefen in derselben peinlichst genauen Ordnung, die auch ihren Tagesablauf regelte: stets im eigenen Zug und nach der Größe gereiht. Tagwache war um fünf oder sechs Uhr früh, und von da an wurde jede Bewegung der Zöglinge gewissenhaft überwacht. Sie marschierten unter der Aufsicht eines Klassenfeldwebels oder *Inspectionsorgans*, im allgemeinen eines älteren Unteroffiziers, in geschlossener Reihe zum Waschraum, um sich mit kaltem Wasser und einigen Seifenstücken, die sich in einem kleinen Säckchen befanden, zu waschen. Ein heißes Bad war nur einmal pro Monat gestattet.[7] Dann kam die Messe, danach ein Frühstück, bestehend aus Schwarzbrot und Wasser (im Winter warme Milch), und schließlich der Unterricht in der Klasse. Mittag- und Abendessen waren recht reichhaltig. Im allgemeinen aßen die Zöglinge trotz allem besser und lebten komfortabler, als sie es zu Hause getan hatten und es als junge Offiziere wieder tun würden.

Das Studium bestand vorwiegend aus Auswendiglernen, und am späten Nachmittag folgte ein Spaziergang durch den Akademiepark. Da gab es die „große Tour“ an Sonntagen und die „kleine Tour“ an Wochentagen, die in geschlossener Reihe abgegangen wurde, wobei eine Klasse 15 bis 30 Meter hinter der anderen ging, stets auf demselben Weg, an allen Tagen des Jahres. Ein ehemaliger Zögling errechnete, daß er die große Tour 500 Mal und die kleine 3.000 Mal abgegangen war.[8] Den Rest des riesigen Gartens, wo in großem Stil gejagt und Forstwirtschaft betrieben wurde, sahen die Zöglinge nie.

Die Klassen waren strikt voneinander getrennt. Selbst Zöglingen paralleler Klassen war es verboten, einander zu treffen. Brüder, welche dieselbe Schule besuchten, durften einmal pro Monat und auch dann nur für eine Stunde beisammen sein.[9] Trafen sich Klassen, so üblicherweise nur, um eine der berühmten Raufereien auszutragen, die in so vielen Memoiren erwähnt werden, bei denen Möbel zertrümmert oder angezündet wurden und die für einige Teilnehmer im Spital endeten. Der Zapfenstreich wurde streng eingehalten, und eine Ausgangserlaubnis nur sehr ungern erteilt. Vorzugsschülern war es gelegentlich erlaubt, auswärts zu essen, aber nur an Sonntagnachmittagen und nur auf Einladung sowie in Begleitung. Ferien waren im September, aber wenn die Familie weit weg lebte (was häufig vorkam), nicht genug Geld besaß, um die Reisekosten zu bestreiten (was ebenfalls oft vorkam) oder der Zögling unter

Verbot stand (wie die meisten), gab es gar keine Ferien. Im offiziellen Reglement hieß es: „Während des Monates September findet zwar kein Unterricht statt, doch ist Sorge zu tragen, daß durch angemessenen Wechsel zwischen der Ausarbeitung von Aufgaben, dann zwischen der Erholung und Bewegung im Freien die Hinneigung zum Müßiggange von der Jugend fern gehalten werde.“[10] So durften einige Zöglinge die Akademie nie verlassen. Selbst Sonntagvormittage waren der Arbeit gewidmet, aber da es sich um ein katholisches Land handelte, gab es zahlreiche kirchliche Feiertage. Wenn die Absolventen nach sieben oder acht Jahren regelrechter Gefangenschaft ausgemustert wurden, fühlten sie sich in der großen Welt oft ganz verloren. Da gab es beispielsweise die Geschichte von dem jungen Leutnant, der sich nach seiner Ankunft in Wien, das er nie zuvor gesehen hatte, fürchtete, vom Gehsteig herunterzusteigen, und sein Hotel nicht finden konnte, weil es für ihn unvorstellbar war, daß es in einer Stadt mehr als ein Hotel gab.[11] Und von diesen Leuten erwartete man, daß sie in einem entlegenen Winkel der Monarchie ganze Züge ungeschlachter Rekruten übernehmen sollten!

Die Unterhaltung an der Akademie bestand einerseits in harmlosen Spielen und andererseits in den viel brutaleren verbotenen Raufereien. Rauchen war untersagt, wurde aber im geheimen praktiziert. Gelegentlich gab es Ausflüge ins örtliche Theater, um speziell bereinigte Fassungen von Theaterstücken anzuschauen. Lesestoff war wenig vorhanden und wenn, dann zensuriert. Wurde vor 1867 ein Exemplar von Goethes *Götz von Berlichingen* in einem Spind entdeckt, so konnte dies Anlaß für eine Vorladung beim Kompaniekommandanten sein. Ein Exemplar des *Werther* konnte einen Arrest nach sich ziehen und ein Gedichtband Heines zum Arrest mit verstärktem Fasten führen. Die Lektüre Schillers, eines wesentlich respektloseren Dichters als Goethe, wurde allerdings gefördert - vielleicht weil so viele von Schillers Helden Soldaten sind.[12] James Fenimore Coopers *Lederstrumpf* scheint das Lieblingsbuch der jüngeren Zöglinge gewesen zu sein. Die Korrespondenz wurde ebenso überwacht wie die selten erlaubten Besuche von Familienangehörigen. Es gab die vielfältigsten und einfallsreichsten Strafen, die vom Entzug des Abendessens bis zu acht Tagen Arrest in einer dunklen Zelle mit einer hölzernen Bettbank, Brot und Wasser und „leichten Eisen“, die nur jede dritte Nacht abgenommen wurden, reichten. Noch viel gefürchteter war die Prügelstrafe, genannt „Schilling“, die unter ärztlicher Aufsicht durchgeführt wurde und oft mit einer Einlieferung ins Spital endete. Die Schule zu verlassen, war extrem schwierig, und nur selten wurde ein Zögling hinausgeworfen.

Die ungeschriebenen Gesetze der Zöglinge standen im krassen Gegensatz zum offiziellen Kodex. Damit kündigte sich bereits der Konflikt zwischen den beiden widersprüchlichen Normenkatalogen an, mit denen die Zöglinge auch später, als Offiziere, würden leben müssen. Gegenüber ihren Vorgesetzen bildeten die Zöglinge eine geschlossene Front, auch wenn sie untereinander zerstritten waren. Sich bei einem Aufseher über einen Kameraden zu beklagen oder diesen anzuzeigen, wurde als das schlimmste Verbrechen angesehen, und es wurde erwartet, daß der Betreffende die folgenden Schikanen ohne Murren ertrug. Die Zöglinge im ersten Jahr, genannt „Benjamine“, wurden von den älteren „Burgherren“ üblicherweise schlecht behandelt. Die Schikanen für die „Philister“, die direkt aus dem Zivilleben in die Akademie kamen, waren besonders ekelhaft, während die „Fisolen", die von einem Regiments-Knabenerziehungshaus kamen, im allgemeinen bereits wußten, wie sie sich zu verteidigen hatten.

Kameradschaftssinn dürfte den Zöglingen ebenso geholfen haben wie eine gewisse Homoerotik. Die Militärchronisten hielten sich bei diesem Thema sehr zurück, aber zumindest zwei von ihnen erwähnten, daß es viele „romantische Freundschaften" gab, die den „Charakter von Liebesaffären" hatten. Ältere Burschen versuchten, sich ihre „Liebsten", genannt Schmalzel, aus den jüngeren Klassen zu suchen und riskierten strenge Strafen, um einige Minuten mit ihnen zusammen zu sein. Im ungünstigsten Fall konnten sie einander nur sehnsüchtige Blicke zuwerfen. Vom schüchterneren Partner in solch einer Verbindung wurde allgemein als der „Dame" gesprochen. Die Erlaubnis, Händchen zu halten oder bei einem der vielen Ausflüge Arm in Arm zu gehen, zählte als höchste Gunst. Jede freie Minute in der Früh verbrachten die Kadetten damit, ihr Haar zu pomadisieren (Schweineschmalz diente als Ersatz, wenn nichts anderes verfügbar war) oder sich gar mit streng verbotenem Parfum zu besprühen. Diese Freundschaften dürfen nicht unbedingt im physischen Sinne verstanden werden, gab es doch in Wirklichkeit wenig Gelegenheit für eine solche Art des Kontaktes. Vielmehr stellte die Leidenschaft für den Schmalzel die vielleicht einzige affektive Beziehung dar, die viele Buben seit ihrem sechsten oder siebenten Lebensjahr erfahren hatten. Der bekannte Militärschriftsteller Oskar Teuber erwähnt eher beiläufig, daß es an der Militärakademie möglich war, den Aufseher zu bestechen, um die Erlaubnis zu erhalten, den Freund in der Strafzelle zu besuchen, um sich in „süßer Einsamkeit zu vereinigen". Daß die Behörden solch besondere Freundschaften zum Teil duldeten, zeigt die Tatsache, daß der Klassenfeldwebel die Zöglinge manchmal ermahnte, ihre Schmalzeln in der eigenen Klasse zu suchen.[13]

Einig waren sich die Militärchronisten nicht nur in ihrer Beschreibung von Disziplin und Terror an der Akademie; sie betonten auch einstimmig die Begeisterung, den jugendlichen Idealismus und die sittliche Anständigkeit der Zöglinge. Für diese - so die Chronisten - war der Kaiser ein Halbgott. Gleiches gilt für die höheren Anstaltsoffiziere, mit denen sie, nebenbei gesagt, nur wenig Kontakt hatten. Gemischtere Gefühle hegten die Zöglinge für ihre Lehrer (waren diese Offiziere, konnten sie einen Schüler ins Gefängnis bringen), grenzenlose Verachtung aber empfanden sie für die Klassenfeldwebel, die sogenannten „Fetzen". Die Feldwebel, meist hochdekorierte Kriegshelden von niederer Herkunft, teilten ihre Quartiere mit den Zöglingen, schikanierten sie - durften sie aber nicht bestrafen - und wurden dafür von ihnen terrorisiert. Einen Feldwebel in finsterer Nacht zusammenzuschlagen, scheint ein besonderes Freizeitvergnügen gewesen zu sein. Die Feldwebel erduldeten all dies mit der Aussicht vor Augen, nach langen Jahren letztlich doch Offiziere zu werden. Es ist ein treffendes Beispiel für den großen Klassenunterschied zwischen den zukünftigen Offizieren und den einfachen Soldaten, daß die brutale Behandlung der Fetzen, der einzigen Nicht-Ehrenmänner, mit denen sie zu tun hatten, ganz beiläufig geduldet wurde.[14]

Die ideologische Ausbildung an der Militärakademie war um die Mitte des 19. Jahrhunderts, vom heutigen Standpunkt aus gesehen, unglaublich primitiv und vielleicht gerade aus diesem Grund sehr wirkungsvoll. Der Geschichtsunterricht bestand vorwiegend aus einer Aufzählung der Großtaten früherer habsburgischer Herrscher, Militärgeschichte wurde nach mehr oder weniger demselben Muster gelehrt. Einer der wichtigsten Unterrichtsgegenstände war „militärischer Schriftverkehr", wobei die Kalligraphie als gleich bedeutend erachtet wurde wie das Auswendiglernen komplizierter Formulierungen, mit denen Vorgesetzte anzureden waren.[15] Es war bester Stil, wenn man bei Schreiben an hohe und höchste Personen, wie es in einem zeitgenössischen Handbuch für den Militärgeschäftsstil heißt, „zum Schlusse in tiefster Ehrfurcht erstarb".[16] Gott, Kaiser und Vaterland wurden in demselben Atemzug genannt (die frühere Formel lautete „Thron und Altar"), die Bedeutung des Wortes „Vaterland" hingegen wurde nie erklärt. Dies wäre auch schwergefallen, gab es doch nie ein wirklich geeintes Österreich.

Die Zöglinge stammten aus allen Teilen der Monarchie. Die meisten hatten deutschsprachige Eltern, doch bedeutete dies nicht notwendigerweise, daß sie Deutsche waren. Tatsächlich unterschieden die Zöglinge bisweilen zwischen jenen, die zu Hause „Armeedeutsch" sprachen, unabhängig von der ethnischen Herkunft ihrer Familie, und den gebürtigen Deutschen. Während des Deutsch-Französischen Krieges 1870/71, als das österreichische Militär so gerne Rache für Königgrätz genommen hätte, straften die Zöglinge die Deutschösterreicher in ihren Reihen oft mit Verachtung oder behandelten sie schlecht. Es gab viele Konflikte zwischen den sogenannten Einfach-Österreichern oder Armeedeutschen und den Deutschösterreichern, die von ihren Gegnern als „Preußen" bezeichnet wurden. Die Kroaten wurden „Krowaten" oder „Krowatowitsche" genannt, und man suchte oft ihren Schutz, weil diese Burschen aus Grenzer-Familien angeblich stärker und früher entwickelt waren als andere. Die Magyaren waren ebenfalls sehr beliebt, allerdings eher wegen der reichhaltigen Verpflegungspakete, die sie von zu Hause erhielten.[17] Die Polen hatten den Ruf, reiche Aristokraten und schlechte Schüler zu sein. Die Tschechen, Italiener („Katzelmacher") und Rumänen wurden alle im Lichte ihrer nationalen Stereotypen gesehen. Im ersten Jahr war es den Zöglingen verboten, in ihrer Muttersprache zu sprechen, und einige waren später gezwungen, diese in von der Schule angebotenen Kursen neu zu erlernen.[18]

Die Offiziere, Unteroffiziere, Beamten und Lehrer sprachen im Alltagsleben meist deutsch, gleichgültig welches ihre Muttersprache war. Die ethnisch deutschen Absolventen der Militärakademie machten aber nicht unbedingt eine bessere Karriere als alle übrigen, wie ich später noch zeigen werde. Im allgemeinen waren die Absolventen der Militärakademie wesentlich besser qualifiziert als jene anderer Schulen und als die Offiziere ohne formelle Ausbildung. Bei der Zulassung zur Akademie wurden zwar Kandidaten mit guten Beziehungen bevorzugt, doch scheint es an der Akademie selbst keine Begünstigung oder Benachteiligung gegeben zu haben.

Die Ausbildungs- und Umgangsprache an der Akademie war, wie in allen anderen Militärschulen (bis 1868), deutsch. Den Zöglingen wurde die Mühe des Latein- und Griechischstudiums erspart, dafür mußten sie aber französisch, „böhmisch" (d. h. tschechisch) und entweder ungarisch oder italienisch (wurde nach 1866 durch polnisch ersetzt) lernen - die offensichtlich alle recht schlecht unterrichtet wurden.[19]

In den fünfziger Jahren des 19. Jahrhunderts zählten Leibesübungen, körperliche Ertüchtigung und Sport im Leben eines Zöglings nur wenig - dies änderte sich erst später. Leibesübungen wurden vielmehr als vulgär empfunden. Fechten, Reiten und Tanzunterricht auf der anderen Seite wurden gefördert und waren beliebt.

Der Tag der Befreiung kam am 18. August, Kaisers Geburtstag, wenn die jungen Leutnante ausgemustert wurden. Bei dieser Gelegenheit war die Armee den Ausgemusterten gegenüber ebenso großzügig wie später den Offizieren gegenüber knausrig und stattete sie mit Uniformen, Silber, eleganter Wäsche und luxuriöser Unterwäsche aus. Der durchschnittliche Wert dieser Geschenke wurde um die Mitte des 19. Jahrhunderts mit 900 Gulden errechnet, aber allein die Gala-Uniform einiger Kavallerie-Regimenter kostete bereits 1.000 Gulden.[20] Später waren die gewährten Vergünstigungen nicht mehr so groß. Vor der Ausmusterung besuchten die angehenden Offiziere üblicherweise einen Schneider, um sich die Krägen ihrer Uniformen höher machen zu lassen: In ihrem stutzerhaften Stolz war ihnen dieses Detail sehr wichtig, für die Militärbehörden hingegen war dies eine Unbotmäßigkeit, die schärfstens mißbilligt wurde.

Die Zeremonie der Ausmusterung wird von den ehemaligen Militärakademikern einhellig als „der größte Tag in ihrem Leben“ beschrieben, und die meisten von ihnen zweifelten nicht am traditionellen „Treu bis in den Tod!“ An der Militärakademie war es ihnen wahrscheinlich nicht schlechter gegangen als an jeder anderen Schule. Auch war strikte Disziplin für diese jungen Leute, die meist aus Militärfamilien kamen, nichts Neues. Sie hatten es gelernt, sich als Ehrenmänner zu benehmen, was im Regiment mehr als alles andere zählen sollte. Von Politik hatten sie keine Ahnung und hielten ihre absolute und unerschütterliche Treue gegenüber dem Herrscher für selbstverständlich. Es folgte noch ein letzter Spaziergang durch den Park, endlich in freien Gruppen. Von hier führte der Weg direkt zur Truppe.

Die Militärakademie bildete, wie erwähnt, lediglich die Elite des Infanterie- und Kavallerie-Offizierskorps aus. Die von Prinz Eugen in Wien gegründete Ingenieur-Akademie bestand in Wirklichkeit aus zwei Akademien, eine für die zukünftigen Artillerie- und eine andere für die Genie-Offiziere. Sie änderte wiederholt ihren Namen und ihren Standort, brachte aber durchwegs hochqualifizierte Artilleristen, Festungsbauer und Sappeure hervor. Ihre Absolventen verfügten über ein außerordentliches Wissen, bildeten einen exklusiven Kreis und waren hoch geachtet. Gesellschaftlich gehörten sie im Vergleich zu den Absolventen der Militärakademie eher dem Mittelstand an, doch stammten aus ihren Reihen einige der berühmtesten Wissenschaftler und technischen Erfinder Mitteleuropas.

Die fünfziger und sechziger Jahre des 19. Jahrhunderts: Eine Zeit des Übergangs

Der Krieg des Jahres 1848/49, in dem die eilig aufgestellte ungarische Honvéd beinahe die kaiserlichen Truppen geschlagen hätte, ließ die Forderungen nach einer Militärreform, vor allem auf dem Gebiet der Ausbildung, laut werden. Nach und nach wurden die Schulen neu organisiert, zu grundlegenden Reformen kam es aber erst nach dem Ausgleich von 1867 und dem gleichzeitigen Triumph des Liberalismus.

Die ersten Veränderungen waren tatsächlich recht oberflächlicher Natur. In den fünfziger Jahren des 19. Jahrhunderts beispielsweise gaben die drei Akademien - die Militärakademie in Wiener Neustadt, die Genie-Akademie in Klosterbruck bei Znaim und die Artillerie-Akademie in Olmütz - ihre ersten vier Klassen an neue Kadetteninstitute ab, in denen Buben zwischen elf und fünfzehn Jahren auf den Eintritt in die Akademien vorbereitet wurden. Durch dieses neue System stieg die Zahl der gut ausgebildeten Militärzöglinge, die nun für eine Zulassung an den Akademien in Frage kamen, auf 800. Letztere wurden nun zu höheren Schulen und bildeten insgesamt 720 zukünftige Offiziere aus - 450 in Wiener Neustadt und je 135 an den beiden technischen Akademien, darunter viele, die von nicht-elitären Vorschulen kamen.[21] Zumindest ebenso viele Offiziersanwärter wurden weiterhin in den Schul-Compagnien ausgebildet, und viele andere kamen über die regimentseigenen Kadetten-Compagnien. Die Disziplin wurde allgemein noch strenger. Die Zöglinge waren in ihren Schulen regelrecht eingesperrt, wurden bespitzelt und gleiches auch von ihnen erwartet. Ziel war es, sie zu gehorsamen und mutigen Kriegern zu erziehen. Eine kaiserliche Verordnung aus dem Jahre 1859 beispielsweise legte fest, daß die Schlafräume in allen Schulen auf einer Raumtemperatur von 8 Grad Reaumur (10 Grad Celsius) gehalten und die Speisesäle praktisch ungeheizt bleiben sollten. Nur die Krankenstation und die Klassenzimmer sollten auf wohlige 19 Grad Celsius erwärmt werden.[22]

Die militärischen Niederlagen der Jahre 1859 und 1866 verstärkten die Forderung nach einem grundlegenden politischen Wandel und auch nach einer Reform der militärischen Ausbildung. Die Schlacht von Königgrätz im Jahre 1866 wurde in weiten Kreisen als Sieg des preußischen Ausbildungssystems über das österreichische angesehen. (Die Franzosen sollten aus der Niederlage bei Sedan 1870 ähnliche Schlußfolgerungen ziehen.) Österreichische Militärbeobachter sowie auch die zivile Presse verglichen voller Bewunderung die selbstsicheren preußischen Offiziere mit ihren unbekümmert heldenhaften, überdisziplinierten und in militärischen Fragen ahnungslosen österreichischen Kameraden und forderten einen neuen Offizierstyp, der eine neue Art von Armee führen könnte.

Unvorstellbarerweise nahmen die angehenden Offiziere in zumindest einem denkwürdigen Fall die Reform in ihre eigenen Hände. Als der Kommandant der Kadettenschule in Marburg in der Untersteiermark (heute in Jugoslawien) im Jänner 1867 Zöglinge nicht nur wegen schwerer Vergehen, sondern auch wegen Faulheit auspeitschen ließ, entschlossen sich die älteren Zöglinge (14- und 15jährige Buben) zum Aufstand. Am 1. Februar, als die Zöglinge mit Gewehren (ohne Kugeln) und Bajonetten zum Exerzieren ausrücken sollten, stürmten sie ein Gebäude, errichteten Barrikaden und sangen Revolutionslieder. Als sie den Schulkommandanten, einen Obersten, der zu vermitteln versuchte, beinahe niederstachen, wurde einem Jäger-Bataillon befohlen, das Gebäude zu umstellen. Unglücklicherweise hatten die Zöglinge, obwohl sie sich mit Nahrungsmitteln für eine lange Belagerung ausgerüstet hatten, die Frage der Wasserversorgung in der Aufregung völlig übersehen. Um Mitternacht desselben Tages ergaben sie sich gegen das Versprechen einer teilweisen Amnestie und die Abschaffung der Prügelstrafe für mangelnden Fleiß. Obwohl in dem Gebäude eine wahre Orgie der Zerstörung stattgefunden hatte, wurde praktisch niemand bestraft oder von der Anstalt verwiesen. Fast als Antwort auf den Aufstand wurde die körperliche Züchtigung im Oktober 1868 in allen Militärschulen abgeschafft und es - ein weiteres großes Zugeständnis - den Zöglingen nun erlaubt, einen beträchtlichen Teil des ihnen von den Eltern geschickten Taschengeldes zu behalten.[23]

Militärische Erziehung in der liberalen Doppelmonarchie

Der Ausgleich des Jahres 1867 führte, wie oben erwähnt, de facto zur Schaffung von drei (bei Zählung der Kroaten: vier) getrennten Streitkräften in der Monarchie. Alle hatten ihre eigenen Schulen, und während die Ungarn (und Kroaten) darauf bestanden, daß bei ihren nationalen Streitkräften und in ihren nationalen Militärschulen ungarisch (bzw. kroatisch) gesprochen wurde, führten die k.u.k. Armee und die österreichische Landwehr die alte anationale oder supranationale Tradition fort. Uns interessieren hier nur die Militärschulen der k.u.k. Armee.

Grundprinzip des neuen Erziehungswesens war, daß alle Offiziere eine Militärschulausbildung erhalten sollten. Indem von jedem einzelnen Offizier ein gewisses Maß an Bildung gefordert wurde, verschloß das neue System ehrgeizigen Gemeinen und Unteroffizieren weitgehend den Aufstieg zum Offizier; ihre Söhne aber waren in den Militärschulen und damit im Offizierskorps weiterhin willkommen.

Nach der letzten großen, 1874 von Oberst Adolph von Wurmb ausgearbeiteten Reform der militärischen Ausbildung gab es drei Schultypen für die Ausbildung von Berufsoffizieren: Akademien, Kadettenschulen und Einrichtungen für die Ausbildung von Reserveoffizieren. An der Spitze dieses neues Schulsystems standen weiterhin die Militärakademien, deren Zöglinge vorwiegend von den eigens eingerichteten Militärunterreal- und Militäroberrealschulen kamen. Schüler von öffentlichen Realschulen und Gymnasien konnten ebenfalls im Alter von 17 Jahren auf eine Akademie überwechseln, d. h. bevor sie ihre Matura abgelegt hatten. Die Akademien boten eine dreijährige Ausbildung an, die mit der Ausmusterung als Leutnant endete (den Rang eines Leutnants II. Klasse gab es in Hinkunft nicht mehr.)

Ungefähr jeder achte Infanterieoffizier kam aus der Militärakademie, während dieses Verhältnis bei der Kavallerie eins zu zwei lautete. Die meisten anderen Offiziere kamen von den Kadettenschulen. In diesen Anstalten dauerte die Ausbildung vier Jahre und endete mit der Ausmusterung der Kadetten als „Kadett-Offiziers-Stellvertreter", nach 1908 als Fähnriche. Ihre Ernennung zu Leutnanten erfolgte üblicherweise nach ein oder zwei Dienstjahren.

1900 gab es nur zwei Militärakademien der k.u.k. Armee: die Militärakademie in Wiener Neustadt und die Technische Militärakademie in Wien. Es gab 18 (später 19) Kadettenschulen: je eine für die Kavallerie, die Artillerie und die Pioniere sowie 15 (später 16) für die weniger prestigereiche Infanterie. Während die Akademien jährlich ein Kontingent von 250 Zöglingen aufnahmen, waren die Kadettenschulen auf die Zulassung von 1.000 Schülern vorbereitet, wobei es in der Praxis jedoch nie genug

Bewerber gab. Das Schulgeld war an den Kadettenschulen halb so hoch wie an den Akademien, die Mehrzahl der Zöglinge in beiden Institutionen zahlte jedoch nichts. An den Akademien wurden sowohl begabte Zöglinge als auch solche mit guten Beziehungen aufgenommen, was in Klartext heißt, daß sie von den Söhnen der zivilen und militärischen Elite besucht wurden. Im Militärakademiejahrgang 1874 waren unter den 95 Absolventen 71 Söhne von Offizieren, ein Sohn eines Militärbeamten und 13 Söhne von Zivilbeamten, insgesamt also 85 junge Männer, deren Väter im Staatsdienst arbeiteten. Wenn man bedenkt, daß 90 % der Absolventen aus Militär- oder Beamtenfamilien stammten, fällt der Beruf der Väter der verbleibenden 10 % nicht weiter ins Gewicht. In unserem Fall waren dies vier Gutsbesitzer, ein Rentier, ein protestantischer Geistlicher, drei Akademiker und ein Bauer. Von den 95 ausgemusterten Leutnanten führten 28 (oder 30 %) ein Adelsprädikat (fünf Freiherren, zwei Ritter und 21 Angehörige des niederen Adels), jedoch mit Ausnahme der beiden polnischen Ritter und einiger weniger österreichischer, ungarischer und polnischer niederer Adeliger stammten diese jungen Männer nicht aus dem alten Adel; sie waren vielmehr Söhne geadelter Offiziere und Beamten.[24] Kurz gesagt, war die Ausbildung der Söhne hochrangiger Offiziere und Beamter in den siebziger Jahren des 19. Jahrhunderts die wichtigste Aufgabe der Militärakademie in Wiener Neustadt. Um ein weiteres Beispiel anzuführen: Von einer Zufallsstichprobe von achtzig Zöglingen an der Militäroberrealschule in Mährisch-Weißkirchen im Jahre 1899 waren neun Söhne von Generälen oder Admiralen.[25]

Um die Jahrhundertwende waren Angehörige der neuen Schichten an den Elitenmilitärschulen stärker vertreten, und am Vorabend des Ersten Weltkrieges hatte sich die gesellschaftliche Zusammensetzung der Zöglinge an den Militärakademien grundlegend geändert. Von den 133 Leutnanten (der eine chinesische Absolvent nicht mitgerechnet) des Ausmusterungsjahrgangs 1913 waren nur 50 Söhne von Offizieren, weitere sechs Söhne von Unteroffizieren (1874 hatte es keinen einzigen gegeben) und 11 Söhne von Militärbeamten (1874: einer). So stellten die Söhne von Militärangehörigen nur mehr die Hälfte (67) der Klasse. Selbst wenn wir die erstaunlich hohe Zahl (32) jener Schüler dazuzählen, deren Väter Beamte waren, so waren nur 99 Zöglinge oder 74,4 % Söhne von „Staatsdienern" - 1874 waren es noch 90 % gewesen.[26] Die Berufe der anderen Väter sind ebenfalls nicht uninteressant: darunter gab es fünf Gutsbesitzer, einen Rentier, einen Fabriksdirektor, einen Hotelbesitzer, einen Großhandelskaufmann, neun Selbständige bzw. Akademiker (einschließlich eines Künstlers), vier Händler, vier Handelsangestellte, vier Handwerker, zwei Bauern und einen Portier. Damit kamen mehr Angehörige des Ausmusterungsjahrgangs 1913 aus einfacheren Verhältnissen als dies 1874 der Fall gewesen war. Bezeichnenderweise gab es nur einen Adeligen mit Prädikat, einen Freiherrn, dessen Vater Feldmarschalleutnant war und sein Adelsprädikat durch eigene Verdienste erworben hatte. Es gab auch zwei Ritter und 29 Angehörige des niederen Adels, fast durchwegs aus dem Neu- oder Dienstadel.[27]

Die Absolventen der Militärakademien hatten gute Aussichten, in den Generalstab aufzusteigen und damit ihre Laufbahn als Generäle zu beschließen. Die Zöglinge an den Kadettenschulen wurden für den Truppendienst ausgebildet, der Wechsel von einem Schultyp und damit einer Karriere in die andere war jedoch durchaus üblich, und eine ganze Reihe armer Kadetten stiegen in den Generalstab und von dort in den Rang eines Generals auf.[28]

Der dritte Weg zur Berufslaufbahn eines Offiziers führte über die Ernennung zum Reserveoffizier. Aufgrund der österreichischen und ungarischen Wehrgesetze des Jahres 1868 mußten Rekruten mit Gymnasial-Matura oder Realschulabschluß nur ein statt drei Jahre dienen. Damit hofften die beiden Regierungen in Österreich und Ungarn, gebildete Zivilisten in das Offizierskorps holen zu können und auch das Bürgertum für eine militärische Laufbahn zu gewinnen. Der „Einjährig-Freiwillige" war ein Rekrut wie jeder andere, erfreute sich aber vieler Privilegien und wurde zum Reserveoffizier ausgebildet. Im allgemeinen wurde der Freiwillige schon nach kurzer Ausbildung zum Kadett-Unteroffizier mit guten Aussichten, in drei Jahren Kadett-Offiziers-Stellvertreter und später Reserveleutnant zu werden. Danach konnte der Reserveleutnant, wenn er wollte und geeignet war, einen Spezialkurs besuchen, um Berufsoffizier zu werden. Zwischen 1883 und Oktober 1914 wurden in der k.u.k. Armee 16.000 Berufsinfanterie- und Jäger-Leutnante ausgemustert: 13.700 kamen von Berufsmilitärschulen und nur 2.300 aus dem Reserveoffizierskorps. Die Hoffnungen der Liberalen auf eine Änderung der Zusammensetzung und der Ideologie des Berufsoffizierskorps durch den Zustrom gebildeter Zivilisten erfüllten sich nicht.[29]

Die Zöglinge an den Militärunter- und -oberrealschulen sowie an den Akademien hatten einen übervollen Stundenplan. Man erwartete von ihnen den Erwerb einer kombiniert humanistischen und naturwissenschaftlichen Bildung (außer Latein und Griechisch). Hinzu kamen Gegenstände wie öffentliches Recht, Wirtschaft, Astronomie, Geodäsie, Festungsbau und Terrainzeichnen sowie Kenntnisse in den wichtigsten im Raum der Monarchie gesprochenen Sprachen. Weiters die „militärischen" Fächer: der Umgang mit komplizierten Waffen, Gefechtsübungen, Exerzieren, Taktik, Strategie, Reiten, Fechten und Schwimmen sowie Tanzen und Leibesübungen. Geschichte wurde nach dem offiziellen Grundsatz gelehrt, „reflektierende oder kritische Darstellungen sind zu vermeiden, dagegen sind die Gelegenheiten zur Befestigung der patriotischen und militärischen Gesinnung zu benützen".[30] An den Militärschulen gab es keine eigenen Lehrbücher für Geistes- und Sozialwissenschaften. Die Geschichtsbücher enthielten immer noch wenig mehr als eine Aufzählung der Römisch-Deutschen Herrscher und erzählten voll glühender Begeisterung von den Großtaten habsburgischer Fürsten. Die Qualität des Unterrichts war sehr unterschiedlich. Die Spezialisten kamen aus dem Generalstab und von den höheren technischen Schulen. Geistes- und Sozialwissenschaften sowie Sprachen wurden oft von Offizieren unterrichtet, die selbst verkannte Dichter oder Schriftsteller waren.

Auf der Jagd nach guten Noten, die für die Zulassung zum gewünschten Regiment oder zur elitären Jägertruppe ausschlaggebend waren, hatten die Zöglinge kaum oder nur ein sehr geringes Interesse an nationalen oder religiösen Fragen, Bürgerpflichten und sozialer oder politischer Kultur. Zumindest gab es jetzt jedoch mehr Freiheit. Die strengen Piaristen-Patres, die tägliche Messe und die verpflichtende Beichte gehörten schon lange der Vergangenheit an. Der Klassenfeldwebel wurde 1868 gleichzeitig mit dem Fasten, der körperlichen Züchtigung und der Dunkelhaft abgeschafft. Die Zöglinge an der Militärakademie durften nun rauchen, ihr Taschengeld behalten, den Sonntag auswärts verbringen, ins Theater gehen, unzensurierte Briefe schreiben, nahezu alles lesen, was sie wollten, die schönen Künste pflegen und im ganzen Park spazierengehen. Schikanen durch höherklassige Zöglinge und Doppelmoral gab es jedoch auch weiterhin. Die Militärakademiker spielten sich zwar nicht mehr als Kameradenschinder auf, fühlten sich nun aber gerne kulturell überlegen, was sie nicht nur bei den liberalen und sozialdemokratischen Kritikern, sondern oft auch bei ihren Kameraden aus den Kadettenschulen verhaßt machte. Nur eines schien sich nicht geändert zu haben: die Ergebenheit aller Militärzöglinge, gleichgültig wo sie ausgebildet wurden, gegenüber Franz Joseph, dem einzigen obersten Befehlshaber, den sie, ihre Väter und manchmal sogar ihre Großväter gekannt hatten.

Die Kadettenschulen wurden, zwar nicht dem Geist, aber doch zumindest dem kulturellen und gesellschaftlichen Hintergrund ihrer Zöglinge nach, immer mehr zu egalitären Ausbildungsstätten. Da es nie genug Bewerber gab, genügte ein Bürgerschul-Notendurchschnitt von „genügend“ für die Zulassung an einer Infanterie-Kadetten-Schule. „Ungenügend“ in Latein und Griechisch wurden nicht gezählt, und die verpflichtenden Aufnahmsprüfungen waren ziemlich einfach.[31] So wurden oft jene Schüler zu Kadetten, die ihre Aufnahmsprüfung ins Gymnasium nicht geschafft hatten oder deren Eltern zu arm waren, um die Kosten einer öffentlichen höheren Schule zu bezahlen. Selbst die bescheidenen Infanterie-Kadettenschulen schienen jedoch Unmögliches von ihren Zöglingen zu verlangen.

So mußte Anton Lehár, der Bruder des Komponisten Franz Lehár, 1893 alle folgenden Prüfungsfächer und Kurse im ersten Semester der vier Jahre dauernden Infanterie-Kadettenschule in Wien absolvieren und erhielt im allgemeinen ausgezeichnete Noten: deutsch, ungarisch, französisch, Geographie, Geschichte, Arithmetik und Algebra, Geometrie, Geometralzeichnen, Praktische Geometrie, Physik, Chemie, Schönschreiben, Freihandzeichnen, Dienst-Reglement, Exercier-Reglement, Heeres-Organisation, Waffenlehre, Terrainlehre und Terrain-Darstellung, Taktik, Pionierdienst, Befestigung und Festungskrieg, Militär-Administration und Militär-Geschäftsstil, Exercieren und Ausbildung im Truppendienste, Turnen, Fechten, Dienstvorschriften und Anstandslehre, Gesang und Musik, Tanzen. Beurteilt wurden auch Conduite, Fleiß, Fähigkeiten, Gemütsbeschaffenheit, Benehmen und Adjustierung. Interessanterweise erhielt Lehár in seinem letzten Jahr keinen Religionsunterricht.[32]

Die Militärschulen des k.u.k. Armee kümmerten sich weiterhin in keiner Weise um den sozialen, ethnischen und religiösen Hintergrund ihrer Zöglinge (eine Ausnahme bildeten die Erzherzöge), und ich stieß bei all meinen Forschungsarbeiten auf keine einzige Klage über eine innerschulische Diskriminierung.

Die Ausbildungs- und Umgangssprache an den k.u.k. Armee-Schulen war weiterhin deutsch. Erste Änderungen in dieser Hinsicht zeichneten sich ab, als ungarische Zöglinge darauf bestanden, in der Öffentlichkeit ihre Sprache sprechen zu dürfen und es der ungarischen Regierung 1904 gelang, ungarisch als Pflichtsprache in Wiener Neustadt einzuführen. In Ungarn gelegene Schulen der k.u.k. Armee waren nun verpflichtet, eine bestimmte Anzahl von Gegenständen auf ungarisch zu unterrichten, selbst für Zöglinge, die nicht aus diesem Land kamen. Außerdem mußten in Ungarn geborene Zöglinge ungarisch lernen, gleichgültig wo sie studierten.[33]

Die militärische Führung fürchtete den ungarischen Separatismus, die ungarische Regierung ihrerseits war besorgt über die anti-dualistische Einstellung der Armee und die geringe Zahl der Ungarn im Offizierskorps und an den Militärschulen. Tatsächlich stieg die Zahl der Ungarn in den Militärschulen und damit letztlich auch im Offizierskorps zwischen 1867 und 1914 beträchtlich. Im Jahrgang 1880/81 gab es insgesamt 2.033 Militärzöglinge der k.u.k. Armee, von denen allerdings nur 395 in Ungarn geboren waren (ohne Kroatien-Slawonien und der Hafenstadt Fiume). Diese Zahl entsprach lediglich 19,4 % der Militärzöglinge, und das zu einer Zeit, wo die Ungarn 36,2 % der Gesamtbevölkerung der Monarchie stellten.[34] Das Verhältnis wird noch ungünstiger, zieht man in Betracht, daß ein Großteil dieser in Ungarn geborenen Studenten in Wirklichkeit Sachsen, Zipser und Schwaben waren, d. h. Angehörige der deutschen Minderheit in Ungarn. Weitere ungarische Staatsbürger waren ihrer ethnischen Abstammung nach Serben oder Rumänen. Zu Beginn des 20. Jahrhunderts jedoch hatte sich die Situation grundlegend geändert. Nicht nur, daß die ungarische Landwehr nun ihre eigene Militärakademie, die Ludovika Akadémia, und auch eine Militärrealschule und zwei Infanterie-Kadettenschulen besaß, an denen die meisten Zöglinge Einheimische waren;[35] der Anteil der Magyaren in den k.u.k. Armeeschulen übertraf nun erstmals den Anteil der ethnischen Ungarn an der Gesamtbevölkerung der Monarchie. 1911/12 gab es in der k.u.k. Armee 4.380 Militärzöglinge, von denen 960 oder 21,9 % ungarisch als Muttersprache hatten,[36] während die Magyaren damals nur etwa 18 % der Gesamtbevölkerung der Monarchie ausmachten.[37] Der Anteil der Magyaren in den Militärschulen der k.u.k. Armee war 1911/12 größer als es der Anteil aller in Ungarn geborenen Zöglinge, gleichgültig ob Magyaren, Deutsche, Serben oder Rumänen, 1881 gewesen war. Der Grund hiefür waren Faktoren wie der rasche Anstieg der magyarischen Bildungselite, die großzügigen Stipendien der ungarischen Regierung und reiche Gönner für magyarische Offiziersanwärter sowie der von nationalistischem Denken geprägte Wunsch der Ungarn, die Armee zu „erobern“, was in einem eigenartigen Widerspruch zum gleichzeitigen - ebenfalls nationalistisch motivierten - Ziel stand, der k.u.k. Armee ein Ende zu bereiten.

Zwei Hindernisse standen einer völligen Gleichstellung Ungarns mit Österreich in militärischen Belangen noch im Wege. Eines war die geringe Zahl ethnisch ungarischer Lehrer in den k.u.k. Armeeschulen, obwohl die Einführung des Ungarischen als Pflichtsprache an vielen Schulen diesen Mangel besserte. Das zweite Hindernis war die ungleiche Verteilung von magyarischen Zöglingen auf die verschiedenen Militärschulen. In der Militärakademie in Wiener Neustadt gab es immer überproportional viele magyarische Zöglinge, die für die Kavallerie ausgebildet wurden. Auf der anderen Seite gab es praktisch keine ethnischen Ungarn in den Schulen für die Artillerie oder die anderen technischen Zweige. Noch 1897 gab es an der Artillerie-Kadettenschule in Wien keinen einzigen in Ungarn geborenen Zögling. 1899 gab es dann einen solchen, der aber allem Anschein nach nicht sehr geeignet war.[38] 1912 erhielt die ungarische Landwehr eine eigene Artillerie, und in der Folge wurde an der

Ludovika eine Artillerie-Abteilung eingerichtet. Gleichzeitig waren die Magyaren in den Artillerie- und technischen Schulen der k.u.k. Armee immer stärker vertreten. Am wachsenden Interesse der Ungarn an allen Zweigen des Militärdienstes wäre an sich nichts Schlechtes gewesen, hätte die ungarische Führung nicht das Ziel verfolgt, die k.u.k. Armee aufzusplittern. In den Augen der Ungarn war jeder in Ungarn geborene Kadett der k.u.k. Armee ein zukünftiger Kommandant in den ungarischen Streitkräften Seiner Königlich Ungarischen Apostolischen Majestät. So kämpfte die k.u.k. Armee auch auf dem Gebiet der militärischen Ausbildung eine verlorene Schlacht.

Nicht nur Ungarn, sondern alle Königreiche und Länder der Doppelmonarchie waren in den Militärschulen der k.u.k. Armee sehr unterschiedlich vertreten. 1880/81 z. B. kamen die verhältnismäßig meisten Zöglinge (angegeben in absteigender Reihenfolge) aus Niederösterreich (einschließlich Wien) mit einer fast ausschließlich deutschen Bevölkerung, gefolgt von Schlesien mit einer gemischt deutschen, polnischen und tschechischen Bevölkerung, Mähren mit einer tschechischen Mehrheit und einer beachtlichen deutschen Minderheit (29 %). Die verhältnismäßig wenigsten Zöglinge (angegeben ebenfalls in absteigender Reihenfolge) kamen aus Tirol und Vorarlberg mit einer Mehrheit von Deutschen und einer großen Minderheit (38 %) von Italienern, gefolgt von Ungarn mit einer ethnischen Mischung aus Magyaren, Rumänen, Slowaken, Serben und Ruthenen sowie Galizien mit einer gemischt polnischen und ruthenischen Bevölkerung. 1880/81 war Niederösterreich in den Militärschulen im Verhältnis sechsmal stärker vertreten als Galizien und fünfmal stärker als Ungarn.[39] An der Wende zum 20. Jahrhundert jedoch begann sich das Verhältnis zugunsten der slawischen und ungarischen Zöglinge zu ändern.

Aus Sicht der Armeeführung besonders beunruhigend war die rückläufige Zahl von Militärzöglingen in den beiden Jahrzehnten vor dem Ersten Weltkrieg. Zwischen 1897 und 1911 gab es zwar an den beiden Militärakademien weiterhin insgesamt etwa 650 Zöglinge, an den 19 Kadettenschulen aber gingen die Schülerzahlen von 3.333 im Jahr 1897 auf 1.864 im Jahr 1911 zurück. Es stimmt, daß die Schülerzahlen an den Militärrealschulen zwischen 1897 und 1911 von 1.293 auf 1.694 anstiegen, dies zeigt aber nur, daß viele junge Männer den Vorteil einer unentgeltlichen Ausbildung an diesen Realschulen nützten, ohne die Absicht zu hegen, eine militärische Laufbahn einzuschlagen. Nach der Erhöhung des Militärbudgets im Jahre 1912 nahmen die Schülerzahlen wieder zu, beides aber kam zu spät, um für die notwendigen Erfordernisse des Ersten Weltkriegs vorzusorgen. Im Klartext heißt dies, daß eine Offizierslaufbahn in der k.u.k. Armee in den Jahren unmittelbar vor dem Ersten Weltkrieg immer weniger junge Männer lockte.[40]

Der Erste Weltkrieg brachte sowohl unvermeidliche Änderungen im Leben der Militärzöglinge als auch eine Vielzahl von Reformprojekten. Die zukünftigen Offiziere wurden frühzeitig ausgemustert, um jene Offiziere zu ersetzen, die an der Front gefallen waren. 1913 wurden an der Militärakademie 134 Leutnante ausgemustert, von denen 40 im Krieg starben, die meisten bereits während der ersten Wochen. Weitere 27 wurden gefangengenommen und zwei schwer verwundet, womit sich die Verluste auf insgesamt 69 Absolventen beliefen.[41]

Die Schulreformen zielten auf eine weitere Liberalisierung und eine Gleichsetzung der Kadettenschulen mit den Akademien ab, doch blieb keine Zeit mehr, diese Änderungen durchzuführen.[42] Während der ersten beiden Kriegsjahre waren die Zöglinge gut versorgt, dann aber machte sich zunehmend Hunger breit. Auch wurde wenig geheizt. Unangenehme Neuigkeiten von der Front wurden den Zöglingen vorenthalten, vielleicht ein Grund dafür, daß es auch weiterhin keinerlei Nationalitätenkonflikte an den Schulen gab. Nach dem Zusammenbruch der Monarchie wußten einige Zöglinge nicht, wohin sie gehen sollten. Vor allem die Söhne von Soldaten hatten oft keine Ahnung, Bürger welchen Landes sie waren. Im November 1918, nachdem Kaiser und König Karl sogar von seinen Adeligen Leibgarden im Stich gelassen worden war, standen Kompanien der Militärakademie und der Artillerie-Kadettenschule in Traiskirchen Wache vor dem Schloß Schönbrunn, um ihren Herrscher vor den Aufständischen zu schützen. Dann zog sich Karl nach Eckartsau, ein Jagdschloß in Niederösterreich, zurück, und am 2. Dezember 1918 übergaben die letzten Militärzöglinge der habsburgischen Armee ihre Ausrüstung und ihre Pferde der Wiener Stadtpolizei. Von Schönbrunn aus brachen sie in ihre verschiedenen neuen Vaterländer auf.[43]

Wie sich die Zeiten änderten, so änderte sich in der habsburgischen Monarchie auch die Militärerziehung. Unter Maria Theresia waren die Zöglinge in Adelige und Bürger unterteilt, aber selbst letztere wurden als Herren behandelt, erhielten ein sechsgängiges Abendessen, Wein und wurden von Lakaien bedient. In der nach-napoleonischen Restaurationszeit wurden die Zöglinge dann mehr oder weniger eingesperrt, bespitzelt und als mögliche Aufrührer behandelt. Die Gegenstände, die sie gelehrt wurden, waren sozusagen eine Ergänzung zu Religion und Ethik. In der absolutistischen Ära nach 1849 erfolgte ihre Ausbildung zu tapferen, harten und tüchtigen Soldaten. In der Zeit nach 1867 wurden sie zu gebildeten Männern und Kommandanten erzogen. Zu allen Zeiten eine Selbstverständlichkeit aber war die Treue gegenüber dem Monarchen, und es gibt keinerlei Hinweis, daß mehr als nur eine kleine Minderheit in der fast religiösen Bindung an das Herrscherhaus gewankt hätte. Vor allem nach 1867 wurde den Zöglingen eine Fülle wissenschaftlicher und praktischer Kenntnisse vermittelt. Was sie nie gelehrt wurden - sei es, um die Vielschichtigkeit des habsburgischen Reiches zu begreifen, sei es als kulturelle Bereicherung - waren die Volkskunde, die Bräuche, Probleme und Sehnsüchte der vielen Völker der Monarchie. Aber solch sozio-kulturelle Überlegungen waren im 19. Jahrhundert in keinem Lehrplan einer Akademie vorgesehen, weder in Sandhurst, noch in St. Cyr, Berlin-Lichterfelde, St. Petersburg oder Wiener Neustadt. Die Offiziersanwärter wurden gelehrt, Massen und Menschen zu führen, und nicht, sich mit den Besonderheiten ihrer Individualität zu beschäftigen.

Auszüge aus dem *Jahresbericht der k. und k. Theresianischen Militärakademie in Wiener Neustadt, 1912/13* (Wiener Neustadt 1913), S. 75-78.

Lehrer, Aufsichtsorgane und Verwalter, 55; davon Lehrpersonal, 42 (Verhältnis Lehrer : Zöglinge betrug 1:10)
Militärakademiker, 1. Jahr, 150; 2. Jahr, 150; 3. Jahr, 138; insgesamt, 438. Davon am 18. August 1913 ausgemustert 134; 82 (einschließlich 1 Chinese) zur k.u.k. Infanterie und zu den Jägern, 34 zur k.u.k. Kavallerie, 15 zur Landwehr-Infanterie, 3 zur Landwehr-Kavallerie.

Tabelle 3A.1. Konfessionelle Verteilung der Militärakademiker

Konfession	Anzahl	Prozentsatz
Römisch-katholisch	387	87,0
Griechisch-katholisch	4	0,9
Griechisch-orientalisch	20	4,5
Evangelisch A.K.	23	5,3
Evangelisch H.K.	5	1,1
Mohammedanisch	-	-
Mosaisch	3	0,7
Konfuzius	2	0,5
Insgesamt	438	100,0

Tabelle 3A.2. Verteilung der Militärakademiker nach dem Heimatland

Heimatland	Zahl	Prozentsatz
Alpenländer (einschließlich Nieder- und Oberösterreich)	115	26,3
Krain und Adriatisches Küstenland	16	3,7
Böhmen, Mähren und österreichisch Schlesien	136	31,0
Galizien und die Bukowina	33	7,5
Länder der heiligen ungarischen Krone	136	31,0
Ausland	2	0,5
Insgesamt	438	100,0

Man beachte, daß (1) von den 136 Militärakademikern aus Böhmen, Mähren und Schlesien (heute größtenteils Gebiete der ČSFR) nur 28 tschechisch als Muttersprache hatten, und (2) von den 136 Militärakademikern aus Ungarn und Kroatien-Slawonien nur 71 ungarisch als ihre Muttersprache ansahen.

Tabelle 3A.3. Verteilung der Zöglinge nach der Muttersprache

Nationalität	Zahl	Prozentsatz
Deutsche	277	63,2
Tschechoslawen	28	6,4
Polen	16	3,7
Ruthenen	1	0,2
Südslawen (Serben, Kroaten u. Slowenen)	35	8,0
Italiener	5	1,1
Rumänen	3	0,7
Magyaren	71	16,2
Chinesen	2	0,5
Insgesamt	438	100,0

Tabelle 3A.4. Verteilung der Militärakademiker nach ihrer schulischen Vorbildung

Besuchte Schulen	Zahl	Prozentsatz
Realschulen, Gymnasien, Realgymnasien	144	32,9
Militär-Oberreal-schulen	229	52,3
Kadettenschulen	65	14,8
Insgesamt	438	100,0
Von der Gesamtzahl erreichten einen Maturitätsabschluß	162	

Tabelle 3A.5. Verteilung der Militärakademiker nach Platzkategorien

	Zahl	Prozentsatz
Zahlten nichts	411	93,8
Zahlten nur einen Teil des Schulgeldes	27	6,2
Insgesamt	438	100,0

Tabelle 3A.6. Staatsbürgerschaft der 1912/13 aufgenommenen Militärakademiker

Staatsbürgerschaft	Zahl	Prozentsatz
Österreich	97	64,7
Ungarn	53	35,3
Insgesamt	150	100,0

Tabelle 3A.7. Noten der Militärakademiker im Jahrgang 1912/13

Note	Zahl	Prozentsatz
Vorzugschüler	63	14,4
Sehr gut	165	37,7
Gut	185	42,2
Genügend	4	0,9
Nicht genügend	1	0,2
andere	20	4,6
Insgesamt	438	100,0

4. Das Leben im Regiment

Die Ankunft in der Garnison

Kurz vor ihrer Ausmusterung war es den Militärakademikern erlaubt anzugeben, in welches Regiment sie eintreten wollten, auch wenn ihre Wahl nicht unbedingt berücksichtigt wurde. In der Theorie wurde den Wünschen der besseren Militärakademiker entsprochen, in der Praxis aber hing viel vom Einfluß der Väter und Verwandten ab. Es sei daran erinnert, daß in der Zeit vor der Reform nur eine Minderheit aller zukünftigen Offiziere eine höhere Militärschule besuchte, sich aber nur sie des (zumindest theoretischen) Privilegs der Wahl ihres Truppenkörpers erfreuten. Alle übrigen, gleichgültig ob einfache Soldaten, die sich empordienten, oder Kadetten, hatten ihren Eid als Soldaten viel früher geleistet und dienten bereits in einem Regiment. Wir wollen uns hier aber vorwiegend mit der Zeit nach 1868 beschäftigen, als (von der kleinen Ausnahme jener Reserveoffiziere abgesehen, die über die Ergänzungsprüfung die Laufbahn eines Berufsoffiziers einschlugen) alle neuen Berufsoffiziere von Militärakademien oder Kadettenschulen kamen. Sie wurden am Ausmusterungstag vereidigt: die Militärakademiker als Leutnante und die Absolventen der Kadettenschulen als Fähnriche.

Für die Kavalleristen unter den neuausgemusterten Leutnanten war die Wahl des Regiments eine besonders heikle Aufgabe: Während vom gesellschaftlichen Standpunkt aus alle Kavallerie-Einheiten, ob Dragoner, Husaren oder Ulanen, durchaus erstrebenswert waren, gab es doch feine Unterschiede zwischen den einzelnen Regimentern. Es ging dabei nicht so sehr um das Problem der Stationierung - alle Kavalleristen mußten damit rechnen, viele Jahre nahe der russischen Grenze in Galizien zu verbringen - als vielmehr um die Tradition und gesellschaftliche Zusammensetzung des Offizierskorps. Es gab, wie wir noch sehen werden, eine inoffizielle Rangordnung unter den Kavallerie-Regimentern. So war es nicht das gleiche, bei den Siebener Dragonern zu dienen, wo praktisch jeder Offizier ein Freiherr oder Graf war, oder bei den Achter Ulanen, wo Adelige nur eine Minderheit darstellten.

Für die Artilleristen und Pioniere ging es weniger um die Adelstitel als vielmehr um die Qualität eines Regiments. Doch selbst unter den Kanonieren gab es einen deutlichen gesellschaftlichen Unterschied zwischen der Feldartillerie, wo alle Offiziere beritten waren, und der Festungsartillerie, wo dies nur auf die Hauptleute und die Ränge darüber zutraf. Tatsächlich akzeptierten die Kavalleristen nur die Feldartillerie-Offiziere als halbwegs gleichwertig.

Unser Hauptinteresse gilt den Infanterie-Offizieren, welche die breite Masse des Offizierskorps ausmachten und für welche die Wahl eine Regiments den Unterschied zwischen einer erträglichen und einer unerträglichen Existenz ausmachen konnte. Ganz zu Beginn erfolgte in dieser Gruppe eine direkte und entscheidende Auswahl, bei der die besten neuen Leutnante (und jene mit den besten Beziehungen) einem der Feldjäger-Bataillone oder gar einem der berühmten vier Tiroler Kaiserjäger-Regimenter zugeteilt wurden, während der Rest sich mit einem gewöhnlichen Infanterie-Regiment zufriedengeben mußte. Wenn der Sohn Franz Freiherrn von Trottas in Joseph Roths *Radetzkymarsch* den erstaunlichen Wunsch äußert, sein Ulanen-Regiment gegen eine Infanterie-Einheit zu tauschen, nützt der bestürzte Vater all seine Verbindungen bei Hof um zu erreichen, daß sein Sohn wenigstens einem Jäger-Bataillon zugeteilt wird.[1] Zwar unterschieden sich die Jäger in der zweiten Hälfte des 19. Jahrhunderts in Ausbildung und Ausrüstung kaum von den gewöhnlichen Infanterie-Regimentern, doch gehörten die hechtgraue Uniform mit dem charakteristischen Jägerhut mit dem Spielhahnstoß, die den Jägern traditionell nachgesagte Tapferkeit sowie die Qualität der Soldaten, die aus den westlichen Ländern der Monarchie rekrutiert wurden, weiterhin zu den Elementen, die das ererbte Prestige der Jäger-Offiziere ausmachten.

Was bei der gewöhnlichen Infanterie am meisten zählte, waren die Stationierung des Regiments, die ethnische Zusammensetzung und der Bildungsstand der Mannschaft sowie die Fähigkeit der Offiziere. Die meisten jungen Offiziersanwärter mußten dem Tag ihrer Ausmusterung entgegenzittern, als ihnen endlich ihre Einteilung bekanntgegeben wurde. Es folgten sechs Wochen Ferien, dann die Reise zu dem neuen Posten - und oft eine Enttäuschung. Ein junger Offizier, der in seiner Paradeuniform bei der Eisenbahnstation ausstieg, erfuhr oft erst dann, daß die Garnison noch viele Kilometer auf einer staubigen und schmutzigen Straße entfernt lag und daß, zumindest in den östlichen Gebieten der Monarchie, niemand gekommen war, um ihn abzuholen, außer einem orthodoxen Juden, der dem Neuankömmling anbot, ihn in seinem schäbigen einspännigen Pferdefuhrwerk zum Regimentsstab zu bringen. Der Jude schien alles über den Offizier zu wissen: seinen Namen, sein zukünftiges Quartier und die Kompanie, der er zugeteilt werden sollte. Es war dies der berühmt-berüchtigte *Möbeljud*, ein selbsternannter Lieferant, der sich einer Einheit anschloß und den Offizieren eine private Unterkunft, Möbel, Zivilkleidung und Frauen - alles gegen ein bescheidenes Honorar - verschaffte.[2] Trotzdem er die Zielscheibe vieler Witze war, muß der Möbeljud dem jungen Offizier wie ein Engel mit Kaftan und Peies erschienen sein; so geht es zumindest aus vielen Erinnerungen hervor.[3]

Der Empfang, der dem Neuankömmling in der Garnison bereitet wurde, variierte von frostig bis freundlich, nahezu immer aber empfand der junge Offizier das ihm zugeteilte Quartier als höchst unangemessen. Fähnriche waren mehrere gemeinsam in einem Raum untergebracht, Leutnanten wurde ein eigenes Quartier angeboten, einschließlich der Dienste eines Offiziersburschen, aber mit nur sehr wenig oder gar keinen Möbeln. Sogar vor der Reformära erhielt der Bursche ein Kommißbett, einen Tisch, zwei Sessel und einen Kleiderrechen für den kleinen Raum, den er in der Unterkunft des Offiziers bewohnte; „Nicht das geringfügigste Möbelstück" hingegen „beengte den Raum, der das Heim des Offiziers bilden sollte, und der neue Ankömmling segnete seinen Vorgänger für etwa in der Wand zurückgelassene Nägel, die ihn doch wenigstens vor der Unannehmlichkeit bewahrten, im ersten Augenblicke Tschako, Paletot etc. auf den Fußboden legen zu müssen."[4]

Bemühte Kompaniekommandanten versorgten einen Neuankömmling mit einem Kommißbett und Bettzeug; die Wanzen wurden meist mitgeliefert. Was die Unter-

Offiziere des k.k. Husaren-Regiments Nr. 2 Kaiser Franz Joseph in Galizien 1860/62. (Aus drei Gruppenbildern vor einem gemalten Hintergrund zusammengestellt, ist dies eine der frühesten Fotographien habsburgischer Offiziere.)

Feldhaubitzbatterie bei einem Manöver um 1905.

kunft erst wirklich bequem und gemütlich machte, wurde vom Möbeljuden beigestellt. Erste Verbesserungen kamen 1851, und danach sahen sich die jungen Offiziere in den Kasernen nicht mehr leeren Quartieren gegenüber: diese waren nun auf kaiserlichen Befehl mit einem Bett, einer Decke, der nötigen Bettwäsche, einem Hänge- und einem Legekasten, zwei Tischen und vier Sesseln ausgestattet - alles aus lackiertem Weichholz. Es gab sogar ein Nachtkästchen mit Nachttopf, einen gewöhnlichen Spiegel, eine Flasche und ein Trinkglas.[5] Das Problem war, daß die in den fünfziger Jahren in großer Zahl erbauten Kasernen als Festungen konzipiert waren, von denen aus die Bevölkerung kontrolliert werden konnte, und daher feucht, finster und abstoßend waren. Wirkliche Verbesserungen kamen erst in den siebziger Jahren des 19. Jahrhunderts, als eine rege Bautätigkeit auf dem Sektor der Kasernen einsetzte: diese waren nun relativ helle, hygienische, oft großräumige Bauten, wodurch die Lebensbedingungen enorm verbessert wurden. Zu einer Anhebung des Lebensstandards trugen auch die Einführung der Offiziersmenagen, bessere Spitäler, Invalidenheime, Erholungsheime in bekannten Kurorten sowie nicht zuletzt eine steigende Zahl solid gebauter Militärschulen für die Söhne und Töchter der Offiziere und Soldaten bei.

Wer es sich leisten konnte, mietete ein Zimmer in der Stadt, oder es taten sich einige Offiziere zusammen, um eine Wohnung zu mieten. Dies gab den jungen Subalternoffizieren eine unerhörte Freiheit, zumal sie bald erkannten, daß der Dienst keineswegs anstrengend war und im allgemeinen nur eine Anwesenheit von 7 bis 11 Uhr Vormittag und von 2 bis 5 Uhr Nachmittag erforderte.[6] Es blieb also mehr als genug Zeit, um das zu genießen, was in der propagandistischen militärischen Literatur stets als „die schöne wilde (oder goldene) Leutnantszeit" beschrieben wird. Alle Militärschriftsteller verwenden diese Bezeichnung mit der gleichen Regelmäßigkeit, oft jedoch unter ironisierende Anführungszeichen gesetzt.

Es gab aber nicht nur Vergnügen und Unterhaltung, sondern auch viele Sorgen. Ein Absolvent der Militärakademie mußte manchmal feststellen, daß er im Offizierskorps der Kompanie eine nur aus ihm selbst bestehende Minderheit darstellte. Seine Kameraden waren in der Zeit vor der Reform oft ehemalige einfache Soldaten oder andere Männer mit einem niedrigen Bildungsstand und in der Nachreformära kaum höher gebildete Absolventen der Kadettenschulen.[7] Im Alter von gerade erst zwanzig Jahren traf der neue Oberoffizier (wiederum vorwiegend in der Vorreformzeit) auf Leutnante und Oberleutnante mittleren Alters, von denen viele verbitterte Alkoholiker waren. War der Betreffende Aristokrat und einem Infanterie-Regiment zugeteilt (und das waren viele), bekam er den Neid und das Mißtrauen der Kameraden zu spüren, war er ein Bürgerlicher in einem Kavallerie-Regiment, fühlte er sich unweigerlich geschnitten.

In der Habsburgermonarchie gab es indes auch eine Sitte, die äußerst ausgleichend wirkte und einzigartig unter den dynastischen Armeen Europas war. Dies war die althergebrachte Tradition, daß Offiziere einander in der vertraulichen zweiten Person ansprachen und das „Du" dem förmlicheren „Sie" vorzogen. Von welch großer Bedeutung dieser Usus war, zeigt der Umstand, das er von den meisten Militärschriftstellern besprochen wird. Es war dies auch tatsächlich etwas Außerordentliches in einer Gesellschaft, in der Kinder ihre Eltern oder Ehemänner ihre Frauen nur selten so anredeten. Das Duzen war ursprünglich eine aristokratische Sitte, als Zeichen der Geschlossenheit der großen Adelsfamilien aufgrund ihres gehobenen Standes und ehelicher Bande.

Die Sitte des Duzens im inoffiziellen Umgang (offiziell nie im Dienst) unter den Offizieren der Habsburgerarmee begann zur Zeit der Napoleonischen Kriege. Es war ein charakteristisches Merkmal der Armee Radetzkys in Italien und wurde in der Zeit des Absolutismus nach 1849 allgemein üblich, als die Offiziere das Gefühl hatten, sie, und nur sie allein, hätten die Monarchie gerettet und stellten daher wirklich den ersten Stand des Reiches dar. Es gab einige Ausnahmen von dieser Regel, so etwa in konservativen Regimentern oder in wirklich unangenehmen Situationen, wenn beispielsweise ein junger Leutnant einen Stabsoffizier oder einen General anreden mußte. Darüber hinaus machten sich einzelne Offiziere einen Spaß daraus, das „Du" nur selektiv zu verwenden. Auch war es absolut verpflichtend, dem „Du" den jeweiligen Rang des Angesprochenen hinzuzufügen: „Du, Herr Leutnant", „Du, Exzellenz". Nichtsdestotrotz trug diese intime Form der Anrede zum Korpsgeist der Offiziere ebensoviel bei wie ihr Ehrenkodex (von dem später noch die Rede sein wird). Gegen Ende des 19. Jahrhunderts wurde es angesichts der wachsenden Zahl der Reserveoffiziere immer schwieriger, diese Sitte aufrecht zu erhalten, doch wurde sie weiter gepflogen, selbst wenn dies zu merkwürdigen Situationen führte, wenn etwa ein adeliger Kavallerie-Rittmeister von seinem Sitz aufsprang, um einem jüdischen Reserveleutnant vom Trainkorps - im Zivilleben vielleicht ein einfacher Händler - die Hand zu schütteln und ihn mit „Du" anzureden. Während des Ersten Weltkriegs führte diese Gepflogenheit zu so vielen peinlichen Zwischenfällen mit Offizieren des Deutschen Reiches (wo das Offiziers-„Du" unbekannt war), daß es den österreichisch-ungarischen Offizieren schließlich verboten wurde, sich ihren deutschen Kollegen vorzustellen, wenn sie im selben Eisenbahnabteil saßen.[8]

Kaum angekommen, wurde einem jungen Leutnant befohlen, die Mannschaftsschule, d. h. den Unterricht der jungen Rekruten, zu übernehmen. In der Habsburgerarmee erfolgte die Ausbildung, anders als in Preußen, hauptsächlich durch Offiziere und nicht durch Unteroffiziere. Tatsächlich spielten Unteroffiziere in den österreichisch-ungarischen Streitkräften im allgemeinen eine offiziell weniger wichtige Rolle als in der preußischen Armee oder dann im deutschen Reichsheer. Es ist wohl überflüssig zu erwähnen, daß erfahrene Feldwebel - und davon schien es nie genug zu geben - häufig die Oberoffiziere, sei es in der Klasse oder am Exerzierplatz, ersetzen mußten, schon weil sie die Sprache der Mannschaft besser beherrschten als die Offiziere.

Plötzlich vor einer Klasse voller Bauernburschen zu stehen und diese in ihrer Muttersprache anzureden, muß wohl eine qualvolle Erfahrung gewesen sein. Die Chance war nur sehr gering, daß der junge Leutnant ihre Sprache (oder Sprachen) gut genug sprechen würde, um sie lesen und schreiben (in welcher Sprache: deutsch oder in ihre Muttersprache?) zu lehren oder ihnen die Besonderheiten einzelner Waffen und die richtige Form der Anrede eines Vorgesetzten zu erläutern. Ich habe bereits früher darauf hingewiesen, daß jeder Militärakademiker mehrere Sprachen lernte: deutsch (nicht immer seine Muttersprache) und zwei andere in der Monarchie gesprochene Hauptsprachen sowie französisch. Dieser Sprachunterricht wurde jedoch in der Regel von mittelmäßigen Militaristen gehalten und brachte weniger Punkte als etwa naturwissenschaftliche oder militärische Gegenstände. Es brachte dem jungen Leutnant nämlich herzlich wenig, wenn er z. B. in einem galizischen Regiment polnisch sprach, die Mannschaft aber ruthenisch, hucul, goral, lemko, bojko oder einen anderen unter den galizischen Bauern üblichen Dialekt. Und selbst wenn ein Offizier das Glück hatte, als Deutschösterreicher bei einem deutschsprechenden Regiment zu dienen, war die Möglichkeit immer noch groß, daß er nur wenig von dem von der Mannschaft gesprochenen Tiroler oder siebenbürgisch-sächsischen Dialekt verstand. Wie uns die Chronisten versichern, gelang es dem jungen Leutnant aber, sich irgendwie zu verständigen, meist mit Hilfe eines Unteroffiziers und unter Verwendung eines Kauderwelsch.[9]

Das Kommando in einer vielsprachigen Armee

In der Habsburgerarmee hatten zehn oder elf der von den einfachen Soldaten gesprochenen Sprachen den Status einer offiziellen Sprache. Selbst nachdem „böhmisch" und „mährisch" auf der einen Seite und serbisch und kroatisch auf der anderen nicht mehr als eigene Sprachen gezählt wurden, erfreuten sich deutsch, ungarisch, tschechisch, slowakisch, polnisch, ruthenisch (ukrainisch), serbo-kroatisch, slowenisch, rumänisch und italienisch weiterhin der Anerkennung als „Nationalsprachen". Ihre Verwendung war für die Offiziere und Unteroffiziere verpflichtend, vorausgesetzt sie wurden von mindestens zwanzig Prozent der Mannschaft eines Regiments gesprochen. Nur etwa 80 grundlegende Befehle wie „Rechts", „Links", „Halt", „Rührt Euch" und „Feuer" wurden auf deutsch gegeben, alle übrigen in der oder den jeweiligen „Regimentssprachen". Wie dies in der Praxis vor sich ging, ist eine der komischesten Seiten des militärischen Lebens in Österreich-Ungarn: Man stelle sich einen Offizier oder Unteroffizier vor, der seinen Befehl zuerst in deutsch brüllte und dann in ein, zwei, drei oder sogar vier anderen Sprachen wiederholte, um genau zu erklären, was er meinte, oder um seine Leute zu instruieren, anzureden oder zu verfluchen.

Die überwältigende Mehrheit der Einheiten der Habsburgerarmee waren vielsprachig. Im Sommer 1914 z. B. galten lediglich 142 Truppenkörper (Regimenter oder unabhängige Bataillone) als einsprachig. In 162 Truppenkörpern wurden zwei Sprachen, in 24 drei Sprachen gesprochen, und es gab sogar einige Regimenter, in denen vier Sprachen verwendet wurden. Von den 142 einsprachigen Truppenkörpern waren nur 31 deutschsprachig, d. h. weniger als zehn Prozent der Offiziere befanden sich in der beneidenswerten Lage, ihre Soldaten in derselben Sprache anreden zu können, in der sie ihre Befehle erteilten. Mit anderen Worten: Mehr als 90 % der Offiziere waren gezwungen, sich in zumindest einer anderen Sprache als deutsch zu verständigen.[10]

Die Militärbehörden erwarteten von den Offizieren die Beherrschung der Regimentssprache. Das zulässige Minimum in den Qualifikations-Listen lautete „zum Dienstgebrauch genügend", eine Bewertung, die irgendwo zwischen „vollkommener" und „notdürftiger Sprachkenntnis" lag. Eine Vertrautheit mit der oder den Regimentssprache(n) mußte vor einer Kommission unter Beweis gestellt werden, die innerhalb von drei Jahren nach dem Eintritt des Offiziers in das Regiment zusammentrat. Bestand der Offizier die Prüfung nicht, wurde ihm im allgemeinen eine Gnadenfrist von zwei Jahren gewährt. Wenn er neuerlich versagte, wurde er auf der Beförderungsliste mit der Anmerkung „zur Zeit nicht geeignet" übergangen. Dann konnte der betreffende Offizier nur noch versuchen, eine Versetzung zu einem anderen Regiment zu erreichen, oder seinen Dienst quittieren. In der Praxis wurde aber fast jedem Offizier früher oder später die entsprechende Sprachkenntnis bescheinigt, doch verloren jene, die dafür länger brauchten, wertvolle Jahre für die Beförderung.

Anders als in den Militärschulen wurde bei der Armee eigentlich nichts getan, um den Offizieren das Lernen einer neuen Sprache zu erleichtern. Nur in einigen wenigen Regimentern, und dann vor allem gegen Ende des 19. Jahrhunderts, gab es Sprachlehrbücher, welche die wichtigsten Grammatikregeln und eine Liste der unerläßlichen Redewendungen enthielten und für den Gebrauch von Offizieren gedruckt wurden.[11]

Ab dem Jahr 1870 veröffentlichte die Armee gelegentlich Statistiken über die Sprachkenntnisse ihrer Offiziere. Diese Daten zeigen, daß die meisten Offiziere im Durchschnitt außer deutsch noch zwei weitere Sprachen beherrschten und die Sprachkenntnisse nach und nach zunahmen. Sie zeigen auch, daß die vorwiegend beherrschten Sprachen im Lauf der Zeit wechselten, entsprechend den territorialen Veränderungen der Monarchie und bedingt auch durch die allmähliche Änderung in der nationalen Zusammensetzung des Offizierskorps.

Tabelle 4.1. Vertrautheit der Berufsoffiziere mit den in der k.u.k. Armee gesprochenen Sprachen (außer deutsch)

1870		1904	
Sprache	Prozentsatz	Sprache	Prozentsatz
1. Italienisch	32,76	1. Tschechisch	47,0
2. Tschechisch	30,18	2. Ungarisch	33,6
3. Ungarisch	19,77	3. Polnisch	19,3
4. Polnisch	17,62	4. Serbo-kroatisch	15,3
5. Serbo-kroatisch	17,36*)	5. Rumänisch	8,8
6. Rumänisch	8,95	6. Italienisch	8,5
7. Ruthenisch	5,14	7. Ruthenisch	7,8
8. Slowenisch	5,11	8. Slowenisch	7,3
9. Slowakisch	- *)	9. Slowakisch	6,9

Quelle: Militär-Statistisches Jahrbuch für das Jahr 1870, Teil I. (Wien 1872), S. 222; und *Militär-Statistisches Jahrbuch für das Jahr 1904* (Wien 1905), S. 146.
(*) 1870 wurde serbisch (6,41 %) und kroatisch (10,95%) noch getrennt angegeben; auf der anderen Seite war slowakisch noch nicht als Nationalsprache anerkannt.

Wie die Statistik in Tabelle 4.1. zeigt, sprachen die Offiziere 1904 mehr Sprachen als 1870 (insgesamt 154,5 % zu 136,89 %). Die Zunahme des Ungarischen ist darauf zurückzuführen, daß es immer mehr magyarische Offiziere in der k.u.k. Armee gab sowie auch auf die Tatsache, daß ungarisch allmählich als Pflichtsprache in mehreren Militärschulen eingeführt wurde. Tschechisch löste italienisch als die von den Offizieren am häufigsten beherrschte Zweitsprache ab. Der Grund hiefür lag weniger darin, daß es mehr Tschechen im Offizierskorps gab, als vielmehr darin, daß tschechisch für die Verständigung mit allen slawischen Soldaten sehr nützlich war. Natürlich beherrschte nur eine Minderheit der slawisch sprechenden Offiziere irgendeine slawische Sprache wirklich perfekt, die Mehrzahl begnügte sich mit dem berühmten „Armeeslawisch“, in dem tschechische Worte überwogen. In den älteren Qualifikations-Listen findet man oft die Eintragung, daß ein Offizier „slawisch“ sprach, ohne jede nähere Angabe. Anekdoten, wie dieses „Armeeslawisch“ in Wirklichkeit aussah, gehörten zu den Lieblingsthemen der Militärschriftsteller und Humoristen. General August von Urbański zitiert ein armeeslawisches Soldatenlied, in diesem Fall eine Mischung aus tschechisch und deutsch, dessen gereimter Text von den Heldentaten eines gewissen Franz Javurek erzählt, eines tschechischen Kanoniers in der Schlacht von Königgrätz im Jahre 1866. Es beginnt mit den Worten „A n kanonu stůl, a furt jen ladovál“ - „Er stand an der Kanone und lud sie unentwegt“ und erzählt dann, wie Javurek seine Pflicht immer noch erfüllte, selbst nachdem ihm eine preußische Kanonenkugel den Kopf abgerissen hatte.[12]

Die Sprachkenntnisse waren je nach den einzelnen Waffengattungen sehr unterschiedlich und spiegelten die unterschiedliche ethnische Zusammensetzung der jewei-

Tabelle 4.2. Französischkenntnisse der Offiziere

1870		1904	
Waffengattung	Prozentsatz	Waffengattung	Prozentsatz
Generalstab	92,36	Generalstab	63,9
Kavallerie	38,34	Kavallerie	38,5
Artillerie	21,80	Jäger	17,7
Jäger	20,97	Feldartillerie	14,4 *)
Infanterie	19,84	Festungsartillerie	13,0 *)
Grenzinfanterie	5,02 +)	Train	9,1
Train	3,42	Infanterie	7,7

Quelle: *Militär-Statistisches Jahrbuch für das Jahr 1870, Teil I* (Wien 1872), S. 222; *Militär-Statistisches Jahrbuch für das Jahr 1904* (Wien 1905), S. 146.
(*) 1904 wurden Feld- und Festungsartillerie getrennt ausgewiesen.
(+) 1904 gab es die Militärgrenze nicht mehr.

ligen Truppen respektive des Offizierskorps wider. Da es in der Kavallerie überproportional viele polnische und ungarische Offiziere und Soldaten gab, war die Kenntnis dieser Sprachen dort weiter verbreitet. Bei der Infanterie, den Grenzern, den Sanitätern und im Train wiederum gab es viele slawische Offiziere und Soldaten, und damit auch viele, die eine slawische Sprache beherrschten. Bei der Artillerie und den anderen technischen Einheiten überwogen die Deutschsprachigen. Zwischen 1870 und 1904 stieg jedoch die Zahl der Magyaren in der Artillerie beträchtlich an, ein Hinweis auf den Bildungsanstieg in Ungarn sowie auf das wachsende Interesse der Magyaren an allen Waffengattungen, nicht nur an der Kavallerie, ihrer traditionellen Domäne.

Das habsburgische Militär hielt auch die Sprachkenntnisse der Offiziere in den wichtigsten Fremdsprachen fest. Nur Weniges gewährt einen tieferen Einblick in die unterschiedliche gesellschaftliche und bildungsmäßige Stellung der Offiziere in den verschiedenen Waffengattungen als die Statistiken über ihre Französisch- und Englischkenntnisse. Es überrascht nicht, daß die Beherrschung dieser beiden Sprachen 1870 unter den hochgebildeten Offizieren des Generalstabs und den wohlhabenderen Kavallerie-Offiziere weit verbreitet war. Schon weniger üblich waren Kenntnisse in diesen beiden Sprachen bei den Offizieren der Jäger und der Artillerie, und noch seltener unter den Infanterie-Offizieren. Über praktisch keine Französisch- oder Englischkenntnisse verfügten die Grenzer- und Trainoffiziere. Es war überhaupt so, als hätten die Offiziere der letzten beiden Waffengattungen hinsichtlich Erziehung und gesellschaftlicher Stellung nur wenig Gemeinsames mit dem Generalstab, der Kavallerie und der Artillerie.

Tabelle 4.3. Englischkenntnisse der Berufsoffiziere

1870		**1904**	
Waffengattung	Prozentsatz	Waffengattung	Prozentsatz
Generalstab	18,75	Generalstab	18,9
Kavallerie	8,29	Kavallerie	8,0
Artillerie	3,85	Feldartillerie	6,2 *)
Jäger	2,53	Festungsartillerie	5,6 *)
Infanterie	2,29	Train	4,2
Grenzinfanterie	0,20 +)	Jäger	1,8
Train	0,00	Infanterie	1,2

Quelle: *Militär-Statistisches Jahrbuch für das Jahr 1870, Teil I* (Wien 1872), S. 222; *Militär-Statistisches Jahrbuch für das Jahr 1904* (Wien 1905), S. 146.
(*) 1904 wurden Feld- und Festungsartillerie getrennt ausgewiesen.
(+) 1904 gab es die Militärgrenze nicht mehr. Man beachte, daß nur zwei von insgesamt 996 Grenzer-Offizieren (0,2 %) etwas englisch sprachen.

Trotz der vom Bildungsstandpunkt aus gesehen höheren Qualifikationserfordernisse für die Ernennung zum Offizier im Jahre 1904 verglichen mit 1870, nahm die allgemeine Beherrschung des Französischen erstaunlicherweise von 22,91 % auf 14,7 % ab. Wenn auch die Englischkenntnisse im selben Zeitraum von 3,1 % auf 7,9 % anstiegen, so ist dennoch deutlich, daß 1904 verhältnismäßig weniger Offiziere eine Fremdsprache beherrschten als 1870. Der Grund dafür muß in der zunehmenden technischen Spezialisierung an den Militärschulen und in dem rückläufigen Anteil des Hochadels und der oberen Mittelschicht unter den Offizieren gesucht werden. Bestätigt wird diese Annahme durch den konstanten Prozentsatz von Offizieren in der Kavallerie, der Domäne des Adels, die eine Fremdsprache beherrschten.

Allem Unbill zum Trotz gelang es der alten Vielvölkerarmee, das Sprachproblem mit den Mannschaften mehr oder weniger zu lösen, selbst nachdem die Dienstzeit für einfache Soldaten 1868 von acht auf drei Jahre verringert wurde. Dieser einzigartige Erfolg ist darauf zurückzuführen, daß dem Sprachstudium in den Militärschulen beträchtliche Zeit gewidmet und die Offiziere gezwungen wurden, sich zu wahren Künstlern des linguistischen Einfallsreichtums zu entwicklen.

Je komplexer und technisch anspruchsvoller die Kriegführung im Laufe der Jahre wurde, desto unvergleichlich größer wurden auch die Schwierigkeiten. Noch schwerer wog der Umstand, daß die Führung auf unterer Ebene während des Ersten Weltkrieges nach und nach auf Reserveoffiziere überging, die sprachlich auf ihre Aufgabe nicht vorbereitet waren (zumindest teilweise infolge des wachsenden Nationalismus in der Erziehung an den ungarischen, kroatischen, polnischen und selbst deutschen Mittelschulen). Wie ich im folgenden noch zeigen werde, verstand es der typische Reserveoffizier des Ersten Weltkrieges zwar, für die Monarchie zu sterben, sein Leben aber verbrachte er unter seinen Soldaten oft wie ein Taubstummer.

Offiziere und einfache Soldaten

Üblicherweise war ein Infanterie-Leutnant für einen Zug verantwortlich, der in Kriegszeiten 50 Mann und im Frieden etwa 30 Mann umfaßte. Ein Hauptmann befehligte 150 bis 250 Mann, ein Oberst mehrere tausend und ein General Zehntausende oder mehr. Egal ob ein habsburgischer Offizier eine kleine oder eine riesige Gruppe befehligte, schien er in seliger Unwissenheit über das Leben, die Freuden, Hoffnungen und Leiden seiner Soldaten zu leben. Selten, wenn überhaupt, sprach er über ihr Schicksal, wandte er sich privat an sie oder gedachte er ihrer in seinen Aufzeichnungen. Nur ausnahmsweise stieg ein undeutlich umrissenes Gesicht aus der Erinnerung eines Offiziers auf: ein besonders dummer oder außergewöhnlich tüchtiger Offiziersbursche, ein ergebener Feldwebel, ein heldenhafter einfacher Soldat. Der Offizier gab Befehle, die Soldaten gehorchten - dies schien das Kommunikationsniveau zwischen diesen beiden Gruppen gewesen zu sein.

Wir finden vor allem Stereotypen: die Bauern aus den österreichischen Bergen galten als ausgezeichnete Soldaten und die Tiroler im besonderen als hervorragende Schützen, doch auch als schwerfällig und eigensinnig; die Magyaren als tapfer, aber unbändig und leicht aufbrausend; die Tschechen als verläßlich, aber einfallslos; die Italiener als widerwillige Krieger; die Serben, Kroaten und Bosniaken als die besten von allen, aber nur wenn sie von einer festen Hand geführt wurden; die Polen als heldenhaft, aber wild; die Ruthenen als sanft und dumm; und die Rumänen als rückständig und primitiv. Ganz allgemein wurde der einfache Soldat wie ein Kind angesehen: außerordentlich formbar, wenn gut geführt - nichtsnutzig und sogar gefährlich, wenn er sich selbst überlassen wurde.[13]

Zweifellos war der bäuerliche Rekrut von einst oft ungebildet und wußte nichts von der Welt. Aber dieses vereinfachte Bild des durchschnittlichen Rekruten hielt sich in Offizierskreisen auch noch nach der Einführung der allgemeinen Wehrpflicht im Jahre 1868 und dem massiven Zulauf von Städtern. Der habsburgische Offizier brachte den Rekruten aus den Städten, vor allem den Industriearbeitern, aber wenigstens nicht dasselbe tiefe Mißtrauen entgegen wie seine Kameraden im Deutschen Reich.

Ein Grund für diese kollektive Unkenntnis war Gleichgültigkeit. Daneben gab es in der Armee aber auch noch das Verbot des privaten Umgangs mit Mannschaftsangehörigen. Der österreichische Sozialist Otto Bauer, der unmittelbar vor dem Ersten Weltkrieg eine Ausbildung zum Reserveoffizier absolvierte, zitiert die Worte seines Kommandanten: „Die Chargen sind Bauern; mit Bauern verkehrt ein gebildeter Mensch nicht. Wenn ich höre, daß einer von Euch mit einem Unteroffizier außer dienstlich spricht, ihm die Hand reicht oder gar in der Kantine mit ihm zusammen sitzt, verliert er die Offizierswürdigkeit.“[14]

Bauer vertritt die Ansicht, daß die preußischen Offiziere ihren Soldaten viel näher standen als die habsburgischen und führt ins Treffen, daß sich die österreichisch-ungarischen Offiziere, die, zumindest in späterer Zeit, oft der unteren Mittelschicht entstammten, erst künstlich das gesellschaftliche Prestige schaffen mußten, über das ihre Junker-Kameraden von Natur aus verfügten.[15] Bauer hätte noch hinzufügen können, daß sich der habsburgische Offizier adeliger Herkunft - wobei der österreichisch-ungarische Adel tatsächlich eine sehr heterogene Gruppe darstellte - nicht immer desselben Ansehens erfreute wie sein wohletablierter Kamerad in Preußen.

Leider gibt es kaum Aufzeichnungen von einfachen Soldaten über ihr Leben, und ich bin bei meinen Forschungen lediglich ein einziges Mal auf derartige ausführliche Lebenserinnerungen gestoßen. Es ist dies die posthum veröffentlichte Geschichte eines gewissen Leo Schuster, eines 1889 geborenen Deutschböhmen, der als Berufsunteroffizier zunächst unter Franz Joseph bei der Artillerie und später als Gendarm in der Ersten Republik, im Dritten Reich und in der Zweiten Republik gedient hat. In seiner Kindheit hatte er bittere Armut erlebt und wurde ein glücklicher Soldat. Er diente pflichtgetreu jedem Regime, das ihm auch nur ein bißchen Ansehen bot.[16]

Mögen die einzelnen Offiziere sich auch nicht um das Leben der einfachen Soldaten gekümmert haben, für die Armee insgesamt gilt dies nicht. Zahllose Vorschriften regelten, wie diese zu behandeln, erziehen, disziplinieren und auszubilden waren, und bestimmten Menge und Qualität des Essens, Trinkens und der Tabakration, die ihnen ausgegeben bzw. wieviel Platz ihnen in der Kaserne zugeteilt werden mußte. Einige dieser Vorschriften kommen uns heute vor, als wurden sie von einer verrückt gewordenen Bürokratie erlassen, doch dürfen wir nicht vergessen, daß die Militärbehörden all diese Regelungen - etwa wie die Morgensuppe zu bereiten war oder wieviel Prügel Offiziere der verschiedenen Rangebenen verteilen durften (natürlich nur in der Vorreformära) - im Namen des Kaisers nur deshalb so minutiös detailliert vorschrieben, um Gewalt, Korruption und Diebstahl vorzubeugen.

Die einfachen Soldaten in der Vorreformzeit

Der Soldat in der Zeit vor 1868 war entweder ein Freiwilliger oder ein Dienstpflichtiger, was allerdings in der Praxis wenig Unterschied machte, denn selbst in jenen Gebieten, wo die Rekrutierung in der Theorie freiwillig erfolgte, wie beispielsweise in Ungarn, wurden die Leute im allgemeinen zum Eintritt in die Armee mehr oder weniger gezwungen.

Der Dienst konnte ein Alptraum für die einen und recht erträglich für andere sein, die zu Hause gehungert oder den Stock des Gutsverwalters zu spüren bekommen hatten. Die Soldaten schliefen, sowohl damals als auch später, zu zweit in einem Bett. Sie bekamen genug zu essen, um ihren Hunger zu stillen, obwohl sie für sich selbst kochen mußten.[17] Die Versorgung lag in erster Linie in der Verantwortung privater Unternehmer, der sogenannten Commis oder Kommis und später des Armeekommissariats. (Das Wort „Kommis" lebt im Deutschen als Synonym für engstirnige Militärbürokratie fort und fand als Bezeichnung für „schäbig, häßlich" auch Eingang in die ungarische Sprache). Der Dienst war beschwerlich und dauerte unter der oft brutalen Aufsicht von Unteroffizieren manchmal von vier Uhr morgens bis sieben Uhr abends. Die Ausbildung bestand in der Vorreformzeit hauptsächlich aus Bemühungen, die einfachen Soldaten in unglaublich komplizierten Formationen zu unterweisen, sie den Gebrauch von Gewehr und Bajonett zu lehren und ihnen das nicht weniger schwierige System der Horn- und Trommelsignale beizubringen. All dies brauchte viele Jahre, die den langdienenden Soldaten zu einer wirklich wertvollen und teuren Ware machten. Die Ausbildung wurde jedoch regelmäßig unterbrochen, da die Armee nicht in der Lage war, alle Soldaten zu verpflegen. Bei einer mehrmonatigen Beurlaubung arbeitete ein einfacher Soldat in der Landwirtschaft oder erwarb sich handwerkliche Fähigkeiten. Wurde er aus irgendeinem Grund invalid oder nicht mehr länger gebraucht, so wurde er entlassen, was bedeutete, daß er erneut für sich selbst sorgen mußte. Nur wer im Krieg verwundet wurde, erhielt einen Hungerlohn als Pension, und noch weniger ehemalige Soldaten kamen in einem der von Maria Theresia gegründeten militärischen Stiftungshäuser unter. Da es stets sehr schwierig war, auf den Bauernhof der Familie zurückzukehren, machte sich der Armeeveteran seine beim Militär erworbenen (und formell bestätigten) Fähigkeiten zunutze, um sich seinen Lebensunterhalt als Handwerker oder Dorfschreiber zu verdienen.[18]

Die ärgste Seite des militärischen Lebens in der Vorreformzeit war die körperliche Züchtigung. Als fortschrittliche Maßnahme beschränkte die Armeereform von 1838 die Zahl der Stockschläge, die ein Kompaniekommandant anordnen durfte, auf fünfundzwanzig. Bataillonskommandanten durften 40 und Regimentskommandanten

50 Schläge anordnen. Die Reform von 1855 verringerte die erlaubte Anzahl von Schlägen weiter auf 20 respektive 30 und 40.

Das Gesetz von 1838 beschränkte auch die am Vollzug des sogenannten *Gassenlaufens* beteiligte Zahl von Soldaten auf 30 und senkte die Maximalzahl, wie oft ein Opfer zwischen den zwei parallelen Reihen von mit Stöcken ausgerüsteten Soldaten durchlaufen mußte, auf hundert. Diese extreme Art der Bestrafung zog sich manchmal über mehrere Wochen, und noch 1841 prangert Fenner an, daß ein beliebiges Opfer bis zu zehnmal pro Tag zwischen jeweils 300 Mann Gassenlaufen mußte. Weigerte sich der Betreffende zu laufen, wurde er auf eine Bank gelegt, die Soldaten marschierten an ihm vorbei (das wurde *Contremarsch* genannt) und schlugen ihn bis zu 6.000 Mal. Was Fenner besonders empörte, war die völlige Ungerührtheit der Soldaten, die die Strafe vollzogen. Er gab allerdings zu, daß die österreichische Praxis des Schlagens auf die Hinterbacke humaner war als das in Preußen übliche Schlagen auf den Rücken. Soldaten (niemals Offiziere oder Kadetten) mußten sowohl für gewöhnliche als auch für politische Vergehen Gassenlaufen. Nach der Revolution der Jahre 1848 und 1849 war ein entsetzter junger Offizier im 16. (venetianischen) Infanterie-Regiment Zanini Zeuge, wie ein aufständischer italienischer Soldat einige tausendmal geprügelt wurde. Wer schrie, erhielt noch einige Schläge mehr.[19] Das Gesetz des Jahres 1855 verbot schließlich diese abscheuliche Praxis des Gassenlaufens.

Morde an Offizieren waren nichts Unbekanntes, und Selbstmorde einfacher Soldaten keineswegs selten (zu den Selbstmorden siehe weiter unten). Die Strafe für die Bedrohung eines Offiziers betrug 70 und für den versuchten Selbstmord 25 Stockschläge.[20]

1848 wurde in der ungarischen Revolutionsarmee, sehr zur Entrüstung der habsburgischen Berufsoffiziere in dieser Armee, die körperliche Züchtigung abgeschafft. Dies führte, wie General Görgey hervorhob, zu einem starken Anstieg der Zahl der Hinrichtungen.[21]

Die Soldaten übten bisweilen passiven Widerstand, indem sie vorgaben, Befehle nicht zu verstehen, sich um Aufgaben drückten oder desertierten. Letzteres war, wie auch zahllose andere in den Kriegsartikeln aufgezählte Verfehlungen (zumindest in Kriegszeiten) natürlich ein schweres Verbrechen. Doch urteilten die Militärgerichte im allgemeinen humaner als einzelne Offiziere. In einem extrem schwierigen Verfahren (von dem später noch die Rede sein wird) versuchten die Gerichte die Würde und die Grundrechte der einfachen Soldaten zu schützen.

Der einfache Soldat in der Doppelmonarchie

Das Leben und die Behandlung der gemeinen Soldaten in der Nachreformzeit unterschieden sich trotz einiger Ähnlichkeiten grundlegend von deren Lebensumständen in der ersten Hälfte des 19. Jahrhunderts. Mit der Erhöhung des Lebensstandards und der allgemeinen Bildung waren auch die Rekruten besser geworden. Doch zweifellos kamen viele von ihnen in der Armee erstmals mit Disziplin, Stundenplan und Hygiene in Berührung. Ein relativ unvoreingenommener Beobachter, General Anton Lehár, schreibt in seinen Erinnerungen, daß die rumänischen Rekruten des 50. k.u.k. Infanterie-Regiments 1893 in Siebenbürgen mit langem, fettem und strähnigem Haar ankamen und noch nie etwas von Seife gehört hatten.[22]

Mit der Einführung der allgemeinen Wehrpflicht wurde der Ablauf des Dienstes genau geregelt. Das jährliche Kontingent an Rekruten kam am 1. Oktober in die Kaserne. In den kommenden neun Monaten fand die Ausbildung in der Kompanie statt, danach folgten ein Monat im Bataillon und weitere drei Wochen im Regimentsverband. Letzteres war die Vorbereitung auf die jährlichen Herbstmanöver. Dann kamen zwei weitere Jahre aktiven Dienstes.

Das Haar der Rekruten wurde vorschriftsgemäß vorne auf eine Länge von 6,5 cm und hinten auf 2,5 cm geschnitten (1908 wurde diese Vorschrift auf 7 cm bzw. 3 cm modernisiert). Den einfachen Soldaten wurden 4,5 m^2 in einem Kasernenraum zugeteilt. Korporalen standen 6,2 m^2 zu, mit dem zusätzlichen Privileg eines Vorhangs rund um das Bett. Unteroffiziere lebten zu zweit oder dritt in einem Raum. Die Strohsäcke der Soldaten waren mit genau 22,4 kg Stroh gefüllt, das alle vier Monate durch weitere 11,2 kg aufgefüllt wurde. Die tägliche Brotration betrug 75 dag, die Fleischration etwa 20 dag. Das Frühstück bestand aus einer Suppe, die stets nach demselben Rezept zubereitet war und etwa 30 dag Mehl, 11 gr. Fett und 1,5 gr. Kümmelkörner pro Mann enthalten mußte. Die monatliche Ration an Kommis-Tabak betrug acht Päckchen, für die vier Kreuzer vom Sold des Soldaten abgezogen wurden. Wie bereits früher erwähnt, betrug der Tagessold eines einfachen Soldaten sechs Kreuzer, von dem ihm nach allen Abzügen 0,75 Kreuzer verblieben. Der Tagessold der Unteroffiziere variierte von 10 bis 35 Kreuzern (letztere der Sold eines Feldwebels), zuzüglich einiger weiterer Vergütungen.

In den höheren Rängen verdienten Unteroffiziere mehr als ein Leutnant. Dies war noch immer sehr wenig, vor allem wenn der Betreffende Familie hatte, aber die Unteroffiziere gaben auch weniger Geld aus, da ihr Essen und ihre Unterkunft billig waren und von ihnen - anders als von den Offizieren - kein elegantes Auftreten erwartet wurde. Ihr Leben war nicht leicht, schreibt Danzer 1889, aber immer noch besser als in einer Fabrik oder als Taglöhner zu arbeiten. Nach 18 Dienstjahren stand einem Unteroffizier eine Pension und nach 30 Jahren ein Platz in einem militärischen Stiftungshaus zu. Wichtig ist auch, daß ein Unteroffizier nach zwölf Dienstjahren Anrecht auf eine niedrige, aber sichere Stellung im öffentlichen Dienst hatte, wie etwa als Portier, Bote oder Polizist.

Die erforderliche Körpergröße für einen Rekruten in der k.u.k. Armee betrug 155 cm, bei der Infanterie erwartete man allerdings, daß er 30 kg auf dem Rücken tragen und vierzig und mehr Kilometer am Tag marschieren konnte.[23]

Militärchronisten schildern die Behandlung der Soldaten sehr unterschiedlich. Nachdem die Prügelstrafe 1868 abgeschafft worden war, standen den Kompaniekommandanten immer noch eine Reihe disziplinärer Maßnahmen oder Strafen zur Verfügung, vom bloßen Verweis bis zu fünf Tagen „verschärften Arrests" oder der Möglichkeit, den Schuldigen zwei Stunden lang anbinden zu lassen. Regimentskommandanten durften noch strengere Strafen verhängen, und die Militärgerichte verfügten

Strafen, die von der unehrenhaften Entlassung bis zum Tod durch Erschießen oder durch den Strang reichten.[24] Die offiziellen Statistiken zeigen aber, daß die Gerichte, zumindest in Friedenszeiten, erstaunlich milde waren. Außerdem ging die Zahl der Schuldsprüche ständig zurück. 1878 zum Beispiel wurden 1.607 Soldaten [25] zu einer Kerkerstrafe von mehr als sechs Monaten verurteilt (im Unterschied zur bloßen Arreststrafe, die in der Kaserne verbüßt wurde). 1884 betrug diese Zahl 1.538, 1904 dann 1.270 und 1911 nur noch 938 Verurteilungen. 1878 wurden 46 Soldaten zum Tod verurteilt, und bei sieben wurde das Todesurteil auch wirklich vollstreckt: sechs durch den Strang und einer durch Erschießen. 1884 wurden 19 Soldaten zum Tod verurteilt, aber nur einer durch den Strang hingerichtet (offensichtlich wurden die häufigeren und ehrenhafteren Todesurteile durch Erschießen fast nie vollzogen). 1904 gab es neun Todesurteile, wobei einer der Verurteilten gehängt wurde. 1911 wurden 19 Todesurteile ausgesprochen, aber kein einziges vollstreckt. Zwischen 1905 und 1911 wurde überhaupt keines der in der k.u.k. Armee ausgesprochenen Todesurteile auch tatsächlich vollstreckt.[26]

Unter den mitteleuropäischen Völkern war die Selbstmordrate stets sehr hoch. Der Grund dafür ist Gegenstand ständiger wissenschaftlicher Diskussionen, auf die hier nicht näher eingegangen werden soll. Zeitgenössische Statistiken für die bis vor kurzem kommunistischen Länder Ungarn und Tschechoslowakei sowie für das nichtkommunistische Österreich zeigen, daß die hohe Selbstmordrate in diesem Raum nicht mit der Wirtschaft oder der Politik im Zusammenhang steht. Die Selbstmordrate in der Habsburgerarmee war verhältnismäßig höher als unter der Zivilbevölkerung, ein natürliches Phänomen für eine Gemeinschaft junger Männer, die unter Einsamkeit, schlechter Behandlung, Armut, sexueller Entbehrung oder im Gegenteil an einer Geschlechtskrankheit oder Liebeskummer litten. 1878 zum Beispiel gab es ebenso wie 1882 399 Selbstmorde unter Mannschaftsangehörigen.[27] Ohne im Detail auf dieses außerordentlich komplexe Phänomen eingehen zu wollen, sei angemerkt, daß die Selbstmordrate unter Armeeangehörigen in Österreich-Ungarn am höchsten von ganz Europa lag. Zwischen 1876 und 1890 kamen in der k.u.k. Armee jährlich auf 10.000 Mann 12,53 Selbstmorde, gegenüber 8,11 in der Armee mit der nächsthöchsten Selbstmordrate, der sächsischen. Am geringsten war die Selbstmordrate mit 2,09 unter den britischen Soldaten. 1903 betrug die Selbstmordrate in der k.u.k. Armee 10,5, in der deutschen Armee 2,6 und in der britischen 2,3 auf 10.000 Mann. Die meisten Selbstmorde wurden durch Erschießen verübt.[28]

Die österreichischen Militärstatistiken lehnten es ab, irgendwelche Selbstmorde auf die schlechte Behandlung zurückzuführen, doch gibt es ausreichend Beweise dafür, daß dies einer der Hauptgründe war, warum Soldaten Hand an sich selbst legten. Die „soziale Akzeptanz“ des Selbstmords in der mitteleuropäischen Gesellschaft darf allerdings nicht übersehen werden.

Seit den Zeiten Maria Theresias und Erzherzog Carls forderten die militärischen Vorschriften eine würdige Behandlung der Mannschaften. Diese Regel scheint allerdings keine große Beachtung gefunden zu haben. Offiziere und vor allem für das Exerzieren zuständige Feldwebel straften, demütigten und schlugen ihre Leute oft nur, um ihre Persönlichkeit und ihre Haltung zu brechen. Zeitungen und Politiker der

Opposition sprachen von unsagbaren Leiden, denen die Rekruten ausgesetzt waren. Um nur ein Beispiel zu nennen: 1893 gab es einen Aufruhr im ungarischen Parlament wegen eines Zwischenfalles beim 62. k.u.k. Infanterie-Regiment, dessen siebenbürgische Rekruten bei extrem kaltem Wetter einen Gewaltmarsch absolvieren mußten, mit dem Ergebnis, daß 114 Fälle von Erfrierungen gezählt wurden. Die Tatsache, daß die ungarischen (und kroatischen) Regimenter immer noch die engen „ungarischen" Hosen trugen, hatte wohl zu dieser schrecklichen Bilanz beigetragen. Der für den Zwischenfall verantwortliche Oberst wurde in Pension geschickt.[29]

Erstaunlicherweise stellten sich die Militärgerichte nicht nur gelegentlich auf die Seite der Mannschaftsangehörigen. Im Oktober 1900 zum Beispiel verurteilte das Garnisonsgericht in Olmütz (Mähren) einen Dragonerleutnant zu einem Monat Arrest, weil er einige Rekruten während des Reitunterrichts (auch Offiziere erlitten dabei manchmal dasselbe Schicksal) mit der Reitpeitsche geschlagen und „böhmische Schweine" und „besch... Böhmen" genannt hatte. In November 1913 verurteilte dasselbe Garnisonsgericht einen Oberleutnant der Artillerie zu vier Monaten „strengen Profosen-Arrestes", weil er einen Kanonier am Ohr gezogen, mit seiner Mütze auf den Kopf geschlagen und mit beiden Händen am Hals gewürgt hatte. Und im Jänner 1913 verurteilte das Garnisonsgericht in Krakau Oberleutnant Gustaph Rab zu sechs Wochen strengem Profosenarrest, verschärft durch eine Woche Einzelhaft, weil er sechs Artilleristen mit Ausdrücken wie „Trottel, Tepp, Rindvieh, Schwein, Seehund, Blödist, Onanist und Kretin" beschimpft hatte. Interessanterweise wurde Rab nicht einmal körperliche Gewalt vorgeworfen. Was diesen Soldaten den Mut gab, ihren Vorgesetzten davon Bericht zu erstatten und wie ihnen dies gelang, bleibt ein Geheimnis.[30]

Auf der Suche nach dem Glück beim Militär

Das Glück in der Armee hing davon ab, wo man diente. Bis 1859 war ein großer Teil der Streitkräfte in Oberitalien und in den mittelitalienischen Klientelstaaten der Monarchie stationiert. Die Vorteile einer Stationierung in diesem Gebiet waren die Schönheit Italiens und der Umstand, daß die fast ständigen militärischen Auseinandersetzungen Ruhm und Beförderung mit sich bringen konnten. Fast eine Ewigkeit lang befehligte Feldmarschall Radetzky die Italienarmee und war bei seinen Offizieren unerhört beliebt. Auch blieben die Österreicher, zumindest bis 1859, in allen bewaffneten Konflikten in Italien siegreich. Der Nachteil war, daß der Dienst in diesem Land gesellschaftliche Isolation bedeutete. Die höheren Gesellschaftsschichten boykottierten das österreichische Militär, zum Teil aus nationalistischen Gründen, zum Teil aus Furcht vor den italienischen Irredentisten. Daher trafen sich die Offiziere in einigen wenigen ausgewählten Cafés und unterhielten einander mit Geschichten über zum Teil erfundene Eroberungen italienischer Schönheiten. Auch konnte es in Italien unerträglich heiß sein: Die Armeeführung schien davon zunächst keine Notiz zu nehmen, außer daß den Soldaten befohlen wurde, im Nacken ein weißes Tuch von ihren schrecklich schweren und heißen Tschakos oder Bärenfellmützen herunterhängen zu lassen. Eine leichte Sommeruniform wurde erst nach 1850 eingeführt, kurz bevor die Österreicher die Lombardei abtreten mußten.

Nach dem Verlust Venetiens im Jahre 1866 bildete Südtirol die Hauptverteidigungslinie gegen Italien. Für die Offiziere war das eine herrliche Gegend: sauber und zivilisiert, mit einer freundlichen, entweder welschen (italienischsprachigen) oder deutschsprachigen Bevölkerung.

Die übrigen Alpenländer und die tschechischen Gebiete wurden ebenfalls bevorzugt, obwohl letztere an Attraktivität einbüßten, als in den letzten Jahrzehnten des 19. Jahrhunderts die Konflikte zwischen den deutschen und tschechischen Nationalisten ausgebrochen waren. Der beste Platz war natürlich Wien, und die Zöglinge der Abschlußklassen an den Militärschulen ergingen sich in Spekulationen, wann die von ihnen gewählten Einheiten vermutlich für ihre fünfjährige Stationierung in die Haupt- und Residenzstadt versetzt würden. Wien bedeutete u. a. eine Eintrittskarte um 10 Kreuzer für die Hofoper oder das Burgtheater in einem abgetrennten, nur für Offiziere reservierten Teil des Stehparketts. Es war dies eine besondere Gunst des Kaisers (als oberster Schutzherr dieser Hoftheater), selbst wenn man dort in voller Paradeuniform stehen mußte. Wien bedeutete auch das einzigartige Privileg für Offiziere, ohne Unterschied des Ranges, den jährlichen Hofball zu besuchen, wo sie einen Blick vom Kaiser erhaschen konnten, die höchsten Würdenträger des Reiches sahen und ungehemmt von dem Buffet essen oder, wenn sie besonderes Glück hatten, mit einer jungen Comtesse oder Baronesse tanzen konnten (im allgemeinen wurde Subalternoffizieren allerdings befohlen, mit älteren Damen zu tanzen). Der Zutritt zum Hofball war eine ursprünglich von Maria Theresia gewährte Gunst und wurde von den Offizieren ebenso geschätzt wie ihr geheiligtes Recht auf eine Audienz beim Kaiser.[31]

Metternichs Ausspruch, daß der Balkan gleich östlich von Wien beginne, war eine von vielen habsburgischen Offizieren geteilte Meinung. Sie fanden die Hotels und Gasthöfe in Ungarn mit Wanzen verseucht, die Straßen in schrecklichem Zustand und den Landadel hochmütig und nationalistisch. Die Stationierung in einer Garnison dieses Landes hatte aber auch ihre Vorteile, zum einen die legendäre Leidenschaft und Schönheit der Frauen, zum anderen die ungarische Gastfreundschaft. Die magyarische Oberschicht, die sich abwechselnd als unterdrückt oder ihren österreichischen Standesgenossen als ebenbürtig betrachtete, haßte zwar die k.u.k. Armee, hieß ihre Offiziere aber im allgemeinen willkommen. Das ungarische Wort *mulatság* (Unterhaltung) ging in das Vokabular der habsburgischen Offiziere ein. Eingedeutscht bedeutete *mulatieren* soviel wie trinken, singen und feuriger Zigeunermusik zuhören.

Siebenbürgen und Kroatien wurden als noch weniger zivilisierte Teile des ohnehin nur in bescheidenem Maße zivilisierten Ungarn angesehen. Bosnien-Herzegowina war ein harter Posten, doch wurde man gleichzeitig durch die orientalische Exotik und das militärische Abenteuer entschädigt. Und die Bukowina an der östlichen Grenze der Monarchie war aufgrund ihres reichen kulturellen Lebens und der außerordentlichen ethnischen Harmonie ihrer gemischt jüdisch, ruthenisch und rumänischen Bevölkerung erstaunlich beliebt. Galizien schließlich, wo ab den achtziger Jahren des 19. Jahrhunderts ein großer Teil der Armee stationiert war, galt geradezu als Verbannung und besonders harter Posten; lediglich passionierte Reiter vermochten den galizischen Ebenen etwas abzugewinnen.

In Galizien, so wurde gesagt, gab es die meisten schmutzigen und staubigen Straßen, Fliegen und Läuse und auch die höchste Zahl an Geschlechtskrankheiten, betrunkenen Bauern und schlauen Juden. Die polnischen Gutsbesitzer wollten mit den habsburgischen Offizieren ebenso wenig zu schaffen haben wie ihre Töchter. Galizien war eine Gegend, um sich zu betrinken und betrunken zu bleiben, die Nächte in schäbigen Cafés zu verbringen, zu spielen und zu huren, sich nach der Zivilisation zu sehnen und zu den Eisenbahnstationen zu pilgern, um dem vorbeifahrenden Expreß Lemberg-Krakau-Wien wenigstens nachzublicken.[32] Natürlich war selbst in Galizien nicht alles reinster Horror: Einige Chronisten erzählen von berauschenden Ausritten durch das weite Land, und zumindest einer erinnerte sich noch gerne an die verpflichtende Teilnahme der Offiziere an jüdisch-orthodoxen Hochzeiten oder anderen Festlichkeiten. Derselbe Offizier und spätere Generalstäbler, Franz Xaver Schubert, dachte auch gerne an seine Leutnantsjahre in Galizien als „Schabbesgoy“ (d. i. ein Nichtjude, der orthodoxen Juden am Sabbath aushalf) im Hause des Rechtsanwaltes, bei dem er ein Zimmer gemietet hatte, zurück.[33]

Man amüsierte sich so gut man konnte. Die in Wien und in den anderen großen Städten stationierten Offiziere beklagten sich, oder prahlten vielleicht auch damit, zu viele Bälle besuchen zu müssen und zu wahren Tanzmaschinen zu werden. Ein junger Offizier bestritt in 28 Tagen 32 Bälle, eine beachtliche Leistung, bedenkt man, daß die meisten bis in die frühen Morgenstunden dauerten und man sich, komme was wolle, um 7 Uhr früh zum Dienst melden mußte. Ein anderer Offizier schreibt von Nacktbällen, „wahren Orgien“, in der Artillerie-Reitschule. Andere wieder erzählen von gesitteteren Unterhaltungen im Kreise bürgerlicher Familien, stets mit einem Auge auf der Suche nach einer Verlobten mit genug Geld für eine Heiratskaution (davon später). Theater und Varietés waren unter den Offizieren außerordentlich beliebt, für die Mehrheit aber war die Hauptunterhaltung das Café, wo sie oft die ganze Nacht verbrachten und Karten spielten oder pflichtbewußt den Anekdoten des Regimentskommandanten zuhörten (es wäre ein unverzeihlicher Affront gewesen, das Café vor dem „Alten Herrn“ zu verlassen).[34] Spielen war beinahe eine Verpflichtung und für viele eine Sucht - von den Folgen soll später noch die Rede sein.

Jedes Regiment besaß auch eine Bibliothek, doch die Liste der verbotenen Bücher und Zeitschriften war lang - vor allem in der vor-liberalen Ära -, und der durchschnittliche Truppenoffizier las ohnedies nicht viel.[35] Lesen war als unmännlich verpönt, und Bücherwürmern wurde nahegelegt, sich für die Kriegsschule zu bewerben. Tatsächlich war das Abschieben eines Offiziers in eine höhere Fach-Bildungs-Anstalt ein Weg, einen Mann loszuwerden, der nicht in die Gemeinschaft paßte. In der liberalen Ära förderte das Kriegsministerium die Einrichtung von Offiziersclubs und militärwissenschaftlichen Vereinen in den größeren Garnisonen. Der Wiener Kasinoverein verfügte über eine ausgezeichnete Bibliothek, die im Jahre 1889 eingerichtet wurde und 15.000 Fachbücher und 9.500 andere Bücher enthielt. Ende des Jahrhunderts gab es in jedem Regiment einen Offiziersclub, der das Offizierskasino betrieb, die Bibliothek betreute, die Regimentsmusik unterhielt, Kredite zu niedrigen Zinsen vergab und Sparkonten verwaltete.[36]

Das Verhalten eines Offiziers im Alltag war natürlich streng geregelt. Zusätzlich gab es Dutzende Bücher über Etikette-Fragen, die beispielsweise beschrieben, welches der geeignete Tag war, um einer Familie einen Besuch abzustatten, wie man sich bei einer Familie im vorhinein für eine Einladung zum Abendessen bedankte und acht Tage nach der Gesellschaft erneut seinen Dank zum Ausdruck brachte (die sogenannte *Reconnaissance-Visite*), wie man korrekt eine Visitekarte hinterlegte, ohne seinen Blick auf irgend jemanden anderen als die Dienstboten zu lenken, wie und wohin man Säbel und Tschako während eines Besuches ablegte, worüber man sprechen sollte und worüber nicht (man vermeide die Politik!), wie man mit dem Gastgeber und der Gastgeberin (und so wenig wie möglich mit der Tochter des Hauses) zu konversieren hatte, wie man ein Silberbesteck halten und wie lange man nach dem Abendessen noch bleiben sollte u.v.a.m.[37]

Letztlich war die Frage der Erträglichkeit oder Unerträglichkeit des Lebens eine Frage des Geldes. Wer über die nötigen Mittel verfügte, mietete luxuriöse Wohnungen, verkehrte mit teuren Freudenmädchen und, was von besonderer Bedeutung für Soldaten in entlegenen Garnisonen war, reiste in die großen Städte. Die Armee gewährte ziemlich großzügig Urlaub, und wer es sich leisten konnte, vor allem Aristokraten, verbrachte mehr Zeit weit weg von seiner Einheit als bei dieser. Zum Leidwesen der Offiziere verfügten nur wenige über ein privates Vermögen, und ihre Gage erlaubte ihnen nur einen spärlichen Luxus.

Flucht vom Regiment

Zur gegebenen Zeit wurde jeder Offizier vorübergehend von seiner Einheit abgezogen, um an Reit-, Schieß- oder Artillerie-Kursen der Division oder an einer Ausbildung zum Proviant-Offizier teilzunehmen. Wer das Leben in der Garnison nicht ertrug oder ehrgeizig war, hatte langfristig gesehen die Möglichkeit, an einem der von der Armee veranstalteten Fortbildungskurse teilzunehmen, von denen immer mehr angeboten wurden, je komplizierter und technisch anspruchvoller die Militärwissenschaften wurden. Da gab es die Armee-Schießschule in Bruck an der Leitha, die Artillerie-Schießschule, das Militär-Reitlehrerinstitut, den Fecht- und Turnlehrerkurs, die höheren Genie-Kurse und in den letzten Jahrzehnten vor dem Ersten Weltkrieg das Fahrlehrerinstitut, die Telegraphenkurse, den Ballonführerkurs und schließlich für besonders Privilegierte sogar die Ausbildung zum Feldpiloten.

Es war fraglos schwierig, Zugang zu diesen Schulen und Kursen zu erlangen, wurden doch zu manchen jährlich weniger als ein Dutzend Studenten zugelassen, aber jeder absolvierte Kurs bedeutete lohnende Aufgaben und eine raschere Beförderung. Die angesehendste und einträglichste Fortbildungsmöglichkeit war natürlich die Ausbildung zum Generalstabsoffizier, die sogenannte Kriegsschule. Da die meisten

Hauptmannauditor um 1900.

Militärchronisten diese Akademie besuchten und es der Generalstab war, der Militärgeschichte schrieb, fehlt es uns nicht an Informationen über deren Leistungen und Mängel.

Der Generalstab selbst war beträchtlich älter als die Schule. Zunächst General-Quartiermeister-Stab genannt, gab es diese Einrichtung bereits seit den Zeiten Maria Theresias. Seine Hauptaufgaben waren damals die Topographie und die Mappierung (das Anfertigen von Karten). Lange Zeit, vor allem in den fünfziger Jahren des 19. Jahrhunderts, stand der Generalstab im Schatten des Adjutantenkorps, und erst nachdem sich diese Gruppe amateurhaft agierender Aristokraten in den Kriegen der Jahre 1859 und 1866 selbst disqualifiziert hatte, wurde der Generalstab, nun auch unter dieser Bezeichnung, zur obersten Planungs- und Organisationsbehörde der Streitkräfte. In den achtziger Jahren des 19. Jahrhunderts wurde der Chef des Generalstabes de facto (wie bereits erwähnt) zum inoffiziellen Oberbefehlshaber der Streitkräfte der Monarchie. Unter Beck machte der Generalstab Militärpolitik, und unter Conrad begann er auch Außen- und Innenpolitik zu machen. Seine Mitglieder trugen einen charakteristischen flaschengrünen (offiziell dunkelgrünen) Waffenrock, wobei zur Galauniform ein Hut mit grünem Federbusch gehörte, wie ihn sonst nur Generäle trugen. Kein Wunder, daß die Generalstäbler Gegenstand großer Bewunderung, aber auch des Neides, des Argwohns und der Verachtung waren.

Nach preußischem Vorbild wurde 1852 die Kriegsschule gegründet, deren Anfangsklasse von 24 Frequentanten, wie sie genannt wurden, besucht wurde.[38] Die Aufnahme in diese Schule erfolgte nach einer schriftlichen Vorprüfung, für welche die Genehmigung des jeweiligen Obersten und eine lange Vorbereitung erforderlich waren. Bis zu tausend

Erzherzog Carl Franz Joseph, der spätere Kaiser, und König Carl
als Oberleutnant der Siebener Dragoner bei einem Manöver, 1907.

Leutnante und Oberleutnante traten im jeweiligen Divisionskommando zu dieser anonymen Prüfung an, und die etwa 200 (später 400) Bewerber, die diesen Test bestanden, konnten nun daran gehen, sich für die folgenden schriftlichen und mündlichen Hauptprüfungen, die jährlich in Wien abgehalten wurden, vorzubereiten. Diese zweite Prüfungsrunde dauerte viele Tage und zeichnete sich, unseren Chronisten zufolge, durch höchste Korrektheit und untadelige Objektivität aus. Hocharistokraten wurden ohne viel Federlesens abgelehnt, selbst wenn sie von einer illustren Persönlichkeit empfohlen worden waren. Um 1880 wurden etwa 50 Kriegsschüler aufgenommen. Später wurde diese Zahl etwas erhöht, ging jedoch 1907 erneut auf 40 zurück.

Was die Abgewiesenen besonders ärgerte, war die Tatsache, daß auf ungarischen Druck hin jährlich acht Honvéd-Offiziere ohne Zulassungsprüfung in die Kriegsschule aufgenommen wurden. Nach der Ausmusterung gingen diese Offiziere zur ungarischen Landwehr zurück und dienten dort als nominelle Mitglieder des weiterhin nur als k.u.k. Institution bestehenden gemeinsamen Generalstabes.

Die Schule dauerte zwei und unter Conrad drei Jahre. Der Lehrplan, in dem gleicher Wert auf die körperliche Ertüchtigung (morgendliche Ausritte) wie auf die Sprachen und Militärwissenschaften gelegt wurde, war äußerst umfangreich. Man konzentrierte sich, zumindest bis zur Zeit Conrads, allzu sehr auf die Theorie und vernachlässigte die Seestreitkräfte, die Politikwissenschaften und die Wirtschaft. In dem dichtgedrängten Stundenplan gab es auch keine Zeit für jenes selbständige Denken, das die preußischen Generalstäbler angeblich so auszeichnete.

Die Absolventen der Schule wurden für zwei oder drei Jahre probeweise dem Generalstab zugeteilt und wurden, wenn sie sich dort bewährten, zu regulären Offizieren im Generalstab mit dem anfänglichen Rang eines Hauptmanns. Von hier führte der Weg rasch hinauf zum Stabsoffizier und dann zum General. Der Dienst im Generalstab wurde jedoch, häufiger als in Preußen, durch zeitweilige Truppenzuteilung unterbrochen, damit der Generalstäbler nicht völlig den Bezug zur Truppe verlor, obwohl sein Verhältnis zum Truppenoffizier gespannt blieb.

Was diese ganze Prozedur so qualvoll machte, war die Tatsache, daß pro Jahr nicht mehr als 30 Offiziere zum Generalstab zugelassen wurden und jene, die vergebens auf diese Bestellung warteten, die ihre Laufbahn krönen sollte, zu ihren Regimentern zurückkehren mußten. Dort waren sie dann in der Beförderungsliste niedriger gereiht als jene, die die Einheit nie verlassen hatten. Daß sich einige damit nicht abfinden konnten, zeigt die sogenannte Hofrichter-Affäre.

Die Affäre begann 1905, als eine außergewöhnlich große Zahl von Frequentanten an der Kriegsschule ausgemustert wurde, von denen schließlich aber doch nur 30 in den Generalstab aufgenommen wurden. Die Mehrheit war gezwungen, zu ihren Einheiten zurückzukehren. Zu den Glücklichen zählte Hauptmann Richard Mader, der am 17.November 1909 in Wien von einem Apotheker mit französischem Namen einen Brief und ein kleines Päckchen erhielt. Letzteres enthielt zwei Pillen in Oblatenform, die von dem Absender als Probepackungen eines neuen Medikaments zur „Steigerung der männlichen Potenz“ beschrieben wurden. Die Pillen sollten eine halbe Stunde vor einer intimen Begegnung eingenommen werden, und Mader, der gerade eine solche in Aussicht hatte, entschloß sich, das Medikament zu versuchen. Innerhalb weniger Minuten starb er eines qualvollen Todes, da die Pillen - wie sich später herausstellte - eine hohe Dosis Zyankali enthielten.

Die Militärbehörden waren unfähig, dieses Verbrechen aufzudecken. Man überließ die Untersuchung der österreichischen Polizei, und es stellte sich heraus, daß Dutzenden anderen jungen Generalstabsoffizieren ebenfalls solche Pillen zugesandt worden waren - aber nur Mader war der Versuchung erlegen. Der Verdacht konzentrierte sich auf die Warteliste für eine Bestellung in den Generalstab, und bald kam die Polizei zu dem Schluß, daß das Verbrechen von Oberleutnant Adolf Hofrichter vom Infanterie-Regiment Nr. 14 in Linz begangen worden sein mußte. Der tüchtige Offizier hatte mit Mader die Kriegsschule besucht und stand auf der Warteliste recht weit oben. Die langwierigen Untersuchungen, die der linksgerichteten Presse Anlaß zu lautem Jubelgeschrei gaben, endeten mit der Verurteilung Hofrichters am 25. Juni 1910 zu zwanzig Jahren schwerem Kerker. Da Hofrichter seine Schuld, trotz recht überzeugender

Beweise gegen ihn nie zugab, konnte er nicht zum Tode verurteilt werden. Er wurde 1927 von der Republik Österreich amnestiert, schloß sich der illegalen nationalsozialistischen Bewegung an und starb als freier Mann 1945 in Wien. Hofrichters Vorgehen mochte angesichts der Enttäuschung über General Conrads plötzlichen Beschluß im Jahre 1907, die Zahl der Zulassungen zum Generalstab auf lediglich 30 zu beschränken, verständlich erscheinen, wie Otto Wiesinger, ein ehemaliger Generalstabsoffizier, in seinen Memoiren schrieb.[39]

Der Generalstab bildete mit seinen 276 (1880) bzw. 434 (1911) regulären Mitgliedern tatsächlich einen exklusiven Kreis.[40] Daneben gab es einen Artilleriestab, einen Geniestab (mit 90 bzw. 120 Offizieren) und einige kleinere exlusive Gruppen. Bei einer Zuteilung für eine Sonderaufgabe konnte ein Generalstabshauptmann sogar einen General überstimmen. War der Generalstäbler als Stabschef einer Brigade, einer Division oder einem Armeekorps zugeteilt, konnte er im Namen des kommandieren Generals Befehle erteilen. Generalstabsoffizieren wurden Auslandsreisen finanziell ermöglicht, sie hatten Umgang mit Mitgliedern des Herrscherhauses und erstatteten dem Kaiser oft persönlich Bericht.

Im Rückblick besteht wenig Zweifel an der Effizienz dieser nach preußischem Vorbild geschaffenen elitären Einrichtung, doch war sie der Moral des Offizierskorps insgesamt abträglich. Die Kluft zwischen dieser Elite und den übrigen Offizieren war hinsichtlich Verantwortung, Aufstiegsmöglichkeiten und vor allem Lebensstandard einfach zu groß.

5. Von Zahltag zu Zahltag

Vom unbezahlten zum schlecht bezahlten Dienst

In den alten dynastischen Armeen standen die Lebenshaltungskosten und der Sold eines Offiziers praktisch in keinem Verhältnis zueinander. Die Besoldung wurde willkürlich festgesetzt, für alle Ewigkeit, wie es schien, wobei es keinerlei Ausgleich für Preiserhöhungen gab. Die Besoldung eines Offiziers entsprechend seiner Ausbildung, seinem gesellschaftlichen Status und seinen Bedürfnissen setzte erst unter einigen aufgeklärten Monarchen des 18. Jahrhunderts ein, allgemein üblich wurde diese Praxis aber erst in den bürgerlich-liberalen Gesellschaften des 19. Jahrhunderts. Nach der Errichtung des nahezu souveränen ungarischen Staates im Frühjahr 1848 und der Gründung der Honvéd-Armee wurden die Offiziere und einfachen Soldaten in diesem Heer bezeichnenderweise wesentlich besser bezahlt als ihre Kameraden, die demselben habsburgischen Monarchen in der österreichischen Armee dienten.

Die alten Monarchien erwarteten von ihren Feldherren, daß sie - als Gegenleistung für vergangene und zukünftige Gunstbeweise, für die Möglichkeit, aus dem Dienst Geld zu machen, oder einfach für Macht und Ruhm - nicht nur für ihre eigenen Ausgaben, sondern auch für die ihrer Untergebenen aufkamen. Die mittelalterliche Praxis des unbezahlten Militärdienstes wurde zwar schon durch das seit der Renaissance übliche Anheuern von Söldnern untergraben, doch war der Söldnerhauptmann oder Oberst mehr Geschäftsmann als Beamter. Sein Vertrag sicherte ihm eine bestimmte Summe Geldes, mit der er für sich selbst und seine Leute auskommen mußte. Erst mit Einführung der stehenden Heere im 17. und 18. Jahrhundert begannen die Fürsten, ihren Soldaten einen regelmäßigen Sold zu zahlen. Die Entlohnung war aber nur selten ausreichend, zum Teil weil das Heer stets größer war als die finanziellen Mittel eines Staates es erlaubten, und zum Teil weil die Militärbehörden es nur ungern sahen, daß die Reihen der Streitkräfte von mittellosen Bürgerlichen und verarmten Adeligen überschwemmt wurden.

Noch lange nachdem der Adel seine exklusive Ritterlichkeit und auch die Mittel verloren hatte, die Ausgaben für seine Feldzüge zu bestreiten, wurde der Militärdienst weiterhin als edle Pflicht und Privileg angesehen. Der Offizier der dynastischen Armee des 18. Jahrhundert war ein Berufsoffizier, als Adeliger aber lehnte er es ab, ein bezahlter Staatsbeamter zu sein. Daher akzeptierte er seinen Sold fast ebenso widerwillig wie der Staat ihn zahlte.

In Österreich erfolgten erste radikale Reformen - wie in so vielen Fällen - unter Maria Theresia, die nach den Lehren aus den Niederlagen gegen Friedrich den Großen daranging, das Besoldungsschema des Offizierskorps zu reformieren. In der für sie so bezeichnenden Art war sie der Meinung, daß „der Fähnrich ein tüchtiger Bengel sein muß, damit er die Fahne schwingen und die Trommel rühren kann“,[1] und ordnete 1748 an, daß „der Fähnrich 16 fl. Gage haben solle, damit er standesmäßig leben und sich Equipage schaffen könne“.[2] Dieser Sold war damals durchaus ausreichend.

Während der Napoleonischen Kriege erreichten die patriotische Begeisterung und das öffentliche Ansehen der österreichischen Offiziere ihren Höhepunkt, was sich in ihrer Besoldung allerdings nicht widerspiegelte, die 1809, also zur Zeit des Sieges Erzherzog Carls über Napoleon bei Aspern, und erneut 1813-1815 während der großen Befreiungskriege gegen Frankreich einen Tiefststand erreichte. 1809 erhielt ein Fähnrich 19 und ein Oberst 150 Gulden pro Monat, nahezu gleich viel also wie unter Maria Theresia. In der Zwischenzeit hatte es jedoch eine verheerende Inflation gegeben, die nur selten durch Sonderzuschüsse abgegolten wurde. Ja schlimmer noch, die Offiziere wurden, mit Ausnahme jener, die im Ausland kämpften, nicht in Silber bezahlt, sondern in ständig an Wert verlierendem Papiergeld. Erst 1815, während des Wiener Kongresses, erhielten die in der Hauptstadt stationierten Offiziere eine doppelte Gage, um ihr „standesmäßiges Auftreten" während der Anwesenheit ausländischer Herrscher zu sichern.[3]

Tabelle 5.1. Offiziersgage vor 1851

	Rangklasse		Grundsold in Gulden pro Jahr	Index
Oberoffiziere	XI	Leutnant II. Klasse	300	1,0
	XI	Leutnant I. Klasse	360	1,2
	X	Oberleutnant	408	1,4
	IX	Hauptmann II. Klasse	600	2,0
	IX	Hauptmann I. Klasse	900	3,0
Stabsoffiziere	VIII	Major	1.116	3,7
	VII	Oberstleutnant	1.329	4,4
	VI	Oberst	1.790	6,0
Generäle	V	Generalmajor	4.000	13,3
	IV	Feldmarschall-leutnant	6.000	20
	III	Feldzeugmeister bzw. General der Cavallerie	7.992	26,6
	I	Feldmarschall	10.000	33,3

Der Metternich'sche Staat interessierte sich weder für das Elend seiner ungefähr zehntausend Offiziere, noch wäre er, angesichts der katastrophalen Situation der Finanzen nach den Napoleonischen Kriegen, in der Lage gewesen, dies entscheidend zu ändern. Tabelle 5.1. zeigt die durchschnittliche Jahresgrundgage (in Klammern die monatliche Aufschlüsselung) der österreichischen Offiziere unmittelbar vor der Besoldungsreform des Jahres 1851.[4] Angemerkt sei, daß die Besoldungsschemata je nach Gebiet und Waffengattung unterschiedlich waren. So erhielten die Generalstabs- und Feldartillerie-Offiziere eine höhere Gage als die Infanterie-Offiziere, und letztere mehr als jene der Kavallerie. Die niedrige Bezahlung der Kavallerie-Offiziere war natürlich eine zusätzliche Garantie für deren Exklusivität.[5]

Der österreichische Wirtschaftshistoriker Roman Sandgruber berechnet daraus das jährliche Einkommen eines Leutnants oder Oberleutnants, das ihm zufolge 1850 zwischen 450 und 600 Gulden lag und damit dem Einkommen eines Handwerkermeisters der niedrigsten Kategorie beziehungsweise eines Gesellen der höchsten Rangstufe entsprach.[6] Sandgruber scheint die Einkommen der Subalternoffiziere jedoch zu optimistisch einzustufen, da - wie Tabelle 5.1. zeigt - nicht einmal ein Oberleutnant 450 Gulden verdiente, außer man rechnet das Quartiergeld (96 Gulden) und andere kleinere Sonderbezüge zum Grundsold hinzu. Auf der anderen Seite aber stimmt Sandgrubers Berechnung des jährlichen Einkommens eines Hauptmanns zwischen 600 und 900 Gulden und dessen Gleichsetzung mit dem Einkommen eines Handwerkermeisters der zweitniedrigsten Kategorie.[7] Das Einkommen eines Bezirksrichters in Niederösterreich war zu jener Zeit im übrigen etwa gleich hoch wie jenes eines Hauptmanns II. Klasse.[8]

Was waren nun derartige Gehälter um die Mitte des 19. Jahrhunderts in Österreich wert? Wieder Sandgruber zufolge kostete ein halbes Kilogramm grobes Brot zwischen 1851 und 1860 in Wien 5 kr. und ein halbes Kilogramm Rindfleisch 13,8 kr. Das heißt, ein Leutnant II. Klasse konnte seinen Grundsold (1855: 36 Gulden pro Monat oder 1 Gulden 12 kr. pro Tag) in 7 kg Brot oder 2,6 kg Rindfleisch pro Tag umsetzen. Zweifellos war dies viel mehr als die Bezahlung eines Wiener Taglöhners, der für seinen durchschnittlichen Tageslohn von 34,9 kr. nur 3,5 kg Brot oder 1,25 kg Rindfleisch pro Tag bekam.[9] Auch hatte ein Leutnant meist keine Familie, für die er sorgen mußte, oder sein Einkommen wurde, wenn dies der Fall war, durch die Zinsen seiner Heiratskaution mehr oder weniger verdoppelt. Außerdem bezog ein Leutnant ein regelmäßiges Einkommen, während ein Arbeiter Angst vor der Arbeitslosigkeit haben mußte.

Von den Generälen abgesehen, entsprach der Unterschied in der Gage zwischen dem rangniedrigsten Oberoffizier, einem Leutnant II. Klasse, und dem ranghöchsten Stabsoffizier, einem Obersten, vor 1851 einem Verhältnis von 1 : 6. Diese Proportion sollte später einige entscheidende Änderungen erfahren. Besonders bemerkenswert ist der große Gehaltssprung zwischen einem Hauptmann II. und einem Hauptmann I. Klasse. Nicht ohne Grund behauptete man, daß ein Hauptmann der höheren Rangklasse recht angenehm leben konnte, während dies für die anderen Oberoffiziere nicht galt. Angemerkt sei jedoch, daß die durchschnittliche Wartezeit für jede Beförderung in der Metternich'schen Zeit sechs bis acht Jahre betrug. So war ein Offizier, wenn er zum Hauptmann I. Klasse befördert wurde, um die 50 Jahre alt, und die meisten Offiziere erreichten diesen Rang überhaupt nicht.

Zusätzlich zu seinem Grundsold erhielt der habsburgische Offizier eine Reihe von Sonderbezügen in Bargeld und Naturalien, allen voran das *Quartiergeld* in der Höhe von durchschnittlich acht Gulden pro Monat. Diese Zuwendung wurde allerdings nur gezahlt, wenn der Offizier nicht in der Lage oder nicht bereit war, in der Kaserne eine Unterkunft zu finden (*Naturalquartier*). Von der Gage eines Offiziers, der in einer Kaserne lebte, wurde ein kleiner Betrag abgezogen. Das Quartiergeld variierte je nach Garnison und Rang, reichte aber nie aus, um die wirklichen, noch so sparsamen Lebenshaltungskosten zu decken. Der Offizier wurde auch mit Brennholz versorgt (ein Klafter weiches oder 3/4 Klafter hartes Brennholz pro Monat), allerdings nur in der kalten Jahreszeit. Zusätzlich konnte er die Dienste eines Offiziersburschen in Anspruch nehmen, der unter den Halbinvaliden (oder angeblichen Halbinvaliden, da die Regimentsärzte in dieser Hinsicht stets sehr kooperativ waren) eines Regiments ausgesucht wurde. Schließlich erhielten die Generäle und Regimentskommandanten noch ein recht ansehnliches *Tafelgeld* für gesellschaftliche Repräsentation, und alle Offiziere, die sich ein Pferd halten durften, eine Sonderzuteilung von Futter (*Fourageportion*) - auch diese mengenmäßig nicht ausreichend.

Selbst verglichen mit der knausrigen Besoldung der Offiziere in anderen deutschen Staaten war all dies sehr wenig. 1840 beispielsweise verdienten die Offiziere in den Armeen von Baden und Württemberg etwa 50 % mehr als jene in der österreichischen Armee.[10]

Dies wäre noch erträglich gewesen, hätte jeder Offizier am Zahltag am Ende des Monats zumindest seine volle Gage ausbezahlt bekommen, aber dies war nie der Fall. Die Armee stellte zwar die Grunduniform und den Säbel zur Verfügung, behielt dafür aber ein Viertel der Gage ein, bis die vollen Kosten ersetzt waren. Weitere drei Gulden monatlich wurden für die Regimentsbibliothek und die Regimentsmusik abgezogen, die zwar einen, wenn auch unerläßlichen, Luxus darstellten, aber der Stolz jedes Regiments waren und bis in die letzten Jahrzehnte des 19. Jahrhunderts zur Gänze von den Offizieren finanziert wurden. Bisweilen wurden vom Offizierskorps des Regiments auch die offenen Schulden von Offizierskameraden übernommen, und hinzu kamen noch andere Abzüge. Das heißt, daß ein österreichischer Leutnant II. Klasse zur Zeit Metternichs nicht mehr als 10 Gulden und ein Oberleutnant vielleicht 20 Gulden monatlich nach Hause trugen. Dies mußte für Essen und alle übrigen Ausgaben reichen. Da es bis dahin noch keine Offiziersmenagen gab, mußten die Offiziere in Restaurants essen, wo ein Abendessen etwa einen Gulden kostete, außer er setzte seinen Offiziersburschen als Koch ein. Für „Extra"-Kleidungsstücke, wie Kappe, Beschuhung, Wäsche, Handschuhe und Paradeuniformen, hatte er selbst aufzukommen, ebenso wie für Tabak, private Reisen, Unterhaltung, Getränke, Spielverluste und Besuche im Theater oder bei Prostituierten. Sogar die Kosten einer Reise zu oder von einem Manöver oder in offiziellem Auftrag - wovon es mehr als genug gab - wurden entweder nicht entsprechend oder überhaupt nicht ersetzt. Die Offiziere beklagten sich immer wieder über die Bürokratie, die über „zu hohe" Ausgaben für Essen oder Futter auf einer offiziellen Mission herumzustreiten begann. Die militärische Bürokratie war unbarmherzig: Abrechnungen mußten auf den Kreuzer genau gelegt werden, und wenn einige zu viel ausgegebene Kreuzer nicht sofort rückerstattet wurden, hatte dies eine endlose Korrespondenz und eine scharfe offizielle Rüge zur Folge.

Die weiße Uniform der österreichischen Soldaten war zwar recht schön, ihre Pflege aber brachte enorme Schwierigkeiten mit sich. Die Uniform mußte natürlich fleckenlos sein und einen hellblauen Schimmer haben, der nur durch fleißiges Bürsten erreicht werden konnte. Die geringste Abnützung oder das kleinste Loch zogen einen Verweis nach sich und den Befehl, unverzüglich eine neue Uniform zu kaufen, was eine kaum zu finanzierende Ausgabe bedeutete.[11] In den späten fünfziger Jahren des 19. Jahrhunderts ordnete General Graf Franz Gyulai an, daß jeder Offizier und jeder einfache Soldat seiner Italienarmee einen schwarzen Schnurrbart tragen mußte. Diese wunderbare Verwandlung konnte nur mit Hilfe von schwarzer Schuhwichse erreicht werden, doch wenn es regnete, floß die Schuhpaste herunter, die weiße Uniform war ruiniert - und damit auch das finanzielle Gleichgewicht des Offiziers.[12]

Ein weiterer Anlaß zur Sorge war der enorm schwere und verzierte Offiziers-Tschako. Wir wissen aus den Briefen Arthur Görgeys, eines jungen Kavallerieoffiziers in den frühen vierziger Jahren des 19. Jahrhunderts, was es bedeutete, einen Parade-Tschako in einem riesigen Futteral von einem entlegenen Armeeposten zum anderen zu befördern.[13] 1841 wurde Oberleutnant Görgey dem 12. Husaren-Regiment zugeteilt, mußte aber von seiner Familie ein Darlehen in der Höhe von 2.000 Gulden aufnehmen, um die bei der Kavallerie unerläßlichen reich verzierten Uniformen und guten Pferde kaufen zu können.[14] Aus diesem Grund hatte er vorzugsweise um eine Zuteilung zum 12. Regiment angesucht, weil dessen Uniformen, anders als die der übrigen elf Husaren-Regimenter, mit Silber und nicht mit dem teureren Gold verziert waren. Um diese Schulden an seine Familie zurückzahlen zu können, aß Görgey „als ersten Gang Kommisbrot; als zweiten und dritten Gang dasselbe, und als Dessert ein kleines Stückchen desselben Brotes".[15] 1845 wurde Görgey zum Regimentsadjutanten befördert, was freie Kost am Tisch des Obersten bedeutete, aber Extraausgaben erforderlich machte, die er nicht bewältigen konnte. Bald quittierte Görgey seinen Dienst und ging im Frühjahr 1848 zur neu gegründeten ungarischen Nationalgarde, wo er sofort zum Hauptmann befördert wurde und eine höhere Gage erhielt als ein Hauptmann in der alten Armee. Noch im selben Jahr wurde Görgey im Alter von 30 Jahren General und Befehlshaber der größten ungarischen Armee.

Das Beispiel des jungen Görgey, der beinahe verhungert wäre, ist kein Einzelfall. In Erinnerung an seine Tage als Leutnant in Budapest im Jahre 1855 schrieb Baron Potier des Échelles in seinen Memoiren: „Drei volle Tage hatte ich schon nichts gegessen als zur Jause ein Glas Bier, zwei Salzstangerl und ein Stückchen Käse, das ‚Diner' respective ‚Souper' am Donauufer spazierend ... eingenommen."[16] Es ist daher nicht erstaunlich, daß einige Offiziere dazu Zuflucht nahmen, ihre Brennholzration zu verkaufen. Dies bedeutete, daß man im Winter fror, zumindest aber hatte man etwas zu essen. In den wärmeren Monaten gab es keine Brennholzzuteilung und daher auch nichts zu essen.[17]

Tabelle 5.2. Offiziersgagen in den Jahren 1868 und 1907

		1868		1907	
Rangklasse	Rang	Grundsold pro Jahr	Index für 1868 (*)	Grundsold pro Jahr	Index für 1907 (min.-max.)
XI	Leutnant	600	1,0	840-1.000	1
X	Oberleutnant	720	1,2	1.100-1.400	1,3-1,4
IX	Hauptmann II. Klasse	900	1,5		
IX	Hauptmann I. Klasse	1.200	2,0	1.500-1.800	1,8-1,8
VIII	Major	1.680	2,6	2.200-2.400	2,6-2,4
VII	Oberstleutnant	2.100	3,5	2.700-3.100	3,2-3,1
VI	Oberst	3.000	5,0	3.600-4.400	4,3-4,4
V	Generalmajor	4.200	7,0	5.700-6.500	6,8-6,5
IV	Feldmarschall-leutnant	6.300	10,5	7.008-8.000	8,3-8,0
III	Feldzeugmeister oder General der Kavallerie	8.400	14,0	8.400-9.000	10,0-9,0
II	(+)	-	-	10.000	11,9-10,0
I	Feldmarschall	10.000	17,5	12.000	14,3-12,0

Quellen: Ulf Sereinigg, „Das altösterreichische Offizierkorps 1869-1914. Bildung, Avancement, Sozialstruktur, wirtschaftliche Verhältnisse", unveröffentlichte Dissertation, Universität Wien, 1983, S. 110; und Karl F. Kurz (Hg.), *Militär-Taschenlexikon*, 10. Auflage, Teil I (Wien 1911), S. 100 f.
(*) Man beachte, daß das 1868 eingeführte Besoldungsschema bis 1900 in Kraft blieb.
(+) Ein Generalsrang der Rangklasse II wurde erst 1915 eingeführt (Generaloberst). Allerdings rangierte der Kriegsminister in dieser Rangklasse.

Verglichen mit all dem schien das Los des gemeinen Soldaten geradezu beneidenswert: Er erhielt freies Quartier und Kleidung und bekam 75 dag Brot, etwas Fleisch und 5 kr. täglich. Sicher, drei Kreuzer wurden davon wieder für das Essen abgezogen, womit ihm praktisch kein Geld mehr zum Ausgeben übrigbleib. Aber er aß herzhaft und gut.[18]

Da das Offizierskorps die Dynastie 1848/49 gerettet hatte, wollte sich der Kaiser erkenntlich zeigen: 1851 und erneut 1855 wurden die Besoldungsschemata nach oben revidiert. Aus diesen in der sogenannt absolutistischen Ära durchführten Änderungen läßt sich allerdings kein eindeutiger Trend erkennen. Wichtig ist jedoch, daß diese Neuregelung der Besoldung nun einheitlich, unabhängig von der Garnison oder der Waffengattung, festgelegt wurde.

Bürgerlicher Komfort in einem bürgerlichen Zeitalter

Eine deutliche Änderung im Lebensstandard der Offiziere sollte sich erst nach dem Ausgleich von 1867 bemerkbar machen. Nun setzte die Monarchie Maßnahmen, um bei der Besoldung der Offiziere den steigenden Preisen Rechnung zu tragen und die Lage der Oberoffiziere im Vergleich zu den übrigen Offizieren zu verbessern. Diese Lösung kam erneut nicht voll zum Tragen, diesmal aber nicht, weil der Staat nicht über die nötigen Mittel verfügt hätte, sondern aufgrund der bisweilen negativen Einstellung der beiden Parlamente zum Heer. Tabelle 5.2. zeigt das Besoldungsschema für die Zeit zwischen der Einführung der allgemeinen Wehrpflicht im Jahre 1868 und dem Ausbruch des Ersten Weltkriegs.[19]

Wie aus der Statistik in Tabelle 5.2. ersichtlich, änderte sich das Verhältnis in der Gage zwischen einem Leutnant und einem Oberst von 1 : 6 zur Zeit Metternichs auf nur mehr 1 : 4,4 zu Beginn des 20. Jahrhunderts, und zwischen einem Leutnant und einem Feldmarschall von 1 : 33,3 zur Zeit Metternichs auf 1 : 12. Während dieser etwa 60 Jahre hatte sich die Anfangsgage eines frisch ausgemusterten Leutnants nahezu verdreifacht, während die Bezüge eines Obersten sich nur verdoppelt hatten. Die Gage eines Feldzeugmeisters oder Generals der Kavallerie war praktisch kaum erhöht worden.

Da die Preissteigerungen in dieser langen Zeit zwischen 1851 und 1907 nur bescheidene 30 % betrugen, können wir von einem Anstieg der Reallöhne sprechen. 1907 verdiente ein Leutnant beträchtlich mehr als ein Industriearbeiter. Seine jährliche Mindestgrundgage von 840 Gulden nahm sich im Vergleich zu dem Jahreslohn eines Arbeiters in der Wiener Lebensmittelindustrie, der durchschnittlich 550 Gulden verdiente, oder einem Arbeiter in der Wiener Maschinenindustrie mit 687 Gulden recht günstig aus. Im Vergleich zu dem Entgelt eines Arbeiters in der Lebensmittelindustrie in Galizien (dem ärmsten Teil der Monarchie), der bloß 275 Gulden verdiente, oder einem Arbeiter in der Maschinenindustrie in Galizien mit einem Jahreseinkommen von 412 Gulden, sah die Besoldung eines Leutnants im Jahre 1907 sogar noch besser aus.[20]

Es ist erstaunlich, wie uneinig sich Historiker und zeitgenössische Beobachter über die Einschätzung des Lebensstandards der Offiziere sind. Der österreichische Historiker Ulf Sereinigg meint in seinem Werk, daß sich ein Offizier nach 1868 nicht mehr beklagen durfte, zum einen, weil seine Gage angehoben worden war, und zum anderen, weil sein Mittag- und Abendessen im neu eingerichteten Offizierskasino nur 1/3 Gulden kostete, wodurch seine monatlichen Ausgaben für Essen nicht mehr als 10 bis 15 Gulden ausmachten. Nach Sereinigg belief sich das monatliche Gesamteinkommen eines Leutnants nach 1868 auf 72 Gulden (Gage, zuzüglich Quartiergeld und zwei Gulden für den Möbelzins), während sich seine Grundausgaben auf lediglich 55 Gulden beliefen. Es blieb ihm daher genügend Geld für eine bescheidene Unterhaltung und andere Annehmlichkeiten. Die Gage eines Leutnants, schreibt Sereinigg, entsprach der Bezahlung eines Lehrers (60 bis 70 Gulden) oder eines Handelsangestellten (70 bis 80 Gulden) derselben Altersgruppe, doch war der Leutnant besser dran, da er zusätzliche Sozialleistungen erhielt, wie beispielsweise die billigen Mahlzeiten im Offizierskasino. Sereinigg errechnete, daß ein Offizier etwa 14 % mehr als ein Beamter verdiente, obwohl dieser besser ausgebildet war.[21] Eine 1889 erschienene etwas propagandistische Veröffentlichung des Militärs schlägt in dieselbe Kerbe, indem darin festgestellt wird, daß ein in Wien oder Budapest - den beiden teuersten Städten der Monarchie - stationierter Leutnant sich eines monatlichen Gesamteinkommens von 104 Gulden erfreute (Grundgage 50 Gulden, Subsistenzbeitrag für das Leben in der Hauptstadt 10 Gulden, Quartiergeld und Möbelzins 36 2/3 Gulden und 8 Gulden für den Unterhalt eines Privatdieners), also mehr als genug erhielt, um ein Leben führen zu können, das dem sozialen Status eines Offiziers angemessen war, ganz zu schweigen von den darüber hinausreichenden Vorteilen eines sicheren Postens und des Lebens in Kasernen mit „lichten, luftigen, freundlichen Räumen".[22]

Ein halboffizelles Handbuch für „neuernannte Infanterie-Offiziere", veröffentlicht 1899 und 1910 bereits in der fünften Auflage erschienen, enthielt sogar noch detailliertere Angaben zum Einkommen und zu den Ausgaben eines jungen Leutnants. Dem Verfasser zufolge verdiente ein unverheirateter Leutnant insgesamt 140 Kronen monatlich, die er einteilen sollte, wie in Tabelle 5.3 angegeben.

Zeitgenössische Kritiker des finanziellen Loses der Offiziere hätten gegen solch optimistische Schätzungen entschieden Einspruch erhoben. Je stärker die Wirtschaft der Monarchie in der zweiten Hälfte des 19. Jahrhunderts expandierte (trotz einer langen Zeit der Depression nach dem Börsenkrach von 1873), desto ungehaltener wurden militärische Beobachter. In einer 1910 von einem Generalstabsoffizier unter einem Pseudonym geschriebenen Veröffentlichung berechnete dieser das monatliche Existenzminimum eines Offiziers im österreichischen Teil der Monarchie mit 67 Gulden und in Ungarn überraschenderweise wesentlich höher mit 83 Gulden. In der Theorie sollte die Gage einen Leutnant in die Lage versetzen, sein Auskommen zu finden, der Autor hielt dem aber entgegen, daß ein junger Offizier unter dem psychischen Druck stand, sein „Leben zu genießen", mit anderen Worten, sich zu übernehmen. Das Ergebnis war eine drückende Schuldenlast.[23] Der Verfasser beklagte die vielen Pflichtabzüge von der Offiziersgage, die auch aus den *Gagezetteln* im Wiener Kriegsarchiv hervorgehen. Der Gagezettel eines Oberleutnants der Kavallerie weist

Tabelle 5.3. Notwendige monatliche Ausgaben eines Leutnants, 1910

Ausgabenkategorie	Kosten in Kronen
Uniformierung	20
Musik	6
Bibliotheksbeitrag	1
Offizierskasino	3
Offiziers-Darlehensfonds	2
Menage (Mittagstisch)	30
Abendessen	30
Frühstück	6
Beleuchtung	6
Beheizung	6
Wäsche	6
Diener-Zulage (Bezahlung des Offiziersburschen)	6
Vergnügungen, ferner Auslagen für Seife, Zahnpulver, Friseur, Bad, eventuell Rauchen	15
für unvorhergesehene Ausgaben	3
Gesamt	140

Quelle: (Oberstleutnant) Arthur Iwanski von Iwanina, Applikatorische Besprechungen über das Dienst- und Privatleben des neuernannten Offiziers (Fähnrich) der Fußtruppen, Braumüller's militärische Taschenbücher, Band 8, Wien-Leipzig, 5. verb. Aufl., 1910, S. 59-60.

beispielsweise für Jänner 1907 ein Bruttoeinkommen von 125 Gulden aus, die Nettoauszahlung hingegen betrug lediglich 28 Gulden. Der Rest wurde für Auslagen wie den Unterhalt seines Pferdes, Rückzahlungen für das Pferd sowie für seine Reitausrüstung und seine Uniform, Mahlzeiten (21 1/2 Gulden) und Getränke (bescheidene 8 Gulden) in der Offiziersmenage, Kommis-Tabak, Kasinobeitrag und Darlehensfonds (25 Gulden) einbehalten.

Das Vaterland habe viel Geld für seine Beamten, schrieb 1899 ein anonymer Militärkommentator, aber nicht für seine Offiziere. Wo sollte ein Hauptmann II. Klasse das Geld auftreiben, um sich ein Pferd für den Dienst zu halten, wie dies in seinem Rang gefordert wurde? Was könne man zu Diäten von 1/2 Gulden noch sagen, die ein Hauptmann I. Klasse für seine Teilnahme an einem Manöver, wo er täglich sechs bis acht Stunden „in Staub und Koth“ marschierte, erhielt (die sogenannte Marschzulage)? Und was das Pensionsschema der Offiziere betrifft, so wäre dieses eine „nationale Schande“.[25] „Das Berufsofficierskorps, das, aus den besten Elementen des Volkes sich ergänzend, Fleisch von seinem Fleische und Blut von seinem Blute, gewissermassen die Blüthe der Nation verkörpert und den Stolz des Volkes bildet“, schrieb das *Armeeblatt*, eine Militärzeitschrift, 1899.[26] Und so ging die Zahl der Offiziersanwärter ständig zurück, als die Mittelschicht ein besseres Betätigungsfeld für ihre Energien fand als die dürftige Existenz eines Offiziers. Das *Armeeblatt* zeigt in seiner Ausgabe des Jahres 1899 - als wollte es damit die Aussage des Historikers Sereinigg widerlegen - anhand detaillierter Statistiken, daß ein Beamter in Österreich ein wesentlich höheres Einkommens bezog als ein Offizier. Das Blatt sagte nichts über Ungarn, doch waren die Beamten dort sogar noch besser bezahlt. Eine kleine Auswahl der im *Armeeblatt* angeführten Daten ist in Tabelle 5.4. enthalten.

Tabelle 5.4. Jahreseinkommen eines Offiziers und eines Beamten im Jahr 1899 (Gulden)

Rang-klasse	Offiziere (in Österreich-Ungarn)	Beamte (nur in Österreich)		
XI	600	800	900	1.000
X	720	1.100	1.200	1.300
IX	900-1.200	1.400	1.500	1.600
VII	1.680	1.800	2.000	2.200
VII	2.100	2.400	2.700	3.000
VI	3.000	3.200	3.600	4.000
V	4.200	5.000	6.000	
IV	6.300	7.000	8.000	

Quelle: *Armeeblatt*, 25. Oktober 1899: 2.
Anmerkung: Man beachte, daß die Währungseinheit ab 1892 die Krone und nicht mehr der Gulden war. Um hier einheitliche Angaben zu liefern und da zwei Kronen - wie bereits früher erwähnt - genau einem Gulden entsprachen, sind die Einkünfte nach 1892 hier ebenfalls in Gulden berechnet.

Es scheint klar, daß die Gage eines Offiziers, die 1868 noch annähernd gleich hoch war wie die Bezahlung eines Beamten, Ende des Jahrhunderts dahinter zurückfiel. Das *Armeeblatt* zeigt auch, daß die Beamten 1899 eine höhere Pension, höhere Tagsätze, höhere Zuschüsse für Übersiedlungen und höhere Erziehungsbeiträge für ihre Kinder erhielten als die Offiziere. Das *Armeeblatt* verabsäumt es jedoch zu erwähnen, daß hohe Beamte im Unterschied zu den meisten Offizieren eine Universitätsausbildung hatten und die Söhne von Offizieren bei den Freiplätzen an den Militärschulen absoluten Vorrang genossen, während es für die Söhne von Beamten weniger Schulen und weniger Freiplätze gab. Dennoch stimmt es, daß der liberale Staat seinen Beamten günstiger gesinnt war als seinen Offizieren.

Die Offiziere erhielten keine öffentliche Unterstützung zur Verbesserung ihrer Lage, und es lag ihnen auch fern, kollektiv ihre Stimme zu erheben. Breite Teile der gebildeten Öffentlichkeit, vor allem die Politiker des linken Flügels und die ungarische und slawische nationale Führung, hegten ein besonderes Mißtrauen gegenüber den Offizieren der k.u.k. Armee. In Antwort auf die heftigen Angriffe auf die Armee seitens der linken Presse schrieb das *Armeeblatt* 1899:

„Mit Entrüstung weisen wir bei diesem Anlasse die ganz unqualificirbar-brutalen Auslassungen der Wiener ‚Arbeiter-Zeitung' zurück, welche die Gagenfrage als die überflüssigste auf der Welt verhöhnt ... In einem giftspritzenden Artikel wird u. A. mit sogenannter ‚Ironie' bemerkt, die gewissen ‚Steuerzahler' (eine Würde, die der Officier ebenso bekleidet, wie jeder andere Staatsbürger) hätten keine Verpflichtung, für das Docorum (sic) und die Privatvergnügungen der Officiere ihr gutes Geld zu opfern. Es wird noch so weit kommen, dass sich der Officier von jenen Hütern der ‚Volksinteressen' in seiner Lebensführung wird controlieren lassen müssen."[27]

Überflüssig zu erwähnen, daß nicht alle Offiziere mittellos waren, doch ist es extrem schwierig, den Anteil der wohlhabenden Angehörigen des Offizierskorps zu ermitteln. Die Qualifikations-Liste eines Offiziers enthielt zwar eine Rubrik über die finanzielle Lage, doch waren hier vorwiegend seine Schulden und die monatliche Unterstützung, die er während seiner Jahre als ganz junger Subalternoffizier von seinen Eltern erhielt, aufgelistet. Nur selten finden wir Eintragungen wie „eigenes Vermögen" oder „machte eine beträchtliche (bescheidene) Erbschaft" oder „gut rangiert". Noch seltener sind genaue Angaben über das Ausmaß des Vermögens oder des privaten Einkommens. Die meisten Offiziere zogen es zweifellos vor, sich als „ohne Privateinkommen" zu deklarieren. Unsere Zufallsstichprobe von zwei Generationen von Leutnanten zeigt, daß jene, die angaben, über ein Privateinkommen zu verfügen, nur eine kleine Minderheit darstellten.

Tabelle 5.5. Privateinkommen der Leutnante in der k.u.k. Armee (auf Basis einer Zufallsauswahl von etwa 1.000 Berufsleutnanten)

	Auswahl von 1870			Auswahl von 1900		
	Absolutzahlen	Prozentsatz		Absolutzahlen	Prozentsatz	
kein Privateinkommen	406	83,5		329	63,8	
bescheidenes Einkommen	56	11,5	16,0	111	21,5	36,2
wohlhabend	22	4,5		76	14,7	
keine Angaben	2	0,5		-	-	
Insgesamt	486	100,0		516	100,0	

Die Unterscheidung zwischen wohlhabenden Offizieren und solchen mit einigem Vermögen wurde, notgedrungen willkürlich, durch die entsprechende Eintragung in der Qualifikations-Liste (siehe Tabelle 5.5.) bestimmt. Sicher war der Anteil der reichen und wohlhabenden Berufsleutnante mit Privateinkommen zwischen 1870 und 1900 nicht von insgesamt 16 auf 36,2 % gestiegen. Der Grund für die Diskrepanz zwischen den beiden Zahlenreihen muß vielmehr entweder in einer korrekteren Eintragung seitens der Offiziere oder in einem verbesserten Befragungsmodus gesucht werden. Als sicher kann gelten, daß die Mehrheit der Offiziere kein Privateinkommen besaß.

Abschließend möchte ich versuchen, einen Vergleich zwischen dem Einkommen der habsburgischen Offiziere und dem der französischen und deutschen Offiziere zu ziehen. Nach Douglas Porch belief sich der jährliche Sold eines französischen Leutnants 1908 auf 2.340 Francs, der eines Hauptmannes auf zwischen 3.942 und 5.004 Francs und der eines Obersten auf 8.136 Francs. In der deutschen Armee lauten die entsprechenden (in Francs umgerechneten) Zahlen 2.813 Francs für einen Leutnant, 5.333 bis 7.003 Francs für einen Hauptmann und 12.767 Francs für einen Oberst. Da eine österreichisch-ungarische Krone ungefähr einem französischen Franc zur Zeit vor dem Ersten Weltkrieg entsprach, kommen wir gemäß dem Besoldungsschema von 1907 auf die folgenden Zahlen für die Gage eines habsburgischen Offiziers: 1.680 bis 2.000 Francs für einen Leutnant, 3.000 bis 3.600 Francs für einen Hauptmann und 7.200 bis 8.800 Francs für einen Oberst.[28]

Selbst wenn man in Betracht zieht, daß die Preise in der Doppelmonarchie niedriger waren als in den wirtschaftlich fortschrittlicheren Staaten Deutschland und Frankreich, besteht kein Zweifel daran, daß ein habsburgischer Offizier viel weniger verdiente als seine französischen oder deutschen Berufskollegen. Die Gage eines österreichisch-ungarischen Hauptmannes beispielsweise betrug nur etwas mehr als die Hälfte des Solds eines Hauptmanns in der deutschen Armee. Im übrigen beklagten sich die französischen Offiziere über dieselben Abzüge von ihrem Sold - für Offiziersmenagekosten, Empfänge, militärische Wohltätigkeitsveranstaltungen, nicht angemessene Vergütung von Garnisonsverlegungen, kostspielige Manöver und ebenso kostspielige innenpolitische Assistenzeinsätze (bei Streiks usw.) - wie ihre habsburgischen Berufskollegen.[29]

Über Schuldner und Wucherer

Nur Weniges beschäftigte die Militärchronisten mehr als die enormen Schulden, die auf vielen Offizieren lasteten. Diese Klagen wurden auch dann noch - zwar ungerechtfertigterweise - aufrechterhalten, als sich die Situation gegen Ende des Jahrhunderts besserte, nachdem die beiden Regierungen, der Kaiser und die Offiziere selbst die Sache in die Hand genommen hatten.

Die Offiziere machten Schulden, um ihre Pferde und Uniformen zu bezahlen, einen Haushalt zu gründen, die Erziehung ihrer Töchter zu gewährleisten, sich standesgemäß zu unterhalten, Spielverluste zu begleichen und nicht zuletzt, um für einen

Kameraden zu bürgen. Es gab viele Arten von Schulden, von denen die schlimmsten die sogenannten „schmutzigen Schulden“ waren, die man bei so unwürdigen Individuen, wie Gastwirten, Vermietern, Feldwebeln oder einfachen Soldaten, machte. Wurden solche „schmutzigen Schulden“ aufgedeckt, hatten sie fast unweigerlich den Ausschluß des Offiziers aus dem Korps durch die Offiziersversammlung des Regiments zur Folge: Kein Wunder, denn diese Schulden mußten von den Kameraden des Missetäters übernommen werden.[30] Gewöhnliche Schulden wurden mit mehr Nachsicht behandelt, obwohl es in den Qualifikations-Listen der Offiziere eine sorgfältige Unterscheidung zwischen „leichtsinnigen Schulden“ und akzeptableren Schulden gab. Die ehrenwertesten Schulden waren jene, die ein Offizier auf sich nahm, um für einen Kameraden zu bürgen (genannt *kavieren*).

Die Höhe der Schulden freilich variierte von einigen Gulden bis zu astronomischen Zahlen, die (wenn bekannt) alle peinlichst genau in den Qualifikations-Listen verzeichnet waren. Der Vater eines Militärchronisten, ein Oberst, hatte 1883 Schulden in der Höhe von 52.000 Gulden angehäuft, zum Teil um seinen gesellschaftlichen Verpflichtungen als Regimentskommandant nachzukommen, und zum Teil zur Finanzierung seiner Trinkgewohnheiten. Sein Zusatzeinkommen aus den Zinsen seiner Heiratskaution betrug indes 180 Gulden monatlich.[31] Ein anderer Offizier, ein Hauptmann, nahm von einem Militärfonds ein Darlehen in der Höhe von 1.200 Kronen auf, also mehr als ein Drittel seiner Jahresgage, um die Erziehung seiner Tochter im vornehmen Sacré-Coeur bezahlen zu können.[32]

In der Regel liehen die Offiziere das benötigte Geld zu Wucherzinsen. Es stimmt, daß es gegen Ende des 19. Jahrhunderts Dutzende von Organisationen gab, angefangen von den Regimentssparvereinen bis hin zu halbprivaten und privaten Stiftungen, die sich um die Vermittlung von niedrig verzinsten Darlehen kümmerten. Der Kaiser selbst bürgte wiederholt für verdiente Offiziere aus seiner eigenen Tasche. Darf man aber den Militärkritikern glauben, nützte all dies der Mehrheit der Offiziere nichts. Ein ehemaliger Generalstabsoffizier, der 1910 unter einem Pseudonym schrieb, vertrat die Meinung, daß seine Kameraden in den Militärschulen verwöhnt worden wären, daß niemand sie für das wirkliche Leben vorbereitet hätte und sie als Angehörige einer gehobenen Kaste genötigt wären, sich finanziell zu übernehmen. Ihre Chancen, in eine wohlhabende Familie einzuheiraten, wären nahezu null. Diverse Wucherer fügten den Offizieren größeres Leid zu, schrieb er, als dies der Feind vermochte. Statt ihren Untergebenen zu helfen, stünden die Regimentskommandanten auf der Seite der Geldverleiher. Sie kümmerten sich nicht darum, woher das Geld kam, solange die Schuld bezahlt und die Ehre des Regiments gewahrt wurde. Und wo sonst konnte das Geld herkommen, fragte der Verfasser, wenn nicht von einem anderen Wucherer?

Die Eintreibung einer Schuld begann im allgemeinen mit einer offenen Postkarte an den Offizier.[33] Es folgte ein direkt an den Oberst gerichteter Brief, in dem mit einer Anzeige beim Kriegsminister gedroht wurde. Um solche Geldverlegenheiten zu vermeiden, erklärt der Verfasser, verhängten Regimentskommandanten oft 30 Tage Garnisons-Arrest über den Offizier und ließen damit die lang vergessene Praxis des Schuldturms wieder aufleben. Das Opfer hatte keine andere Wahl, als eine Reihe von Wechseln zu unterschreiben, von denen gleich 10 % einbehalten wurden. Eine Schuld

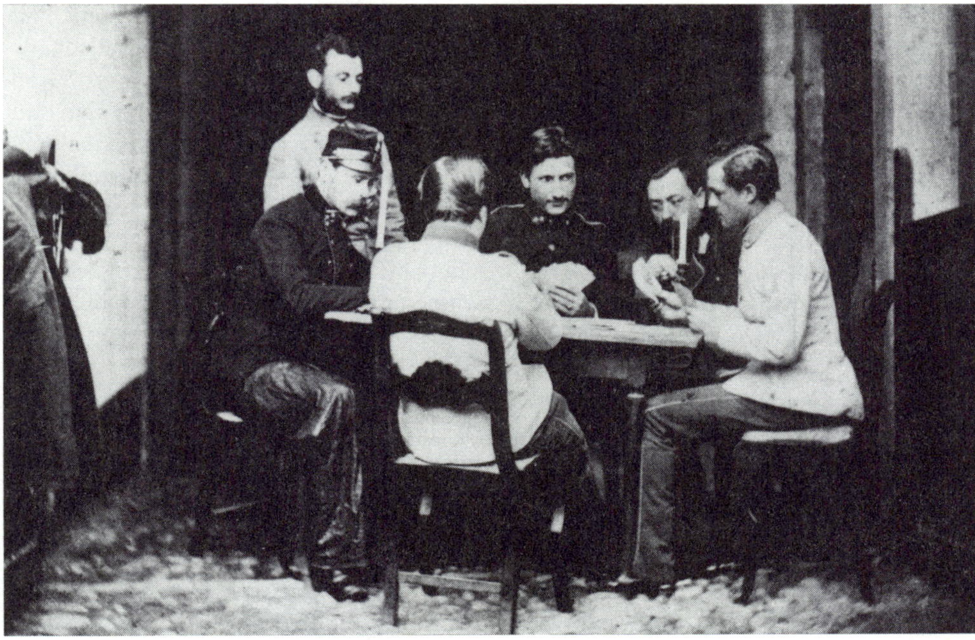

Offiziere beim Kartenspiel um 1865 in Verona.

von 500 Kronen konnte auf diese Weise leicht in einem Jahr auf 1.500 und weiter auf 2.000 Kronen anwachsen. Dann wurde ein großer Teil der Gage einbehalten, um wenigstens die Zinsen der Schuld zu begleichen. In der Theorie sollte eine solch mißliche Lage eine Beförderung nicht beeinflußen, die Praxis aber sah anders aus. Und was stand am Ende all dessen? Schimpf und Schande, der Austritt oder Ausschluß aus dem Offizierskorps und oft Selbstmord.[34] Aber der Tod allein half nichts. Wenn der Offizier eine unbeglichene Schuld hinterließ, wurden sogar sein Säbel und sein Portepee versteigert, hieß es in einem anonymen Pamphlet. Derselbe Schriftsteller überlegte laut, warum nicht eine Lebensversicherung für Offiziere geschaffen werden konnte. Es wäre sicher leichter gewesen, die dafür nötigen 6 Gulden pro Jahr aufzubringen als die 120 Gulden, die ein Offizier für den Unterhalt der Regimentskapelle beisteuern mußte![35]

Meine Zufallsstichprobe von 487 Leutnanten der Generation von 1870 zeigt, daß 341 (70 %) keine Schulden, 83 (17 %) im Vergleich zu ihrer Gage relativ bescheidene und 26 (5,3 %) große Schulden hatten, die sie aber schrittweise zurückzahlten, während 34 Leutnante (7 %) gänzlich scheiterten. (Über drei Offiziere gibt es keine Informationen.) Diese wenn auch keineswegs tröstliche Statistik scheint dem apokalyptischen Bild, das von Militärchronisten gezeichnet wird, zu widersprechen. Natürlich schienen in den Qualifikations-Listen geheim gehaltene Schulden nicht auf, und in einer solch mißlichen Lage dürften sich möglicherweise zahlreiche Offiziere befunden haben.

Mag die Höhe der Gage der Offiziere auch ihrer relativ bescheidenen Herkunft und Erziehung entsprochen haben, stand sie doch im Widerspruch zum hohen gesellschaftlichen Status und den Ansprüchen ihres Lebensstils. Bis zu einem gewissen Grad waren die Offiziere häufig Opfer ihrer eigenen Prahlereien: Das von der liberalen und sozialistischen Presse gezeichnete negative Bild der Offiziere als Frauenhelden, Spieler und Trinker wurde wohl weitgehend von diesen selbst so dargestellt. Da änderte es wenig, daß jene Offiziere, die im besten Hotel der Stadt nach einer durchzechten Nacht einen Spiegel zertrümmerten, einen Nachtwächter verprügelten, die Gaslichter auf der Straße zerschossen, in einem öffentlichen Brunnen ein Nacktbad mit koketten, quieckenden Orpheums-Tänzerinnen nahmen, das Christkind aus einer Krippe am Stadtplatz entfernten und sich stattdessen selbst hineinlegten (alles wahre Geschichten!) entweder reiche Kavallerieoffiziere oder einzelne Krawallmacher waren, die das Leben in einer abgelegenen Garnison zu Tode langweilte. Die Öffentlichkeit machte keinen Unterschied zwischen den einzelnen Offizieren, und diese waren auch nicht gewillt, eine solche Unterscheidung zu dulden. Selbst der ärmste unter ihnen versuchte, elegant und sorglos zu erscheinen, und jeder war stets bereit, seinen Säbel zu ziehen, um die Ehre eines Kameraden zu verteidigen. Den Offizieren war es verboten, in Gasthäusern für das einfache Volk zu essen, einen Omnibus zu benützen (zumindest bis zum 20. Jahrhundert), dritter Klasse zu reisen oder auch nur das kleinste Paket zu tragen (außer dieses sah aus, als enthielte es Schokolade oder Süßigkeiten). Und genau das war die Seite, welche die Öffentlichkeit sah, nicht das einfache, bescheidene und zurückgezogene Leben der Mehrheit des Offizierkorps.

Kurioserweise waren die Offiziere sich selbst die schlimmsten Feinde, zumindest in finanzieller Hinsicht, wenn sie nämlich behaupteten, freiwillig in den Diensten eines Herrschers zu stehen. Ihr Beharren auf der Fiktion der Zugehörigkeit zu einem besonders vornehmen Stand stand ihren wirtschaftlichen Interessen als bezahlte Diener des Staates direkt entgegen. Der Staat verhielt sich der Stellung der Offiziere in Staat und Gesellschaft gegenüber ambivalent und damit auch seinen finanziellen Verpflichtungen gegenüber den Offizieren. Der Kaiser wollte sein Offizierkorps zufrieden wissen, doch verfügte er, zumindest nach 1867, über keinerlei konstitutionelle Möglichkeit, ihre Gage zu erhöhen. Er wollte sich auch nicht von der Fiktion lösen, in seinen Offizieren lehenspflichtige Vasallen zu sehen. Sowohl die österreichische als auch die ungarische Regierung und die beiden Parlamente forderten eine schlagkräftige Armee zur Verwirklichung ihrer innen- und außenpolitischen Ziele, doch gleichzeitig mißtrauten sie den Offizieren. Die ungarischen Politiker warfen ihnen vor, zu sehr pro-deutsch zu sein, die Deutschösterreicher, daß sie zu wenig pro-deutsch waren, und die slawischen Politiker, daß sie pro-deutsch und pro-ungarisch, jedenfalls aber anti-slawisch waren. Auf lange Sicht gesehen konnten weder die beiden Regierungen noch die beiden Parlamente eine Anhebung der Offiziersgage vermeiden, so daß diese dann etwa der durchaus zufriedenstellenden Bezahlung eines Beamten in den beiden Reichshälften entsprach. So profitierten die Offiziere letztlich von der geachteten gesellschaftlichen Stellung der Beamten, jener Kaste, die sie im Grunde genommen als „Federfuchser" geringschätzten.

6. Ritter der letzten Tage

Am 1. Juli 1900 betraten die beiden Leutnante Augustin Weigel und Anton Bonkowski vom Küstenländischen Infanterie-Regiment Nr. 22 Franz Moritz Graf von Lacy ein Freudenhaus in Zara, um einen feuchtfröhlichen Abend zu krönen. Hier geriet Weigel, wie später das Militärkommando von Zara dem Kriegsministerium nach Wien berichtete,[1] am Ende des Vergnügens mit einem gleichfalls betrunkenen einheimischen italienischen Zivilisten namens Cirillo Cristo in Streit, der ihn mit einer Flut von Schimpfworten überhäufte. Gemäß den Vorschriften der Armee über den Schutz der Standesehre versuchte Weigel, seinen Säbel zu ziehen; seine Waffe wurde aber von einer Reihe von Prostituierten und Kunden niedergehalten. Als Weigels Kamerad Bonkowski auf der Szene erschien, hatte auch er nicht mehr Erfolg bei dem Versuch, die Ehre des Korps zu retten. Aus dem Bordell hinausgeworfen, erstatteten die beiden Leutnante - erstaunlicherweise - dem örtlichen Militärkommando Bericht von dem Vorfall. Die rasch losgeschickte Patrouille fand aber weder von Cristo noch von den anderen Missetätern eine Spur.

Leutnant Weigel versuchte nun selbst, seine Ehre reinzuwaschen. Da aber weder der aus einfachen Verhältnissen stammende Cristo noch die anderen Gäste - mit einer Ausnahme, doch verweigerte der Betreffende ein Duell - würdig waren, ihm in einem ehrenhaften Kampf Genugtuung zu geben, lauerte Weigel Cristo einige Monate später auf der Straße auf und schlug ihm mit einer Hundepeitsche ins Gesicht. Aber dies half den beiden Leutnanten nichts mehr: In der Zwischenzeit hatte der Oberst den Ehrenausschuß des Regiments beauftragt, sich mit der Angelegenheit zu befassen, und letzterer beschloß mit drei Stimmen zu einer die Einberufung der Offiziersversammlung des Regiments. In dem Treffen am 21. September entschied sich die Offiziersversammlung mit 14 zu 11 Stimmen für die Durchführung einer ehrenrätlichen Untersuchung gegen die beiden Leutnante. Diese endete am 17. Jänner 1901 mit dem einstimmigen Beschluß des Ehrenrates der Division des Militärkommandos Zara, daß Weigel wegen Verletzung der Standesehre seine Charge verlieren sollte. Der Kriegsminister degradierte ihn daraufhin zum Gemeinen in der Reserve und versetzte ihn zu einem anderen Regiment. Leutnant Bonkowski wurde verwarnt.[2]

Die Argumentation des Ehrenrates spiegelt die Philosophie der Armee wider: Weigel wurde nicht bestraft, weil er betrunken oder in einem Bordell gewesen war, auch nicht, weil er mit einer Hundepeitsche zugeschlagen hatte, sondern einzig und allein, weil er sich nicht seines Säbels bedient hatte, um Cristos gemeinen Schimpfereien ein Ende zu bereiten. Aus der Sicht der Armee war Weigels Ehre bei diesem Zusammenstoß im Bordell in höchste Gefahr geraten, und dies hätte ihn ermächtigt, vielmehr verpflichtet, weitreichende Maßnahmen zu setzen. In seinem Fall ging es eindeutig um das Prinzip der Ehrennotwehr, aber Weigel hatte nichts unternommen, und dies hatte den Verlust der Standesehre zur Folge. Er wurde dadurch unwürdig, weiterhin Offizier zu bleiben. Sein Waffenbruder hatte seine Standesehre gefährdet, als es ihm nicht gelang, Weigel zur Hilfe zu eilen.

Um die Frage der Ehre ging es auch im Fall von Oberleutnant Anton Schmidt vom 14. Feldkanonen-Regiment in Preßburg, der um 1910 Batteriegeld verspielt hatte. Es war dies eine kleine Geldreserve, die üblicherweise von jeder Artillerie-Einheit für besondere Gelegenheiten, wie etwa einen Geburtstag oder einen Notfall, beiseite gelegt wurde. Das Batteriegeld in Schmidts Einheit belief sich auf etwa 30 Kronen und war ihm von seinem Batteriekommandanten anvertraut worden, der sich auf einem Kurzurlaub befand. Da Schmidt sein eigenes Bargeld beim Kartenspiel verloren hatte, wurde der Oberleutnant von seinen Kameraden überredet, das Batteriegeld einzusetzen: dies schien durchaus harmlos, da Schmidt recht wohlhabend war. Er verlor erneut. Am nächsten Morgen, gerade als er auf dem Weg war, 30 Kronen von seinem Bankkonto abzuheben, begegnete er dem Batteriekommandanten. Der Verlust des Geldes wurde ordnungsgemäß gemeldet, Schmidts Bemühungen, Wiedergutmachung zu leisten, wurden aber sofort mit den Worten zurückgewiesen: „Sie haben sich an dem Batteriegeld vergriffen, ob vorübergehend oder dauernd, das ändert an der Tatsache nicht mehr ... Sie kennen ihre Pflicht.“ Oberleutnant Schmidt ersetzte in der Folge die fehlende Summe, schrieb einen Entschuldigungsbrief an seine Kameraden und erschoß sich noch am selben Tag. Die folgende offizielle Untersuchung rechtfertigte das Vorgehen des Batteriekommandanten in jeder Hinsicht.[3]

Das Verhalten der Armeeoffiziere wurde, wie das der Offiziere anderer dynastischer Armeen, durch einen Ehrenkodex und Dienstvorschriften geregelt. In offiziellen Handbüchern und Fachschriften unendlich oft wiederholt, umrissen der Ehrenkodex und die Dienstvorschriften lediglich das, was der Offizier sich selbst, seiner Einheit, der Armee und dem Herrscher schuldete: „Grundsatz bleibt in allen Verhältnissen: ‚Strengste Wahrung der Offiziersstandesehre!‘“, schreibt ein bekannter österreichischer Militärkommentator in seinen Ausführungen.[4] Über das Wie gab es in den Handbüchern allerdings nur weniger klare Anweisungen; im besten Fall lieferten sie illustrative Beispiele. Wann z. B. war ein Kommandant berechtigt, einem Untergebenen den Selbstmord nahezulegen? Dieses unvermeidbare Fehlen klarer Richtlinien brachte Angst und Verunsicherung mit sich. Schließlich entschied ja nicht der einzelne, sondern der Ehrenrat darüber, ob ein Verhalten korrekt war oder nicht. Dennoch hatten diese so oft überarbeiteten und niemals endgültigen Vorschriften einen größeren Einfluß auf das Leben eines Offiziers als die Gesetze seines Staates, die Vorschriften seiner Religion oder die Traditionen seiner Familie und Nation. Der Ehrenkodex engte die Handlungsfreiheit eines Offiziers stark ein, stellte ihn aber gleichzeitig über die gewöhnlichen Sterblichen. Von der Ehre eines Offiziers hieß es, sie stehe über dem Glück des einzelnen, der Karriere und selbst dem Leben. Sie machte den Offizier zu einem besonderen Menschen, der, wie sein Oberster Kriegsherr, der Kaiser, in vieler Hinsicht über dem Gesetz stand. Mit den Worten eines zeitgenössischen Handbuches: „Die strengen Begriffe der militärischen Ehre adeln den Officierstand in seiner Gesammtheit, verleihen demselben den Character der Ritterlichkeit.“[5]

Militärchronisten beschrieben das Leben eines Offiziers üblicherweise nahezu als Kreuzweg: schlechter Sold und eine noch ärmlichere Pension, beschwerlicher und langweiliger Dienst, verbannt von zu Hause, unfreiwilliges Zölibat und Einsamkeit, ruheloses Zigeunerleben, gesellschaftliche Isolation, öffentliche Feindseligkeit und

Offiziere bei einer Lagebesprechung um 1910.

nicht zuletzt die Aussicht eines gewaltsamen Todes. Für all diese Opfer gab es nur eine einzige Entschädigung: den privilegierten Status des Offiziers. Das aber war kein Privileg des Luxus, der Freude oder der Macht, sondern eines der vornehmen Verpflichtung. Unter dem Hinweis auf eine Debatte im Deutschen Reichstag am 19. November 1896, als einer der Hauptredner sagte, „Es gibt nur eine Ehre für alle Menschen. Die Ehre des Arbeiters und Kaufmannes sei ebensoviel werth, wie die des Officiers“, protestierte ein österreichischer Militärchronist, daß die außerordentlichen Opfer, die von einem Offizier verlangt würden, diesen eindeutig zu einer Sonderstellung berechtigten. Der Chronist stellt dem bürgerlichen *jus communale* (allgemeines Recht) das *jus singulare* (Sonderrecht) des Offiziers gegenüber und fordert Privilegien für den Offizier als „Träger und Leiter aller geistigen und moralischen Kräfte des Soldatenstandes“.[6]

Ehrennotwehr

Das schwierigste und gefährlichste Privileg eines Offiziers war die *Ehrennotwehr*, vielleicht am besten erklärt als die dringende Notwendigkeit, seine Ehre zu verteidigen. Diese Ehrennotwehr wurde von allen Militärchronisten einhellig mit der Begründung befürwortet, daß das Militärgesetz dem Offizier über die staatlichen Gesetze hinausgehend, die jedem Bürger das Recht einräumten, sein Leben, das Leben seiner Familie, seine Freiheit und sein privates Eigentum zu verteidigen, das Recht und die Pflicht zugestand, seine Ehre zu verteidigen. In Paragraph 114 des Militärstrafgesetzes, das 1855 erlassen wurde, heißt es: "Ehrennotwehr ist straffrei: Wenn Off.[izier] in Gegenwart einer oder mehrerer anderer Personen rechtswidrig angegriffen, sich, um der Fortsetzung solcher Beleidigungen ein Ziel zu setzen, auf der Stelle der ihm zuständigen Waffe bedient."[7] Diese Ehrennotwehr beschränkte sich auf „echte Offiziere", d. h. Offiziere der Kampftruppe sowie auf Auditoren, Militärärzte und Truppen-Rechnungsführer. Die übrigen Militärbeamten und die Militärschüler waren davon ausgenommen. Die Handbücher warnten jedoch, daß das bürgerliche oder allgemeine Strafrecht keine Ehrennotwehr kenne und der Offizier in Ausübung seines Rechtes und seiner Pflicht unweigerlich mit dem Gesetz des Staates, den zu verteidigen er geschworen hatte, in Konflikt geraten würde.

Die Frage der Ehrennotwehr tauchte immer wieder auf, wenn jemand einen Offizier, das Offizierskorps als solches, die Armee oder den Kaiser in Gegenwart einer oder mehrerer Personen beleidigte (Beleidigungen unter vier Augen zählten nicht), und wenn die Anwendung von Gewalt der einzige Weg schien, den Schmähungen ein Ende zu setzen. War der Betreffende, der diese Beleidigung äußerte, ein Ehrenmann und nahm er die Herausforderung zum Duell sofort und ohne Widerrede an, lag keine Notwendigkeit zur Ehrennotwehr vor.[8] Diese Notwendigkeit war auch dann nicht gegeben, wenn ein Polizist anwesend war, der aufgefordert werden konnte, den Missetäter zu arretieren. In allen übrigen Fällen mußte der Offizier seine Ehre auf der Stelle mit der Waffe, die er bei sich trug, verteidigen. Der Gebrauch eines Dienstrevolvers wurde akzeptiert, wenn auch nur gerade noch (einige waren der Meinung, solches sei überhaupt nicht akzeptabel; im übrigen trugen die k.u.k. Offiziere praktisch nie einen Revolver bei sich), da die einzig würdige Waffe eines Offiziers sein Säbel war, das Symbol seiner Zugehörigkeit zu einem ritterlichen Stand. Der Offizier mußte seinen Säbel zum Zeitpunkt der Beleidigung bei sich tragen, sonst galt dieser nicht länger als würdige Waffe. Ihn rasch von einem Kleiderständer herunterzunehmen, hätte dem Offizier ebenso strengste Bestrafung eingebracht wie etwa der Griff zum Jagdgewehr. Der Säbel sollte, zumindest in der Theorie, nur dazu eingesetzt werden, um „der Fortsetzung solcher Beleidigungen ein Ziel zu setzen". Die Militärkommentatoren waren sich allerdings uneins, ob dazu „erstes Blut" ausreichte oder ob der Kampf mit dem Säbel so lange fortgesetzt werden mußte, bis der Gegner nicht mehr in der Lage war, seine Beleidigungen fortzusetzen oder ordentlich gezüchtigt war.

Nach 1867 wandte sich die liberale, sozialistische und nationalistische Presse zunehmend gegen die Institution der Ehrennotwehr und nannte sie ein barbarisches Instrumentarium in den Händen arroganter und reaktionärer Offiziere. Auch die Militärkommentatoren wurden immer vorsichtiger. Unter Hinweis auf die ständigen Angriffe, der die „große Schweigerin" - die Armee - ausgesetzt war, empfahlen sie, daß ein Offizier stets seine Uniform tragen sollte, da ein Offizier in Zivil nicht berechtigt wäre, seine Ehre zu verteidigen. Außerdem rieten sie, ein Offizier sollte an einem öffentlichen Ort seinen Säbel nie ablegen und ganz allgemein Plätze, wie etwa Kaffeehäuser, in denen feindliche Zivilisten verkehrten, meiden. Hatte er keine andere Wahl (und wo sonst konnte er essen gehen, außer zu Hause oder in der Kaserne?), sollte er jedenfalls beim ersten Verdacht einer Provokation das Lokal verlassen. Wurde er aber einmal beleidigt, dann mußte er nichtsdestotrotz diesen alptraumähnlichen Prozeß durchstehen, da die Ehre eines Offiziers wie „ein goldener Ring“ oder wie „reiner, frisch gefallener Schnee“ war.[9] Keine Rolle spielte es da, daß jeder Akt der Ehrennotwehr unweigerlich in einem öffentlichen Aufschrei der Entrüstung und in einem Strafgerichtsverfahren sein Nachspiel hatte.

Was sollte also ein beleidigter Offizier tatsächlich tun? Ein ähnlicher Fall wie der von Leutnant Weigel, allerdings mit viel weitreichenderen politischen Folgen, da er sich in Ungarn ereignete, begann damit, daß der ungarische nationalistische Politiker Miklós Bartha im November 1880 in seiner Kolozsvárer Zeitung *Ellenzék* (Opposition) scharfe Kritik an Oberleutnant Edmund Dienstl äußerte. In dem Artikel beschuldigte Bartha den Oberleutnant, der zwar in Ungarn geboren, sonst aber in jeder Hinsicht ein „Soldatenkind“ war, einige ungarische Einjährig-Freiwillige in der Reserveoffiziersausbildung des Regiments „magyarische Hunde“ genannt zu haben. Ängstlich bedacht, seine Ehre zu schützen und damit auch seinen Posten zu retten, forderte Dienstl Bartha zum Duell, doch wurde ihm die Satisfaktion verweigert. Dienstl eilte daraufhin in Begleitung eines Offizierskameraden in das Redaktionsbüro seines Gegners und zerschnitt Bartha das Gesicht mit seinem Säbel. Der folgende Tumult - in den Straßen von Kolozsvár und im Abgeordnetenhaus in Budapest - mag vielleicht mit ein Grund für das Urteil des Militärgerichtes gewesen sein, das Dienstl zu sieben Monaten Kerker verurteilte. Nach seiner Begnadigung durch Franz Joseph wurde Dienstl in eine galizische Garnison „verbannt“.[10]

Fälle von Ehrennotwehr, auch Säbelaffären genannt, waren in Wirklichkeit jedoch sehr selten und wurden in den Jahrzehnten vor dem Ersten Weltkrieg noch seltener. Arthur Schnitzler übertrieb stark, als er sie in seiner berühmten Geschichte vom *Leutnant Gustl* (1900) als typische Vorkommnisse bezeichnet. Die Reaktion der Armee auf Schnitzlers Geschichte hingegen war viel typischer: In einem Ehrenratsverfahren wurde Schnitzler seine Charge als Landwehrarzt aberkannt.

Duell

Die Ehrennotwehr war für das Militär ein notwendiges Übel, das Duell (Rencontre oder Zweikampf genannt) hingegen adelte in ihren Augen den Betroffenen und war ein fester Bestandteil des erhabenen Lebensstils des Offiziers. Und dennoch waren die Regeln des Duells mindestens ebenso widersprüchlich wie jene der Ehrennotwehr. Während die Ehrennotwehr nur vom bürgerlichen Strafgesetz verboten war, war das Duell auch vom Militärstrafrecht untersagt. Das Wehrgesetz sah sogar im allgemeinen eine strengere Strafe für ein Duell vor als das bürgerliche Strafrecht. Dennoch fuhren die Offiziere der habsburgischen Armee Jahrhunderte hindurch fort, sich zu duellieren. Für sie ging es dabei nicht um die Ehre, sondern auch um das berufliche Überleben, da die Weigerung, einer Aufforderung zum Duell Folge zu leisten, leicht zum Verlust der Offizierscharge führen konnte.

Die moderne Form des Duells ist germanischen Ursprungs und stammt von dem Brauch, die Schuld oder Unschuld eines Angeklagten in einem gerichtlichen Kampf durch ein Gottesurteil (Ordal) festzustellen.[11] Der *Sachsenspiegel*, die älteste Sammlung germanischer Gesetze, regelte die Modalitäten des Zweikampfs, einschließlich des Gebrauchs tödlicher, aber gleicher Waffen und der erforderlichen Anwesenheit von Zeugen (aus denen sich im Lauf der Zeit die Sekundanten entwickelten). Der alte germanische Brauch nahm Priester, Frauen, Knaben unter 18 sowie Männer über 60 Jahren von der Verpflichtung, sich einem Zweikampf zu stellen, aus. Im 19. Jahrhundert kannten die Regeln des Duells in Mitteleuropa dieselben Ausnahmen, und wie die alten germanischen Vorschriften sahen auch sie vor, daß männliche Verwandte zwischen 18 und 60 Jahren den Platz jener einnehmen mußten, die von der Verpflichtung zum Kampf ausgenommen waren. Frauen war es nie erlaubt zu kämpfen. Es war vielmehr die Pflicht des Mannes, die Ehre einer Frau im Kampf zu verteidigen.

Die germanischen Stämme trugen diesen Brauch des Zweikampfes in viele Teile Europas. Da die Ablegung eines gerichtlichen Eids oft nur zu einer endlosen Reihe von Meineiden führte, galt der Zweikampf als einfachere Methode, Schuld oder Unschuld eines Angeklagten festzustellen. Der Geschlagene wurde für schuldig erklärt und, wenn er noch am Leben war, häufig hingerichtet. Das Papsttum untersagte Ordalien bereits 887, in England wurden sie 1215 abgeschafft, lebten dann erneut auf und wurden 1818 (!) wieder gesetzlich erlaubt. Endgültig aufgehoben wurde diese Praxis dann aber im darauffolgenden Jahr vom Parlament. In Frankreich schaffte König Heinrich II. den gerichtlichen Zweikampf 1547 ab.

Im Spätmittelalter entstand mit den Ritterturnieren eine neue Form des Zweikampfes. Hier fochten die beiden Gegner nicht miteinander, um eine gerichtliche Frage zu klären, sondern um der Ehre willen. Im Italien der Renaissance nahm die Zahl der Privatgefechte zwischen jungen Edelmännern rasch zu, und von hier aus verbreitete sich die Sitte über ganz Europa. Im 16. Jahrhundert war das Duellieren zu einer wahren Sucht geworden und wurde trotz aller Verbote immer noch praktiziert.[12] In deutschen Landen wurde das Duell bereits 1582 verboten, und das Verbot danach mit erstaunlicher Regelmäßgkeit wiederholt.[13] 1752 schrieb Maria Theresias Gesetz gegen das Duellieren die Enthauptung der Duellanten sowie ihrer Sekundanten vor.[14] 1790 wurde für Offiziere die Strafe in Friedenszeiten auf den Verlust der Offizierscharge und Festungshaft gemildert, in Kriegszeiten aber stand auf das Duellieren weiterhin die Todesstrafe. Das Militärstrafgesetz von 1855 erklärte das Duell zum Verbrechen und drohte nicht nur den Duellanten, sondern auch ihren Sekundanten und dem befehlshabenden Offizier, der es verabsäumt hatte, das Gefecht zu verhindern, mit schweren Strafen. Die in Abschnitt XVI des Militärgesetzes von 1855 vorgesehenen Strafen waren unglaublich kompliziert, im allgemeinen aber strenger als die im Abschnitt XIX des österreichischen Strafgesetzes (in Ungarn Gesetz V aus 1878) aufgelisteten. Die Strafen reichten von sechs Monaten bis zu einem Jahr Gefängnis für ein Rencontre, in dem keiner der beiden Duellanten verwundet wurde, und von fünf bis zehn Jahren strengen Kerkers für den Überlebenden eines tödlichen Duells. Sekundanten konnten zu einer Kerkerstrafe von bis zu zwanzig Jahren verurteilt werden, wenn sie nicht versucht hatten, das Duell zu verhindern. Paradoxerweise wurden sie nicht angezeigt, wenn sie unmittelbar vor der Begegnung formell eine Aussöhnung gefordert hatten.

Die Einstellung der habsburgischen Herrscher zum Duell war, wie die aller Herrscher und der meisten Staaten, sehr widersprüchlich. Maria Theresia und Joseph II. sahen das Duell mit besonderem Mißfallen - zum einen, weil sie es als absolute Herrscher nur ungern duldeten, daß ihre Untertanen das Recht in ihre eigenen Hände nahmen; zum anderen, weil sie die ständige Selbstdezimierung ihrer teuren Offiziere erboste. Da diese Herrscher des aufgeklärten Absolutismus andererseits aber auch die ersten Aristokraten und obersten Soldaten ihres Landes waren, zögerten sie, ihren bevorzugten Untertanen dieses wichtige Privileg bzw. diese wichtige Pflicht zu nehmen. Damit bestanden die strengen Gesetze praktisch nur auf dem Papier. Lediglich einige wenige Offiziere wurden angezeigt, noch weniger verurteilt, und diese Urteile obendrein fast durchwegs im Gnadenwege ausgesetzt. Die Herrscher des 19. Jahrhunderts verhielten sich dabei genauso wie ihre Vorgänger im 18. Jahrhundert. Fenner von Fenneberg berichtet von einem jungen Offizier, der ins Gefängnis kam, weil er seinen eigenen Kommandanten zum Duell gefordert hatte, aber unmittelbar darauf von Franz I. begnadigt wurde.[15] Stattdessen schickte der Kaiser den Kommandanten in Frühpension, weil er sich geweigert hatte, der Forderung Folge zu leisten. „Die Regierung", schreibt Fenner, „hat nicht die Macht, denjenigen zu vertheidigen, der ebenso ihre Gesetze, wie die Gebote der Vernunft und Humanität befolgt".[16] Ja schlimmer noch, fügt Fenner hinzu, wer sich weigerte, eine Forderung anzunehmen, wurde von seinen Offizierskameraden systematisch aus dem Korps getrieben.

Diese Beschreibung Fenners aus den dreißiger Jahren des 19. Jahrhunderts behielt im wesentlichen auch noch zur Jahrhundertwende ihre Gültigkeit. Das Verhalten der Militärbehörden mußte den Offizieren geradezu nahelegen, daß es vorteilhafter war, sich zu duellieren als ein Duell zu verweigern. 1900 verlor Leutnant Carl Smerczek von dem in Ungarn stationierten k.u.k. Infanterie-Regiment Nr. 60, Mitglied meiner statistischen Auswahlgruppe, bei einem Pistolenduell mit einem Kameraden ein Auge. Daraufhin wurde gegen seinen Gegner ein Militärgerichtsverfahren wegen des „Verbrechens des Zweikampfes" eingeleitet. Das Garnisonsgericht in Miskolcz stellte das Verfahren jedoch bald wieder ein, mit dem Argument, daß der Offizier zum Zeitpunkt der Duellforderung seitens Smerczeks unter „unwiderstehlichem Zwange" gehandelt habe. Der arme Smerczek ersuchte den Kaiser um Erlaubnis, trotz seiner körperlichen Behinderung im aktiven Dienst verbleiben zu dürfen. Diese Erlaubnis wurde 1901 erteilt, obwohl Smerczek in seiner Qualifikations-Liste als schlechter Soldat beschrieben wird. Zwei Jahre später wurde er aus Gründen, die nicht im Zusammenhang mit diesem Duell standen, entlassen.[17]

Die Armee tolerierte nicht einmal einen theoretischen Widerstand gegen das Duell. General Bardolff, ein Vertrauter Franz Ferdinands, erzählt in seinen Memoiren von Graf Ledóchowksi, einem ausgezeichneten Offizier eines Ulanen-Regiments, der mit ihm die Kriegsschule besucht und als Hauptmann direkt unter General Beck gedient hatte.[18] Ledóchowksi erklärte im Verlauf einer Auseinandersetzung, daß er prinzipell gegen das Duell war und legte seine Ansicht in der Folge auch schriftlich nieder. Der

Ehrenrat des Generalstabes (dem auch Bardolff angehörte) untersuchte die Angelegenheit, und obwohl der Angeklagte sogar eine päpstliche Bulle zitierte, die das Duell verurteilte, und er sich darauf berief, daß für ihn religiöse Vorschriften mehr zählten als weltliche Bräuche, wurde der einstimmige Beschluß gefaßt, daß der Hauptmann seine Ehre verletzt hätte, als er mit einer Mentalreservation in das Korps eingetreten sei. Aus diesem Grund sollte er entlassen werden. Beck unterbreitete die Angelegenheit Kaiser Franz Joseph, doch dieser fromme katholische Herrscher schloß sich vollinhaltlich dem Erkenntnis des Gerichts an. In der Folge wurde der Hauptmann zum Feldwebel degradiert und mußte in den Zivildienst überwechseln.

Die katholische Kirche stand dem Duell ebenso ablehnend gegenüber wie die Freimaurer, die Sozialdemokraten und die liberalen Parteien.[19] Dies zählte jedoch nicht viel, denn sogar bürgerliche und sozialistische Politiker zögerten nicht lange, wenn es darum ging, zur Wahrung ihrer Ehre oder der Ehre ihrer Partei den Säbel oder die Pistole zu zücken. Der Sozialistenführer Ferdinand Lassalle z. B. wurde 1864 in einem Duell getötet. Da der Ehrenkodex der Offiziere nicht nur für Berufsoffiziere im aktiven Dienst galt, sondern auch für jene Offiziere, die bereits im Ruhestand waren oder nicht im aktiven Dienst standen, sowie für Reservisten, und vor allem da die Zahl letzterer nach der Einführung der allgemeinen Wehrpflicht im Jahre 1868 sprunghaft anstieg, unterlagen immer breitere Kreise der bürgerlichen Gesellschaft der Verpflichtung zum Duell. Reserveoffiziere, ja sogar Fähnriche und andere Offiziersanwärter, führten, gleichgültig, ob sie im bürgerlichen Leben Lehrer, Ärzte, Anwälte, Beamte, Geschäftsleute oder Studenten waren, in tausenden Duellen den Säbel oder hoben die Pistole, um die Ehre ihres goldenen Portepees zu verteidigen, das sie übrigens nur äußerst selten trugen. Gebildete Zivilisten fochten Duelle, um zu beweisen, daß sie den Offizieren ebenbürtig waren. Die 1902 in Wien gegründete Anti-Duell-Liga verzeichnete mehr als tausend Mitglieder, darunter auch hochrangige Aristokraten, konnte aber dennoch keine großen Fortschritte erzielen.[20]

Für einige bislang zweitklassige Schichten bedeutete die Institution des Duells die Anerkennung als „Herren". Offiziere, die den ärmeren Nationalitäten der Monarchie angehörten, wie Ruthenen, Slowaken oder Rumänen, kämpften, um den Deutschen, Magyaren oder Polen gleichgestellt zu sein. Offiziere bäuerlicher oder handwerklicher Herkunft kämpften, um als Ehrenmänner anerkannt zu werden. Den vielleicht größten gesellschaftlichen Nutzen aus diesem System zogen die Juden. Tatsächlich hielt Theodor Herzl das Duell für ein ausgezeichnetes Mittel im Kampf gegen den Antisemitismus. In Joseph Roths berühmten Roman *Radetzkymarsch* zögert der jüdische Regimentsarzt Demant, der Enkel eines orthodoxen jüdischen Gastwirtes, keine Sekunde, einen aristokratischen Offizierskameraden zum Duell zu forden, weil dieser in betrunkenem Zustand einige antisemitische Bemerkungen gemacht hatte. In dem Vorgefühl, dieses Duell nicht zu überleben, sagt Demant zum Protagonisten des Romans: „Ich werde morgen wie ein Held sterben, wie ein sogenannter Held, ganz gegen meine Art und ganz gegen die Art meiner Väter und meines Geschlechts und gegen den Willen meines Großvaters. In den großen alten Büchern, in denen er gelesen hat, steht der Satz: Wer die Hand gegen seinesgleichen erhebt, ist ein Mörder. Morgen wird einer gegen mich eine Pistole erheben, und ich werde eine Pistole gegen ihn erheben. Und ich werde ein Mörder sein. Aber ich bin kurzsichtig, ich werde nicht zielen. Ich werde meine kleine Rache haben. Wenn ich die Brille abnehme, sehe ich gar nichts, gar nichts. Und ich werde schießen, ohne zu sehn! Das wird natürlicher sein, ehrlicher und ganz passend!"[21]

Zu einem späteren Zeitpunkt sagt der Arzt: „‚Ich habe keine Kraft, diesem blöden Duell zu entrinnen. Ich werde aus Blödheit ein Held sein, nach Ehrenkodex und Dienstreglement. Ein Held!' Er lachte."[22] In dem Roman findet das Duell am nächsten Morgen statt. Die beiden Duellanten schießen gleichzeitig aufeinander los, und beide werden getötet.

Um 1900 waren 18,3 % der k.u.k. Reserveoffiziere „Israeliten" (nicht mitgerechnet sind dabei die Militärärzte der Reserve), ein Prozentsatz, der den Anteil der Juden an der Gesamtbevölkerung der Monarchie (4,5 %) bei weitem überstieg und auch wesentlich höher lag als der Anteil jüdischer Offiziere in irgendeiner anderen Armee.[23] Tatsächlich war der Antisemitismus in breiten Kreisen der deutschen und slawischen Mittelschicht weit verbreitet, aber selbst der glühendste Antisemit mußte es sich in Österreich-Ungarn zweimal überlegen, bevor er einen Juden beleidigte, der vielleicht ein Offizier war, denn wurde er von letzterem gefordert, mußte er diese Herausforderung annehmen oder lief Gefahr, seine Stellung als Offizier und Ehrenmann aufs Spiel zu setzen.

1896 entschlossen sich die deutschnationalen Burschenschaften in dem sogenannten Waidhofener Programm, niemals ein Duell oder eine studentische Mensur (die sportliche Version des Duells) gegen einen Juden zu kämpfen, mit der Begründung, Juden seien „der Ehre nach unseren deutschen Begriffen völlig bar".[24] Diese Entscheidung hatte weitreichende Folgen für die antisemitischen Studenten, da jene unter ihnen, die Reserveoffiziere oder Reserveoffiziersanwärter waren, wie die meisten Studenten an den Universitäten, bald erkennen mußten, daß die Armee keine Ausnahmen von ihren Regeln zuließ.[25] Die Ehrenausschüsse der Regimenter fällten ein Urteil nach dem anderen gegen diese Studenten und befahlen ihnen, gegen ihre jüdischen Herausforderer anzutreten oder andernfalls ihren Rang zu verlieren. Ein 1915 erschienenes Handbuch für den „Dienstverkehr des Reserveoffziers" bringt zur Illustration das Beispiel eines deutschnationalen Studenten, eines Fähnrichs der Reserve, der von einem jüdischen Studenten zum Duell gefordert wurde, nachdem er ihn auf den Kopf geschlagen hatte (wobei der jüdische Student seinen deutschen Kollegen zuvor beleidigt hatte). Der deutsche Student berief sich auf das Waidhofener Programm, weigerte sich, „ritterliche Genugtuung" zu gewähren und mußte die Konsequenzen tragen: Er verlor seine Charge. Zusammenfassend stellt das Reserveoffiziershandbuch fest: „Jemandem nur deshalb die ritterliche Genugtuung zu verweigern, weil er einer anderen Nation oder Religionsgenossenschaft angehört, widerspricht den in der Armee herrschenden Ehrbegriffen."[26]

Die Schwierigkeiten des Offizierskorps mit den Universitätsstudenten waren größer als mit jeder anderen gesellschaftlichen Gruppe. Vorfälle, in die ungarische, polnische oder italienische nationalistische Studenten verwickelt waren, stellten keine Seltenheit dar, die meisten Konflikte aber gab es mit deutschnationalen Studenten. Eine besondere Gefahr für die Armee bedeuteten jene Studenten, die den schlagenden Verbänden alldeutscher Gesinnung angehörten. Während der Unruhen wegen der Badenischen Sprachenverordnungen im Jahre 1897 beleidigten deutschnationale Studenten wiederholt habsburgische Offiziere auf offener Straße.[27] Dies führte zu vielen Duellen, in denen die Offiziere recht schlecht abschnitten, da die Studenten wesentlich geübtere Duellanten waren. Die Verluste unter den Offizieren waren so hoch, daß an derart schwierigen Posten wie in Wien und Graz eigene Fechtschulen für Offiziere eingerichtet wurden. Als man erkannte, daß dies nichts nützte, erließ die Armee schließlich eine Verordnung, daß Duelle mit Studenten nicht mit dem Säbel, sondern mit der Pistole ausgetragen werden mußten. Diese Anweisung ist um so bemerkenswerter, als Pistolenduelle in der Armee besonders verboten waren, da ein tödlicher Ausgang bei ihnen als wahrscheinlicher galt als bei Duellen mit dem Säbel. In Joseph Roths Roman erhält Dr.Demant von seinem Oberst eine Sonderdispens für ein Pistolenduell, da er völlig unfähig ist, mit einem Säbel umzugehen. Nicht daß die meisten Offiziere so hervorragende Schützen gewesen wären, aber die Duellpistole mit ihrem glatten Lauf, der das Zielen erschwerte, war eine so unzuverlässige Waffe, daß der Offizier wenigstens eine gleich große Chance hatte wie sein Gegner.

Rencontre

Als die Bräuche der gesellschaftlichen Eliten im 17. und 18. Jahrhundert immer ausgeklügelter wurden, wurden auch die Regeln des Duells immer komplizierter. Im 19. Jahrhundert war daraus dann endgültig ein starres Ritual geworden. Wer diese Regeln - die von Land zu Land verschieden waren - auch nur im geringsten verletzte, setzte sich dem Verlust seiner Ehre und der gerichtlichen Verfolgung aus. Kein Wunder daher, daß Offiziere und andere Ehrenmänner begierig so berühmte Bücher über die Kunst des Duells konsultierten, wie Ludwig Bergers *Der Waffengebrauch des Offiziers* (Linz 1903), Franz von Bolgars *Regeln des Duells* (Wien 1822, mit vielen weiteren Auflagen in verschiedenen Sprachen), Gustav Hergsells *Duell-Codex* (Wien-Budapest-Leipzig 1891), Friedrich Teppners *Duell-Regeln für Offiziere und Nachschlagebuch in Ehrenangelegenheiten* (Graz 1898) oder - um auch eine Veröffentlichung aus der Zeit nach dem Ersten Weltkrieg zu nennen - Caesar de Sgardellis *Párbaj zsebkódexe* (Der Taschen-Codex des Duells) (Budapest 1922).

Die von diesen Handbüchern aufgelisteten Grundprinzipien waren stets dieselben: Duelle mußten durch eine vorangegangene Beleidigung hinlänglich begründet sein (also keine Duelle zur Unterhaltung oder um der bloßen Kunst willen!), sie mußten nach speziellen, vorher abgestimmten Regeln mit gleichen und tödlichen Waffen gefochten werden und erforderten das Beisein einer bestimmten Anzahl von Zeugen. Die österreichisch-ungarischen Kodices unterschieden zwischen drei Graden der Beleidigung, die zu einer „ritterlichen Angelegenheit" führten: (1) geringfügigere Beleidigungen, wie unhöfliches Verhalten, (2) schwere Beleidigungen, wie verbale Beschimpfungen, und (3) tätliche Angriffe, wie eine Ohrfeige, die schlimmste Form der Beleidigung für einen mitteleuropäischen Ehrenmann. Der Ernst eines Duells wurde durch den Grad der Beleidigung, aber auch durch die Forderungen des Insultierten und die Entscheidung der Sekundanten bestimmt. Letztere spielten eine Schlüsselrolle, denn wie Alphons Kerr, ein Experte in Fragen des Duells, sagte: „Es töten nicht die Kugel oder die Klinge des Degens, sondern die Sekundanten!“[28] Und tatsächlich hing der Ausgang einer ritterlichen Angelegenheit stark vom Verhandlungsgeschick, der Erfahrung und der Geistesgegenwart der Sekundanten ab. Sie bestimmten, ob ein Duell stattfinden sollte oder nicht und wenn ja, unter welchen Bedingungen es gefochten und wann es abgebrochen werden sollte.

Es ist unmöglich, hier im Detail das komplexe Ritual zu beschreiben, das dem jeweiligen Rencontre voranging, dessen Ablauf bestimmte und darauf folgte. Am Beginn stand der Austausch von Visitekarten, dann folgte die Wahl der Sekundanten (zwei für jede der kämpfenden Parteien), die die Angelegenheit besprachen, oft unter Abfassung eines formellen Protokolls. Häufig gab es Beratungen mit einem Ehrenausschuß und/oder erfahrenen anderen Duellanten. Ort und Zeit des Rencontres wurden festgelegt, und schließlich fand das Duell, vorzugsweise in einer Atmosphäre untadeligen Höflichkeit und Unparteilichkeit, im Beisein zweier Ärzte statt, die sich um die Verwundeten kümmern sollten. Die Wagen warteten in gebührender Entfernung. Auch das Ritual des eigentlichen Duells war bis ins letzte Detail geregelt: das Aufbrechen des Siegels der Schatulle, in der sich die Pistolen befanden, die sorgfältige Prüfung der Waffen, das Verlesen der Regeln, auf die man sich zuvor geeinigt hatte, die formelle Aufforderung zur Versöhnung (ein neuerlicher Aufruf zur Versöhnung folgte nach dem Duell - vorausgesetzt, die beiden Kontrahenten waren noch in der Lage, einander die Hand zu reichen) und die Abfassung eines endgültigen Protokolls.

Für die österreich-ungarischen Militärs gab es nur zwei Arten von Duellwaffen: den Säbel und die Pistole. Die Verwendung eines Gewehrs, eines Revolvers oder eines Floretts wurde abgelehnt.

Bei Säbelduellen gab es zwei verschiedene Varianten, abhängig davon, ob der Säbel ausschließlich als Hieb- oder aber als Hieb- und Stichwaffe eingesetzt werden durfte. Letztere waren gefährlicher und daher für Offiziere theoretisch verboten. Das Gefecht dauerte, je nach Übereinkunft, entweder bis zum „ersten Blut“, bis „zur völligen Erschöpfung“ oder bis einer der beiden Kontrahenten tot war (letzteres durfte allerdings bei strenger Strafe nicht im vorhinein vereinbart werden). Es konnte auch eine bestimmte Zeitspanne festgelegt werden, über die ein Kampf gehen sollte.

Für Pistolenduelle gab es ebenfalls mehrere Möglichkeiten. Entweder feuerten die beiden Duellanten ihre Schüsse von einem genau bezeichneten Platz auf Kommando oder ohne ein solches aufeinander ab, oder sie gingen aufeinander zu (*Avance*), wobei sie von Zeit zu Zeit stehenbleiben konnten oder auch nicht. Ebenfalls im vorhinein festgelegt wurde die Zahl der Kugeln, die abgefeuert werden sollten. Die schlimmste Form des Duells war jene, wo die beiden Duellanten so lange aufeinander zugingen, bis sie schließlich nur mehr durch 15 Schritte voneinander getrennt waren.

Heute erscheint es uns geradezu unglaublich, welch nichtige Gründe für eine Forderung ausreichten und oft zu einem Duell führten: ein arroganter Blick; die Säumnis, eine Dame in Gesellschaft eines Ehrenmannes zu grüßen; ein unabsichtlicher Stoß in der Tramway; eine abwertende Bemerkung über jemandes Beruf oder berufliche Vereinigung. All dies waren ausreichende Gründe, um den „Beleidiger" ins Spital oder gar auf den Friedhof zu befördern. Das im Jahre 1915 veröffentlichte Handbuch für den „Dienstverkehr des Reserveoffiziers" zählt 14 Beispiele auf. Diese reichen von Beschimpfungen wie „Lügner", „gemeiner Kerl" oder „ganz gewöhnlicher, characterloser Mensch" bis dahin, jemanden zu „fixieren und dabei mit der Hundspeitsche zu fuchteln".[29]

Während „Damen von untadeligem Ruf" sozusagen auf ein Podest gestellt wurden und die Verteidigung ihrer Ehre im Falle einer Beleidigung durch einen Mann für ihre männlichen Verwandten und Freunde eine absolute Verpflichtung war, galt es paradoxerweise als bedeutungslos, wenn dieselbe untadelige Dame durch eine Standesgenossin beleidigt wurde: ein eindeutiges Beispiel, daß Frauen als wertvolles Eigentum der Männer behandelt wurden.

Natürlich lag nicht jeder Ehrenangelegenheit eine Belanglosigkeit zugrunde. Hier soll nur ein Fall angeführt werden. 1908 wurde in Pola/Istrien gegen Oberleutnant Wilhelm Ritter von Rosner ein ehrenrätliches Verfahren wegen Ehebruches mit der Gemahlin eines Offizierskameraden eingeleitet. Rosners Dienstbeschreibung bezeichnet ihn als hervorragenden Offizier. Dem Generalstab zugeteilt, diente er zur Zeit des Zwischenfalls bei der Festungsartilleriedirektion in Pola. Der Ehrenrat befand ihn für schuldig, und er wurde wegen Gefährdung der Standesehre verwarnt und dem Präsenzstand eines Festungsartillerie-Regiments in Galizien zugeteilt. Der Chef des Generalstabes, General Conrad, intervenierte am 1. März 1909 persönlich für Rosner und ersuchte, er möge seinen Platz in der Beförderungsliste nicht verlieren, den er sich durch den Dienst beim Generalstab erworben hatte, aber der Kriegsminister lehnte das Ansuchen ab. Der Fall Rosner wurde jedenfalls kurz darauf *ad acta* gelegt, da dieser am 11. März 1909 an den Folgen der Verletzungen aus dem Duell mit dem Ehemann seiner Geliebten, einem Marineleutnant, starb.[30]

Der Fall Rosner zeigt übrigens ganz klar den Unterschied zwischen der deutschen und der österreichisch-ungarischen Militärpraxis hinsichtlich des Duells. In Deutschland ging die Zahl der Duelle gegen Ende des 19. Jahrhunderts allein aus dem Grund zurück, weil hier die militärischen Ehrenausschüsse Offiziere, die der Vergehen wie etwa des Ehebruchs mit der Frau eines Offizierskameraden überführt wurden, zunehmend für satisfaktionsunfähig erklärten. Daher wurden im Deutschen Reich wesentlich mehr Offiziere aufgrund von Verfehlungen vom Korps ausgeschlossen, welche die Ehrenausschüsse in Österreich-Ungarn nur veranlaßt hätten, im Grunde ein Duell zu befehlen (da das Duellieren theoretisch ein Verbrechen war, wurde nie ein *direkter* Befehl hiezu erteilt). In gewisser Weise war die in Österreich-Ungarn geübte Praxis, den Beklagten einer tödlichen Gefahr auszusetzen - ein Duell unter den schwersten Bedingungen - sogar humaner als die Praxis in Deutschland. Dort wurde einem Offizier jede Chance verweigert, seinen Offiziersrang in einem Duell zu retten. In Österreich-Ungarn hingegen stand ihm die Möglichkeit offen, seine Zugehörigkeit zum Offizierskorps dadurch zu retten, daß er sein Leben aufs Spiel setzte.

Niemand kann sagen, wieviele Duelle in Österreich-Ungarn im 19. und frühen 20. Jahrhundert wirklich ausgetragen wurden. Statistiken gibt es keine, wie es überhaupt über die meisten nicht einmal eine Meldung gab. Albert Wiesinger, ein österreichischer Experte für das 19. Jahrhundert, nennt 50 „berühmte Duelle“ (davon 14 tödliche), die von habsburgischen Offizieren gefochten wurden. Diese Liste ist jedoch keineswegs repräsentativ und reicht chronologisch von 1529 bis 1893. Der gleiche Autor schätzt, daß in Österreich (Ungarn nicht mitgerechnet ?) zwischen 1800 und 1893 insgesamt etwa 2.500 Duelle stattfanden.[31]

Während des Krieges nahmen die Duelle zwangsläufig ab und 1917 wurde den Offizieren der österreichisch-ungarischen Armee das Duell von Kaiser Karl, einem demokratischeren und noch frommeren Herrscher als Franz Joseph es gewesen war, auf Kriegsdauer verboten, aber selbst danach ging ihre Zahl nur leicht zurück. Die österreichische Erste Republik ergriff strenge, wenn auch nicht immer wirkungsvolle Maßnahmen gegen diese Form der Austragung von Konflikten. In den traditionalistischen Ländern Polen und Ungarn hingegen ging ihre Praxis unvermindert weiter. Interessanterweise waren jedoch immer weniger Offiziere darin involviert, und das Rencontre wurde zum bevorzugten Zeitvertreib junger Akademiker und Politiker. Diese Duelle waren meist eher harmlos: „erstes Blut“, üblicherweise eine kleine Schramme, genügte den Sekundanten zur Erklärung, daß die Ehre gewahrt worden sei. Als Ausdruck der für das Ungarn unter Admiral Horthy bezeichnenden Geisteshaltung wurde die Ehrennotwehr der Offiziere durch eine beispiellose Entscheidung des Parlaments hier 1930 gesetzlich erlaubt (Gesetz II).[32]

Wilson D.Wallis zufolge war das Duell Ende des 19. Jahrhunderts in England, Skandinavien, Holland und selbst Deutschland verschwunden.[33] In den lateinischen Ländern hingegen, wie auch in Ungarn, Polen und Rußland - hier natürlich nur bis 1917 - lebte es noch weiter fort. Die faschistischen Staaten erkannten bald, welche Faszination vom Duell als Beweis der Männlichkeit und des individuellen Heldentums ausging. In Italien förderte Mussolini diese Praxis, und auch im Nazi-Deutschland wurde das Duell 1936 gesetzlich erlaubt. In Westdeutschland und Österreich werden zwar auch heute noch „Duelle“ ausgetragen, allerdings in Form der genau geregelten Mensuren in den Burschenschaften und nicht mehr, um „ritterliche Satisfaktion“ zu erlangen.[34]

Der Begriff der Ehre ist vermutlich genauso alt wie die Gesellschaft selbst. Im Mittelalter war die Verteidigung der persönlichen Ehre, zumindest theoretisch, auf die gehobenen Gesellschaftsschichten beschränkt, doch gibt es keinen einsichtigen Grund, warum den Bauern die Verteidigung ihrer Ehre ein geringeres Bedürfnis gewesen sein sollte. Dichter, Rechtsgelehrte und Kleriker idealisierten den „Ritter“ als einen von Gott gesandten Beschützer von Kirche und Christentum, als Anwalt der Armen und Schutzlosen. Das Offizierskorps des 19. Jahrhunderts übernahm diese mittelalterliche Ideologie fast unverändert und versuchte sie in einer modernen Gesllschaft zu verwirklichen. Der christliche Soldat des Mittelalters, der *miles christianus*, schwang sein Schwert zur Verteidigung der Tugenden Ehre, Treue, Dienst, Gerechtigkeit, Mut und Mäßigung. Der Offizier der modernen dynastischen Armeen trachtete danach, diese Tugenden um so höher zu halten, je mehr sich die moderne Welt anderen Zielen und Idealen zuwandte.

Dem Staat des 19. Jahrhunderts gelang es fast überall, der Selbstjustiz unter den niedrigeren Gesellschaftsschichten ein Ende zu setzen. Nur wo der Staat schwach war, wie zum Beispiel in Süditalien, nahmen die unteren Klassen weiterhin das Recht in ihre Hände und hielten an ihrer eigene Auslegung von persönlicher Ehre fest. Gegenüber der Selbstjustiz unter der gesellschaftlichen Elite nahm der dynastische Staat des 19. Jahrhunderts eine viel ambivalentere Haltung ein. In Widersprüche verstrickt, untersagte und forderte der Staat gleichzeitig, daß die oberen Schichten das Gesetz bisweilen in ihre eigenen Hände nehmen sollten. Die Gründe hiefür waren äußerst komplex. Das Verbot auf der einen Seite führte zweifellos die absolutistische Tradition fort, die Forderung nach einer Entscheidung im Duell auf der anderen Seite leitete sich aus der Feudalzeit her, wo jeder einzelne Stand genau abgegrenzt und mit besonderen Privilegien und Pflichten ausgestattet war. Wenn wir beispielsweise bedenken, daß Angehörige der jüdischen Gemeinde nie das Recht hatten, ihre persönliche Ehre zu verteidigen und sich stattdessen, wie Frauen oder Priester, auf den schützenden Arm des Adels verlassen mußten, so ist es erstaunlich, wie selbstverständlich die österreichisch-ungarische Gesellschaft, oder zumindest das Offizierskorps, anerkannte, daß auch ein Jude eine „Ehre“ haben konnte.

Die Offiziere der Habsburgermonarchie dienten der wohl am stärksten der Tradition verhafteten aller Dynastien in einem Teil Europas, der sich so rasch wie kaum ein anderer entwickelte. Als anationale und apolitische Vertreter dieser Dynastie waren die Offiziere in besonderem Maße an der Wahrung jener Werte interessiert, die sie so sehr von der übrigen Bevölkerung unterschieden. Nur dies schützte sie vor dem nahezu unwiderstehlichen Einfluß nationalistischer und sozialpolitischer Agitation. Das Duell diente ihnen dazu, sich vom Rest der Gesellschaft abzuheben. Durch die strenge Auslegung des Ehrbegriffs waren die habsburgischen Offiziere weniger korrupt und sich selbst ihrer Verantwortung stärker bewußt als dies üblicherweise für Angehörige einer privilegierten Institution gilt. Diese Auslegung des Ehrbegriffs hinderte die Offiziere aber auch, die Bedeutung der modernen politischen und sozialen Strömungen in ihrer vollen Tragweite zu erfassen. Ihr Leitgedanke von Dienst, Ehre und Treue schien damals im krassen Widerspruch zu Europas neuer Ideologie von Freiheit, Gleichheit und Brüderlichkeit zu stehen. Dies zeigt, welches Ansehen die Offiziere genossen, aber auch wie ambivalent die Haltung der Monarchie war, daß die traditionellen Ideale der Offiziere unter der Bildungsschicht zumindest ebensolchen Anklang fanden wie die neuen politischen und sozialen Strömungen. Am Ende stand eine tiefe ideologische Verwirrung.

7. Ehe und Familie, Sexualmoral und Kriminalität

Frauen und Kinder

Die Ideale mittelalterlicher Ritterlichkeit forderten vom Ritter, in Keuschheit zu leben oder aber, wenn er verheiratet war, im Dienste eines edlen Zieles immer wieder eine Zeit fern der Heimat zu verbringen. Die Offiziere des 19. Jahrhunderts erinnerten gerne an diese Ideale und verglichen das Offizierskorps häufig mit den Ritterorden von einst. Doch wie ihre ritterlichen Vorläufer lockte es auch sie nur wenig, getreu diesen Regeln zu leben. Die Umstände und die Politik der Armee hielten die Zahl der Eheschließungen jedoch gering; durch die häufigen Garnisonswechsel waren Tausende Offiziere zu einem Nomadenleben verurteilt, das jenem der mittelalterlichen Ritter nicht unähnlich war.

Wie in so vielen anderen Belangen, etwa bei der Besoldung oder beim Duell, waren die Ansichten innerhalb der Habsburgerarmee über die Ehe geteilt. Einerseits wurde eine Familie als Last angesehen, als Bürde für die militärische Bürokratie (oder zumindest für die Staatskasse) und als Hindernis für die freie Entfaltung der Talente und Dienste der Offiziere. Andererseits galten die Söhne der Offiziere als die beste und oft einzig verläßliche Quelle für den Fortbestand des Offizierskorps. Jedenfalls wurde die Zahl der Offiziere eines Truppenkörpers, die heiraten durften, streng limitiert. Außerdem durften Ehen nur mit Frauen geschlossen werden, die weder eine Belastung für die Staatskasse darstellen noch durch ihre Herkunft oder ihr Verhalten die Ehre des Offizierskorps in Gefahr bringen könnten. Das dreifache Hindernis des *numerus clausus*, der finanziellen Erfordernisse und der akzeptablen gesellschaftlichen Stellung machte das Leben eines Offiziers zum Alptraum.

Keineswegs überraschend war es einmal mehr Maria Theresia, die mit der Heiratsvorschrift aus dem Jahre 1750 als erste die Frage der Offiziersheiraten regelte. Ihre Verfügungen wurden in der Folge auch auf jene Offiziere ausgedehnt, die nicht im aktiven Dienst standen oder bereits in den Ruhestand getreten waren, mit dem Argument, daß diese jederzeit wieder in den aktiven Dienst übernommen werden könnten.[1] Mit der Heiratsvorschrift der Kaiserin wurde für die Eheschließung die Erlaubnis des Regimentsinhabers, des Kommandanten und der Offiziersversammlung notwendig. Ebenfalls erforderlich war die Hinterlegung einer Heiratskaution, mit der für die Witwe eines Offiziers vorgesorgt werden sollte. Je niedriger der Rang eines Offiziers, desto höher die Heiratskaution. Sie betrug für einen Leutnant nahezu zehn, für einen Hauptmann fünf Jahresgagen.

Die Heiratslizenz Josephs II. aus dem Jahre 1777 dehnte die Erfordernis einer Kaution auf alle Offiziere aus, nicht nur auf die Offiziere der kämpfenden Truppe. Es wurde auch die Möglichkeit einer Heirat ohne Kaution eingeräumt, wenn der Kaiser seine Zustimmung gab und die Braut mit der Unterzeichnung eines Pensionsverzichtsrevers auf alle Ansprüche einer Witwenpension verzichtete. Im Einklang mit der josephinischen Staatspolitik und in krasser Verletzung der Lehre der Kirche wurde eine Ehe, die unter Mißachtung dieser Vorschriften geschlossen wurde, für ungültig erklärt.[2]

Es folgten noch viele weitere Erlässe. Mit der Heiratsvorschrift aus dem Jahre 1812 wurde anstelle der Hinterlegung einer fixen Summe die Garantie eines Nebeneinkommens zur Gage vorgeschrieben, das auch aus Grundbesitz oder einer anderen Quelle stammen konnte. Dieses Einkommen sollte zu Lebzeiten des verheirateten Offiziers verwendet werden und seine Gage in etwa verdoppeln. Mit derselben Heiratsvorschrift wurde allerdings der Prozentsatz verheirateter Offiziere pro Regiment auf ein Sechstel festgesetzt.[3]

Die Verordnung aus dem Jahre 1861 setzte die Höhe des erforderlichen Einkommens hinauf und schrieb für Angehörige einer Kampftruppe eine noch höhere Summe vor, mit dem Argument, daß die Wahrscheinlichkeit, daß solche Offiziere im Krieg ihr Leben ließen, größer war und ihre Witwen dann besser versorgt wären. Offiziere unter 30 Jahren mußten ihre Kaution verdoppeln. Eine Ausnahme wurde allerdings für die ärmeren Grenzer-Offiziere gemacht, denen es gestattet wurde, eine geringere Kaution zu hinterlegen. Außerdem wurde der Hälfte aller Offiziere jedes Grenzer-Regiments eine Heirat erlaubt. 1887 wurde die notwendige Kaution erneut hinaufgesetzt, jedoch gleichzeitig mehr Offizieren eine Eheschließung gestattet: einem Viertel aller Offiziere in jedem Linienregiment und der Hälfte der Generalstabsoffiziere. Die Vorschrift aus dem Jahre 1907 schließlich erlaubte, daß die Hälfte der Offiziere jedes Regiments verheiratet war, doch wurde die Kaution einmal mehr hinaufgesetzt. Ein Leutnant mußte nun 60.000 Kronen (30.000 Gulden) hinterlegen, eine Summe, die mehr als dreißigmal seiner durchschnittlichen Jahresgage entsprach. In den höheren Rangklassen nahm dieser Betrag drastisch ab, so daß ein Major nur 30.000 Kronen (15.000 Gulden), etwa das Fünffache seiner jährlichen Grundgage, hinterlegen mußte. Offiziere ab dem Rang eines Oberstleutnants bedurften keiner Kaution.[4]

All dies führte dazu, daß die Offiziere erst spät oder überhaupt nicht heirateten. Oberleutnant Arthur Görgey quittierte 1845 seinen Dienst, da weder er noch seine Braut über die erforderlichen finanziellen Mittel verfügten. Görgeys Bedauern, seine Karriere abgebrochen zu haben, war zweifellos mit ein Grund für seinen Entschluß, 1848 in die ungarische Nationalgarde einzutreten.[5] Von den im vorliegenden Buch zitierten Verfassern von Memoiren aus der Militärzeit heirateten Stillfried im Alter von 35, Auffenberg mit 38, Hirsch mit 44 und Misčević mit 54 Jahren.[6] Der österreichische Historiker Müller schätzt, daß Offiziere im Durchschnitt zehn Jahre später heirateten als andere Angehörige der männlichen Bevölkerung der Monarchie.[7]

Zunächst war die Kaution dafür gedacht, Offizieren im Ruhestand und deren Witwen ein Einkommen zu sichern, eine absolute Notwendigkeit zu einer Zeit, in der es kein Pensionssystem gab. Später diente sie auch zur Aufbesserung des Familieneinkommens. Allerdings wurden im 19. Jahrhundert, wie wir noch sehen werden, Pensionen und Zuschüsse für Witwen eingeführt, mit denen zumindest Offiziere (oder deren Witwen), die ein gewisses Dienstalter erreicht hatten, ihr Auslangen finden konnten. Auch die Gage der Offiziere wurde erhöht, wie wir bereits gesehen haben, so daß es nicht mehr länger unmöglich war, eine Familie zu erhalten, wenn man beispielsweise als Hauptmann oder höherrangiger Offizier heiratete. Warum wurde dann aber die Kaution ständig angehoben? Ein Grund dafür mag es gewesen sein, gesellschaftlich nicht akzeptablen Eheschließungen vorzubeugen. Aber selbst dann ergibt die Politik wenig Sinn, da die Offiziersversammlungen und Regimentskommandanten dies ohnehin verhindern konnten.

Junge Offiziere hielten stets Ausschau nach einer geeigneten Partie, deren Familie reich und nicht abgeneigt war, sich von einer beträchtlichen Summe zu trennen, um ihre Tochter einem Nomaden anzuvertrauen, der oft einer anderen Nationalität angehörte und neben einem bescheidenen Einkommen noch die Aussicht auf einen frühen Tod hatte. Auch bestand die Möglichkeit, daß er seinen Posten verlor, wenn die Monarchie einmal wirklich zusammenbrach, wie dies so oft drohte.

Wenn Besuche gesellschaftlicher Veranstaltungen nicht den gewünschten Erfolg brachten, fielen Offiziere bisweilen sogar so tief, eine Annonce in einer Zeitung aufzugeben, wie etwa die folgende, die am 29. November 1900 im *Neuen Wiener Tagblatt* erschien: „Fescher junger Mann, bevorzugten Standes, heiratet liebenswürdiges cautionsfähiges Fräulein. Unter 3 Sterne."[8]

Überflüssig zu sagen, daß solche Anzeigen strengstens verboten waren, und der Hauptmann („Drei Sterne"), wurde er ausfindig gemacht, von einem Ehrenrat zweifellos verurteilt worden wäre, seine Ehre als Offizier verletzt oder zumindest gefährdet zu haben. Strenge Hüter des Ehrenkodex, wie etwa A. Kielhauser, protestierten heftig, aber vergebens gegen diese weitverbreitete Praxis.[9]

Die Mehrzahl der Offiziere allerdings blieb unverheiratet. 1872 beispielsweise waren nur 3.628 oder 29,2 % der 12.436 aktiven Stabs- und Oberoffiziere (nicht mitgerechnet die Reserveoffiziere) verheiratet oder verwitwet.[10] In meiner Auswahlstichprobe des Jahrgangs 1870 blieben von den 487 Offizieren 284 oder 58,4 % während ihrer Militärzeit unverheiratet. In der Gruppe von 1900 waren von den 516 Offizieren 370 oder 71,7 % unverheiratet, allerdings muß hier in Betracht gezogen werden, daß die jüngsten dieser Offiziere erst 34 Jahre alt waren, als mit Ausbruch des Ersten Weltkriegs keine Dienstbeschreibungen mehr verfaßt wurden. Es gilt auch zu berücksichtigen, daß viele Offiziere meiner beiden Zufallsstichproben die Armee in sehr jungen Jahren verließen, einige zweifellos aufgrund eben dieser Einschränkungen in bezug auf eine Eheschließung.

Aus dieser mißlichen Lage gab es nur wenige Auswege. Die Offiziere der Tiroler Kaiserjäger beispielsweise mußten keine Kaution hinterlegen. Ehen, die vor der Offiziersernennung geschlossen worden waren, wurden von der Armee nicht für ungültig erklärt. Ein Offizier konnte auch beim Kaiser um eine Dispens ansuchen, wenn seine Braut die Tochter eines anderen mittellosen Offiziers war. Anton Lehár erhielt 1900 nach einer Audienz bei Franz Joseph eine solche Dispens, obwohl es ihm als zum Generalstab zugeteiltem Oberleutnant verboten war zu heiraten.[11] Man konnte auch seine Verbindungen einsetzen. 1850 stand Mollinary auf der Warteliste für eine Heiratserlaubnis, wobei noch fünf oder sechs Regimentskameraden vor ihm rangierten. Er wandte sich direkt an den Generalstabschef und den örtlichen Armeekommandanten und erreichte eine Beförderung zum Oberstleutnant und damit die

Freiheit, die bildhübsche italienische Aristokratin Beatrix Torresani zu ehelichen. Urbański hingegen, ein Offizier, der sich in der gleichen Lage wie Mollinary befand, mußte bis zu seiner Beförderung zum Hauptmann des Generalstabes warten.[12]

Schließlich gab es, wenn man die erforderliche Kaution nicht aufbringen konnte, noch die Möglichkeit, das Risiko einzugehen und vorzugeben, über eine solche zu verfügen. Fenner berichtet, daß einige Offiziere seines Regiments in den vierziger Jahren des 19. Jahrhunderts Verwandte und Freunde überredeten, ihr Geld in fünfprozentigen Regierungsanleihen anzulegen. Diese stellten sie dann dem jungen Paar gegen das Versprechen zur Verfügung, ihnen die Zinsen im geheimen zukommen zu lassen.[13]

Bei meinen Stichproben stieß ich auch auf einige Angaben zu Heiratskautionen, die von Offizieren hinterlegt wurden. In der Auswahl von 1870 waren von den 133 Offizieren, über die verläßliche Informationen vorliegen, 9 (6,8 %) wohlhabend genug, um ihre eigene Kaution zu hinterlegen, 74 (55,6 %) verließen sich auf die Familie ihrer Braut, und 50 (37,6 %) erhielten eine Dispens, um ohne Hinterlegung einer Kaution heiraten zu dürfen - in der Tat ein erstaunlich hoher Anteil. Für die Auswahl von 1900 lauten die entsprechende Zahlen und Prozentsätze für 76 Offiziere 13 (17,1 %), 62 (81,6 %) und 1 (1,3 %).

Das Leben der Offiziersfamilien war nicht leicht, insbesondere vor der Reformära, als die Besoldung noch sehr niedrig war und die Regimenter fast jährlich die Garnison wechselten. Oft gingen die Familien unaufgefordert mit, übersiedelten ihr ganzes Gepäck einschließlich der Möbel praktisch ohne jeden Ersatz der Kosten und mußten, einmal an dem neuen Ort angekommen, erst Ausschau nach einer Wohnung halten, die nicht gänzlich unannehmbar war. Nach den achtziger Jahren des 19. Jahrhunderts wurde die Situation etwas einfacher, als die Einheiten weniger oft die Garnison wechselten und die Unterkunftsbedingungen sich besserten. Daß eine Offiziersfrau arbeiten ging, war undenkbar, hatte sie doch mehr als genug damit zu tun, den Haushalt zu führen und sich um den Offiziersburschen, die Dienstboten und die Kinder zu kümmern. Hinzu kamen die Probleme einer geschlossenen Gesellschaft, einschließlich der gelegentlichen Schikanen der *Kommandeuse*, der Frau des Obersten. Es bedarf wohl keiner Erwähnung, daß nicht alle Ehefrauen ein unglückliches Leben führten. Außerdem war, zumindest bis zur Jahrhundertwende, eine Scheidung praktisch unbekannt.

In der Regel hatten Offiziere relativ wenige Kinder, vielleicht auch deshalb, weil sie so spät heirateten. (In meiner Auswahl des Jahrgangs 1870 betrug das Durchschnittsalter der Offiziere zum Zeitpunkt der Eheschließung 36 Jahre, in der Gruppe des Jahrgangs 1900 30 Jahre.) 1872 beispielsweise hatten von den 3.628 verheirateten Stabs- und Oberoffizieren der k.u.k. Armee 969 (36,5 %) keine Kinder. Die Gesamtzahl der Offizierskinder in diesem Jahr betrug 6.058, was weniger als zwei Kindern pro Familie entspricht.[14]

Konkubinen, Mätressen, Prostituierte und sexuelle Vergehen

Wären diese viktorianischen Ehrenmänner doch weniger verschlossen hinsichtlich ihres Privatlebens gewesen! Natürlich verfügen wir über belletristische Zeugnisse, vor allem von Arthur Schnitzler, über Tänzerinnen, Midinetten und Huren, in den Offizierserinnerungen hingegen ist vor allem von platonischer Anbetung die Rede: je feuriger und exotischer der Gegenstand der Bewunderung, desto unwahrscheinlicher, daß diese Affäre mit einer Eheschließung endete. Die Ehefrauen werden fast durchwegs als großzügig, geduldig, treu und sittsam beschrieben, was die Vermutung nahelegt, daß nur wenige aus Liebe geheiratet wurden. Nur Gründorf gibt zu, daß ihn seine Frau mit all ihrem Schmuck wegen eines Offizierskameraden verließ, was ihn seinerseits veranlaßte, ausgerechnet in den Gängen des Kriegsministeriums mit dem Säbel über seinen Rivalen herzufallen. Der Vorfall ereignete sich 1866 und endete sowohl für Gründorf als auch für den Liebhaber seiner Frau mit der Verurteilung zu sechs Monaten Kerker. Der Liebhaber verbüßte im Gegensatz zu Gründorf auch tatsächlich seine Strafe, während letzterer mitten in einer erfolgversprechenden Karriere pensioniert wurde.[15]

Gründorf scheint überhaupt weniger viktorianische Vorurteile als die meisten seiner Kameraden gehegt zu haben. In seinen Memoiren beschreibt er, wie er als junger, noch lediger Offizier in Galizien gemeinsam mit mehreren Kameraden einige Mädchen aus einer Tabakfabrik in die Schlafräume beorderte. Später hatte er, obwohl glühender Antisemit, „die schönste Affäre“ mit „einem liebenswerten Judenmädchen“. Zur Zeit wiederum, als er in Wien die Kriegsschule absolvierte, hatte er ein dauerhaftes Verhältnis mit „Mizzi in der Zuckerbäckerei am Michaelerplatz“.[16] Konkubinat dürfte weit verbreitet gewesen sein, obwohl man nur selten Beweise dafür findet, da solches für das Offizierskorps an sich verboten war, aber allgemein toleriert wurde. Glaise schreibt in seinen Memoiren, daß in den siebziger Jahren des 19. Jahrhunderts in Salzburg die Hälfte der Offiziere des Infanterie-Regiments Nr. 59 seines Vaters im Konkubinat lebte.[17]

Feldbordelle wurden von der Armeeführung erst während des Ersten Weltkriegs eingerichtet, in Friedenszeiten hingegen besuchten die Offiziere wie auch andere Ehrenmänner private Etablissements. Trotz der polizeilichen Registrierung der Prostituierten und regelmäßiger medizinischer Kontrollen waren Geschlechtskrankheiten die fast unweigerliche Begleiterscheinung solcher Besuche, wie auch aus vielen Eintragungen in den Dienstbeschreibungen der Offiziere hervorgeht.

Ein besonders tragisches Beispiel und das schwerste Verbrechen nach der in Kapitel 4 erwähnten Hofrichter-Affäre, auf das ich bei meinen Nachforschungen stieß, ist der Fall des 21jährigen Fähnrich Heinrich Schmidt, der im Juli 1912 in Gyulafehérvár, Siebenbürgen, mit dem jungen Freudenmädchen Maria Jenuleszk einen Selbstmordpakt schloß. Schmidt bediente sich seiner Dienstpistole, um das Mädchen zu töten, und schoß sich danach selbst zwei Kugeln in die Brust, überlebte aber. Das örtliche Garnisonsgericht verurteilte ihn zum Tod durch den Strang, und im Mai 1913 bestätigte das Militär-Obergericht in Wien das Urteil. Das Obergericht stellte allerdings fest, daß Schmidt das Freudenmädchen mit dessen Einwilligung erschossen hatte und empfahl ihn für eine Begnadigung. Franz Joseph milderte das Urteil tatsächlich auf fünf Jahre schweren, verschärften Kerkers. Welche Rolle das Schicksal seines eigenen Sohnes Rudolf, der 1889 erfolgreich dieselbe Art von Selbstmordpakt ausgeführt hatte, bei dieser mildernden Entscheidung gespielt hat, sei dahingestellt.[18]

Während die Ehrenräte sich bei Konkubinat und Mätressen recht nachsichtig zeigten, blieben sie doch hart in Fällen von Ehebruch, vor allem wenn darin die Frau eines Offizierskameraden verwickelt war. Unerbittlich hingegen waren die Militärgerichte, wenn es um eine Vergewaltigung ging. 1874 kam es wegen Schändung zur Kassation (Degradierung) eines Offiziers meiner Stichprobe des Jahrgangs 1870 durch das Budapester General-Commando und seiner Verurteilung zu zwei Jahren schweren Kerkers, verschärft durch monatlich zweimaliges Fasten bei Wasser und Brot.[19]

Homosexualität galt sowohl vor dem bürgerlichen als auch vor dem Militärgesetz als Verbrechen, dürfte aber nichtsdestotrotz in der Armee weit verbreitet gewesen sein. Dies lag auch nahe in einer ausschließlich männlichen Gesellschaft, wo es entweder überhaupt keine Frauen gab oder diese unerreichbar oder möglicherweise infiziert waren. Vielleicht gab es sogar Offiziere, die gerade deshalb in die Armee eintraten, weil es dort nur Männer gab. In den Memoiren aber sucht man vergebens nach Hinweisen. Anhand der im folgenden angeführten drei Fälle, die stichprobenartig aus einem zeitgenössischen Index der Strafuntersuchungsprotokolle herausgegriffen wurden, soll etwas Licht auf dieses Thema geworfen werden.[20]

1901 degradierte das Garnisonsgericht Komorn (Ungarn) Oberleutnant Cornelius Ritter von Hafner vom k.u.k. Infanterie-Regiment Nr. 19. und verurteilte ihn zu zwei Monaten strengem Profosen-Arrest wegen „unzüchtiger Handlungen mit einem Untergebenen“ in trunkenem Zustand. Erschwerend kam hinzu, daß er die Tat „bei nicht vollkommen vermachten Fenstern“ begangen hatte. 1900 entließ das Garnisonsgericht Theresienstadt (Böhmen) Oberleutnant Curt Josef Mayer, Lehrer an einer Kadettenschule, aus der Offizierscharge und verurteilte ihn zu zwei Jahren strengen Kerkers, verschärft durch zeitweiliges Fasten und Einzelhaft, weil er versucht hatte, einen der Kadetten zu verführen und obendrein eine Affäre mit einem Fähnrich gehabt hatte. Der Fähnrich wurde zu fünf Monaten Kerker verurteilt. Schließlich sei noch der Fall von Leutnant Johann Kautek vom k.u.k. Infanterie-Regiment Nr. 48 angeführt, der vom Garnisonsgericht Sopron (Ungarn) wegen des „Verbrechens der Unzucht wider die Natur“ verurteilt wurde, weil er mit zwei Soldaten seines eigenen Regiments „wiederholtemalen homosexuelle Betätigungen des Geschlechtstriebes gepflogen“ und versucht hatte, sechs weitere zu verführen. Vielleicht weil das Verfahren gegen ihn 1908 stattfand, also bereits in einer aufgeklärteren Zeit, wurde es schließlich mit der Begründung eingestellt, er habe unter „unwiderstehlichem Zwang“ gehandelt. Kautek legte seine Charge noch im selben Jahr zurück.[21]

Der sicherlich bekannteste Homosexuelle der habsburgischen Armee war Oberst Alfred Redl, seines Zeichens Meisterspion für Rußland, der 1913 Selbstmord beging. Die Redl-Affäre wurde durch die Vernichtung vieler Dokumente des Evidenzbüros des Generalstabes und durch die blühende Phantasie populärer Historiker und Filmemacher etwas ins falsche Licht gerückt. István Szabós berühmter Film *Oberst Redl*, der in den achtziger Jahren unseres Jahrhunderts gedreht wurde, entspricht dabei noch weniger der Wahrheit als die beiden früheren Filme. In den Grundzügen liegt der Fall aber klar. Von seiner Herkunft her war Redl der typische habsburgische Berufsoffizier und nicht, wie sensationslüsterne Geschichten es gerne hätten, ein außergewöhnliches Phänomen. Sein Vater war ein ehemaliger Offizier, der später bei der Karl-Ludwig-Bahn in Galizien tätig war. Die Familie war deutscher Abstammung. Der 1864 in Lemberg geborene Redl schlug zunächst den traditionellen Weg für eine Offizierslaufbahn ein, indem er mit 15 Jahren als Kadett in die Armee eintrat, dann aber eine der neuen Kadettenschulen besuchte. Ausgemustert wurde er 1887 im Alter von 213 Jahren als Leutnant im (galizischen) k.u.k. Infanterie-Regiment Nr. 9. Wie aus seiner Qualifikations-Liste hervorgeht, steckte er sich 1891 mit Syphilis an, bereits ein Jahr später aber finden wir in seiner Dienstbeschreibung die zufriedene Eintragung, daß er von seiner Krankheit „vollkommen geheilt" sei. (Die Autopsie im Jahre 1913 bewies allerdings das Gegenteil.)

Außergewöhnlich fleißig und begabt, bestand Redl 1892 erfolgreich die Zulassungsprüfungen zur Kriegsschule und stellte damit unter Beweis, was in der Armee, nicht aber in der Öffentlichkeit wohlbekannt war, daß es nämlich nicht unbedingt erforderlich war, eine Militärakademie besucht zu haben oder über besonders gute Verbindungen zu verfügen, um zu dieser Elite-Schule zugelassen zu werden. Das einwandfreie Gesundheitszeugnis, das Redl in diesem Jahr ausgestellt wurde, sollte zweifellos seinen Eintritt in die Kriegsschule erleichtern. Nach Abschluß der Schule mit der Gesamtnote „sehr gut" im Jahre 1894 wurde Redl dem Generalstab zugeteilt und 1899 schließlich Generalstabsoffizier. Da Hauptmann Redl fließend polnisch und ukrainisch sprach, wurde er noch im selben Jahr im Rahmen eines Austausches von Generalstabsoffizieren nach Rußland geschickt. Der vorgebliche Grund dieser Reise war es, russisch zu lernen, in Wirklichkeit jedoch benützten beide Seiten dieses Abkommen, um Spione auszubilden. Wieder zurück in Wien, wurde Redl 1900 zum Evidenzbüro des Generalstabs versetzt und mit Geheimdienstaufgaben gegen Rußland betraut. Eifrig verfolgte Redl nun mit großem Erfolg russische und andere Spione, wurde dann aber selbst zum russischen Spion. Dazu genötigt sah sich Redl aufgrund von Erpressungen des russichen Militärgeheimdienstes, der seine Homosexualität, seine drückenden Schulden und seine Liebe zum Luxus ausnützte. Zumindest seit 1903 lieferte er den Russen, und später auch den Italienern, wichtige österreichisch-ungarische Militärdokumente. Er verriet den Russen auch die Namen vieler im Ausland operierender österreichisch-ungarischer Spione und schob bei zahlreichen Spionage-Prozessen in der Monarchie, zu denen er als angesehener Experte hinzugezogen wurde, geschickt seine Verantwortung auf andere ab. Er mag sich vielleicht damit getröstet haben, daß die Monarchie überführten Spionen gegenüber sehr nachsichtig war und diese nie zu zu mehr als einigen Jahren Gefängnis verurteilt wurden.

Jahre hindurch wurde Redl mit Orden und Beförderungen überhäuft. Bis zum Jahr seines Todes wurde er in seiner Dienstbeschreibung als Mann von „vornehmer Denkungsart, Taktgefühl, hervorragend, vorzüglicher Stabsoffizier" beschrieben. 1912 wurde er zum Oberst befördert und Generalstabschef des VIII. Armeekorps in

Prag. Am 24. Mai 1913 wurde er schließlich dank der Wachsamkeit des Geheimdienstes des deutschen Großen Generalstabes und der österreichischen Staatspolizei entlarvt. Er beging noch in derselben Nacht Selbstmord mit einem Revolver, der ihm von Offizierskameraden des k.u.k. Evidenzbüros auf ausdrücklichen Befehl des Chefs des Generalstabes, General Conrad, ausgehändigt wurde.

Obwohl Redl seine Schuld zugegeben hatte, wurde nicht versucht, Details aus ihm herauszubekommen. Der Befehl zum Selbstmord stand am Beginn langwieriger Bestrebungen, diese Affäre zu vertuschen, worum sich sowohl Conrad als auch der Kaiser persönlich angestrengt bemühten. Dennoch kam es zu einem öffentlichen Skandal, der dem Ansehen des Generalstabes, der Armee und der Monarchie schweren Schaden zufügte. Auch ein Teil der katastrophalen militärischen Niederlagen, welche die Monarchie 1914 an der russischen und serbischen Front einstecken mußte, dürfte auf die Aktivitäten Redl zurückzuführen sein.

Wie gelang es Redl, so viele Jahre lang unbemerkt zu spionieren, um so mehr als er seinen homosexuellen Neigungen (einschließlich Transvestismus) freien Lauf ließ und ein äußerst aufwendiges Leben führte? (Er besaß unter anderem eines der teuersten spezialgefertigten Automobile der Monarchie.) Diese Fragen beschäftigten viele Experten und Autoren, die Erklärung ist in Wirklichkeit aber nicht allzu schwierig. Da war zum einen die typisch österreichische Schlamperei, und zum anderen, noch entscheidender, die feudalistisch geprägte Einstellung der Armee, die eigenartigerweise mit der liberalen Geisteshaltung der Zeit im Einklang stand. Man vertrat die Ansicht, daß man sich nicht um die privaten Angelegenheiten eines Offiziers und Ehrenmannes zu kümmern hatte. So wurde Redls fälschliche Behauptung, eine größere Erbschaft gemacht zu haben, auch widerspruchslos akzeptiert. Daß er mit 49 Jahren immer noch Junggeselle war, war wie wir gesehen haben, keineswegs eine Ausnahme. Selbst wenn einige Kameraden von seiner homosexuellen Neigung wußten - was nicht zu verhindern war, da er Dutzende von Liebhabern finanziell unterstützte -, tolerierte man dies, da seine Günstlinge Erwachsene und meist Offiziere waren. Die Armee schritt nur bei homosexuellem Verkehr mit Minderjährigen oder Untergebenen aus den Reihen der Mannschaft ein. Bezeichnenderweise war es nach Redls Tod Erzherzog Franz Ferdinands Hauptsorge, daß Conrad dem Mann mit seinem Befehl zum Selbstmord eine Todsünde befohlen hatte, was ihn zu ewiger Verdammnis verurteilt haben könnte. Außerdem war Selbstmord in den Augen des Staates und der Armee ebenso ein Verbrechen wie die Anstiftung hiezu. Schließlich sei angemerkt, daß Redls Protégé und Ziel seiner ungezügelten Leidenschaft, Leutnant Stefan Horinka von den 7er k.u.k. Ulanen, von einem Militärgericht im Juli 1913 wegen des „Verbrechens der Unzucht wider die Natur" zu drei Monaten Zwangsarbeit verurteilt und ihm sein Offiziersrang aberkannt wurde - in der Tat ein sehr mildes Urteil. Im Ersten Weltkrieg diente Horinka als Feldwebel.[22]

Insgesamt waren die Militärgerichte nicht sehr häufig mit sexuellen Verbrechen befaßt. Einem Index der Strafuntersuchungsprotokolle zwischen 1896 und 1915 zufolge, ging es bei den 181 aufgelisteten Verfahren im Auswahljahr 1896/97 in 10 Fällen um sexuellen Vergehen, 1912/13 waren es 11 von 254, und 1914 nur drei von insgesamt 164 Fällen.[23]

Andere Verbrechen und Militärgerichtsverfahren

Das Grundprinzip der habsburgischen Militärrechtssprechung bestand darin, daß alle Verletzungen des Ehrenkodex wie überhaupt alle Verbrechen gewissermaßen „innerhalb der Familie“ geregelt werden sollten, einschließlich der Vergehen gegenüber Zivilisten. Der entsprechende Strafkodex wurde erstmals unter Maria Theresia systematisiert und später wiederholt reformiert. Die einschneidenste Neufassung erfolgte 1884.

In der Theorie sollten die aus Offizierskameraden des Regiments (später der Division) bestehenden Ehrenräte alle Fälle behandeln, in denen es um die Ehre eines Offiziers ging, wie Duelle, Trunkenheit, Säumnis bei Schuldenzahlungen, Beleidigungen, Satisfaktionsverweigerung, mangelnde Diskretion, Konkubinat, Ehebruch, taktloses Verhalten, Verkehr in unangemessener Gesellschaft, falsche Berichterstattung usw.[24] Nach und nach wurden diese Probleme zunehmend von regulären Militärgerichten behandelt, die schon immer für schwere Vergehen zuständig waren, wie Spionage, Verrat, Anstiftung zur Meuterei, Mord, tätliche Bedrohung oder Eigentumsdelikte.

Im Laufe der Zeit gerieten die Exklusivität sowie die unübliche Vorgangsweise der Militärgerichte unter Beschuß der Öffentlichkeit und wurden als unvereinbar mit einer Gesellschaft und einem Staat angesehen, in dem sogar die katholische Kirche viel von ihren alten Jurisdiktionsprivilegien eingebüßt hatte. Es gelang der Armee jedoch zu verhindern, daß ernsthaft an ihren Vorrechten gerüttelt wurde.

Die Praktiken der österreichisch-ungarischen Militärgerichte waren indes so kompliziert (es war mir nicht möglich, sie völlig zu durchschauen), daß hier keine detaillierte Beschreibung gegeben werden kann. Im folgenden seien lediglich einige Punkte angemerkt. Sowohl die Voruntersuchungen als auch der Prozeß selbst fanden unter Ausschluß der Öffentlichkeit statt (sogar nicht beteiligte Angehörige der Armee durften diesen nicht beiwohnen). Das Gericht selbst bestand, zumindest in der Vorreformzeit, aus zwei Vertretern jedes Ranges, von den einfachen Soldaten aufwärts, und die Abstimmung wurde stets mit den beiden Gemeinen begonnen, um eine Einschüchterung durch die Meinung ihrer Vorgesetzten zu verhindern.[25] Der Militärauditor verkörperte in einer Person den Untersuchungsrichter, Kläger, Verteidiger und Richter und war als der einzig ausgebildete Jurist des Gerichts gleichzeitig rechtskundiger Berater und Vorsitzender. Seine Empfehlung war sicherlich von größter Bedeutung, vor allem solange es Beisitzer aus den Reihen der einfachen Soldaten gab, die die Bedeutung des Verfahrens nicht immer in ihrer vollen Tragweite erfaßten. Der Angeklagte hatte das Recht auf einen Übersetzer, nicht hingegen auf einen zivilen Anwalt. Das Urteil wurde durch ein Hornsignal angekündigt, das einzige Anzeichen, durch das auch die im Hof versammelten Freunde und Verwandten davon Kenntnis erhielten, daß der Prozeß seinem Ende zuging. Das Urteil wurde dann dem Garnisonskommandanten mitgeteilt, der den Richtspruch mildern oder sogar revidieren konnte, davon aber kaum je Gebrauch machte. Auch eine Berufung war nur in den seltensten Fällen möglich und hatte keine aufschiebende Wirkung.[26]

All dies vermittelt wohl den Anschein, als wäre der Willkür Tür und Tor geöffnet gewesen, doch muß festgehalten werden, daß der Auditor seine Aufgabe in der Regel sehr ernst nahm und tatsächlich sowohl für die Verteidigung als auch für die Anklage seine Argumente vorbrachte. Wie wir bereits gesehen haben, waren die über einfache Soldaten verhängten Urteile, zumindest in der Nachreformzeit, erstaunlich mild und Todesurteile, respektive deren Vollstreckung, sehr selten.

Tabelle 7.1. Verurteilte Offiziere und Fähnriche der k.u.k. Armee in einigen Auswahljahren (Prozentsätze)

Art des Vergehens	1896/97	1912/13	1914
politisch	0,6	2,4	14,6
militärisch	2,2	6,3	37,2
sexuell	5,5	4,3	1,8
Mißhandlung von Untergebenen	20,4	29,9	3,0
Eigentumsdelikte	34,3	26,8	8,5
andere	37,0	30,3	34,8
Insgesamt	100,0	100,0	100,0
In Absolutzahlen	181	254	164

Quelle: „Strafuntersuchungsprotokolle 1896-1915", unveröffentlichtes Manuskript, Kriegsarchiv Wien. Die statistischen Daten sind eigene Berechnungen aufgrund der Eintragungen in diesem Index.

Offiziere wurden so wenige vor Gericht gestellt, daß eine eingehende Analyse nicht möglich ist. 1911 beispielsweise wurden von Ehrenräten lediglich 9 und von Militärgerichten 16 Offiziere degradiert (10 Leutnante, 3 Oberleutnantes und 3 Hauptleute). Im selben Jahr desertierten 5 Offiziere - 3 Leutnante, 1 Oberleutnant und 1 Hauptmann.[27]

Tabelle 7.1. gibt eine statistische Aufschlüsselung der in den weiter oben erwähnten umfassenden Strafuntersuchungsprotokollen aufgezählten Fälle wieder. Da die Zahlen in den Spalten der Jahre 1896/97 und 1912/13 nur Berufsoffiziere berücksichtigen, sei ergänzend hinzugefügt, daß 1896/97 gegen zehn und 1912/13 gegen dreiundzwanzig Reserveoffiziere Prozesse geführt wurden. Die Zahlen für 1914 beeinhalten sowohl Berufsoffiziere als auch Reservisten (86 respektive 78). Zu den politischen Verbrechen zählten Spionage, Landesverrat und Majestätsbeleidigung, zu den militärischen Desertion, Befehlsverweigerung und Feigheit. Bei den wesentlich zahlreicheren Eigentumsdelikten handelte es sich vorwiegend um Veruntreuungen und Diebstähle. Unter die Kategorie „andere" fallen Vergehen wie Trunkenheitsexzesse sowie die kryptische Eintragung „allgemeine Vergehen gegen die militärische Disziplin". 80 % der Angeklagten waren Fähnriche und Oberoffiziere. Bei den wenigen Offizieren der höheren Rangklassen handelte es sich nie um Offiziere der Kampftruppe, sondern stets um Militärärzte oder andere Militärbeamte. Nahezu die Hälfte der Beklagten kamen von der Infanterie, der Rest verteilte sich anteilsmäßig auf die anderen Waffengattungen. Rund ein Drittel der Verfahren endete mit einem Freispruch, etwas mehr als ein Drittel mit der Degradierung des Offiziers und weniger als ein Drittel mit der Verurteilung zu einer Kerkerstrafe und der Entlassung aus dem Offizierskorps. 1914 wurde die Art des Vergehens nicht immer angeführt. In diesem Jahr scheinen auch einige serbo-kroatische Namen unter den Angeklagten auf, doch wurden nur ein oder zwei von ihnen verurteilt. Zusammenfassend kann gesagt werden, daß die Wahrscheinlichkeit einer Kerkerstrafe und einer Degradierung um so höher war, je niedriger der Rang des Angeklagten.

Natürlich beschäftigten sich die Gerichte in Friedenszeiten vorwiegend mit gewöhnlichen Straftaten, zu denen allerdings erstaunlich viele Fälle von Gewaltanwendung gegen Untergebene zählten. Im ersten Kriegsjahr verlagerte sich der Schwerpunkt hin zu Desertion, Spionage, Befehlsverweigerung, Anstiftung zur Meuterei und Hochverrat, mit anderen Worten hin zu militärischen und politischen Verbrechen. Insgesamt wurden relativ wenige Offiziere vor ein Militärgericht gestellt: 1896 und 1897 waren es lediglich 0,45 % des gesamten Korps, 1912 und 1913 ganze 0,48 %, mit anderen Worten nicht einmal fünf von tausend in einem Jahr. Daraus läßt sich die unvermeidliche Schlußfolgerung ziehen, daß die überwiegende Mehrheit der Offiziere sich im Grunde korrekt und loyal verhielt, außer wir gehen von der etwas übertriebenen Annahme aus, daß viele ungeschoren davonkamen.

8. Offiziere im Ruhestand, Witwen und Waisen

Hoffen auf eine Pension

War schon das Leben im aktiven Dienst nicht leicht, so konnte es im Ruhestand noch härter sein, wenngleich das Pensionssystem für die Offiziere zwischen den fünfziger Jahren des 19. Jahrhundert und 1914 wesentlich verbessert wurde.

Das Recht eines Offiziers auf eine Pension war als Idee noch um einiges jünger als sein Recht auf eine regelmäßige Besoldung. Zunächst waren die Pensionen nichts weiter als Zeichen fürstlicher Gnade, die siegreichen Generälen, verwundeten Soldaten oder Kriegerwitwen gewährt wurden. Bis 1855 kannte die Habsburgerarmee kein Pensionsalter: die Offiziere dienten so lange sie konnten oder wollten, was so weit gehen konnte, daß ein 70jähriger Hauptmann seiner Kompanie voranritt. Man denke auch an Feldmarschall Radetzky, der noch mit neunzig Jahren die Armee in Italien kommandierte! Nichtsdestotrotz mußte die überwiegende Mehrheit der Offiziere ihren Dienst zu einem wesentlich früheren Zeitpunkt quittieren, oft aus Gründen, die im Zusammenhang mit ihrem Dienst standen, wie etwa Verwundungen, Lungenentzündung, Arthritis, Malaria oder - vorwiegend bei Artilleristen - Taubheit. 1770 wurde für alle Offiziere, die von der militärischen Superarbitrierungs-Commission als untauglich bestätigt wurden, ein Pensionssystem eingeführt. Dieser Kommission gehörten zwar auch Militärärzte an, ihre Entscheidungen waren aber oft dem unterschiedlichsten Druck von außen ausgesetzt. Die Kommission unterschied Invaliden und Halbinvaliden: Wer als Halbinvalider bestätigt war, wurde bis zu einem Jahr auf halbe Gage gesetzt („mit Wartegebühr beurlaubt") und konnte noch hoffen, wieder in den aktiven Dienst übernommen, oder, wenn er Glück hatte und über gute Beziehungen verfügte, zu einem Garnisonsbataillon oder auf einen weniger fordernden Posten überstellt zu werden.[1]

Völlig dienstuntaugliche Offiziere hatten Anspruch auf eine regelmäßige Pension, deren Höhe bisweilen auf der Grundlage der Gage der nächsthöheren Rangklasse zum Zeitpunkt der Pensionierung berechnet wurde. Die Pension stand in keinem Zusammenhang mit dem Dienstalter, wie dies später der Fall sein sollte. Stabsoffiziere und Generäle konnten, auch ohne dienstunfähig zu sein, auf eigenen Wunsch oder auf Befehl des Kaisers pensioniert werden. Tabelle 8.1 zeigt die Pensionsskala der Offiziere zwischen 1770 und 1855. Das Verhältnis zwischen der Pension eines jungen Leutnants und jener eines Obersten war genau wie bei ihrer regulären Besoldung und betrug 1:6.

Mittellose Offiziere im Ruhestand (d. h. die überwiegende Mehrheit) nahmen entweder eine Beschäftigung an oder, wenn dies nicht möglich war, hungerten. J.K. Mayr, Chronist der Geschichte Wiens, beschreibt das traurige Schicksal von Unterleutnant Németh, den seine französischen Bezwinger 1815 ins Feuer geworfen hatten und der in der Folge sein linkes Auge, seine Nase und einen Teil seiner Oberlippe verlor. Für seine Qualen wurde er mit einer jährlichen Pension von 200 Gulden entschädigt.[2]

Tabelle 8.1. Jahrespension der Offiziere vor 1855

Rang-klasse	Rang	Pension (Gulden)	Index
XI	Leutnant II. und I. Klasse	200	1
X	Oberleutnant	200	1
IX	Hauptmann II. Klasse	400	2
IX	Hauptmann I. Klasse	600	3
VIII	Major	800	4
VII	Oberstleutnant	1.000	5
VI	Oberst	1.200	6
III-V	Generalmajor bis Feldzeugmeister	1.500-4.000	7,5-20
I	Feldmarschall	5.000	25

Quelle: (Ferdinand Daniel) Fenner von Fenneberg, *Österreich und seine Armee* (Leipzig o.J. [1842]), S. 322-323.

Andere Offiziere begingen Selbstmord oder starben vor Hunger, und dies gerade, als die Stadt den österreichischen Sieg über Napoleon feierte. Selbst ein Hauptmann II. Klasse, der sich immerhin einer jährlichen Pension von 400 Gulden erfreute, muß große Not gelitten haben. Die Mehrzahl der Offiziere ging in diesem Rang oder als Hauptmann I. Klasse in den Ruhestand, und dies nach vielen Dienstjahren. Diese Offiziere konnten sich dabei noch glücklich schätzen, weil viele andere, die von der militärischen Arbitrierungskommission abgelehnt wurden, ohne jegliche Pensionszahlungen in den Ruhestand gehen mußten.

Für einige, wenn auch sicherlich nicht für alle, gab es einen Ausweg: ihre Offiziersstelle zu verkaufen. Es war dies ein privates Geschäft, in das die Behörden nicht eingeschaltet wurden, wobei ein älterer Offizier gegen eine Zahlung seitens jener, die in der Diensthierarchie nach ihm kamen, zustimmte, seinen aktiven Dienst zu quittieren. Fand eine solche Transaktion, genannt Convention, sowohl die Zustimmung des Regimentskommandanten als auch des Regimentsinhabers, so folgte auf die derart ausgehandelte Pensionierung eine ganze Reihe von Beförderungen, wobei ein neu ernannter Leutnant am Ende dieser Liste im Regiment Fuß fassen konnte. Der Preis für dieses Geschäft variierte stark: Der Offizier, der sich in den Ruhestand zurückzog, erhielt von jenen, die in der Beförderungsliste nach ihm kamen, im besten Fall etwa 10.000 Gulden. Da die jährlichen Zinsen für 10.000 Gulden 400 Gulden betrugen, konnte der abtretende Offizier mit einiger Zuversicht seinem Lebensabend entgegensehen, vor allem dann, wenn auch die Arbitrierungskommission ihre Rolle bei diesem Handel gespielt und ihn als invalid bestätigt hatte, womit ihm eine Offizierspension zugesprochen wurde.[3]

Diese Situation änderte sich, als das Pensionssystem 1855 reorganisiert wurde, wobei all jene Offiziere, die zumindest 50 Jahre aktiven Dienstes hinter sich hatten, Anspruch auf eine Pension erhielten. Die Höhe ihrer Pensionszahlungen entsprach der vollen Gage vor dem Übertritt in den Ruhestand. Offiziere mit einer nicht so außergewöhnlichen Ausdauer mußten weiterhin für invalid erklärt werden, um eine Pension zu bekommen, doch erfolgte die Zahlung nun entsprechend der Länge ihres Dienstes. Ein dienstuntauglicher Offizier mit zehn Dienstjahren erhielt 10 % seiner letzten regulären Gage, für alle fünf weiteren Dienstjahre kamen 10 % hinzu. So erhielt ein untauglicher Offizier mit 41 Jahren aktiven Dienstes 80 % seiner letzten Gage. Die Dienstjahre wurden ab dem Eintritt in die Armee berechnet, unabhängig mit welchem Rang dieser erfolgte. Damit wurden jene begünstigt, die sich in der Armee hochgedient oder als Regimentskadetten begonnen hatten, nicht aber jene, die an einer Militärakademie studiert hatten. Kriegsjahre zählten doppelt, und vor dem Feinde erlittene Verwundungen oder Krankheiten, besonders der Verlust eines Armes oder Beines, wurden mit einer beachtlichen Mehranrechnung von Dienstjahren belohnt. Schließlich erhielt kein Offizier im Ruhestand weniger als 200 Gulden jährlich.[4]

Die Zeit nach 1868 brachte weitere Verbesserungen im Pensionssystem. Die wichtigste war, daß die für eine automatische Pension erforderliche Mindestdienstzeit von 50 auf 40 Jahre gesenkt wurde. Außerdem erwarben die Offiziere mit Erreichen des 60. Lebensjahres automatisch das Recht auf die Zahlung einer Pension. Die Höhe dieser Pension entsprach, wie schon zuvor, der letzten Gage des Offiziers im aktiven Dienst. Ein früherer Übertritt in den Ruhestand hing weiterhin vom guten Willen der Arbitrierungskommission ab, jedoch wurde die Mindestpension von 200 auf 300 Gulden pro Jahr erhöht. Noch entscheidender war die Tatsache, daß der durchschnittliche Offizier nun nicht als Hauptmann II. Klasse, sondern als Hauptmann I. Klasse oder sogar Major in den Ruhestand trat, weil die durchschnittliche Wartezeit auf die Beförderung in einen höheren Dienstgrad nach und nach von sechs bis acht auf fünf bis sechs Jahre zurückgegangen war.[5]

Noch waren all diese Regelungen jedoch keineswegs zufriedenstellend, vor allem verglichen mit dem Pensionsschema der Beamten. Während die Mindestpension eines Offiziers mit 300 Gulden festgesetzt war, betrug jene eines Beamten 400 Gulden, und während ein pensionierter Hauptmann I. Klasse nach 20jähriger Dienstzeit die Hälfte seiner regulären Gage erhielt, bekam der Beamte 60 % seines Gehalts.[6]

Eine letzte Reform der Militärpension nach 1900 verbesserte dann die Lage sowohl für bereits früher pensionierten als auch für die zu diesem Zeitpunkt in den Ruhestand tretenden Militärs. Einige Beispiele sind in Tabelle 8.2 angeführt.

Kriegsjahre zählten weiterhin doppelt, die in einer Militärschule zugebrachte Zeit hingegen wurde noch immer nicht berücksichtigt. Auch wurde es üblich, verdiente Offiziere mit einem Rang in Pension zu schicken, der eine Stufe über jenem lag, den sie im aktiven Dienst bekleidet hatten. Dieser *ad honorem* Rang brachte zwar keine höhere Pension, dafür aber ein etwas größeres Ansehen.

Umfangreiche Verbesserungen im Bereich der Hygiene, des Gesundheitswesens, der Ernährung und der Lebensbedingungen sowie der Umstand, daß es keinen Krieg

Tabelle 8.2. Jahrespension der Offiziere, die nach 1900 in Pension gingen (Gulden)

Dienstjahre	Rangklasse IX (Hauptmann II. Kl. reguläre Gage: 1.200) Pension	Rangklasse VIII (Major; reguläre Gage: 2.004) Pension	Rangklasse VI (Oberst; reguläre Gage: 3.600) Pension
20	600	1.002	1.800
20	900	1.503	2.700
40 (oder älter als 60 Jahre)	1.200	2.004	3.600

Quelle: Karl F. Kurz (Hg.), *Militär-Taschenlexikon*, 10. Aufl., Teil I (Wien 1911), S. 200.

gab, machten es einer immer größeren Anzahl von Offizieren möglich, 40 Jahre lang in der Armee zu dienen und mit 60 Jahren mit voller Pension in den Ruhestand zu treten. Auch eine frühere Pensionierung war dank der zunehmenden Bereitschaft zur Zusammenarbeit seitens der Arbitrierungskommission leichter geworden. Sonst ließe sich die große Zahl von Offizieren wohl kaum erklären, die als Invalide in Pension geschickt wurden, wobei ihre Invalidität mit Verlust des Gehörs, Augenschäden, Nervenzusammenbruch oder „vollkommener geistiger Zerrüttung" begründet wurde.

Seit Beginn des 19. Jahrhunderts bemühte sich der Staat, andere Einkommensquellen für seine dienstunfähigen Offiziere zu finden, wie etwa Büroarbeiten in militärischen oder zivilen Ämtern, bei der Post oder der Eisenbahn. Leider gab es jedoch nie genug dieser alternativen Posten, weshalb die Offiziere erneut auf ihre eigenen Pensionen angewiesen waren. Dank dieser Unterstützung wurde jedoch das Pensionsschema das gesamte Jahrhundert hindurch ständig sowohl hinsichtlich der Höhe der Zahlungen als auch hinsichtlich der Zahl der Empfänger verbessert.

Blasse Witwen und hungrige Waisen

In den militärischen Zeitschriften stoßen wir immer wieder auf herzzerreißende Geschichten über die Leiden von Offizierswitwen und -waisen, die zu stolz sind zu betteln, aber zu arm, um zu überleben. Im *Armeeblatt* des Jahres 1899 heißt es: „Wer kennt sie nicht, diese bleichen Frauen mit dem müden Gange und den todestraurigen Augen, vom Weinen getrübt und von nächtlicher Arbeit geröthet, mit den Zügen voll schmerzlicher Resignation ... Die Armen, die, einer wahren Neigung folgend, einst glaubten, eine Welt ihr eigen zu nennen, sie müssen nun büßen für jede Stunde des einstigen Glückes mit Kümmernis, Frost und Elend."[7]

Ansuchen von Witwen um finanzielle Unterstützung, wie sie so zahlreich in den Militärachiven verwahrt sind, erzählen immer wieder die gleiche Geschichte: eine unglückliche Witwe aus gutem Hause, selbst Tochter eines Offiziers, ohne jedes Einkommen, dafür aber mit vielen kleinen Kindern, bittet Seine Kaiserliche Majestät auf Knien um Unterstützung. Die Alternative war ein gebrochenes Herz, Krankheit, Hunger und Tod.

Stimmte all dies, oder waren diese Geschichten bloß literarischer Ausdruck eines sentimentalen Zeitalters? Oder vielleicht sollte der bei solchen Petitionen übliche Ton einfach den Eindruck vermitteln, die trauernde Witwe sei dem Tod nahe, so wie entlassene Soldaten, die um Reaktivierung ansuchten, üblicherweise schrieben, es wäre ihre größte Freude, für Kaiser und Vaterland zu sterben. Die stereotype Form dieser Briefe, Memoranden und offiziellen Petitionen mag manchmal die Wahrheit verschleiern, obwohl diese stilisierte und formalisierte Ausdrucksweise, die eigene Not deutlich zu machen, oft tatsächlichem Elend entsprach.

Zunächst waren die Witwenpensionen genau wie jene der Offiziere Ausdruck fürstlicher Gnade. Es wurde erwartet, daß die Witwen von den Zinsen ihrer Heiratskaution lebten. War eine solche nicht vorhanden (weil der Offizier vor seiner Ernennung zum Leutnant geheiratet hatte, oder aus einem anderen Grund), sollte der Offizier während der Jahre seines aktiven Dienstes in eine eigene Offizierswitwenkasse einzahlen. Nur wenn auch ein solcher Betrag fehlte, sprang der Staat ein, entweder durch die Gewährung einer *Gnadengabe* an die Witwe oder dadurch, daß er ihr die Konzession zum Verkauf von Tabak überließ, was ein Staatsmonopol war. In den österreichischen Städten gab es eine Vielzahl dieser kleinen Tabaktrafiken, die von Witwen betrieben wurden, die für immer in schwarz gekleidet schienen. Daß trotzdem viele Offizierswitwen ohne jedes Einkommen dastanden, zeigt die Tatsache, daß viele von örtlichen Armenfonds unterstützt wurden, die während der Napoleonischen Zeit in Wien die großartige Summe von acht bis zehn Kreuzern täglich auszahlten.[8]

Nach den Napoleonischen Kriegen wurden an Kriegerwitwen und an jene, die ohne Hinterlegung einer Heiratskaution geheiratet hatten, reguläre Pensionen gezahlt. Außerdem erhielten nun auch ihre Kinder eine kleine Beihilfe, allerdings nur wenn es zumindest drei Kinder gab und nur solange die Knaben unter zwanzig und die Mädchen unter achtzehn Jahre alt waren.

In der zweiten Hälfte des 19. Jahrhunderts besserte sich die Situation der Witwen allmählich. 1887 beispielsweise wurde allen Witwen, deren Männer vor dem Feinde gefallen oder infolge von Kriegsstrapazen, eines Unfalles im Dienst oder einer in dem Gebiet, wo sie stationiert waren, ausgebrochenen Epidemie gestorben waren, eine Pension zugesprochen. 1896 schließlich wurden diese Unterstützungen auf die Witwen all jener Offiziere ausgedehnt, die im Frieden ohne eigenes Verschulden an den Folgen der in unmittelbarer Ausübung des Militärdienstes erlittenen Strapazen oder an Gelenksrheumatismus, Hitzschlag, Sonnenstich oder Tuberkulose gestorben waren. Eigenartigerweise wurden die Witwen jener Offiziere, die an Erkältungen gestorben waren, ausdrücklich von diesem Pensionsschema ausgeschlossen. Ebenfalls 1887 wurden alle Witwen, deren Männer zum Zeitpunkt ihrer Pensionierung über sechzig Jahre alt gewesen waren oder vierzig Jahre lang gedient und so das Recht auf eine Pension erworben hatten, selbst als pensionsberechtigt erklärt. Andererseits wurden die Witwen jener Offiziere, die an einer nicht mit ihrer Dienstausübung in Zusammenhang stehenden Krankheit oder an den Folgen eines Unfalls verschieden waren, die ohne Erlaubnis geheiratet oder ihren Dienst quittiert hatten, sowie jene, die ausgewandert oder von einem Gericht verurteilt worden waren, von diesen Regelungen ausgenommen.[9]

Ende des 19. Jahrhunderts lagen die Pensionen der Offizierswitwen jedenfalls noch weit hinter jenen der Beamtenwitwen zurück, wie dies auch aus Tabelle 8.3 hervorgeht. So mußte die Witwe eines Hauptmanns (Rangklasse IX) mit zwei Kindern mit monatlich insgesamt 29,2 Gulden auskommen, die Witwe eines Obersten (Rangklasse VI) mit 50 Gulden. Kriegerwitwen erhielten 50 % mehr sowie einen Beitrag für die Erziehung ihrer Kinder, selbst wenn sie weniger als drei Kinder hatten (im Gegensatz zu anderen Militärwitwen). Um zu zeigen, wie unangemessen dieses Pensionssystem war, sei hinzugefügt, daß die Witwe eines Amtsdieners I.Klasse mit zwei Kindern, deren Mann die volle Zeit gearbeitet hatte, eine höhere Jahrespension (373 Gulden, 32 kr.) erhielt als die Witwe eines Hauptmannes mit zwei Kindern (350 Gulden).[10]

Die Regelung von 1907 schließlich brachte eine Anhebung der Witwenpensionen auf eine akzeptablere Höhe (siehe Tabelle 8.4.). Die Witwen jener Offiziere, die vor dem Feinde gefallen oder an den Folgen der Kriegsstrapazen gestorben waren, erhielten noch einmal um 50 % mehr. Man beachte den starken Anstieg der Pensionszahlungen verglichen mit den früheren Zahlungen sowie die Einführung einer gleitenden Skala, die relativ höhere Pensionen für die Witwen von Oberoffizieren im Vergleich zu Witwen beispielsweise von Obersten vorsah. Heiratete eine Witwe ein weiteres Mal oder nahm sie eine Stellung an, so wurde die Witwenpension gestrichen.

Das Gesetz von 1907 schließlich brachte auch für die Waisen eine gewisse Erleichterung. Beiträge für ihre Erziehung erfolgten nun auch an Familien, die weniger als

Tabelle 8.3. Jahrespension der Witwen zu Ende des 19. Jahrhunderts (Gulden)

	Offizierswitwen mit zwei Kindern (in Österreich-Ungarn)			Beamtenwitwen mit zwei Kindern (in Österreich)		
Rangklasse	Pension	Erziehungsbeitrag	Insgesamt	Pension	Erziehungsbeitrag	Insgesamt
XI	250	-	250	400	160	560
X	300	-	300	500	200	700
IX	350	-	350	600	240	840
VIII	400	-	400	700	280	980
VII	450	-	450	900	360	1.260
VI	600	-	600	1.200	480	1.680

Quelle: „Der Officiersmangel und seine Ursachen", *Armeeblatt* 18, Nr. 43 (25. Oktober 1899): 3.

Tabelle 8.4. Jahrespension der Offizierswitwen (ab 1907)

Rangklasse	Rang des Ehemannes	Pension (Gulden)	Index	Prozentsatz der Maximalgrundgage des Offiziers in Friedenszeiten
XI	Leutnant	375	1,0	37,5
X	Oberleutnant	450	1,2	32,1
IX	Hauptmann	500	1,33	27,8
VIII	Major	600	1,6	25,0
VII	Oberstleutnant	750	2,0	24,2
VI	Oberst	1.000	2,66	22,7
V	Generalmajor	1.250	3,33	19,2
IV	Feldmarschall-leutnant	1.750	4,66	21,9
III	Feldzeugmeister oder General der Cavallerie	2.500	6,6	27,8
II *)	Kriegsminister*)	2.700	7,2	27,0
I	Feldmarschall	2.700	7,2	22,5

*) Ein Generalsrang der Rangklasse II wurde erst 1915 eingeführt (Generaloberst). Allerdings rangierte der Kriegsminister in dieser Rangklasse.
Quelle: Karl F. Kurz (Hg.), *Militär-Taschenlexikon*, 10. Aufl., Teil I (Wien 1911), S. 306-307. Auch *Statuten der Kaiser-Franz-Joseph-Stiftung für Versorgung der k.u.k. Offiziers-Witwen und Waisen* (Wien 1905).

drei Kinder hatten, jedoch nur solange diese Waisen minderjährig waren. Bemerkenswerterweise wurde die Altersgrenze für beiderlei Geschlecht auf 24 Jahre angehoben. Mit anderen Worten war der Staat nun bereit, die Hochschulausbildung sowohl der Söhne als auch der Töchter von Offizieren zu unterstützen. Natürlich waren die Behörden darauf bedacht, daß aus „unversorgten Kindern" „versorgte" wurden. Der einfachste Weg war es, die Knaben in Militärschulen und die Mädchen in Offizierstöchter-Erziehungsinstituten unterzubringen.

Das 1775 von Maria Theresia in St. Pölten gegründete Institut war die erste öffentlich unterstützte Schule für Mädchen in Österreich. Hier wurden die Töchter verarmter oder verstorbener Offiziere als Gouvernanten für Aristokratenfamilien ausgebildet. Absolventinnen wurde eine Summe von 250 Gulden zur Verfügung gestellt, und wenn diese dann zumindest sechs Jahre lang als Gouvernanten gearbeitet hatten, war es ihnen erlaubt, ohne Hinterlegung einer Kaution einen Offizier zu ehelichen. Fanden sie keinen Mann und wurden sie zu alt, ihrer Tätigkeit als Gouvernanten nachzukommen, erhielten sie auf Lebenszeit eine jährliche Pension von 150 Gulden.

1786 übersiedelte das Offizierstöchter-Erziehungsinstitut nach Hernals, damals noch ein Vorort von Wien. In der ersten Hälfte des 19. Jahrhunderts kamen zwei weitere, kleinere Schulen für verwaiste Töchter von Soldaten oder Unteroffizieren hinzu. Die Mädchen wurden als Hausmädchen für Familien der Mittelklasse ausgebildet. Im 19. Jahrhundert wurde schließlich noch ein zweites Offizierstöchter-Erziehungsinstitut in Sopron (Ödenburg) errichtet, das nach 1877 Zöglinge für den Besuch des Instituts in Hernals vorbereitete.

Einige Zeit später wurden in Hernals nicht nur Gouvernanten, sondern auch Lehrerinnen ausgebildet, und gegen Ende des 19. Jahrhunderts wurden die begabtesten Schülerinnen ermutigt, die Matura abzulegen. Als die Unterstützungsbeiträge für Offizierswaisen 1907 bis zum Alter von 24 Jahren verlängert wurden, erhielten die Hernalser Absolventinnen auch die Berechtigung zum Studium an einer Hochschule. Insgesamt gesehen hatten diese Offizierstöchter bessere Ausbildungsmöglichkeiten als Frauen im bürgerlichen Leben.

1905 gab es in Hernals 31 reguläre und 19 „externe" Lehrer und Lehrerinnen, eine recht beträchtliche Zahl für etwas weniger als 200 Zöglinge. Ein Mädchen verlor ihr Anrecht auf die Zahlung eines Ausbildungsbeitrags, wenn sie in ein Kloster eintrat, heiratete oder eine Stellung annahm.[11] 1907 betrug dieser Beitrag für jedes Kind ein Fünftel der Witwenpension. Die Gesamtsumme der Beiträge für Waisen an eine Familie betrug aber nicht mehr als die Pension der Witwe.[12]

Abschließend sei noch erwähnt, daß die Witwen unmittelbar nach dem Tod ihrer Ehemänner ebenfalls eine finanzielle Unterstützung erhielten. Dieses „Sterbequartal" betrug ein Viertel der letzten Jahresgage des Verstorbenen (daher auch der Ausdruck Quartal). Besondere Zuschüsse gab es für die Witwen jener Offiziere, die als geisteskrank erklärt worden waren sowie für geisteskranke Witwen oder Waisen.[13]

All dies ermöglichte nur einen bescheidenen Lebensstandard, der jedoch bereits wesentlich besser war als in den Zeiten vor der Reform. Die wirkliche Tragödie sollte später kommen, nach dem Ersten Weltkrieg, als die pensionierten Offiziere sowie die Witwen und Waisen keinerlei Unterstützung oder diese in einer zunehmend wertlosen Währung ausgezahlt erhielten.

Vor dem Ersten Weltkrieg gab es noch eine weitere Gratifikation für die pensionierten Offiziere und ihre Witwen und Waisen, welche die Nachfolgestaaten in der Zwischenkriegszeit aber weder anerkannten noch in der Lage waren irgendwie zu ersetzen. Diese Gratifikation brachte dem Offizier und seiner Familie keinen finanziellen Vorteil, wurde jedoch nichtsdestotrotz sehr geschätzt: Es war dies die Erhebung in den erblichen Adelsstand, auf die jeder langdienende habsburgische Offizier einen Rechtsanspruch hatte.

9. Adelige Offiziere

Es gibt wohl kaum eine kompliziertere Geschichte als jene des Adels in den verschiedenen habsburgischen Besitzungen. In einigen Ländern, wie etwa Ungarn, Siebenbürgen, Kroatien-Slawonien oder Galizien, belief sich die Zahl der Adeligen aufgrund der historischen Entwicklung auf Zehn-, bisweilen sogar Hunderttausende. Vor 1848 stellte der Adel in Ungarn rund fünf Prozent der Bevölkerung. In anderen Ländern gab es nur einige hundert oder tausend Adelige. Manche Adelsfamilien waren sogar älter als die Habsburger selbst, die meisten anderen hingegen erst von den Habsburgern in den Adelsstand erhoben worden. Von der gesellschaftlichen Stellung her machte es natürlich einen großen Unterschied, ob der Adelsbrief aus dem 16. oder dem 20. Jahrhundert stammte. Auch war es von gesellschaftlicher Bedeutung, ob der Adelsbrief vom Römisch-Deutschen Kaiser, dem ungarischen König oder dem gefürsteten Grafen von Tirol ausgestellt war, auch wenn es sich bei allen dreien um ein und dieselbe Person handelte. Der Großvater des marxistischen Philosophen Georg Lukács war ein des Lesens und Schreibens nur mit Mühe kundiger orthodoxer jüdischer Deckenmacher in der ungarischen Stadt Szeged. Lukács' Vater wurde ein erfolgreicher Bankier und 1901 von Franz Joseph als König von Ungarn geadelt. In seinen frühen deutschsprachigen Veröffentlichungen führte Georg Lukács dasselbe „von" vor seinem Namen wie beispielsweise ein Nachfahre reichsunmittelbarer Ritter, dessen Vorfahren unabhängige Duodezherren des Kaisers gewesen waren.

Die Fürsten Esterházy besaßen schon seit altersher nahezu eine halbe Million Morgen Land in Ungarn und Österreich, wozu auch über hundert Dörfer, vierzig Städte und Märkte sowie dreißig Schlösser oder Palais zählten.[1] Ihr Nachbar in Ungarn, ein „Bundschuh-Adeliger", d. h. verarmter Adeliger, nannte vielleicht einige Morgen Land sein eigen oder hatte sogar gar keine Besitzungen, und doch gehörten beide, der Fürst und der verarmte Landadelige, gemäß der ungarischen Verfassung zu ein und demselben Stand des Adels und genossen dieselben politischen und gesellschaftlichen Rechte. Ein reicher ungarischer Händler oder ein wohlhabender Bauer hingegen wurde nicht als Mitglied der adeligen *Natio Hungarica* angesehen. In anderen Ländern wiederum gab es eine strikte konstitutionelle Unterscheidung zwischen dem hohen und dem niederen Adel, zwischen den Herren und den Rittern. Nach 1848 und vor allem nach 1867 fielen allerdings alle gesetzlichen Vorrechte der Adeligen gegenüber den Bürgerlichen. Adelsbriefe hingegen wurden noch weiterhin ausgestellt, und ihre neuen Besitzer zogen daraus auch durchaus wirtschaftliche und gesellschaftliche Vorteile.

Uns interessieren hier zwei grundlegende Fragen. Erstens: Büßte der Adel in der liberalen Ära nach 1867 tatsächlich einen Großteil seiner früheren wirtschaftlichen und politischen Macht ein? Im großen und ganzen kann diese Frage bejaht werden, doch gilt dies nur für die westlichen Länder der Monarchie sowie für die österreichische Bürokratie und die österreichisch-ungarische Armee. In Ungarn, Kroatien-Slawonien und Galizien hingegen bewahrten die landbesitzende Hocharistokratie und - vor allem in Ungarn - der Landadel weitgehend ihren Einfluß und ihre Macht.

Zweitens: Ließ der Adel seinen Herrscher in der zweiten Hälfte des 19. Jahrhunderts immer mehr im Stich, indem er seiner traditionellen Rolle in Regierung und Armee nicht mehr gerecht wurde? Viele Kenner der Situation vertreten diese Meinung - schrieb doch auch Erzherzog Rudolf selbst ein bitteres anonymes Pamphlet zu diesem Thema.[2] In Wirklichkeit ist indes eine solche Verallgemeinerung nur schwer aufrechtzuerhalten; vor allem in einer Monarchie, die nach 1867 in zwei souveräne Staaten geteilt war. Ein ungarischer Aristokrat beispielsweise konnte Ungarn gegenüber durchaus höchst loyal sein und aktiv im ungarischen öffentlichen Dienst stehen oder in der Honvéd-Armee dienen, während er sich gleichzeitig in besorgniserregendem Ausmaß illoyal gegenüber Österreich-Ungarn verhielt, wie dies in der Tat bei vielen ungarischen Aristokraten der Fall war. Es stimmt jedenfalls, wie wir im folgenden noch sehen werden, daß die Zahl der Hocharistokraten im Offizierskorps der k.u.k. Armee nach und nach zurückging.

Unter allen Schichten des Adels gab es nur eine Gruppe, die unumstritten loyal zur Dynastie stand: die geadelten Berufsoffiziere. In ihrem Fall spielte es nur eine untergeordnete Rolle, ob sie ihren Titel von einem militärischen Vorfahren geerbt oder selbst verliehen bekommen hatten.

Wie wurde man Adeliger?

Als die Herrschaft der Habsburger über ihre mannigfaltigen Besitzungen im 16. und 17. Jahrhundert noch nicht so gefestigt war, blieb der Dynastie keine andere Wahl, als sich einen Kreis wohlbestallter Gefolgsleute zu schaffen. Der mit weitläufigem Grundbesitz ausgestattete und mit Aufgaben in Armee, Verwaltung und Kirche betraute, einige hundert Familien umfassende habsburgische Hochadel half dafür seinerseits bei der Konsolidierung der Monarchie. Der Kaiser selbst hingegen verarmte im Laufe dieses Prozesses, und der wenn auch politisch loyale Adel hatte im allgemeinen keinerlei Interesse daran, bei den Ausgaben zuzuschießen. Als Maria Theresia 1740 den Thron bestieg, brach die mittellose Monarchie unter dem militärischen Angriff Preußens beinahe zusammen. Die Kaiserin lernte ihre Lektion rasch und ging, obwohl sie den Hochadel niemals vernachlässigte, daran, eine neue Elite kaiserlicher Offiziere und Beamter zu schaffen, die sich zu einem erheblichen Anteil aus den Reihen der Bürgerlichen rekrutierte. Für ihre Dienste belohnte Maria Theresia sie mit der Erhebung in den Adelsstand, was aber in der Regel nicht mit einem materiellen Nutzen verbunden war.

Zunächst wurden nur Offiziere und Beamte ohne die Verleihung von Gütern geadelt, im 19.Jahrhundert aber wurde diese Praxis auf Bankiers, Industrielle, Politiker, Richter, Professoren, Ärzte, Advokaten, Journalisten, Schriftsteller und Künstler ausgedehnt. Dabei spielten Religion und Nationalität nicht die geringste Rolle. Allein in Ungarn wurden 350 jüdische Familien geadelt, und weitere 25 Familien erhielten zwischen 1840 und 1918 die Baronie.[3] Geadelten Familien wurde es gestattet, ein „von“ vor ihrem Namen zu führen und Auszeichnungen zu tragen (die bisweilen, etwa im Falle des Militär-Maria-Theresien-Ordens, der Grund für ihre Erhebung in den Adelsstand waren), anderen wurden Titel wie „Ritter“, „Freiherr“ und in Ausnahmefällen auch „Graf" verliehen. Jedoch nur eine Handvoll dieser Ränge sicherte ihren Trägern auch wirklich den Zugang zum kaiserlichen Hof und zur „ersten Gesellschaft", jener exklusiven, wenn auch nur vage definierten Gruppe von Hocharistokraten und höchstrangigen Beamten. Im Laufe der Zeit wurden diese Titel recht kostspielig, und zwar diesmal nicht mehr für die Dynastie, sondern für ihre Empfänger.[4]

Von allen gesellschaftlichen Gruppen der Monarchie hatte einzig und allein das Offizierskorps nicht nur die vage Hoffnung, sondern vielmehr einen fixen Anspruch auf einen Aufstieg in die Reihen des erblichen Adels. Das Adelspatent eines Offiziers wurde diesem taxfrei verliehen. Er erhielt es als Gegenleistung für die Erfüllung einer Reihe relativ einfacher Verpflichtungen.

Bis weit ins 18. Jahrhundert hinein lebten adelige und bürgerliche Offiziere ein getrenntes Leben und hatten auch unterschiedliche Karrieremöglichkeiten. Dann jedoch ging Maria Theresia daran, eine einheitliche militärische Elite zu schaffen und gleichzeitig den Altadel wieder zu verjüngen. Sie erreichte ihr Ziel nur zum Teil: Obwohl die Praxis der Erhebung bürgerlicher Offiziere in den Adelsstand unter ihren Nachfolgern zur Regel wurde, kam es doch nie zu einer wirklichen Verschmelzung des Altadels mit dem Neu- oder Dienstadel. Eheschließungen zwischen Angehörigen des Alt- und Neuadels blieben die Ausnahme. Um nur ein Beispiel anzuführen: Aus einer Stichprobe von 84 Familien des Militäradels heirateten zwischen 1804 und 1918 nur 17 Angehörige in alte Adelsfamilien ein. Von den 17 Bräuten kamen außerdem sieben aus reichsdeutschen Familien, während die anderen großteils dem ungarischen, polnischen oder einem anderen „nationalen" Adel angehörten. Nur einem einzigen jungen Mann aus dem Militäradel gelang es, eine Braut aus dem österreichischen Altadel für sich zu gewinnen.[5]

Die Nobilitierung von Offizieren wurde 1821 von Franz I. geregelt und systematisiert, indem er mit Erlaß verfügte, daß allen Offizieren, die auf dreißig Jahre „tadelloser Conduite" im aktiven Felddienst zurückblicken konnten, ein Adelspatent zustand. Militärbeamte oder Militärärzte, die nie „mit dem Degen in der Faust und vor der Front" gedient hatten, waren von diesem Privileg ausgenommen.

Die Verwendung des Ausdrucks „taxfrei" bei der Beschreibung der Sonderrechte eines Offiziers bei der Erhebung in den Adelsstand war jedoch nicht ganz korrekt, betrugen die Kosten für die Beschaffung der notwendigen Papiere und des Adelspatents doch immer noch, selbst wenn man sich mit einem einfachen „von" vor dem Namen zufriedengab, zwischen 120 und 150 Gulden. Wollte ein Offizier sich „Edler von" nennen und seinem Namen ein Prädikat hinzufügen dürfen, mußte er dem Finanzministerium zusätzliche 100 Gulden CM (105 Gulden ÖW) bezahlen.[6] Andererseits durfte er sich dann sein Adelsprädikat selbst wählen und sein Wappen selbst gestalten. Dies führte zu einer Vielzahl recht eigenartiger Prädikate, die ihre Träger leicht als Angehörige des Neuadels auswiesen. Manche Offiziere wählten als Prädikat den Namen eines Ortes, wo sie eine Schlacht gefochten hatten oder in Garnison stationiert gewesen waren. Andere bemühten sich bei der Wahl ihres Namens um einen Beweis für ihre Berufung oder ihre Loyalität gegenüber dem Thron. Da die Schlachtfelder und Garnisonen oft in den ungarischen oder slawischen Gebieten der

Monarchie lagen, spiegelten die von den Offizieren gewählten Adelsprädikate die ethnische Vielfalt der habsburgischen Besitzungen wider. Zu den Militärdynastien der Monarchie zählten daher Namen wie Gründorf von Zebegény (letzteres ist ein kleines Dorf in Mittelungarn), Gyurits von Vitesz-Sokolgrada Belisar (eine kroatische Bauernfamilie, deren Mitglieder als hervorragende Grenzeroffiziere gedient hatten), Nawratil Edler von Kronenschild, Lenk von Treuenfeld, Wagenbauer von Kampfruf, Gross von Stahlborn oder Waldstein Edler von Heilwehr - letzteres das Adelsprädikat eines jüdischen General-Stabsarztes.

Diese künstlichen Erfindungen hatten nichts mit den großen aristokratischen Namen gemeinsam, wie den Fürsten von Thurn und Taxis, den Grafen Wallis, den Freiherren auf Carighmain, den Grafen Coreth von Coredo und Starkenberg, den Grafen Bigot de St.Quentin, oder den Polen Pieniążek, Ritter von Odrowaz, bzw. den Ungarn Thomka de Thomkaháza et Falkusfalva, Gyömörey de Győri-Gyömöre et Ţeölvár, Görgey de Görgő et Toporcz und Ghyczy de eadem et Assa-Abláncz-Kürth.[7]

Nicht alle Offiziere mußten dreißig Jahre warten, bis sie um die Erhebung in den Adelsstand ansuchen durften. Hervorragende Auszeichnungen, wie etwa der Maria Theresien-Orden oder die höheren Grade des Leopolds- bzw. Stephansordens und die (italienische) Eiserne Krone erhoben ihren Träger automatisch in den erblichen Adelsstand. Natürlich war die Zahl der solcherart besonders ausgezeichneten Offiziere nur sehr klein.

Nach 1868 wurde es für einen Offizier etwas schwieriger, ein Adelspatent zu erlangen, da die Dreißig-Jahr-Regel nur mehr für jene Offiziere galt, die in einem Krieg gedient hatten - und dies war zwischen 1868 und 1914 nur selten der Fall. Alle anderen Offiziere mußten vierzig Jahre tadelosen Dienstes aufweisen.[8] Wenn wir uns vor Augen halten, daß vierzig Dienstjahre auch bedeuteten, daß der Übertritt in den Ruhestand unmittelbar bevorstand, heißt dies, daß nur sehr wenige frisch geadelte Offiziere in der Armee der Doppelmonarchie nach 1867 eine aktive Rolle spielen konnten. Es bedeutete jedoch keineswegs ein allmähliches Verschwinden des Neu- oder Dienstadels aus dem Offizierskorps. Im Gegenteil, da die militärischen Familien weiterhin das Rückgrat des Korps bildeten, stellten die Söhne und Enkel geadelter Offiziere die Mehrzahl aller adeligen Offiziere.

Alter und neuer Adel

Der Adel der Doppelmonarchie war, ethnisch gesehen, ebenso heterogen wie die gesamte Bevölkerung. Zum Adel gehörten alte österreichische Fürstenfamilien, wie die Khevenhüller oder die Starhemberg, große böhmische Familien mit ausgedehnten Besitzungen, wie etwa die Schwarzenberg, deren Aufschwung durch die Gunst der Habsburger im 17. Jahrhundert einsetzte, weiters Ritter und andere Aristokraten aus dem ehemaligen Heiligen Römischen Reich und bedeutende katholische Magnatenfamilien aus Polen, Ungarn, Kroatien und Italien. Daneben gab es noch Hunderttausende Angehörige des niederen Adels, die in den östlichen Teilen der Monarchie lebten. Dazu kamen jene Familien, deren Vorfahren Offiziere oder Beamte gewesen und persönlich für ihre Dienste geadelt worden waren. Schließlich waren da auch noch die Nachfahren eingewanderter ausländischer Aristokraten. Angesichts dieser Vielzahl müssen alle Aussagen über die „vom Adel beherrschte" habsburgische Armee und alle statistischen Daten bezüglich der Vertretung des Adels im Offizierskorps relativiert werden. Was für einen Sinn hat es beispielsweise, einen General, dessen Freiherrentitel lediglich eine weitere Auszeichnung in seiner reichen Sammlung bedeutete, mit einem pensionierten Hauptmann zu vergleichen, dessen „von" vor dem Namen die einzige Anerkennung für den lebenslangen fleißigen und nie gewürdigten Dienst war? Und warum sollte man zwei Offiziere streng unterscheiden, deren einer Bürgerlicher blieb, weil er seine vierzig Dienstjahre in der Armee nicht vollendet hatte, während sein Kamerad einfach und allein deshalb ein Adeliger wurde, weil er eben vierzig Jahre lang gedient hatte?

Die meisten Geschichten und Statistiken über die Habsburger bieten aber gerade ein solcherart ungefiltertes Datenmaterial über das Verhältnis von Adeligen und Bürgerlichen in der k.u.k. Armee. In der preußischen, russischen oder britischen Armee sind die Angehörigen des alten Adels relativ leicht herauszufinden, da sie vorwiegend in den elitären Garderegimentern dienten. In der Habsburgerarmee aber gab es, wie schon erwähnt, keine Garderegimenter. Die Hofgarden (die Königlich ungarische Leibgarde, die Erste Arciőren-Leibgarde, die Trabanten-Leibgarde und die Leibgarde-Reiter-Eskadron) waren eine ganz kleine Truppe, kommandiert von einigen Dutzend - vorwiegend aristokratischen - Offizieren. Bei der Abschätzung des Anteils der Adeligen am gesamten Offizierskorps heißt es also Vorsicht walten zu lassen.

Der einzige moderne Historiker, der in der Habsburgerarmee zwischen dem Alt- und dem Neu- oder Dienstadel unterscheidet, ist Nikolaus von Preradovich, doch ist seine statistische Stichprobe so klein (je nach historischer Periode 21 bis 61 hochrangige Generäle), daß sie nur in bescheidenem Maße nützlich sein kann.[9] Dennoch zeigen seine Zahlen für 1878 und 1918 einen derart sprunghaften Anstieg in der Zahl und dem Verhältnis von Angehörigen des neuen Adels und Bürgerlichen unter den höchsten Generälen, daß dieser - gleichgültig wie klein die Stichprobe auch sein mag - nicht einfach ignoriert werden kann (siehe Tabelle 9.1).

Preradovichs Zahlen werden auch durch einen nicht näher genannten österreichischen Militärchronisten aus dem Jahre 1903 glaubhaft gemacht, der schätzte, daß etwa 200 der insgesamt 301 Generäle der Monarchie, also rund zwei Drittel, nicht-adeliger Herkunft waren.[10]

Gegen Ende des 19. Jahrhunderts wandten die Militärchronisten ihre Aufmerksamkeit in zunehmendem Maße der Frage der Vertretung des Adels innerhalb des Offizierskorps zu, kein einziger jedoch scheint in der Lage oder bereit gewesen zu sein, zwischen altem und neuem Adel zu unterscheiden. Andererseits hatten sie keine Schwierigkeiten, zwischen Angehörigen des hohen und des niederen Adels zu differenzieren. Die detailliertesten Statistiken zu diesem Thema stammen von Karl Kandelsdorfer, dessen Analyse 1897 in der österreichischen *Militärischen Zeitschrift* erschien.[11] Einige Ergebnisse seiner Zusammenstellungen sind in Tabelle 9.2. angeführt. Kandelsdorfer Daten zeigen, daß 1896 28,6 % der Berufsoffiziere (3.534 von

15.580 Offizieren) dem Adelsstand angehörten. Bei dem Versuch, zwischen hohem und niederem Adel zu unterscheiden, können wir die „Edlen von" und die „von" berechtigterweise der zweiten Gruppe zurechnen. Damit kommen wir auf 1.513 Aristokraten und 2.021 Offiziere aus dem niederen Adel. Mit anderen Worten gehörten 1896 42,8 % der adeligen Offiziere dem Hochadel an. Man beachte allerdings, daß ein Großteil, vielleicht sogar die Mehrheit dieser Adeligen (dies gilt vor allem für Ritter und Freiherren), dem Neu- oder Dienstadel zugerechnet werden muß, sie also keine wirklichen Aristokraten waren.

Tabelle 9.1. Adelige und Bürgerliche unter den hochrangigen Generälen der Habsburgerarmee

Jahr	Hochadel	Altadel (Absolutzahlen)	Neuadel und Bürgerliche	Neuadel und Bürgerliche (Prozentsatz)
1804	14	20	3	8
1847	9	17	2	7
1878	7	3	11	52
1918	4	11	46	75

Quelle: Nikolaus von Preradovich, *Die Führungsschichten in Österreich und Preussen 1804-1918, mit einem Ausblick zum Jahre 1945* („Veröffentlichungen des Instituts für Europäische Geschichte Mainz", Bd. 11; Wiesbaden 1955), S. 56-58.

Tabelle 9.2. Adelige und Bürgerliche im Berufsoffizierskorps der Habsburgerarmee 1896

Titel	Absolutzahlen
Fürst, Prinz	37
Graf	257
Markgraf	2
Freiherr/Baron	495
Ritter	722
Edler von	647
von	1.374
Gesamtzahl der Adeligen	3.534
Gesamtzahl der Bürgerlichen	12.346
Gesamtzahl der Offiziere	15.580

Quelle: Karl Kandelsdorfer, „Der Adel im k.u.k. Offizierskorps", *Militärische Zeitschrift* (1897): 248f.

Kandelsdorfer liefert uns auch aufschlußreiche Statistiken über die ungleiche Verteilung der Adeligen auf die verschiedenen Waffengattungen und bietet uns so einen weiteren Hinweis auf den jeweiligen Klassencharakter derselben (Tabelle 9.3). So gab es eine deutliche soziale Diskrepanz zwischen der Kavallerie, dem Generalstab und den Jägern auf der einen sowie der Infanterie, den Sanitätern und dem Train auf der anderen Seite.

Selbst innerhalb der einzelnen Waffengattungen gab es gesellschaftlich elitäre und nicht-elitäre Regimenter oder zumindest Regimenter, die vom Adel besonders bevorzugt oder aber gemieden wurden. Bei den Infanterie-Regimentern beispielsweise variierte der Anteil adeliger Offiziere zwischen 2 und 33 %, bei den Jäger-Bataillonen zwischen 7 und 50 %, bei den Artillerie-Regimentern zwischen 0 und 41 % und bei der Kavallerie zwischen 32 und 75 %. Tatsächlich war die Kavallerie die einzige Waffengattung, wo in mehreren Regimentern eine absolute Mehrheit adeliger Offiziere verzeichnet wurde. Unter diesen zählten die 7er Dragoner aus Böhmen und die 7er Husaren aus Ungarn, wo drei von vier Offizieren dem Adel angehörten, zu den exklusivsten.[12]

Tabelle 9.3. Adelige bei den verschiedenen Waffengattungen im Jahre 1896 (Prozentsätze)

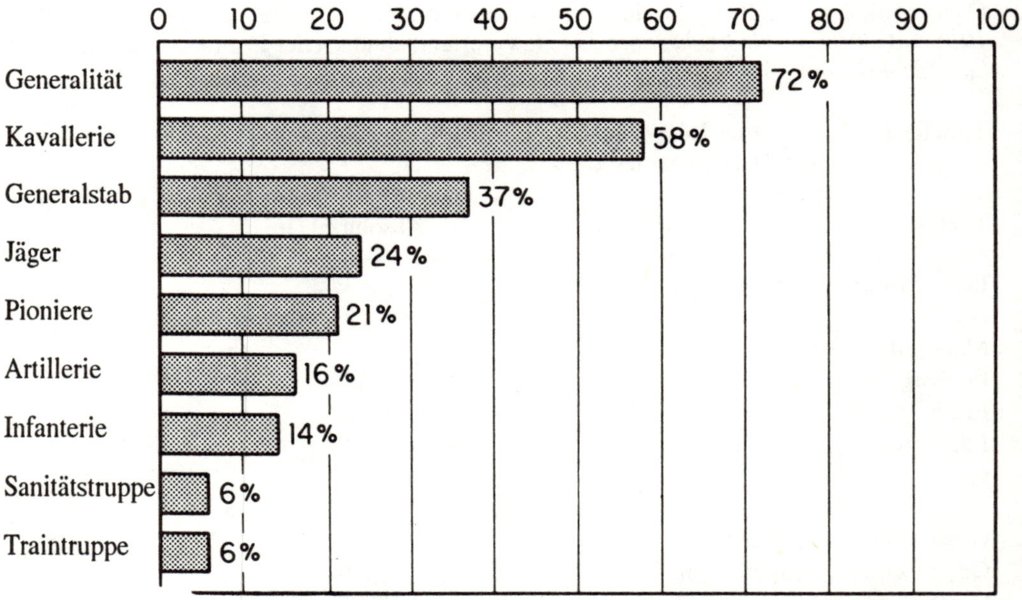

Quelle: Karl Kandelsdorfer, „Der Adel im k.u.k. Offizierskorps“, *Militärische Zeitschrift* (1897), S. 249.

Dragoner-Attacke beim Kaisermanöver im Waldviertel im September 1891.

Was bedeuten nun all diese Informationen? Erstens waren, im Gegensatz zu Preußen, die gesellschaftlich prestigereichsten Regimenter nicht notwendigerweise jene mit der längsten historischen Tradition. Es gab mehrere berühmte alte Regimenter mit einer geringeren Anzahl von adeligen Offizieren als in neueren Einheiten. Zweitens liefert das Gebiet, aus dem sich das Regiment rekrutierte (nicht die Garnison), eine ausreichende Erklärung. Einheiten, die aus Gegenden stammten, deren Bevölkerung sowohl als loyal als auch als relativ gebildet galt, wie beispielsweise Niederösterreich, Böhmen, Mähren und Tirol, rühmten sich eines höheren Anteils adeliger Offiziere als jene Regimenter, die sich aus dem rückständigen Galizien rekrutierten. Und schließlich gab es wesentlich mehr adelige Offiziere in den renommierten Waffengattungen.

Wie üblich fügen sich die Artillerie und die anderen technischen Truppen nicht in dieses allgemeine Bild. Da deren Offiziere eine gute Ausbildung haben mußten, waren die Artillerie, die Pioniere, die Sappeure und das Eisenbahn- und Telegraphen-Regiment für Angehörige des Adels weniger anziehend als das Renommée dieser Waffengattungen es hätte erwarten lassen. Dafür war hier der Anteil des gebildeten Bürgertums höher.

Es erhebt sich nun bei einer abschließenden Analyse die Frage, wie aristokratisch das k.(u.)k. Offizierskorps wirklich war und ob sich der Anteil der Adeligen im Laufe der Zeit änderte. Kommen wir zu meiner Stichprobe unter den Leutnanten zurück, so sehen wir, daß in der Auswahl von 1870 unter 487 Offizieren 95 (d. h. 19,5 %) Adelige waren. Natürlich war es nicht möglich, den Ursprung jedes einzelnen Adelspatents festzustellen, doch konnte ich Angaben über 64 dieser 95 Offiziere finden (siehe Tabelle 9.4). Zugegebenermaßen sind 64 Namen eine sehr kleine Stichprobe, um damit die Zugehörigkeit Tausender Offiziere auszuloten, doch scheint es nichtsdestotrotz berechtigt, die Behauptung aufrechtzuerhalten, daß 1870 mehr als die Hälfte der jungen adeligen Offiziere dem Neu- bzw. Dienstadel angehörten.

Tabelle 9.4. Ursprung des Adelspatents von 64 Offizieren der Auswahl des Jahres 1870

Ursprung des Adelspatents	Zahl	Prozentsatz	
erhielt den Titel selbst	23	35,9%	54,6 % Dienstadel
Vater oder Großvater erhielt den Titel	12	18,7%	
		54,6 %	
alter niederer Adel	16	25,0%	45,3 % Altadel
alter hoher Adel	13	20,3%	

Die allmähliche Verbürgerlichung des Offizierskorps in der zweiten Hälfte des 19. Jahrhunderts ist viel schwieriger zu beweisen, obwohl dies eine wohlbekannte Tatsache ist.[13] Vergleichen wir unsere Auswahl von 1870 mit jener des Jahres 1900, so kommen wir zu keinem zufriedenstellenden Ergebnis, da die Laufbahnen der Leutnante von 1900 schon 1918 abrupt ein Ende fanden und daher nicht gesagt werden kann, wieviele dieser Offiziere im Laufe ihrer militärischen Karriere geadelt worden wären. Es gibt jedoch noch einige andere Daten.

Der österreichische Historiker Ulf Sereinigg zeigt, obwohl er nicht zwischen Alt- und Dienstadel zu unterscheiden vermochte, daß der Anteil der Adeligen insgesamt unter den Stabsoffizieren (Major bis Oberst) zwischen 1880 und 1910 zurückging. Genauer gesagt ging laut Sereinigg der Anteil der adeligen Majore zwischen 1880 und 1910 von 37,7 auf 18,2 % zurück, jener der adeligen Oberstleutnante von 38,7 auf 26,8 % und jener der adeligen Oberste von 46,7 auf 27,0 %.[14] Die Bedeutung dieser Zahlen wird noch größer, zieht man in Betracht, daß 1850 noch mehr als die Hälfte der Stabsoffiziere dem Adel entstammten.

Schließlich stellt Nikolaus von Preradovich fest, daß der Anteil der Adeligen unter den hochrangigen Generälen 1859 90 % betrug und diese Rate 1908 auf 41 % und 1918 auf 25 % zurückging. Es ist dies selbst dann eine bemerkenswerte Entwicklung, wenn man berücksichtigt, daß in den fünfziger Jahren des 19. Jahrhundert die Drei-

Ein Feldmarschalleutnant mit Adjudant um 1900.

ßig-Jahr-Klausel und um 1900 die Vierzig-Jahr-Klausel zur Anwendung kamen. Bezeichnend ist die Tatsache, daß zu Ende des Ersten Weltkriegs drei von vier kommandierenden Generälen der k.u.k. Armee Bürgerliche waren.[15] Das kaiserlich russische Offizierskorps durchlief in den letzten Jahrzehnten vor dem Ersten Weltkrieg übrigens eine ähnliche Entwicklung.

Charakteristischerweise hatte die ungarische Landwehr einen wesentlich höheren Anteil an Adeligen, und zwar Angehörigen des Geburts- und nicht des Dienstadels, als die k.u.k. Armee. Als die Honvéd-Armee 1869/1870 gegründet wurde, gehörten drei Viertel der neu bestellten Stabsoffiziere entweder der ungarischen Hocharistokratie (14 %) oder dem niederen Adel (60 %) an. 1881 ging der Anteil der Adeligen in der Honvéd-Armee auf 50 % zurück (10 % Hochadel und 39 % niederer Adel), doch selbst dieser Prozentsatz lag weit höher als die Vertretung des alten Adels in der k.u.k.Armee.[16] Ein weiteres Charakteristikum der ungarischen Landwehr war es, daß nur ein sehr geringer Prozentsatz der Stabsoffiziere Söhne von Soldaten waren. Hingegen hatte die große Mehrheit der ersten Stabsoffiziere der Honvéd-Armee 1848/1849 auf der Seite der Revolutionäre gekämpft. (Der Rest war 1848/49 ebenfalls im Krieg gewesen, jedoch nicht im ungarischen, sondern im österreichischen Heer.)[17] Es ist dies ein neuerlicher Beweis, daß die Revolution von 1848/49 zu einem Gutteil Sache des magyarischen Adels gewesen war, einer in Wirklichkeit sehr breiten gesellschaftlichen Schicht.

Der allmähliche Rückgang des Anteils des Adels - vor allem des Altadels - im Offizierskorps der k.u.k. Armee zeigt einerseits, daß es andere, finanziell interessantere Karrieremöglichkeiten gab, spiegelt jedoch andererseits die zunehmende Indifferenz des Hochadels für die Sache der Habsburger wider. Dazu mochte noch kommen, daß die böhmische, deutsche, galizische, ungarische, kroatische und italienische Aristokratie immer mehr Sympathien für das aufkommende Nationalbewußtsein der Völker der Monarchie entwickelte, während immer weniger ihrer Söhne bereit waren, eine Offizierslaufbahn in der supranationalen k.u.k. Armee einzuschlagen. 1905 beispielsweise waren 75 Familien des Hochadels nur durch 95 Berufsoffiziere in der k.u.k. Armee und Marine vertreten, wesentlich weniger also als noch einige Jahrzehnte zuvor. 66 dieser 95 Offiziere dienten bei der Kavallerie und nur sechs bei der Infanterie, zehn bei der Artillerie und vier im Generalstab.[18] Zweifellos hatten die hocharistokratischen Familien Österreich-Ungarns im ersten Jahrzehnt des 20. Jahrhunderts begonnen, sich von ihrem Kaiser zu distanzieren.

10. Religion, Nationalität, Fortbildung und Karriere

Welche Faktoren bestimmten nun die Karriere eines Offiziers? Wie wichtig für die Beförderung waren Religion, Nationalität, gesellschaftliche Herkunft, Verbindungen, Schulen oder die Art der Fortbildungskurse, die ein Offizier besuchte? Oder war all dies eine Frage des Dienstalters?

Wie wir bereits gesehen haben, genoß der Hochadel das ungeschriebene Privileg, in den angeseheneren Waffengattungen und innerhalb dieser in besonderen Regimentern zu dienen. Außerdem waren die Aristokraten im allgemeinen eher in der Lage als andere, eine Offiziersstelle in einem guten Regiment zu kaufen (solange es diese Möglichkeit gab). In der Vorreformzeit wurden sie auch bevorzugt befördert. Damit war es aber mit Einsetzen der zunehmenden Professionalisierung in der zweiten Hälfte des 19. Jahrhunderts weitgehend vorbei. Ende des Jahrhunderts erfolgte die Beförderung selbst in der vom Adel dominierten Kavallerie nach demselben Schema wie in den anderen Waffengattungen. Manch einer beklagte sich sogar, daß Aristokraten bei der Zulassung zum Generalstab, jener höchsten elitären Institution, benachteiligt wurden.

Nur eine ausgewählte Gruppe konnte zu allen Zeiten einer glänzenden Militärlaufbahn sicher sein: Mitglieder des Hauses Österreich und einiger weniger verwandter Fürstenhäuser. Franz Joseph forderte, daß seine Verwandten eine militärische Laufbahn einschlugen. Er beförderte sie dann blitzschnell, unabhängig von ihrer Leistung und Begabung, aber gemäß ihrer Stellung innerhalb der Familienhierarchie. 1880 zum Beispiel war Erzherzog Albrecht der einzige Feldmarschall der Armee. Neben ihm gab es weitere 18 Erzherzöge in den Streitkräften: 12 Generäle, drei Oberste (einschließlich des damals 22 Jahre alten Kronprinzen Rudolf), zwei Leutnante (darunter der damals 17jährige Franz Ferdinand) und einen Oberleutnant in der Marine.[1] Kronprinz Rudolf war überhaupt bereits im Alter von zwei Tagen zum Oberst-Inhaber des 19. Linien-Infanterie-Regiments ernannt worden, mit 21 Jahren wurde er Oberstkommandant eines Infanterie-Regiments sowie Linienschiffskapitän. Als er im Alter von 31 Jahren Selbstmord beging, war er bereits seit sieben Jahren Feldmarschalleutnant. Franz Ferdinand wurde mit 27 Jahren Oberst und beendete seine Karriere als Generalinspektor der gesamten bewaffneten Macht.

Die Erzherzöge bekleideten ihre Funktionen aber keineswegs nur nominell: Der Kaiser achtete darauf, daß sie ihre Pflicht erfüllten. Er war der Meinung, daß allein der Umstand der Geburt aus einem altehrwürdigen Geschlecht sie dazu befähigte, hohe Kommandoposten zu übernehmen. Franz Joseph beförderte seine Verwandten, da er die Armee als Familienbesitz empfand. Nur eine solche Ideologie kann erklären, wieso Erzherzog Albrecht 1880 General-Inspektor des k.(u.)k. Heeres, Erzherzog Wilhelm General-Artillerie-Inspektor, Erzherzog Leopold General-Genie-Inspektor, Erzherzog Joseph Oberkommandant der Landwehr der Länder der ungarischen Krone und der 21jährige Erzherzog Johann Salvator Kommandant einer Infanterie Truppen-Division waren.[2]

Die Karriereleiter hinauf

Das Militär aller Länder umfaßte stets sowohl älter werdenden Leutnante als auch junge Generäle. Das habsburgische Heer bildete hier keine Ausnahme. Nicht nur Revolutionsarmeen, sondern auch konservative monarchische Streitkräfte kannten den kometenhaften Aufstieg herausragender Einzelpersönlichkeiten. Eugen von Savoyen wurde mit 34 zum kommandierenden General, Johann Joseph Wenzel Radetzky mit 40 General, und selbst in der zweiten Hälfte des 19. Jahrhunderts war es Friedrich Beck noch möglich, mit 24 Jahren Hauptmann zu werden. Was revolutionäre Heere, wie etwa die französische Armee in den neunziger Jahren des 18. Jahrhunderts oder die ungarische Armee 1848/49, von länger bestehenden Streitkräften unterschied, war die Tatsache, daß in den Revolutionsarmeen nicht nur einige Auserwählte, sondern die große Mehrheit der Offiziere rasch befördert wurden. Arthur Görgey wurde in der revolutionären ungarischen Honvéd-Armee mit 30 Jahren kommandierender General, György Klapka mit 29. In der habsburgischen Armee wären sie bestenfalls Oberleutnante gewesen.

Der durchschnittliche habsburgische Offizier, der keinerlei Interessensvertretung hatte (sowohl die Vorschriften als auch der eigene Stolz verboten es, jemanden anderen für sich vorsprechen zu lassen) mußte - wenigstens bis zu den großen Armeereformen in den sechziger und siebziger Jahren des 19. Jahrhunderts - zusehen, wie andere, glücklichere Kameraden in der Hierarchie aufstiegen, während er unendlich lange auf den nächsten Stern an seinem Kragen wartete. Eine rasche Karriere brachte einem Offizier eine gute Gage, Zugang zumindest zur „zweiten Gesellschaft“, anspruchsvolle Aufgaben, die Versetzung in eine große Stadt, einen Regen von Auszeichnungen, die Erhebung in den Hochadel sowie - für seine Kinder - die Erziehung in Elitemilitärschulen und erhöhte Heiratschancen. Eine langsame Karriere hingegen bedeutete Armut, gesellschaftliche Isolation, die Langeweile abgelegener Garnisonen, die tödliche Routine der Ausbildung frischer Rekruten, zweitrangige Militärschulen für seine Kinder und bedingungslosen Gehorsam gegenüber seinen Vorgesetzten, die oft ehemalige Klassenkameraden waren.

Im Gegensatz zu der Rang-Inflation, wie wir sie heute erleben oder sie auch in der Zeit vor dem Ersten Weltkrieg üblich war, erfolgte die Beförderung in allen Armeen des frühen 19. Jahrhunderts quälend langsam. Ganz besonders langsam aber erfolgte sie aufgrund der Geldknappheit des Staates in den habsburgischen Streitkräften. Kriege schufen da natürlich Abhilfe. Vor allem während der Napoleonischen Kriege mangelte es nicht an Beförderungen. Als nach 1815 aber wieder Frieden herrschte, kam es zu einer Stagnation bei den Beförderungen. Kein Wunder, daß jeder noch so kleine Krieg vom Offizierskorps als Geschenk des Himmels angesehen wurde. Von den 487 Leutnanten meiner ersten statistischen Stichprobe (jener von 1870) wurden insgesamt 305 (62,6 %) im Kriegsjahr 1866 ausgemustert, im folgenden Friedensjahr hingegen nur zwei. Da jedoch nur sechs der 66 Jahre zwischen 1848 und 1914 Kriegsjahre waren, beschäftigt uns hier vor allem das gesellschaftlich, politisch und psychologisch wesentlich interessantere Problem der Beförderungen in Friedenszeiten.

Um 1850 hing die Karriere eines habsburgischen Offiziers von Faktoren wie seiner gesellschaftlichen Herkunft, der Möglichkeit, sich einen Platz im Regiment zu kaufen, und dem guten Willen des Regimentsinhabers sowie der Begabung, dem Glück, dem Ehrgeiz und der Qualifikation durch die Ausbildung ab. Am Vorabend des Ersten Weltkrieges bedeutete vornehme Geburt keinen großen Vorteil mehr, der Stellenkauf war zur historischen Erinnerung geworden und die Macht des Regimentsinhabers schon lange dahin. Nun gab es eine systematische Beförderung, die nicht mehr nur innerhalb des eigenen Regiments, sondern innerhalb eines allgemeinen Rangklassen-Schemas erfolgte, das eine ganze Waffengattung umfaßte. Die Infanterie, Kavallerie und Feld-Artillerie hatten ihre eigenen Rangklassen-Schemata und ihre eigene Beförderungspraxis.

Die zunehmende Vereinheitlichung des Militärwesens zwischen 1850 und 1914 schaffte allmählich die extremen Diskrepanzen zwischen einzelnen Karrieren ab. Insgesamt wurde die Beförderung beschleunigt und der lange Dienst letztlich zum Schlüssel des Erfolgs. Auch die Gleichheit der Voraussetzungen für eine Beförderung in den verschiedenen Waffengattungen wurde eingeführt. Diese Änderungen griffen aber nur langsam. 1870, als die österreichisch-ungarischen Streitkräfte detailliertere Statistiken herauszugeben begannen, gab es in der k.u.k. Armee 13.263 aktive Offiziere, inklusive der noch unbedeutenden Anzahl von Reserveoffizieren. Von den 267 Obersten im aktiven Dienst war der jüngste 37 und der älteste 70 Jahre alt. Das Durchschnittsalter eines Obersten hing stark vom jeweiligen Dienstzweig ab. Im Generalstab beispielsweise waren nur etwa 18,75 % der Oberste über 45 Jahre alt, in der Infanterie hingegen betrug das Verhältnis 84,55 % und unter den Grenzern 92,86 %. Nicht weniger aufschlußreich sind die Statistiken über die Altersverteilung bei den Leutnanten. 1870 waren nur 6,33 % der Kavallerie-Leutnante 35 Jahre oder älter, verglichen mit 14,24 % der Infanterie-Leutnante und 60,42 % im Train.

Zweifellos waren die Altersunterschiede 1870 weniger eklatant geworden als sie es in der ersten Hälfte des 19. Jahrhunderts gewesen waren. Aber noch 1870 gab es vier Grenzer-Leutnante, die 50 Jahre oder älter waren. Im Generalstab war der jüngste Oberstleutnant 35 Jahre alt; im Gegensatz dazu zählte der jüngste Oberstleutnant bei den Sappeuren bereits 51 Jahre.[3]

1875 begann das Militär, Daten über das Durchschnittsalter seiner Offiziere in den unterschiedlichen Rangklassen zu veröffentlichen (siehe Tab. 10.1). Bemerkenswert ist nicht nur der große Altersunterschied zwischen den Leutnanten, Oberleutnanten und Hauptleuten (neun respektive sieben Jahre), sondern auch wie rasch die wenigen Auserwählten in den Rang eines Stabsoffiziers (Majors oder Obersten) vorgerückt waren (drei respektive zwei Jahre).

Der gleiche statistische Bericht gibt Informationen über die Altersunterschiede der Offiziere bei den verschiedenen Dienstzweigen. Das Durchschnittsalter eines Obersten im Generalstab betrug 45,6 Jahre, in der Kavallerie 46,2, in der Infanterie 51,8 und bei der Artillerie 55 Jahre. 1875 reichte das Durchschnittsalter eines Hauptmanns in der k.u.k. Armee von 34,8 Jahren im Generalstab und 39,3 Jahren in der Kavallerie bis zu 45,7 Jahren in der Artillerie und 49,2 Jahren im Train.[4]

Tabelle 10.1. Durchschnittsalter der Berufsoffiziere in der k.u.k. Armee im Jahre 1875

Rang	Duchschnittsalter	Absolutzahl		Prozentsatz
Leutnant	26,2	3.589		
Oberleutnant	35,3	4.171	11.111	89,0
Hauptmann	42,7	3.351		
Major	46,4	606		
Oberstleutnant	49,0	282	1.160	9,3
Oberst	50,9	272		
Generalmajor	56,0	115		
Feldmarschalleutnant, Feldzeugmeister, General der Cavallerie	58,0	92	208	1,7
Feldmarschall		1		
Insgesamt		12.479		100,0

Quelle: *Militär-Statistisches Jahrbuch für das Jahr 1875*, Teil I (Wien 1878), S. 153, 172, 175.

Wie lassen sich diese Unterschiede erklären? Man darf nicht vergessen, daß die Statistiken des Jahres 1875 sich auf Karrieren beziehen, die noch tief in der Vorreformära begonnen haben. Dies erklärt den relativen Erfolg der Kavallerie-Offiziere und am anderen Ende der Skala die langsame Beförderung bei der Traintruppe, wo oft Offiziere dienten, die aus anderen Waffengattungen überstellt worden waren. Dennoch spielte der Train bei den militärischen Feldzügen eine entscheidende Rolle, und in Zeiten der Mobilmachung war jeder Berufsoffizier dieser Waffengattung für hunderte Reservisten und eine riesige Zahl von Pferden und Waggons verantwortlich. Keine schlüssige Erklärung scheint es hingegen dafür zu geben, warum hochqualifizierte Artillerie-, Pionier- und Sappeur-Offiziere so lange auf ihre Beförderung warten mußten. Ein Reim aus dem 19. Jahrhundert faßt die Notlage der Artilleristen treffend zusammen:

Zwei Greise zogen durch das Land,
ein Ober- und ein Leutnant.
Hauptleute werden sie leider nie,
Denn beide sind von der Artillerie.[5]

Die Militärreform setzte der Willkür und Desorganisation des Beförderungssystems weitgehend ein Ende. Alle Beförderungen lagen nun in Händen des Kaisers, oder, im Falle der niedrigeren Rangklassen, des Kriegsministers, was zu einer zunehmenden Gleichsetzung und Standardisierung führte.

1865 wurde verfügt, daß kein Hauptmann über 50 Jahre mehr zum Major befördert werden sollte. Stabsoffiziere durften nicht weiter befördert werden, wenn sie einmal das Alter von 58 Jahren erreicht hatten. Die Beförderung sollte auf Grundlage des Dienstalters („in der Rangstour") erfolgen. Nur kriegserfahrene und besonders tapfere Offiziere konnten befördert werden, ohne daß sie abwarten mußten, bis die Reihe der Beförderungen an ihnen war („aussertourliche Beförderung" oder „Beförderung ausser der Rangstour"), und auch diese Vorrückung war genauestens geregelt.

Ein Dekret vom 13. April 1867 legte eine Mindestanzahl von Jahren fest, die in jeder Rangstufe verbracht werden mußten (beispielsweise vier Jahre als Oberleutnant) und setzte ein Höchstalter für jeden Rang fest. Die Dienstaltersregel wurde sogar noch genauer definiert. Auf der anderen Seite erfolgten außerordentliche Beförderungen nun nicht mehr ausschließlich aufgrund in der Schlacht unter Beweis gestellten Heldenmutes, sondern auch aufgrund außerordentlicher persönlicher Eigenschaften und Leistungen. Eine außertourliche Beförderung erforderte eine Petition seitens der Vorgesetzten des Offiziers an den Kaiser,[6] der formell solche Beförderungen als Zeichen „besonderer Gunst" gewährte. Unter den Oberoffizieren, die bei der Truppe dienten, war jeder sechste Posten für die Nutznießer solch außertourlicher Beförderungen vorgesehen.

Die Reformen des Jahres 1867 und der nachfolgenden Jahre machten eine Beförderung in den Rang eines Stabsoffiziers vom erfolgreichen Abschluß eines eigenen Vorbereitungskurses abhängig. Die Beförderung zum Oberst wurde sogar noch schwieriger und komplizierter gemacht.

Ulf Sereinigg zeigt, daß die Beförderung eines Offiziers zwischen 1880 und 1910 beträchtlich beschleunigt wurde.[7] In dieser Zeit gingen die für die Beförderung zum Oberstleutnant erforderlichen Dienstjahre von 28,8 auf 27,7 Jahre und die durchschnittliche Zahl der Dienstjahre bis zur Beförderung zum Oberst von 30,5 auf 28 Jahre zurück. Zum Major wurden zunehmend nur mehr jene Offiziere befördert, die für die weitere Karriere zum Oberst oder General für geeignet befunden wurden. Alle anderen blieben Hauptleute, und da eine Altersobergrenze für diesen Rang eingeführt wurde, waren sie schließlich gezwungen, das Korps zu verlassen. Immer mehr erfolgreiche Offiziere gingen auf die Kriegsschule und dienten im Generalstab. 1880 hatten beispielsweise nur 10 % der Obersten die Kriegsschule absolviert, 1910 waren es 38 %.[8]

All dies ließ das Offizierskorps mehr denn je einer steilen Pyramide ähneln, die überaus schwierig zu erklimmen war. 1911, dem letzten Jahr, in dem solche Statistiken veröffentlicht wurden, war das Berufsoffizierskorps wie umseitig in Tabelle 10.2. angeführt aufgeteilt.

Die k.u.k. Armee war zweifellos keine kopflastige Operetten-Armee. Es gab auch keineswegs zu viele Berufsoffiziere im Vergleich zur Zahl der Soldaten im aktiven Dienst. Letztere beliefen sich 1911 auf 326.080 Mann, was einem Verhältnis Berufsoffiziere zu einfachen Soldaten von 1:18 entsprach (nicht mitberücksichtigt sind die 603.368 Reservesoldaten und die 533.418 Mann in Ersatzreserve, deren zeitweilige Ausbildung ebenfalls Aufgabe der 18.506 Berufs- und 13.293 Reserveoffiziere war.)[9]

Tabelle 10.2. Rangverteilung der Berufsoffiziere in der k.u.k. Armee im Jahre 1911

Rang	Absolutzahl		Prozentsatz	
Leutnant	4.641		25,7	
Oberleutnant	5.832	15.608	32,3	86,4
Hauptmann	5.135		28,4	
Major	1.299		7,2	
Oberstleutnant	548	2.203	3,0	12,2
Oberst	356		2,0	
Generalmajor	144			
Feldmarschalleutnant, Feldzeugmeister,	69	245	1,4	
General der Cavallerie	32			
Insgesamt	18.506		100,0	

Quelle: *Militärstatistisches Jahrbuch für das Jahr 1911* (Wien 1912), S. 143ff.
Anmerkung: Diese Statistik berücksichtigt nur jene Offiziere, die 1911 im aktiven Dienst standen.

Religionsbekenntnis

Die Habsburger waren der Inbegriff eines katholischen Herrscherhauses, und ihre Armee war ein traditionelles Bollwerk des römischen Katholizismus. Im 16. und 17. Jahrhundert focht die Dynastie ihre vielen Kriege entweder im Namen des Christentums, wie gegen das Osmanische Reich, oder im Namen der katholischen Restauration, wie gegen die protestantischen deutschen Fürsten und gegen die einheimischen Protestanten. Maria Theresia war je nach Anlaß eine aufgeklärte Monarchin oder eine bigotte Katholikin. Joseph II. stellte die katholische Kirche stärker in den Dienst des Staates als umgekehrt die Kirche in der Lage gewesen wäre, den Staat für ihre Ziele zu verwenden. Zweifellos gewann die Kirche während der post-napoleonischen konservativen Restauration und erneut in den fünfziger Jahren des 19. Jahrhunderts einiges von ihrem früheren Einfluß und ihrer früheren Macht zurück, dies betraf allerdings nicht mehr die Armee. Das gesamte 19. Jahrhundert hindurch wurde der religiösen Zugehörigkeit eines Offiziers nie Bedeutung beigemessen, obwohl diese Zugehörigkeit und die damit in Zusammenhang stehende Zahlung der Kirchensteuer für alle Bürger in beiden Reichshälften verpflichtend war. Erst Ende des Jahrhunderts wurde es möglich, sich nach einer mühevollen und schwierigen Prozedur als „konfessionslos“ zu bezeichnen. Charakteristischerweise wird das Religionsbekenntnis eines

Im Schatten seiner Majestät. Ausmusterung bei der Infanteriekadettenschule Wien.

Offiziers in den Memoiren und Biographien fast nie erwähnt, dafür müssen die Qualifikations-Listen herangezogen werden.

Als Ludwig Kossuth in den USA im Exil weilte, wollte er die ungarische Revolution 1848/49 stets als protestantischen Kampf gegen die reaktionären katholischen Habsburger verstanden wissen. Es gibt allerdings keinerlei Hinweis, daß es in seiner Armee einen besonders hohen Anteil an Protestanten gegeben hätte. Im Gegenteil, die Zusammensetzung des Offizierskorps der ungarischen Honvéd-Armee in den Jahren 1848/49 spiegelt die konfessionelle Landschaft Ungarns recht getreu wider. Die einzige Gruppe, die unter den Stabsoffizieren und Hauptleuten der ungarischen Nationalarmee etwas unterrepräsentiert war, waren die orientalischen Christen, aus dem einfachen Grund, weil die Orthodoxie und der östliche Katholizismus unter den rumänischen und serbischen Minderheiten Ungarns stark verbreitet war, ethnischen Gruppen, die im allgemeinen die ungarische Revolution ablehnten.[10]

Nach Einführung der allgemeinen Wehrpflicht im Jahr 1868 gibt die konfessionelle Zusammensetzung der Mannschaften ein getreues Spiegelbild der Bevölkerung der

Monarchie im allgemeinen. Nur Mohammedaner und Israeliten waren etwas unterrepräsentiert, erstere weil die Wehrpflicht in Bosnien-Herzegowina, der Heimat der meisten Mohammedaner, später eingeführt wurde als im Rest der Monarchie, und zweitere aus Gründen, die ich weiter unten im Abschnitt über jüdische Soldaten analysieren möchte. Gleichzeitig waren die einzelnen konfessionellen Gruppen angesichts ihres unterschiedlichen gesellschaftlichen und bildungsmäßigen Profils in den verschiedenen Waffengattungen ungleich vertreten.[11]

Eine Aufgliederung der Offiziere nach dem Religionsbekenntnis ist auch ein Spiegelbild sowohl der unterschiedlichen Größe der Bildungseliten in jeder Gruppe als auch des unterschiedlichen Grades ihrer Loyalität gegenüber der Dynastie. Tabelle 10.3. zeigt den prozentuellen Anteil des jeweiligen Religionsbekenntnisses innerhalb des Offizierskorps im Jahre 1911, dem letzten Jahr, in dem noch umfangreiche Statistiken veröffentlicht wurden.[12] Verblüffend ist die starke Überrepräsentation von Katholiken unter den Berufsoffizieren, ein Beweis für die besondere Anziehungskraft

Tabelle 10.3. Konfessionelle Verteilung in Österreich-Ungarn und in der k.u.k. Armee im Jahre 1911 (Prozentsätze)

Religionsgemeinschaft	Bevölkerung allgemein	k.u.k. Armee: Mannschaften	Reserveoffiziere	Berufsoffiziere
römisch-katholisch	65,9	66,2	68,2	86,0
griechisch- u. armenisch-katholisch (unierte)	10,6	10.9	1,2	1,0
griechisch- und armenisch-orientalisch	8,7	9,1	1,7	2,7
evangelisch Augsburger Konfession	3,5	4,3	8,6	7,8
evangelisch Helvetische Konf. (Calvinisten)	5,4	5,5	3,0	1,8
Unitarier	?	0,2	0,1	0,1
andere Christen	?	-	0,1	-
Israeliten	4,4	3,0	17,0	0,6
Mohammedaner	1,2	0,8	-	-
konfessionslos	?	-	0,1	-
Insgesamt	100,0	100,0	100,0	100,0

Quelle: Militärstatistisches Jahrbuch für das Jahr 1911 (Wien 1912), S. 145, 147, und Alexander Sixtus von Reden, *Österreich-Ungarn. Die Donaumonarchie in historischen Dokumenten* (Salzburg 1984), S. 67.

der habsburgischen Armee auf die katholische Elite. Die signifikante Unterrepräsentation von östlichen Religionsbekenntnissen innerhalb des Berufs- und Reserveoffizierkorps zeigt die relativ geringe Größe der Bildungseliten unter den Serben, Rumänen und Ruthenen. Die Situation der Anhänger der Reformierten Kirche reißt ein ganz anderes Problem an. Die Calvinisten waren unter den Reserveoffizieren eindeutig stärker vertreten als unter den Berufsoffizieren, was wiederum zeigt, daß es durchaus eine Bildungselite gab, die befähigt gewesen wäre, in das Berufsoffizierkorps einzutreten, daß es aber weniger wahrscheinlich war, daß Anhänger der Reformierten Kirche Berufsoffiziere wurden als z. B. Katholiken.
Der Calvinismus war unter der magyarischen Bevölkerung weit verbreitet, und die Reformierte Kirche wurde gerne als sozusagen nationale magyarische Institution gesehen. Dies führte dazu, daß 1900, als sich 12,7 % der Bevölkerung der Länder der heiligen ungarischen Stephanskrone zur Reformierten Kirche bekannten, nur 5,4 % der in Ungarn geborenen Leutnante der k.u.k. Armee meiner Stichprobe von 1900 Calvinisten waren, hingegen aber 17,5 % der Honvéd-Leutnante meiner Auswahl. Mit anderen Worten gaben die calvinistischen Eliten um die Jahrhundertwende eindeutig der ungarischen Landwehr den Vorzug gegenüber der k.u.k. Armee. Drastisch ist auch die außerordentliche Überrepräsentation der Juden innerhalb des Reserveoffizierskorps im Jahre 1911, und ich werde auf dieses Phänomen weiter unten im Abschnitt über die jüdischen Soldaten etwas näher eingehen.

Im allgemeinen schenkte die Armee dem Religionsbekenntnis ihrer Angehörigen keine Beachtung, solange diese ihren religiösen Verpflichtungen nachkamen, was nicht mehr hieß, als daß sie am Sonntag bzw. Sabbath zum Gottesdienst geführt wurden. Jene Handvoll, die offiziell als konfessionslos anerkannt war, wurden gelegentlich vom diensthabenden Feldwebel in die Synagoge geschickt, was zugegebenermaßen im allgemeinen nicht ganz abwegig war.

Die Armee verfügte über ein beträchtliches Kontingent von Militärgeistlichen, die, wie überall, häufig Zielscheibe des Spotts waren. 1910 enthielt der k.u.k. Armee-Schematismus 178 Berufsgeistliche und 244 Feldgeistliche der Reserve, die alle zumindest den Rang eines Hauptmanns bekleideten. Zu ihnen gehörten sechs Feldrabbiner der Reserve (1918 war ihre Zahl auf 76 angewachsen) und vier Militärimame, die sich um das geistliche Wohl der moslemischen Soldaten kümmern sollten.[13]

Jüdische Soldaten

Eine einzigartige Beziehung gab es zwischen der konfessionell toleranten Monarchie und den Juden, die zu ihren treuesten Bürgern zählten. Die habsburgische Regierung hatte ihren jüdischen Untertanen mit dem Toleranzpatent in den späten achtziger Jahren des 18. Jahrhunderts den Weg zur Emanzipation geebnet. Sowohl Österreich als auch Ungarn räumten den Juden in den sechziger Jahren des 19. Jahrhunderts formell die Gleichstellung ein. Die Monarchie übertrumpfte die anderen europäischen Mächte noch dadurch, daß Juden auch im Offizierskorps zugelassen wurden. Ohne diese Entscheidung wäre die Integration der Juden in das Geschäftsleben, die Industrie, das Bildungswesen, die Künste und die Verwaltung entschieden schwieriger gewesen. Der Prozeß der jüdischen Integration erfolgte allerdings, wie wir gesehen haben, wesentlich stärker in der Reserve als im Berufsoffizierskorps. Außerdem setzte um die Jahrhundertwende ein Rückgang des jüdischen Anteils unter den Offizieren ein.

In bezug auf die jüdischen Offiziere können vier Entwicklungsphasen unterschieden werden: (1) die erste Hälfte des 19. Jahrhunderts, als im Grunde nur Konvertiten Karriere machen konnten, (2) die liberale Periode zwischen den sechziger Jahren und dem Ende des 19. Jahrhunderts, als der Anteil der Juden im Korps rasch anstieg, (3) eine Zeit des Rückgangs in den Jahren vor 1914 und (4) der Weltkrieg, als durch die erhöhte Bedeutung der Reserveoffiziere der Anteil jüdischer Offiziere recht beachtlich war. (Insgesamt dürften zwischen 1914 und 1918 25.000 jüdische Offiziere in der Armee gedient haben - dieser Punkt wird im Kapitel über die Offiziere im Ersten Weltkrieg noch näher beleuchtet).

Frühe Geschichte

Alles begann mit dem Dekret Josephs II. aus dem Jahre 1788, das alle Juden im wehrpflichtigen Alter der Konskription, allerdings nur für den Dienst im Fuhrwesen und in der Artillerie, unterwarf. Ein Jahr später eröffnete das galizische Judenpatent jüdischen Freiwilligen die Möglichkeit in der Infanterie zu dienen.[14] Damals gab es in den österreichischen Ländern etwa 70.000, in Ungarn 100.000 und im erst kürzlich erworbenen Galizien 170.000 Juden, womit sie insgesamt fast zwei Prozent der Bevölkerung der Monarchie stellten.[15]

Zunächst lag der Gedanke, daß Juden einen Militärdienst leisten könnten, der Armeeführung ebenso fern wie den religiösen Führern der Juden. Der Hofkriegsrat wandte ein, daß Juden von ihrer Natur her für den Dienst nicht tauglich seien und die jüdischen Speisevorschriften sowie das Verbot der Arbeit am Sabbath jüdische Soldaten nutzlos machen würden. Die jüdischen Führer ihrerseits machten sich Sorgen um das seelische Wohl der jungen Juden beim Militär und fürchteten, daß diese gezwungen sein könnten, ihre Glaubensbrüder in fremden Armeen zu töten. Dennoch begrüßten „aufgeklärte“ Juden diesen wichtigen Schritt in Richtung Gleichstellung, und bald ließen sich auch die Orthodoxen erweichen. So riet der Prager Oberrabbiner Ezechiel Landau den ersten jüdischen Soldaten, die in dieser Stadt zum Wehrdienst eingezogen wurden: „Dienet treu Eurem Kaiser, aber vergesset nicht Eure Religion ... Schmieret euren Kameraden die Wagenräder am Sonntag, dann werden sie sie euch am Schabbat schmieren. Esset, solange ihr Fleisch nicht bei Juden bekommt, nur Butter, Käse, und was uns noch erlaubt ist.“[16]

Da die Armee noch nicht für ihre Soldaten kochte, konnten sich die jüdischen Rekruten leicht ihre eigenen Mahlzeiten bereiten. In den ersten Jahren nach den Dekreten Josephs II. diente jedenfalls nur eine Handvoll Juden in der Armee, da die Gesetze über die Wehrpflicht viele Ausnahmen kannten und es selbst jenen, die einberufen wurden, möglich war, sich gegen Barzahlung freizukaufen.[17]

Während der Napoleonischen Kriege wurde die Möglichkeit des Loskaufens (der „Reluition") abgeschafft und gleichzeitig die ersten jüdischen Offiziere ernannt.[18] Während der post-napoleonischen Restauration fanden jedoch fast nur jüdische Konvertiten Aufnahme bei einer kämpfenden Truppe. Auf der anderen Seite wurde es Juden erlaubt, die Wiener militärärztliche Hochschule, das berühmte Josephinum, zu besuchen. Später wurde der jüdische Regimentsarzt (im Rang eines Hauptmanns) zu einer legendären Figur der habsburgischen Streitkräfte.[19]

1848/49 stellten sich viele Juden auf die Seite der Wiener Revolution, und in Ungarn schloß sich die Mehrzahl der jüdischen Gemeinden den Ideen Ludwig Kossuths an. Der Grund dafür ist zum einen in dem wachsenden Trend zur Assimilierung, zum anderen in dem Eintreten der ungarischen liberalen Führer für eine Gleichstellung der Juden zu suchen. Im Krieg zwischen Österreich und Ungarn dienten Tausende ungarische Juden in der Honvéd-Armee (mindestens ebenso viele allerdings in den habsburgischen Streitkräften). In der Honvéd-Armee wurden viele Juden zu Offizieren ernannt, ein oder zwei brachten es sogar bis zum Major, dem höchsten Rang, den ein Nicht-Berufssoldat in der Revolutionsarmee erreichen konnte. Dies erboste die österreichische Armeeführung, die in der Folge einige jüdische Gemeinden streng bestrafte. Eine Anzahl von ungarischen Juden wurde sogar eingesperrt.[20] Dennoch scheinen jüdische Soldaten, die der Dynastie treu ergeben waren, keineswegs diskriminiert worden zu sein.

Ein Beispiel für eine solche glänzende, wenn auch etwas erstaunliche Karriere liefert der Jude Karl Strass (in einigen Dokumenten auch Strahs geschrieben), der 1828 in Böhmen geboren wurde und als *ex-propriis* Gemeiner im Dezember 1848 in ein Jäger-Bataillon eintrat.[21] Innerhalb von vier Monaten wurde Strass zum Leutnant ernannt und zu einem Dragoner Kavallerie-Regiment versetzt. Fünf Monate später, im Dezember 1849, wurde er im 2. Husaren-Regiment zum Oberleutnant befördert. Obwohl erst 21 Jahre alt, hatte er bereits eine Karriere hinter sich, die meist nur Erzherzöge durchliefen. Nichtsdestotrotz konvertierte er weder damals noch später. Strass hatte seine Beförderungen allerdings nicht am Schlachtfeld verdient, sondern war während des Krieges der Militärkanzlei Feldmarschall Windisch-Graetz' zugeteilt gewesen. Er wurde 1861 als Halbinvalider im Alter von 33 Jahren im Rang eines Hauptmanns I. Klasse pensioniert und danach nur noch zu Garnisonsdiensten verwendet. Wir müssen wohl annehmen, daß Strass sehr vermögend und in der Lage war, sich seine Beförderungen zu kaufen.

Jüdische Rekruten nach 1867

Noch vor Abschluß des Ausgleichs im Jahre 1867 hatte die Zahl der jüdischen Soldaten stetig zugenommen. So dienten in den Kriegen der Jahre 1859 und 1866 zwischen 10.000 und 20.000 jüdische Soldaten in der habsburgischen Armee.[22] Nach Einführung der allgemeinen Wehrpflicht stieg die Zahl der jüdischen Rekruten drastisch an und näherte sich dem Anteil der Juden an der Gesamtbevölkerung. 1872 zählte die k.u.k. Armee 12.471 jüdische Soldaten in der Reserve und im aktiven Dienst, was 1,5 % des Gesamtstandes entsprach. 1902 war ihre Zahl auf 59.784 Mann, d. h. 3,9 % des Gesamtstandes, gestiegen, und dies zu einer Zeit, da die Juden etwa 4,5 % der Bevölkerung der Monarchie ausmachten. Danach gingen Absolutzahl und Anteil der jüdischen Soldaten stetig zurück und fielen 1911 auf 46.064 Mann oder 3,1 %. Ich kann diesen Rückgang nicht schlüssig erklären, da der Anteil der jüdischen Rekruten stärker zurückging als der Anteil der Juden an der Gesamtbevölkerung, obwohl auch dieser leicht auf etwa 4,4 % sank.[23] Ein Grund für den Rückgang dürfte in der massiven jüdischen Auswanderung nach Amerika zu suchen sein, wovon vor allem die jüngere Altersgruppe betroffen war. Ein anderer Grund war die große Zahl jüdischer „Einjährig Freiwilliger". Vielleicht entzogen sich auch verhältnismäßig mehr Juden als Nichtjuden dem aktiven Dienst, indem sie Gesundheitsgründe, wirtschaftliche Notwendigkeit oder ihre Stellung als Familienoberhaupt vorschützten. Schließlich mögen die Musterungskommissionen etwas zögernder mit der Aufnahme von Juden geworden sein. Jedenfalls erwähnt keine der mir bekannten zeitgenössischen Quellen dieses doch sehr interessante Phänomen auch nur mit einem Wort, ganz zu schweigen davon, eine Erklärung dafür zu bieten.

In den Jahren vor dem Ersten Weltkrieg waren die einfachen jüdischen Soldaten, wie auch die übrigen ethnischen und konfessionellen Gruppen, in den verschiedenen Waffengattungen weiterhin unterschiedlich stark vertreten. 1911 waren jüdische Soldaten unter den Sanitätern deutlich überrepräsentiert (6,4 %) und unter den Jägern (1,8 %) und der Kavallerie (1,4 %) deutlich unterrepräsentiert - eine Feststellung, die keiner weiteren Erklärung bedarf.[24]

Jüdische Reserve-Offiziere

Das österreichisch-ungarische System der Auswahl und der Ausbildung von Reserveoffizieren, das 1868 eingeführt wurde, war weitgehend identisch mit jenem Preußens und der anderen deutschen Staaten. Zwischen 1885 und 1914 bildete die preußische Armee etwa 30.000 jüdische Offiziersanwärter aus, keiner jedoch wurde zum Reserveoffizier ernannt. Dies war zwar nicht gesetzlich verboten, doch hatten der König, der preußische Kriegsminister und die Offiziersversammlungen der Regimenter das stillschweigende Übereinkommen getroffen, die Ernennung von Juden zu Offizieren zu verhindern.[25] Wir verfügen über keinerlei Angaben über die Gesamtzahl der Juden, die zur selben Zeit bei den österreichisch-ungarischen Streitkräften ihren Dienst als „Einjährig Freiwillige" ableisteten, wir besitzen jedoch genaue Statistiken über die Zahl jüdischer Reserveoffiziere. So gab es in der k.u.k. Armee 1897, als die österreichisch-ungarischen Militärstatistiken erstmals zwischen Berufs- und Reserveoffizieren unterschieden, 1.993 jüdische Reserve-Offiziere, was 18,7 % des gesamten Reserveoffizierskorps entsprach. Im selben Jahr gab es in der k.u.k. Armee 680 jüdische Reserve-Militärbeamte, was 21 % dieser Dienstgruppe entsprach. Der Anteil der jüdischen Reserveoffiziere und Reserve-Militärbeamten bei der ungarischen Landwehr lag sogar noch höher. Das heißt, daß 1897 jeder fünfte Reserveoffizier und fast jeder vierte Reserve-Militärbeamte der habsburgischen Streitkräfte mosaischen

Bekenntnisses war. Es ist richtig, daß ihre Zahl in Hinkunft zu sinken begann, so daß es 1911 nur mehr 1.871 jüdische Reserveoffiziere (17 %) in der k.u.k. Armee gab. Das ändert jedoch nichts daran, daß es in der k.u.k. Armee mit knapp 2.000 Reservisten wesentlich mehr jüdische Offiziere gab als in irgendeiner anderen Armee.

Die jüdischen Reserveoffiziere waren sehr unterschiedlich auf die verschiedenen Waffengattungen verteilt. 1911 war jeder dritte Reserveoffizier (30,3 %) im Train und jeder fünfte (20 %) bei der Festungsartillerie ein Israelit. In der Kavallerie betrug der Anteil nur 6,2 %, doch selbst das waren immerhin 63 der insgesamt 1.007 Reserve-Kavallerie-Offiziere.[26]

Die große Zahl jüdischer Reserveoffiziere und -beamter kann durch das Vorhandensein einer breiten jüdischen Bildungsschicht leicht erklärt werden. 1903/04 zum Beispiel stellten die Juden zwischen 13 und 14 % der Schüler an den österreichischen Mittelschulen und 15,6 % der Studenten an den österreichischen Universitäten und technischen Akademien. Der Prozentsatz jüdischer Schüler, die eine ungarische Mittelschule oder Universität besuchten, war sogar noch höher: 23 % all jener, die zwischen 1909 und 1911 in Ungarn eine Schule des sekundären Bildungsbereiches abschlossen, waren Juden.[27] Die Tatsache, daß der Anteil jüdischer Reserveoffiziere nahe an jenen der Juden an den Mittel- und Hochschulen der Monarchie herankommt, zeigt, daß die Armee bereit war, jüdische Einjährig Freiwillige zu Offizieren zu ernennen und die Offiziersversammlungen der Regimenter keinen Einspruch gegen jüdische Offizierskameraden erhoben.

Jüdische Berufsoffiziere

1897 gab es in der k.u.k. Armee 178 oder insgesamt 1,2 % jüdische Berufsoberoffiziere. Im selben Jahr belief sich die Zahl jüdischer Berufs-Militärbeamter auf 369 oder 12,7 %. Zwar ging die Zahl der jüdischen Berufsober- und Stabsoffiziere 1911 auf 109 oder 0,6 % und die der jüdischen Berufs-Militärbeamten auf 251 oder 7,4 % zurück, doch liegen selbst diese Zahlen noch höher als Anzahl und Prozentsatz der jüdischen Berufsoffiziere in der preußischen Armee zu Friedenszeiten, der gleich null war.[28] Die Aufteilung dieser Offiziere auf die verschiedenen Waffengattungen erfolgte sehr ähnlich wie wir es bei den Reserveoffizieren und den einfachen Soldaten gesehen haben: 1911 waren 1,9 % der Berufsoffiziere, die als Sanitäter dienten, Juden. In der Infanterie betrug ihr Anteil 0,8 % und in der Kavallerie lediglich 0,1 % (zwei Offiziere).[29]

Wiederum stellt sich die Frage, worauf der Rückgang zwischen 1897 und 1911 zurückzuführen ist. Ein Grund war der Offiziersmangel in den siebziger Jahren des 19. Jahrhunderts, als gebildete junge Bürger, und damit auch Juden, nach einer relativ kurzen Ausbildungszeit gerne im Korps aufgenommen wurden. Diese Offiziere standen 1897 noch im Dienst, 1911 jedoch nur mehr in Ausnahmefällen. Hingewiesen sei auch auf die allmähliche Assimilierung gebildeter Juden in die ungarische, tschechische und polnische Nation. Da sich die Juden der patriotischen Ideologie ihrer Gastnation anschlossen, nahm ihre Begeisterung für eine Karriere in der supranationalen k.u.k. Armee vermutlich ab. Der Antisemitismus darf als möglicher Faktor ebenfalls nicht ausgeschlossen werden, obwohl eine antijüdische Einstellung in Österreich-Ungarn im ersten Jahrzehnt des 20. Jahrhunderts nicht häufiger anzutreffen war als in den achtziger Jahren des 19. Jahrhunderts, der schlimmsten Zeit des allgemeinen Antisemitismus.

1901, d.h. noch bevor die Statistiken einen Rückgang der Zahl der jüdischen Offiziere aufzuzeigen begannen, wies *Dr. Bloch's Wochenschrift* in Wien darauf hin, daß der neue Kriegsminister General Edmund Krieghammer systematisch jüdischen Ärzten, die an einer Militärkarriere interessiert waren, Studienstipendien verweigerte, obwohl es viele jüdische Militärärzte in der Armee gab und ein früherer Kriegsminister, General Ferdinand Bauer, vier jüdische Militärärzte ohne Zögern zu Generälen befördert hatte. Krieghammer machte es jüdischen Reserve-Militärärzten nahezu unmöglich, den Berufsstatus zu erreichen. Die *Wochenschrift* lenkte die Aufmerksamkeit der jüdischen Ärzte auf die österreichische Landwehr, wo es an Ärzten fehlte und der zuständige Landesverteidigungsminister General Graf Welsersheimb keinerlei Vorurteile hegte. Drei Jahre später beklagte die *Monatsschrift der Österreichisch-Israelitischen Union* wieder einen signifikanten Rückgang der Zahl jüdischer Truppenoffiziere und Militärärzte in der k.u.k. Armee, wobei der Grund dafür im wachsenden Antisemitismus gesehen wurde.[30]

Zweifellos lag etwas Unheilvolles an diesem Rückgang des Anteils jüdischer Berufsoffiziere von 1,2 % auf 0,6 % in nur vierzehn Jahren und in dem gleichzeitigen Rückgang des Anteils jüdischer Berufs-Militärbeamter von 12,7 % auf 7,4 %. Vielleicht war der Rückgang bei der letztgenannten Gruppe ebensosehr auf das wachsende Zögern jüdischer Ärzte, eine finanziell nicht besonders lohnende Karriere in der Armee einzuschlagen, wie auf den Antisemitismus des ein oder anderen Kriegsministers oder auf die wohlbekannte Bigotterie Franz Ferdinands zurückzuführen. Eines steht jedoch fest: Franz Joseph selbst wankte nie in seiner religiösen Toleranz und seiner Wertschätzung für die Loyalität der Juden.

Eine andere Frage ist, ob die nicht-jüdischen Berufsoffiziere ihre jüdischen Kameraden je wirklich akzeptiert haben. In dieser Hinsicht stellten die Reserveoffiziere nur das kleinere Problem dar, da Berufsoffiziere mit Reservisten im allgemeinen nur dann freundlichen Umgang pflegten, wenn diese im Dienst waren. Die Beziehungen zwischen nicht-jüdischen und jüdischen Berufsoffizieren waren, unseren wenigen Quellen zufolge, absolut korrekt.[31]

Es wäre interessant zu wissen, was einen Juden veranlaßte, Berufsoffizier in der habsburgischen Armee zu werden. Leider scheint es keine Memoiren zu geben, die sich mit dieser Frage beschäftigen, und das von jüdischen Autoren verfaßte biographische Material berichtet nur von den Leistungen, nicht aber den Motiven jüdischer Berufsoffiziere. Einerseits muß es der Reiz einer angesehenen Eliteinstitution und die damit verbundene Möglichkeit der endgültigen Assimiliation gewesen sein, andererseits war der dort gepflogene Lebensstil der jüdischen Tradition völlig fremd. Die wenigen jüdischen Berufsoffiziere bildeten sicher eine Ausnahme von dem allgemein üblichen Leben der Juden.

1911 verfaßte Leutnant Moritz Frühling ein biographisches Handbuch über Berufsoffiziere „jüdischen Stammes“.[32] Obwohl es keine Aufstellung der im Jahr der Publikation noch aktiven Offiziere enthält und auch kaum Hinweise auf die Herkunft und die Ausbildung der Offiziere gibt, liefert Frühling dennoch Daten über die Karriere einzelner Offiziere und gibt auch ihren Geburtsort an. Ihm zufolge dienten zwischen 1848 und 1910 insgesamt 987 jüdische Berufsoffiziere in der k.u.k. Armee (372 bei Kampftruppen, 469 als Militärärzte, 61 als Truppenrechnungsführer im Offiziersrang, 55 als andere Militärbeamte und 30 als Marineoffiziere). Der höchste von einem jüdischen Berufsoffizier erreichte Rang in einer Kampftruppe war der eines Feldmarschalleutnants, wobei diese außergewöhnliche Beförderung allerdings erst nach der Pensionierung des betreffenden Offiziers erfolgte. Der höchste Rang, der von einem jüdischen Militärarzt erreicht wurde, war der eines Generaloberstabsarztes im Rang eines Feldmarschalleutnants, bei den Militärbeamten war es ein General-Intendant - der höchstmögliche Rang in dieser Dienstklasse - und bei der Marine ein Konteradmiral, obwohl auch die Beförderung in diesen Rang erst nach der Pensionierung des Offiziers erfolgte. Insgesamt wußte Frühling von 19 Juden, die vor 1911 in den Rang eines Generals erhoben wurden: 11 von ihnen waren Militärärzte und einer ein anderer Militärbeamter. Von den sieben jüdischen Generälen bei den Kampftruppen (sechs in der Armee und einer bei der Marine) wurden nur zwei während ihrer aktiven Laufbahn zu Generälen befördert, alle anderen erst nach ihrer Pensionierung.[33]

Wie bereits weiter oben festgestellt, sagt Frühling fast nichts über die soziale Herkunft der jüdischen Berufsoffiziere, es geht aus seinem Handbuch aber klar hervor, daß nur sehr wenige von ihnen Eliteschulen wie etwa die Wiener Neustädter Militärakademie besucht hatten.[34]

Zweifellos waren diese Offiziere bestrebt, sich zu assimilieren: Von den 23 jüdischen Generälen und Obersten bei den Kampftruppen der Armee in der Zeit vor 1911 konvertierten 14 zu unterschiedlichen Zeitpunkten ihrer Karriere, einige wenige erst ganz zu Ende. Eine Konversion war allerdings keine verpflichtende Voraussetzung, um General zu werden: der ranghöchste jüdische Offizier in der k.u.k. Armee, Feldmarschalleutnant Eduard Ritter von Schweitzer, konvertierte nie. Der 1844 in Ungarn geborene Schweitzer trat 1865 als Gemeiner in die Armee ein und wurde 1870 zum Leutnant ernannt. Er kämpfte im Krieg gegen Preußen und nahm 1878 an der Okkupation von Bosnien-Herzegowina teil. Bei diesem Feldzug verdiente er sich den Orden der Eisernen Krone und damit die Erhebung in den Ritterstand. Er absolvierte die Kriegsschule, wurde aber trotz seiner hervorragenden Noten nicht in den Generalstab aufgenommen. Dennoch wurde er 1904 Generalmajor und mit dem Kommando über eine Infanterie-Brigade betraut. Ein Jahr später trat er in den Ruhestand und erhielt kurz darauf den Titel eines Feldmarschalleutnants. Man erzählt sich, daß der alte Schweitzer regelmäßig die Synagoge in Budapest besuchte, sich an eine koschere Diät hielt und um die Erlaubnis ansuchte - und sie auch erhielt -, verbotene Speisen zu essen, wenn er mit dem Kaiser dinierte.[35]

Auch Generalmajor Alexander Ritter von Eiss konvertierte nicht, sondern wurde vielmehr in späten Jahren Zionist. Der 1832 in Mähren geborene Eiss diente 1848 als

Links Generaloberst Baron Sámuel Hazai (1851-1942),
danach Chef des Ersatzwesens für die gesamte bewaffnete Macht,
rechts der ungarische Landwirtschaftsminister.

Freiwilliger in einem Jäger-Battalion. Nach seiner Teilnahme am Ungarn-Feldzug wurde er 1855 zum Leutnant ernannt. Er kämpfte 1859 bei Magenta und 1866 bei Custozza. Für seine Tapferkeit in der letztgenannten Schlacht erhielt er den Orden der Eisernen Krone 3. Klasse und wurde in den Ritterstand erhoben. 1890 wurde Eiss als Oberst und Regimentskommandant zur österreichischen Landwehr versetzt. Er trat 1896 in den Ruhestand und erhielt elf Jahre später den Titel eines Generalmajors. Bei mehreren Zionistentreffen erschien er in seiner Generalsuniform. Seine drei Söhne wurden ebenfalls Berufsoffiziere: zwei fielen im Ersten Weltkrieg, und der dritte erhielt die sehr seltene goldene Tapferkeitsmedaille für Offiziere.[36]

Der erfolgreichste Offizier jüdischer Herkunft diente in der ungarischen Landwehr, die - wie schon vorher erwähnt - Juden gegenüber besonders wohlgesonnen war: zum Teil, weil es in der ungarischen Landwehr an qualifizierten Offiziersanwärtern fehlte, und zum Teil, weil die Ungarn die Assimilierung der Juden in die magyarische Nation zu beschleunigen suchten. Tatsächlich zählten viele Angehörige der ungarisch-jüdischen Elite zu den feurigsten magyarischen Patrioten. Baron Sámuel Hazai (sein ursprünglicher Name lautete Kohn) wurde 1851 als Sohn eines wohlhabenden Spirituosenherstellers in Ungarn geboren. Er und seine beiden Brüder traten als Gemeine in die Honvéd-Armee ein. Hazai wurde 1876 Leutnant und konvertierte kurz darauf. Er besuchte die Kriegsschule und unterrichtete dann an der ungarischen Militärakademie. 1900 wurde er Oberst im Generalstab und der Honvéd-Armee zugeteilt. 1910 war er bereits General, und zwischen 1910 und 1917 diente er als ungarischer Verteidigungsminister.

Hazai war im übrigen nicht das einzige ungarische Kabinettsmitglied jüdischer Herkunft: ein anderer Jude, Justizminister Vázsonyi, war nicht einmal konvertiert. 1917 beförderte Kaiser und König Karl Hazai zum Generaloberst und machte ihn zum Chef des Ersatzwesens für die gesamte bewaffnete Macht. In dieser Funktion war Hazai de facto der zweitwichtigste Offizier der Monarchie nach dem Chef des Generalstabes.[37]

Nationalität

Angesichts des komplexen ethnischen Gewebes der Habsburgermonarchie wäre es sicher wichtig zu wissen, in welcher Weise die Nationalität den Dienst in den Streitkräften beeinflußte und welche Auswirkungen sie auf eine Karriere hatte. Leider gibt es auf diese konkreten Fragen keine konkreten Antworten - zum Teil, weil alle ethnischen Statistiken äußerst unzuverlässig sind, und zum Teil, weil dieser Punkt für die Armee offiziell völlig belanglos war.

Die Militär-Statistischen Jahrbücher für die Jahre von 1870 bis 1911 enthalten zahlreiche Statistiken über die ethnische Zusammensetzung der k.u.k.Armee, doch gibt es bei diesen Statistiken (und im Wiener Kriegsarchiv) keine Angabe, wie man zu diesen kam. Bei den Rekruten - und damit auch bei den „Einjährig Freiwilligen", die für die Laufbahn von Reserveoffizieren bestimmt waren - wurde bei der Einberufung deren Muttersprache in den Registern eingetragen, und wir können annehmen, daß diese Informationen in den Jahrbüchern für die Nationalitätenstatistiken herangezogen wurden. Wir wissen jedoch nicht, wie die „Muttersprache" definiert wurde. Selbst wenn wir annehmen, daß die Angaben von den Rekruten selbst stammten, gab es doch Tausende oder vielleicht Millionen Zweisprachiger, die möglicherweise jene Sprache als „Muttersprache" anführten, von der sie glaubten, daß die Behörden sie gerne hören wollten. Außerdem gab es bei den Armeestatistiken im Gegensatz zu den österreichischen und ungarischen staatlichen Statistiken keinen Platz für die Angabe einer anderen Sprache als den gebräuchlichsten. D.h. all jene, die friaulisch (eine Sprache, die im heutigen Norditalien gesprochen wird), armenisch, griechisch, türkisch oder roma (Zigeunersprache) sprachen, wurden willkürlich einer der großen linguistischen Gruppen zugeordnet. Juden wurden nicht als eigene Nationalität, sondern als Deutsche, Tschechen, Polen oder Magyaren registriert, je nachdem, wo sie lebten.

Zöglinge an den Militärschulen wurden nach dem Eintritt ebenfalls nach ihrer Muttersprache gefragt. Da ihre ethnischen Statistiken sich aber - wie wir gleich sehen werden - stark von denen der Berufsoffiziere unterscheiden, liegt die Vermutung nahe, daß bei dieser zuletzt angesprochenen Gruppe eine andere Methode zur Feststellung der Nationalität angewendet wurde. Vielleicht wurden die angehenden Offiziere nach ihrer Umgangssprache gefragt. Dies würde den relativ geringen Prozentsatz von Deutschen unter den Zöglingen und den enorm hohen Anteil von Deutschen unter den Berufsoffizieren in den Militärstatistiken erklären. Es ist äußerst unwahrscheinlich, daß nicht-deutsche Zöglinge eine drei- bis viermal höhere Ausfallsquote als deutsche gehabt haben sollten.

Wenden wir uns zuerst der einzigen Kategorie zu, über die es genaue ethnische Daten für den gesamten Zeitraum zwischen 1870 und 1911 gibt, nämlich den einfachen Soldaten.

Nationalität der Mannschaft

Tabelle 10.4. zeigt deutlich, daß die Armee sich nicht scheute, Soldaten aus allen Nationalitäten zu rekrutieren. Der etwas überproportionale Anteil der Deutschen und Magyaren unter den einfachen Soldaten im Verhältnis zu ihrem Anteil an der Gesamtbevölkerung spiegelt möglicherweise ihre geringere Bereitschaft wider, jene Schlupflöcher auszunützen, die sich boten, um den Militärdienst zu umgehen. Das Gegenteil könnte für die Polen und Italiener ins Treffen geführt werden. Da nur ein Teil der Wehrpflichtigen tatsächlich einberufen wurde, konnte sich die Armee eine gewisse Auswahl leisten. Die Armut und der schlechte Gesundheitszustand der galizischen

Tabelle 10.4. Nationalitäten in Österreich-Ungarn und in der k.u.k. Armee im Jahre 1910

	Bevölkerung allgemein		Mannschaften aktiv und in der Reserve		
Nationalität	Absolutzahl (in 1.000)	Prozentsatz	Nationalität	Absolutzahl (in 1.000)	Prozentsatz
Deutsche	12.007	23,4		375.015	25,2
Magyaren	10.056	19,6		344.210	23,1
Tschechen, Mährer und Slowaken	8.410	16,3		245.046	16,5
Polen	4.968	9,7		118.168	7,9
Ruthenen (Ukrainer)	3.998	7,8		113.931	7,6
Kroaten und Serben	4.381	8,5		134.019	9,0
Slowenen	1.256	2,4		36.361	2,4
Rumänen	3.224	6,3		103.814	7,0
Italiener	768	1,5		19.510	1,3
andere	2.314	4,5	Bulgaren	385	-
Insgesamt	51.390	100,0		1,490.459	100,0

Quelle: Militärstatistisches Jahrbuch für das Jahr 1910 (Wien 1911), S. 145-146.

Tabelle 10.5. Nationalität der Mannschaft (Aktive und Reservisten) in den einzelnen Waffengattungen der k.u.k. Armee im Jahre 1911 (Prozentsätze)

Nationalität	Absolutzahlen	Mannschaften	Infanterie	Jägertruppe	Kavallerie	Feld- u. Gebirgsartillerie	Festungsartillerie	Traintruppe	Militärsanität
Deutsche	362.804	24,8	22,2	42,7	20,3	29,6	37,1	19,0	32,2
Magyaren	340.042	23,3	24,6	7,1	33,6	22,5	13,6	33,1	23,4
Tschechen	184.409	12,6	12,8	12,2	15,7	11,3	11,4	11,9	10,5
Slowaken	51.971	3,6	4,0	4,8	1,0	4,8	2,1	3,0	3,0
Polen	114.968	7,9	7,6	4,0	11,2	9,2	10,4	8,3	7,0
Ruthenen (Ukrainer)	114.741	7,8	8,5	3,1	10,3	8,8	8,1	6,4	6,0
Kroaten und Serben	134.717	9,2	8,2	2,7	4,6	5,9	3,9	11,9	8,4
Slowenen	36.429	2,5	2,3	3,8	1,4	2,5	6,7	1,7	2,4
Rumänen	102.795	7,0	9,5	3,7	1,9	4,8	3,4	4,5	5,8
Italiener	19.528	1,3	0,3	15,9	0	0,6	3,3	0,2	1,3
Bulgaren	462	0	0	0	0	0	0	0	0
Insgesamt	1,462.866		865.849	82.543	100.013	144.968	49.125	56.401	30.197

Quelle: Militärstatistisches Jahrbuch für das Jahr 1911 (Wien 1912), S. 146-147, 196-197.

Bevölkerung beispielsweise waren sicher nicht entscheidend, warum es relativ wenige polnische Soldaten gab, da die noch ärmeren Ruthenen (Ukrainer) keineswegs unterrepräsentiert waren.

Da die Statistiken in Tabelle 10.4. keinen Hinweis auf ein mögliches Vorurteil der Armee gegenüber der einen oder anderen Nationalitätengruppe enthalten, wollen wir uns der ethnischen Verteilung bei den verschiedenen Waffengattungen zuwenden. Die ungleiche ethnische Repräsentation, die aus Tabelle 10.5. hervorgeht, beruht auf den Unterschieden im Rekrutierungsgebiet, der Tradition und der Ausbildung sowie der technischen Erfordernisse bei den verschiedenen Waffengattungen. Die Infanterie z. B. nahm vor allem junge Bauern auf - daher die Überrepräsentation von so „bäuerlichen Nationalitäten“ wie etwa jener der Rumänen. Die Jäger rekrutierten ihre Soldaten vor allem in den westlichen Ländern der Monarchie - daher der hohe Anteil von Deutschen und Italienern. Letztere, die vorwiegend aus Südtirol kamen, wurden vorzugsweise den vier Regimentern der Tiroler Kaiserjäger zugeteilt. In der Kavallerie wiederum gab es unverhältnismäßig viele Magyaren (Husaren), Polen und Ruthenen (Ulanen) sowie Tschechen (Dragoner). Aus Gebirgsgegenden stammende slowakische, slowenische und italienische Soldaten waren im Gegensatz dazu bei der Kavallerie kaum vertreten. Die Artillerie (und die Genietruppe) ihrerseits gab den gut ausgebildeten und technisch geschulten Deutschen und Slowenen den Vorzug gegenüber den im allgemeinen weniger gebildeten Serben, Kroaten und Rumänen. Überproportional stark vertreten waren die Magyaren (einschließlich der ungarischen Juden) im Train, die Deutschen wiederum stellten ein Drittel der Sanitätstruppen. Allgemein kann gesagt werden, daß die k.u.k. Armee ihre Rekruten den verschiedenen Waffengattungen keineswegs nach ethnischen Vorurteilen zuteilte - wie Kritiker oft behauptet -, sondern vielmehr aufgrund praktischer Überlegungen.

Nationalität der Reserveoffiziere

Anders als bei den Mannschaften rekrutierten sich die Offiziere keineswegs im gleichen Verhältnis aus den verschiedenen Nationalitätengruppen. Die unterschiedlich starke Vertretung der einzelnen Nationalitäten im Offizierskorps war ein Spiegelbild der Unterschiede in der Klassenstruktur, dem Reichtum, der Ausbildung, der Loyalität zum Herrscherhaus und der militärischen Tradition jeder Nationalität. Es könnte dies allerdings auch als ethnisches Vorurteil der Armeeführung angesehen werden. Zunächst wollen wir die ethnische Repräsentation der einfachen Soldaten in der k.u.k. Armee mit jener der Reserveoffiziere vergleichen, einer Gruppe, deren ethnische Daten weit weniger problematisch sind als jene der Berufsoffiziere. (Tabellen 10.6. und 10.7.)

Es stellt sich die Frage, warum die Slowaken, Polen, Ruthenen, Kroaten, Serben und Rumänen unter den Reserveoffizieren so deutlich unterrepräsentiert waren. Die vom ungarischen Historiker László Katus zusammengetragenen statistische Daten werfen etwas Licht auf diese Problematik (siehe Tabelle 10.8.). Aber selbst wenn wir in

Tabelle 10.6. Nationalität der Reserveoffiziere in der k.u.k. Armee im Jahre 1910 (Prozentsätze)

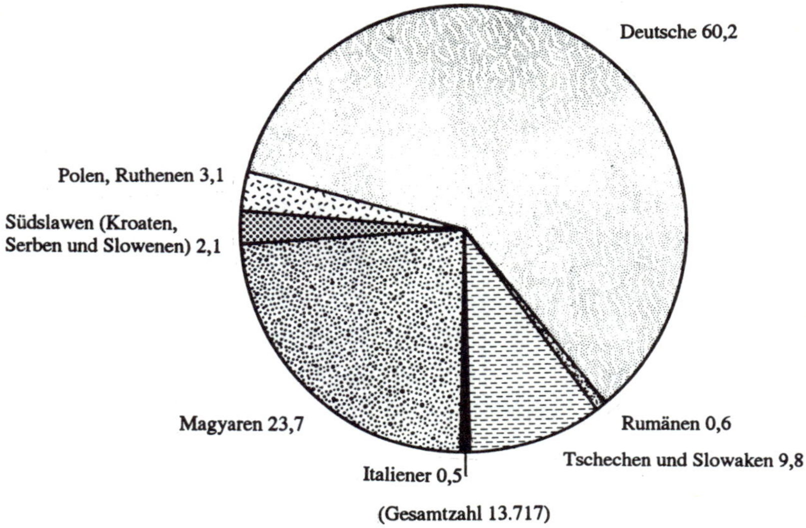

Quelle: Militärstatistisches Jahrbuch für das Jahr 1910 (Wien 1911), S. 143, 145-146.

Tabelle 10.7. Nationalität der Mannschaft in der k.u.k. Armee im Jahre 1910 (Prozentsätze)

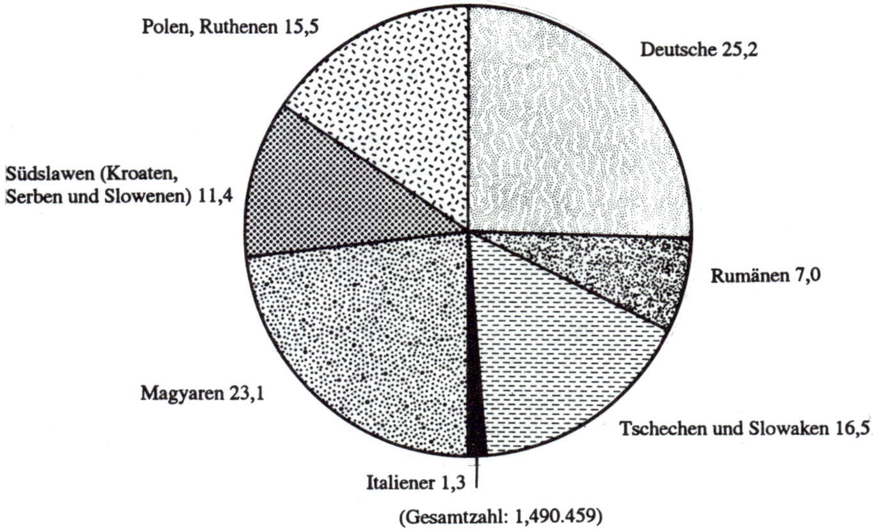

Quelle: Militärstatistisches Jahrbuch für das Jahr 1910 (Wien 1911), S. 143, 145-146.

Tabelle 10.8. Zahl der Mittel-, Hoch- und Fachschulbesucher im Verhältnis zur Gesamtbevölkerung nach Muttersprachen (Ungarn) bzw. Umgangssprachen (Österreich)

Nationalität	Anzahl der Schüler pro 1.000 Einwohner
Deutsche	19,04
Magyaren	17,20
Tschechen und Slowaken	16,80
Polen	12,49
Ruthenen	3,63
Kroaten und Serben	5,21
Slowenen	8,37
Rumänen	4,46
Italiener	18,17
Österreich	16,19
Ungarn	12,27
Gesamtmonarchie	14,13

Quelle: László Katus, „Die Magyaren", *Die Völker des Reiches* („Die Habsburgermonarchie 1848-1918", Bd. 3, Adam Wandruszka und Peter Urbanitsch (Hgg.); Wien 1980), S. 483.

Betracht ziehen, daß der Prozentsatz gebildeter Jugendlicher unter den Deutschen innerhalb der Monarchie deutlich über jenem der anderen ethnischen Gruppen lag (mit Ausnahme der Magyaren, Tschechen und Italiener), müssen wir immer noch nach einer Erklärung suchen, warum die Ruthenen, um nur ein Beispiel zu nennen, im Reserveoffizierskorps praktisch überhaupt nicht vertreten waren (1910: 0,3 %, insgesamt 34 Mann).[38] Sicherlich hatte ein wesentlich höherer Prozentsatz der Ruthenen eine Mittelschule abgeschlossen und war damit für den Dienst als Einjährig Freiwilliger qualifiziert. Die Antwort könnte zum Teil in ethnischen Vorurteilen gesucht werden, was allerdings im Widerspruch zu der starken Überrepräsentation von Juden im Reserveoffizierskorps stünde, lehnten doch manche Offiziere, im Gegensatz zur offiziellen Politik, die Juden als eigenständige, fremde und keineswegs sympathische Rasse ab. Die Erklärung für den geringen Prozentsatz von Ruthenen und anderen Nationalitäten im Reserveoffizierskorps dürfte vielmehr in den folgenden Argumenten zu suchen sein: (1) die Bildungselite der Ruthenen wollte in Galizien gern als Polen, jene der Rumänen und Serben in Ungarn gern als Magyaren gesehen werden; (2) die Juden und Tschechen hatten gegenüber den gebildeten Ruthenen, Kroaten, Serben und Rumänen, deren zweite Sprache meist ungarisch, tschechisch oder polnisch war, den großen Vorteil, daß sie fast alle deutsch sprachen; (3) der zunehmende Nationalismus der slawischen, rumänischen und italienischen sozialen Eliten ließ sie in den Jahren 1910/11 danach trachten, den Militärdienst entweder überhaupt zu umgehen oder, wenn dies nicht möglich war, die Bestellung zum Reserveoffizier zu vermeiden. Bezeichnete sich ein gebildeter Ruthene in Galizien selbst nicht als Pole, so war dies eine deutliche politische Aussage. Das gleiche gilt für jene gebildeten Slowaken, Serben oder Rumänen, die sich in Ungarn nicht als Magyaren sahen. Andere Angehörige ihrer Nationalität identifizierten sich schon lange mit der in dem jeweiligen Gebiet vorherrschenden Nationalität. In Böhmen war die Situation etwas schwieriger, da die Tschechen hier in der Praxis zur beherrschenden Nationalität geworden waren. Daher bezeichneten sich auch relativ viele Reserveoffiziere selbst als Tschechen. Schließlich darf nicht übersehen werden, daß ein Reserveoffizierspatent in Österreich-Ungarn, anders als im Deutschen Reich, für einen guten Posten im Zivilleben nicht unbedingt erforderlich war und auch nicht allgemein geschätzt wurde.

Nationalität der Berufsoffiziere

All diese Überlegungen können aber nicht darüber hinwegtäuschen, daß zumindest die Hälfte des habsburgischen Reserveoffizierskorps aus Deutschen bestand. Wenn wir den Militärstatistiken und den Historikern Glauben schenken, betrug der Anteil der Deutschen am Berufsoffizierskorps sogar noch wesentlich mehr als 50 %. Hier

Tabelle 10.9. Nationalität der Berufsoffiziere und Mannschaften in der k.u.k. Armee in den Jahren 1897 und 1910

	1897	Prozentsätze	1910	
Nationalität	Berufsoffiziere	Mannschaften	Berufsoffizier	Mannschaften
Deutsche	77,7	28,3	78,7	25,2
Magyaren	8,0	18,4	9,3	23,1
Tschechen	5,5	14,4	4,8	12,9
Slowaken	0,1	4,3	-	3,6
Polen	3,0	9,5	2,5	7,9
Ruthenen	0,2	7,9	0,2	7,6
Kroaten und Serben	3,6	7,0	2,4	9,0
Slowenen	0,6	3,0	0,5	2,4
Rumänen	0,6	5,8	0,9	7,0
Italiener	0,7	1,4	0,7	1,3
Absolutzahlen	15.650	1,309.127	17.808	1,490.459

Quelle: Militär-Statistisches Jahrbuch für das Jahr 1897 (Wien 1898), S. 143, 148; *Militärstatistisches Jahrbuch für das Jahr 1910* (Wien 1911), S. 145-146.
Anmerkung: Zu den Offizieren zählen hier nur die Ränge von Leutnant bis Oberst.

würde ich allerdings einige Vorbehalte anmelden. Aber werfen wir zunächst einen Blick auf die offiziellen Statistiken (Tabelle 10.9.)

Diesen Statistiken zufolge waren vier von fünf Berufsoffizieren Deutsche, alle anderen Nationalitäten waren stark unterrepräsentiert, obwohl die Magyaren zwischen 1897 und 1911 aufholten. Der Anteil der Tschechen, Polen, Kroaten und Serben hingegen ging zurück, und die anderen Nationalitäten waren überhaupt kaum vertreten (1910 gab es insgesamt 8 slowakische und 33 ruthenische Berufsoffiziere!).

Kann dies wirklich stimmen? Wenn dem so wäre, wäre die habsburgische Vielvölkerarmee - wie zeitgenössische magyarische und slawische Kritiker und spätere nationalsozialistische Apologeten behaupten - nur eine weitere von Deutschen geführte Streitmacht gewesen, die sich von jener des Deutschen Reiches nur insofern unterschied, als die Mehrzahl der Mannschaften „minderen“ Rassen angehörte. Was wir aus der Geschichte wissen, bestätigt diese offiziellen Militärstatistiken jedoch nicht.

In ihrer langen Geschichte lehnte die habsburgische Armee stets ganz offen und aktiv jeden Ausdruck von Nationalismus ab. Sie rekrutierte ihre Offiziere aus allen Ländern der Monarchie (nach 1867 ging die Zahl im Ausland geborener Offiziere bald drastisch zurück). In Deutschösterreich geborene Offiziere waren keineswegs in besonderem Maße überrepräsentiert. Dem Geburtsort der Offiziere kam jedenfalls nur eine untergeordnete Bedeutung zu, waren doch zwei Drittel Söhne von Vätern, die dem Staat als Beamte, Offiziere, Unteroffiziere, Gendarmen, Polizisten, Zollbeamte, Angestellte der staatlichen Eisenbahnen und protestantische Geistliche dienten, also Leuten, die ihren Dienst oft fern ihres Heimatortes versahen. Es stimmt zwar, daß die öffentlichen Dienste 1867 zwischen Österreich und Ungarn aufgeteilt wurden und von da an nur mehr Angehörige der k.u.k. Armee im Raum der gesamten Monarchie dienten, doch beeinflußte es die nationale Identität eines kleinen Buben wenig, wenn sein Vater beispielsweise als Angestellter der Eisenbahnen von Triest, wo man italienisch, kroatisch und slowenisch sprach, in die Bukowina versetzt wurde, deren Bevölkerung rumänisch, ukrainisch oder yiddisch sprach. Beides war „Österreich“. Der Sohn verließ sein Elternhaus jedenfalls mit zehn Jahren, um auf eine Militärschule zu gehen, die z.B. im ungarisch- und slowakisch-sprachigen Kassa im nördlichen Ungarn lag. Und wirklich hatten viele Offiziere der k.u.k. Armee im Grunde keine Nationalität

In Franz Theodor Csokors berühmtem Bühnenstück *3. November 1918*, das 1936 erschien, erholt sich eine Gruppe kranker oder verwundeter Offiziere am Ende des Krieges in den Bergen nahe der österreichischen Italienfront. Hier hören sie von einem vorbeikommenden Revolutionär vom Zusammenbruch der Monarchie. Diese Nachricht freut einige Reserveoffiziere, die plötzlich ihre „ethnischen Wurzel“ entdeckt haben, flößt einem jüdischen Reserveoffizier, dem einzigen wirklichen „Österreicher“ unter den Bürgern in Uniform, Furcht ein und erschüttert den einzigen Berufssoldaten unter ihnen, einen Armeeoberst, zutiefst. Nach seiner Nationalität gefragt wird, gibt der Oberst sein Regiment an und erschießt sich schließlich am Ende des Stückes.[39]

Csokors dramatische Umsetzung wird durch Erinnerungen, Briefe und andere Dokumente bestätigt. Wenn auch nicht mehr so sehr wie in der ersten Hälfte des 19. Jahrhunderts, sahen doch viele Berufsoffiziere noch 1918 in der Monarchie ihre weitere und im Regiment ihre engere Familie. Nach der Kindheit in einer Regimentsstadt hatten sie eine Militärschule in irgendeinem anderen Teil der Monarchie besucht und danach in wieder einem anderen Gebiet gedient. Stets wurden sie gelehrt, daß jeder Ausdruck des Nationalgefühls sich für einen Offizier nicht ziemte oder gar Verrat war. Eine Ausnahme von dieser Regel bildeten lediglich die aristokratischen polnischen und ungarischen Kavallerie-Regimenter. Im Dienst und in der Offiziersmenage sprachen die Offiziere deutsch und gaben daher wohl oder übel auch deutsch

Tabelle 10.10. Variationen eines Themas: ethnische Verteilung der Berufsoffiziere in der k.u.k. Armee im Jahre 1900 (Prozentsätze)

Nationalität	Gemäß Militär-Statistisches Jahrbuch für das Jahr 1900*		Nach Berechnungen des Autors[+]		Zöglinge an Elite-Schulen der k.u.k. Armee (Militär-Realschulen und die drei Militärakademien), 1890[++]
Deutsche	80,0		55,0		36,9
Magyaren	7,6		9,1		22,1
Tschechen	5,3		8,1		
Slowaken	0,1		0,4		
Polen	2,3		3,3		
Ruthenen	0,2	Slawen	0,4	Slawen	Slawen
Slowenen	0,6	11,3	0,8	16,7	38,3
Kroaten	2,8		2,1		
Serben			1,6		
Rumänen	0,6		1,6		0,5
Italiener	0,5		0,2		1,9
andere	-		0,2	(Ausländer)	0,3
gemischte Nationalität	-		16,2		-
unbestimmt	-		1,2		-

* Veröffentlicht in Wien im Jahre 1910; S. 180-181.

[+] Die Nationalität wurde aufgrund der Dienstbeschreibungen von 516 Leutnanten in aktivem Dienst im Jahre 1900 ermittelt, wobei angegebener Name, Religion, Geburtsort, Heimatzuständigkeit, Vertrautheit mit den verschiedenen Sprachen der Monarchie und wenn möglich die Herkunft der Familie berücksichtigt wurden. Die Gruppe basiert auf einer Zufallsauswahl von 10 % aller Berufsleutnante.

[++] Ermittelt auf Grundlage der Statistiken in Österreichisches Statistisches Handbuch, Bd. 9 (Wien 1891), S. 273. Es wurde angenommen, daß die meisten dieser Zöglinge 1900 Leutnante oder Oberleutnante waren.

als jene Sprache an, die sie am häufigsten verwendeten, außer ihre nicht-deutsche ethnische Identität war ganz besonders stark ausgeprägt, wie dies zunehmend bei den Magyaren der Fall war.

Eine Analyse meiner beiden Stichproben der Berufsoffiziere zeigt, daß von den Offizieren in der Auswahlgruppe des Jahres 1870 nur 52 % und in der Gruppe des Jahres 1900 nur 55 % als Deutsche bezeichnet werden können. Diese recht hohen Prozentsätze liegen allerdings immer noch weit unter den in den offiziellen Statistiken angegebenen Zahlen.

In der Tat verstanden die Militärs mit ethnischen Statistiken nicht umzugehen. Dies wird deutlich, wenn wir die dem Militär-Statistischen Jahrbuch entnommenen Daten mit meinen und jenen des offiziellen Österreichischen Statistischen Jahrbuches (siehe Tabelle 10.10.) vergleichen. In letzterem ist für 1891 angegeben, daß nur 36,9 % der Zöglinge an den Elite-Militärschulen der k.u.k. Armee (Militär-Realschulen und Militärakademien) Deutsche waren. Erinnern wir uns - vgl. Kapitel 3 dieses Buches-, daß 1912/13 63,3 % der Zöglinge an der Wiener Neustädter Militärakademie deutsch als Muttersprache hatten! An dieser Eliteschule hätte der Prozentsatz der Deutschen damit jedoch höher liegen müssen als ihr Anteil am Berufsoffizierskorps insgesamt.

Mir bleibt nichts anderes übrig, als diese stark widersprüchlichen Statistiken abzudrucken und die Schlußfolgerung zu ziehen, daß es keinen verläßlichen Weg gibt, die Nationalität der Berufsoffiziere festzustellen.

Während wohl wenig Zweifel daran besteht, daß die Deutschen die absolute Mehrheit der Berufsoffiziere stellten, waren die anderen Nationalitäten, im besonderen die Magyaren, Tschechen und Serbo-Kroaten ebenfalls recht gut vertreten.

Wenden wir uns der ethnischen Verteilung der Berufsoffiziere in den verschiedenen Waffengattungen zu - dem Leser seien Details erspart -, so wird deutlich, daß nicht nur die Deutschen, sondern auch die Magyaren, Polen und Tschechen in jenen Formationen, die ein beträchtliches Privatvermögen (Kavallerie), eine wissenschaftliche Ausbildung (Artillerie, Pioniere, Genietruppe), eine Kombination dieser beiden Voraussetzungen (Feldartillerie) oder gute gesellschaftliche und offizielle Beziehungen (Jäger) erforderten, überproportional stark vertreten waren.

Karriere und Nationalität

Selbst wenn wir annehmen, daß die Habsburgerarmee wirklich "ethnisch blind" bei der Rekrutierung ihrer Berufsoffiziere vorging, wie alle Militärchronisten beteuern und wofür es auch in den Archiven keinerlei Gegenbeweise gibt, bleibt immer noch die Frage, ob sich die Deutschen gegenüber den anderen Nationalitäten nicht deutlicher Vorteile hinsichtlich der Karriere erfreuten. Ich entschloß mich, zunächst die militärischen Laufbahnen meiner statistischen Auswahlgruppe in jeder der beiden Reichshälften der Monarchie zu untersuchen (siehe Tabelle 10.11.). Erstaunlich ist der geringe Prozentsatz der in Ungarn geborenen Offiziere, aber auch ihr bemerkenswerter Erfolg beim Erreichen höherer Ränge. Während die absolute Mehrzahl der in

„Österreich" geborenen Offiziere nach 14 Dienstjahren noch Oberleutnante waren, bekleidete die absolute Mehrzahl der in Ungarn geborenen Offiziere bereits zumindest den Rang eines Hauptmanns. Eingehendere Untersuchungen zeigen, daß dies nicht für alle in Ungarn geborenen Offiziere gilt, sondern nur für jene unter ihnen, die ungarisch sprechen konnten. (Man beachte, daß Tabelle 10.12. sich nicht auf die Ränge bezieht, sondern auf die durchschnittliche Höhe der Gage, die wiederum von dem Rang und dem Dienstalter eines Offiziers abhing.)

Tabelle 10.11. Ränge der Offiziere nach 14 Dienstjahren in der Auswahl des Jahres 1870 (Prozentsätze)

Geburtsort	Leutnant	Oberleutnant	Hauptmann oder höher	Insgesamt
Österreich	9,6	51,0	39,0	100 (N=331)
Ungarn	7,9	39,5	52,6	100 (N= 38)

Anmerkung: In Anbetracht der Tatsache, daß das Leben und die Laufbahn der Auswahlgruppe von 1900 durch den Ausbruch des Ersten Weltkrieges und durch den Zusammenbruch der Monarchie im Jahre 1918 abrupt unterbrochen wurde, beziehen sich alle Zahlen sowohl für die Gruppe von 1870 als auch für jene von 1900 auf deren ersten 14 Dienstjahre nach 1870 bzw. 1900.

Tabelle 10.12. Durchschnittliche Jahresgage der Auswahl von 1870 (Gulden) nach 14 Dienstjahren, aufgegliedert nach Geburtsort und Ungarischkenntnissen

Geburtsort	sprachen ungarisch	sprachen nicht ungarisch
Ungarn	1.069 (N = 23)	836 (N = 14)
Österreich	752 (N = 26)	811 (N = 283)

Anmerkung: Die Daten beziehen sich nur auf jene, die nach 1870 auch tatsächlich 14 Jahre dienten.

Die höchste Gage und damit implizit auch den höchsten Rang hatten eindeutig die in Ungarn geborenen Offiziere, die entweder magyarischer Nationalität waren oder zumindest die Sprache beherrschten. Ungarischen Offizieren, die nicht ungarisch sprachen, ging es nicht viel besser als den in Österreich geborenen Offizieren. Am ungünstigsten war die Lage für Offiziere, die (vielleicht aufgrund eines Dienstes in einem ungarischen Regiment) mit der ungarischen Sprache zwar vertraut, aber in Österreich geboren waren. Die statistischen Daten der Auswahlgruppe des Jahres 1900 zeigen sogar eine noch günstigere Situation für magyarisch-sprechende Ungarn.

Der Grund ist leicht zu erraten. Die 1868 gegründete Honvéd-Armee richtete ihre Rekrutierungsbemühungen gerade auf jene Offiziere, die in Ungarn geboren wurden und ungarisch sprachen. Um dem entgegenzuwirken, räumte die k.u.k. Armee ihren magyarischen Offizieren bessere Karrierechancen ein. Außerdem waren die in der k.u.k. Armee verbleibenden Magyaren möglicherweise begabter und widmeten sich ihrem Beruf mit größerer Hingabe als jene, die zur weniger angesehenen *honvédség* überwechselten, wo ihnen allerdings eine rasche Beförderung fast sicher war. Natürlich bedauerten die Kommandanten der Honvéd-Armee immer wieder, daß die höchstqualifizierten Magyaren in der k.u.k. Armee es ablehnten, in die ungarische Landwehr einzutreten.[40]

All meine Versuche einer Analyse der Nationalitäten führten lediglich zu der Schlußfolgerung, daß die k.u.k. Armee bei der Beförderung, wenn überhaupt irgendeiner Nationalität, so ihren magyarischen Offizieren den Vorzug einräumte. Dies steht zwar im Widerspruch zu den unausgesetzten Klagen der ungarischen Politiker, ist aber dennoch richtig. Der Grund für dieses Phänomen liegt in der spezifischen Situation, die durch die Gründung einer rivalisierenden ungarischen Landwehr geschaffen wurde, und in dem Bedürfnis der Monarchie, die Präsenz einer beträchtlichen Anzahl magyarischer Offiziere in ihrer supranationalen Streitmacht zu sichern.

Der wirkliche Schlüssel zu einer raschen Beförderung in der habsburgischen Armee lag in der Nachreformzeit nicht im Religionsbekenntnis, der Nationalität oder der sozialen Herkunft, sondern vielmehr in der Ausbildung und im Besuch von Fortbildungskursen. In dieser Hinsicht spielte sicherlich auch der familiäre Hintergrund eine Rolle. So waren beispielsweise, wie ich weiter unten zeigen werde, in deutschösterreichischen Gebieten geborene Offiziere - die in der Regel Deutsche waren - im allgemeinen höher gebildet und nahmen nach ihrer Ausmusterung häufiger an Fortbildungskursen teil als Offiziere, die z.B. in den südslawischen Ländern der Monarchie geboren wurden.

Fortbildungskurse

In der k.u.k. Armee kam, wie in allen anderen Armeen des späten 19. Jahrhunderts, dem Besuch der „richtigen" Militärschulen und der Absolvierung der „richtigen" Militärkurse, vor allem jenes an der Kriegsschule, immer größere Bedeutung zu. Wer eine der Elite-Militärschulen und anschließend einige der angesehensten Fortbildungskurse besuchte, hatte, wie meine Analyse der Auswahlgruppe von 1870 zeigt, eine 53,4%ige Chance nach 14 Dienstjahren zumindest den Rang eines Hauptmannes zu erreichen. In der Gruppe von 1900 betrugen die statistischen Chancen der Mitglieder meiner Auswahl, einen höheren Rang zu erreichen, erstaunliche 94,3 %, was heißt, daß praktisch jeder, der eine elitäre Ausbildung genossen und danach einen elitären Fortbildungskurs absolviert hatte, rasch befördert wurde. Wer eine der weniger angesehenen Militärschulen und Fortbildungskurse auf niedrigerem Niveau absolviert hatte, kam nur langsamer voran. Es war um die Jahrhundertwende allgemein bekannt, daß jeder, der eine Militär-Realschule (in der Ausbildungsqualität einem Gymnasium entsprechend) und danach eine der beiden Militärakademien (im Gegensatz zu den viel zahlreicheren Kadettenschulen) besucht hatte, entschieden größere Chancen auf die Zulassung zur Kriegsschule und die anschließende Aufnahme in den Generalstab, aus dem letzlich die Generäle ausgewählt wurden, besaß. Meine Untersuchungen über die Erziehung und Ausbildung der Offiziere der beiden Auswahlgruppen ergaben, daß der Geburtsort für eine elitäre oder nicht-elitäre Erziehung und Ausbildung eine gewisse Rolle spielte, allerdings nur dann, wenn man extreme Vergleiche zieht, wie etwa zwischen einem in Deutschösterreich und einem im südslawischen Raum der Monarchie geborenen Offizier. Von der Auswahl des Jahres 1870 besuchte genau die Hälfte der in Deutschösterreich geborenen Offiziere, deren Väter ebenfalls Soldaten waren, Elite-Militärschulen. In der Auswahl von 1900 betrug der Anteil 41 %. Im anderem Extrem besuchten von der Stichprobe des Jahres 1870 nur 14 % der in den südslawischen Gebieten Kroatien-Slawoniens, Dalmatiens und der Krain geborenen Offiziere eine Elite-Militärschule. 1900 stieg diese Zahl nur leicht auf 22,7 % an.

Wenden wir uns nun den Fortbildungskursen nach der Ausmusterung zu. Von den aus Militärfamilien stammenden und in Deutschösterreich geborenen Offizieren der Auswahl des Jahres 1870 besuchten 75 % elitäre Fortbildungskurse. Dieser Anteil ging bei der Gruppe von 1900 geringfügig auf 66,7 % zurück. Umgekehrt besuchten von den in den südslawischen Gebieten geborenen Offizieren der Auswahl von 1870 nur 26,3 % elitäre Fortbildungskurse, von jenen des Jahres 1900 allerdings bereits ansehnliche 45,5 %.

Wie lassen sich diese Unterschiede nun erklären? Zweifellos spielten bei diesem Phänomen der legendäre deutsche Eifer und Fleiß, das höhere Bildungsniveau unter der deutschen Bevölkerung und der Umstand, daß die Muttersprache dieser Offiziere die offizielle Sprache der Armee war, eine gewisse Rolle. Auch ethnische Vorurteile jener Personen, die über die Zulassung zu den Militärakademien und den Elite-Fortbildungskursen entschieden, kommen als mögliche Faktoren in Betracht. Die äußerst schwache Beteiligung der Südslawen an einer elitären Erziehung und Ausbildung erfordert jedoch eine weitere Erklärung. Meiner Meinung nach ist die ungünstige Situation dieser Gruppe nicht so sehr auf eine ethnische Diskriminierung als vielmehr auf die Besonderheiten ihrer Herkunft zurückzuführen.

Bis zur allmählichen Auflösung der Militärgrenze in den späten siebziger und frühen achtziger Jahren des 19. Jahrhunderts stammten die meisten serbischen und kroatischen Offiziere aus diesem Gebiet und gingen auch wieder dorthin zurück, um in Grenzer-Regimentern zu dienen. Dies spiegelte sich unter anderem in dem außerordentlich hohen Anteil von serbischen und kroatischen Offizieren wider, die aus Militärfamilien stammten: in der Auswahl von 1870 waren dies 78,1 % der Serben und 66,7 % der Kroaten. Fast durchwegs bäuerlicher Herkunft, gab sich der durchschnittliche Grenzer-Offizier damit zufrieden, in seinem Regiment zu bleiben, und es fehlte ihm der Ehrgeiz, der für eine große Karriere erforderlich war. Dies behaupten zumindest Militärchronisten und die Sammler von Anekdoten rund um das Militär. Der Grenzer-Offizier war der „Kamerad Krowatowitsch", ein einfältiger, naiver, aber zutiefst ergebener Soldat. Die Mehrzahl beschloß ihre Dienstzeit als Hauptmann II. Klasse oder sogar Oberleutnant. Die dokumentarisch belegte Tatsache, daß diese

Offiziere kaum je französisch oder englisch sprachen (wie wir in Kapitel 4 gesehen haben), zeugt von ihrer niedrigen Herkunft und der bescheidenen Erziehung dieser Gruppe. (Da es 1900 keine Grenzer-Regimenter mehr gab, ist es unmöglich festzustellen, ob die humanistische Erziehung bis zu diesem Zeitpunkt zu den serbischen und kroatischen Offizieren vorgedrungen war.)

Natürlich beendeten nicht alle südslawischen Offiziere ihre Karriere als Leutnant oder Hauptmann. Einer der bedeutendsten österreichischen Befehlshaber in den Kriegen der Jahre 1848/49, Josip Jelačić, war Kroate. Auch der Okkupationsfeldzug in Bosnien-Herzegowina im Jahre 1878 wurde von einem Südslawen, General Philippović, geleitet, und der Aufstand des Jahres 1882 in diesem Gebiet von einem weiteren Südslawen, General Jovanović, niedergeschlagen. Es gab zahlreiche bekannte südslawische Militärdynastien und bedeutende südslawische Generäle, wie beispielsweise Generaloberst Sarkotić, Militärkommandant von Bosnien-Herzegowina und Dalmatien im Ersten Weltkrieg und Eroberer von Montenegro.

Es könnten noch weitere Beispiele angeführt werden, um zu zeigen, daß die Habsburgerarmee wohl eher „ethnisch blind" als voreingenommen war. Dem österreichischen Statistiker Wilhelm Winkler zufolge können von den am 1. November 1918 in der Monarchie dienenden 387 aktiven Generälen 166 als Deutsche, 94 als Ungarn, 64 als Tschechen und Slowaken, 25 als Südslawen, 24 als Polen, 9 als Italiener, 1 als Rumäne bezeichnet werden; 4 weitere fallen unter die Kategorie „sonstige". Winkler basiert seine Berechnungen allerdings in erster Linie auf die Heimatzuständigkeit der Generäle, ein nicht unumstrittenes Verfahren.[41] Bekannt ist jedenfalls, daß von den neun im Ersten Weltkrieg aktiven Feldmarschällen drei habsburgische Erzherzöge (Friedrich, Eugen und Joseph) waren; Conrad war Deutschösterreicher; der in Ancona geborene Böhm-Ermolli war teils deutscher, teils italienischer Abstammung; Kövess und Rohr wurden in Ungarn geboren, waren aber beide deutscher Abstammung; der in Mähren geborene Krobatin war Tscheche; und Boroević Südslawe.[42]

Überflüssig zu erwähnen, daß all diese Feldmarschälle sich selbst als „Österreicher" sahen und ihre bedingunglose Loyalität dem Kaiser galt. Nach dem Krieg behauptete nur Conrad, ein großdeutscher Nationalist zu sein, während Erzherzog Joseph sich als ungarischer Patriot ausgab. Die meisten Feldmarschälle, wie auch die große Mehrheit der anderen Berufsoffiziere, fühlten sich nie einer bestimmten Nationalität zugehörig. Und auch wir sollten uns nicht bemühen, sie einer solchen zuzuordnen.

Nachdrücklich sei vielmehr darauf hingewiesen, daß der Schlüssel zur Beförderung im Offizierskorps der habsburgischen Armee in der Erziehung und der Fortbildung zu suchen ist und nicht in der Nationalität oder dem Religionsbekenntnis. Natürlich standen die Zulassung zu einer guten Schule und die akademischen Leistungen, wie überall, unausweichlich mit der sozialen Herkunft des einzelnen Soldaten, seinem kulturellen Umfeld und den guten Beziehungen seiner Familie in Zusammenhang. Die Karriere war mit anderen Worten, wenn auch indirekt und keineswegs ausschließlich, Ausdruck der Zugehörigkeit zu einer bestimmten Klasse.

11. Die Offiziere im Ersten Weltkrieg

Der Weg an die Front

In der historischen Erinnerung haben sich zwei völlig unterschiedliche Bilder vom Aufbruch der Habsburgerarmee in den Krieg 1914 erhalten. Das erste ist das einer ergebenen Truppe von Soldaten, die mit fliegenden Fahnen und blumengeschmückten Gewehren loszogen, zuversichtlich, daß Belgrad bald fallen und Serbien bald „sterbien" würde. Zu ihrer Verabschiedung strömten begeisterte Menschenmassen herbei, und plötzlich war jedem bewußt, was für einen Segen die Monarchie bedeutete. Das zweite Bild hingegen zeigt düstere und verdrossene Dienstpflichtige - Tschechen, Serben, Ruthenen, magyarische Bauern und Wiener Fabriksarbeiter -, die nur zögernd die verhaßte Uniform des ungeliebten Monarchen anzogen, um einen ungewollten Krieg zu kämpfen. Die Armee, in die sie gezwungen wurden, erscheint als bunte Mischung aus einer veralteten Kavallerie in selbstmörderisch stattlichen Uniformen, schwer beladenen Infanteristen, die in plumpen, übergroßen Schuhen daherstapften, und einer einst berühmten Artillerie, die nur mehr Kanonen aufbot, die sie aus den Kriegen des 19. Jahrhunderts geerbt hatte. Moderne Kriegstechnik - Ausrüstung für die Errichtung von Schützengräben, Stacheldraht und Maschinengewehre - war kaum vorhanden.

Das Bild, das von den Offizieren gezeichnet wird, ist nicht weniger widersprüchlich. Auf der einen Seite steht Joseph Roths junger Leutnant Baron Trotta im *Radetzkymarsch*, der in völliger Ruhe seinem drohenden Schicksal ins Auge sieht, das ihn ereilt, als er für seine Mannen während eines schrecklichen Rückzugsgefechtes Wasser holt. Auf der anderen Seite haben wir Leutnant Lukács und seine Kumpanen in Hašeks *Der brave Soldat Schwejk*, die bestenfalls dumm und schlimmstenfalls zynisch, korrupt, feig und gemein waren.

All diesen Darstellungen liegt zweifellos ein Körnchen Wahrheit zugrunde: In der großen Vielvölkermonarchie war, ähnlich wie in den Vereinigten Staaten von heute mit ihren vielen Volksgruppen, alles möglich, und keine Verallgemeinerung zur Gänze zutreffend. In den frühen Augusttagen des Jahres 1914 gab es tapfere Männer in prächtigen Uniformen, denen tobende Menschenmengen zujubelten, aber es fehlte an ausgebildeten Leuten und modernen Waffen. Und während Tausende voll Begeisterung in den Krieg zogen, hätten sich andere diesen Weg gerne erspart.

Der Befehl zur Teilmobilmachung am 28.Juli und zur endgültigen Mobilmachung am 1. August wurde in erstaunlich hohem Maße befolgt. Den mobilisierten Reservisten wurde oft plötzlich klar, daß es keine Einheiten gab, bei denen sie hätten einrücken können, andere wiederum landeten bei ganz neuen Einheiten. Der Wert einer militärischen Formation wird jedoch weniger durch den Eifer der Soldaten als vielmehr durch das Maß der Vertrautheit, das zwischen der Führung und der Mannschaft besteht, sowie durch deren gemeinsame Erfahrung bestimmt. In der habsburgischen Armee des Jahres 1914 war nur jeder vierte Angehörige einer Infanterie-Einheit vor dem Krieg im aktiven Dienst gestanden. Den Rest bildeten Reservisten oder Leute, die ihren Dienst in der Reserve abgeleistet hatten und nun beim Landsturm waren. Paradoxerweise zählten die Landsturm-Soldaten, die alle über 32 Jahre alt waren, nach der Dezimierung des stehenden Heeres zu den besten der Armee. Alle Streitkräfte, miteingeschlossen die deutsche und die französische Armee, zogen mit geradezu unverständlichen Mängeln in diesen Krieg, die Belastungen der habsburgischen (und natürlich auch der russischen) Armee wogen jedoch eindeutig schwerer als die der übrigen. Außerdem zeichnete sich die k.u.k. Armee schon von allem Anfang an durch eine besonders schwache Armeeführung aus. Am schwerwiegendsten wog Conrads Fehleinschätzung hinsichtlich eines Kriegseintrittes Rußlands, an den er trotz seiner düsteren Vorkriegsahnungen bis zuletzt nicht glauben wollte. Daher sandte er verhängnisvollerweise eine ganze Armee von einigen hunderttausend Mann an die serbische Front, von wo sie erst abgezogen und gegen die Russen geschickt werden konnten, als es schon zu spät war. Inzwischen hatten die österreichisch-ungarischen Streitkräfte bereits schreckliche Verluste in Galizien erlitten und waren zum überstürzten Rückzug gezwungen worden. Auch gegen die Serben war keinerlei Erfolg erzielt worden.[1]

Die Ausrüstung der Armee ließ zu Beginn des Krieges tatsächlich vieles zu wünschen übrig. So verfügte sie etwa lediglich über 42 leichte und kein einziges schweres Feldgeschütz für die einzelnen Infanterie-Divisionen, während in der deutschen Armee beispielsweise jede Division 72 leichte und acht schwere Feldgeschütze besaß.[2] Ähnlich standen unmittelbar vor dem Krieg jeder österreichisch-ungarische Artillerie-Batterie gerade 250 Granaten (genauso viele wie 1866) für Übungszwecke zur Verfügung, verglichen mit 500 bis 600 in Rußland und 650 bis 730 in Frankreich und Deutschland.[3] An dieser Stelle sei mir ein persönliches Wort erlaubt: Die Einheit meines Vaters, das k.u. k. Festungsartillerie-Regiment Nr. 6 aus Komárom (Komorn) ging 1914 an die russische Front, ohne daß seine Batterien je auch nur eine einzige scharfe Granate aus ihren 15 cm Haubitzen abgefeuert hätten. Die Artillerie-Beobachter (darunter mein Vater) hatten daher bis dahin noch nie die Explosion eines Geschosses im Zielgebiet gesehen.

Die Waffenproduktion nahm zunächst langsam, dann immer rascher zu, allerdings nur bis zum dritten Kriegsjahr. Österreich-Ungarn erzeugte 1914 375.000 Schuß Artilleriemunition, 1915 950.000, 1916 1,400.000 und in der ersten Hälfte des Jahres 1917 1,476.000. In der zweiten Hälfte desselben Jahres waren es dann nur mehr 1,290.000 und in der ersten Jahreshälfte 1918 überhaupt nur noch 750.000. Die Produktionszahlen der Gewehre und Maschinengewehre sahen ähnlich aus.[4]

Siege trotz Schwäche

Wir wissen bereits, daß der Krieg für die habsburgische Armee sehr schlecht begann. Der Angriff auf Serbien schlug fehl, da die Truppen in Galizien und der Bukowina benötigt wurden, und die Offensive gegen Rußland scheiterte aufgrund der russischen numerischen und materiellen Überlegenheit und der anfänglichen Schwä-

Fähnrich (später Oberleutnant) István Deák (vorne rechts), Vater des Autors, 1914 als Artillerie-Beobachter an der russischen Front.

che der deutschen Armee im Osten. Die prächtigen Husaren in ihren blauen Attilas und den goldenen Verschnürungen auf der Brust stürmten die feindlichen Linien und wurden von den Maschinengewehren niedergemäht. Im Winter drangen die Russen bereits in Ungarn ein.

Die Siege Hindenburgs und Ludendorffs in Ostpreußen und das Eintreffen deutscher Verstärkung zur Unterstützung der österreichisch-ungarischen Truppen in Galizien brachten die Front schließlich zum Stehen. Bis zum Ende des Krieges sollte es stets so bleiben, daß die habsburgischen Armeen für eine erfolgreiche Offensive der unmittelbaren deutschen Unterstützung bedurften, die verbissene Verteidigung hingegen konnten sie allein bewerkstelligen. Italien trat 1915 in den Krieg ein, konnte aber in elf großen Offensiven am Isonzo-Fluß gegen den entschlossenen österreichisch-ungarischen Widerstand keine Entscheidung herbeiführen. Anders als der Krieg gegen Rußland, fand der Krieg gegen Italien die rückhaltlose Billigung der Truppen, denn man fühlte, daß die Italiener der Monarchie in den Rücken gefallen waren.

Wann immer die Deutschen während des Krieges ihre Aufmerksamkeit von der festgefahrenen Westfront ablenken konnten und wollten, wurden im Osten und Südosten große Siege errungen. 1915 erfolgten mit Hilfe Bulgariens der Einmarsch und die Okkupation Serbiens, Montenegros und eines Teiles von Albanien. Die Serben setzten ihren Kampf jedoch nahe der griechischen Grenze fort, wo mit französischer und britischer Unterstützung eine neue Front geschaffen wurde, und gerade diese Front sollte im Herbst 1918 das Schicksal der Monarchie besiegeln.

1915 wurden auch die Russen durch die gemeinsame Offensive der Mittelmächte bei Tarnow-Gorlice zurückgedrängt. 1916 gab es bei Luck zwar eine große russische Gegenoffensive (die „Brussilow-Offensive"), die beinahe zum Zusammenbruch der habsburgischen Armee geführt hätte, als ganze Regimenter überliefen und Divisionen vernichtet wurden, doch schlitterte die russische Armee kurz darauf in eine fatale Krise.

1916 trat auch Rumänien in den Krieg ein, womit der Monarchie ein weiterer nomineller Verbündeter in den Rücken fiel. Die Rumänen wurden allerdings bald besiegt und der Großteil des Landes von den verbündeten deutschen, österreichisch-ungarischen und bulgarischen Streitkräften besetzt.

Dann kam das Jahr 1917, ein äußerst erfolgreiches Jahr für die k.u.k. Armee. Die italienische Armee wurde in der 12. Isonzo-Schlacht bei Flitsch-Tolmein geschlagen und an die Piave zurückgedrängt; die Russen wurden durch den Frieden von Brest-Litowsk überhaupt ausgeschaltet. Und so kam es, daß 1917 und 1918, als die Bevölkerung bereits überall Hunger litt, die Kriegswirtschaft immer schlechter wurde, Desertionen und revolutionäre nationalistische und sozialistische Agitation auf der Tagesordnung standen, kein fremder Soldat auf habsburgischem Gebiet stand. Im Gegenteil, österreichisch-ungarische Armeen standen überall tief im Feindesland. Während die politische Führung der Monarchie vor dem drohenden Gespenst eines unmittelbar bevorstehenden Zusammenbruchs zitterte, schien es, als ob die Kriegsziele der Monarchie im großen und ganzen erreicht worden wären: Serbien, Rumänien und Rußland waren geschlagen und gedemütigt, und auch Italien schien in die Schranken gewiesen.[5]

Das Ende des Berufsheeres

Die Doppelmonarchie rief Millionen halbausgebildeter Soldaten zu den Fahnen und erlitt Verluste, die es erst zu verkraften galt. Im Verlauf des Krieges zogen über acht Millionen Männer oder ungefähr ein Drittel der gesamten männlichen Bevölkerung (und etwa 100.000 Frauen) die Uniform an - ein höherer Prozentsatz als die elf Millionen Soldaten im Deutschen Reich. Die Verluste waren erschütternd: 1,016.200 Tote und 1,691.000 Gefangene oder Vermißte, d.h. 12,7 % bzw. 21,1 % all jener, die von 1914 bis 1918 im Militär dienten. Dabei sind weder die 437.000 Offiziere und Soldaten, die am Ende des Krieges, bereits auf dem Weg in die Heimat, von den Italienern gefangengenommen wurden, mitgerechnet, noch die 478.000 Offiziere und Soldaten, die in russischer, serbischer oder italienischer Gefangenschaft starben. Berücksichtigen wir auch noch die nicht eindeutig festzustellende Zahl jener, die durch Verwundungen, Krankheiten oder Erfrierungen zu lebenslanger Invalidität oder

Krankheit verurteilt waren, kommen wir zu dem Schluß, daß die Armee weit über die Hälfte ihrer Leute verloren hatte.[6] Wenn wir darüber hinaus bedenken, daß die meisten von denen, die eine Uniform trugen, nie an der Front waren, so wird deutlich, wie wenige Angehörige der echten Kampftruppen den Krieg unbeschadet überstanden. Zu diesen wenigen Glücklichen zählte auch mein Vater.

Schon bald glichen die Regimenter riesigen Fleischwölfen. Im ersten Kriegsjahr betrugen die Verluste 2,738.500 Mann. Sie fielen entweder in einer Schlacht, wurden verwundet, erkrankten an Cholera oder Typhus, zogen sich Erfrierungen zu oder gerieten in Gefangenschaft. Die Summe der Verluste war sechsmal höher als der Stand der Armee in Friedenszeiten.[7] Viele dieser Opfer waren aktive Soldaten oder gutausgebildete Reservisten; ihren Platz übernahmen junge Burschen, ältere Reservisten und Männer, die früher als dienstuntauglich gegolten hatten. Bis Ende 1914 wurden im Durchschnitt fünf Ersatzbataillone pro Infanterie-Regiment oder insgesamt etwa 750.000 Mann an die Front geschickt. Jedes Infanterie-Regiment (ursprünglich ca. 6.000 Mann) benötigte etwa ein Ersatzbataillon (ca. 1.000 Mann) pro Monat. Trotzdem ging die Stärke der Infanterie-Divisionen während der Winterfeldzüge in den Karpaten von ursprünglich 12.000 auf etwa 3.000 bis 5.000 Gewehre zurück.[8]

Ein besonders heikles Thema ist, daß sich die Verluste sehr unterschiedlich auf die verschiedenen gesellschaftlichen und ethnischen Gruppen verteilten. Es war kein Geheimnis, daß bestimmte Gesellschaftsschichten, v. a. die Bauern, aus denen sich die breite Masse der Infanterie rekrutierte, einen besonders hohen Blutzoll zahlen mußten. Es gab auch einzelne Nationalitäten, im speziellen die Deutschösterreicher, Magyaren, Slowenen und Kroaten, die mehr Leute verloren als andere. Der Grund hiefür liegt darin, daß die Armeeführung in diese Volksgruppen größeres Vertrauen setzte und ihre Einheiten daher in besonders gefährdete Abschnitte schickte. Eine in keinem Verhältnis stehende Kritik an dieser verständlichen Politik wurde von den Zeitungen und Politikern geübt (v. a. in Ungarn, wo die Zensur nur sehr lax war und das Parlament weiterhin tagte). Dies heizte die zunehmende Feindseligkeit zwischen den einzelnen Klassen und Nationalitäten natürlich weiter an.[9]

Uns interessiert in diesem Zusammenhang jedoch vor allem, daß Ende 1914 der Großteil der ausgebildeten Soldaten bereits verloren war (z. B. 82 % der ursprünglichen Infanterie-Stärke) und der Rest des Krieges daher vorwiegend von älteren und minderjährigen Männern sowie von bis dato nicht ausgebildeten Zivilisten bestritten werden mußte.[10] Die Behauptung, daß die traditionelle Habsburgerarmee um 1915 zu einer Art Miliz geworden war, ist wohl kaum übertrieben. Auch die Führung dieser Armee ging zunehmend von Berufssoldaten auf „Zivilisten in Uniform“ über.

Der Krieg der Reserveoffiziere

1914 erwartete man, daß Zugs- oder Kompaniekommandanten ihren Leuten voran in die Schlacht stürmten, Kavallerie-Offiziere an der Spitze ihrer Formationen ritten und die Offiziere auffällig ihre Rangabzeichen zur Schau trugen. Auserwählte Fähnriche und Unteroffiziere mußten die Standarten bzw. Fahnen tragen und sie um den Preis ihres Lebens schützen. Der Krieg belehrte die Armeeführung eines Besseren, aber erst nachdem die Tapfersten des Korps gefallen waren. Da die Statistiken einander widersprechen, ist nicht genau festzustellen, wieviele Offiziere zwischen 1914 und 1918 wirklich im Dienst standen, und auch nicht, wieviele von ihnen den Tod fanden, zweifellos aber waren die Verluste sehr hoch.

Vor dem Krieg gab es in der k.u.k. Armee etwa 18.000 Berufs- und 14.000 Reserveoffiziere. Zählt man hiezu noch jene Offiziere, die bei den Landwehren dienten, nicht im aktiven Dienst standen, aber jetzt reaktiviert wurden, sowie schließlich die noch tauglichen Offiziere im Ruhestand, so kommt man auf insgesamt knapp 60.000 Offiziere. Dies wäre selbst dann für eine Armee von mehr als 3 Millionen Mann sehr wenig gewesen, wenn die Verluste unter den Offizieren in den ersten Kriegsmonaten nicht derart hoch gewesen wären. Ende 1914 waren 3.168 Offiziere gefallen, und die Gesamtverluste betrugen 22.310 Offiziere oder beinahe die Hälfte des Berufs- und Reserveoffizierkorps aus der Zeit vor dem Krieg.[11] In der Folge wurden in aller Eile zahlreiche junge Männer flüchtig ausgebildet und zu Offizieren ernannt, darunter auch solche, die in der Vergangenheit aus Gesundheitsgründen, wegen einer nicht entsprechenden gesellschaftlichen Stellung oder eines fehlenden Mittelschulabschlusses abgelehnt worden waren. Aber selbst jetzt, als die Offiziere reihenweise fielen, und während des gesamten Krieges, weigerte sich die Armee standhaft, hochverdiente Unteroffiziere, die Erfahrung bei der Führung von Zügen und Kompanien hatten, zu Offizieren zu befördern, wie dies in anderen Armeen

Tabelle 11.1. Berufs- und Reserveoffiziere in drei willkürlich ausgewählten Regimenternder k.u.k. Armee zu Beginn des Jahres 1914 und Ende 1916

Jahr	Berufsoffiziere	Reserveoffiziere
Hoch- und Deutschmeister Infanterie-Regiment Nr. 4 aus Wien		
1914	112	93
1916	114	528
Infanterie-Regiment Nr. 5 Freiherr von Klobučar aus Eperjes/Ungarn		
1914	94	75
1916	78	303
Infanterie-Regiment Nr. 52 Erzherzog Friedrich aus Pécs/Ungarn		
1914	105	123
1916	100	310

Quelle: Die Daten wurden vom Autor selbst unter Verwendung von Angaben aus dem *Schematismus für das kaiserliche und königliche Heer und für die kaiserliche und königliche Kriegsmarine für 1914* (Wien 1913) und derselben Publikation für das Jahr 1917 zusammengestellt.

damals durchaus üblich war. Ende 1915 gab es insgesamt 130.000 Offiziere und am 1. Oktober 1918 188.000 Offiziere, von denen vielleicht 35.000 Berufsoffiziere waren.[12] Ein Blick auf die sich ändernde Zusammensetzung des Korps in drei Regimentern soll diese neue Situation verdeutlichen (siehe Tabelle 11.1.).

In zwei der drei angeführten Infanterie-Regimenter ging die Zahl der Berufsoffiziere zurück, obwohl die Berufsoffiziere in der k.u.k.Armee insgesamt zunahmen. Das heißt allerdings nicht, daß sich die Berufsoffiziere vor einem Einsatz an der Front drückten,[13] sondern vielmehr, daß es einfach nicht genug gab und viele für Führungs- und Stabsaufgaben herangezogen, auf höhere Posten befördert oder zu Hause zur Ausbildung weiterer Offiziere oder, teils auch als Folge von Verwundungen, in der Heeresverwaltung eingesetzt wurden. Die Monarchie mußte nun den Preis dafür zahlen, daß die Militärbudgets vor dem Krieg stets zu niedrig angesetzt worden waren, eine militärische Laufbahn der Mittelklasse nicht erstrebenswert schien und es Unteroffizieren nach 1868 immer schwerer gemacht wurde, sich zum Offizier hochzudienen. Während des gesamten Krieges unterstanden die kleineren Einheiten an der Front dem Befehl von Zivilisten in Uniform, auf deren Schultern diese Aufgabe schwer lastete. Da Reservisten bestenfalls zu Hauptleuten befördert wurden, blieb das Kommando größerer Einheiten den Berufsoffizieren vorbehalten.

Was dies in der Praxis bedeutete, kann man sich leicht vorstellen. So hatten die jüngst ernannten nicht deutschsprachigen Offiziere etwa nicht einmal die Zeit gehabt, richtig deutsch zu lernen, geschweige denn die von den Mannschaften gesprochene(n) Sprache(n). So beschreibt ein Offizier, wie er eine ganze Woche mit einem Offizier von einem benachbarten Honvéd-Bataillon in einem Schützenloch zubrachte, ohne auch nur ein Wort von dem zu verstehen, was sein magyarischer Kamerad sagte.[14] Der Militärhistoriker Wilhelm Czermak übertreibt sicher, wenn er behauptet, daß diese Verständigungsschwierigkeiten der Hauptgrund für das Scheitern der k.u.k. Armee waren, doch waren sie sicher ein wichtiger Faktor.[15]

Wie hoch die Kriegsverluste unter den Offizieren tatsächlich waren, ist nicht ganz klar: Eine verläßliche Quelle spricht von 15.408 Gefallenen und 34.920 Gefangenen oder Vermißten.[16] Zählen wir hiezu noch die 8.000 Offiziere, die in der Gefangenschaft starben, weiters die 12.000 von den Italienern Ende des Krieges gefangengenommenen Offiziere sowie die nicht eindeutig bestimmbare Zahl ernsthaft erkrankter oder invalider Offiziere, so kommen wir zu einer Gesamtzahl von Verlusten in der Höhe von etwa 100.000 Offizieren.

Die überwältigende Mehrheit der Offiziere versah ihren Dienst im Krieg in aller Ehre, obwohl es einige bekannte Fälle von italienischen, serbischen und tschechischen Offizieren gab, die zum Feind überliefen. Zweifellos standen die tschechischen und südslawischen Legionen, die auf der Seite der Entente kämpften, meist unter dem Kommando ehemaliger k.u.k. Offiziere, doch wurden diese in der Gefangenschaft in die Legionen rekrutiert, und die Motivation dieser Offiziere und Soldaten, die den Dienst in den Freiwilligen-Legionen der lähmenden - und oft zum Tode führenden - Existenz in einem Kriegsgefangenenlager vorzogen, sollte zumindest zur Diskussion gestellt werden dürfen.

Die Juden im Krieg

Der Erste Weltkrieg stellt den Höhepunkt jüdischer Teilhabe am Leben der Mitteleuropäer dar. In der rasenden Begeisterung des August 1914 zählten die Juden zu den größten Enthusiasten. Sie unterstützten den Krieg einerseits, weil er sich gegen das antisemitische russische Reich richtete, andererseits, weil der Ausgang dieser bewaffneten Auseinandersetzung ihre endgültige Anerkennung zu bringen versprach. Jüdische Autoren und Journalisten stellten ihre Bereitschaft als Kriegspropagandisten unter Beweis, und tausende jüdische Reserveoffiziere übernahmen bereitwillig das Kommando über die Truppen. Nie wieder sollten die Juden in der Geschichte der Deutschösterreicher, Magyaren und Slawen eine so ehrenvolle Rolle spielen dürfen. Später spielten sie zunehmend die Rolle der Opfer. Das grausamste Paradoxon der Geschichte des mitteleuropäischen Judentums spiegelt sich in den Orden und Photographien von der Front wider, die jüdische Veteranen des Ersten Weltkrieges an den Wänden ihrer arisierten Wohnungen zurückließen, als sie im Dritten Reich den Weg in die Gaskammern antreten mußten.

Dennoch muß gesagt werden, daß die Juden in den Streitkräften und vor allem an der Front, gemessen an ihrem Anteil an der Gesamtbevölkerung, unterrepräsentiert waren. Selbst der keineswegs antisemitische Militärhistoriker Ernst R. v. Rutkowski gibt zu, daß „die von Angehörigen der jüdischen Konfession gestellten Ansuchen um zeitliche Enthebung oder gänzliche Befreiung vom Militärdienst insbesondere während des Weltkrieges 1914-1918 perzentuell wesentlich zahlreicher waren als die von Angehörigen anderer Konfessionen“.[17] Der antisemistische ungarische Statistiker Alajos Kovács errechnete, daß nur halb so viele ungarische Juden an der Front getötet wurden, wie dies ihrem Anteil an der Bevölkerung entsprochen hätte (nur 2,57 % der Gefallenen waren Juden, während ihr Anteil an der männlichen Bevölkerung zwischen 20 und 50 Jahren in Ungarn 5,25 % betrug). Kovács geht sogar noch weiter und errechnet, daß im Ersten Weltkrieg 2,8 % der christlichen Bevölkerung Ungarns getötet wurden, gegenüber nur 1,1 % der ungarischen Juden.[18] Aber weder Rutkowski noch Kovács berücksichtigen, daß die Infanterie die schwersten Verluste erlitt, deren Reihen von der Armeeführung im allgemeinen mit Bauern aufgefüllt wurden. Die meist gut ausgebildeten und des Deutschen mächtigen Juden wurden eher der sichereren Artillerie, der Sanität oder der Militärverwaltung zugeteilt. Außerdem mußte ein Großteil der jüdischen Bevölkerung während des Krieges, vor allem aus Galizien und Nordostungarn, fliehen und entging so vielfach der Einberufung. Solche Überlegungen könnten auch eine Erklärung dafür liefern, warum nur 1,66 % der Einwohner Galiziens an der Front getötet wurden, verglichen mit 3,6 % der Bevölkerung Kärntens oder 2,87 % der Bewohner Mährens.[19] Insgesamt gesehen war die Wahrscheinlichkeit, daß Juden aus Loyalität gegenüber der Monarchie oder aus Furcht vor den Russen bereitwillig in den Krieg zogen, ebenso groß wie die Wahrscheinlichkeit, daß sie aus ihrer pazifistischen religiösen Tradition heraus, aufgrund ihres alles andere als militärischen Lebensstils, ihrer Geschäfte oder einer anderen nicht körperlichen Betätigung versuchten, den Militärdienst zu umgehen.

Jüdischer Gottesdienst für österr.-ung. Soldaten in der Militärsynagoge in Lublin im besetzten Russisch-Polen um 1916.

Für uns wichtiger ist die Tatsache, daß etwa 300.000 Juden, darunter 25.000 (jüdische) Offiziere im Ersten Weltkrieg ihren Wehrdienst leisteten.[20]

Einige Juden wurden sogar zu Generälen befördert. Neben Generaloberst Hazai gab es weitere 24 jüdische oder konvertierte jüdische Generäle.[21] Von den vielen Auszeichnungen, die an Juden verliehen wurden, seien zumindest die 76 Goldenen Tapferkeitsmedaillen und die 22 Orden der Eisernen Krone 3. Klasse erwähnt. Jüdische Offiziere dienten auch in Elite-Formationen, wie etwa dem k.k. Kaiserschützen-Regiment Nr. 1, einer berühmten Gebirgstruppe.[22]

Erstmals in der Geschichte der Monarchie scheint die Tapferkeit einzelner jüdischer Soldaten aber nicht ausgereicht zu haben, um den Antisemitismus zum Verstummen zu bringen. Je schwieriger die Lage wurde, desto schärfer griff die rechtsgerichtete Presse, trotz aller Zensur, die Juden wegen angeblicher Feigheit, Kriegsschiebereien und Verrat an. Der Zusammenbruch der Monarchie, das Elend und der Ausbruch von Revolutionen setzten der allgemeinen Akzeptanz der Juden ein Ende. Da nützte es wenig, daß die große Mehrheit der Juden nichts mit den radikalen Revolutionen zu tun haben wollte. Was die Öffentlichkeit sah, war das Spektakel der jüdischen sozialistischen und kommunistischen Führer, vor allem der Volkskommissare in Béla Kuns kurzlebiger ungarischer Räterepublik. Zur Verteidigung der ehemaligen k.u.k. Berufsoffiziere muß jedoch gesagt werden, daß sie sich im allgemeinen gegen den rassistischen Antisemitismus stellten und die Ehre „der tapferen jüdischen Offiziere und Soldaten“ verteidigten.

Der Stab des XVI. Armeekorps im Jahre 1915. Sitzend, zweiter von links: Feldzeugmeister Wenzel Wurm; erster von rechts: Hauptmann der Reserve Leopold Graf Berchtold, 1914 k.u.k. Außenminister; vierter von links: Generalstabshauptmann (später Feldmarschalleutnant) Johann Friedländer, der - teilweise jüdischer Abstammung - um 1943 in einem KZ ums Leben kam.

Der Nationalitätenkampf

Der Krieg verschärfte nicht nur die anti-jüdische Haltung, sondern auch die ethnischen Spannungen beträchtlich, die nun selbst auf die Armee übergriffen. Bereits vor dem Krieg gab es einige unheilvolle Anzeichen. Nach dem Befehl zur Teilmobilmachung anläßlich der Annexion Bosnien-Herzegowinas im Jahre 1908 und dem heftigen Protest tschechischer Politiker dagegen verweigerten tschechische Soldaten des k.u.k. Infanterie-Regiments Nr. 36 und des k.k. Landwehr-Infanterie-Regiments Nr. 10 ihren Vorgesetzten den Gehorsam. Sie wollten nicht, so erklärten sie, gegen ihre russischen und serbischen Brüder kämpfen.[23]

Noch gefährlicher schien die Meuterei tschechischer Soldaten in Pardubitz im November 1912, in die Reservisten des k.u.k. Dragoner-Regiments Nr. 8 verwickelt waren. Unmittelbar bevor sie nach Galizien gebracht werden sollten, um den Russen in der großen internationalen, durch den Ersten Balkankrieg hervorgerufenen Krise Paroli zu bieten, weigerten sich die Reservisten plötzlich, den Zug zu besteigen. Schließlich in die Waggons gezwungen, kam es auf der gesamten Strecke von Böhmen bis zur Kavallerie-Kaserne in Auschwitz - die im Zweiten Weltkrieg den Kern des berüchtigten Todeslagers der Nationalsozialisten bilden sollte - unausgesetzt zu Auseinandersetzungen mit den loyalen Truppen (allerdings ohne ernsthafte Verluste). Ähnliche, aber weniger gewalttätige Ausschreitungen gab es etwas später unter den tschechischen Reservisten des k.u.k. Infanterie-Regiments Nr. 18. Der Prozeß gegen die meuternden Dragoner endete 1913 mit der Verurteilung von 38 Beteiligten zu Haftstrafen zwischen einem Monat und 8,5 Jahren.[24]

Wäre die Habsburgerarmee in der Lage gewesen, in den ersten Kriegsmonaten mehr Schlachten zu gewinnen, wären wahrscheinlich nicht so viele Soldaten zum Feind übergelaufen. Umgekehrt ist es recht unwahrscheinlich, daß die österreichisch-ungarischen Truppen in diesem Fall so brutal gegen einzelne Verdächtige vorgegangen wären. Es war wohl Frustration und Erbitterung, was ganze Bataillone von Tschechen, Ruthenen und Rumänen zum Überlaufen veranlaßte und andere dazu trieb, orthodoxe Priester, slawische Bauern und sonstige Verdächtige als „Spione" aufzuhängen. Es ist allerdings Vorsicht geboten, bei der Zahl der Deserteure und Greueltaten nicht zu sehr zu übertreiben. In den ersten Kriegsmonaten gerieten Hunderttausende Soldaten der Monarchie in russische Gefangenschaft, und selbst die Serben machten Zehntausende Gefangene, unter ihnen viele Magyaren und Deutschösterreicher. Es ist allerdings nahezu unmöglich zu sagen, wieviele von diesen sich freiwillig bzw. aus welchem Grund dem Feind ergaben. Die österreichisch-ungarische und die deutsche Armee nahmen später eine noch viel größere Zahl russischer Soldaten gefangen. So waren das brutale Vorgehen und die Hinrichtungen, die einige österreichische Militärautoren gerne hämisch der ungarischen Landwehr anlasten, vielleicht nicht schlimmer als die Greueltaten der Deutschen in Belgien oder der Russen an der Ostfront.[25] Nachdem die erste Zeit der Hysterie vorüber und wieder Disziplin eingekehrt war, verhielten sich die österreichisch-ungarischen Truppen nicht besser und nicht schlechter als die anderen. Die Ostjuden und die meisten Polen sahen in den Österreichern, Ungarn und Deutschen ihre Befreier vom russischen Joch, eine Begeisterung, die wohl kaum von der ruthenischen und russischen Bevölkerung geteilt wurde. Während des gesamten Ersten Weltkriegs behandelten weder die österreichisch-ungarischen Streitkräfte noch irgendeine andere Armee ihre feindlichen Kriegsgefangenen je so grausam, wie dies im Zweiten Weltkrieg an der Ostfront allgemein üblich wurde.

Die Ereignisse in den Kriegsgefangenenlagern in Rußland, Serbien und Italien trugen aber dennoch dazu bei, die Auseinandersetzungen zwischen den einzelnen Nationalitäten und Klassen innerhalb der Monarchie weiter zu verschärfen.[26] Bis 1918 wußte die Zivilbevölkerung von diesen Problemen nur durch Briefe von Kriegsgefangenen und durch Gerüchte, nach dem Austritt Rußlands aus dem Krieg aber lieferten zurückkehrende Gefangene Berichte aus erster Hand. Gemäß den internationalen Vereinbarungen aus der Zeit vor dem Krieg trennten die russischen, serbischen und italienischen Behörden ihre gefangenen Offiziere streng von den Mannschaften, und während die Offiziere ihre Friedensgage erhielten, nicht arbeiten mußten und bisweilen auf ihr Ehrenwort hin, wieder zurückzukommen, sogar das Lager verlassen durften, wurden die Mannschaften im allgemeinen schlecht verpflegt, mußten schwere Arbeiten verrichten und waren in den Lagern eingesperrt. Schlimmer noch, die feindlichen Armeen trachteten meist, die deutschösterreichischen und magyarischen Gefangenen von den übrigen zu trennen und noch schlechter als alle anderen zu behandeln. Die überwältigende Mehrheit der Hunderttausenden Gefangenen, die in den sibirischen Wäldern, Fabriken und Bergwerken ihr Leben ließen, dürften deutscher oder magyarischer Herkunft gewesen sein.

Damit aber noch nicht genug, rekrutierten alle feindlichen Armeen slawische, rumänische und italienische Gefangene in die Freiwilligen-Legionen, um sie im Kampf gegen die Monarchie einzusetzen. Während ihre militärische Bedeutung nicht überschätzt werden darf (nur 10 % der südslawischen Gefangenen folgten dem Ruf, und auch die berühmt-berüchtigte tschechische Legion zählte nie mehr als 60.000 Mann), war doch die psychologische Wirkung dieser Freiwilligen-Aufgebote sehr groß.[27] Die Legionäre erhielten neue Uniformen, Essen und gute Bezahlung. Aus welchen Motiven auch immer sie sich diesen Einheiten anschlossen, kämpften sie beherzt, in der Überzeugung, im Falle einer Gefangennahme von den Österreichern und Ungarn als Verräter hingerichtet zu werden. Im Mai 1918, zwei Monate nachdem die Bolschewisten mit den Mittelmächten einen Friedensvertrag geschlossen hatten, versuchte die tschechische Legion, Sibirien zu durchqueren, um zu den Entente-Mächten im Westen zu stoßen. Im Zuge dieses legendären Marsches gewann die Legion die Kontrolle über die transsibirische Eisenbahn und wurde unbeabsichtigt zur wichtigsten anti-bolschewistischen Streitmacht in diesem Gebiet. Unterwegs fochten die Legionäre einen Kleinkrieg gegen ehemalige deutschösterreichische und magyarische Kriegsgefangene, die mehrere sibirische Städte und Bezirke unter ihre Kontrolle gebracht hatten. Schließlich kämpften in der russischen Roten Armee nicht weniger als 100.000 magyarische Gefangene. Damit wurde der mitteleuropäische Nationalitätenkampf unter der Ägide der russischen Rot- und Weißgardisten in das ferne Asien getragen. Es kam zu einer Art Neuauflage der Situation von 1848, wobei die Magyaren für die neue revolutionäre Ideologie kämpften und die Slawen ihre eigenen nationalen Rechte gegen die Magyaren verteidigten. Die Zersetzung der Monarchie in feindliche nationale Lager nahm ihren Ausgang nicht zuletzt in den Kriegsgefangenenlagern.

Die Politik während des Krieges

Es ist unmöglich, die komplexe und tragische innenpolitische Geschichte der Donaumonarchie während des Krieges im Rahmen dieses Buches im Detail zu behandeln, ein knapper Abriß muß genügen.[28]

Am Anfang stand, wie überall in Europa, die Zeit der nationalen, im Falle Österreich-Ungarns besser gesagt der dynastischen Einheit. Alle politischen Parteien, einschließlich der Sozialdemokraten, unterstützten den Krieg, und das ungarische Parlament wetteiferte mit den slawischen Politikern in seinen Loyalitätserklärungen gegenüber dem Haus Österreich. Die ungarischen Honvéd-Divisionen zählten zu den verläßlichsten Formationen. Anders als der österreichische Reichsrat, der schon vor dem Krieg aufgelöst worden war, tagte das ungarische Parlament auch weiterhin unter der entschlossenen Führung von Graf István Tisza. Damit war Ungarn das wesentlich freiere Land als Österreich, und die Budapester Regierung verhinderte, daß das Armeeoberkommando je seine diktatorische Macht auch nur auf irgendeinen Teil des Landes ausdehnte. In der österreichischen Reichshälfte wurden große Gebiete, einschließlich Teilen Böhmens, zum Armeenbereich erklärt.

Die Lebensmittelrationierung im Hinterland begann 1915, und es wurde bald klar, daß Ungarn, die Kornkammer der Monarchie, viel besser dran war als die österreichischen Länder. Dies führte zu einem nur zum Teil berechtigten endlosen Hickhack über die angeblich fehlende Bereitschaft der Ungarn, ihren Reichtum mit den Österreichern zu teilen. Es stimmt allerdings, daß die Budapester Regierung sich zunehmend von Österreich unabhängig fühlte: Man schloß separate Handelsabkommen mit dem Deutschen Reich und begann eigene Kriegsziele zu formulieren.[29] In Österreich stellten sich die Sozialisten des linken Flügels immer mehr gegen die autoritäre Regierung, und im Oktober 1916 ermordete der junge Sozialist Friedrich Adler den österreichischen Ministerpräsidenten Graf Stürgkh.

Franz Joseph starb am 21. November 1916, nachdem er bis fast zur letzten Minute an seinem Schreibtisch gearbeitet hatte. Eine Ära war damit zu Ende, aber der Tod des Kaisers erregte in der Öffentlichkeit kein größeres Aufsehen, das franzisko-josephinische Zeitalter hatte genau genommen bereits 1914 oder vielleicht sogar noch früher geendet. Auf den alten Kaiser folgte sein Großneffe Karl I. (als König von Ungarn Karl IV.), ein junger Mann von unendlich gutem Willen, wahrhaft demokratischer Gesinnung, absoluter konfessioneller und ethnischer Toleranz - und eine schwache Persönlichkeit. Wie Franz Ferdinand war auch Karl kein Freund der ungarischen Souveränität, dennoch ließ er sich im Dezember 1916 in Budapest krönen, womit er sich verpflichtete, die Integrität der Länder der Heiligen Stephanskrone unter allen Umständen zu bewahren. Es ist in der Tat schwer zu sagen, was er sonst hätte tun sollen. Karl hielt sich für einen guten General und übernahm wie Nikolaus II. in Rußland persönlich das Kommando über die Streitkräfte. Er entließ Conrad und bestellte General Arz zum Chef des Generalstabes. Dieser war zwar ein zuverlässiger und ergebener Soldat, aber nicht gerade ein brillanter Heerführer.

Karl begnadigte einige wegen Hochverrats verurteilte slawische Politiker und schaffte auch die letzten Überreste der körperlichen Züchtigung (das berüchtigte „Anbinden“) in der Armee ab. Da viele Frontsoldaten lieber ins Gefängnis gingen als weiter an der Front zu kämpfen und der junge Kaiser Hinrichtungen mißbilligte, trug diese Maßnahme nicht unbedingt dazu bei, die Disziplin unter den einfachen Soldaten zu fördern. Karl empfand alles andere als Wertschätzung für die Führung des Deutschen Reiches und nahm auf Drängen seiner Gemahlin, die über ihre Familie Kontakte zu Frankreich hatte, Geheimgespräche mit der Entente auf. Er war aber lediglich bereit, Elsaß-Lothringen zu opfern, jedoch keinen Zentimeter Österreich-Ungarns. Die Italiener ihrerseits wollten nichts von einem Kompromißfrieden hören. Als diese Geheimverhandlungen schließlich durchsickerten, waren die Deutschen verständlicherweise empört, Karl aber wagte es nicht, das Bündnis mit Deutschland aufzukündigen.[30] Stattdessen unterstellte er seine Armee im Frühjahr 1918 de facto der deutschen Obersten Heeresleitung.

Karl bemühte sich, das parlamentarische Leben in Österreich wieder zu aktivieren, doch war der im Mai 1917 erneut zusammentretende Reichsrat nichts weiter als eine Plattform nationalistischer Agitation. Als König wollte er auch in Ungarn die Demokratie stärken. Im Mai 1917 erzwang er den Rücktritt Ministerpräsident Tiszas und betraute eine neue Regierung aus Gemäßigten mit der Ausarbeitung einer Wahlreform. Daraus wurde jedoch nichts, und die letzten österreichisch-ungarischen Kabinette waren nichts mehr als geschäftsführende Regierungen.

1918 war die innenpolitische Situation gänzlich hoffnunglos geworden. Sowohl der Führung der Monarchie als auch den nationalistischen Politikern war klar geworden, daß die Lage nach dem Krieg, unabhängig von dessen Ausgang, für alle kritisch bleiben würde. Nach einem Sieg wäre Österreich-Ungarn noch stärker von einem übermächtigen Deutschland abhängig geworden.[31] Eine Niederlage aber hätte unweigerlich ein slawisches Übergewicht in Österreich und sehr wahrscheinlich einen Bürgerkrieg in Ungarn zur Folge gehabt. Mit Fortdauer des Krieges klammerten sich die deutschösterreichischen und ungarischen Eliten immer stärker an das deutsche Bündnis. Damals wartete jeder auf die große Ludendorff-Offensive an der Westfront, und deren Scheitern im Sommer 1918 ließ die Hoffnungen der österreichisch-ungarischen Führung auf den deutschen Verbündeten zusammenbrechen. Die Auflösung der Monarchie war nur noch eine Frage der Zeit.

Der Katastrophe entgegen

Die Schwierigkeiten, denen Österreich-Ungarn 1918 gegenüberstand, schienen trotz des siegreichen Friedensvertrages mit den russischen Bolschewisten in Brest-Litowsk in der Tat enorm. Die sehnsüchtig erwarteten Lebensmittellieferungen aus der besetzten Ukraine trafen nicht ein, und in Wien und den anderen österreichischen Städten litt die Bevölkerung Hunger. Im Jänner 1918 rollte eine Welle von Industriestreiks über Österreich-Ungarn hinweg. Nach Abschluß des russischen Friedensvertrages kehrten Hunderttausende Kriegsgefangene heim, und nur wenige von ihnen waren bereit, erneut an die Front zu gehen. Manche waren sogar zu Bolschewisten geworden. Die Armee sah sich veranlaßt, die ehemaligen Gefangenen unter Quarantäne zu stellen, und bemühte sich unbeholfen um deren Umerziehung. Im Westen fanden slawische Politiker, die freiwillig ins Exil gegangen waren, wie etwa der Tscheche Masaryk und der Südslawe Trumbić, Gehör bei den Staatsmännern der Entente, darunter auch dem amerikanischen Präsidenten Wilson, hinsichtlich der Anerkennung der tschechoslowakischen und südslawischen Unabhängigkeit. Im Herbst 1918 standen dann bereits ein noch nicht bestehender tschechoslowakischer und ein ebenfalls noch nicht bestehender südslawischer Staat auf der Seite der Entente im Krieg. Das heißt, tschechische, slowakische, serbische, kroatische und slowenische Soldaten, die in der k.u.k. Armee kämpften, gehörten nun theoretisch zu den Entente-Streitkräften. Die meisten wußten freilich nichts von dieser aufregenden Entwicklung und erfuhren erst in der Stunde ihrer endgültigen Niederlage, daß sie soeben den Krieg gewonnen hatten.

In der Heimat brachte die immer rigorosere Lebensmittelrequirierung die bislang loyale Bauernschaft gegen den Staat auf. Die Wälder Kroatiens und anderer Gegenden wimmelten von Deserteuren, die vereinzelt einen Guerrillakrieg gegen die Gendarmen führten. Im ungarischen Parlament drängten Graf Mihály Károlyi und der radikale Flügel der Unabhängigkeitspartei auf einen Bruch mit Österreich und den Abschluß eines Separatfriedens mit der Entente, und in den größeren Städten bereiteten sich radikale sozialistische Intellektuelle auf eine Revolution vor. Was der Monarchie aber letztlich neben der materiellen Erschöpfung den Todesstoß versetzte, war die Unruhe unter den nicht an den Kämpfen beteiligten Angehörigen der Armee, die im Oktober dieses Jahres auf die Soldaten an der Front übergriff.[32]

Die Meuterei begann auf den Schiffen der k.u.k. Kriegsmarine, einem Teil der Streitkräfte, von dem bisher so gut wie nicht die Rede war, in erster Linie um dieses Buch nicht noch länger werden zu lassen. Für eine auf das Festland hin orientierte Monarchie durchaus verständlich, war die Marine traditionell recht schwach. In der ersten Hälfte des 19. Jahrhunderts bestand sie vorwiegend aus Italienern, doch nachdem diese sich 1848 den venetischen Revolutionären angeschlossen hatten, wurde die österreichische Marine zusehends multinationaler. 1866 stellte die Marine, wie wir bereits gesehen haben, ihre Schlagkraft mit der Vernichtung der numerisch überlegenen italienischen Flotte unter Beweis. Nach 1868 wurde die Marine zu einem autonomen Teil der k.u.k. Streitkräfte. Zunächst stark vernachlässigt, erlebte sie Anfang des 20. Jahrhunderts im Zeichen der imperialistischen Philosophie des Zeitalters und verspäteter expansionistischer Träume einiger führender Persönlichkeiten und Waffenproduzenten der Monarchie ein überehrgeiziges Expansionsprogramm. 1914 verfügte sie über eine Reihe äußerst moderner Schlachtschiffe, und der Bau schwerer Schiffe ging auch noch während des Krieges weiter.[33]

Ethnisch gesehen waren die Schiffsbesatzungen 1910 - insgesamt 34.150 Mann (Aktive und Reservisten) - ebenso bunt gemischt wie das Landheer, abgesehen davon, daß dalmatinische Kroaten und Italiener (1910: 29,8 bzw. 18,3 %) besonders stark vertreten waren. Interessanterweise gab es auf den Schiffen eine Art „ethnischer Arbeitsteilung", wobei Italiener und Kroaten ihren Dienst im allgemeinen auf Deck versahen, Tschechen und Deutsche die Maschinen bedienten und Magyaren (1910: 12,6 %) und Deutsche an den Geschützen standen. Auch das Offizierskorps der Marine (1910: 830 aktive Seeoffiziere) war eine bunte Mischung: 1910 stellten die Deutschen 51 %, die Magyaren 12,9 %, die Südslawen und Italiener je 9,8 % des Korps.[34] Insgesamt gesehen waren sowohl die Offiziere als auch die Matrosen eine bestens ausgebildete Elite.

Während des Krieges blieben die schweren Schiffe, wie in Deutschland und Rußland, in den großen dalmatinischen und istrischen Marinebasen der Monarchie im Hafen liegen. Nur die Unterseeboote und kleineren Schiffe kamen gegen die Italiener und Franzosen zum Einsatz. Es gab nur ein einziges - und erfolgreiches - Marinegefecht, an dem 1917 bei Otranto drei Kreuzer und zwei Zerstörer beteilgt waren. Die Flotte stand unter dem Kommando von Linienschiffskapitän (später Vizeadmiral) Miklós Horthy, der 1920 zum Reichsverweser von Ungarn ernannt werden sollte.[35] Die Besatzungen der großen Schiffe wurden schlecht verpflegt, waren überdiszipliniert und langweilten sich; so kam es im Februar 1918 zur Meuterei in Cattaro in Dalmatien.[36] Der zunächst erfolgreiche Aufstand wurde durch das entschlossene Vorgehen der kleineren Schiffe niedergeschlagen, deren Besatzungen wie in Deutschland bis zum Ende loyal blieben.

Die Meuterei von Cattaro hatte sowohl eine ethnische als auch eine soziale Dimension und stand am Beginn einer ganzen Reihe von Meutereien im Hinterland. Im letzten Kriegsjahr war das Gros der Armee nicht mehr an der Front, da die Frontabschnitte immer kürzer wurden, es an rollendem Material und Kohle fehlte, um weitere Truppen an die Front zu transportieren, und mehr und mehr Soldaten zu Hause benötigt wurden, um die Bevölkerung und zunehmend auch andere Truppenverbände unter Kontrolle zu halten. Im Oktober 1918 führten die Streitkräfte noch 3,824.000 Mann und 188.000 Offiziere in ihren Dienstlisten, aber nur 2,313.000 Mann und 101.000 Offiziere befanden sich im Feld, von denen wiederum nur ein kleiner Teil dem Feind direkt gegenüberstand. Um genau zu sein, zählten die österreichisch-ungarischen Streitkräfte am 15. Oktober 1918 an der Italienfront 256.700 Gewehre, 4.650 Säbel und 7.800 Kanonen, was auf eine Gesamtsumme von vielleicht 400.000 Mann hinauslief. Darüber hinaus gab es etwa 50.000 Mann kämpfender Truppe an der Balkanfront und Besatzungstruppen in einer Stärke von etwa 150.000 Mann in Rußland, Rumänien, Montenegro und Serbien. Schließlich waren noch 18.000 österreichisch-ungarische Soldaten mit den Deutschen an der Westfront und einige weitere tausend in der Türkei und Palästina. Damit waren also nur 500.000 Soldaten von beinahe vier Millionen unmittelbar kämpfende Truppe.[37]

Im eigenen Land weigerten sich zunächst nur einzelne Kompanien aus Reservisten oder ehemaligen Kriegsgefangenen, die Züge an die Front zu besteigen und mußten in versiegelten Waggons dorthin transportiert werden. Später jedoch meuterten ganze Regimenter: sie besetzten Garnisonstädte, randalierten und schossen auf loyale Truppen. Die Meuterer waren vorwiegend Slawen, im Herbst 1918 kamen aber auch Magyaren und Deutschösterreicher hinzu. An der Front hungerten die Soldaten, und ihre Bekleidung bestand nur mehr aus Fetzen. Ganze Bataillone hatten keine Hemden mehr, tausende trugen Schuhe mit Papiersohlen. Im Jänner 1918 wurde die tägliche Lebensmittelration der Kampftruppen an der Italienfront auf 25 dag Brot und 16 dag Fleisch reduziert, und am 15. Juni, als die Armee ihre letzte große Offensive an der Piave versuchte, betrug die Tagesration einiger Truppen, die hier in den Kampf geschickt wurden, lediglich 20 dag eines nahezu ungenießbaren Brotes und 5 dag Fleisch. Die ausgemergelten Soldaten wogen im Durchschnitt 50 kg, und es ist nicht übertrieben, wenn man behauptet, daß sie vorwiegend die Hoffnung vorwärtstrieb, die Schützengräben der Entente mit ihren großen Vorräten an Lebensmitteln, Tabak und Alkohol zu erreichen.[38]

Zurück in die Heimat

Am 15. September 1918 begann eine große Offensive der Entente-Streitkräfte am Balkan, und zwei Wochen später kapitulierte Bulgarien. Die Südfront brach zusammen, und es gab weder Lokomotiven noch Züge, um neue Einheiten heranzuschaffen und jenes Loch zu schließen, das durch das Ausscheiden der Bulgaren entstanden war.[39] In letzter Minute erließ Karl am 16. Oktober ein Manifest, in dem er eine föderative Reorganisation Österreichs ankündigte und die Politiker der einzelnen Volksgruppen aufforderte, Nationalräte zu gründen. Das Manifest galt zwar nicht für die Länder der Heiligen Ungarischen Stephanskrone, doch ergriff die Budapester Regierung die Gelegenheit, um den Ausgleich für null und nichtig zu erklären. Ende Oktober sprossen überall Nationalräte aus dem Boden, darunter auch ein ungarischer Rat unter Graf Károlyi. Früher oder später erklärten sie alle ihre völlige nationale Unabhängigkeit. Nach dem Ausbruch der Revolution Ende Oktober verlor Karl auch noch den letzten Rest seiner kaiserlichen und königlichen Macht. Es gab keine Habsburgermonarchie mehr, eigenartigerweise aber immer noch eine Habsburgerarmee, die kämpfte.

Am 24. Oktober griffen die Italiener, Franzosen und Briten in Norditalien mit stark überlegenenen Streikräften an. Viele österreichisch-ungarische Einheiten weigerten sich, an die Front zu gehen: zunächst das k.k. Gebirgsschützen-Regiment Nr. 2 aus Laibach, das aus slowenischen Soldaten bestand, dann eine böhmische und kurz darauf zwei ungarische Divisionen. Andere wiederum leisteten den Entente-Streitkräften erbitterten Widerstand, und der Feind brauchte ganze zwei Wochen, um den Durchbruch von Vittorio Veneto, den einzigen italienischen Sieg während des ganzen Krieges, zu erzielen.

Zu diesem Zeitpunkt hatten bereits die meisten ungarischen Einheiten rebelliert und waren in Richtung Heimat aufgebrochen, um ihr Land gegen die erwartete serbische und rumänische Invasion zu verteidigen. (Rumänien, das 1918 ebenso wie Rußland zur Unterzeichnung eines schmählichen Friedensvertrages mit den Mittelmächten gezwungen worden war, trat in allerletzter Minute erneut in den Krieg ein.

Nach den Magyaren lehnten sich auch tschechische und kroatische Einheiten auf. Schließlich weigerte sich sogar die 3. Tiroler „Edelweiß“-Division, ein absoluter Eliteverband, an die Front zu gehen. Unglaublicherweise gaben einige keineswegs nur aus Deutschösterreichern bestehende Einheiten aber auch noch nach diesen Ereignissen ihren Widerstand gegen die Italiener nicht auf.[40] Schließlich gelang es dem k.u.k. Armee-Oberkommando, mit den Italienern Kontakt aufzunehmen, und am 3. November kam es zur Unterzeichnung eines Waffenstillstands, der es aufgrund eines Mißverständnisses den Italienern ermöglichte, eine große Zahl der zurückflutenden habsburgischen Soldaten gefangenzunehmen.

Von diesen Hunderttausenden, die am Tag nach der Unterzeichnung des Waffenstillstands eingeschlossen wurden, waren 25 % Deutschösterreicher, den Rest bildeten Slawen, Rumänen und Italiener, d. h. Soldaten, die nun als Verbündete der Entente-Streitkräfte angesehen wurden. Dies hinderte die italienischen Verantwortlichen nicht, ihre Gefangenen mehr schlecht als recht zu behandeln: sie lebten in offenen Lagern und wurden zu schwerer Arbeit gezwungen, 30.000 von ihnen starben.[41]

Wer der Gefangenschaft entkam, brach nach Hause auf; einige nach dem Prinzip „rette sich, wer kann“, andere in einem wohlgeordneten Rückzug. Das k.u.k. Feldartillerie-Regiment Nr. 104 aus Wien beispielsweise leistete noch bis zum 3. November

Widerstand. Weitere zehn Tage lang blieb das Regiment beisammen, dann verabschiedete der kommandierende Oberst seine Truppen unter den Klängen der Regimentskapelle und unter Aufziehen der Regimentsfahne.[42] Danach machte sich jede Volksgruppe auf den Weg in ihr neues Vaterland. Die zurückströmenden Truppen wurden von Zeit zu Zeit von ehemaligen österreichisch-ungarischen Offizieren angehalten, welche die schwarz-gelbe Kokarde an der Kappe bereits durch Abzeichen in den neuen Nationalfarben ersetzt hatten bzw. entsprechende Armbinden trugen. Es waren dies vorwiegend Reserveoffiziere, die an den nationalen Revolutionen teilgenommen oder diese bisweilen auch angeführt hatten. Die Berufsoffiziere verhielten sich mit wenigen Ausnahmen passiv. Völlig verunsichert stellten sich diese geschmähten Offiziere zunächst die Frage, wohin sie gehen sollten, wo sie Arbeit finden oder zumindest eine Pension bekommen würden. Plötzlich war die Heimatzuständigkeit eines Offiziers - in der Vergangenheit eine nahezu bedeutungslose Eintragung in den Matrikeln - von entscheidender Bedeutung, da er ihn zu einem Österreicher, Ungarn, Tschechoslowaken, Rumänen, Polen oder einem Bürger des neuen südslawischen Staates machte. Kaiser und König Karl sah sich von allen im Stich gelassen. Nachdem ihm der habsburgische Hochadel, der hohe katholische Klerus und die kaiserlichen Beamten den Rücken gekehrt hatten, mußte er nun zusehen, wie ihn plötzlich auch seine prächtige Arcióren-, Trabanten- und die Ungarische Leibgarde verließen, die erstmals in der Geschichte eine wirkliche Gelegenheit gehabt hätten, ihren Herrscher zu schützen. Am Schluß hielten, wie bereits früher erwähnt, junge Kadetten Wache vor dem Schloß Schönbrunn. Karl willigte schließlich ein, auf das Recht seiner Machtausübung zu verzichten und ging ins Exil, dankte allerdings nicht ab und sollte später noch zweimal versuchen zurückzukommen.

Der Übergang zur neuen Wirklichkeit ging zuerst relativ glatt vonstatten. Es galt lediglich, den Doppeladler durch das nationale Wappen zu ersetzen, und ein neuer Staat war geboren. Fast jeder beeilte sich, seine Loyalität gegenüber der neuen Republik zu beteuern, und in Ungarn bot Feldmarschall Erzherzog Joseph sogar an, sich nach dem Dorf, wo sein Schloß stand, von Habsburg auf Alcsúti umzunennen.

Der Krieg war schon lange vorüber, und immer noch strömten Truppen vom Balkan, aus Rußland und aus Italien nach Hause. Es dauerte Wochen, bis die österreichischen hochalpinen Einheiten von den Gipfeln der Dolomiten herunterkamen, wo sie lange Schlachten gegen die Alpini-Verbände der Italiener gekämpft hatten. Zu dieser Zeit hatte der Krieg der Völker der Monarchie gegeneinander bereits begonnen. Das k.u.k. Armee-Oberkommando bestand noch einige Wochen und erließ Befehle, denen niemand mehr Folge leistete. Das Hauptquartier befand sich in Wien, im Gebäude des k.u.k. Kriegsarchivs, und als nichts mehr zu tun war, ernannte das Armee-Oberkommando sich selbst zum Direktorium des Kriegsarchivs - ein angemessenes Ende für eine untergegangene Armee.

Ich finde keinen besseren Schluß für dieses Kapitel als ein Zitat aus Bruno Brehms Bericht über das Ende des Krieges, wo er von den Tälern Norditaliens schreibt: „Heimkehrende Italiener durchzogen die Dörfer, schwenkten die Kappen und riefen immer wieder, toll vor Freude: Pace! Pace! Pace! Die Täler leerten sich langsam. ...

Österr.-Ung. Infanterie in einem Schützengraben im Ersten Weltkrieg.

Nur die Fetzen, die Lumpen, die zerbrochenen Karren, die umgestürzten Wagen und die armen Pferde blieben zurück. ... Der Rest der Pferde schloß sich in Herden zusammen und durchstreifte das Land. ... Bis eines Tages Soldaten ohne Kokarden kamen, die Pferde zusammentrieben, was nicht mehr laufen konnte, niederknüppelten, die zottigen Skelette in wartende Viehwagen pferchten ... und nach den großen Städten in die blutstinkenden Schlachthäuser brachten. Von dort wurde das Fleisch in die leerstehenden Läden geschafft, vor denen schon verhungerte Menschen in endlosen Reihen Schlange standen und geduldig nachrückend das mit scharfen Schlägen zerhackte Fleisch mit zerknitterten, schmierigen Scheinen bezahlten."[43]

Epilog

Habsburgische Offiziere in den Nachfolgestaaten und im Zweiten Weltkrieg

Die Revolutionen, die im Herbst 1918 über das östliche Mitteleuropa hinwegfegten, verfolgten unterschiedliche Ziele. Den einen ging es um nationale Unabhängigkeit, den anderen sowohl um Unabhängigkeit als auch um soziale Gleichheit, und wieder anderen um die Vereinigung mit Angehörigen ihrer Volksgruppe in einem benachbarten Land. Die Revolutionsführer bekannten sich entweder zu einer Demokratie nach dem Muster Wilsons und zur nationalen Selbstbestimmung oder zum leninistisch proletarischen Internationalismus. Diese Aufstände waren aber in mancherlei Hinsicht nur eine Neuauflage der ethnischen Auseinandersetzungen der Jahre 1848/49. Diesmal aber fehlte eine mächtige Dynastie, die dem Bürgerkrieg im östlichen Mitteleuropa ein Ende hätte setzen können. Die kleinen Nachfolgestaaten, die aus diesem Konflikt hervorgingen, zeigten, daß sowohl Wilsons als auch Lenins Programm scheiterten: Keiner dieser Staaten war sozialistisch und keiner wirklich auf dem Prinzip der Selbstbestimmung begründet. Die meisten waren zwar kaum weniger multinational als die alte habsburgische Monarchie, verfolgten aber keineswegs deren Politik der ethnischen Toleranz. Sie gaben vor, nationale Einheitsstaaten zu sein, hielten an der politischen Vorrangstellung der „staatstragenden“ Nationalität fest und glichen damit stark dem ungarischen Königreich nach 1867.[1]

Der Nationalstaat mit der einheitlichsten Bevölkerung war zweifellos Deutschösterreich. Doch wollte die neugeschaffene kleine Republik nicht unabhängig bleiben, sondern zog vielmehr eine Vereinigung mit der neuen deutschen Republik vor. In Ungarn - oder besser gesagt dem Gebiet, das von dem Königreich nach den Abtretungen an Rumänien, die Tschechoslowakei, den südslawischen Staat und die Republik Österreich noch übriggeblieben war - gab es ebenfalls nur wenige ethnische Minderheiten, doch konnte auch Ungarn nicht zu einem stabilisierenden Faktor in dieser Region werden, da stets eine Vereinigung mit den mehr als drei Millionen Magyaren, die nun in Nachbarstaaten lebten, gefordert und auf die historischen Grenzen des Königreiches hingewiesen wurde. Die Pariser Friedensverträge der Jahre 1919 und 1920 trugen bereits den Keim der eigenen Zerstörung in sich, wie sich später im Zweiten Weltkrieg herausstellen sollte.

In den Kriegen und örtlichen Scharmützeln der Ungarn mit den Tschechoslowaken, Rumänen und Österreichern, der Deutschösterreicher und Italiener mit den Südslawen und der Polen mit den Tschechoslowaken, Ukrainern und Sowjetrussen in den Jahren 1918 bis 1921 spielten die ehemaligen österreichisch-ungarischen Offiziere und Soldaten eine entscheidende Rolle. Da die große Mehrheit der heimkehrenden Soldaten nichts anderes wollte, als nach Hause zurückzukehren und ihre Soldatenzeit zu vergessen, waren die neuen Armeen bloße Schatten der ehemaligen k.u.k. Armee. Es gab indes immer noch genügend arbeitslose Offiziere und Soldaten, um die Reihen dieser rasch geschaffenen Streitkräfte zu füllen. Die von der ungarischen Räte-Republik im Frühling 1919 gegründete ungarische Rote Armee stand unter dem Kommando habsburgischer Offiziere, deren berühmtester der ehemalige Generalstabsoberst Aurél Stromfeld war.[2]

Die rasch aufgestellte und but zusammengewürfelte tschechoslowakische Behelfsarmee, die den ungarischen Bolschewisten gegenüberstand, wurde ebenfalls von ehemaligen habsburgischen Offizieren angeführt, von denen einige während des Krieges bereits in der tschechischen Legion gedient hatten, während andere erst nach dem Zusammenbruch der Monarchie in die tschechoslowakische Armee eintraten.[3]

Natürlich war die monarchistische Einstellung unter den ehemaligen Berufsoffiziere sehr stark und kam u.a. darin zum Ausdruck, daß ehemalige habsburgische Offiziere ukrainischer Herkunft 1919 versuchten, einen unabhängigen ukrainischen Staat unter einem habsburgischen Erzherzog zu errichten, oder in den Bemühungen Anton Lehárs und anderer habsburgischer Offiziere im Jahr 1921, für König Karl den ungarischen Thron zurückzugewinnen. Der neue ukrainische Staat konnte jedoch den unabhängig voneinander erfolgenden Angriffen Sowjetrußlands und Polens nicht standhalten,[4] und Karls Putschversuche wurden von dem neuen ungarischen Staat erfolgreich abgewehrt, an dessen Spitze übrigens ebenfalls ehemalige habsburgische Offiziere standen.

Das seltsamste all dieser seltsamen Unternehmen in Ostmitteleuropa nach dem Krieg war der verbissene Versuch des im Exil lebenden ehemaligen Monarchen Karl, nach Ungarn zurückzukehren. Während seines zweiten Versuches im Oktober 1921 stießen königstreue ungarische Truppen in der Nähe von Budapest mit anderen Einheiten der (theoretisch ebenfalls königlichen) ungarischen Armee zusammen, und die Kämpfe endeten schließlich mit einem Sieg jener, die eine Restauration der alten Dynastie in Ungarn zu verhindern suchten.[5]

Nach dem Zusammenbruch der bolschewistischen Revolution im August 1919 und dem Triumph der Gegenrevolution im November desselben Jahres wurde Ungarn vom Gesetz her wieder ein Königreich, jedoch ohne König, dafür aber unter einem Reichsverweser: Vizeadmiral Horthy. Horthy trug nie eine andere Uniform als die habsburgische und beteuerte stets seine Ergebenheit gegenüber dem Andenken an Franz Joseph und gegenüber dem Prinzip der Monarchie, was ihn aber nicht hinderte, seinem König Truppen entgegen zu schicken und Karl damit endgültig ins Exil zu verbannen. Reichsverweser Horthy scheute sich auch nicht, die Rechte und Vorrechte eines Monarchen für sich in Anspruch zu nehmen.[6]

Trotz seiner konterrevolutionären Soldaten und Politiker, die das Land bis zum Ende des Zweiten Weltkriegs beherrschten, den liberalen Konservatismus der Regierungen vor dem Krieg verwarfen und eine eigenartige Mischung aus Chauvinismus, Rassismus, Antisemitismus, altmodischem Konservatismus und selbst Liberalismus predigten und praktizierten, war Ungarn entschieden der traditionalistischste Staat unter allen Nachfolgestaaten.[7] In der Honvéd-Armee wurden die Kommandostruktur sowie die Abzeichen und Uniformen aus der Zeit vor 1918 weitgehend beibehalten. Rein äußerlich hatte es den Anschein, als wären die Träume der Revolutionäre des Jahres

1848 mit dieser unabhängigen Armee endlich in Erfüllung gegangen. Durch den Friedensvertrag nach dem Ende des Krieges wurde die ungarische Armee aber auf armselige 35.000 Freiwillige beschränkt und statt den Liberalismus der Generation von 1848 auf die eigenen Fahnen zu schreiben, wurde das Offizierskorps der neuen Armee zunehmend antisemitisch, ja zum Teil sogar faschistisch. Da in dieser kleinen Armee aber nicht alle ehemaligen Offiziere Aufnahme fanden, wurden viele in die Verwaltung übernommen, und wieder andere gingen in die Politik.

Eigenartigerweise bot das ungarische Verteidigungsministerium - die direkte Nachfolgeinstitution des Honvéd-Ministeriums aus der Zeit vor dem Krieg - zunächst sogar Berufsoffizieren, die nichts mit Ungarn zu tun gehabt hatten, bereitwillig einen Posten an, obwohl das Offizierskorps ohnedies sehr klein war. Daher gab es in der ungarischen Nationalarmee in der Zwischenkriegszeit erstaunlich viele Offiziere, die kaum oder gar nicht ungarisch sprachen. Von den 253 hochrangigen Generälen des Staates der Zwischenkriegszeit hatten nur 69 (27 %) vor dem Krieg ausschließlich in der ungarischen Honvéd-Armee, 90 (36 %) ausschließlich in der k.u.k. Armee und 75 (30 %) in beiden Armeen gedient. Ein hochrangiger General war vor dem Krieg überhaupt nicht Berufssoldat gewesen.[8]

Der Prozeß der „Magyarisierung" setzte erst in den frühen dreißiger Jahren unter Ministerpräsident General Gyula (Julius) Gömbös ein, der selbst ehemaliger Generalstabshauptmann in der habsburgischen Armee gewesen war. Aber sogar dann bestand die Magyarisierung hauptsächlich darin, daß den deutschen und slawischen Offizieren befohlen wurde, magyarisch klingende Namen anzunehmen.

Neben Gömbös waren noch drei andere ungarische Ministerpräsidenten Berufsoffiziere in den habsburgischen Streitkräften gewesen, und ihre Geschichte zeigt das ideologische und politische Dilemma, in dem sich die ehemaligen habsburgischen Offiziere in den neuen Staaten befanden. Ministerpräsident Gömbös (1932-1936) liebäugelte mit dem Faschismus und brüstete sich seiner Freundschaft mit Hitler und Mussolini. Ministerpräsident General Döme Sztójay, ein Kroate, der in der habsburgischen Armee unter dem Namen Demeter Stojákovics Generalstabsmajor gewesen war, war ein noch größerer Freund der Nationalsozialisten als Gömbös. Als Ministerpräsident in der Zeit zwischen März und August 1944 war Sztójay für die Massendeportationen ungarischer Juden in das Todeslager Auschwitz verantwortlich. Auf der anderen Seite ernannte der Reichsverweser im August 1944 den ehemals dem k.u.k. Generalstab zugeteilten Honvéd-Oberleutnant und damaligen General Géza Lakatos gerade wegen seiner anti-nationalsozialistischen Haltung zum Minsterpräsidenten, in der Hoffnung, dieser könnte Ungarn aus dem Bündnis mit dem Deutschen Reich und damit dem Krieg herausführen. Ministerpräsident General Béla Dálnoki Miklós (oder Béla Miklós von Dálnok) schließlich, der als Oberleutnant der Honvéd-Armee ebenfalls zum habsburgischen Generalstab abkommandiert war, wurde allerdings nicht von Horthy in sein Amt berufen. Nachdem Miklós im Oktober 1944 nach Horthys erfolglosem Versuch, einen Waffenstillstand mit den Alliierten zu erreichen, zu den Russen übergegangen war, wurde er auf Befehl Stalins zum Ministerpräsidenten des neuen antifaschistischen Ungarn ernannt.[9]

Ungarns Faschistenführer Ferenc Szálasi, der Horthy im Oktober 1944 nachfolgte, hatte im Ersten Weltkrieg als Berufsoberleutnant in einem Kaiserjäger-Regiment gedient. Seiner nationalsozialistischen Regierung gehörten mehrere ehemalige habsburgische Berufsoffiziere an, von denen zumindest einer 1919 auch in der ungarischen Roten Armee gedient hatte. Bei der anti-deutschen Widerstandsbewegung gab es ebenfalls einige ehemalige habsburgische Offiziere, die anschließend alle verhaftet und einige von ihnen auf Befehl Szálasis sogar hingerichtet wurden. Ungarns antifaschistischer Regierung nach dem Zweiten Weltkrieg gehörten schließlich neben Béla Miklós noch zwei weitere ehemalige Horthy-Generäle an, die ihre Militärlaufbahn unter Franz Joseph begonnen hatten.

Bei den Volksgerichtshof-Prozessen der Jahre 1945 und 1946 gegen Ferenc Szálasi und andere Faschisten sagten ehemalige habsburgische Offiziere, die nun der neuen demokratischen Armee angehörten, gegen die Angeklagten aus. Szálasi und viele andere Offiziere und Zivilisten, die mit den Faschisten kollaboriert hatten, wurden gehängt.[10] Erst nach 1948 wurden die habsburgischen Horthy-Offiziere nach der stalinistischen Machtübernahme und der vollständigen Sowjetisierung Ungarns schließlich durch neue Kader ersetzt, die unter den Arbeitern und Bauern rekrutiert wurden. In der stalinistischen Ära wurden Tausende ehemalige habsburgische Horthy-Offiziere verhaftet und aufs Land deportiert. Da der Staat sich weigerte, an ehemalige Offiziere Pensionen zu zahlen, hatten sie mit unvorstellbarer Armut zu kämpfen. Das kommunistische Ungarn verfolgte seine Veteranen aus dem Ersten und Zweiten Weltkrieg. Erst in allerjüngster Zeit setzte unter der Ägide der nationalen Erneuerung der Prozeß ihrer moralischen Rehabilitierung ein.

Wesentlich schwieriger war das Leben für die ehemaligen habsburgischen Offiziere in den anderen Nachfolgestaaten: in der Republik Deutschösterreich weil der Staat und vor allem die Volkswehr sehr bald einen radikal sozialistischen Charakters annahmen; in der Tschechoslowakei, in Rumänien, Jugoslawien und Polen weil diese Länder sich vom habsburgischen Joch befreit und als Verbündete der Entente sahen. Aber auch diese Länder benötigten gutausgebildete Offiziere, wobei die Frage der Nationalität bisweilen beiseitegeschoben wurde.

Am besten ging es noch den habsburgischen Offizieren in der neuen polnischen Armee, da die Polen der Erinnerung an das Haus Habsburg nicht so feindlich gegenüberstanden wie die übrigen Slawen und die österreichischen (galizischen) Polen zu den bestausgebildeten Verwaltungsbeamten und Soldaten des neuen polnischen Staates zählten. 1922 waren 45 der 96 Generäle der neuen polnischen Armee ehemalige habsburgische Offiziere. Józef Pilsudski, der Schöpfer des modernen polnischen Staates, hatte zu Beginn des Ersten Weltkrieges in der österreichischen Armee im Kampf gegen Rußland eine polnische Legion befehligt.[11] Zumindest drei Generalstabschefs der neuen polnischen Armee - Graf Stanisław Szeptycki, Baron Tadeusz Jordan-Rozwadowski und Graf Stanisław Haller - waren ehemalige Berufsoffiziere der habsburgischen Armee. General Stanisław Maczek, 1944 Kommandant der 1. Polnischen Panzerdivision in der Normandie, wo er die Frontlücke bei Falaise schloß und damit General Patton in die Lage versetzte, einen spektakulären Sieg zu erringen, war während des Ersten Weltkriegs Leutnant im Kaiserschützen-Regiment

Nr. 2 der k.k. Landwehr gewesen. General Tadeusz Bor-Komorowski, der heldenhafte Verteidiger von Warschau gegen die SS im Herbst 1944, hatte einst Franz Joseph als Berufs-Kavallerieoffizier in der Landwehr gedient.[12]

Der tschechoslowakische Staat ging in seiner ganzen Größe direkt aus dem Gebiet des ehemaligen Österreich-Ungarn hervor. Unvermeidlich waren die ersten Offiziere der neuen tschechoslowakischen Armee daher ehemalige k.u.k. Offiziere, vor allem Tschechen, aber auch viele Deutsche aus Böhmen und Mähren. Doch anders als in Ungarn und Polen war ihnen keine große Zukunft beschieden. Die Tschechoslowakei, der wohl demokratischste und toleranteste aller Nachfolgestaaten, war in militärischen Belangen in höchstem Maße intolerant. Obwohl nicht einmal die Hälfte der Bevölkerung tschechisch-sprachig war, wurde in der tschechoslowakischen Armee ausschließlich tschechisch gesprochen. Es war, als hätte der tschechoslowakische Staat - mit Ausnahme der Slowakei einst Teil der österreichischen Reichshälfte der Habsburgermonarchie - im Geiste zur ehemals ungarischen Reichshälfte gewechselt und die nationalistische Praxis der ungarischen Landwehr aus der Zeit vor dem Ersten Weltkrieg übernommen, welche die tschechischen Politiker der Monarchie einst so heftig kritisiert hatten. Die Tschechoslowakei ging sogar noch weiter als Ungarn, wurde die Armee doch zunächst von allen deutschstämmigen und überhaupt von allen einstigen k.u.k. Offizieren gesäubert, die nicht in der tschechischen Legion gedient hatten.

Rumänien und Jugoslawien gingen aus dem ehemaligen rumänischen bzw. serbischen Königreich hervor. Zunächst nahmen beide Staaten ehemalige k.u.k. Offiziere, die aus den rumänischen bzw. südslawischen Gebieten der einstigen Habsburgermonarchie stammten, in ihre Armeen auf. Später wurden diese allerdings nach und nach durch Offiziere ersetzt, die aus den Gebieten der ursprünglichen Königreiche kamen. Doch auch hier trifft man immer wieder auf so erstaunliche Karrieren, wie jene des rumänischen Generals Arthur Phleps, eines Siebenbürger Sachsen und ehemaligen Generalstabsmajors der k.u.k. Armee. In der Zwischenkriegszeit diente Phleps in mehreren Stabs- und Kommandofunktionen, zuletzt als kommandierender General der rumänischen Gebirgstruppen. 1941 wechselte er aber zur deutschen Waffen-SS, wo er schließlich zum SS-Obergruppenführer und General der Waffen-SS, kommandierenden General des V. SS-Gebirgs-Korps und schließlich zum Höheren SS- und Polizeiführer in Siebenbürgen befördert wurde. Er fand im September 1944 den Tod, wobei er möglicherweise umgebracht, wenn nicht sogar hingerichtet wurde.[13]

Die habsburgischen Offiziere südslawischer Herkunft schlossen sich bereitwillig dem neuen südslawischen Staat an und spielten in der Tat bei dessen Errichtung eine wesentliche Rolle. Da jedoch Serbien nach und nach seine Vorherrschaft in dem neuen Vielvölkerstaat zu behaupten vermochte und die Kroaten und anderen Nationalitäten in die zweite Reihe zurückdrängten, wurden auch die meist kroatischen habsburgischen Offiziere systematisch aus der Armee ausgeschlossen.[14] Einer dieser Offiziere, Slavko Kvaternik, ein ehemaliger k.u.k. Generalstabsmajor, verließ die jugoslawische Armee und ging zur kroatischen Terrororganisation Ustascha, die im Untergrund agierte. Während des Zweiten Weltkriegs war er Oberbefehlshaber der von den Deutschen eingerichteten Armee des unabhängigen Kroatiens und dem kroatischen Staatsoberhaupt Ante Pavelić zugeteilt. Er wurde 1947 in Belgrad hingerichtet.[15]

Nach dem Zusammenbruch der Monarchie strömten die meisten Berufsoffiziere nach Wien, wo sie um den Weiterbestand des Korps kämpften. Als dies nicht gelang, versuchten sie, wenigstens eine Pension zu erhalten. Diese Pensionen wurden allerdings von der Inflation bald aufgezehrt, und wenn ein Offizier nicht nachweisen konnte, daß er seinen gesetzlichen Wohnsitz vor 1918 im Raum der neuen österreichischen Republik gehabt hatte, wurde ihm sogar diese minimale Entschädigung verweigert. So kam es, daß so mancher hochrangige Offizier, wie etwa der kroatische Feldmarschall Svetozar Boroević, in der österreichischen Republik beinahe verhungerte. Zur gleichen Zeit verweigerte der südslawische Staat Boroević ein Einreisevisum und konfiszierte sogar seinen persönlichen Besitz.[16]

Wer noch jung genug war, trachtete danach, einen neuen Beruf zu lernen. Die ehemaligen Offiziere arbeiteten als Kellner, Vertreter oder Büroangestellte. Frühere Pioniere und Sappeure suchten sich eine Beschäftigung als Zivilingenieure. Viele lebten in hoffnungsloser Armut.

Zunächst versuchte es die Republik Österreich mit einer revolutionären Streitmacht, der Volkswehr, die dem Hause Habsburg ebenso feindlich gesinnt war wie dem Kapitalismus. Aber selbst die Volkswehr bedurfte ausgebildeter Kommandanten, und so wurde sie von dem sozialdemokratischen Politiker und ehemaligen Artillerie-Reserveoffizier Julius Deutsch und dem ehemaligen k.u.k. Generalstabsoberst Theodor Körner Edlem von Siegringen, dem späteren österreichischen Bundespräsidenten, organisiert und geführt.[17] Die große Mehrheit der ehemaligen Offiziere jedoch waren Anti-Republikaner, und viele traten den Heimwehren bei, die sich dem Kampf gegen den sozialistischen republikanischen Schutzbund verschrieben hatten. Da Österreich zunehmend konservativ wurde, erfolgte auch die Reorganisation der Armee nach traditionellem Muster. In den nun Bundesheer genannten Streitkräften wurden 1933 wieder die traditionellen k.u.k. Uniformen eingeführt. Der Friedensvertrag von 1919 schrieb allerdings vor, daß diesem Heer nur 30.000 Mann angehören durften, die alle Mühe hatten, die Ordnung in der Republik so recht und schlecht aufrechtzuerhalten, waren ihnen die Parteimilizen an Stärke doch bei weitem überlegen. In den dreißiger Jahren des 20. Jahrhunderts schlossen sich immer mehr ehemalige Offiziere und aktive Offiziere des Bundesheeres der nationalsozialistischen Untergrundbewegung an. Andere blieben Monarchisten oder standen loyal zu Engelbert Dollfuß und Kurt Schuschnigg. Dollfuß selbst war im Ersten Weltkrieg Oberleutnant der Reserve bei den k.k. Kaiserschützen gewesen, Schuschnigg Reserveoffizier bei der Artillerie. Um in Mittel- und Ostmitteleuropa politische Karriere zu machen, war es fast unerläßlich, Reserveoffizier der habsburgischen Armee gewesen zu sein.

Als 1938 der „Anschluß" drohte, war Feldmarschalleutnant Alfred Jansa, Generalstabschef des Bundesheeres und einstiger k.u.k. Generalstabsoffizier, mit einigen anderen Generälen darauf vorbereitet, den Deutschen Widerstand zu leisten, doch wurden er und seine Mitstreiter von den politischen Ereignissen überrollt. Einige dieser Offiziere wurden in deutschen Konzentrationslagern ermordet, wie beispielsweise Feldmarschalleutnant Johann Friedländer, ein österreichischer General teilweise jüdischer Herkunft, und Generalmajor Josef Stochmal, der ehemalige Militärkommandant von Salzburg.[18]

Der „Anschluß“ Österreichs an das Deutsche Reich eröffnete einigen ehemaligen habsburgischen Offizieren den Weg zu einer zweiten Karriere, und manche leisteten dem Ruf Folge. Lothar Rendulić, Sohn eines kroatischen Grenzers und während des Ersten Weltkriegs zum k.u.k. Generalstab zugeteilter Hauptmann, brachte es in der deutschen Wehrmacht bis zum Generaloberst und wurde mit dem Oberbefehl über eine ganze Heeresgruppe betraut. Ein anderer Generaloberst der Wehrmacht war Erhard Raus, früherer k.u.k. Oberleutnant. Mindestens 220 ehemalige habsburgische Offiziere dienten unter Hitler als Generäle, unter ihnen der dritte Generaloberst österreichischer Herkunft, der berüchtigte Alexander Löhr, der 1947 von den Jugoslawen gehängt wurde.[19]

Nicht-jüdische Offiziere hatten zumindest die Wahl, ob sie in einem der Nachfolgestaaten in der Armee dienen wollten oder nicht. Sie hatten immer noch die Möglichkeit, einen Zivilberuf anzunehmen, oder, wenn sie keinen fanden, in würdiger Armut zu leben. Sie konnten den neuen Machthabern sogar Widerstand leisten, was einige auch tatsächlich taten. Anton Lehár beispielsweise, der sich sowohl dem Horthy-Ungarn als auch später den deutschen Nationalsozialisten entgegengestellt hatte, bezahlte für seinen standhaften Monarchismus mit lebenslanger Armut. Nur einer Gruppe von Offizieren blieb keine Wahl, außer vielleicht der Emigration: den jüdischen Offizieren und den Offizieren jüdischer Herkunft, deren Schicksal Verfolgung und oft Tod waren.

In der Zwischenkriegszeit wurden die ehemaligen k.u.k. Berufsoffiziere jüdischer Herkunft nach und nach aus den Armeen der Nachfolgestaaten ausgeschlossen, wobei vorwiegend eine Zermürbungstaktik angewandt wurde. Paradoxerweise wurden die jüdischen Offiziere aus der tschechoslowakischen, rumänischen und jugoslawischen Armee im allgemeinen nicht als Juden sondern als Deutsche oder Ungarn hinausgedrängt. Aber selbst in Österreich und Ungarn, wo ihre Nationalität nicht gegen sie ins Treffen geführt werden konnte, ging die Zahl jüdischer Offiziere zurück.

Bis zum „Anschluß“ 1938 durften jüdische Offiziere, vorwiegend Reservisten, in der Republik Österreich ihren Rang noch behalten. Danach aber brach die Verfolgung der Nationalsozialisten mit voller Wucht über sie herein. 1938 wurden mindestens 238 „nicht-arische“ Offiziere pensioniert.[20] Das Schicksal der jüdischen Offiziere scheint noch grausamer als jenes der anderen österreichischen Juden gewesen zu sein. Voll assimiliert und im Vertrauen auf ihre deutschen Waffenbrüder, entschlossen sich viele zum Verbleib in Österreich, als eine Auswanderung noch möglich gewesen wäre. 1941 forderte der örtliche Gestapo-Kommandant dann vom „Verband Jüdischer Kriegsopfer“ in Wien eine vollständige Liste ihrer Mitglieder. Die Kriegsinvaliden sowie die höchstdekorierten jüdischen Kriegshelden wurden dann in das Muster-Lager Theresienstadt deportiert, alle übrigen Veteranen kamen direkt in die Todeslager. Aber auch die Kriegshelden und Invaliden blieben nicht verschont, führte der Weg nach Theresienstadt letztlich doch ebenfalls nach Auschwitz.[21]

In Ungarn bemühten sich die jüdischen Reserveoffiziere ganz besonders, die jüdische Dolchstoßlegende zu widerlegen. Sie verfaßten und veröffentlichten zahlreiche

Regimentsgeschichten, in denen sie, ohne je die Religion zu erwähnen, deutlich zu machen versuchten, daß der Tod an der Front keine konfessionellen Unterschiede gekannt habe. Aber auch hier gewann der radikale Antisemitismus nach und nach die Oberhand, und 1939 meldeten Militärstatistiker, daß es keinen einzigen „Volljuden“ mehr im Berufsoffizierskorps gebe, demzufolge also auch Konvertiten entlassen worden waren. 1940 wurde der Arbeitsdienst für jüdische Männer eingeführt und am 16. April 1941 jüdischen Reserveoffizieren per Erlaß Nr. 2870 ihr Rang aberkannt. Danach wurde allen ehemaligen Offizieren auch nur teilweise jüdischer Herkunft befohlen, ihren Militärausweis erneuern zu lassen. Der neue Ausweis enthielt keine Angaben über ihren Rang, ihre Orden, Verwundungen oder frühere Dienstbeschreibungen. Stattdessen war darin ihre Verpflichtung zur Leistung eines „Hilfsarbeitsdienstes“ vermerkt. Der Ausweis war mit einem großen „Zs“ für *Zsidó* (Jude) gestempelt. Nur jüdische Offiziere mit der goldenen Tapferkeitsmedaille oder zwei großen silbernen Tapferkeitsmedaillen sowie jene Offiziere, die nach einer Verwundung aus dem Ersten Weltkrieg zumindest zu 75 % dienstuntauglich waren, waren von dieser und anderen anti-jüdischen Verordnungen ausgenommen.

Generaloberst Hazai durfte 1942 in Frieden in Budapest sterben. Andere hatten dieses Glück nicht. Viele ehemalige jüdische Offiziere starben in Arbeitsbataillonen an der Ostfront, und noch wesentlich mehr wurden 1944 auf Befehl Adolf Eichmanns deportiert und vergast. Wie im Vorwort erwähnt, gab es auch eine kleine Handvoll jüdischer Kriegshelden, die sogar vom Pfeilkreuzler-Regime verschont wurden, das im Oktober 1944 die Macht übernommen hatte, und ich erinnere mich noch deutlich an einen jüdischen Hauptmann, einen Veteranen des Ersten Weltkrieges, der im Verwaltungszentrum der Budapester jüdischen Gemeinde saß und einige Soldaten der ungarischen Nazi-Miliz empfing. Sie standen Habt Acht, während er sie lediglich mit einer knappen Handbewegung grüßte. Da die jüdischen Offiziere von allen ungarischen Juden am stärksten assimiliert waren, fiel es ihnen zum Teil leichter, bei nicht-jüdischen Familien Unterschlupf zu finden. Und da es in Budapest viele Familien gab, die bereit waren, Juden zu verstecken, die dann im allgemeinen auch nicht deportiert wurden, vermochten doch relativ viele jüdische Offiziere den Krieg zu überleben.[22]

Was bedeuten nun all diese Aussagen? Die Ausbildung in Österreich-Ungarn brachte es nicht notwendigerweise mit sich, daß die ehemaligen Offiziere eine bestimmte politische Anschauung vertraten. Die einen dienten treu ihrem neuen Vaterland, gleichgültig wie dieses politisch oder ethnisch aussah, andere wiederum weigerten sich, dem Feind ihres ehemaligen Kaisers zu dienen, und wählten stattdessen ein ärmliches Los, vorzugsweise in Österreich oder Ungarn, jenen beiden Staaten, denen man wenigstens nicht vorwerfen konnte, gegen Österreich-Ungarn gekämpft zu haben. Viele blieben bis zum Schluß Monarchisten und reichten ihren abtrünnigen Kameraden nicht einmal die Hand. Einige wenige wurden Sozialisten, wesentlich mehr liebäugelten mit den Bewegungen des rechten Flügels oder wurden Nationalsozialisten. Einige starben im Widerstand gegen Hitler, wesentlich mehr für ihn. Die meisten Offiziere, die in einem der Nachfolgestaaten noch einen hohen militärischen Rang erreichten, hatten im Generalstab der k.u.k. Armee gedient. Wenn also überhaupt irgendeine Verallgemeinerung zulässig ist, so jene, daß die k.u.k. Kriegsschule und der Generalstab erfolgreiche Militärkommandanten hervorbrachten und der Professionalismus auf einzelne größeren Einfluß gehabt haben dürfte als jede Ideologie.

Dieser Professionalismus war das einzig wirkliche Band unter den Offizieren - doch auch dieses Band zerriß schließlich. Abschließend kann gesagt werden, daß das politische Bewußtsein der Militärs in der Nachkriegszeit ebenso schwierig zu bestimmen ist wie jenes der einfachen Bürger, von denen Millionen in den bewegtesten Jahrzehnten der Geschichte Ostmitteleuropas ihre Loyalität - freiwillig oder unfreiwillig - änderten. Zu Ende des Ersten Weltkrieges wurde den habsburgischen Offizieren bewußt, daß das in ihrem Professionalismus verankerte Streben nach dem vorrangigen gemeinsamen Ziel der Erhaltung des Friedens für immer vorüber war. Vor dem Hintergrund dieses mehr als ein Jahrhundert lang aufgebauten Professionalismus konnte keine neue politische Ideologie sie so fesseln wie die unauflösliche Bruderschaft in den weiträumigen Gebieten der ehemaligen Habsburgermonarchie.

Als ich 1988 daran ging, diese Zeilen niederzuschreiben, erhielt ich einen Brief von einem Oberst der polnischen Armee der Zwischenkriegszeit namens Krzeczunowicz, der im Ersten Weltkrieg im 1. Ulanen-Regiment Seiner Kaiserlichen und Apostolisch Königlichen Majestät Berufsleutnant gewesen war. Der Oberst schrieb aus dem Exil in London, wo er seit dem Zweiten Weltkrieg lebte, und sprach von seiner Zeit in der k.u.k. Armee als „den glücklichsten Jahre meines Lebens“. Die kaum zittrige kalligraphische Handschrift war ein untrüglicher Beweis für seine Ausbildung an einer k.u.k. Militärschule. Wer vermag zu sagen, ob seine Worte nur die eines alten Mannes sind, der sich nach seinen Jugendtagen zurücksehnt, oder ob sie tatsächlich seine Erfahrungen in diesen weit zurückliegenden Jahren widerspiegeln?

Bibliographischer Essay

Literatur

Vielleicht keine andere Armee fand derart lebendigen Eingang in die leichte Musik, die Literatur und die Kunst wie jene Österreich-Ungarns. Ihre galanten Offiziere tanzen zu Walzerklängen über die Bühne und machen hübschen Comtessen den Hof. Die einfachen Soldaten glänzen mit ihrem Witz, ihren gewichsten Stiefeln und ihren guten Manieren. „Háry János", der Held in Zoltán Kodálys gleichnamiger Operette ist eine Kombination dieses allgemeinen Bildes des Offiziers und des einfachen Soldaten, wenn der unverwüstliche Husar das Herz einer französischen Prinzessin und mit der gleichen scheinbaren Unschuld auch den großen Napoleon erobert.

Im literarischen Bereich beschäftigen sich deutschösterreichische Romanciers und Dramatiker, wie Franz Theodor Csokor, Robert Musil, Joseph Roth, Roda Roda, Stefan Zweig und Arthur Schnitzler, ungarische, wie Ferenc Herczeg, Sándor Márai und Géza Ottlik, der Tscheche Jaroslav Hašek und der Kroate Miroslav Krleža mit der Vielvölkerarmee.[1]

Wie kann nun diese Faszination erklärt werden? Zum Teil sicherlich durch das prächtige Schauspiel, das die Soldaten in diesem zwar uniformbegeisterten, aber recht unmilitaristischen Staat boten. Sicherlich war auch die entscheidende Rolle der Armee beim Zusammenhalt der vielfältigen habsburgischen Provinzen ein bestimmender Faktor. Aber es gab auch noch einen dritten Grund: Die meisten der angeführten Autoren waren einmal selbst Militärschüler oder sogar Offiziere der habsburgischen Armee gewesen. Márai und Ottlik waren Kadetten, Roth Fähnrich, Hašek, Krleža und Roda Roda Leutnante, Musil Hauptmann - man könnte mit dieser Aufzählung noch lange fortfahren. Sie alle konnten auf persönliche Erinnerungen und Erfahrungen zurückgreifen, wenn sie über das Militär schrieben. Die Helden und Antihelden ihrer Romane, Theaterstücke und Kurzgeschichten, sei es ein einsamer junger Mann, der unter der strengen Disziplin und der sexuellen Unterdrückung an den Militärschulen leidet, sei es ein scheinbar unbekümmerter, in Wirklichkeit aber verzweifelter Offizier, oder aber ein einfacher, wenn auch schlauer und antimilitaristischer Soldat, erzählen uns sehr viel über das Leben in der Armee und über die Beziehungen zwischen Soldaten und Zivilisten. Die Bilder, die von diesen Autoren gezeichnet werden, sind nicht nur viel düsterer als in den Operetten, sondern auch zweideutiger und widersprüchlicher. War die Armee zu Friedenszeiten ein furchtbares Gefängnis, dessen Insassen (sowohl Offiziere als auch einfache Soldaten) nur verdorben wurden, wie Hašek meint, oder war sie, wie Joseph Roth andeutet, eine einzigartige supranationale Einrichtung, wo in einem unter den miteinander konkurrierenden Parteien der zivilen Gesellschaft nie gekannten Ausmaß ethnische und konfessionelle Toleranz herrschte? Bestand die Habsburgerarmee zu Kriegszeiten aus Männern, die bereit waren, für eine verlorene Sache zu sterben, oder war sie ein seelenloser Koloß, der auf den unschuldigen Bauern und orthodoxen Priestern herumtrampelte, wo immer er seinen Fuß hinsetzte? Der Einblick der Romanciers und Theaterschriftsteller ist sicherlich wertvoll, um eine verläßlichere Auskunft zu diesem Thema zu erhalten, müssen wir aber auf Memoiren zurückgreifen. Mit solchen Lebenserinnerungen sind wir überreich gesegnet, zum Teil dank der Bemühungen Dr. Peter Brouceks, eines österreichischen Militärarchivars und -historikers, der viele pensionierte Soldaten dazu überredete, ihre Erinnerungen so detailliert wie möglich aufzuschreiben.[2]

Wie im Ruhestand lebende Offiziere überall, so schrieben auch die Offiziere der Habsburgermonarchie gerne ihre Memoiren, wenn schon nicht als eine Art Selbstrechtfertigung, so doch oft zur Belehrung oder einfach um anderen von dieser Zeit zu erzählen. Es waren keineswegs nur kommandierende Generäle oder bedeutende Generalstabsoffiziere, die ihre Erinnerungen zu Papier brachten, sondern auch viele Militärangehörige untergeordneten Ranges. Aber selbst die Generäle erzählten oft lieber von ihrer Herkunft, ihrer Erziehung und den frühen Jahren ihres Dienstes als von den Feldzügen, die sie angeführt und - da sie der österreichisch-ungarischen Armee angehörten - oft verloren hatten. Da die Mehrzahl der habsburgischen Offiziere aus Soldatenfamilien stammte, wo die eigene Karriere eng mit jener der Väter oder Söhne verbunden war, bezeichnen sich viele Verfasser gerne stolz als „Tornisterkinder".[3] Es ist sicher auch etwas Wahres dran, wenn sie wiederholt schreiben, daß ihre Jugend zwar schwierig, aber aufregend, und das Leben an den Militärschulen und bei der Truppe ein stimulierendes Abenteuer war. Aufgrund dieser breiten Perspektive erfahren wir durch diese Memoiren oft mehr über die habsburgische Gesellschaft und die Mentalität der Offiziere als über die Feldzüge und Kriege.

Verständlicherweise kann keine klare Grenze zwischen wirklichen Memoiren und jenen historiographischen Berichten gezogen werden, die vorwiegend auf eigenen Erfahrungen und Privatpapieren beruhen. Die Memoiren Feldmarschall Conrads (1852-1925) beispielsweise sind viel mehr als eine bloße Autobiographie. Sie stellen eine große (wenn auch bisweilen von Vorurteilen und Irrtümern gekennzeichnete) historische und dokumentarische Studie der letzten beiden Jahrzehnte der Monarchie dar.[4] Ähnliches gilt für die persönlichen Erinnerungen von Generaloberst Arz (1857-1935), dem letzten Generalstabschef der Monarchie, die Hauptquelle seiner historischen Studien über den Ersten Weltkrieg waren.[5]

Am anderen Ende des Spektrums stehen die zum Teil fiktiven Reminiszenzen so beliebter Militärschriftsteller wie Rudolf von Eichthal, Ferdinand Fauland, Albert Lorenz, F. V. Schöffel, Oskar Teuber und Carl von Torresani.[6] Was diese Schriften von den „seriösen" literarischen Werken unterscheidet ist die Tatsache, daß diese volkstümlichen Erzählungen im allgemeinen in der ersten Person geschrieben sind und fiktive Anekdoten vorwiegend deshalb einflechten, um die persönlichen Erinnerungen des Verfassers zu ergänzen. Im Gegensatz dazu geht Musils *Zögling Törleß* - auch wenn der Roman im wesentlichen auf den Erlebnissen des Autors in einer Militärschule basiert - weit über die Wirklichkeit hinaus. Um die Sache noch komplizierter zu machen, sahen sich einige dieser volkstümlichen Autoren und Anekdotenschreiber (vor allem Oskar Teuber) auch bemüßigt, sich mit militärischer Historiographie zu befassen, meist um die Armee gegen ihre Kritiker zu verteidigen.[7]

Memoiren

Erinnerungen an 1848/49

Für die Niederschrift österreichischer Militärerinnerungen gibt es bereits im 17. und 18. Jahrhundert Vorläufer, zu einer beliebten Freizeitbeschäftigung wurde dies aber erst in der ersten Hälfte des 19. Jahrhunderts. Danach breitete sich diese Praxis immer weiter aus. Aus der Zeit der Napoleonischen Kriege seien etwa die Erinnerungen von Max Ritter von Thielen (1781-1865) erwähnt,[8] aber erst die Feldzüge der Jahre 1848/49 führten zu einer wahren Flut von Memoiren, darunter jene von Moriz Edlem von Angeli (1829-1904), Karl Bigot de Saint-Quentin (1805-1884), Leopold Kolowrat-Krakowsky (1804-1863), Anton von Mollinary (1820-1904), Carl von Schönhals (1788-1857), Carl von Torresani (1846-1907) und Ludwig von Welden (1780-1853). Die Erinnerungen ungarischer „Insurgentenführer“ wie Lajos Asbóth (1803-1882), Henryk Dembiński (1791-1864), Arthur Görgey (1818-1916) und György Klapka (1820-1902) bilden ein wertvolles Gegenstück zu den Memoiren der Österreicher, vor allem im Lichte der Tatsache, daß die ungarischen Befehlshaber der Revolutionsarmee (mit Ausnahme Dembińskis) alle ehemalige habsburgische Offiziere waren.[9]

Wie bei allen Kriegserinnerungen muß man zwischen jenen unterscheiden, die sich auf die militärischen Ereignisse konzentrieren, und jenen, die sich in erster Linie mit der menschlichen Seite befassen. Zu ersteren zählen aus der Zeit um 1848/49 die Schriften von Kolowrat-Krakowsky, Schönhals, Welden sowie aller Ungarn, der zweiten Kategorie können wir die Memoiren von Angeli, Bigot de Saint-Quentin, Mollinary und Torresani zuordnen. Die in der ersten Gruppe Genannten spielten eine führende Rolle in den italienischen und ungarischen Feldzügen und verfaßten ihre Memoiren in erster Linie, um ihr Vorgehen zu rechtfertigen. Generalmajor Kolowrat-Krakowsky befehligte in Italien eine Brigade und erhielt den Maria Theresien-Orden. Feldmarschalleutnant Schönhals diente im italienischen Krieg als Stellvertreter Feldmarschall Radetzkys und verfaßte auch Radetzkys berühmte Armeebefehle. Ludwig von Welden, zwischen April und Juni 1849 Oberfehlshaber der habsburgischen Streitkräfte in Ungarn und Siebenbürgen, also in der Zeit der schwersten österreichischen Niederlagen, bemüht sich zu erklären, warum der österreichische Rückzug notwendig war und wie dadurch der folgende siegreiche Feldzug General Haynaus vorbereitet wurde. Oberst Asbóth, einst Rittmeister I. Klasse in einem österreichischen Kürassier-Regiment, befehligte ein Armeekorps der ungarischen Nationalarmee. Der polnische Emigrant General Dembiński war 1848/49 zeitweise Oberbefehlshaber aller ungarischen Streitkräfte. Arthur Görgeys Beschreibung der Feldzüge zeigt in bemerkenswerter Weise seine professionelle Sachlichkeit, aber auch seine doppelte (und widersprüchliche) Bindung sowohl an die Idee eines gerechten Krieges für die konstitutionellen Rechte Ungarns als auch an das Ideal der Loyalität gegenüber der Dynastie. Görgeys Erinnerungen sind ein Spiegelbild seiner strengen Ausbildung in der habsburgischen Armee, die ihn wiederholt in Konflikt mit Ludwig Kossuths Idee einer revolutionären *levée en masse* brachte. Schließlich sind da noch die umfangreichen Memoiren General Klapkas, eines ehemaligen habsburgischen Oberleutnants und eines der erfolgreichsten ungarischen Generäle während des Krieges.

All diese Autoren geben nur eine sehr knappe autobiographische Darstellung, berichten dafür aber um so ausführlicher von den Feldzügen. Ihre Erinnerungen sind zwar informativ, enthalten aber auch eine gewisse Rechtfertigung. Trocken geschrieben findet sich nur vereinzelt ein heftiger Gefühlsausbruch, so etwa General Weldens beißende Bemerkungen über das aufständische Wiener Proletariat, Dembińskis abwertende Äußerungen über die Ungarn und Görgeys scharfe Kritik an der politischen Führung Ungarns.

Vom menschlichen und gesellschaftlichen Standpunkt aus interessanter sind die Erinnerungen der jüngeren Offiziere aus dieser Zeit. Der bedeutende Militärhistoriker Moriz von Angeli, dessen zweibändige Memoiren und dessen monumentales Werk über Erzherzog Carl wichtige Quellen darstellen, war 1848 ein junger Infanterie-Leutnant.[10] In seinem Buch *Wien nach 1848* erhebt er schwere Anschuldigungen gegen das in Wien nach der Rückeroberung der Reichshaupstadt durch Fürst Windisch-Graetz im Oktober 1848 mit eiserner Hand vorgehende Militär.

Anders als der mitfühlende Angeli kümmert sich der konservative Bigot de Saint-Quentin wenig um das Elend der Zivilisten. Der Nachfahre einer großen Militärfamilie und zukünftige General der Kavallerie diente 1848 als Adjutant General Jelačićs, ein Amt, das ihn in seiner ohnedies schon vorhandenen Überzeugung, daß es eine strikte Trennung zwischen der Armee („der Stütze von Thron und Altar") und dem Rest der Gesellschaft geben müsse, nur weiter bestärkte. Er legte diese seine Ansichten erstmals in einem 1847 erschienenen Buch nieder und schlug auch bei späteren Veröffentlichungen in dieselbe Kerbe. Außerdem war er, wie J.C. Allmayer-Beck es formuliert, einer der entscheidenden „opinion-leaders" in der Armee.[11]

Anton von Mollinary, später einer der berühmtesten Generäle der Monarchie und ein Mann von gemäßigt liberaler Überzeugung, war zum Zeitpunkt des Ausbruchs der Revolution erst 28 Jahre alt. Als Sohn einer Familie von Grenzer-Offizieren, die im südlichen Ungarn bei den Tschaikisten (Stromwache) dienten, gehörte Mollinary bereits vor der Revolution dem Generalstab an, wo er vor allem auf Flottillenunternehmungen bzw. die Kriegführung auf Flüssen spezialisiert war. 1848/49 tat er sich bei einigen größeren Schlachten in Norditalien hervor und wurde zweimal verwundet. Später bezeichnete er die Ereignisse der Jahre 1848/49 als „die ausschlaggebende Periode meines Lebens".[12] Er wurde nach dem Krieg zum jüngsten Oberst in der Armee und dann zum Kommandanten der österreichischen Flottille auf den norditalienischen Seen ernannt. Mollinary berichtet in allen Einzelheiten von den Ereignissen des Jahres 1848 in Italien, noch interessanter aber sind seine Erzählungen über die Tragödie, die seine Familie heimsuchte. Während des im September 1848 zwischen Österreich und Ungarn ausbrechenden Krieges standen sein Vater (ein Tschaikisten-Oberst), sein Onkel und zwei andere nahe Verwandte auf seiten der Ungarn - sein Vater und sein Onkel unfreiwillig, die beiden anderen auf eigenen Entschluß. Nach dem Krieg wurden sie alle von den Österreichern verhaftet und aus der Armee entlassen. Mollinary gelang es nie, eine Rehabilitierung seines Vaters zu erreichen.

Carl von Torresani schließlich war 1848 noch ein kleiner Bub, dessen Memoiren aber nichtsdestotrotz einen detaillierten Bericht über die revolutionären Ereignisse in Norditalien enthalten. Als Sproß einer der Dynastie ergebenen italienischen Beamtenfamilie väterlicher- und italienischer Granden mütterlicherseits, erlebte Torresani den Aufstand in Mailand im März 1848 mit, der sich nicht zuletzt gegen seinen eigenen Großvater, den Polizeipräsidenten der Lombardei, richtete. Äußerst dramatisch beschreibt Torresani die Flucht der Familie aus Mailand und berichtet, wie sein Großvater in Ungnade fiel und nach dem Krieg gezwungen wurde, in den Ruhestand zu treten. Er schreibt auch, wie seine verwitwete Mutter Anton von Mollinary kennenlernte und später heiratete, eine höchst ungewöhnliche Verbindung zwischen der Tochter italienischer Patrizier und dem Sohn eines Grenzer-Offiziers.

Leider haben die bedeutendsten österreichischen Kommandanten des Krieges der Jahre 1848/49 - Radetzky, Windisch-Graetz, Jelačić und Haynau - keine Memoiren hinterlassen. Es gibt lediglich einige bruchstückhafte Erinnerungen, die Feldmarschall Radetzky zugeschrieben werden, doch ist ihre Urheberschaft laut Peter Broucek recht umstritten.[13] Im Falle General Jelačićs ist die Lage insofern etwas besser, als dessen Feldzüge in den Tagebüchern von Oberleutnant Hermann Freiherrn von Dahlen und Major Wilhelm Graf Hompesch sowie in den Erinnerungen eines der bedeutendsten Untergebenen Jelačićs, des Feldmarschalleutnant Joseph Freiherrn von Neustädter, sehr lebendig beschrieben werden. Diese und andere Berichte über Jelačić erschienen in einem von Ferdinand Hauptmann herausgegebenen Sammelband.[14] Im Falle Windisch-Graetz' und Haynaus müssen wir uns mit einigen wenigen alles andere als umfassenden Biographien zufriedengeben.

Erinnerungen, die noch zu Lebzeiten des Kaisers verfaßt wurden

Das bemerkenswerteste allgemeine Charakteristikum der Memoiren aus der Zeit vor 1918 ist die politische Einfalt und optimistische Weltsicht ihrer Verfasser, zumindest im Vergleich zu einigen später niedergeschriebenen Erinnerungen. Man stößt kaum auf religiöse oder ethnische Vorurteile, politischen Fanatismus oder romantische Phantastereien wie dies bei so vielen Memoiren im 20. Jahrhundert der Fall ist.

Von den erwähnten Autoren standen Angeli, Mollinary und Torresani noch lange nach den Revolutionen des Jahres 1848 im aktiven Dienst. Ihre Erinnerungen umfassen zumindest einen Teil oder die gesamte zweite Hälfte des 19. Jahrhunderts. Hinzu kommen noch die Memoiren von Heinrich von Födransperg (1835-1909), Wilhelm Gründorf von Zebegény (1832-1902), Wilhelm Hirsch (1836-1935), Anton von Pitreich, Sr. (1838-1907), Rudolf Potier des Échelles (1836-1912), Baron Daniel Salis-Soglio (1826-1919), Andreas Thürheim (1827-1904), Ludwig von Wattman (1827-1907) und Karl Went von Römö (1831-1910).[15] Sie alle waren Zeugen der dramatischen Änderungen und grundlegenden Reformen in der Struktur und dem Leben der Armee. Die meisten von ihnen nahmen an den verheerenden Kriegen der Jahre 1859 und 1866 teil, wurden damals befördert und dienten auch noch in der langen Friedenszeit. Leider hinterließen weder die Oberbefehlshaber der Armee in den

Kriegen der Jahre 1859 und 1866, Feldzeugmeister Franz von Gyulai und Ludwig von Benedek, noch Erzherzog Albrecht, dessen erfolgreiche militärische Laufbahn immerhin einen Zeitraum von mehr als 50 Jahren umfaßt, für eine Veröffentlichung geeignete persönliche Aufzeichnungen.

Was uns diese Generation von Memoiren-Verfassern so bewundern läßt, ist ihre bis ins kleinste Detail gehende Beschreibung des Lebens in den Militärschulen und bei der Truppe. Damit verfügen wir über eine ganze Reihe unterhaltsamer Erinnerungen, vor allem jene von Angeli, Födransperg, Hirsch, Mollinary, Potier des Échelles, Teuber und Torresani. Alle diese Memoiren ähneln einander stark in der Beschreibung bestimmter Aspekte des militärischen Lebens, in ihrer vor-neuzeitlichen Ideologie und sogar im Stil sowie in der Auswahl der Themen. Damit sollten eigentlich weitreichende Verallgemeinerungen möglich werden, doch gerade diese bemerkenswerten Ähnlichkeiten warnen uns vor allzu vorschnellen Schlußfolgerungen. Diesen fast identischen Berichten und Erfahrungen könnte etwas wie ein ungeschriebener Kodex für die Abfassung von Memoiren zugrundeliegen. Von dieser Regel scheint es nur zwei Ausnahmen zu geben: den frühen Militärhistoriker Ferdinand Daniel Fenner von Fenneberg, der schon vor der Revolution dem militärischen Leben äußerst kritisch gegenüberstand und dann 1848 zum Revolutionär wurde, und Gründorf von Zebegény, einen Generalstabsoffizier, der sich im dänischen Feldzug des Jahres 1864 einen Namen machte und der 1866 - wie wir in Kapitel 7 gelesen haben - nur aufgrund einer Säbelaffäre mit dem Liebhaber seiner Frau gezwungen wurde, in den Ruhestand zu treten. In seinen nicht immer zuverlässigen Erinnerungen geht Gründorf sogar so weit, die politischen und militärischen Fehler und die legendäre Undankbarkeit Franz Josephs anzudeuten.[16] Im wesentlichen soll allerdings nicht die grundlegende Ehrenhaftigkeit der älteren Generation von Memoiren-Verfassern in Frage gestellt werden, sondern ihre Fähigkeit und Bereitschaft, sich am Ende einer erfolgreichen Karriere noch jener persönlichen Zweifel und Mutlosigkeit zu erinnern, die sie vielleicht in ihrer Jugend gequält haben.

Die Verfasser solcher Erinnerungen aus dem 19. Jahrhundert begannen ihre militärische Laufbahn fast ausnahmslos bereits als Kinder, indem sie entweder in einer Militärschule eingeschrieben wurden oder direkt in ein Regiment eintraten. Ganz ausgezeichnet sind ihre Beschreibungen der zügellosen Unterhaltungen und der ungeheuren Disziplin an den Militärschulen, ihre Erzählungen vom Glanz und Elend der jungen Offiziere in deren täglichem Leben. Die vorangehenden Kapitel basieren zu einem großen Teil auf diesen bisweilen durchaus ergötzlichen Erinnerungen.

Spätere Erinnerungen

Wer nach der Auflösung der Monarchie seine Lebensgeschichte niederschrieb, fühlte sich viel freier, seine Gefühle zum Ausdruck zu bringen. Verstrickt in den Fängen einer neuen politischen Situation, welche die meisten dieser ehemaligen Berufsoffiziere ablehnten, hingen diese armen, desorientierten und von den neuen Regimen oft grausam vernachlässigten Offiziere noch verzweifelter der konservativen monarchistischen Ideologie ihrer Jugendtage nach. Andere wiederum verbanden ihre „altösterreichischen“ Ideen unbewußt mit neuen, meist rechtsradikalen Ideologien. Dies führte dazu, daß sie sich in oft widersprüchlicher Weise einerseits nach dem ehemaligen toleranten und supranationalen Staat zurücksehnten und gleichzeitig für ein neues autoritäres oder diktatorisches nationales System eintraten.

Selbst auf die Gefahr hin, damit eine allzu grobe Vereinfachung vorzunehmen, können die Memoiren aus der Zeit nach dem Ersten Weltkrieg in drei (einander augenscheinlich überschneidende) Kategorien eingeteilt werden: (1) Erinnerungen, die sich fast ausschließlich mit den Ereignissen des Ersten Weltkriegs befassen; (2) Autobiographien von Verfassern, deren militärische Laufbahn mit der Auflösung der Monarchie mehr oder weniger zuende ging; und (3) Memoiren von Soldaten, die in einem der Nachfolgestaaten oder im nationalsozialistischen Deutschland noch eine bemerkenswerte Militärkarriere machten.

Die von Conrad und Arz verfaßten Erinnerungen zählen zu den wichtigsten Memoiren, die sich vor allem mit dem Ersten Weltkrieg beschäftigen. Hinzu kommen noch jene August von Cramons (1861-1940), Deutschlands Militärbevollmächtigten in Wien während des Krieges, Albrecht von Marguttis (1869-1940), eines Mitglieds der Militärkanzlei Seiner Majestät, und Alfred Krauss' (1882-1938), eines der fähigsten Generäle der Monarchie.[17] Cramon und Margutti beschäftigten sich vorwiegend mit der Politik und großen Persönlichkeiten, während Krauss sich vor allem der Strategie und der Kriegführung widmete. Krauss' oft durchaus berechtigte Kritik an den Leistungen der Monarchie im Krieg ist aber dennoch mit Vorsicht zu behandeln, vertritt der Autor doch ganz offen rechtsradikale Anschauungen. So gibt es einen großen Unterschied zwischen Krauss und Conrad. Der viel ältere Feldmarschall wetterte gegen das parlamentarische System, den Liberalismus, die Ungarn, die slawischen Untertanen der Monarchie, die Italiener sowie gegen die Freimaurer und das internationale Judentum, verabsäumte es aber nie, den loyalen Soldaten, gleichgültig welcher Konfession oder Nationalität, Anerkennung zu zollen. General Krauss auf der anderen Seite stellte den neuen Typus eines politischen Soldaten aus dem rassistischen nationalsozialistischen Lager dar. Charakteristischerweise mieden die meisten ehemaligen habsburgischen Generäle Krauss gerade wegen seiner ideologischen Einstellung.

Die zweite und größte Gruppe der nach dem Krieg verfaßten Memoiren besteht zum Großteil aus recht vollständigen Autobiographien von Offizieren, deren Karriere 1918/19 zuende ging. Dazu zählen u.a. die Erinnerungen so volkstümlicher Erzähler wie Rudolf von Eichthal (1877-1974), Ferdinand von Fauland (1893- ?) und Albert Lorenz (1885-1970), des Bruders des berühmten Naturwissenschaftlers Konrad Lorenz. Am besten sind diese von der alten Armee, und im besonderen deren Militärschulen, einhellig begeisterten Autoren wohl, wenn sie von ihren Abenteuern als Militärschüler erzählen. Gleichermaßen aufschlußreich sind die Berichte von Eichthal und Fauland über ihre Erfahrungen als junge Offiziere in Galizien. Lorenz, der Sohn eines berühmten Orthopäden, erzählt von seinen viel gemütlicheren Erfahrungen als Reserveoffizier, zunächst in einem Kavallerie-Regiment, dann im „k.k. Freiwilligen österreichischen Automobilisten-Korps“ und schließlich als Militärarzt.[18] Ein kreativer Künstler auf einem anderen Gebiet war Ludwig Hesshaimr (1872-1956), der seine

Laufbahn in der Budapester Kadettenschule begann. Danach kam er zu einem ungarischen Infanterie-Regiment, wo außer ihm fast alle serbisch sprachen, machte eine respektable Karriere und endete schließlich als Berufsmaler und Illustrator in Rio de Janeiro. Als er seine Erinnerungen niederschrieb, war er 83 Jahre alt.[19]

Einige dieser Memoiren lesen sich wie erfundene Geschichten, vielleicht, weil sie, entweder bewußt oder unbewußt, wirklich erfunden sind. Zwei Beispiele sind die Erinnerungen des Artilleristen Hans Mailáth-Pokorny und des Kavalleristen Rüdiger Seutter. Was sie berichten, ist zweifellos nicht ohne Bedeutung, aber sie (vor allem Mailáth) erzählen so viele unterhaltsame Geschichten von treuen Untergebenen, prächtigen Pferden, begabten Hunden, von schönen, stolzen und doch keuschen ungarischen und polnischen Baronessen, von unfähigen Vorgesetzten und von den Heldentaten des Verfassers selbst, daß sie vielleicht eher dafür Zeugnis geben, wie die Offiziere sich selbst und ihre Kameraden gerne gesehen hätten, als daß es möglich wäre, daraus wirklich neue Fakten zu erfahren.[20]

Da die meisten jener Militärs, die ihre Erinnerungen nach dem Ersten Weltkrieg niederschrieben, beim Generalstab gedient hatten, ist es eine erfreuliche Abwechslung, einmal die Memoiren eines Angehörigen des weniger angesehenen Trains zu lesen. Hauptmann Josef Leb (1874-1946), später katholischer Priester und Schriftsteller, behauptet von sich, vielleicht richtigerweise, der einzige Verfasser einer Autobiographie in seiner Waffengattung zu sein. In seinen 1933 niedergeschriebenen Memoiren ist Leb „modern“ genug, um über die „Einbeziehung der Donauvölker in den christlich-germanischen Kulturkreis“ zu frohlocken, und brüstet sich fälschlicherweise, daß es in seiner Waffengattung keinen einzigen jüdischen Berufsoffizier gegeben habe. Er ist aber noch genügend Altösterreicher, um sich lobend über die zahlreichen jüdischen Reserveoffiziere und einfachen Soldaten zu äußern, die beim Train dienten.[21]

Die große Mehrzahl aller im Wiener Kriegsarchiv verwahrten Memoiren stammen von Offizieren, deren Muttersprache deutsch war, ein Grund mehr, die Erinnerungen Gregor von Miscević' (1856-1937), des Sohnes einer südslawischen Grenzer-Familie, besonders hervorzuheben. Er wuchs in einer bäuerlichen Zadruga auf und beschloß seine militärische Laufbahn 1918 als vom Kaiser geadelter Feldmarschalleutnant. Wie viele andere Verfasser militärischer Erinnerungen schrieb auch Miscević seine aufschlußreichen und anschaulichen Memoiren erst im Alter von mehr als achtzig Jahren nieder.[22]

Die nach dem Krieg verfaßten Erinnerungen ehemaliger Generalstabsoffiziere, von denen viele noch vor Auflösung der Monarchie zu Generälen befördert worden waren, sind natürlich die gehaltvollsten. Vor allem beschreiben sie in allen Einzelheiten den schweren Kampf um einen Platz in der Kriegsschule sowie den Alltag in dieser Einrichtung. Moritz von Auffenberg (1852-1928), eines der größten Talente, das diese Schule je hervorbrachte, war zwischen 1911 und 1912 k.u.k. Kriegsminister und einer der wenigen österreichisch-ungarischen Generäle, die den Russen 1914 eine Niederlage zufügen konnten. Trotzdem war seine Karriere voll von Widersprüchen und Demütigungen, auf die er auch in seinen Memoiren voller Leidenschaft verweist.[23]

Einige ehemalige Generalstabsoffiziere, wie Oberstleutnant Otto von Kiesewetter (1881-1962), trugen ihre Erinnerungen in Vortragsreihen - im Falle Kiesewetters bei einem Kameradschaftsbund von Veteranen - vor.[24] Baron Anton von Lehár (1876-1962), einer der höchstdekorierten Offiziere der Monarchie, sammelte mehrere Jahrzehnte hindurch all seine Papiere und Aufzeichnungen. Er stammte aus einer typischen österreichischen Familie - seine Vorfahren waren je nach der Generation Tschechen, Deutsche oder Ungarn. Lehár selbst sah sich als „habsburgischer Untertan" - er hatte keine Nationalität. Der veröffentlichte Teil seiner sehr umfangreichen und oft dramatischen Memoiren handelt hauptsächlich von seinem vergeblichen Versuch, Kaiser und König Karl 1921 wieder auf den ungarischen Thron zu verhelfen.[25]

Fast alle Generalstabsoffiziere verwenden beträchtliche Energien darauf, die ungarischen Politiker anzugreifen, in denen sie die Totengräber der Monarchie sehen. Besonders auffallend in dieser Hinsicht sind die Erinnerungen Baron Ernst Palombinis von Jedina (1886-1979), eines Fernmeldeoffiziers.[26] Kurt von Schmedes (1877-1964), der wie die meisten Generalstabsoffiziere aus einer Soldatenfamilie stammte (sein Vater und zwei seiner Onkel waren Generäle gewesen, und sein Bruder fiel 1914), bietet viele nützliche Informationen u.a. über die Technische Militärakademie in Mödling, wo er lehrte.[27] Franz Xaver Schubert (1883-1973) vermittelt einen Einblick in das Schicksal seiner Kameraden aus der Kriegsschule (Jahrgang 1910) nach dem Krieg. Von den ursprünglich 44 Kriegsschülern jenes Jahrgangs wurden - abgesehen von denen, die im Krieg gefallen waren oder ihren Beruf gewechselt hatten - laut Schubert acht Generäle in der ungarischen Armee der Zwischenkriegszeit, zwei weitere machten Karriere in der Tschechoslowakei (einer wurde während des Zweiten Weltkriegs von den Deutschen hingerichtet), einer wurde General in der polnischen Armee und bei Pilsudskis Staatsstreich 1926 getötet, und ein weiterer, Alfred Jansa, in den dreißiger Jahren Generalstabschef des österreichischen Bundesheeres. Zu Schuberts Jahrgang zählten auch Edmund Glaise von Horstenau, der spätere General der Deutschen Wehrmacht, und der Kavallerist Gustav Grabscheidt, der nach dem „Anschluß" Österreichs Selbstmord beging, da er eine jüdische Großmutter hatte.[28]

Eine der neueren Autobiographien, die der Autor 1940 im Alter von 84 Jahren verfaßte, paßt wohl besser in die Kategorie der älteren Memoiren, zum einen, weil sie sich vorwiegend auf die Ereignisse in der zweiten Hälfte des 19. Jahrhunderts konzentriert, zum andern aufgrund der etwas veralteten liberalen Neigungen des Verfassers. General Adolf Stillfried (1856-1946) macht sich große Sorgen um die Beziehungen der Offiziere zu ihren Leuten, um die Vernachlässigung der einfachen Soldaten seitens der Armee, die Schwierigkeiten, die sich bei der Ausbildung der ungebildeten Rekruten aus den östlichen Gebieten der Monarchie ergaben, und um das andauernde Sprachproblem innerhalb des Militärs. Stillfried bedauert auch die verheerenden Auswirkungen auf die Moral der Soldaten, die sich dadurch ergab, daß die Armee sie verpflichtete, den Zivilbehörden bei der Unterdrückung sozialer und nationalistischer Unruhen in den letzten Jahrzehnten der Monarchie zur Seite zu stehen.[29]

Zwei weitere wichtige Biographien - beide von ehemaligen hochrangigen Generalstabsoffizieren - gehören zur zweiten Kategorie. August von Urbański (1886-1950) stammte aus einer polnischen Familie des Mittelstands, lernte aber als typisches „Tornisterkind“ mehrere Sprachen oder vielmehr Sprachgemische. 1911 wurde er zum Chef des Evidenzbüros, des militärischen Geheimdienstes, ernannt. In dieser Funktion war er 1913 tief in die Spionageaffäre um seinen ehemaligen Untergebenen im Evidenzbüro, Oberst Redl, verstrickt. Obwohl Urbański von allen Seiten die Verantwortung dafür angelastet wurde, Redls jahrelange Spionagetätigkeit nicht aufgedeckt zu haben, genoß er weiterhin den Schutz des Kaisers gegen die wütenden Angriffe Franz Ferdinands und konnte dadurch ein vorzeitiges Ende seiner Karriere verhindern. Urbański beschloß seine Laufbahn 1918 als Feldmarschalleutnant.[30]

Theodor von Zeynek (1873-1948), ein äußerst kluger Kopf und Mitglied des wichtigen Operationsbüros des Generalstabes, war ein ergebener Gefolgsmann Conrads und ein Verfechter dessen aggressiver politischen Strategie.[31]

Die letzte noch verbleibende Kategorie von Memoiren sind die Erinnerungen jener Soldaten, die ihre Militärlaufbahn nach der Auflösung der Monarchie nicht beendeten. In diesem Zusammenhang seien drei wichtige Werke genannt: die Erinnerungen von Carl Bardolff, Lothar Rendulić und vor allem Edmund Glaise von Horstenau - alle drei im Ersten Weltkrieg k.u.k. Generalstabsoffiziere und später Generäle des nationalsozialistischen Deutschland.

Wie Anton Lehár war auch Dr. Carl Freiherr von Bardolff (1865-1953), dessen Memoiren 1938 in Deutschland veröffentlicht wurden, der Sohn eines Militärkapellmeisters. Sein Onkel war der schon erwähnte Militärchronist Wilhelm Gründorf von Zebegény. Bardolff studierte Jus an der Universität Graz, wo er einer deutschnationalen Studentenverbindung angehörte. 1888 wurde er Berufsoffizier und kurze Zeit später zum Doktor der Rechte promoviert. Sein Weg führte ihn über die Kriegsschule in das Operationsbüro des Generalstabes und von dort als Lehrer zurück an die Kriegsschule. 1911 wurde er zum Chef der Militärkanzlei Franz Ferdinands ernannt. Als überzeugter Antiliberaler paßte Bardolff bestens zur „Belvedere Kamarilla“ des Thronfolgers. Während des Ersten Weltkriegs hatte er wichtige Posten beim Generalstab inne. In der Zwischenkriegszeit war er Geschäftsmann und Präsident des rechtsgerichteten österreichischen „Deutschen Klubs“. Nach 1938 diente er als General der Infanterie in der Deutschen Wehrmacht. Obwohl sehr intelligent und gebildet, war Bardolff - als Rassist und alldeutscher Nationalist - das genaue Gegenteil des altösterreichischen Offiziers. Charakteristischerweise betont er in seinen Erinnerungen, daß seine beiden Eltern „rassestark“ waren.[32]

Lothar Rendulić (1887-1971) stammte aus einer kroatischen Grenzer-Familie. Während des Ersten Weltkriegs war er dem Generalstab zugeteilt, und in der Zwischenkriegszeit diente er im österreichischen Bundesheer. 1936 wegen seiner nationalsozialistischen Gesinnung in Pension geschickt, trat er nach dem „Anschluß“ der Deutschen Wehrmacht bei und beendete den Zweiten Weltkrieg als Generaloberst. Rendulić’ Memoiren zeigen ihn als einen zum deutschen Chauvinismus bekehrten und überzeugten Nationalsozialisten.[33]

Die sicherlich schillerndste Persönlichkeit der drei war Edmund Glaise von Horstenau (1882-1946). Seine mit einer Einführung von Dr. Peter Broucek herausgegebenen umfangreichen Memoiren stellen eine historische Quelle von unschätzbarem Wert dar.[34] Geboren in Braunau in Oberösterreich, Hitlers Geburtsstadt, stammte Glaise aus einer Offiziersfamilie. Er wollte zunächst Priester werden, wurde aber, da seine Familie recht arm war, auf eine Militärschule geschickt. Als hervorragender Zögling der Wiener Neustädter Militärakademie („die besten Jahre meines Lebens") wurde er zunächst Jäger und dann Generalstabsoffizier. Während des Ersten Weltkriegs dem Armeeoberkommando zugeteilt, schrieb Glaise die als „Höfer Berichte" bekannten Armeeberichte. Er war damals ein eingestandener Deutschnationaler und erbitterter Kritiker der Ungarn. Er schrieb auch viele militärische Aufsätze, was ihm nach 1918 einen Posten im österreichischen Kriegsarchiv einbrachte, dessen Direktor er 1925 wurde. In dieser Eigenschaft verfaßte oder editierte er so wichtige Werke wie etwa eine Biographie Feldzeugmeister Becks oder das vielbändige Opus *Österreich-Ungarns letzter Krieg.*[35] Politisch rückte Glaise immer weiter nach rechts und wurde im März 1938 schließlich zum Vizekanzler des pro-nationalsozialistischen Ministeriums unter Arthur Seyss-Inquart und 1941 zum militärischen Bevollmächtigten der Deutschen im faschistischen Kroatien. Von den Amerikanern 1945 gefangengenommen, beging er Selbstmord. Seine Memoiren, die er zum Teil in der Gefangenschaft niederschrieb, sind deshalb so bedeutend, weil er sich für alle Aspekte des militärischen Lebens, der Taktik und der Strategie interessierte, sich genauestens an unzählige Namen und Ereignisse erinnerte und Peter Brouceks sorgfältige Ausgabe das Werk zu einer wahren Enzyklopädie der mitteleuropäischen militärischen, politischen und sogar kulturellen Geschichte gemacht hat. Glaises außerordentliche Karriere und sein Selbstmord wie auch der Widerspruch zwischen seiner Liebe zur alten Vielvölkerarmee und seinem Deutschnationalismus geben Zeugnis von der Tragödie der oft hervorragenden, aber ideologisch verwirrten Generalstabsoffiziere Österreich-Ungarns. Selbst als Gesandter Hitlers in Agram war Glaise hin und hergerissen zwischen dem Wunsch, das rassische Ziel der Nationalsozialisten zu verwirklichen, und seinem eigenen Bestreben, die südslawische Bevölkerung zu schützen, zu der er sich als ehemaliger habsburgischer Offizier hingezogen fühlte.

Die hier zitierten Erinnerungen deutschösterreichischer und ungarischer Armeeoffiziere sind nur ein Teil der zahlreichen Memoiren rund um die habsburgischen Streitkräfte. Marineoffiziere, darunter auch Admiral Miklós Horthy (1868-1957), haben ebenso ihre Erinnerungen niedergeschrieben wie polnische, tschechische und sonstige Armeeoffiziere. Schließlich gibt es auch noch einige militärische Tagebücher, wie etwa jene des Feldzeugmeisters Franz Freiherrn Kuhn von Kuhnenfeld (1817-1896), des Kriegsministers der Monarchie zwischen 1868 und 1874, die nicht weniger aufschlußreich sind als die Memoiren im eigentlichen Sinne. Verständlicherweise waren all diese Autoren der Armee gegenüber viel positiver eingestellt als die meisten Romanciers, vor allem die nicht-deutschen. Der Forscher, der nach Hinweisen auf eine Unterdrückung oder militärische Verfolgung der Ungarn, Slawen, Rumänen, Italiener, Demokraten oder Sozialisten sucht, wird enttäuscht. Selbst wenn sie etwas zu kritisieren finden - die Militärschulen, den Dienst bei der Truppe, die Armeeführung oder die Kriegführung -, so schwächen diese Militärchronisten ihre Angriffe entweder aus Kameradschaftssinn oder aus Nostalgie ab. Auch wenn wir all diese

Einschränkungen mitberücksichtigen, so wird hier doch das Bild einer äußerst komplexen, lebendigen und - zumindest bis 1914 - ethnisch und konfessionell toleranten Institution gezeichnet.

Diese Memoiren machen allerdings auch einen Grundfehler der Armee deutlich: die Unfähigkeit oder mangelnde Bereitschaft der Offiziere, sich mit den ethnischen Besonderheiten ihrer Soldaten vertraut zu machen. Es ist dies zweifellos einer der schwerwiegendsten Kritikpunkte, die gegen die k.u.k. Vielvölkerarmee vorgebracht werden können.

Wissenschaftliche Werke und historische Darstellungen

Um die habsburgische Militärgeschichtsschreibung ist es aus verständlichen Gründen nicht so gut bestellt wie etwa um die französische, deutsche oder russische. Mehrere Jahrzehnte lang nach der Auflösung der Monarchie beschränkten sich die wenigen ernstzunehmenden Forschungen auf diesem Gebiet auf die Arbeiten ehemaliger habsburgischer Offiziere, die in den Militärarchiven des einen oder anderen Nachfolgestaates Unterschlupf gefunden hatten. Alles übrige war bloß Ausdruck politischer Leidenschaft, wobei auf der einen Seite österreichische oder ungarische Monarchisten und Konservative standen und auf der anderen österreichische Sozialisten, ungarische Nationalisten und fast alle tschechischen, rumänischen und südslawischen Autoren. In den dreißiger Jahren des 20. Jahrhunderts erhielt das anti-habsburgische Lager mächtige Unterstützung durch die österreichischen und deutschen Nationalsozialisten, die sowohl die Monarchie als auch deren Armee als „jüdisch-ungarisch-slawischen“ Abschaum ansahen. Ehemalige habsburgische Offiziere, die mit den Nationalsozialisten sympathisierten, betonten dagegen den „soliden deutsch-rassigen Kern“ der k.u.k. Armee und dessen respektable Leistung im Ersten Weltkrieg an der Seite der Deutschen. Auch nach dem Zweiten Weltkrieg änderte sich nur wenig, stimmten doch die Kommunisten Ostmitteleuropas in den Chor früherer nationalistischer Kritiker der Monarchie ein.

In jüngster Zeit aber begann sich hier eine Änderung abzuzeichnen. Im Zuge eines neuerwachten Patriotismus erkannten die österreichischen Forscher die Bedeutung der nicht-deutschen Charakteristika und der einzigartigen Rolle der habsburgischen Vielvölkerarmee. In Ungarn griff die allmähliche Rehabilitierung der Doppelmonarchie auch auf die militärische Geschichtsschreibung über, ein Gebiet, das bis dahin unter den Fesseln einer strengen dogmatischen Orthodoxie zu leiden hatte.[36] Aufwallungen von Nostalgie und damit eine wachsende Sympathie für die habsburgische Armee lassen sich auch in Polen, Jugoslawien, die Tschechoslowakei und Italien beobachten. Nur die rumänischen Forscher glorifizieren weiterhin den Freiheitskampf ihrer Nation gegen die Unterdrückung durch die Habsburger und übersehen dabei die Tatsache, daß auch rumänische Soldaten (und Offiziere) unter der habsburgischen Fahne marschierten. Eines der besten Beispiele für eine dieser ausgewogeneren Darstellungen jüngeren Datums ist das vielbändige Werk *War and Society in East Central Europe*, herausgegeben von dem amerikanischen Historiker Béla K. Király, der nach dem Zweiten Weltkrieg selbst als General in der ungarischen Armee diente.

Die Titel einiger dieser Bände, die im allgemeinen aus Beiträgen bestehen, die für verschiedene internationale Historikertagungen geschrieben wurden, sowie die Namen mehrerer Autoren sind in den Anmerkungen angeführt.[37]

Obwohl jetzt bereits viele wichtige Aufsatzsammlungen über die habsburgische Armee vorliegen, gibt es nur wenige umfassende Geschichten. Die ansprechendste unter diesen ist die dreibändige Publikation - jeder Band trägt einen anderen Titel - des Doyens der österreichischen Militärhistoriographie, Johann Christoph Allmayer-Beck, glänzend illustriert von Erich Lessing, die den langen Zeitraum vom 15. Jahrhundert bis 1918 umfaßt.[38] Dieses im wesentlichen populärwissenschaftliche Werk geht weit über eine konventionelle Abhandlung militärischer Feldzüge hinaus und behandelt auch kurz die Armeeorganisation, die Rekrutierungspolitik, die Entwicklung der Waffen und sogar die Besoldung und die Lebensbedingungen der Offiziere und einfachen Soldaten. Eine gute Ergänzung zu diesen drei Bänden sind eine halboffizielle Veröffentlichung des österreichischen Militärs, in der die letzten drei Jahrhunderte der österreichischen Armee bis in die sechziger Jahre des 20. Jahrhunderts abgedeckt werden, und Herbert Pateras hervorragende Studie zur Geschichte der österreichischen Armee.[39] Die älteren allgemeinen Geschichten, etwa von Hermann Meynert (1854) und dem Militärjournalisten Oskar Teuber (1895), sind heute hauptsächlich von antiquarischem Interesse.[40] Schließlich sei auch noch Alphons von Wredes fünfbändiges Handbuch über die Regimenter, unabhängigen Bataillone und sonstigen Einheiten der habsburgischen Armee genannt, das zwischen 1898 und 1905 veröffentlicht wurde und ein wertvolles enzyklopädisches Nachschlagewerk darstellt.[41]

Während es relativ wenige Arbeiten über die vor-napoleonische Zeit gibt, als Österreich wirklich eine Großmacht und seine Armee respekteinflößend war, gibt es um so mehr über das 19. Jahrhundert, als die Monarchie paradoxerweise nur mehr dem Namen nach eine Großmacht und ihre Armee jener Frankreichs, Preußens oder Rußlands weit unterlegen war. Offensichtlich erweckt Dekadenz Interesse - zugegebenermaßen auch mein eigenes.

Ein neues großes Werk über die habsburgische Armee von 1848 bis 1918 ist das von den beiden österreichischen Historikern Adam Wandruszka und Peter Urbanitsch herausgegebene Buch *Die bewaffnete Macht*, das den fünften Band der großen Reihe „Die Habsburgermonarchie 1848-1918“ darstellt, die von der Österreichischen Akademie der Wissenschaften veröffentlicht wird. *Die bewaffnete Macht* enthält zwei umfassende Aufsätze, den einen von Allmayer-Beck, den anderen von Walter Wagner, sowie detailliertere Darstellungen der österreichisch-ungarischen Marine und der ungarischen Landwehr. Es geht in diesem Band nicht um die militärischen Feldzüge, sondern vielmehr um die Organisation der Armee, das militärische Leben und die Beziehungen zwischen Zivilisten und Militärs.[42] Ein weiterer Band dieser Reihe soll die habsburgische Monarchie im Ersten Weltkrieg behandeln und natürlich auch die Rolle der Armee in diesen Jahren beleuchten.

In seinem in diesem Buch so oft zitierten Werk *The Army of Francis Joseph* beschäftigt sich der amerikanische Historiker Gunter E. Rothenberg mit der gesamten nach-napoleonischen Zeit. Sein Werk berücksichtigt politische, soziale und institutionsgeschichtliche Aspekte. Derselbe Autor hat auch zwei Werke über die Militärgrenze und eine Studie über die Armee unter Erzherzog Carl, Napoleons siegreichem Gegner in der Schlacht von Aspern im Jahre 1809, veröffentlicht.[43]

Zwei ältere Publikationen liefern, obwohl es sich dabei nicht um eigentliche Militärgeschichten handelt, ebenfalls detaillierte Informationen über die Armee: *Sechzig Jahre Wehrmacht 1848-1908*, 1908 vom Wiener Kriegsarchiv herausgegeben, ist eine offiziöse, dabei aber freimütige Darstellung, die auch frühere Fehler und Mängel der Armee nicht verschweigt; *Unter den Fahnen. Die Völker Österreich-Ungarns in Waffen* (1889) von Alphons Danzer war ursprünglich dazu gedacht, für einen Eintritt in die Armee zu werben, und ist vielleicht gerade aus diesem Grund sehr unterhaltsam und informativ zu lesen. Hervorzuheben ist die Beschreibung der Besonderheiten der einzelnen Waffengattungen.[44]

Es gibt eine Vielzahl von Studien über spezifische Probleme oder kürzere Zeitabschnitte in der Geschichte der Armee. Das beste Werk über die Kriege der Jahre 1848/49 bietet der österreichische Militärhistoriker und Archivar Rudolf Kiszling. Der Krieg zwischen Österreich und Ungarn wird in allen Einzelheiten von einem zeitgenössischen Beobachter, dem Schweizer Wilhelm Rüstow, beschrieben, und auch in meinem Buch *Die rechtmäßige Revolution* wird dieser Krieg eingehend behandelt. Radetzkys Italienfeldzug, vor allem dessen soziale Aspekte, ist das Thema der Monographie des britischen Historikers Alan Sked.[45] Die Geschichte der Armee zwischen den Revolutionen und dem Ausgleich des Jahres 1867 wird detailliert von dem deutschen Historiker Antonio Schmidt-Brentano behandelt, die Katastrophe von 1866 von dem amerikanischen Historiker Gordon A. Craig untersucht, und die Geschichte des österreichischen Kriegsministeriums mit einer oft überwältigenden Fülle von Einzelheiten von dem österreichischen Militärarchivar Walter Wagner dargestellt.[46]

Die Zahl der militärischen Biographien ist um vieles kleiner als man dies von einer Gesellschaft erwarten würde, die so sehr den Werten des Krieges und den militärischen Helden verbunden ist. Vieles davon ist bloße Hagiographie, Ausnahmen sind etwa die Biographien aus der Feder des österreichischen Historikers Oskar Regele über Radetzky, Benedek und Conrad.[47] Die wohl umfassendste Biographie Conrads stammt aber von August Urbański, einem der ehemaligen Untergebenen des Generals. Feldzeugmeister Beck ist das Thema einer sehr unterhaltenden Biographie Glaise von Horstenaus.[48] Ein kollektives Bild des höchstrangigen Militärbefehlshaber der Monarchie findet sich bei Nikolaus von Preradovich in seiner Vergleichsstudie über die höchstrangigen Diplomaten, Verwaltungsbeamten, Parlamentarier und Generäle in Österreich-Ungarn und Preußen.[49]

Diese Liste muß noch durch Oskar Regeles Arbeiten über die Generalstabschefs der habsburgischen Armee zwischen 1529 und 1918 sowie über den österreichischen Hofkriegsrat zwischen 1556 und 1848 ergänzt werden.[50]

Über den Ersten Weltkrieg gibt es natürlich eine sehr umfangreiche Literatur, die zum Teil in dem Kapitel über das Offizierskorps in dieser Zeit angeführt ist. Die

Grundlage aller modernen Studien über diesen Krieg ist *Österreich-Ungarns letzter Krieg*, ein siebenbändiges Handbuch mit zehn Ergänzungsbänden, herausgegeben und zum Großteil auch verfaßt von Glaise von Horstenau und Kiszling. Es erschien in den dreißiger Jahren in Österreich. Zwei Studien über die Meutereien in den österreichisch-ungarischen Land- und Seestreitkräften während der letzten Jahre des Ersten Weltkrieges stammen von dem österreichischen Historiker Richard G. Plaschka und seinen Kollegen.[51]

Eine gesonderte Erwähnung verdient eine eigene Literaturgattung, nämlich die Regimentsgeschichten, die zunächst von den berühmteren historischen Infanterie- und Kavallerie-Regimentern veröffentlicht wurden. Diese in der Regel von einem dazu abkommandierten glücklosen Hauptmann aus den offiziellen Dienstbüchern des Regiments abgeschriebenen Geschichten sind meist langweilig zu lesen, enthalten aber nichstdestotrotz viele brauchbare Informationen. Sie handeln hauptsächlich von heldenhaft gewonnenen oder verlorenen Schlachten, von besonders mutigen Einzelleistungen, Manövern und Paraden in Friedenszeiten, alten Traditionen des Regiments, neuen Einrichtungsgegenständen des Offizierskasinos und dem zeitweiligen Besuch erlauchter Persönlichkeiten. Ihr Stil ist stets hochtrabend und unterwürfig, obwohl sich die frühen Geschichten stark von den späteren unterscheiden. Die zwischen den siebziger und achtziger Jahren des 19. Jahrhunderts, also zu einer Zeit als diese Mode anscheinend erst aufkam, veröffentlichten Regimentsgeschichten sind im allgemeinen recht unaufdringliche Publikationen. Beachtlich ist allerdings, wie sie stillschweigend über jene Zeit (die Jahre 1848/49) hinweggehen, in der das gesamte Regiment oder zumindest einige Bataillone gegen den Kaiser gekämpft hatte. Werden diese Episoden überhaupt erwähnt, so wird das Verhalten der „Abtrünnigen" meist durch Erpressung, Demagogie und Bestechung seitens der Ungarn oder Italiener zu erklären versucht. Die späteren, etwa um die Jahrhundertwende erschienenen Regimentsgeschichten sind etwas stattlichere Publikationen und ein Spiegelbild des Wohlstandes und der stilistischen Geschmacklosigkeit jener Zeit. In Einklang mit dem Aufkommen nationalistischer Strömungen rühmen sich diese Geschichten häufig - vor allem die Geschichten der ungarischen Regimenter - der heroischen Taten im anti-habsburgischen Lager während der Jahre 1848/49 oder, ganz allgemein, der Heldentaten auf beiden Seiten zu jener Zeit.

Die nach dem Ersten Weltkrieg erschienenen Regimentsgeschichten sind wieder ganz anders, vor allem weil in ihnen versucht wird, die Ergebenheit gegenüber der altösterreichischen Idee mit der Loyalität gegenüber dem neuen Nachfolgestaat zu vereinen, in dem sich das Regiment nun befand. Diese fast ausschließlich auf der Basis von Subskriptionsaktionen nach dem Ersten Weltkrieg erschienenen Regimentsgeschichten sind oft reich mit Zeichnungen und Photographien illustriert und enthalten hunderte von Einzelbiographien. Sie erzählen von den Qualen des Ersten Weltkriegs, liefern Angaben zu den Verlusten und enthalten Statistiken über eine nahezu unvorstellbare Zahl von Wehrpflichtigen, die zwischen 1914 und 1918 bei ihnen dienten. Um nur ein Beispiel zu nennen, berichtet die „Geschichte des Budapester k.u.k. Infanterie-Regiments Nr. 32", daß während des Krieges insgesamt 120.000 Mann in diesem Regiment dienten, von denen 8.944 getötet wurden.[52]

Da es die habsburgische Armee nicht mehr gibt, scheint das Interesse an ihr ein rein akademisches. Es kann aber viel aus der Geschichte jener Streitmacht gelernt werden, die beim Ausbruch des Ersten Weltkriegs aufgrund des Fehlens einer verbindenden Ideologie, ihrer Verwirrung von Sprachen und Kulturen und der unangemessenen Kriegsvorbereitung dem Untergang geweiht war, aber doch bis zum bitteren Ende kämpfte. Eine soziale und psychologische historische Studie der Mannschaften wäre wohl ebenso lohnend wie eine Monographie ihrer Unteroffiziere. Letztere dienten schließlich nicht nur als soziales Bindeglied in der Kommandostruktur zwischen den Offizieren und den Soldaten, wie dies überall der Fall war, sondern auch als sprachliche und kulturelle Vermittler. Schließlich sind moderne und objektive Biographien der höchsten Offiziere der habsburgischen Armee schon seit langem überfällig, wenn schon aus keinem anderen Grund, so doch um zu erfahren, warum diese so gut geschulten und gebildeten Generäle im Krieg oft so schwache Leistungen boten.

Anhang

Ortsnamen

In der Klammer hinter dem jeweiligen Ortsnamen ist zuerst jenes Königreich oder Land angegeben, in dem der Ort in der Habsburgermonarchie lag, und dann der Staat, in dem er sich heute befindet. Bei den ehemaligen Ländern, die heutige österreichische Bundesländer sind, wird Österreich als Staat nicht extra angeführt.

Abkürzungen:

D. = Deutsch, I. = Italienisch, P. = Polnisch, R. = Rumänisch, Ru-Uk. = Ruthenisch oder Ukrainisch, S. = Slowakisch, Sk. = Serbokroatisch, Sl. = Slowenisch, Tsch. = Tschechisch, U. = Ungarisch

Arad U., R. (Ungarn/Rumänien)
Aspern D. (Niederösterreich)
Auschwitz D., Oświecim P. (Galizien/Polen)

Budapest U., Ofen-Pest D. (Ungarn)

Cattaro I., Kotor Sk. (Dalmatien/Jugoslawien)
Chłopy P. (Galizien/UdSSR)
Custozza I., Custoza D. (Lombardei/Italien)

Eperjes U., Eperies/Preschau D., Prešov S. (Ungarn/Tschechoslowakei)
Fiume I.u.U., St. Veit am Flaum D. (veraltet), Rijeka Sk., Reka Sl. (Ungarn/Jugoslawien)

Gitschin D., Jičin Tsch. (Böhmen/Tschechoslowakei)
Graz D., Gradec Sl. (Steiermark)
Győr U., Raab D. (Ungarn)
Gyulafehérvár U., Karlsburg D., Alba Julia R. (Siebenbürgen-Ungarn/Rumänien)

Hernals D. (Niederösterreich/Wiener Bezirk)

Innsbruck D. (Tirol)

Kassa U., Kaschau D., Košice S. (Ungarn/Tschechoslowakei)
Kolozsvár U., Klausenburg D., Cluj-Napoca R. (Siebenbürgen-Ungarn/Rumänien)
Komárom U., Komorn D., Komárno S. (Ungarn/Tschechoslowakei)
Königgrätz D., Hradec Králové Tsch. (Böhmen/Tschechoslowakei)
Krakau D., Kraków P., Krakiv Ru-Uk. (Galizien/Polen)

Lemberg D., Lwów P., Lviv/Lvov Ru-Uk. (Galizien, UdSSR)
Linz D. (Oberösterreich)

Lissa I., Vis Sk. (Dalmatien/Jugoslawien)
Magenta I., (Lombardei/Italien)
Mährisch-Weißkirchen D., Hranice Tsch. (Mähren/Tschechoslowakei)
Mailand D., Milano I. (Lombardei/Italien)
Marburg D., Maribor Sl. (Steiermark/Jugoslawien)
Miskolc U. (Ungarn)
Mödling D. (Niederösterreich)

Olmütz D., Olomouc Tsch. (Mähren/Tschechoslowakei)

Pákozd U. (Ungarn)
Pardubitz D., Pardubice Tsch. (Böhmen/Tschechoslowakei)
Pécs U., Fünfkirchen D., Peticrikve Sk. (Ungarn)
Peterwardein D., Pétervárad U., Petrovaradin Sk. (Slawonien/Jugoslawien)
Pola I., Pula Sk., Pulj Sl. (Küstenland/Jugoslawien)
Prag D., Praha Tsch. (Böhmen/Tschechoslowakei)
Preßburg D., Pozsony U., Bratislava S. (Ungarn/Tschechoslowakei)
Przemyśl P., Peremyshl' Ru-Uk. (Galizien/Polen)

Ragusa I., Dubrovnik Sk. (Dalmatien/Jugoslawien)

St. Gotthard D., Szentgotthárd U. (Ungarn)
St. Pölten D. (Niederösterreich)
Salzburg D. (Salzburg)
Schwechat D. (Niederösterreich)
Solferino I. (Lombardei/Italien)
Sopron U., Ödenburg D. (Ungarn)
Szeged U., Szegedin D. (Ungarn)

Theresienstadt D., Terezín Tsch. (Böhmen/Tschechoslowakei)
Traiskirchen D. (Niederösterreich)
Tulln D. (Niederösterreich)

Venedig D., Venezia I. (Venezien/Italien)

Wien D., Bécs U., Vídeň Tsch., Wiedeń P., Viena R., Videnj Ru-Uk., Beč Sk., Dunaj Sl. (Niederösterreich/Wien)
Wiener Neustadt D. (Niederösterreich)

Zagreb Sk., Agram D., Zágráb U. (Kroatien/Jugoslawien)
Zara I., Zadar Sk. (Dalmatien/Jugoslawien)
Znaim D., Znojmo Tsch. (Mähren/Tschechoslowakei)

Anmerkungen

Das Kriegsarchiv Wien wird durchgehend als KA abgekürzt.

Ich habe versucht, die Namen und Titel in ihrer Originalschreibweise wiederzugeben, selbst wenn dies veraltet und bisweilen widersprüchlich klingt, wie zum Beispiel bei Glaise-Horstenau und Glaise von Horstenau, Görgei und Görgey, oder *Militär-Statistisches Jahrbuch* und *Militärstatistisches Jahrbuch*. Allerdings habe ich bei den Buchtiteln (nicht hingegen bei den Namen) durchwegs „ä“ statt „ae“ und „ö“ statt „oe“ verwendet.

Einführung

1. Übersetzt aus S. Enders Wimbush und Alex Alexiev, „The Ethnic Factor in the Soviet Armed Forces“ (März 1982), *Rand*, R-2787/1, p.v.

2. Zur Geschichte des „Österreichbegriffs“ siehe Erich Zöllner, *Der Österreichbegriff. Formen und Wandlungen in der Geschichte* (Wien 1988).

3. Die beste kurze historische Darstellung der habsburgischen Dynastie ist Adam Wandruszka, *Das Haus Habsburg. Die Geschichte einer europäischen Dynastie*, 2. Aufl. (Stuttgart 1959).

4. Obwohl diese Formulierung in westlichen Geschichtsbüchern wiederholt verwendet wird, ist es inkorrekt, vom „habsburgischen Kaiserreich“ oder vom „Österreichisch-ungarischen Kaiserreich“ zu sprechen, da nach 1867 lediglich Österreich ein Kaiserreich war; Ungarn war ein Königreich oder besser gesagt zwei Königreiche. Es ist für die Zeit nach 1867 auch falsch von der gesamten Monarchie als vom „Österreichischen Kaiserreich“ zu sprechen, wie dies so oft getan wird, da diese Bezeichnung in Österreich-Ungarn ausschließlich dann verwendet wurde, wenn von jenem Teil der Monarchie die Rede war, der weder Ungarn noch Bosnien-Herzegowina war.

5. Die Hauptquellen für die obigen statistischen Angaben und Berechnungen waren Sixtus von Reden, *Österreich-Ungarn. Die Donaumonarchie in historischen Dokumenten* (Salzburg 1984); *Hof- und Staatshandbuch der österreichisch-ungarischen Monarchie für das Jahr 1914*, XL (Wien 1914); *A Magyar Szent Korona Országainak 1910.évi népszámlálása* (Volkszählung des Jahres 1910 in den Ländern der Heiligen Ungarischen Stephanskrone), Teil VI (Budapest 1920); *Statistische Rückblicke aus Österreich* (Wien 1913); sowie Adam Wandruszka und Peter Urbanitsch (Hgg.), *Die Völker des Reiches* („Die Habsburgermonarchie 1848-1918“, Bd. 3, Wien 1980). Leider bietet dieses letzte, ansonsten unschätzbare Werk, das auf seinen 1.471 Seiten Hunderte statistische Aufstellungen enthält, keine einzige Zusammenstellung über die Bevölkerung der Gesamtmonarchie.

6. „Rangordnung der Offiziere und Zivilbehörden“, in Karl Friedrich Kurz (Hg.), *Militär-Taschenlexikon*, 10. Aufl. Teil I. (Wien 1911), S. 235-236. Die Tafel über die militärische Rangordnung befindet sich auf S. 235-236 und die besonderen Anredeformen, die benutzt werden mußten, finden sich auf S. 10.

7. Die Division wurde in der k.u.k. Armee korrekt als „Truppen-Division" bezeichnet (also z.B. „Infanterie-Truppen-Division", abgekürzt „ITD"). „Division" allein bedeutete hingegen (im wörtlichen Sinne) eine Abteilung, also eine bataillonsstarke Formation z.B. der Artillerie.

8. Zu den Einheiten und Waffengattungen der Habsburgerarmee siehe James Lucas' bestens illustriertes Werk *Fighting Troops of the Austro-Hungarian Army, 1868-1914* (New York-Tunbridge Wells, Kent, 1987). Die umfassendste Darstellung ist jedoch Alphons Freiherr von Wrede, *Geschichte der k.und k. Wehrmacht. Die Regimenter, Corps, Branchen und Anstalten von 1618 zum Ende des XIX. Jahrhunderts*, 5 Bde. (Wien 1898-1905).

9. Siehe *Vorschrift zur Verfassung der Qualifikationslisten über Stabs- und Oberoffiziere des Soldatenstandes, dann Kadetten im k.u.k. Heere* (Wien 1908); und A. Tóth, *Kompendium aller Qualifikationslisten-Angelegenheiten mit Berücksichtigung aller bis Ende August 1905 erschienenen Erlässe und der einschlägigen Dienstbücher-Vorschriften*, 2. Aufl. (Przemyśl 1905).

10. Die Sanitäter, eine relativ kleine Truppengattung, hatten Erste Hilfe zu leisten und verwundete und kranke Soldaten in ein Spital zu bringen. Die Sanitätsoffiziere dürfen nicht mit dem militärärztlichen Offizierskorps verwechselt werden. Letztere waren Ärzte im Offiziersrang mit Universitätsausbildung.

11. Im besten Beamtendeutsch als „Militärgeistlichkeit, die dem Soldatenstande nicht angehörenden Offiziere, die Militärbeamten, und die sonstigen im Heeresverbande befindlichen, im Gagebezuge stehenden Personen" bezeichnet, gehörten zu dieser Gruppe u.a. die Militärgeistlichen, Militärärzte, Auditoren, Truppen-Rechnungsführer, die technischen Beamten, Militärintendanten und zivilen Lehrer an Militärschulen. Nicht alle von ihnen bekleideten den Rang eines Offiziers, obwohl jene, die für uns vor allem interessant sind, Offiziere oder ihnen gleichgestellt waren, wie die Geistlichen, Ärzte, Auditoren und Truppen-Rechnungsführer.

12. Nach 1890 wurde das Kriegsministerium nicht mehr k.k. (kaiserlich-königliches) Reichs-Kriegs-Ministerium, sondern k.u.k. (kaiserliches und königliches) Reichskriegsministerium genannt, und 1910 wurde es in k.u.k. Kriegsministerium umbenannt. Diese beiden scheinbar unwesentlichen Änderungen bedeuteten jeweils einen politischen Sieg Ungarns, da die Hinzufügung des Bindewortes „und" aus ungarischer Sicht ebenso bedeutungsvoll war wie das Weglassen des Wortes „Reich". Sie unterstrichen den ungarischen Anspruch, daß die beiden Hälften der Monarchie nur durch ein beiderseitiges Abkommen miteinander verbunden waren und Ungarn ganz entschieden nicht Teil des Reiches war.

Kapitel 1

1. Gunther E. Rothenberg, *The Army of Francis Joseph* (West Lafayette, Indiana, 1976), S. 1.

2. Zur Militärgrenze siehe Gunther E. Rothenberg, *The Austrian Military Border in Croatia, 1522-1747* (Urbana, Illinois, 1960) und *The Military Border in Croatia, 1740-1881: A Study of an Imperial Institution* (Chicago 1966).

3. Zum Hofkriegsrat siehe Oskar Regele, *Der österreichische Hofkriegsrat 1556-1848* (Wien 1949).

4. Gustav Adolph Auffenberg-Komarów, „Das Zeitalter Maria-Theresias", in Herbert St. Fürlinger und Ludwig Jedlicka (Hgg.), *Unser Heer. 300 Jahre österreichisches Soldatentum in Krieg und Frieden* (Wien-München-Zürich 1963), S. 131-132. Das beste Werk über das Militär zur Zeit Maria Theresias ist Christopher Duffy, *The Army of Maria Theresia* (New York 1977).

5. Erzherzog Carl, der österreichische Oberbefehlshaber zwischen 1806 und 1809, zitiert als Beispiel den Fall eines Kürassier-Offiziers, der den Hofkriegsrat um eine Remuneration in der Höhe von sechs Dukaten ersuchte, genannt „Douceur", weil er zwölf Jahre lang den Dienst mit seinem eigenen Pferd versehen hatte. Schließlich wurde dem Offizier im Gefecht das Pferd unter ihm selbst weggeschossen - aber Geld hatte er immer noch keines gesehen. Das Ansuchen des Offiziers war durch 26 Hände gegangen, bevor es zum Kaiser gelangte. Auf dem Rückweg ging es wieder durch die Hände von 22 Beamten, insgesamt also 48 Beamten (Georg Nitsche, *Österreichisches Soldatentum im Rahmen deutscher Geschichte* [Berlin-Leipzig, 1937], S. 139-140). Dann gab es auch noch den Fall des niederösterreichischen General-Militär-Commandos, das um die Erlaubnis ansuchte, eine Katze anschaffen zu dürfen, um die Mäuse zu jagen. Das Ansuchen ging durch 48 Hände, bevor die Erlaubnis gnädigst erteilt wurde. (Manfried Rauchensteiner, *Kaiser Franz und Erzherzog Carl. Dynastie und Heerwesen in Österreich 1796-1809* [Wien 1972], S. 62).

6. Zu Erzherzog Carl siehe Gunther E. Rothenberg, *Napoleon's Great Adversaries: The Archduke Charles and the Austrian Army, 1792-1814* (Bloomington, Indiana, 1982).

7. Zur Geschichte des österreichischen Generalstabes siehe Oskar Regele, *Generalstabschefs aus vier Jahrhunderten. Das Amt des Chefs des Generalstabes in der Donaumonarchie. Seine Träger und Organe von 1529 bis 1918* (Wien-München 1966).

8. Rothenberg, *The Army of Francis Joseph*, S. 10.

9. Ebenda, S. 16.

10. Johann Christoph Allmayer-Beck und Erich Lessing, *Das Heer unter dem Doppeladler 1718-1848* (München-Gütersloh-Wien 1981), S. 234; und Alphons Freiherr von Wrede, *Geschichte der k.und k. Wehrmacht. Die Regimenter, Corps, Branchen und Anstalten von 1618 zum Ende des XIX. Jahrhunderts*, 5 Bde. (Wien 1898-1905), 1: 105-108.

11. Die einzige neuere umfassende Geschichte der Revolutionen der Jahre 1848-49 in der Habsburgermonarchie ist Rudolf Kiszling, *Die Revolutionen im Kaisertum Österreich 1848-1849*, 2 Bde. (Wien 1948), die sich allerdings auf militärische Ereignisse konzentriert. Siehe auch István Deák, *Die rechtmäßige Revolution. Lajos Kossuth und die Ungarn 1848-1849.* Aus dem Ungarischen übersetzt von Géza Engl (Budapest-Wien 1989); Joseph A. Helfert, *Geschichte der österreichischen Revolution im Zusammenhange mit der mitteleuropäischen Bewegung der Jahre 1848-1849*, 2 Bde. (Freiburg-Wien 1907-1909); C.A. Macartney, *The Habsburg Empire, 1790-1918* (London 1968), Kap. 9; Stanley Z. Pech, *The Czech Revolution of 1848* (Chapel Hill, North Carolina, 1969); R. John Rath, *The Viennese Revolution of 1848*

(Austin, Texas, 1957); Priscilla Robertson, *Revolutions of 1848: A Social History* (Princeton, New Jersey, 1952), Kap. 10-14; und Alan Sked, *The Survival of the Habsburg Empire: Radetzky, the Imperial Army and the Class War, 1848* (London-New York 1979).

12. Oskar Regele, *Feldmarschall Radetzky* (Wien-München 1957), S. 262.

13. Deák, *Die rechtmäßige Revolution*, S. 94-100 *et passim*.

14. Rudolf Kiszling, „Habsburgs Wehrmacht im Spiegel des Nationalitätenproblems 1815 bis 1918", in *Gedenkschrift für Harold Steinacker 1875-1965* („Buchreihe der Südostdeutschen Historischen Kommission", Bd. 16; München 1966), S. 241.

15. Hier seien nur ein paar Beispiele angeführt. 1848/49 standen das 1. und 2. Bataillon und die beiden Grenadier-Kompanien des ungarischen Infanterie-Regiments (in Hinkunft als IR abgekürzt) Nr. 19 Schwarzenberg in Italien auf seiten des Kaisers im Krieg, während das 3. Bataillon in Ungarn gegen den Kaiser ins Feld rückte. Die gleiche Situation gab es beim ungarischen IR Nr. 32 Este, mit dem Unterschied, daß in diesem Fall auch die Grenadiere auf ungarischer Seite standen. Im lombardischen IR Nr. 23 Ceccopieri nahmen das 1. und 2. Bataillon an einem Feldzug gegen Ungarn teil, während das 3. Bataillon, das in Italien stationiert war, auf die Seite der Revolutionäre überlief. Im lombardischen IR Nr. 44 Erzherzog Albrecht beteiligten sich das 1. und 2. Bataillon an der italienischen Revolution, das 3. Bataillon hingegen blieb seinem Souverän treu, obwohl es ebenfalls in Italien stationiert war. Von den zwölf ungarischen Husaren-Regimentern kämpften das 5., 7. und 8. für den Kaiser in Italien; das 10. und 11. waren zwischen der österreichischen und der ungarischen Causa geteilt. Das 1., 2., 3., 4., 6., 9. und die Mehrzahl des 12. Regiments kämpfte auf ungarischer Seite. (Wrede, *Geschichte der k. und k. Wehrmacht*, Bd. I und III).

16. Über die serbische politische Bewegung des Jahres 1848 und die antiungarische Revolte der Serben siehe unter anderem Vaso Bogdanov, *Ustanak Srba u Vojvodini i Madjarska Revolucija 1848-49* (Die Revolte der Serben in der Woiwodina und die ungarische Revolution 1848-49), (Subotica 1949); und József Thim (Hg.), *A magyarországi 1848-49-iki szerb fölkelés története* (Die Geschichte des serbischen Aufstandes in Ungarn 1848-49), 3 Bde. (Budapest 1930-1940). Text und Urkunden.

17. Deák, *Die rechtmäßige Revolution*, S. 15, 127f.

18. Blomberg an Baillet de la Tour, zitiert bei Thim, *A magyarországi 1848-49-iki szerb fölkelés története*, 1: 167.

19. Die beste Quelle zu den kroatischen Aktivitäten vor 1848 ist Gyula Miskolczy, *A horvát kérdés és irományai a rendi állam korában* (Die Geschichte und Urkunden zur kroatischen Frage zur Zeit des Feudalstaates), 2 Bde. (Budapest 1927-1928), das vor allem Urkunden enthält. Siehe auch Rothenberg, *The Military Border in Croatia, 1740-1881*, Kap. 7-8.

20. Zur Geschichte des kroatischen Feldzuges gegen Ungarn im September 1848 siehe Deák,

Die rechtmäßige Revolution, S. 139-151; und Ferdinand Hauptmann (Hg.), *Jelačić's Kriegszug nach Ungarn 1848*, 2 Bde. (Graz 1975). Text und Urkunden.

21. Zu Arthur Görgey siehe Arthur Görgey, *Mein Leben und Wirken in Ungarn in den Jahren 1848 und 1849*, 2 Bde. (Leipzig 1852); und László Pusztaszeri, *Görgey Artúr a szabadságharcban* (Arthur Görgey im Unabhängigkeitskrieg) (Budapest 1984). Auch Deák, *Die rechtmäßige Revolution*, S. 162-166.

22. Zur russischen Intervention in Ungarn siehe Erzsébet Andics (Hg.), *Das Bündnis Habsburg-Romanow. Vorgeschichte der zaristischen Intervention in Ungarn im Jahre 1849* (Budapest 1963). Auch Deák, *Die rechtmäßige Revolution*, S. 242-246, 255-261; und Kiszling, *Die Revolution im Kaisertum Österreich*, 2: 116-302, 329-330.

23. Über die Prozesse gegen die ungarischen Offiziere und Politiker nach dem Krieg siehe u.a. Deák, *Die rechtmäßige Revolution*, S. 277-283; Kiszling, *Die Revolution im Kaisertum Österreich*, 2: 291-294; und die folgenden dokumentarischen Sammlungen: Gyula Tóth (Hg.), *Küzdelem, bukás, megtorlás. Emlékiratok, naplók az 1848-1849-es forradalom és szabadságharc végnapjairól* (Kampf, Niederlage und Vergeltung. Erinnerungen und Tagebücher aus den letzten Tagen der Revolution von 1848-49 und dem Unabhängigkeitskrieg), 2 Bde. (Budapest 1978); und Tamás Katona (Hg.), *Az aradi vértanúk* (Die Märtyrer von Arad), 2 Bde. (Budapest 1979).

24. Gábor Bona, *Tábornokok és törzstisztek a szabadságharcban 1848-49* (Generäle und Stabsoffiziere im Unabhängigkeitskrieg 1848-49) (Budapest 1983), S. 67-68 *et passim*.

25. Die Briefe finden sich in Katona, *Az aradi vértanúk*, 1: 209-210, 227-228.

26. Nur der radikale Militärkritiker Ferdinand Daniel Fenner von Fenneberg, selbst ein ehemaliger Offizier, kritisierte die Anwesenheit so vieler Ausländer im habsburgischen Offizierskorps, und zwar nicht aus nationalen Gründen, sondern wegen der Sonderprivilegien, derer sich diese Engländer, Belgier, Franzosen, Schweden und nicht aus Österreich stammenden Deutschen bei der Beförderung seiner Meinung nach erfreuten. ([Ferdinand Daniel] Fenner von Fenneberg, *Österreich und seine Armee* [Leipzig o.J. (1842?), S.96-98.]).

27. Zitiert von Johann Heinrich Blumenthal, „Vom Wiener Kongreß zum Ersten Weltkrieg", in Fürlinger und Jedlicka, *Unser Heer*, S. 234.

28. Siehe Sked, *The Survival of the Habsburg Empire*, S. 55-65.

Kapitel 2

1. Ein Großteil der Informationen zu diesem historischen Kapitel stammt aus den im Literarischen Essay, Anm. 37, 41, 43-44 und 46-50 aufgelisteten Werken, im besonderen von Gunther E. Rothenberg, *The Army of Francis Joseph* (West Lafayette, Indiana, 1976).

2. Siehe Adolph Schwarzenberg, *Prince Felix zu Schwarzenberg: Prime Minister of Austria, 1848-1852* (New York 1946), Kap. 3.

3. Zu Österreichs kontroversieller Rolle im Krimkrieg siehe Heinrich Friedjung, *Der Kriemkrieg und die österreichische Politik* (Stuttgart-Berlin 1907); Paul W. Schroeder, *Austria, Great Britain and the Crimean War* (Ithaca, N.Y., 1972); und A.J.P. Taylor, *The Struggle for Mastery in Europe* (Oxford 1954), Kap. 4. Die österreichische militärische Besetzung der Donaufürstentümer wird unterhaltsam beschrieben und gut analysiert von Moriz Edler von Angeli, einem nicht begeisterten Teilnehmer, in *Altes Eisen. Intimes aus Kriegs- und Friedensjahren* (Stuttgart 1900), S. 10-140.

4. Siehe die neue Biographie von Jean Paul Bled, *Franz Joseph* (Wien-Köln-Graz 1988). Von den älteren Biographien liest sich Egon Caesar Conte Cortis dreibändige Geschichte, *Von Kind bis Kaiser* (Graz 1950), *Mensch und Herrscher* (Graz 1952) und *Der alte Kaiser* (Graz 1955) wie ein informatives und unterhaltsames Tagebuch; Joseph Redlichs *Kaiser Franz Joseph von Österreich* (Berlin 1928) und Karl Tschuppiks *Kaiser Franz Joseph I. Der Untergang eines Reiches* (Dresden 1928) sind sehr nützlich, konzentrieren sich aber vorwiegend auf die Politik; Albert Freiherr von Margutti, *Kaiser Franz Joseph. Persönliche Erinnerungen* (Wien-Leipzig 1924), von dem ehemaligen Adjutanten des Kaisers verfaßt, enthält u.a. eine ausgezeichnete Charakterstudie Franz Josephs.

5. Als der von Franz Joseph am meisten geschätzte Offizier, Feldzeugmeister Graf Beck - damals bereits im Ruhestand -, sich den Arm brach, zog es der 84jährige Kaiser vor, drei Stockwerke hinaufzuklettern, um ihn zu besuchen, anstelle einen Aufzug zu benützen. Ebenso zahlreich und unterhaltsam sind auch die Anekdoten über die Schwierigkeiten des betagten Franz Joseph mit dem Telephon. (Zur Geschichte mit dem Aufzug siehe Edmund von Glaise-Horstenau, *Franz Josephs Weggefährte. Das Leben des Generalstabschefs Grafen Beck* [Zürich-Leipzig-Wien 1930, S.442].).

6. Franz Conrad von Hötzendorf, *Aus meiner Dienstzeit 1906-1918*, 7 Bde. (Wien-Berlin-Leipzig-München 1921-1925), Bd. 4, S. 162.

7. Zur Geschichte der österreichischen Armee in dieser Zeit siehe Antonio Schmidt-Brentano, *Die Armee in Österreich. Militär, Staat und Gesellschaft 1848-1867* (Boppard am Rhein 1975).

8. Abgesehen von einer überholten und oberflächlichen Dissertation von Marianne Gräfin Szapáry, „Carl Graf Grünne, Generaladjutant des Kaisers Franz Joseph 1848-1859" (Wien 1935), gibt es keine Biographie vom General der Kavallerie Grünne. Für kurze biographische Eintragungen sei der Leser verwiesen auf Constantin Wurzbach, *Biographisches Lexikon des Kaiserthums Österreich*, 60 Bde. (Wien 1856-1891), 5: 394-396; *Österreichisches Biographisches Lexikon 1815-1950* (in Hinkunft *ÖBL*), bis jetzt 10 Bde. (Graz-Köln 1957-), 1: 91; und die *Allgemeine Deutsche Biographie* (in Hinkunft *ADB*), 56 Bde. (Leipzig 1875-1912), 49: 602-603. Walter Wagner, *Geschichte des k.k. Kriegsministeriums I, 1848-1866* (Graz-Köln 1966) beschäftigt sich sehr detailliert mit Grünnes Politik.

9. Zitiert in Moriz Edler von Angeli, *Wien nach 1848* (Wien 1905), S. 142-143.

10. Siehe Schmidt-Brentano, *Die Armee in Österreich*, S. 110-146.

11. Franz Neubauer, *Die Gendarmerie in Österreich 1849-1924* (Wien 1925) ist ein umfassendes Werk, wenn auch etwas zu voll des Lobes.

12. Wie der wenig einnehmende Grünne inspirierte auch der geistlose Graf Franz Gyulai (oder Gyulay) von Maros-Németh und Nádaska niemanden zu einer Biographie. Kurz nach dem Krieg 1859 in Pension geschickt, starb Gyulai 1868. Eine vernichtende Kritik sowohl Grünnes als auch Gyulais findet sich in Anton Freiherr Mollinary von Monte Pastello, *Sechsundvierzig Jahre im österreichisch-ungarischen Heere 1833-1879*, 2 Bde. (Zürich 1905), 2: 1-41. Für kurze Eintragungen über Gyulai siehe Wurzbach, *Biographisches Lexikon des Kaiserthums Österreich*, 6: 70-77; *ADB*, 10: 250-252; *ÖBL*, 1: 114-115; und Wagner, *Geschichte des k.k. Kriegsministeriums I*, S. 240.

13. Zum Krieg des Jahres 1859 siehe u.a. Wilhelm Rüstow, *Der italienische Krieg 1859* (Zürich 1859); Taylor, *The Struggle for Mastery in Europe*, Kap. 6; Heinrich Friedjung, *Der Kampf um die Vorherrschaft in Deutschland 1859-1866*, 2 Bde. (Stuttgart 1897-1898), Bd. I, S. 12-31; und E. v. Steinitz, „Magenta und Solferino" in *Militärwissenschaftliche Mitteilungen* 60 (1929): 476-487.

14. Johann Heinrich Blumenthal, „Vom Wiener Kongress zum Ersten Weltkrieg", in Herbert St. Fürlinger und Ludwig Jedlicka (Hgg.), *Unser Heer. 300 Jahre österreichisches Soldatentum in Krieg und Frieden* (Wien-München-Zürich 1963), S. 246.

15. Ebenda, S. 248. - Es sei darauf hingewiesen, daß die statistischen Angaben über die Zahlen der an dieser Schlacht beteiligten Soldaten und der Toten und Verwundeten je nach der Quelle, aus der sie stammen, stark variieren. Dies gilt jedoch wohl für jede Schlacht.

16. István Deák, „Defeat at Solferino: The Nationality Question and the Habsburg Army in the War of 1859", in Béla K. Király (Hg.), *The Crucial Decade: East European Society and National Defense, 1859-1870* („East European Monographs", Nr. 151; New York 1984), S. 496-516.

17. Zu Erzherzog Albrecht siehe Ludwig Jedlicka, „Feldmarschall Erzherzog Albrecht (1817-1895)", in *Gestalter der Geschicke Österreichs* (Wien-München 1962), S. 389-395; J. J. Holzer, „Erzherzog Albrecht 1867-1895. Politisch-militärische Konzeption. Tätigkeit als Generalinspektor des Heeres", unveröffentlichte Dissertation, Universität Wien, 1974; August Werkmann, „Erzherzog Albrecht und Benedek", unveröffentlichte Dissertation, Universität Wien, 1946; und C. von Duncker, *Feldmarschall Erzherzog Albrecht* (Wien 1897), eine Lobeshymne von begrenztem Wert.

18. Zu Benedek siehe Werkmann, „Erzherzog Albrecht und Benedek"; Oskar Regele, *Feldzeugmeister Benedek. Der Weg nach Königgrätz* (Wien-München 1960); und Gordon A. Craig, *The Battle of Königgrätz: Prussia's Victory over Austria, 1866* (Philadelphia-New York 1964).

19. *Sechzig Jahre Wehrmacht 1848-1908* (Wien 1908), S. 102.

20. Zum Oktoberdiplom des Jahres 1860 und dem Februarpatent 1861 siehe u.a. C.A. Macartney, *The Habsburg Empire, 1790-1918* (London 1968), S. 506-527.

21. Regele, *Feldzeugmeister Benedek*, S. 222-226; und *Sechzig Jahre Wehrmacht*, S. 132-133.

22. Rothenberg, *The Army of Francis Joseph*, S. 61.

23. Zum dänischen Krieg siehe Heinz Helmert und Hans-Jürgen Usczeck, *Preussischdeutsche Kriege von 1864 bis 1871* (Ostberlin 1970), S. 51-89; und den zwar bunten, aber nicht immer verläßlichen Augenzeugenbericht von Wilhelm Ritter Gründorf von Zebegény in *Memoiren eines österreichischen Generalstäblers*, Hg. Adolf Saager, 4. Aufl. (Stuttgart 1913), S. 174-307.

24. Über das taktische Bravourstück der Österreicher im dänischen Krieg siehe u.a. *Sechzig Jahre Wehrmacht*, S. 250; und Rothenberg, *The Army of Francis Joseph*, S. 65.

25. 1865 wurde der Anteil der schriftkundigen Rekruten auf weniger als 10 % geschätzt. In der preußischen Armee war das Verhältnis weit ausgeglichener (Heinz Helmert, *Militärsystem und Streitkräfte im deutschen Bund am Vorabend des preußisch-österreichischen Krieges von 1866* [Berlin 1964], S. 64-65). In der Habsburgerarmee war es allgemein üblich, den Rekruten den Unterschied zwischen links und rechts zu lehren, indem man an ihren linken Fuß Heu und an ihren rechten Fuß Stroh band. Die Kadenz „Heu-Stroh", „Heu-Stroh", scheint wahre Wunder bewirkt zu haben. Noch 1889 schreibt ein österreichischer Militärchronist, daß viele Rekruten nicht einmal ihren Familiennamen kannten (Alfons Danzer et al., *Unter den Fahnen. Die Völker Österreich-Ungarns in Waffen.* [Prag-Wien-Leipzig 1889], S.200.)

26. Zum siebenwöchigen Krieg zwischen Preußen und Österreich gibt es zahlreiche Werke. Meine Informationen stammen hauptsächlich aus Rothenberg, *The Army of Francis Joseph*, S. 67-73; Craig, *The Battle of Königgrätz*; *Sechzig Jahre Wehrmacht*, S. 251-256; und Edmund von Glaise-Horstenau, *Franz Josephs Weggefährte. Das Leben des Generalstabschefs Grafen Beck* (Zürich-Leipzig-Wien 1930), S. 99-132.

27. Siehe Rothenberg, *The Army of Francis Joseph*, S. 68; und Craig, *The Battle of Königgrätz*. Statistiken über die jeweilige Stärke der alliierten und der preußischen Armeen in Böhmen variieren je nach Quelle. (Hugo Kerchnave), *Die Vorgeschichte von 1866 und 19 ??* (sic) *Von einem alten kaiserlichen Soldaten* (o.O. 1909), S. I-VI, enthält verläßlich scheinende Daten über die Organisation, die Einheiten und die Gesamtstärke der Kampftruppen.

28. Craig, *The Battle of Königgrätz*, S. IX-X.

29. Ebenda, S. 166. Die Verlustzahlen variieren sehr stark von Quelle zu Quelle.

30. Hellmut Andics, *Das österreichische Jahrhundert. Die Donaumonarchie 1804-1900* (Wien-München 1974), S. 183. Auch diese Angaben sind so gut oder so unzuverlässig wie alle anderen, die ich anführen könnte.

31. Macartney, *The Habsburg Empire*, S. 542. Siehe auch Michael Derndarsky, „Das Klischee von ‚Ces Messieurs de Vienne...' Der österreichisch-französische Geheimvertrag vom 12. Juni 1866 - Symptom für die Unfähigkeit der österreichischen Außenpolitik?", *Historische Zeitschrift* 235 (1982): 289-353.

32. Siehe z.B. Louis Eisenmanns pro-slawischen und anti-ungarischen Abriß, *Le Compromis*

Austro-Hongrois de 1867. Étude sur le Dualisme (1. Aufl. Paris 1904; Neudruck: Academic International, o.O. 1971); Eduard von Wertheimers pro-ungarisches Werk *Graf Julius Andrássy. Sein Leben und seine Zeit, nach nachgedruckten Quellen*, 3 Bde. (Stuttgart 1910-1913); und eine Sammlung von etwa 50 Aufsätzen zu dem Thema von internationalen Fachleuten in L'udovit Holotík (Hg.), *Der österreichisch-ungarische Ausgleich 1867* (Bratislava 1971).

33. Die militärische Seite der Ausgleichsvereinbarungen wird u.a. behandelt von Glaise-Horstenau, *Franz Josephs Weggefährte*, S. 135-152; Király, *The Crucial Decade*, S. 519-550; Julius Andrássy, *Ungarns Ausgleich mit Österreich vom Jahre 1867* (Leipzig 1897); und Walter Wagner, *Geschichte des k.k. Kriegsministeriums II, 1886-1888* (Wien-Köln-Graz 1971), S. 18-24. Die frühe Geschichte der ungarischen Landwehr wird behandelt von Sándor Szurmay, *A honvédség fejlődésének története annak felállításától napjainkig 1868-1898* (Die Entwicklung der Honvédség von ihrer Gründung bis heute 1868-1898) (Budapest 1898).

34. Eine verläßliche Zusammenfassung des Ausgleichs von 1867 findet sich in Macartney, *The Habsburg Empire*, S. 551-564. Für detaillierte Darstellungen siehe Ivan Zölger, *Der staatsrechtliche Ausgleich zwischen Österreich und Ungarn* (Leipzig 1911); *Der österreichisch-ungarische Ausgleich von 1867. Vorgeschichte und Wirkungen* („Forschungsinstitut für den Donauraum"; Wien-München 1967); und Eduard Bernatzik, *Die österreichischen Verfassungsgesetze mit Erläuterungen*, 2. Aufl. (Wien 1911).

35. Wie die Doppelmonarchie regiert wurde, wird erläutert von Péter Hanák in *Ungarn in der Donaumonarchie* (Wien 1984), S. 240-280. Siehe auch Miklós Komjáthy, „Die Entstehung des gemeinsamen Ministerrates und seine Tätigkeit während des Weltkrieges", in Miklós Komjáthy (Hg.), *Protokolle des gemeinsamen Ministerrates der österreichisch-ungarischen Monarchie (1914-1918)* (Budapest 1966), S. 1-140.

36. Genauer gesagt wurde die allgemeine Wehrpflicht nicht unmittelbar in allen Teilen der Monarchie eingeführt. Tirol, Triest und das Gebiet um Cattaro und Ragusa in Süddalmatien waren davon ausgenommen. Bei dem Versuch, 1869 die allgemeine Wehrpflicht in Süddalmatien einzuführen, kam es zu blutigen Unruhen.

37. Die Militärgesetze der Jahre 1868, 1882 und 1889 werden behandelt von Alfons Danzer et al., *Unter den Fahnen. Die Völker Österreich-Ungarns in Waffen* (Prag-Wien-Leipzig 1889), S. 10-19; und Wagner, *Geschichte des k.k. Kriegsministeriums II*. Siehe auch *Corpus Juris Hungarici. Magyar Törvénytár 1000-1895*, Bd. 7: *1838-1868 évi törvényczikkek* (Handbuch der ungarischen Gesetze 1000-1895: Die Gesetze der Jahre 1838-1868) (Budapest 1896), S. 470-479. Historische Statistiken des jährlichen Rekrutenkontingents finden sich in *Magyar Statisztikai Évkönyv 1911* (Ungarisches Statistisches Jahrbuch 1911) (Budapest 1912), S. 528.

38. *A közös ügyek tárgyalására kiküldött magyar országos bizottság hadügyi albizottságának jelentései* (Berichte der militärischen Unterkomitees der nationalen ungarischen Delegation bei der Aushandlung der gemeinsamen Angelegenheiten) (Budapest 1882), S. 122-123; und *A közös ügyek tárgyalására kiküldött magyar országos bizottság hadügyi albizottságának jelentései (1897 november 16, Bécs)* (aus derselben Bericht-Serie, datiert mit 16. November 1897, Wien) (Budapest 1898), S. 254-255.

39. Zur schrittweisen Auflösung der Militärgrenze siehe Gunther E. Rothenberg, *The Military*

Border in Croatia, 1740-1881 (Chicago 1966), Kap. 9-10; und Mollinary, *Sechsundvierzig Jahre im österreichisch-ungarischen Heere 1833-1879*, 2: 202-272, 309-314.

40. Danzer, *Unter den Fahnen*, S. 280.

41. Man beachte, daß John und Kuhn im Gegensatz zu Gyulai und Grünne keine Aristokraten waren, anders als Benedek waren sie nicht einmal Adelige. Als Söhne niederrangiger Offiziere erhielten John und Kuhn ihren Freiherrntitel anläßlich der Verleihung des Maria Theresien-Ordens für außerordentliche Tapferkeit.

Zu General John siehe H.R.v. Srbik, „Erinnnerungen des Generals Freiherrn von John 1866 und 1870" in *Aus Österreichs Vergangenheit. Von Prinz Eugen zu Franz Joseph* (Salzburg 1949), S. 43-105. Zu General Kuhn siehe *Neue Österreichische Biographie 1815-1918*, 21 Bde. (Wien 1923-1982), 13: 57-67. Wagner, *Geschichte des k.k. Kriegsministeriums II* enthält kurze Biographien der beiden auf den Seiten 268-270.

42. Zu Feldzeugmeister Graf Friedrich Beck-Rzikowsky siehe Glaise-Horstenau, *Franz Josephs Weggefährte.*

43. Zum Feldzug in Krisvosije in den Jahren 1869-1870 siehe Rothenberg, *The Army of Francis Joseph*, S. 86.

44. Literatur über die Okkupation von Bosnien-Herzegowina wird in Anmerkung 46. angegeben. Der Feldzug des Jahres 1881 wird behandelt von Charles Jelavich, „The Revolt in Bosnia-Hercegovina 1881-1882", *Slavonic and East European Review* 31 (1952-1953): 420-436. Für persönliche Erinnerungen siehe Adolf Stillfried von Rathenitz, „Erinnerungen aus meinem Leben", unveröffentlichtes Manuskript, KA, B/862, Kap. 3.

45. Das Nicht-Eingreifen der österreichisch-ungarischen Armee in den deutsch-französischen Krieg wird behandelt von Macartney, *The Habsburg Empire*, S. 578-581; Glaise-Horstenau, *Franz Josephs Weggefährte*, S. 165-173; István Diószegi, *Österreich-Ungarn und der französisch-preußische Krieg 1870-1871* (Budapest 1974); (Erzherzog Albrecht), *Das Jahr 1870 und die Wehrkraft der Monarchie* (Wien 1870); Wertheimer, *Graf Julius Andrássy*, Bd. 1, Kap. 13-14; und János Decsy, *Prime Minister Gyula Andrássy's Influence on Habsburg Foreign Policy during the Franco-German War of 1870-1871* („East European Monographs", Nr. 52; New York 1979).

46. Die Rolle Österreich-Ungarns in der Balkankrise der Jahre 1875-1878 wird behandelt u.a. von Taylor, *The Struggle for Mastery in Europe*, Kap. 11; Macartney, *The Habsburg Empire*, S. 590-593; Mihailo D. Stojanović, *The Great Powers and the Balkans, 1875-1878* (Cambridge 1939); G. H. Rupp, *A Wavering Friendship. Russia and Austria, 1876-1878* (Oxford 1941); W. W. Medlicott, *The Congress of Berlin and After* (London 1963); und Glaise-Horstenau, *Franz Josephs Weggefährte*, S. 179-217.

Die militärische Besetzung Bosnien-Herzegowinas wird behandelt u.a. von Mollinary, *Sechsundvierzig Jahre im österreichisch-ungarischen Heere 1833-1879*, 2: 283-308; (Moritz Ritter von) Auffenberg-Komarów, *Aus Österreichs Höhe und Niedergang. Eine Lebensschilderung* (München 1921), S. 42-50; Milorad Ekmečić, *Ustanak u Bosni 1875-1878* (Der bosnische Aufstand) (Sarajewo 1973); *Die Okkupation Bosniens und der Herzegowina durch die k.k.*

Truppen im Jahre 1878 (Wien 1879), ein monumentales Werk, das vom Wiener Kriegsarchiv herausgegeben wurde; und László Bence, *Bosznia és Hercegovina okkupációja 1878-ban* (Die Okkupation Bosnien-Herzegowinas im Jahre 1878) (Budapest 1987).
Zur österreichisch-ungarischen Verwaltung in den beiden Gebieten siehe Ferdinand Schmid, *Bosnien und die Herzegowina unter der Verwaltung Österreich-Ungarns* (Leipzig 1914); Kurt Wessely, „Die wirtschaftliche Entwicklung von Bosnien-Herzegowina", in Alois Brusatti (Hg.), *Die wirtschaftliche Entwicklung* („Die Habsburgermonarchie 1848-1918", Bd. 1, Adam Wandruszka und Peter Urbanitsch [Hgg.]; Wien 1973), S. 528-566; Peter F. Sugar, *Industrialization of Bosnia-Hercegovina, 1878-1918* (Seattle, Washington, 1963); und Berislav Gavranović, *Bosna i Hercegovina u doba Austrougarske okkupacije 1878 god* (Bosnien und Herzegowina zur Zeit der österreichisch-ungarischen Okkupation) (Sarajewo 1973); und Ferdinand Hauptmann, *Die österreichisch-ungarische Herrschaft in Bosnien und der Hercegovina 1878-1918. Wirtschaftspolitik und Wirtschaftsentwicklung* („Zur Kunde Südosteuropas" II/12, Graz 1983).

47. Bence, *Bosznia és Hercegovina okkupációja 1878-ban*, S. 81.

48. Ebenda, S. 220n.

49. Zu General Philippović siehe *Neue Österreichische Biographie 1815-1918*, 16: 183-187; und *ADB*, 53: 54-55. Zu General Jovanović siehe *ADB*, 50: 705-706; und *ÖBL*, 3: 138. Zu den bosnischen Regimentern der Habsburgerarmee siehe u.a. Fürlinger und Jedlicka, *Unser Heer*, S. 261.

50. Die statistischen Daten stammen aus Brusatti, *Die wirtschaftliche Entwicklung*, S. 16, 18, 22, 26, 237, 318, 476, 496, 563; Iván T. Berend und György Ránki, *Economic Development in East-Central Europe in the 19th and 20th Centuries* (New York-London 1974), S. 65, 78; und Alexander Sixtus von Reden, *Österreich-Ungarn. Die Donaumonarchie in historischen Dokumenten* (Salzburg 1984), S. 106.

51. Siehe *Statistische Rückblicke aus Österreich* (Wien 1913), S. 98.

52. Ebenda, S. 99. Siehe auch Rothenberg, *The Army of Francis Joseph*, S. 126; Oskar Regele, *Feldmarschall Conrad. Auftrag und Erfüllung* (Wien-München 1955), S. 151, 163; und Georg Nitsche, *Österreichisches Soldatentum im Rahmen deutscher Geschichte* (Berlin-Leipzig 1937), S. 217.

53. Alexander von Battenberg, der abgesetzte Fürst von Bulgarien, trat nach seiner Vertreibung 1886 in die k.u.k. Armee ein; sein Nachfolger auf dem bulgarischen Thron, Ferdinand von Coburg, war Berufsoffizier in der habsburgischen Armee gewesen.

54. Zur internationalen Krise der Jahre 1885 bis 1887 siehe Rothenberg, *The Army of Francis Joseph*, S. 114; Glaise-Horstenau, *Franz Josephs Weggefährte*, S. 296-312 *et passim*; und Macartney, *The Habsburg Empire*, S. 594-595.

55. Die Parlamentsdebatten über das ungarische Militärgesetz und die gleichzeitigen Straßen-

krawalle werden behandelt von Péter Hanák (Hg.), *Magyarország története 1848-1918* (Geschichte Ungarns, 1848-1918) (Budapest 1972), S. 250-251; und Gusztáv Gratz, *A dualizmus kora* (Das Zeitalter des Dualismus), 2 Bde. (Budapest 1934), 1: 244-250.

56. Siehe *Schulthess' Europäischer Geschichtskalender*, 81 Bde. (München 1860-1940), 31 (1890): 204.

57. Zu Franz Ferdinand gibt es mehrere Biographien. Darunter siehe u.a. R.A. Kann, *Erzherzog-Franz-Ferdinand-Studien* („Veröffentlichungen des Österreichischen Ost- und Südosteuropa-Instituts", Bd. 10; Wien 1976); Rudolf Kiszling, *Erzherzog Franz Ferdinand von Österreich-Este. Leben, Pläne und Wirken am Schicksalsweg der Donaumonarchie* (Graz-Köln 1953); Lavender Cassels, *Der Erzherzog und sein Mörder. Sarajevo, 28. Juni 1914* (Wien 1988); Victor Eisenmenger, *Archduke Franz Ferdinand* (London 1931); und Friedrich Weissensteiner, *Franz Ferdinand* (Wien 1983). Auch Carl Freiherr von Bardolff, *Soldat im alten Österreich* (Jena 1938), S. 109-117 *et passim*; Margutti, *Kaiser Franz Joseph*, S. 105-141, enthält eine hervorragende Charakterstudie Franz Ferdinands.

58. Siehe z.B. den von Leutnant Alexander Dini in Wiener Neustadt am 18. August 1881 unterzeichneten Revers. *Qualifikations-Listen*, KA.

59. Im Verlauf dieser Unruhen mußte das unzuverlässige Prager Hausregiment, das k.u.k.Infanterie-Regiment Nr. 28, nach Linz verlegt werden. Dasselbe Regiment ging dann später im April 1915 an der Karpatenfront zu den Russen über und wurde strafweise aufgelöst. (Edmund von Glaise-Horstenau, *Franz Josephs Weggefährte. Das Leben des Generalstabschefs Grafen Beck* [Zürich-Leipzig-Wien 1930], S. 358.)

60. Zur Truppenstationierung in 1894 siehe Alphons Freiherr von Wrede, *Geschichte der k.u.k. Wehrmacht. Die Regimenter, Corps, Branchen und Anstalten von 1618 zum Ende des XIX. Jahrhunderts*, 5 Bde. (Wien 1898-1905), 1: 623-636. Siehe auch Rudolf Kiszling, „Habsburgs Wehrmacht im Spiegel des Nationalitätenproblems 1815 bis 1918" in *Gedenkschrift für Harold Steinacker* („Buchreihe der Südostdeutschen Historischen Kommission", Bd. 16; München 1966), S. 249-250.

61. Zitiert in Oskar Freiherr von Mitis, *Das Leben des Kronprinzen Rudolf* (Leipzig 1928), S. 353.

62. Zu den sogenannten Badeni-Sprachen-Verordnungen siehe Berthold Sutter, *Die Badenischen Sprachen-Verordnungen von 1897*, 2 Bde. (Graz-Köln 1965).

63. Zu den Ereignissen in Graz siehe ebenda, 2: 18-49, 176-230, 319-345.

64. Bardolff, *Soldat im alten Österreich*, S. 38-40.

65. Zu den ehrenrätlichen Verfahren gegen straffällige Studenten des Reserveoffizierskorps siehe ebenda, S. 334-345.

66. Die Juden in Prag sprachen im allgemeinen deutsch und waren daher oft das Ziel des Zornes tschechischer Nationalisten. Dadurch stiegen die Juden aber keineswegs in der Achtung der böhmischen Deutschen.

67. Bericht des französischen Militär-Attachés in Wien, 18. November 1903 unter dem Titel „La pénurie d'officiers hongrois pour l'encadrement de l'armée hongroise. Les causes de cette pénurie." Service Historique de l'Armée de Terre. Chateau de Vincennes. État Major de l'Armée, Attachés Militaires, Autriche-Hongrie 1903-1906. 7 N 1129.

68. Rothenberg, *The Army of Francis Joseph*, S. 132.

69. Ein Auszug des Armeebefehls von Chłopy befindet sich in Glaise-Horstenau, *Franz Josephs Weggefährte*, S. 403. Zu den Ereignissen in Ungarn in dieser Zeit siehe Péter Hanák (Hg.), *Magyarország története 1890-1918* (Geschichte Ungarns 1890-1918). 2 Bde. („Magyarország története 10 kötetben", Bd. 7; Budapest 1978), 1: 517-530.

70. Zu István Tisza siehe Gábor Vermes, *István Tisza: The Liberal Vision and Conservative Statecraft of a Magyar Nationalist* („East European Monographs", Nr. 184; New York 1985).

71. Zu den Invasionsplänen in Ungarn siehe Kurt Peball und Gunther E. Rothenberg, „Der Fall U. Die geplante Besetzung Ungarns durch die k.u.k Armee im Herbst 1905", *Schriften des Heeresgeschichtlichen Museums in Wien* 4 (1969): 85-126. Auch Glaise-Horstenau, *Franz Josephs Weggefährte*, S. 406; und Auffenberg-Komarów, *Aus Österreichs Höhe und Niedergang*, S. 90-92.

72. Zum allgemeinen Wahlrecht und den Wahlen des Jahres 1907 in Österreich siehe u.a. Macartney, *The Habsburg Empire*, S. 793-795; William A. Jenks, *The Austrian Electoral Reform of 1907* (New York 1950); und Karl Ucakar, *Demokratie und Wahlrecht in Österreich. Zur Entwicklung von politischer Partizipation und staatlicher Legitimationspolitik* (Wien 1985).

73. Rothenberg, *The Army of Francis Joseph*, S. 127. - Ebenfalls 1906 wurden auch die ersten Kraftwageneinheiten eingerichtet, obwohl General Beck die Kraftwagen drei Jahre zuvor als „hübschen Zeitvertreib für aristokratische Nichtstuer und für jüdische Sportsleute, [aber] für die Armee nicht zu brauchen" bezeichnet hatte. (Erwin A. Schmidl, „From Paardeberg to Przemysl: Austria-Hungary and the Lessons of the Anglo-Boer War, 1899-1902", in Jay Stone and Erwin A.Schmidl, *The Boer War and the Military Reforms* [„War and Society in East Central Europe", Bd. 28; Lanham, Maryland-New York-London 1988], S. 291.)

74. Zur Politik des Belvedere-Palais siehe u.a. Bardolff, *Soldat im alten Österreich*, S. 107-184; Peter Broucek (Hg.), *Ein General im Zwielicht. Die Erinnerungen Edmund Glaises von Horstenau*, 3 Bde (Wien-Köln-Graz 1980-1987), 1: 234-239 *et passim*; Robert A. Kann, *Das Nationalitätenproblem der Habsburgermonarchie. Geschichte und Ideengehalt der nationalen Bestrebungen vom Vormärz bis zur Auflösung des Reiches im Jahre 1918*, 2 Bde. („Veröffentlichungen der Arbeitsgemeinschaft Ost", Bd. 4-5; 2. Aufl.; Graz-Köln 1964), S. 183-209.; und die in Anm. 57 aufgelisteten Franz Ferdinand-Biographien.

75. Glaise-Horstenau, *Franz Josephs Weggefährte*, S. 403 *et passim*.

76. Zu Conrad siehe Bibliographischer Essay, Anm. 4 und 47.

77. Zur Annexionskrise der Jahre 1908-1909 siehe u.a. Rothenberg, *The Army of Francis Joseph*, Kap. 10; und Bernadotte Schmitt, *The Annexation of Bosnia* (Cambridge, Mass., 1937).

78. Conrad von Hötzendorf, *Private Aufzeichnungen. Erste Veröffentlichungen aus den Papieren des k.u.k. Generalstabschefs*, hg. Kurt Peball (Wien-München 1976), S. 148, 307.

79. Über den letzten Außenminister der Monarchie in Friedenszeiten siehe Hugo Hantsch, *Leopold Graf Berchtold*, 2 Bde. (Graz-Wien-Köln 1968).

80. Zu den innenpolitischen Entwicklungen in Österreich-Ungarn in den Jahren vor dem Ersten Weltkrieg siehe Macartney, *The Habsburg Empire*, Kap. 17.

81. Regele, *Feldmarschall Conrad*, S. 68.

82. Auffenberg-Komarów, *Aus Österreichs Höhe und Niedergang*, S. 166-178.

83. Zu Tiszas entscheidender Rolle im Jahre 1914 siehe Vermes, *István Tisza*, Kap. 9.

84. Als Franz Joseph von dem Attentat erfuhr, soll er gesagt haben: „Entsetzlich! Der Allmächtige läßt sich nicht herausfordern! ... Eine höhere Gewalt hat wieder jene Ordnung hergestellt, die ich leider nicht zu erhalten vermochte." Diese Worte zeigen gleichermaßen, wie tief sein dynastisches Denken ging und wie herzlos der Kaiser in manchen Belangen sein konnte. Zitiert in Albert Freiherr von Margutti, *Kaiser Franz Joseph. Persönliche Erinnerungen* (Wien-Leipzig 1924), S. 138-139).

85. Die Literatur zur Krise des Jahres 1914 würde Bibliotheken füllen. Hier nur eine kleine Auswahl: Luigi Albertini, *The Origins of the War of 1914*, 3 Bde. (London 1952-1957); Joachim Remak, *Sarajevo* (London 1959); Vladimir Dedijer, *The Road to Sarajevo* (London 1967); Wladimir Aichelburg, *Sarajevo, 28. Juni 1914* (Wien 1984); Cassels, *Der Erzherzog und sein Mörder* (Wien-Köln 1988) und Friedrich Würthle, *Die Spur führt nach Belgrad. Sarajevo 1914* (Wien-München 1975).

Kapitel 3

1. Zur Institution der Regimentskadetten siehe Moriz von Angeli, *Wien nach 1848* (Wien-Leipzig 1905), S. 117-120; (Ferdinand Daniel) Fenner von Fenneberg, *Österreich und seine Armee* (Leipzig o.J. [1842?]), S. 50, 114-120; Heinrich Ritter von Födransperg, *Vierzig Jahre in der österreichischen Armee. Erinnerungen eines österreichischen Offiziers von seinem*

Eintritte in die Armee bis zur Gegenwart 1854-1894, 2 Bde. (Dresden o.J. [1895]), 1: 5-93; Anton Freiherr Mollinary von Monte-Pastello, *Sechsundvierzig Jahre im österreichisch-ungarischen Heere 1833-1879*, 2 Bde. (Zürich 1905), 1: 31-35; Franz Xaver Schubert, „Nachlaß", unveröffentlichtes Manuskript, KA, B/833, Nr. 2, S. 1-13; (Moritz Ritter von) Auffenberg-Komarów, *Aus Österreichs Höhe und Niedergang. Eine Lebensschilderung* (München 1921), S. 14-15; und *Sechzig Jahre Wehrmacht 1848-1908* (Wien 1908), S. 13-15. Die Zahl der Kadetten im 3. Infanterie-Regiment findet man in Angeli, *Wien nach 1848*, S. 119. Auf die Frage der Prüfungen geht Födransperg, *Vierzig Jahre in der österreichischen Armee*, 1: 58-59, ein. Das Erziehungswesen in der Militärgrenze wird behandelt u.a. von Georg Edler von Miscević, „Der Werdegang eines Grenzerkindes als nützliches Glied des Staates und der menschlichen Gesellschaft", unveröffentlichtes Manuskript, KA, B/1146/1, S. 1-5; Mollinary, *Sechsundvierzig Jahre im österreichisch-ungarischen Heere*, 1: 10-30; und Walter Wagner in Adam Wandruszka und Peter Urbanitsch (Hgg.), *Die bewaffnete Macht* („Die Habsburgermonarchie 1848-1918", Bd. 5, Wien 1987), S. 183-199.

2. Zu den Schul-Compagnien siehe Angeli, *Wien nach 1848*, S. 115-117; und Mollinary, *Sechsundvierzig Jahre im österreichisch-ungarischen Heere*, 1: 21-30. Auch *Reglement für die kaiserlich-königlichen Militär-Bildungs-Anstalten* (Wien 1859).

3. Zu den österreichischen technischen Militärakademien siehe Moriz Ritter von Brunner und Hugo Kerchnawe, *225 Jahre Technische Militärakademie 1717 bis 1942* (Wien 1942); F. Gatti und A. Obermayr, *Geschichte der k.u.k. Technischen Militärakademie 1717 bis 1942* (Wien 1942); Heinrich Schalk, *250 Jahre militärtechnische Ausbildung in Österreich* (Wien o.J. [1967]); und Ernst Palombini, Freiherr von Jedina, „Erinnerungen", unveröffentlichtes Manuskript, KA, B/959, S. 83-104. Eine präzise Quelle zur Geschichte der österreichischen militärischen Ausbildung ist Otto Kainz, „Die Offiziersheranbildung in Österreich", *Militärwissenschaftliche Mitteilungen* 66 (1935): 161-187; 67 (1936): 776-788, 868-884. Ein umfassenderes Werk ist G. Poten, *Geschichte des Militär-Erziehungswesens und Bildungswesens in Österreich-Ungarn* („Monumenta Germaniae Pedagogica", Bd. 15; Berlin 1893). Das Schulgeld von 1.000 Gulden (1810) wird von Brunner und Kerchnawe, *225 Jahre Technische Militärakademie 1717 bis 1942*, S. 14, erwähnt.

4. Die wichtigste Quelle zur Geschichte der Militärakademie ist J. Svoboda, *Die Theresianische Militär-Akademie zur Wiener Neustadt und ihre Zöglinge von der Gründung der Anstalt bis auf unsere Tage*, 3 Bde. (Wien 1894-1897), mit drei in Manuskriptform erhaltenen Ergänzungsbänden. Ebenfalls zu empfehlen sind Peter Broucek (Hg.), *Ein General im Zwielicht. Die Erinnerungen Edmund Glaises von Horstenau*, 3 Bde. (Wien-Köln-Graz 1980-1987), 1: 107-137; Johann Jobst, *Die Neustädter Burg und die k.u.k. Theresianische Militärakademie* (Wien-Leipzig o.J. [1909]); Joseph Ritter von Rechberger von Rechkron, *Das Bildungswesen im Österreichischen Heere vom Dreissigjährigen Kriege bis zur Gegenwart* (Wien 1878); und Carl (Freiherr von) Torresani, *Von der Wasser- bis zur Feuertaufe. Werde- und Lehrjahre eines österreichischen Offiziers*, 2 Bde. (Dresden-Leipzig 1900), 1: 40-42.

5. Fenner, *Österreich und seine Armee*, S. 30.

6. Siehe Broucek (Hg.), *Ein General im Zwielicht*, 1: 96, 131; und Torresani, *Von der Wasser- bis zur Feuertaufe*, 2: 79, 138.

7. Es gibt Dutzende von Augenzeugenberichten über das Leben an der Militärakademie. Von besonderem Interesse sind Fenner, *Österreich und seine Armee*, S. 28-43 *et passim*; Angeli, *Wien nach 1848*, S. 114 ff; Födransperg, *Vierzig Jahre in der österreichischen Armee*, Bd. 1; Wilhelm Hirsch, Edler von Stronstorff, „Erinnerungen“, unveröffentlichtes Manuskript, KA, B/1003, Nr. 1, S. 10-21; Anton Ritter von Pitreich, „Mein militärischer und politischer Werdegang“, unveröffentlichtes Manuskript, KA, B/589, Nr. 3, S. 8ff.; und Torresani, *Von der Wasser- bis zur Feuertaufe*, 2: 3-172.

8. Hirsch, „Erinnerungen“, S. 15.

9. Födransperg, *Vierzig Jahre in der österreichischen Armee*, S. 3; und Hirsch, „Erinnerungen“, S. 11.

10. *Reglement für die kaiserlich-königlichen Militär-Bildungs-Anstalten*, S. 12.

11. Angeli, *Wien nach 1848*, S. 114-115.

12. Oskar Teuber, *Im Cadeteninstitut. Lose Skizzen aus dem militärischen Jugendleben*, 3. Aufl. (Jena 1881), S. 52-53.

13. Torresani, *Von der Wasser- bis zur Feuertaufe*, 2: 91n; Teuber, *Im Cadeteninstitut*, S. 22-26, 93-94; und Oskar Teuber, *Tschau! Lose Skizzen aus der Militär-Akademie*, 2. Aufl. (Prag 1881), S. 139.

14. Broucek (Hg.), *Ein General im Zwielicht*, 1: 103; Hirsch, „Erinnerungen“, S. 12; Torresani, *Von der Wasser- bis zur Feuertaufe*, 2: 75-79, 107-108; Teuber, *Im Cadeteninstitut*, S. 16-19 *et passim*; und Teuber, *Tschau!*, S. 33.

15. Broucek (Hg.), *Ein General im Zwielicht*, 1: 102.

16. Fenner, *Österreich und seine Armee*, S. 51.

17. Die Beliebtheit der magyarischen Zöglinge nahm im weiteren Verlauf des Jahrhunderts beträchtlich ab, als ihr Nationalismus immer größer wurde und sie sich stärker abkapselten. Auch die Vorliebe einiger Magyaren, vor anderen ungarisch zu sprechen, tat ein Übriges. Dazu siehe u.a. Peter Broucek (Hg.), *Ein General im Zwielicht. Die Erinnerungen Edmund Glaises von Horstenau*, 3 Bde. (Wien-Köln-Graz 1980-1987), 1:103-104; und Ernst Palombini, Freiherr von Jedina, „Erinnerungen“, unveröffentlichtes Manuskript, Kriegsarchiv Wien, B/959, S. 84-94.

18. Teuber, *Im Cadeteninstitut*, S. 7-13.

19. Fenner, *Österreich und seine Armee*, S. 104.

20. Ebenda, S. 42n. Auch Pitreich, „Mein militärischer und politischer Werdegang“, S. 15; und Torresani, *Von der Wasser- bis zur Feuertaufe*, 2: 172-189.

21. *Reglement für die kaiserlich-königlichen Militär-Bildungs-Anstalten,* S. 6-7.

22. Ebenda, S. 81.

23. Teuber, *Im Cadeteninstitut,* S. 118-132. Siehe auch k.k. General-Commando in Graz an das kaiserliche Kriegsministerium, 7. Februar 1867, KA. Leider vernichtete das Archiv den Bericht von Feldmarschalleutnant Heinrich Rupprecht von Virtsolog, dem Chef der Untersuchungskommission der Exzesse vom 1. Februar 1867 in Marburg.

24. Ich habe die statistischen Daten des Militärakademie-Jahrgangs 1874 aus den in Svoboda, *Die Theresianische Militär-Akademie zur Wiener Neustadt,* 1: 263 ff. enthaltenen biographischen Angaben zur Grundlage meiner Berechungen genommen.

25. Die statistischen Daten über die Militär-Oberrealschule in Mährisch-Weißkirchen wurden auf Grundlage der Angaben in den *Classifikations-Listen* dieser Schule für das Jahr 1899 im KA berechnet.

26. Diese Situation in der österreichisch-ungarischen Monarchie scheint ein keineswegs einzigartiges Phänomen gewesen zu sein. Im königlich preußischen Kadettenkorps waren zwischen 1871 und 1918 zwei Drittel der Kadetten Söhne von Armeeoffizieren, und ganze 77 % der Väter verdienten ihren Lebensunterhalt im Dienste des Königs (John Moncure, „The Royal Prussian Cadet Corps 1871-1918: A Prosopographical Approach", in Béla K. Király und Walter Scott Dillard, Hgg., *The East Central European Officer Corps, 1740- 1920s: Social Origins, Selection, Education, and Training* [„East European Monographs", Nr. 241; New York 1980], S.65).

27. Die statistischen Daten über den Militärakademie-Jahrgang 1913 wurden aus den biographischen Angaben in dem (unveröffentlichten) Supplementband von Svoboda, *Die Theresianische Militär-Akademie*, berechnet.

28. Zu den Militärakademien und Kadettenschulen nach 1874 siehe Poten, *Geschichte*, S. 335ff.; Broucek (Hg.), *Ein General im Zwielicht*, 1: 94-137; Alfons Danzer et al., *Unter den Fahnen. Die Völker Österreich-Ungarns in Waffen* (Prag-Wien-Leipzig 1889), S. 415-457; Ludwig Hesshaimr, „... lass eine goldne Spur ... mein Lebensweg vom Soldaten zum Künstler 1872-1954" (Rio de Janeiro 1954), unveröffentlichtes Manuskript, KA, B/765, Nr. 1; Otto von Kiesewetter, „Der Offizier der alten österr. ung. Armee", 4 Teile, Donation Kiesewetter, unveröffentlichtes Manuskript, KA, B/1861; Anton Freiherr von Lehár, „Lehár Geschichten" (Wien 1942), unveröffentlichtes Manuskript, KA, B/600, Nr. 1/II, S. 10-15; Adolph Stillfried von Rathenitz, „Erinnerungen aus meinem Leben", unveröffentlichtes Manuskript, KA, B/862, S. 58-69; *Schwarz-Gelbe Armee-Sociale Fragen*, 2. Aufl., (Dresden-Leipzig 1899), S. 15-60; Ulf Sereinigg, „Das altösterreichische Offizierskorps 1868-1914. Bildung, Avancement, Sozialstruktur, wirtschaftliche Verhältnisse", unveröffentlichte Dissertation, Universität Wien 1983, S. 51-55; August von Urbański, „Das Tornisterkind: Lebenserinnerungen", unveröffentlichtes Manuskript, KA, B/58, Nr. 4, S. 9-13; und Theodor Ritter von Zeynek, „Das Leben eines österreichisch-ungarischen Generalstabsoffiziers", unveröffentlichtes Manuskript, KA, B/151, Nr. 2, S. 9-13. Für Beispiele von Schulgeschichten siehe *Historische Schilderung der k.u.k. Militär-Unterrealschule in Kismarton* (Eisenstadt) (Kismarton 1909);

Gotthold Krebs, *Die k.u.k. Militär-Oberrealschule zu Mährisch-Weißkirchen* (Wien-Leipzig 1906); *Lehrplan der k.u.k. Militärrealschulen* (Wien 1912); *Lehrplan der k.u.k. Militärakademien* (Wien 1918); und Adolf Proksch, *Geschichte der k.u.k. Artillerie-Kadettenschule in Wien* (Wien 1907).

29. Zum System der Reserveoffiziere siehe Danzer et al., *Unter den Fahnen*, S. 16-18, 112, 260-263; Kiesewetter, „Offizier", Teil 4; Sereinigg, „Offizierskorps", S. 46-48; Anton Kainz, „70 Jahre Reserveoffiziere in Österreich", *Militärwissenschaftliche Mitteilungen* 68 (1937): 353; Lorenz Seutter (Laurentius Rettues), „In goldenen Schnüren", unveröffentlichtes Manuskript, KA, B/139, S. 220-232; *Dienstverkehr des Reserveoffiziers* (Wien 1915); *Der Weg zur Einjährigen-Freiwilligen-Begünstigung nach dem Wehrgesetze vom Jahre 1912* (Wien 1917); und H(ugo) Schmid, *Heerwesen*, Bd. 2, *Österreich-Ungarn: Lehr- und Lernbehelf für Militärerziehungs- und Bildungsanstalten, sowie Reserveoffiziersschulen, dann für das Selbststudium* (Wien 1914), S. 13-14. Statistische Daten über die Infanterie- und Jäger-Reserveoffiziere, die in das Berufsoffizierskorps überwechselten, finden sich bei Broucek (Hg.), *Ein General im Zwielicht*, 1: 19.

30. Siehe Poten, *Geschichte*, S. 372. Auch *Lehrplan der k.u.k Militär-Akademien* (Wien 1898) und *Lehrplan der k.u.k. Militärrealschulen* (Wien 1912).

31. Interview mit dem ehemaligen ungarischen Oberst Kálmán Kéri, der zwischen 1915 und 1918 die Artillerie-Kadettenschule in Traiskirchen, Niederösterreich, besuchte (Budapest, 4. Dezember 1984). Kéris Vater war Lokomotivführer bei den staatlichen ungarischen Eisenbahnen.

32. „Mittheilung über die Studien-Erfolge", k.u.k. Infanterie-Kadettenschule in Wien, 1892-1893, Lehár Nachlaß, KA, B/600.

33. *Historische Schilderung*, S. 63; und *Lehrplan der k.u.k. Militärrealschulen*, S. 14, 42.

34. Die Prozentsätze sind berechnet aus den Daten in Mór Pásztory, *Az osztrák-magyar monarchia statisztikája* (Statistiken der österreichisch-ungarischen Monarchie) (Pozsony-Budapest 1884), S. 164-165; und Ungarische Delegation, *A közös ügyek tárgyalására kiküldött magyar országos bizottság hadügyi albizottságának jelentése 1881*, Nr. 17 (Bericht der militärischen Unterkommission der ungarischen Delegation bei den Verhandlungen der gemeinsamen Angelegenheiten) (Budapest 1881), S. 128-129.

35. Siehe *Utasítás a pályázók felvételére nézve a m. kir. honvéd nevelő és képző intézetekbe* (Anweisung für die Zulassung von Bewerbern zu den königl. ungar. Honvéd Erziehungs- und Bildungsanstalten) (Budapest 1898); *Aufnahmsbedingungen der Militär-Bildungs-Anstalten* (Budapest 1906), S. 50-90; Tibor Papp, „Die königlich ungarische Landwehr (honvéd) 1868-1914", in *Die bewaffnete Macht*, S. 670-677.

36. Die Prozentsätze sind berechnet aus „A Hadügyi Albizottság jelentése", in *A közös ügyek tárgyalására a magyar országgyűlés áltai kiküldött s Ő Felsége által 1912 évi szeptember 23-ra Bécsbe összehívott Bizottság irományai*, Nr. 20 (Budapest 1912), S. 138.

37. Eine der zweifelhaftesten Errungenschaften der ungarischen Regierung war es, daß das gemeinsame Kriegsministerium nun der ethnischen Abstammung der Militärzöglinge nachging. Wie diese Daten erhoben wurden (ob z.B. die Kadetten oder ihre Eltern nach ihrer Muttersprache gefragt wurden), bleibt unklar.

38. Proksch, *Geschichte*, S. 17.

39. Pásztory, *Statisztikája*, S. 164-165; und Ungarische Delegation, *A közös*, S. 128-129.

40. *Statistische Rückblicke aus Österreich* (Wien 1913), S. 99.

41. Die Statistiken beruhen auf den Angaben in dem (unveröffentlichten) Supplementband zu Svoboda, *Die Theresianische Militär-Akademie*. Angemerkt sei, daß die Quellen über die Zahl der Absolventen variieren. Siehe auch Broucek (Hg.), *Ein General im Zwielicht*, 1: 115.

42. Siehe Rainer Egger, „Der Stand des österreichisch-ungarischen Militär-Erziehungs- und Bildungswesens 1918", *Österreichische Militärische Zeitschrift* 6 (1968): 424-430.

43. Interview mit Kálmán Kéri, Budapest, 11. Dezember 1984.

Kapitel 4

1. Joseph Roth, *Radetzkymarsch* (Hamburg 1958), S. 93f. Siehe auch Peter Broucek (Hg.), *Ein General im Zwielicht. Die Erinnerungen Edmund Glaises von Horstenau*, 3 Bde. (Wien-Graz-Köln 1980-1987), 1: 126.

2. Natürlich besaß jedes Regiment zumindest bis in die fünfziger Jahre des 19. Jahrhunderts einen offiziellen Agenten. Dieser war ein Zivilist, der in Wien saß, und darf nicht mit dem Möbeljuden verwechselt werden.

3. Zum Möbeljuden siehe u.a. Moriz Edler von Angeli, *Wien nach 1848* (Wien-Leipzig 1905), S. 139; Hans Mailáth-Pokorny, „Memoiren", unveröffentlichtes Manuskript, KA, B/700, Nr. 2, S. 5-6; und Ferdinand Fauland, *Vorwiegend heiter. Von einem der auszog, General zu werden* (Graz-Wien-Köln 1980), S. 63-70.

4. Angeli, *Wien nach 1848*, S. 137-138. Zur Unterkunft der Offiziere siehe auch Kurt von Schmedes, „Jugend- und Kriegserinnerungen", unveröffentlichtes Manuskript, KA, B/1044: 2, S. 26; Franz Xaver Schubert, „Nachlaß", unveröffentlichtes Manuskript, KA, B/833, Nr. 2, S. 1-2; und Fauland, *Vorwiegend heiter*, S. 72.

5. Josef Burian, *Der kaiserlich-königlich österreichische Offizier. Systematische Darstellung der Pflichten, Rechte, Ansprüche und Gebühren der Offiziere im Allgemeinen sowie die Obliegenheiten mit Bezug auf die Dienstsphäre im Besonderen*, 3 Bde. (Prag 1860-1861), 1: 152.

6. Theodor von Zeynek, „Das Leben eines ö.-u. Generalstabsoffiziers", unveröffentlichtes Manuskript, KA, B/151, Nr.2, S. 16-17.

7. Zur Einsamkeit von Militärakademie-Absolventen im Regimentsdienst siehe z.B. Anton Ritter von Pitreich, „Geschichte der Familie von Pitreich, II. Teil (1928/32)", S. 10-12, in „Pitreich Nachlaß", unveröffentlichtes Manuskript, KA, B/589, Nr. 3.

8. Zur umfangreichen Literatur über das in der Armee gebräuchliche „Du" siehe u.a. (Moritz Ritter von) Auffenberg-Komarów, *Aus Österreichs Höhe und Niedergang. Eine Lebensschilderung* (München 1921), S. 14-15, 36; Carl Freiherr von Bardolff, *Soldat im alten Österreich. Erinnnerungen aus meinem Leben* (Jena 1938), S. 54; Rudolf von Eichthal, *Kaisermanöver und andere Erzählungen* (Wien 1953), S. 97 ff.; Broucek (Hg.), *Ein General im Zwielicht*, 1: 145; und Josef Leb, „Aus den Erinnnerungen eines Trainoffiziers", unveröffentlichtes Manuskript, KA, B/580, S. 8; Alfons Danzer et al., *Unter den Fahnen. Die Völker Österreich-Ungarns in Waffen* (Prag-Wien-Leipzig 1889), S. 89-91; und Georg Auffahrt, *Inhalt und Form. Das Buch vom Offizier* (Wien 1910), Neudruck in *Verein Alt-Neustadt, Mitteilungsblatt*, 4/1985, S. 19-45, und 1/1986, S. 21-22.

9. Zu den Schrecken des Unterrichts der Rekruten in deren Muttersprache siehe z.B. Otto von Kiesewetter, „Aus der goldenen Leutnantszeit" („Vorträge vor dem Österr. Kameradschaftsbund ehem. Angehöriger des I.R. 17"; o.O., o.J.), in „Donation Kiesewetter", unveröffentlichtes Manuskript, KA, B/861, S. 2; Anton Freiherr von Lehár, „Lehár Geschichten", 2 Bde., unveröffentlichtes Manuskript (Wien 1942), KA, B/600, Nr. 1/II, S. 17-19; Ludwig Hesshaimr, „...lass eine goldne Spur" (Rio de Janeiro 1954), unveröffentlichtes Manuskript, KA, B/765, Nr. 1, S. 41-42; und Adolf Stillfried von Rathenitz, „Erinnerungen aus meinem Leben", unveröffentlichtes Manuskript, KA, B/862, S. 70-73.

Einige Offiziere hatten mehr Glück als andere. Der in Dalmatien geborene und aufgewachsene General Urbański lernte von seinem Vater, der ebenfalls Soldat war, polnisch und deutsch, von seiner Mutter italienisch, von den Dienstboten den italienisch-slowenischen Kauderwelsch, genannt *ponaški* („unsere Sprache") und von dem Offiziersburschen seines Vaters etwas ungarisch. (August von Urbański: „Das Tornisterkind. Lebenserinnerungen", unveröffentlichtes Manuskript, Kriegsarchiv Wien, B/58, Nr.4, S.4)

10. Siehe Maximilian Ehnl, „Die öst.-ung. Landmacht nach Aufbau, Gliederung, Friedensgarnison, Einteilung und nationaler Zusammensetzung im Sommer 1914", Ergänzungsband 9 (1934) zu Edmund von Glaise-Horstenau und Rudolf Kiszling (Hgg.), *Österreich-Ungarns letzter Krieg 1914-1918*, 7 Bde. und 10 Ergänzungsbände (Wien 1930-1938).

11. Siehe z.B. Schubert, „Nachlaß", S. 21, 29-30.

12. August von Urbański, „Das Tornisterkind. Lebenserinnerungen", unveröffentlichtes Manuskript, KA, B/58, Nr. 4, S. 16-17.

13. Die ethnischen Merkmale der Soldaten in der Zeit vor 1848 werden mit überdurchschnittlicher Sachkenntnis behandelt in (Ferdinand Daniel) Fenner von Fenneberg, *Österreich und seine Armee* (Leipzig o.J. [1842?]), S. 76-84. Zur späten dualistischen Periode siehe Robert Nowak, „Die Klammer des Reichs. Das Verhalten der elf Nationalitäten Österreich-Ungarns

in der k.u.k. Wehrmacht 1914-1918", 4 Bde., unveröffentlichtes Manuskript, KA, B/726, Nr. 1 (1964), Bd. 1, Kap. 2.

14. Otto Bauer, *Die Offiziere der Republik* (Wien 1921), S. 1-2.

15. Ebenda, S. 5.

16. Leo Schuster, ... *Und immer wieder mußten wir einschreiten! Ein Leben im Dienste der Ordnung*, Hg. v. Michael Mitterauer und Peter Paul Kloss (Wien-Köln-Graz 1986).

17. 1848 zum Beispiel erhielt ein Soldat in der Festung Komárom in Ungarn täglich 750 dag Brot und fast ein halbes Kilogramm Fleisch, einen halben Liter Wein und ab und zu Mehl, Reis, Gerstenschrot, Erbsen, Bohnen, Linsen, Sauerkraut (um Skorbut vorzubeugen), geräuchertes Fleisch, Knoblauch, Zwiebeln, Salz, Essig, Pfeffer und Tabak. (Königlich ungarisches Kriegsministerium an den Landesverteidigungausschuß, Országos Levéltár (Ungarisches Staatsarchiv Budapest), OHB, 1848: 3318.)

18. Tatsächlich dauerte der achtjährige Dienst in den fünfziger Jahren des 19. Jahrhunderts nur drei Jahre. (*Sechzig Jahre Wehrmacht*, Wien 1908, S. 44). Das Entlassungspapier, der sogenannte Abschiedsbrief, war ein so wichtiges Dokument, daß diese Bezeichnung, üblicherweise in recht verzerrter Form, in die Sprachen der meisten Völker der Monarchie Eingang fand. Auf ungarisch wurde ein Veteran, der den Abschiedsbrief erhalten hatte, als *obsitos* bezeichnet. Siehe auch Fenner, *Österreich und seine Armee*, S. 14-15, 21-25 *et passim*. Der Hinweis auf den Stundenplan von 4 Uhr früh bis 7 Uhr abends findet sich auf S. 21-22. Weiters Johann Christoph Allmayer-Beck und Erich Lessing, *Das Heer unter dem Doppeladler 1718-1848* (München-Gütersloh-Wien 1981), S. 234; und *Sechzig Jahre Wehrmacht* (Wien 1908), S. 17-19.

19. Zur körperlichen Züchtigung und den Militärgerichtsverfahren in der Vorreformzeit siehe Fenner, *Österreich und seine Armee*, S. 251-304. Er zitiert auch die Kriegsartikel sowohl Maria Theresias als auch aus dem frühen 19. Jahrhundert auf S. 253-273. Siehe auch Anton Freiherr Mollinary von Monte-Pastello, *Sechsundvierzig Jahre im österreichisch-ungarischen Heere 1833-1879*, 2 Bde. (Zürich 1905), 1: 40-41. Das Auspeitschen italienischer Soldaten wird angesprochen in Wilhelm Ritter Gründorf von Zebegény, *Memoiren eines österreichischen Generalstäblers*, hg. Adolf Saager, 4. Aufl. (Stuttgart 1913), S. 51.

20. Fenner, *Österreich und seine Armee*, S. 67-73.

21. Siehe z.B. István Görgey, *1848 és 1849-ből. Élmények és benyomások* (Aus 1848 und 1849. Erfahrungen und Eindrücke), 3 Bde. (Budapest 1885-1888), 1: 158-161.

22. Lehár, „Lehár Geschichten", II: 17.

23. Die beste Quelle über das Leben der Rekruten und die Armeevorschriften bezüglich ihrer Rechte und Pflichten ist Danzer et al., *Unter den Fahnen*, S. 122-203, 255-283 *et passim*. Zu den Unteroffizieren siehe im besonderen S. 200-203. Die Verköstigung der Soldaten, deren Zusammenstellung stark von der ethnischen Abstammung derselben abhing, wird behandelt

in Christoph Tepperberg, „Mannschaftsmenage. Über das Essen und Trinken in den Kasernen der k.u.k. Armee", *Mitteilungen des Österreichischen Staatsarchivs, Festschrift Rudolf Neck* 39 (1986): 90-113.

24. Siehe Danzer et al., *Unter den Fahnen*, S. 269-272. Zur Abschaffung der Prügelstrafe siehe Stefan Malfőr, „Die Abschaffung der Prügelstrafe in Österreich unter besonderer Berücksichtigung der Militärgrenze", *Zeitschrift der Savigny-Stiftung für Rechtsgeschichte* 102, Nr. 7 (1985): 206-238.

25. Diese Zahl umfaßt sowohl Offiziere als auch Mannschaftsangehörige, doch machten die Offiziere, wie wir später noch sehen werden, nur einen sehr kleinen Prozentsatz aus. Die im Text genannte Zahl entspricht etwa 0,6 % all jener, die zu dieser Zeit im Dienst standen.

26. Siehe *Österreichisches Statistisches Handbuch 1890* (Wien 1890), S. 272; *Magyar Statisztikai Évkönyv, 1882* (Ungarisches Statistisches Jahrbuch 1882), (Budapest 1882), S. 24-25, 27-28; und *Magyar Statisztikai Évkönyv, 1911* (Budapest 1911), S. 539.

27. *Magyar Statisztikai Évkönyv,* 1882, S. 26.

28. Über den Selbstmord unter Zivilisten und Militärs siehe Gerhard Füllkrug, *Der Selbstmord, eine moral-statistische und volkspsychologische Untersuchung* (Schwerin 1919), S. 87-105. Siehe auch Thomas G. Masaryk, *Suicide and the Meaning of Civilization* (Chicago-London 1970). Ich bin Alan Sked zu Dank verpflichtet, daß er meine Aufmerksamkeit auf diese Bücher lenkte und mir obendrein Informationen zur Verfügung stellte, die in seinem unveröffentlichten Aufsatz „Social Attitudes as Evinced in Army Life in the Monarchy" enthalten sind.

29. Siehe Országos Levéltár (Ungarisches Staatsarchiv Budapest), K.26-ME.260/1893, „Frage vom Delegierten Gábor Ugron im ungarischen Abgeordnetenhaus", und die Antwort des k.u.k. Kriegsministeriums, 685/1893. Zum Vorfall mit den Erfrierungen siehe auch Urbański, „Das Tornisterkind", S. 27.

30. Der Fall von Lt. Stanislaus Ritter von Dunin-Koeplicz, Kriegsarchiv Wien, 1900, IA, 67-63.

Der Fall von Oblt. Rudolf Hein, Garnisonsgericht Olmütz, Kriegsarchiv Wien, 1913, IA 67-127/3. In der Qualifikations-Liste von Oberleutnant Hein (F/1075) steht, daß er ein „sprunghafter Character" war, große Schulden hatte und zu vier Wochen Arrest verurteilt worden war, weil er ein Geheimdokument nicht geschützt hatte. Insgesamt gab es während seiner gesamten Berufslaufbahn elf Disziplinar- oder Gerichtsverfahren gegen Hein. 1915 wurde er wegen Unterschlagung zu fünf Jahren „schweren Kerkers" verurteilt und schließlich 1917 im Alter von 37 Jahren entlassen, doch muß man sich wundern, warum diese Entlassung nicht schon viel früher erfolgte.

Der Fall von Oblt. Gustaph (oder Gustav) Rab, Garnisonsgericht Krakau, Kriegsarchiv Wien, 1914, IA 67-22. Rabs Qualifikations-Liste (F/2370) enthält die Eintragung, daß er in Wien geboren wurde und daß sein Vater Bildhauer war. Er absolvierte eine öffentliche Mittelschule und wurde 1902 aus dem Artillerie-Reserveoffizierskorps in die Berufslaufbahn übernommen. Er wurde als „ein sehr intelligenter Offizier, sehr eifrig, tätig, strebsam" und als „sehr guter

Lehrer und Instruktor" beschrieben, aber auch als „reizbares Temperament". Oberleutnant Rab wurde 1915 im Alter von 33 Jahren pensioniert.

31. Zum Zugangsrecht der Offiziere zum kaiserlichen Hof siehe Alexander Hajdecki, *Officiers-Standes-Privilegien. System und Praxis des geltenden Officiersrechtes der k.u.k. bewaffneten Macht* (Wien 1897), S. 58-61. Zu den Offizieren, die in Wien die Oper und das Burgtheater besuchten, siehe u.a. Auffenberg-Komarów, *Aus Österreichs Höhe und Niedergang*, S. 38; Schmedes, „Jugend- und Kriegserinnerungen", S. 29; und Schubert, „Nachlaß", S. 6.

32. Zur Einschätzung der verschiedenen Teile der Monarchie durch die Offiziere siehe Hesshaimr, „...laß eine goldne Spur", S. 50-51; Auffenberg-Komarów, *Aus Österreichs Höhe und Niedergang*, S. 39; Eichthal, *Kaisermanöver und andere Erzählungen*, S. 31, 39 ff.; Broucek (Hg.), *Ein General im Zwielicht*, 1: 126 ff; Lehár, „Lehár Geschichten", II: 17-19; Pitreich, „Geschichte", S. 38-39; Schmedes, „Jugend- und Kriegserinnerungen", S. 24; Schubert, „Nachlaß", S. 21-30; Stillfried, „Erinnerungen aus meinem Leben", S. 70-73; und Carl (Freiherr von) Torresani, *Von der Wasser- zur Feuertaufe. Werde- und Lehrjahre eines österreichischen Offiziers*, 2 Bde. (Dresden-Leipzig 1900), 1: 199-230.

33. Schubert, „Nachlaß", S. 22.

34. Zu den verschiedenen Arten der Unterhaltung siehe Auffenberg-Komarów, *Aus Österreichs Höhe und Niedergang*, S. 37; Bardolff, *Soldat im alten Österreich*, S. 56-57; Gründorf, *Memoiren eines österreichischen Generalstäblers*, S. 89-90; Pitreich, „Pitreich Nachlaß", S. 1-20; und Schubert, „Nachlaß", S. 8.

35. Eine typische Klage über die geistige Trägheit der Offiziere findet sich in Leb, „Aus den Erinnerungen eines Trainoffiziers", S. 10. Über verbotene Zeitungen in der Vorreformzeit siehe Mollinary, *Sechsundvierzig Jahre im österreichisch-ungarischen Heere 1833-1879*, 1: 60; und István Görgey, *Görgey Arthur ifjúsága és fejlődése a forradalomig* (Die Jugend und Entwicklung von A.G. bis zur Revolution) (Budapest 1916), S. 182.

36. Als Beispiel für einen Offiziersverein siehe *Statuten und Geschäftsordnung des Offiziersvereines des k.und k. Infanterie-Regiments Parmann Nr. 12. Dez. 1909* (Znaim 1909). Siehe auch Danzer et al., *Unter den Fahnen*, S. 121-135.

37. Siehe z.B. Adalbert Schneider, *Der Officier im gesellschaftlichen Verkehr*, 3. Aufl. (Graz 1895).

38. Zum Generalstab und der Kriegsschule siehe u.a. Danzer et al., *Unter den Fahnen*, S. 54-87; *Die K. und K. Kriegsschule 1852-1902. Herausgegeben vom Kommando der K. und K. Kriegsschule* (Wien 1903); Oskar Regele, *Generalstabschefs aus vier Jahrhunderten. Das Amt des Chefs des Generalstabes in der Donaumonarchie. Seine Träger und Organe von 1529 bis 1918* (Wien-München 1966); und *Reglement für die kaiserlich-königlichen Militär-Bildungs-Anstalten* (Wien 1859). Von den vielen Memoiren siehe vor allem Broucek (Hg.), *Ein General im Zwielicht*, 1: 168-206; Lehár, „Lehár Geschichten", II: 38-52; Schmedes, „Jugend-

und Kriegserinnerungen", S. 30-36; Schubert, „Nachlaß", S. 31-55; Stillfried, „Erinnerungen aus meinem Leben", S. 50-53; Urbański, „Das Tornisterkind", S. 22-31; und Zeynek, „Das Leben eines Ö.-U. Generalstabsoffiziers", S. 18-33.

39. Zur Hofrichter-Affäre siehe Leomare Qualtinger, *K.u.K. Krimis. Berühmte Kriminalfälle aus dem alten Österreich* (Wien-München 1980), S. 231-255; Broucek (Hg.), *Ein General im Zwielicht*, 1: 188; „Nachlaß Otto Wiesinger", unveröffentlichtes Manuskript, KA, B/77, Nr. 24, S. 29; und Schmedes, „Jugend- und Kriegserinnerungen", S. 36. Der junge Hauptmann Schmedes zählte zu jenen Offizieren, die ebenfalls solche vergifteten Kapseln zugesandt bekamen. Über Hofrichters fortschrittliche fachliche Ideen siehe Erwin A. Schmidl,„From Paardeberg to Przemyśl: Austria-Hungary and the Lessons of the Anglo-Boer War, 1899-1902", in Jay Stone und Erwin A. Schmidl, *The Boer War and Military Reforms* („War and Society in East Central Europe", 28; Lanham, Maryland-New York-London 1988), S. 261.

40. *Militär-Statistisches Jahrbuch für die Jahre 1880,1881 und 1882.* Teil I (Wien 1885), S. 149; und *Militärstatistisches Jahrbuch für das Jahr 1911* (Wien 1912), S. 154-155.

Kapitel 5

1. Zitiert in (Ferdinand Daniel) Fenner von Fenneberg, *Österreich und seine Armee* (Leipzig o.J. [1842?]), S. 4.

2. Zitiert in Moriz Edler von Angeli, *Wien nach 1848* (Wien-Leipzig 1905), S. 128-129. Der Ausdruck „Equipage" wurde von einigen Historikern als „Wagen mit Pferden" gedeutet, heißt aber in diesem Zusammenhang Ausrüstung.

3. Josef Karl Mayr, *Wien im Zeitalter Napoleons. Staatsfinanzen, Lebensverhältnisse, Beamte und Militär* („Abhandlungen zur Geschichte und Quellenkunde der Stadt Wien" VI; Wien 1940), S. 223-224.

4. Zitiert in Fenner, *Österreich und seine Armee*, S. 240-242. Angeli, *Wien nach 1848*, S. 130 gibt etwas niedrigere Bezüge für dieselbe Zeit an. Nach Angeli bekam ein Leutnant II. Klasse monatlich 24 Gulden, ein Leutnant I. Klasse 28 Gulden und ein Oberleutnant 32 Gulden. Zur Besoldung der Offiziere in der Vorreformzeit siehe auch Walter Wagner, „Die k.(u.)k. Armee - Gliederung und Aufgabenstellung", in Adam Wandruszka und Peter Urbanitsch (Hgg.), *Die bewaffnete Macht* („Die Habsburgermonarchie 1848-1918", Bd. 5; Wien 1987), S. 302-307.

5. Die Währung war der Gulden, abgekürzt fl.(Florin). Jeder Gulden hatte 60 Kreuzer, abgekürzt kr. Der hier angesprochene Gulden ist der fl.CM (oder KM) für „Conventions-Münze", der 2 fl.50kr. WW („Wiener-Währung"), einem stark abgewerteten Papiergeld, entsprach. 1858 wurden die beiden Währungen durch den fl.Ö.W. („Österreichische Währung") ersetzt. 150 neue Gulden (fl.Ö.W.) entsprachen 100 fl.CM, wobei ein neuer Gulden nun 100 kr. anstelle der bisher 60 kr. enthielt (Monika Schmidl, „Überblick über die österreichische Währungs- und Münzgeschichte", *Unser Währing* 24 (1989), 15-31.

6. Roman Sandgruber, *Die Anfänge der Konsumgesellschaft. Konsumgüterverbrauch, Lebensstandard und Alltagskultur in Österreich im 18. und 19. Jahrhundert* („Sozial- und Wirtschaftshistorische Studien" 15; Wien 1982), S. 227, Tabelle 43.

7. Ebenda.

8. Schmidl, „Überblick über die österreichische Währungs- und Münzgeschichte", 24.

9. Sandgruber, *Die Anfänge der Konsumgesellschaft*, Tabelle 20.

10. Fenner, *Österreich und seine Armee*, S. 240-241. Zur Besoldung württembergischer und badischer Offiziere um die Mitte des 19. Jahrhunderts siehe auch Heinz Helmert, *Militärsystem und Streitkräfte im deutschen Bund am Vorabend des preussisch-österr. Krieges von 1866* (Berlin 1964), S. 81-82.

11. Angeli, *Wien nach 1848*, S. 133-134.

12. Heinrich Ritter von Födransperg, *Vierzig Jahre in der österreichischen Armee. Erinnerungen eines österreichischen Offiziers, von seinem Eintritte in die Armee bis zur Gegenwart 1854-1894*, 2 Bde. (Dresden 1895), 1: 107.

13. Zitiert in István Görgey, *Görgey Arthur ifjúsága és fejlődése a forradalomig* (Die Jugend und Entwicklung von A.G. bis zur Revolution) (Budapest 1916), S. 107-108.

14. Ebenda, S. 127, 139, 148.

15. Arthur Görgey an seinen Bruder István (Svirotitz, 3. Juni 1843). Zitiert in Albert Görgei (Hg.), *Görgei Arthur 1818-1916* (Igló 1917), S. 17. Siehe auch István Görgey, *Görgey Arthur*, S. 82, 103.

16. Rudolf Baron Potier des Échelles, „Mein Leben", 2 Bde., unveröffentlichtes Manuskript (1855), Theresianum, Wien, 1: 219.

17. Mayr, *Wien im Zeitalter Napoleons*, S. 231.

18. Angeli, *Wien nach 1848*, S. 129; und Fenner, *Österreich und seine Armee*, S. 230-250.

19. Die Daten über die Besoldungsänderungen stammen aus Josef Burian, *Der kaiserlich-königliche Österreichische Offizier. Systematische Darstellung der Pflichten, Rechte, Ansprüche und Gebühren der Offiziere im Allgemeinen sowie die Obliegenheiten mit Bezug auf die Dienstsphäre im Besondern*, 3 Bde. (Prag 1860-1861), 1: 148; Antonio Schmidt-Brentano, *Die Armee in Österreich. Militär, Staat und Gesellschaft 1848-1867* (Boppard am Rhein 1975); und Ulf Sereinigg, „Das altösterreichische Offizierskorps 1869-1914. Bildung, Avancement, Sozialstruktur, wirtschaftliche Verhältnisse", unveröffentlichte Dissertation, Universität Wien, 1983, S. 105-107.

20. Die Daten über das Einkommen der Arbeiter stammen aus Alexander Sixtus von Reden, *Österreich-Ungarn. Die Donaumonarchie in historischen Dokumenten* (Salzburg 1984), S. 165. Die detailliertesten Quellen zum Einkommen und den Preisen in Österreich-Ungarn sind Sandgruber, *Die Anfänge der Konsumgesellschaft*; und Alfred Francis Pribram, *Materialien zur Geschichte der Preise und Löhne in Österreich*, 2 Bde. (Wien 1938), 1: 604-608 *et passim*.

21. Sereinigg, „Das altösterreichische Offizierskorps", S. 113-116.

22. Alfons Danzer et al., *Unter den Fahnen. Die Völker Österreich-Ungarns in Waffen* (Prag-Wien-Leipzig 1889), S. 105-112. Das Zitat befindet sich auf S. 105.

23. Salvator R. (*recte* Rudolf Hetz), *Die Verschuldung unseres Offizierskorps. Ihre Ursachen und Konsequenzen* (Wien 1911), S. 7-9, 49-50.

24. *Gagezettel von Oberleutnant Kurt Freiherr von Reden*, Jänner 1907. In „Nachlaß Reden", unveröffentlichtes Manuskript, KA, Wien, B/147.

25. *Schwarz-Gelbe Armee - Sociale Fragen!*, 2. Aufl. (Dresden-Leipzig 1899), S. 108-113.

26. „Der Officiersmangel und seine Ursachen", Teil I, *Armeeblatt* (Wien) 8, Nr. 43 (25. Oktober 1899): 1-3. Siehe auch Teil II desselben Artikels, ebenda., 44 (1. November 1899): 4-5.

27. *Armeeblatt*, 25. Oktober 1899: 3.

28. Douglas Porch, *The March to the Marne. The French Army, 1871-1914* (Cambridge 1981), S. 89.

29. Ebenda.

30. Zu den „schmutzigen" Schulden siehe Angeli, *Wien nach 1848*, S. 146-148.

31. Kurt von Schmedes, „Jugend- und Kriegserinnerungen", unveröffentlichtes Manuskript, KA, B/1044: 2, S. 1-4.

32. Adolf Stillfried von Rathenitz, „Erinnerungen aus meinem Leben", unveröffentlichtes Manuskript, KA, B/862, S. 88.

33. Am 18. Juli 1898 erhielt Leutnant Gustav Stumpf (geboren in Böhmen, ehemaliger Zögling einer Kadettenschule, 25 Jahre alt) vom k.u.k. Infanterie-Regiment Nr. 40 eine solche Postkarte von seinem Geldverleiher, einem gewissen Josef Hopfinger. Daraufhin ging der Leutnant zu Hopfinger und erschoß ihn. Das k.u.k. Festungskommando von Przemyśl entließ Stumpf aus seiner Charge und verurteilte ihn zu zwei Jahren Kerker, verschärft durch Einzelhaft im zweiten und achten Strafmonat. (KA Wien, Kriegsministerium, 1 A, 67-72).

34. Siehe Salvator R., *Die Verschuldung*.

35. *Schwarz-Gelbe Armee - Sociale Fragen!*, S. 116-119.

Kapitel 6

1. KA, Kriegsministerium 1901. Präs. 14-1/61 Militär-Commando in Zara. Siehe auch das *Haupt-Grundbuchblatt* von Augustin Weigel und die *Qualifikations-Liste* F 274 von Anton Bonkowski.

2. Weigels Kamerad Anton Bonkowski (Mitglied meiner Auswahlgruppe von 1900) wurde 1880 in der Bukowina geboren. Sein Vater war Armeediener, und er selbst hatte die Kadettenschule in Łobzów in Galizien absolviert. Seiner Qualifikations-Liste nach war Bonkowski ein mittelmäßiger Soldat, der in der Beförderungsliste oft zurückversetzt wurde („zur Zeit nicht geeignet"). Er sprach deutsch, polnisch, ruthenisch, serbo-kroatisch und rumänisch, keine dieser Sprachen jedoch fließend. Er war unverheiratet. 1908 hatte er Schulden in der Höhe von 4.335 Kronen angehäuft und wechselte in diesem Jahr als Militärbaurechnungsoffizial 3. Klasse zum Militärbaukorps.

3. Siehe Major Hans Mailáth-Pokorny, „Memoiren", unveröffentlichtes Manuskript, KA, B/700, Nr. 2, S. 23-27.

4. Hauptmann Ludwig Berger, *Der Waffengebrauch des Offiziers. Ein Orientierungsbehelf*, 3. Aufl. (Linz 1903; 1. Aufl. 1898), S. 58. Zu den vielen Publikationen zu diesem Thema gehören Josef Burian, *Der kaiserlich-königliche österreichische Offizier. Systematische Darstellung der Pflichten, Rechte, Ansprüche und Gebühren der Offiziere im Allgemeinen, sowie der Obliegenheiten mit Bezug auf die Dienstsphäre im Besondern*, 3 Bde. (Prag 1860-1861), vor allem 1: 25 ff; Major Alexander Hajdecki, *Officiers-Standes-Privilegien. System und Praxis des geltenden Officiersrechtes der k.u.k. bewaffneten Macht* (Wien 1897), S. 5ff; Hauptmann Adalbert Schneider, *Der Officier im gesellschaftlichen Verkehr*, 3. Aufl. (Graz 1895); *Vorschrift über die Behandlung unverbesserlicher Offiziere* (Wien 1862); *Dienstverkehr des Reserveoffiziers* (Wien 1915), S. 215-244; Karl Friedrich Kurz (Hg.), *Militär-Taschenlexikon*, 10. Aufl., Teil I. (Wien 1911); und A. Kielhauser, *Die Vorschrift für das ehrenrätliche Verfahren im k.u.k. Heere und Ehrenrechtsfragen*, 4. Aufl. (Wien 1914).

5. Alfons Danzer et al., *Unter den Fahnen. Die Völker Österreich-Ungarns in Waffen* (Prag-Wien-Leipzig 1889), S. 91.

6. Hajdecki, *Officiers-Standes-Privilegien*, S. 3-11, 188-196. Die Zitate befinden sich auf den S. 5, 10.

7. Siehe *Militär-Taschenlexikon*, S. 73; Berger, *Der Waffengebrauch des Offiziers*, S. 24; und *Dienstverkehr des Reserveoffiziers*, S. 228.

8. Was die Sache unerhört verkomplizierte, war der Umstand, daß der beleidigte Offizier auf der Stelle abwägen mußte, ob sein Gegner satisfaktionsfähig war oder nicht. Wenn er den Säbel zog und seinen Gegner niederschlug und dieser sich in der Folge als Ehrenmann herausstellte, würde ihn der Ehrenrat sehr wahrscheinlich dafür bestrafen, daß er seinen Gegner nicht zum Duell gefordert hatte. Forderte der Offizier aber im Gegenteil seinen Angreifer und entpuppte sich dieser dann als satisfaktionsunfähig, so würde er wohl dafür bestraft werden, von seinem Recht auf Ehrennotwehr nicht Gebrauch gemacht zu haben.

9. Berger, *Der Waffengebrauch des Offiziers*, S. 12-13.

10. Tibor Hajdu, „A tisztikar társadalmi helyzetének változásai (1849-1914)" (Änderungen in der sozialen Struktur des Offizierskorps [1849-1914]), *Valóság* 87/4 (Budapest, April 1987), S. 70-71.

11. Die Informationen über die Geschichte des Duells stammen, wenn nicht anders angegeben, aus Hubert Mader, *Duellwesen und altösterreichisches Offiziersethos* („Studien zur Militärgeschichte, Militärwissenschaft und Konfliktforschung", 31; Osnabrück 1983); Wilson D. Wallis' Aufsatz über das Duell in der *Encyclopaedia of the Social Sciences*, 15 Bde. (New York 1959), 5: 268-270; und V.G. Kiernan, *The Duel in European History: Honour and the Reign of Aristocracy* (Oxford-New York 1988). Das letztgenannte Buch, obwohl sonst umfassend, beschäftigt sich fast gar nicht mit der Habsburgermonarchie.

12. Siehe Mader, *Duellwesen und altösterreichisches Offiziersethos*, S. 27.

13. Ebenda, S. 113.

14. Hajdecki, *Officiers-Standes-Privilegien*, S. 197n.

15. (Ferdinand Daniel) Fenner von Fenneberg, *Österreich und seine Armee* (Leipzig o.J. [1842?]), S. 134-137.

16. Ebenda, S. 136-137.

17. KA Kriegsministerium, 1901; 1 A 67.28. Siehe auch Leutnant Carl Smerczeks *Qualifikations-Liste* F 2758.

18. Carl Freiherr von Bardolff, *Soldat im alten Österreich. Erinnerungen aus meinem Leben* (Jena 1938), S. 55-56. Die Ledóchowski-Affäre wird auch erwähnt in Mader, *Duellwesen und altösterreichisches Offiziersethos*, S. 129.

19. Die Ablehnung des Duells seitens der Katholiken, Freimaurer, Sozialdemokraten und der liberalen Opposition wird behandelt in Mader, *Das Duellwesen und altösterreichisches Offiziersethos*, S. 119-128, 134-138.

20. Zu den Anti-Duell Ligen in Österreich und Ungarn siehe ebenda, S. 129-134. Siehe auch D. Prokowsky, *Die Geschichte der Duellbekämpfung* (Bonn 1965).

21. Joseph Roth, *Radetzkymarsch* (Hamburg 1958), S. 77.

22. Ebenda, S. 81.

23. Siehe *Militär-Statistisches Jahrbuch für das Jahr 1900* (Wien 1901), S. 145.

24. Die Waidhofener Studentenkonferenz und der ständige Konflikt zwischen den antisemitischen Studenten und der Armee werden behandelt in Peter G.J. Pulzer, *Die Entstehung des politischen Antisemitismus in Deutschland und Österreich* (Gütersloh 1966), S. 203.

25. In Preußen wäre die Entscheidung bedeutungslos gewesen, da dort, im Gegensatz zum südlichen Deutschland und zu Österreich-Ungarn, zwischen 1884 und 1914 kein einziger Jude zum Offizier ernannt wurde.

26. *Dienstverkehr des Reserveoffiziers*, S. 236-237.

27. Die Provokationen der k.u.k. Offiziere durch deutsche Studenten wurden von Carl Freiherr von Bardolff in seinem Buch *Soldat im alten Österreich,* S. 38-41 eher entrüstet behandelt, da Bardolff selbst Deutschnationaler war. In dieselbe Kerbe schlägt auch der österreichische Militärchronist Rudolph von Eichthal in seinem Roman Die Goldene Spange. Ein Roman aus Altösterreich (Wien-Leipzig 1941), S. 88-119. Da Eichthal seinen Roman während der nationalsozialistischen Zeit verfaßte, fühlte er sich veranlaßt, die gewalttätigsten deutschnationalen Studenten als verkleidete Serben auftreten zu lassen. Dem Pseudo-Deutschen wird im Roman anläßlich eines Duells mit dem Helden der Geschichte, einem deutschstämmigen habsburgischen Offizier, eine nachdrückliche Lektion erteilt. Zum Konflikt zwischen den deutschen Studenten und den Offizieren siehe auch Mailáth-Pokorny, „Memoiren", S. 33-34, und Oberst Kurt von Schmedes, „Jugend- und Kriegserinnerungen", unveröffentlichtes Manuskript, KA, B/1044, S. 2, 17.

28. Zitiert in Major Caesar de Sgardelli, *Párbaj zsebkódexe* (Der Taschenkodex des Duellierens) (Budapest 1922), S. 20.

29. *Dienstverkehr des Reserveoffiziers*, S. 231-244.

30. KA, Kriegsministerium, 1909. 1 A, 100-135. Oberleutnant Wilhelm Ritter von Rosner, der meiner Auswahl von 1900 angehörte, wurde 1880 in Böhmen geboren. Sein Vater war Verwalter auf einem Gut der Fürsten Schwarzenberg. Er selbst absolvierte die technische Militärakademie und die Kriegsschule, beide mit den Noten „sehr gut". Rosner, der fließend deutsch und tschechisch sprach, verfügte auch über Kenntnisse in serbo-kroatisch, italienisch, französisch und englisch. Siehe seine *Qualifikations-Liste* F 2476.

31. Albert Wiesinger, *Das Duell vor dem Richterstuhle der Religion, der Moral, des Rechtes und der Geschichte* (Graz 1895), wie zitiert bei Mader, *Duellwesen und altösterreichisches Offiziersethos*, S. 155-162. Siehe auch Wallis' Aufsatz über das Duell in *Encyclopaedia of the Social Sciences*, S. 269.

32. Siehe Sándor Némethy, *A tiszti fegyverhasználat* (Der Waffengebrauch des Offiziers) (Szeged 1936).

33. Wallis' Aufsatz über das Duell in *Encyclopaedia of the Social Sciences*, S. 270. - Bezüglich Deutschland irrt Wallis allerdings, wie wir im Text gesehen haben.

34. Der Oberste Gerichtshof der vormaligen BRD definiert die studentische Mensur, die ihren

Ursprung in der Romantik des 19. Jahrhunderts hat, als sportlichen Wettkampf, da es weder eine Beleidigung noch eine Forderung gibt. Ich hatte 1961 das Vergnügen, einer Reihe von Mensuren zwischen Angehörigen zweier studentischer Corps - „Vandalia“ und „Borussia“ - beiwohnen zu dürfen. Die Teilnehmer trugen Schutzbrillen sowie Nasen- und Augenschützer. Ihre Nacken waren bandagiert, und ein schwerer, blutgetränkter Schurz deckte den ganzen Körper ab. Sie hieben aufeinander mit Waffen ein, die wie riesige, schwere Degen aussahen, und zielten auf Kopf und Wangen. Obwohl die anwesenden „alten Herren“ diese Kämpfe als „Kindereien“ abtaten, waren das recht blutige Angelegenheiten.Einer Karikatur des traditionellen Duells gleich, ist der Gewinner der Mensur nicht derjenige, der aus seinem Gegner Hackfleisch macht, sondern derjenige, der die größten Schmisse auf Kopf und Gesicht erhält und weniger zusammenzuckt, wenn diese Schmisse ohne Narkose und mit besonderes grober Hand genäht werden.

Kapitel 7

1. Viele Informationen über die Heiraten von Offizieren stammen aus Gerwin Müller, „Heiratsvorschriften und Heiratsverhalten im altösterreichischen Offizierskorps“, unveröffentlichte Dissertation, Universität Wien, 1980. Über die Maßnahmen Maria Theresias siehe S. 28-31.

2. Ebenda, S. 37-45.

3. Ebenda, S. 46-49.

4. Ebenda, S. 60, 102, 104. Müller scheint sich hier zu irren, denn er unterschätzt die Besoldung eines Offiziers im Jahre 1907 bei weitem. So schreibt er beispielsweise, daß ein Leutnant jährlich 400 Gulden bekam, während die gesetzlich vorgeschriebene Grundbesoldung mit 840-1.000 Gulden festgesetzt war. Siehe Kap. 5 meines Buches.

5. Siehe István Deák, *Die rechtmäßige Revolution: Lajos Kossuth und die Ungarn 1848-1849*. Aus dem Ungarischen übersetzt von Géza Engl (Budapest-Wien 1989), S. 163-164.

6. Adolf Stillfried von Rathenitz, „Erinnerungen aus meinem Leben“, unveröffentlichtes Manuskript, KA, B/862, S. 66-69; (Moritz Ritter von) Auffenberg-Komarów, *Aus Österreichs Höhe und Niedergang. Eine Lebensschilderung* (München 1921), S. 71; Wilhelm Hirsch, Edler von Stronstorff, „Erinnerungen“, unveröffentlichtes Manuskript, KA, B/1003, Nr. 1, S. 47; und Gregor Edler von Misčević, „Der Werdegang eines Grenzerkindes als nützliches Glied des Staates und der menschlichen Gesellschaft“, unveröffentlichtes Manuskript, KA, B/1146/1, S. 10.

7. Müller, „Heiratsvorschriften und Heiratsverhalten im altösterreichischen Offizierskorps“, S. 139.

8. Zitiert ebenda, S. 145.

9. A. Kielhauser, *Die Vorschrift für das ehrenrätliche Verfahren im k.u.k. Heere und Ehrenratsfragen* (Wien 1914), S. 253.

10. *Militär-Statistisches Jahrbuch für das Jahr 1872,* Teil I (Wien 1875), S. 169, 208-209.

11. Anton Freiherr von Lehár, „Lehár Geschichten", unveröffentlichtes Manuskript, 2 Bde., KA, B/600, Nr. 1/II, S. 49.

12. Anton Freiherr Mollinary von Monte-Pastello, *Sechsundvierzig Jahre im österreichisch-ungarischen Heere 1833-1879*, 2 Bde. (Wien 1905), 1: 193-194; und August Urbański von Ostrymiecz, „Das Tornisterkind. Lebenserinnerungen", unveröffentlichtes Manuskript, KA, B/58, Nr. 4, S. 29-34.

13. (Ferdinand Daniel) Fenner von Fenneberg, *Österreich und seine Armee* (Leipzig o.J. [1842?]), S. 60-61.

14. *Militär-Statistisches Jahrbuch für das Jahr 1872*, S. 208-209.

15. Wilhelm Ritter Gründorf von Zebegény, *Memoiren eines österreichischen Generalstäblers 1832-1866*, hg. Adolf Saager, 4. Aufl. (Stuttgart 1913), S. 323-364.

16. Ebenda, S. 77, 90.

17. Peter Broucek (Hg.), *Ein General im Zwielicht. Die Erinnerungen Edmund Glaises von Horstenau*, 3 Bde. (Wien 1980-1987), 1: 76.

18. Der Fall von Fähnrich Heinrich Schmidt. Garnisonsgericht Gyulafehérvár, 20. Juli 1912, und Militär Obergericht Wien, 2. Mai 1913, KA, Kriegsministerium, 1912, 1 A 67-93, und 1913 1 A 67-84.

19. Der Fall von Oberleutnant Wenzel Hausmann, k.k. General-Kommando zu Ofen, Mil. Abt. Nr. 732. KA, Kriegsministerium, 1874, 1 A 67-6.

20. „Strafuntersuchungsprotokolle 1896-1915", KA.

21. (1) Der Fall von Cornelius Ritter von Hafner, Festungs-Commando zu Komorn. KA, Kriegsministerium, 1901, 1 A 67-55/6; (2) der Fall von Curt Josef Mayer und Stanislaus Boicetta, Garnisons-Gericht zu Theresienstadt. KA, Kriegsministerium, 1900, 1 A 67-68; und (3) der Fall von Josef Kautek, Garnisons-Gericht zu Sopron. KA, Kriegsministerium, 1908, 1 A 67-47/2.

22. Die berühmteste Arbeit zu der Redl-Affäre ist Egon Erwin Kisch, *Der Fall des Generalstabschefs Redl* (Berlin 1924). Kisch, 1913 ein junger Prager Journalist, stellte als erster öffentlich die beschönigende Stellungnahme der Armee nach dem Selbstmord Redls in Frage.

Die umfangreichste Behandlung der Redl-Affäre ist *The Panther's Feast* (New York 1959) von Robert Asprey, einem ehemaligen amerikanischen Geheimdienstoffizier, der nach dem Zweiten Weltkrieg in Österreich tätig war. Asprey erhielt Zugang zu bislang geheimgehaltenen Dokumenten im Wiener Kriegsarchiv und interviewte viele noch lebende Augenzeugen. Seine spannende Geschichte wird allerdings dadurch getrübt, daß er die Hauptpersonen gerne seine eigenen Gedanken denken läßt und Ereignisse und Gespräche erfindet. Siehe auch Urbański, „Das Tornisterkind", S. 94-101; Georg Markus, *Der Fall Redl* (Wien-München 1984); und Alfred Redls *Qualifikations-Liste* F 2399, im KA.

23. Siehe Strafuntersuchungsprotokolle 1896-1915, KA. Die statistischen Daten beruhen auf eigenen Zusammenstellungen auf Grundlage der Angaben aus diesem handgeschriebenen Index.

24. Siehe Hubert Mader, *Duellwesen und altösterreichisches Offiziersethos* („Studien zur Militärgeschichte, Militärwissenschaft und Konfliktforschung" 31; Osnabrück 1983).

25. Die Zulassung von Mannschaftsangehörigen selbst bei Verfahren gegen Offiziere geht auf die egalitäre Tradition der dynastischen habsburgischen Armee aus der Zeit der Landsknechte zurück. 1849 beispielsweise wurden die aufständischen ungarischen Offiziere in Arad vor ein Gericht gestellt, das aus 14 Richtern bestand: einem Stabsoffizier als Präsidenten, dem Militärauditor, zwei Majoren, zwei Hauptleuten, zwei Leutnanten, zwei Feldwebeln, zwei Korporalen und zwei Gemeinen. Wann diese Praxis abgeschafft wurde, konnte ich nicht genau in Erfahrung bringen. Um die Jahrhundertwende kamen Offiziere jedenfalls bereits vor ein Gericht, das aus Offizieren bestand, die zumindest denselben Rang bekleideten wie der Angeklagte selbst. (Tamás Katona [Hg.], *Az aradi vértanúk* [Die Märtyrer von Arad], 2 Bde. [Budapest 1979], 1: 29, und Dokumente. Siehe auch Walter Wagner, „Die k.[u.]k. Armee - Gliederung und Aufgabenstellung", in Adam Wandruszka und Peter Urbanitsch [Hgg.], *Die bewaffnete Macht* [„Die Habsburgermonarchie", Bd. 5; Wien 1987], S. 268-277, 539-560).

26. Zu den Militärgerichtsverfahren siehe u.a. Fenner, *Österreich und seine Armee*, Kap. 6, 9; Emil Dangelmaier, *Militär-rechtliche und militär-ethische Abhandlungen. Mit Berücksichtigung der Gesetzgebung Österreich-Ungarns, Deutschlands, Frankreichs und Italiens* (Wien-Leipzig 1893); Generalmajor Cleinow, *Zur Frage des Militär-Strafverfahrens in Deutschland und Österreich-Ungarn* (Berlin 1894), das den österreichisch-ungarischen Verfahren sehr kritisch gegenübersteht; Leo Geller, *Die Militär-Strafprozeßordnungen für die gemeinsame Wehrmacht und die Landwehr* (Wien 1912); Ernst Franz Weisl, „Das Militärstrafrecht", *Österreichische Militärische Zeitschrift*, 1890: 124-157, und von demselben Autor, „Zur Reform des Militärstrafprozesses", ebenda, 1910: 351-373, sowie sein *Kommentar zu den Militär-Strafprozeßordnungen für die gemeinsame Wehrmacht und für die Landwehren in Österreich und Ungarn vom 5. Juli 1912* (Wien 1913). Auch Leomare Qualtinger, *K.u.K. Krimis. Berühmte Kriminalfälle aus dem alten Österreich* (Wien-München 1980): „Der Fall Adolf Hofrichter", S. 231-255.
Wieder bin ich Alan Sked von der Universität London zu Dank verpflichtet, daß er es mir ermöglicht hat, Einblick in seinen unveröffentlichten Aufsatz „Social Attitudes as Evinced in Army Life in the Monarchy" zu nehmen.

27. *Militärstatistisches Jahrbuch für das Jahr 1911* (Wien 1912), S. 143, 154-161.

Kapitel 8

1. Es war sehr schwierig, Informationen über das Pensionssystem in der Zeit vor 1855 zu bekommen. Der Leser sei auf (Ferdinand Daniel) Fenner von Fennebergs grundlegendes Werk, *Österreich und seine Armee* (Leipzig o.J. [1842?]), S. 306-316, 322-325, verwiesen sowie auf Alan Sked, *The Survival of the Habsburg Empire: Radetzky, the Imperial Army and the Class War, 1848* (London-New York 1979), S.24-26.

2. Josef Karl Mayr, *Wien im Zeitalter Napoleons. Staatsfinanzen, Lebensverhältnisse, Beamte und Militär* („Abhandlungen zur Geschichte und Quellenkunde der Stadt Wien", VI; Wien 1940), S.225.

3. Über die ausgehandelten Pensionierungen siehe Fenner, *Österreich und seine Armee*, S.174-176.

4. Zur Pensionsregelung des Jahres 1855 siehe Antonio Schmidt-Brentano, *Die Armee in Österreich. Militär, Staat und Gesellschaft 1848-1867* (Boppard am Rhein 1975), S. 409-412.

5. Siehe Alfons Danzer et al., *Unter den Fahnen. Die Völker Österreich-Ungarns in Waffen* (Prag-Wien-Leipzig 1889), S.111-112; und „Der Officiersmangel und seine Ursachen", *Armeeblatt* 18, Nr. 43 (25. Oktober 1899): 2.

6. Ebenda.

7. „Der Officiersmangel und seine Ursachen", S.3.

8. Siehe Mayr, *Wien im Zeitalter Napoleons*, S. 225.

9. Siehe Karl Ilming, *Die Versorgung der Militärwitwen und -waisen* (Wien 1907), S.9-11.

10. „Der Officiersmangel und seine Ursachen", S.3.

11. Siehe Erzsébet Gangel, *A soproni m.kir. „Zrinyi Ilona" honvédtiszti leánynevelőntézet története 1850-1936* (Die Geschichte von „Ilona Zrinyi" Honvéd-Offizierstöchter-Erziehungsinstitut) (Budapest o.J.); und Adele von Arbter, *Aus der Geschichte der k.u.k. Offizierstöchter-Erziehungs-Institute* (Wien, 1892). Die Daten über die Lehrer und Schüler stammen aus dem *Militär-Schematismus 1905* (Wien, 1905), S. 1064.

12. Ilming, *Die Versorgung der Militärwitwen und -waisen*, S. 69.

13. Ebenda, S.43-56.

Kapitel 9

1. C.A. Macartney, *The Habsburg Empire, 1790-1918* (London 1968), S. 53. Auf den Seiten 49-58 beschäftigt sich der Autor kurz und treffend mit der Frage des Adels in der Habsbur-

germonarchie. Leider irrt er in Bezug auf die Ausdehnung des Esterházyschen Landbesitzes. Andere informative und kurze Quellen über den Adel in den habsburgischen Gebieten sind: Moritz Csáky, „Adel in Österreich", in: *Das Zeitalter Kaiser Franz Josephs. I.Teil. Von der Revolution zur Gründerzeit 1848-1880. Beiträge* (Schloß Grafenegg 1984), S. 212-219; und László Deme, „From Nation to Class: The Changing Social Role of the Hungarian Nobility", *International Journal of Politics, Culture and Society* (Sommer 1988): S.568-584; auch Heinz Siegert (Hg.), *Adel in Österreich* (Wien 1971).

2. (Kronprinz Rudolf von Habsburg), „Der Österreichische Adel und sein constitutioneller Beruf (1878)", in: Brigitte Hamann (Hg.), *Kronprinz Rudolf, Majestät, ich warne Sie. Geheime und Private Schriften* (Wien 1979), S. 18-52.

3. Siehe William O. McCagg, *Jewish Nobles and Geniuses in Modern Hungary* („East European Monographs", Nr.3; New York 1972), S. 21-22.

4. Ende des 19. Jahrhunderts betrug die Taxe für eine Erhebung in den einfachen Adelsstand in Ungarn beispielsweise 1.575 Gulden, für die Baronie 3.150 Gulden, für den Grafentitel 6.300 Gulden und für den Fürstentitel 12.600 Gulden. Hinzu kamen noch die Auslagen für das Adelspatent selbst, die zwischen 72 Gulden 89 kr. für eine Erhebung in den einfachen Adelsstand und 1.437 Gulden 45 kr. für ein Fürstenpatent lagen. (Siehe Béla Kempelen, *A nemesség. Útmutató az összes nemesi ügyekben. Genealógiai és heraldikai kézikönyv* (Der Adel. Führer in allen Fragen der Nobilitierung. Ein Handbuch zur Genealogie und Heraldik.) (Budapest 1907). Die Kosten der Nobilitierung in der österreichischen Reichshälfte der Monarchie waren etwa gleich hoch. Von reichen Geschäftsleuten erwartete man, sozusagen als Voraussetzung für ihre Erhebung in den Adelsstand, daß sie zusätzlich zu den oben erwähnten Ausgaben eine beträchtliche Summe für eine wohltätige Stiftung zur Verfügung stellten.

5. Siehe Johann Christoph Allmayer-Beck, „Die Träger der staatlichen Macht. Adel, Armee und Bürokratie", in: Otto Schulmeister (Hg.), *Spectrum Austriae. Österreich in Geschichte und Gegenwart* (Wien 1957), S. 160.

6. Siehe Josef Burian, *Der kaiserlich-königliche österreichische Offizier. Systematische Darstellung der Pflichten, Rechte, Ansprüche und Gebühren der Offiziere im Allgemeinen, sowie die Obliegenheiten mit Bezug auf die Dienstsphäre im Besondern*, 3 Bde. (Prag 1860-1861), 1: 213-216.

7. Mit einer Ausnahme habe ich die Namen der Familien des Millitäradels den Listen der Generalstabs- und der im Kriegsministerium dienenden Offiziere im *Militär-Schematismus* des Jahres 1880 entnommen. Die Namen der alten Adelsfamilien wurden aus den im selben Buch angeführten Offizierslisten der Kavallerie ausgewählt.

8. Ulf Sereinigg, „Das altösterreichische Offizierskorps 1868-1914. Bildung, Avancement, Sozialstruktur, wirtschaftliche Verhältnisse", unveröffentlichte Dissertation, Universität Wien, 1983, S.98-99; siehe auch Nikolaus von Preradovich, D*ie Führungsschichten in Österreich und Preussen 1804-1918, mit einem Ausblick zum Jahre 1945* („Veröffentlichungen des Instituts für Europäische Geschichte Mainz", Bd. 11; Wiesbaden 1955), S.7.

9. Preradovich, *Die Führungsschichten in Österreich und Preussen S.56-58.*

10. „Die k. und k. Generalität", *Die Vedette* 35, Nr. 469 (Wien, 4. März 1903): 1.

11. Karl Kandelsdorfer, „Der Adel im k.u.k. Offizierskorps", *Militärische Zeitschrift* (1897): 248-269.

12. Ebenda: 250-269.

13. Siehe z.B. Robert Nowak, „Die Klammer des Reichs. Das Verhalten der elf Nationalitäten Österreich-Ungarns in der k.u.k. Wehrmacht 1914-1918", 4 Bde., unveröffentlichtes Manuskript, KA, B/726, Nr. 1, Bd. I, S. 11, und Kurt von Schmedes, „Jugend- und Kriegserinnerungen", unveröffentlichtes Manuskript (1979), KA, B/1044: 2, S.3.

14. Sereinigg, „Das altösterreichische Offizierskorps 1868-1914", S. 97.

15. Preradovich, *Die Führungsschichten in Österreich und Preussen,* S. 44.

16. Siehe Tibor Hajdu, „A tisztikar társadalmi helyzetének változásai (1849-1914)" (Änderungen in der sozialen Stellung des Offizierskorps (1849-1914)), *Valóság,* 87/4 (Budapest, April 1987): 69.

17. Ebenda.

18. Diese Daten beruhen auf eigenen Berechnugen auf Grundlage des *Militär-Schematismus für das Jahr 1905* (Wien 1905).

Kapitel 10

1. Diese Daten stammen aus dem *Kais. königl. Militär-Schematismus für 1880* (Wien 1879), S.10-22 *et passim.*

2. Ebenda, S.113, 115.

3. Die Statistiken stammen aus dem *Militär-Statistischen Jahrbuch für das Jahr 1870,* Teil 1 (Wien 1872), S.211-217.

4. Siehe *Militär-Statistisches Jahrbuch für das Jahr 1875,* Teil 1 (Wien 1878), S.172-175.

5. Zitiert in August Urbański von Ostrymiecz, „Das Tornisterkind. Lebenserinnerungen", unveröffentlichtes Manuskript, KA, B/58, Nr. 4, S.16.

6. „Hauptmann Alexander Dini ist ein Offizier von vorzüglichen Charaktereigenschaften und Geistesgaben, von ernstem Streben auf militärischem und wissenschaftlichem Gebiete beseelt", schrieben die vier kommandierenden Offiziere des 16. k.k. Landwehr-Regiments am

2.Dezember 1902 in Troppau in ihrem zweiseitigen Bericht an den Kaiser. Hauptmann Dini wurde 1906 im Alter von 45 Jahren außertourlich zum Major befördert (Qualifikations-Liste von Alexander Dini, KA Wien).

7. Ulf Sereinigg, „Das altösterreichische Offizierskorps 1868-1914. Bildung, Avancement, Sozialstruktur, wirtschaftliche Verhältnisse", unveröffentlichte Dissertation, Universität Wien 1983, S.80-85.

8. Ebenda, S. 71f.

9. *Militärstatistisches Jahrbuch für das Jahr 1911* (Wien 1912), S.143-146.

10. Siehe Gábor Bona, *Kossuth Lajos kapitányai* (Die Hauptleute Lajos Kossuths) (Budapest 1988), S.57-58. Über Kossuths Aufenthalt in den Vereinigten Staaten 1851-1852 und seine anti-katholischen Äußerungen dort siehe István Deák, *Die rechtmäßige Revolution: Lajos Kossuth und die Ungarn 1848-1849.* Aus dem Ungarischen übersetzt von Géza Engl (Budapest-Wien 1989), S. 287-288; und Donald S. Spencer, *Louis Kossuth and Young America: A Study of Sectionalism and Foreign Policy, 1848-1852* (Columbia, Missouri-London 1977).

11. 1872 zum Beispiel, als die Katholiken (vorwiegend Deutsche, Magyaren, Tschechen, Polen, Kroaten und Italiener) 67,7 % der Mannschaften der k.u.k. Armee ausmachten, betrug ihr Anteil unter den Pionieren 94,3 % und im Train nur 56,5 %. Umgekehrt stellten die Griechisch-Orthodoxen (d.h. vor allem die Serben, Rumänen und Ruthenen) 9,3 % der Mannschaften der k.u.k. Armee, während ihr Anteil unter den Pionieren nur 0,2 % und im Train 12,7 % betrug. (*Militär-Statistisches Jahrbuch für das Jahr 1872*, Teil I (Wien 1875), S. 171-172, 202-203.)

12. Siehe Alexander Sixtus von Reden, *Österreich-Ungarn. Die Donaumonarchie in historischen Dokumenten* (Salzburg 1984), S. 67; und *Militärstatistisches Jahrbuch für das Jahr 1911*, S. 145, 147. Keineswegs untypischerweise, da es keine umfassende Statistiken für die Gesamtmonarchie gibt, enthält Adam Wandruszkas und Peter Urbanitsch' (Hgg.) Werk, *Die Konfessionen* („Die Habsburgermonarchie 1848-1918", Bd.4; Wien 1985) auf 859 Seiten nicht eine einzige Statistik über die konfessionelle Verteilung der Gesamtbevölkerung der Monarchie.

13. Siehe *Militärstatistisches Jahrbuch für das Jahr 1910* (Wien 1911), S. 147; und *Schematismus für das kaiserliche und königliche Heer und für die kaiserliche und königliche Kriegsmarine für 1910* (Wien 1909), S.1216. Für eine boshafte Darstellung der Kapläne der k.u.k. Armee siehe Jaroslav Hašek, *Die Abenteuer des braven Soldaten Schwejk während des Weltkrieges.* Aus dem Tschechischen übersetzt von Grete Reiner, 4 Bde. (Prag 1926-1927).

14. Viele Informationen über die Juden in der habsburgischen Armee habe ich Erwin A. Schmidls zweisprachigem Werk *Juden in der k.(u.)k. Armee 1788-1918. Jews in the Habsburg Armed Forces* („Studia Judaica Austriaca", XI; Eisenstadt 1989) entnommen. Zur Judenverordnung von 1789 siehe u.a. Joseph Karniel, „Das Toleranzpatent Kaiser Josephs II. für die Juden Galiziens und Lodomeriens", *Jahrbuch des Instituts für Deutsche Geschichte der Universität Tel Aviv* 11 (1982): 55-89. Die entsprechenden Abschnitte finden sich in Paragraph

48 und 49. Siehe auch Joseph Karniel, *Die Toleranzpolitik Kaiser Josephs II.* („Schriftenreihe des Instituts für Deutsche Geschichte Tel Aviv", Nr.9; Gerlingen 1986), und Michael K. Silber, „The Enlightened Absolutist State and the Transformation of Jewish Society: Tradition in Crisis? State Schools, Military Conscription, and the Emergence of a Neutral Policy in the Reign of Joseph II.", ein Aufsatz der bei der Konferenz „Tradition and Crisis Revisited" an der Harvard University, Cambridge, 11.-12. Oktober 1988 vorgelegt wurde.

15. Siehe C.A. Macartney, *The Habsburg Empire, 1790-1918* (London 1968), S. 37, 82 und Wolfgang Hansler, „Das österreichische Judentum im Zeitalter der josephinischen Toleranz", in *Österreich zur Zeit Kaiser Josephs II.* (Wien 1980), S. 166-169.

16. Zitiert in Wolfgang von Weisl, „Juden in der österreichischen und österreichisch-ungarischen Armee", *Zeitschrift für die Geschichte der Juden* 8 (1971): 5.

17. Für eine detaillierte Beschreibung der Sondersteuern, die von Juden anstelle eines Militärdienstes gezahlt wurden, siehe Schmidl, *Juden in der k.(u.)k. Armee*, S.40-42, 105-107.

18. Moritz Frühling, „Wiener Juden für die österreichisch-ungarische Monarchie", *Ost und West. Illustrierte Monatsschrift für das gesamte Judentum* 10 (1910): 539-540.

19. Schmidl, *Juden in der k.(u.)k. Armee*, S. 51-52, 115.

20. Weisl, „Juden in der österreichischen und österreichisch-ungarischen Armee", S.10-11; Jenő Zsoldos (Hg.), *1848-49 a magyar zsidóság életében* (1848-49 im Leben der ungarischen Juden) (Budapest 1948), S.189-190, 221-224 *et passim*; und Gábor Bona, *Tábornokok és törzstisztek a szabadságharcban 1848-49* (Generäle und Stabsoffiziere im Unabhängigkeitskrieg von 1848-49) (Budapest 1983).

21. Siehe die *Qualifikations-Liste* F 2874 von Karl Strass, KA.

22. Schmidl, *Juden in der k.(u.)k. Armee*, S. 55, 118.

23. *Militär-Statistisches Jahrbuch für das Jahr 1872*, S. 202-203; *Militär-Statistisches Jahrbuch für das Jahr 1902* (Wien 1903), S. 186-187; und *Militärstatistisches Jahrbuch für das Jahr 1911*, S. 188-197.

24. *Militärstatistisches Jahrbuch für das Jahr 1911*, S. 192-193, 196-197.

25. Werner T. Angress, „Prussia's Army and the Jewish Reserve Officer Controversy Before World War I", *Publications of the Leo Baeck-Institute*, Jahrbuch 17 (London-Jerusalem-New York 1972), S.19-42; Martin Kitchen, *The German Officer Corps, 1890-1914* (Oxford 1968), S.40; Rolf Vogel, *Ein Stück von uns. Deutsche Juden in deutschen Armeen 1813-1976. Eine Dokumentation* (Mainz 1977), S. 38; und Peter Pulzer, „Die jüdische Beteiligung an der Politik", in Werner E. Mosse (Hg.), *Juden im Wilhelminischen Deutschland 1890-1914* (Tübingen 1976), S.169-172 *et passim*. Für ein typisches Beispiel für eine geheime anti-jüdische Absprache zwischen preussischen Militärdienststellen siehe Isegrimm, „Vom Jahrmarkt des Lebens", *Dr.Bloch's Wochenschrift* (Wien), Nr. 13 (25. März 1904): 201.

26. *Militärstatistisches Jahrbuch für das Jahr 1911*, S.149, 185-187, 193, 196-197, 213-215.

27. Über jüdische Schüler an österreichischen Mittelschulen und Universitäten siehe Wolfdieter Bihl, „Die Juden" in Adam Wandruszka und Peter Urbanitsch (Hgg.), *Die Völker des Reiches* („Die Habsburgermonarchie 1848-1918", Bd.3, Wien 1980), Teil II, S.924. Über jüdische Mittelschüler in Ungarn siehe Victor Karády, „Jewish Enrollment Patterns in Classical Secondary Education in Old Regime and Inter-war Hungary", *Studies in Contemporary Jewry* 1 (Bloomington, Indiana, 1984): 232, und *A Magyar Szent Korona Országainak 1910. évi népszámlálása* (Die Volkszählung des Jahres 1910 in den Ländern der Heiligen Ungarischen Krone), Teil VI (Budapest 1920), S.95.

28. *Militär-Statistisches Jahrbuch für das Jahr 1897* (Wien 1898), S. 191, 193, 217, 219; und *Militärstatistisches Jahrbuch für das Jahr 1911*, S. 185, 187, 213, 215.

29. *Militärstatistisches Jahrbuch für das Jahr 1911*, S. 149, 185, 213.

30. Eduard Beer, „Vom militärärztlichen Officierscorps", *Dr.Bloch's Wochenschrift* (Wien), Nr. 52 (27. Oktober 1901) 855-856; und *Monatschrift der Österreichisch-Israelitischen Union*, 16/4 (April 1904): 2.

31. Siehe z.B. Weisl, „Juden in der österreichischen und österreichisch-ungarischen Armee", S.3.

32. Moritz Frühling, *Biographisches Handbuch der in der k.u.k. österr.-ung. Armee und Kriegsmarine aktiv gedienten Offiziere, Ärzte, Truppen-Rechnungsführer und sonstigen Militärbeamten jüdischen Stammes* (Wien 1911).

33. Diese und alle anderen Statistiken über jüdische Berufsoffiziere wurden auf der Basis von Moritz Frühlings *Biographisches Handbuch der in der k.u.k. österr.-ung. Armee* berechnet.

34. Im akademischen Jahr 1909/10 waren insgesamt 15 jüdische Zöglinge in den Militärschulen der k.u.k. Armee eingeschrieben. Von ihnen besuchte einer die Technische Militärakademie und kein einziger die Theresianische Militärakademie. (*Österreichisches Statistisches Handbuch 1910*, Wien 1911, S. 461.)

35. Zu General Schweitzer siehe Frühling, *Biographisches Handbuch der in der k.u.k. österr.-ung.Armee*, S. 3; Weisl, „Juden in der österreichischen und österreichisch-ungarischen Armee", S. 11-12; E. Rubin, *140 Jewish Marshals, Generals, and Admirals* (London 1952), S. 67-68; Schmidl, *Juden in der k.(u.)k. Armee*, S. 63, 125; und *Egyenlőség* (Gleichheit), Budapest, 27. Mai 1938. Siehe auch Schweitzers *Qualifikations-Liste* F 2685, KA.

36. Zu General Eiss siehe Frühling, *Biographisches Handbuch der in der k.u.k österr.-ung. Armee*, S. 4, und Weisl, „Juden in der österreichischen und österreichisch-ungarischen Armee", S. 12.

37. Zu General Hazai siehe seine *Qualifikations-Liste* F 1064, KA, und im Ungarischen Kriegsarchiv, Budapest, HM 2682. Siehe auch Bihl, „Die Juden", S.941.

38. *Militärstatistisches Jahrbuch für das Jahr 1910* (Wien 1911), S. 182-185.
39. Franz Theodor Csokor, „3. November 1918“, in *Europäische Trilogie* (Wien 1972), S. 5-78.

40. Tibor Hajdu, „A tisztikar társadalmi helyzetének változásai (1848-1914)“ (Veränderungen in der gesellschaftlichen Stellung des Offizierskorps [1848-1914]), *Valóság* (Budapest), 87/4 (1987): 55-80.

41. Wilhelm Winkler, *Der Anteil der nichtdeutschen Volksstämme an der öst.-ung. Wehrmacht* (Wien 1919), S. 3.

42. Siehe Georg Živkovic, *Heer und Flottenführer der Welt*, 2. Aufl. (Wien 1980), S. 76; und Johann Weidlein, „Ungarische Offiziere donauschwäbischer Herkunft“, unveröffentlichtes Manuskript, KA, Broschüre 1542.

Kapitel 11

1. Im Hinblick auf einen Zwischenfall, in den der serbische Generalstabschef General Radomir Putnik verwickelt war, fragt man sich, warum die Habsburgermonarchie sich überhaupt auf einen modernen bewaffneten Konflikt einließ. Als der Krieg ausbrach, befand sich Putnik in Budapest. Die österreichische Armeeführung wollte den Helden der Balkankriege, ihren meistgefürchteten Feind, internieren, Franz Joseph aber war verärgert über ein derart unziemliches Verhalten und beorderte einen Sonderzug für den General, um ihn nach Serbien zurückbringen zu lassen. Seine Führung hatte erheblichen Anteil an der Niederlage der österreichisch-ungarischen Invasionstruppen. (Albert Freiherr von Margutti, *Kaiser Franz Joseph. Persönliche Erinnerungen* [Wien-Leipzig 1924], S.420-421).

2. Wilhelm Czermak, *In deinem Lager war Österreich. Die österreichisch-ungarische Armee, wie man sie nicht kennt* (Breslau 1938), S. 38-39. Zu Conrads unverständlichem strategischem Fehler während der Mobilmachung siehe Norman Stone, „Moltke and Conrad: Relations between the Austro-Hungarian and German General Staffs, 1909-1914“, in Paul M. Kennedy (Hg.), *The War Plans of the Great Powers, 1880-1914* (Boston 1979), S. 222-251.

3. Czermak, *In deinem Lager war Österreich*, S. 36. Einige der Hauptarbeiten über das Bewaffnungsprogramm der Habsburgerarmee vor dem Krieg und die Kriegsanstrengungen sind Gunther E. Rothenberg, *The Army of Francis Joseph* (West Lafayette, Indiana, 1976), Kap. 12-14; Alfred Krauss, *Die Ursachen unserer Niederlage*, 2. Aufl. (München 1921); Rudolf Kiszling, *Österreich-Ungarns Anteil am Ersten Weltkrieg* (Graz 1959); und Edmund Glaise von Horstenau und Rudolf Kiszling (Hgg.), *Österreich-Ungarns letzter Krieg 1914-1918*, 7 Bde., 10 Ergänzungsbde. (Wien 1930-1938), in Hinkunft *ÖULK* genannt.

4. *ÖULK*, Bd. 7, Anhang 10.

5. Es scheint keine kurze, umfassende neuere Geschichte des österreichisch-ungarischen

Krieges zwischen 1914 und 1918 zu geben. Norman Stones *The Eastern Front, 1914-1917* (London 1975) behandelt, wie schon der Titel sagt, den Konflikt zwischen den Mittelmächten und Rußland; Robert A. Kann, Béla K. Király und Paula S. Fichtner (Hgg.), *The Habsburg Empire in World War I: Essays in Intellectual, Military, Political and Economic Aspects of the War Effort* („East European Monographs", Nr. 23; New York 1977) und Béla K. Király und Nándor Dreisziger (Hgg.), *East Central European Society in World War I* („East European Monographs", N. 196; New York 1985) enthalten wertvolle Artikel über die Armee im Krieg. Siehe auch Franz Conrad von Hötzendorf, *Aus meiner Dienstzeit 1906-1918*, 7 Bde. (Wien-Berlin-Leipzig-München 1921-1925); Oskar Regele, *Gericht über Habsburgs Wehrmacht. Letzte Siege und Untergang unter dem Armee-Oberkommando Kaiser Karls I. - Generaloberst Arz von Straussenburg* (Wien-München 1968); und Cyril Falls, *The Battle of Caporetto* (Philadelphia-New York 1966) sowie andere Arbeiten, die im bibliographischen Essay angegeben sind. Bemerkenswerte neue Erkenntnisse sind von Manfried Rauchensteiners Studie zu erwarten, die demnächst erscheinen wird.

6. Siehe *ÖULK*, Bd. 7, Anhang 37.

7. Ebenda, 1: 80, 7: 46.

8. Fritz Franek, „Probleme der Organisation im ersten Kriegsjahre", *ÖULK*, Ergänzungsbd. 1 (Wien 1930), S. 20; und Czermak, *In deinem Lager war Österreich*, S. 50-51.

9. Zur ungleichen sozialen und ethnischen Verteilung der Todesopfer im Krieg siehe die Broschüren des österreichischen Statistikers Wilhelm Winkler, *Die Totenverluste der öst.-ung. Monarchie nach Nationalitäten* (Wien 1919), und *Berufsstatistik der Kriegstoten der öst.-ung. Monarchie* (Wien 1919).

10. Czermak, *In deinem Lager war Österreich*, S. 50-51.

11. *ÖULK*, Bd. 2, Anhang 3.

12. Ebenda, Bd. 7, Anhang 3.

13. Wilhelm Winkler schätzt, daß jeder achte Berufsoffizier im Ersten Weltkrieg fiel (*Berufsstatistik der Kriegstoten der öst.-ung. Monarchie*, Wien 1919, S.6-8).

14. Georg Nitsche, *Österreichisches Soldatentum im Rahmen deutscher Geschichte* (Berlin-Leipzig 1937), S. 263.

15. Czermak, *In deinem Lager war Österreich*, S.28.

16. *ÖULK*, Bd. 7, Anhang 1, 37.

17. Dr. Ernst R. von Rutkowski, „Das Schicksal des Oberleutnants in der Reserve Dr. Leon Lebensart im Weltkrieg 1914-1918", *Zeitschrift für die Geschichte der Juden* 4 (1967): 231.

18. Alajos Kovács, *A zsidóság térfoglalása Magyarországon* (Die Ausbreitung der Juden in Ungarn) (Budapest 1922), S. 22-25.

19. Winkler, *Die Totenverluste*, S. 6.

20. Maximilian Paul-Schiff, „Teilnahme der österreichisch-ungarischen Juden am Weltkrieg. Eine statistische Studie“, *Jahrbuch für jüdische Volkskunde - Mitteilungen zur jüdischen Volkskunde*, 26/27 (1924-1925): 153-154; Wolfdieter Bihl, „Die Juden“, in Adam Wandruszka und Peter Urbanitsch (Hgg.), *Die Völker des Reiches* („Die Habsburgermonarchie 1848-1918“, Bd. 3; Wien 1980), S. 946; und Erwin A. Schmidl, *Juden in der k.(u.)k. Armee 1788-1918. Jews in the Habsburg Armed Forces* („Studia Judaica Austriaca“, XI; Eisenstadt 1989), S. 82-85, 142-145.

21. Bihl, „Die Juden“, S. 945.

22. Ebenda, S. 947. Über jüdische Offiziere im 1. Kaiserschützen-Regiment siehe Heinz von Lichem, *Der einsame Krieg. Erste Gesamtdokumentation des Gebirgskrieges 1915/18 von den Julischen Alpen bis zum Stilfser Joch* (München o.J.), S. 42.

Einer dieser jüdischen Reserveoffiziere des Regiments war Oberleutnant Paul Kohn, den ich als 93jährigen in New York interviewte. 1895 in Böhmen geboren, kämpfte Kohn in den Karpaten und in Südtirol. Er wurde zweimal verwundet und beendete den Ersten Weltkrieg als Kommandant einer Sturmkompanie. Da er Österreich 1923 verließ, entkam er dem Schicksal seiner Brüder, beide hochdekorierte Offiziere, die in einem NS-Konzentrationslager starben. (Interview mit Paul Kohn, New York, 22. November 1988.)

23. Zur Meuterei des Jahres 1908 siehe Robert Nowak, „Die Klammer des Reichs. Das Verhalten der elf Nationalitäten Österreich-Ungarns in der k.u.k. Wehrmacht 1914-1918“, 4 Bde., unveröffentlichtes Manuskript, KA, B/726, Nr. 1, 1: 192-195.

24. Zu den Meutereien des Jahres 1912 siehe ebenda, 1: 204-229; und Rothenberg, *The Army of Francis Joseph*, S. 170.

25. Über die angebliche Grausamkeit der Honvéd-Einheiten gegenüber der ukrainischen Bevölkerung siehe Nowak, „Die Klammer des Reichs“, 1: 333-335, 357-363.

26. Es gibt mehrere ausgezeichnete Studien über die österreichisch-ungarischen Kriegsgefangenen in Samuel R. Williamson. Jr., und Peter Pastor (Hgg.), *Essays on World War I: Origin and Prisoners of War* („East European Monographs“, Nr. 126; New York 1983), S. 105-264.

27. Ivo Banac, „South Slav Prisoners of War in Revolutionary Russia“, ebenda, S. 120, und Josef Kalvoda, „Czech and Slovak Prisoners of War in Russia During the War and Revolution“, ebenda, S. 225.

28. Die politische Geschichte der Doppelmonarchie zwischen 1914 und 1918 wird unter anderem gut beschrieben bei Z.A.B. Zeman, *The Break-Up of the Habsburg Empire* (London

1961); Arthur J. May. *The Passing of the Hapsburg Monarchy, 1914-1918*, 2 Bde. (Philadelphia 1966); und Leo Valiani, *The End of Austria-Hungary* (New York 1973).

29. Siehe István Deák, „The Decline and Fall of Habsburg Hungary, 1914-18“, in Iván Völgyes (Hg.), *Hungary in Revolution, 1918-19* (Lincoln, Nebraska, 1971), S. 10-30; und Gábor Vermes, *István Tisza: The Liberal Vision and Conservative Statecraft of a Magyar Nationalist* („East European Monographs“, Nr. 184; New York 1985), Kap. 10-18.

30. Siehe Robert A. Kann, *Die Sixtus-Affäre und die geheimen Friedensverhandlungen Österreich-Ungarns im Ersten Weltkrieg* (Wien 1966). Zu Kaiser und König Karl siehe Arthur Graf Polzer-Hoditz, *Kaiser Karl* (Zürich-Wien 1928); Reinhold Lorenz, *Kaiser Karl und der Untergang der Donau-Monarchie* (Graz 1919); Ottokar Czernin, *Im Weltkrieg* (München 1919); und Gordon Brook-Shepherd, *The Last Habsburg* (New York 1968).

31. Siehe Garry W. Shanafelt, *The Secret Enemy: Austria-Hungary and the German Alliance, 1914-1918* („East European Monographs“, Nr. 187; New York 1985).

32. Siehe Richard G. Plaschka, Horst Haselsteiner und Arnold Suppan, *Innere Front. Militärassistenz, Widerstand und Umsturz in der Donaumonarchie 1918*, 2 Bde. (Wien 1974).

33. Über die Geschichte der österreichisch-ungarischen Marine vor 1914 siehe Lothar Hobelt, „Die Marine“, in Adam Wandruszka und Peter Urbanitsch (Hgg.), *Die bewaffnete Macht* („Die Habsburgermonarchie 1848-1918“, Bd. 5, Wien 1987), S. 687-763; Lawrence Sondhaus, *The Habsburg Empire and the Sea: Austrian Naval Policy, 1797-1866* (West Lafayette, Indiana, 1989); und die gut dokumentierte Studie von Károly Csonkaréti, „A császári és királyi haditengerészet és a magyar királyság (1867-1914)“ (Die kaiserlich-königliche Marine und das Königreich Ungarn), *Hadtörténelmi Közlemények* 21, Nr. 2 (Budapest 1984): 203-255.

34. *Militärstatistisches Jahrbuch für das Jahr 1910* (Wien 1911), S. 149-151.

35. Siehe Nikolaus von Horthy, *Ein Leben für Ungarn* (Bonn 1953), S. 133.

36. Siehe Richard G. Plaschka, *Cattaro-Prag. Revolte und Revolution* (Graz 1963).

37. *ÖULK*, Bd. 7, Anhang 3; und „Letzte Kriegsgliederung der öst.-ung. und der dem k.u.k. AOK unterstellten deutschen Streitkräfte am 15. Oktober 1918“, ebenda, Bd. 7, Anhang 32.

38. Siehe Márton Farkas, *Katonai összeomlás és forradalom 1918-ban. A hadsereg szerepe az Osztrák-Magyar Monarchia felbomlásában* (Militärischer Zusammenbruch und Revolution. Die Rolle der Armee bei der Auflösung der österreichisch-ungarischen Monarchie) (Budapest 1969), S. 76, 175. Auch Regele, *Gericht über Habsburg Wehrmacht*, S. 93-109.

39: Über die letzte Balkankrise siehe Bogdan Križman, „Der militärische Zusammenbruch auf dem Balkan“, in Richard Georg Plaschka und Karlheinz Mack (Hgg.), *Die Auflösung des Habsburgerreiches. Zusammenbruch und Neuorientierung im Donauraum* (Wien 1970), S. 270-292.

40. Über die letzte Krise in Italien siehe Karel Pichlik, „Der militärische Zusammenbruch der Mittelmächte im Jahre 1918", in Plaschka und Mack (Hgg.), *Die Auflösung des Habsburgerreiches*, S. 249-265. Auch Farkas, *Katonai összeomlás és forradalom 1918-ban*, S. 271-298 *et passim*; Regele, *Gericht über Habsburgs Wehrmacht*, S. 161-170; und Hanks R. Wayne, „The End of an Institution: The Austro-Hungarian Army in Italy, 1918", unveröffentlichte Dissertation, Rice University, 1977.

41. Emil Ratzenhofer, „Der Waffenstillstand von Villa Giusti und die Gefangennahme Hunderttausender", in *ÖULK*, Ergänzungsband 2 (Wien 1931), S. 29-55. Siehe auch Regele, *Gericht über Habsburgs Wehrmacht*, S. 172-222.

42. Ernst Wengraf (Hg.), *Feuerbereit! Kriegsalbum des Feldartillerie-Regiments Nr. 104, Wien* (Wien 1919), S. 28 *et passim*.

43. Bruno Brehm, *Weder Kaiser noch König. Der Untergang der Habsburgischen Monarchie* (München 1933), S. 306-307.

Epilog

1. Im folgenden seien einige meist englische Titel von Werken zu den mitteleuropäischen und ostmitteleuropäischen Revolutionen und den Nachfolgestaaten angeführt:
Francis L. Carsten, *Revolution in Central Europe, 1918-1919* (London 1972); Arno Mayer, *Wilson vs. Lenin* (Cleveland-New York 1964); Joseph Rothschild, *East Central Europe between the Two World Wars* (Seattle 1974); Charles Gulick, *Austria from Habsburg to Hitler*, 2 Bde. (Berkeley 1948); Barbara Jelavich, *Modern Austria: Empire and Republic, 1800-1986* (Cambridge 1987), Kap. 3-4; Iván Völgyes (Hg.), *Hungary in Revolution, 1918-1919: Nine Essays* (Lincoln, Nebraska, 1971); Andrew C. János, *The Politics of Backwardness in Hungary, 1825-1945* (Princeton 1982), Kap. 5-6; Jörg K. Hoensch, *Geschichte Ungarns 1867-1983* (Stuttgart-Berlin-Köln-Mainz 1984), Kap. 3; Rudolf Tőkés, *Béla Kun and the Hungarian Soviet Republic* (New York 1967); Victor J. Mamatey und Radomir Luža (Hgg.), *A History of the Czechoslovak Republic, 1918-1948* (Princeton 1973); Ives Banac, *The National Question in Yugoslavia* (Ithaca, New York, 1984); Fred Singleton, *A Short History of the Yugoslav People* (New York 1985); Henry L. Roberts, *Romania* (New Haven 1951); Norman Davies, *God's Playground: A History of Poland*, 2 Bde. (New York 1982), Bd. 2; und Hans Roos, *Geschichte der polnischen Nation 1918-1985. Von der Staatsgründung im Ersten Weltkrieg bis zur Gegenwart* (Stuttgart 1986).

2. Zu Oberst Stromfeld siehe Tibor Hetés, *Stromfeld Aurél* (Budapest 1967). Die ungarische Rote Armee und ihre Feldzüge gegen die Rumänen und Tschechen im Jahre 1919 werden behandelt in Sándor Tóth (Hg.), *Magyarország hadtörténete* (Die Militärgeschichte Ungarns), 2 Bde. (Budapest 1984-1985), Bd. 2, Kap. 3; und Vilmos Boehm, *Im Kreuzfeuer zweier Revolutionen* (München 1924). Auch Oscar Jászi, *Revolution and Counter-Revolution in Hungary* (London 1924); Peter Pastor, *Hungary between Wilson and Lenin: The Hungarian Revolution of 1918-1919 and the Big Three* („East European Monographs", Nr. 20; New York 1976); und Peter Pastor (Hg.), *Revolutions and Interventions in Hungary and Its Neighbor States, 1918-1919* („East European Monographs", Nr. 260; New York 1988).

3. Der österreichisch-ungarische Feldmarschalleutnant Aloys Podhajský beispielsweise, der gegen Ende des Ersten Weltkrieges eine österreichische Landwehr Infanterie-Division befehligte, wurde nach 1918 zum tschechoslowakischen Militärkommandanten von Mähren. Er stieg in der tschechoslowakischen Armee bis in den Rang eines Drei-Stern-Generals auf, wurde aber nach 1945 in der Tschechoslowakei interniert, weil er 1938 von der deutschen Besatzungsmacht eine Erhöhung seiner Pension angenommen hatte, und starb kurze Zeit nach seiner Freilassung. (Siehe Miloš Sebor, *Alois Podhajský, voják. Život a rámec doby* (Rom 1983).

4. Der Stabschef der ukrainischen Armee, General Alfred Samánek, war während des Ersten Weltkriegs Major des k.u.k. Generalstabes. Er wurde 1920 nach dem Zusammenbruch des unabhängigen ukrainischen Staates von Banditen ermordet. (Peter Broucek [Hg.], *Ein General im Zwielicht. Die Erinnerungen Edmund Glaises von Horstenau*, 3 Bde. [Wien-Köln-Graz 1980-1987], 1:132.)

5. Zur Rückkehr König Karls nach Ungarn im Jahre 1921 siehe Bruno Brehm, *Weder Kaiser noch König. Der Untergang der Habsburgischen Monarchie* (München 1933), Kap. 4-5; Anton Lehár, *Erinnerungen. Gegenrevolution und Restaurationsversuche in Ungarn 1918-1921*, hg. Peter Broucek (München 1973), Kap. 4; Aladár von Boroviczény, *Der König und sein Reichsverweser* (München 1924); und Gordon Brook-Shepherd, *The Last Habsburg* (New York 1968), S. 248-314.

6. Zu Admiral Horthy siehe Nikolaus von Horthy, *Ein Leben für Ungarn* (Bonn 1953); Miklós Szinai und László Szücs (Hgg.), *The Confidential Papers of Admiral Horthy* (Budapest 1965); und Peter Gosztony, *Miklós von Horthy, Admiral und Reichsverweser* (Zürich-Frankfurt 1973).

7. Das beste Werk zur Ideologie und Praxis des Horthy-Regimes ist C.A. Macartney, *A History of Hungary, 1929-1945*, 2 Bde. (New York 1956-1957). Siehe auch István Deák, „Historical Foundations: The Development of Hungary from 1918 until 1945", in K.-D. Grothusen (Hg.), *Ungarn* („Südosteuropa Handbuch", Bd. 5; Göttingen 1987), S. 36-66.

8. Siehe Sándor Szakály, „Az ellenforradalmi Magyarország (1919-1944) hadseregének felső vezetése. Történelem-statisztikai tanulmány a katonai elitről" (Die höhere Führung der Armee im konterrevolutionären Ungarn (1919-1944). Eine historisch-statistische Studie dieser militärischen Elite), *Hadtörténelmi Közlemények* 31/1 (Budapest 1984): 34-71; die entsprechenden Statistiken befinden sich auf S. 57.

9. Zu den Generälen, die ungarische Ministerpräsidenten wurden, siehe Mathias Bernath und Felix v. Schroeder (Hgg.), *Biographisches Lexikon zur Geschichte Südosteuropas* („Südosteuropäische Arbeiten", 75; München 1970-1981): 1: 362-363; 4: 263-264.

10. Zu Ferenc Szálasi siehe ebenda; und Miklós Lackó, *Arrow-Cross Men. National Socialists, 1935-1944* (Budapest 1969). Szálasis *Vormerkblatt* als habsburgischer Offizier befindet sich in KA, F 2932.

11. Zu Józef Pilsudski siehe Joseph Rothschild, *Pilsudski's Coup d'État* (New York 1966).

Statistische Daten über polnische Generäle finden sich in Jerzy J. Wiatr, *The Soldier and the Nation: The Role of the Military in Polish Politics, 1918-1985* (Boulder, Colorado-London 1988), S. 22.

12. Zu einzelnen polnischen Generälen siehe *Wielka Encyklopedia Powszechna PWN*, 12 Bde. (Warschau 1967-1969), 4: 539; 10: 147; 11: 214. Auch Peter Broucek (Hg.), *Ein General im Zwielicht. Die Erinnerungen Edmund Glaises von Horstenau*, 3 Bde. (Wien-Köln-Graz 1980-1987), 1: 186-187 (Pilsudski); 185 (Szeptycki); 186 (Jordan-Rozwadowski); 447 (Haller).

13. Zu General Phleps siehe Broucek (Hg.), *Ein General im Zwielich*t, 1: 204.

14. Zu kroatischen Offizieren in der jugoslawischen Armee siehe Banac, *The National Question in Yugoslavia*, S. 150-153.

15. Zu General Kvaternik siehe Broucek (Hg.), *Ein General im Zwielicht*, 1: 136; Bernath und Schroeder, *Biographisches Lexikon zur Geschichte Südosteuropas*, 2: 537-538; und Ladislaus Hory und Martin Broszat, *Der kroatische Ustascha-Staat 1941-1945* („Schriftenreihe der Vierteljahrshefte für Zeitgeschichte“ 8, Stuttgart 1964).

16. Zu Feldmarschall Boroević siehe Ernest Bauer, *Der Löwe vom Isonzo. Feldmarschall Svetozar Boroević de Bojna* (Graz-Wien-Köln 1986). Boroević' Schicksal nach dem Krieg ist auf S. 128-131 beschrieben.

17. Zu General Körner siehe Eric C. Kollman, *Theodor Körner. Militär und Politik* (Wien 1973); Hellmut Andics, *Der Staat, den keiner wollte. Österreich von der Gründung der Republik bis zur Moskauer Deklaration* (Wien-München-Zürich 1968), ist eine unterhaltsame und fundierte Quelle über die Geschichte der Ersten österreichischen Republik.

18. Zur österreichischen Armee vor und während des Jahres 1938 und zu General Jansa siehe Erwin A. Schmidl, *März 1938. Der deutsche Einmarsch in Österreich*, 2. Aufl. (Wien 1988); und Ludwig Jedlicka, *Ein Heer im Schatten der Parteien. Die militärpolitische Lage Österreichs 1918-1938* (Graz-Köln 1955); und Wolfgang Doppelbauer, *Zum Elend noch die Schande. Das altösterreichische Offizierskorps am Beginn der Republik* („Militärgeschichtliche Dissertationen der österr. Universitäten“ 9, Wien 1988).

19. Zu Generaloberst Lothar Rendulić siehe die autobiographischen Werke *Gekämpft, gesiegt, geschlagen* (Wels 1952) und *Soldat in stürzenden Reichen* (München 1965). Auch Broucek (Hg.), *Ein General im Zwielicht*, 1: 136-137. Zu Erhard Raus siehe Rudolf Sperker, *Generaloberst Erhard Raus, ein Truppenführer im Ostfeldzug* („Soldatenschicksale des 20.Jahrhunderts als Geschichtsquelle“, Nr. 7; Osnabrück 1988). Ganz allgemein behandelt wird der österreichische Soldat im Dienst des Dritten Reiches bei Johann Christoph Allmayer-Beck, „Die Österreicher im Zweiten Weltkrieg“, in Herbert St. Fürlinger und Ludwig Jedlicka (Hgg.), *Unser Heer. 300 Jahre österreichisches Soldatentum in Krieg und Frieden* (Wien-München-Zürich 1963), S. 342-375. Die statistischen Angaben über die österreichischen Generäle befinden sich auf S. 359. Zu Generaloberst Löhr siehe Broucek (Hg.), *Ein General im Zwielicht*, 1: 136.

20. Siehe Erwin A. Schmidl, *Juden in der k.(u.)k. Armee 1788-1918. Jews in the Habsburg Armed Forces* („Studia Judaica Austriaca", XI; Eisenstadt 1989), S. 90, 149.

21. Siehe Raul Hilberg, *The Destruction of the European Jews* (Chicago 1961), S. 278-284 *et passim*. Auch Schmidl, *Juden in der k.(u.)k. Armee*, S. 87-91, 146-150.

22. Das Los der jüdischen Offiziere im Horthy-Ungarn wird behandelt von Randolph L. Braham, *The Politics of Genocide: The Holocaust in Hungary*, 2 Bde. (New York 1981), 1: 289-330 *et passim*.

Bibliographischer Essay

1. Franz Theodor Csokor, *3. November 1918* (1936); Robert Musil, *Die Verwirrungen des Zöglings Törleß* (1906); Alexander Roda Roda, *Roda Rodas Roman* (1924); Joseph Roth, *Radetzkymarsch* (1932); Arthur Schnitzler, *Leutnant Gustl* (1900), Ferenc Herczeg, *A hét sváb* (die sieben Schwaben) (1916); und *Herczeg Ferenc emlékezései* (Erinnerungen von Ferenc Herczeg) (1985); Sándor Márai, *Die Kerzen brennen ab* (Wien o.J.); Géza Ottlik, *Iskola a határon* (Schule an der Grenze) (1959); Jaroslav Hašek, *Die Abenteuer des braven Soldaten Schwejk während des Weltkrieges* (1920-1923); und Miroslav Krleža, *Hrvatski bog Mars* (Der kroatische Gott Mars) (1922). Auch Harro K. Kühnelt, „Dorothea Gerards Romane aus dem alten Österreich", in Otto Hieltsch (Hg.), *Österreich und die angelsächsische Welt* (Wien 1961).

2. Siehe Peter Brouceks kurzen Aufsatz über die habsburgischen Militärerinnerungen in Peter Broucek (Hg.), *Ein General im Zwielicht. Die Erinnerungen Edmund Glaises von Horstenau*, 3 Bde. („Veröffentlichungen der Kommission für Neuere Geschichte Österreichs", Bd. 67: Wien-Köln-Graz 1980-1987), 1: 15-17.

3. Z.B. August Urbański von Ostrymiecz, „Das Tornisterkind. Lebenserinnerungen", unveröffentlichtes Manuskript, KA, B/58, Nr. 4.

4. Franz Graf Conrad von Hötzendorf, *Aus meiner Dienstzeit 1906-1918*, 7 Bde. (Wien-Berlin-Leipzig-München 1921-1925); *Private Aufzeichnungen. Erste Veröffentlichungen aus den Papieren des k.u.k. Generalstabschefs*, hg. Kurt Peball (Wien-München 1977) und *Mein Anfang. Kriegserinnerungen aus der Jugendzeit 1878-1882* (Berlin 1925).

5. Arthur Arz von Straussenburg, *Zur Geschichte des Großen Krieges 1914 bis 1918* (Wien-Leipzig-München 1924), und *Kampf und Sturz der Kaiserreiche* (Wien 1935).

6. Rudolf Eichthal (*recte* Rudolf Pfersmann von Eichthal), *Die goldene Spange* (Wien 1950), und *Kaisermanöver und andere Erzählungen* (Wien 1953); Ferdinand Fauland, *Vorwiegend heiter. Von einem der auszog, General zu werden* (Graz-Wien-Köln 1980), *In Kaisers buntem Rock* (Graz 1973), *K.u.k. Raritäten* (Graz 1974), und *Altösterreichischer Bilderbogen* (Graz 1975); Albert Lorenz, *Schattenreiter* (Wien 1958) und *Alte Autos - junge Liebe* (Wien 1963);

Oskar Teuber, *Im Kadetteninstitut! Lose Skizzen aus dem militärischen Jugendleben*, 3. Aufl. (Jena 1881); *Tschau! Lose Skizzen aus der Militär-Akademie* (Prag 1881), *Grüß' Dich. Neue Skizzen aus dem militärischen Jugendleben* (Wien 1884), *Immer fesch! Neue Skizzen aus der militärischen Jugend* (Wien 1888), *Immer Jung! Neue Skizzen und Geschichten aus der Soldaten-Welt* (Wien 1894); F.V. Schöffel, *Servus Herr Zögling*, 2. Aufl. (Wien 1957); und Carl (Freiherr von) Torresani, *Aus der schönen wilden Leutnants-Zeit. Roman aus dem österreichischen Cavallerieleben*, 2 Bde., 3. Aufl. (Dresden-Leipzig 1894), und *Von der Wasser- bis zur Feuertaufe*, 2 Bde. (Dresden-Leipzig 1900).

7. Oskar Teuber, *Die österreichische Armee 1700 bis 1867*, 2 Bde. (Wien 1895), *Historische Legionen Habsburgs* (Wien-Prag-Leipzig 1896), und *Feldzeugmeister Wilhelm Herzog von Württemberg. Ein Lebensbild* (Wien 1899).

8. Max Ritter von Thielen, *Erinnerungen aus dem Kriegerleben eines 82-jährigen Veteranen der österreichischen Armee, mit besonderer Bezugnahme auf die Feldzüge der Jahre 1805, 1809, 1813, 1814, 1815; nebst einem Anhang die Politik Österreichs vom Jahre 1808-1814 betreffend* (Wien 1863).

9. Moriz Edler von Angeli, *Altes Eisen. Intimes aus Kriegs- und Friedensjahren* (Stuttgart 1900) und *Wien nach 1848* (Wien und Leipzig 1905); (Carl Graf Bigot de Saint-Quentin), *Von einem deutschen Soldaten* (Leipzig 1847), und *Unsere Armee. Vom Verfasser des „deutschen Soldaten" (Wien 1850); beide Werke erneut veröffentlicht unter Bigot de Saint-Quentin, Schriften*, hg. von Hugo Kerchnawe, 2 Bde., 2. Aufl. (Wien 1911-1912); Leopold Graf Kolowrat-Krakowsky, *Meine Erinnerungen aus den Jahren 1848 und 1849*, 2 Bde. (Wien 1905); Anton Freiherr Mollinary von Monte-Pastello, *Sechsundvierzig Jahre im österreichisch-ungarischen Heere 1833-1879*, 2 Bde. (Zürich 1905); Carl R. von Schönhals, *Erinnerungen eines österreichischen Veteranen aus dem italienischen Krieg der Jahre 1848 und 1849* (Stuttgart-Tübingen 1852); Carl (Freiherr von) Torresani, *Von der Wasser- bis zur Feuertaufe*, Bd. 1 beschäftigt sich teilweise mit den Ereignissen der Jahre 1848/49 in Norditalien; Ludwig von Welden, *Episoden aus meinem Leben. Beiträge zur Geschichte der Feldzüge der österreichischen Armee in den Jahren 1848 und 1849*, 2. Aufl. (Graz 1853), sowie *Asbóth Lajos emlékiratai az 1848-iki és 1849-iki magyarországi hadjárataiból* (Die Erinnerungen von Lajos Asbóth an die Feldzüge von 1848-1849 in Ungarn), 2. Aufl. (Pest 1862); Alphons F. Danzer (Hg.), *Dembinski in Ungarn. Nach den hinterlassenen Papieren des Generals*, 2 Bde. (Wien 1873); Arthur Görgei, *Mein Leben und Wirken in Ungarn in den Jahren 1848 und 1849*, 2 Bde. (Leipzig 1852); und General (George, György) Klapka, *Memoiren von Georg Klapka* (Leipzig 1850), und *Der Nationalkrieg in Ungarn und Siebenbürgen in den Jahren 1848 und 1849*, 2 Bde. (Leipzig 1851).

10. Moriz Edler von Angeli, *Erzherzog Carl von Österreich als Feldherr und Heeresorganisator*, 5 Bde. (Wien-Leipzig 1896-1897).

11. Johann Christoph Allmayer-Beck, „Die bewaffnete Macht in Staat und Gesellschaft", in Adam Wandruszka und Peter Urbanitsch (Hgg.), *Die bewaffnete Macht* („Die Habsburgermonarchie 1848-1918", Bd. 5; Wien 1987), S. 2.

12. Mollinary, *Sechsundvierzig Jahre im österreichisch-ungarischen Heere 1833-1879*, 1: 113.

13. Broucek (Hg.), *Ein General im Zwielicht*, 1: 15-16n.

14. Ferdinand Hauptmann, *Jelačić's Kriegszug nach Ungarn 1848*, 2 Bde. („Zur Kunde Südosteuropas", II/5; Graz 1975).

15. Heinrich Ritter von Födransperg, *Vierzig Jahre in der österreichischen Armee. Erinnerungen eines österreichischen Offiziers von seinem Eintritte in die Armee bis zur Gegenwart 1854-1894*, 2 Bde. (Dresden o.J. (1894)); Wilhelm Ritter Gründorf von Zebegény, *Memoiren eines österreichischen Generalstäblers 1832-1866*, hg. Adolf Saager, 4. Aufl. (Stuttgart 1913); Wilhelm Hirsch, Edler von Stronstorff, „Erinnerungen", hg. Eugen Hirsch, unveröffentlichtes Manuskript, keine Jahresangabe, KA, B/1003, Nr. 1 (Hirsch beendete seine Memoiren kurz vor seinem Tod im Jahre 1935 im Alter von 99 Jahren, ein Großteil seiner „Erinnerungen" wurde aber zwischen 1910 und dem Ende der Geschichte in 1914 niedergeschrieben); Rudolf Freiherr Potier des Échelles, „Mein Leben", 2 Bde., unveröffentlichtes Manuskript, Bibliothek des Theresianums, Wien (1885); Feldzeugmeister Anton Ritter von Pitreich, „Geschichte der Familie von Pitreich", unveröffentlichtes Manuskript in „Pitreich Nachlaß", KA, B/589, Nr. 3 (Die Militärfamilie Pitreich wird auch in Nikolaus von Preradovich behandelt, „Die Pitreich aus Marburg", *Neue Chronik* 36, in „Pitreich Nachlaß"); Daniel Freiherr von Salis-Soglio, *Mein Leben und was ich davon erzählen will, kann und darf*, 2 Bde. (Stuttgart-Leipzig 1908); Andreas Graf Thürheim, *Memoiren, Licht- und Schattenbilder aus dem Soldatenleben und der Gesellschaft. Tagebuch-Fragmente und Rückblicke eines ehemaligen Militärs* (Prag-Teplitz 1876); Ludwig Freiherr von Wattman de Maelcamp-Beaulieu, *53 Jahre aus einem bewegten Leben*, 2 Bde., 2. Aufl. (Wien 1904); und Karl Went von Römö, *Ein Soldatenleben. Erinnerungen eines österreichisch-ungarischen Kriegsmannes* (Wien 1904).

16. (Ferdinand Daniel) Freiherr Fenner von Fenneberg, *Österreich und seine Armee* (Leipzig o.J. [1842?]), und Gründorf, *Memoiren.*

17. August R. von Cramon, *Unser österreichisch-ungarischer Bundesgenosse im Weltkriege* (Berlin 1922); Albrecht Freiherr von Margutti, *Kaiser Franz Joseph I. und sein Hof. Erinnerungen und Schilderungen aus den nachgelassenen Papieren eines persönlichen Ratgebers*, übers. und hg. von Dr. Joseph Schneider (Wien 1919), und *Kaiser Franz Joseph, Persönliche Erinnerungen* (Wien-Leipzig 1924); Alfred Krauss, *Die Ursachen unserer Niederlage* (München 1920; 3. Aufl. München 1923), *Der Irrgang der deutschen Königspolitik. Die Lehren der Vergangenheit für Gegenwart und Zukunft* (München 1927), und Krauss' „Schriftennachlaß", in KA, B/60.

18. Die Titel einiger Bücher von Eichthal, Fauland und Lorenz sind in Anm. 6. aufgelistet.

19. Ludwig Hesshaimr, „... laß eine goldne Spur ... mein Lebensweg vom Soldaten zum Künstler 1872-1954" (Rio de Janeiro 1954), unveröffentlichtes Manuskript, KA, B/765, Nr. 1.

20. Hans Mailáth-Pokorny, „Memoiren", und „Der k.u.k. Generalstab. Erinnerungen und Betrachtungen", unveröffentlichte Manuskripte (Wien 1965), KA, B/700, Nr. 12, und B/3700, Nr. 2; und Laurentius Rettues (*recte* Rüdiger Baron Seutter von Loetzen), „In guldenen Schnüren" und andere Schriften in „Nachlaß Seutter", unveröffentlichtes Manuskript, KA, B/139.

21. Joseph Leb, „Aus den Erinnerungen eines Trainoffiziers", unveröffentlichtes Manuskript (1933), KA, B/580.

22. Gregor Edler von Misčević, „Der Werdegang eines Grenzerkindes als nützliches Glied des Staates und der menschlichen Gesellschaft", unveröffentlichtes Manuskript (Wien 1937), KA, B/1146/1.

23. Moritz Auffenberg, Freiherr von Komarów, *Aus Österreich-Ungarns Teilnahme am Weltkrieg* (Berlin-Wien 1920), und *Aus Österreich-Ungarns Höhe und Niedergang* (München 1921). Siehe auch seinen „Schriftennachlaß" im KA, B/677.

24. Otto von Kiesewetter, „Vorträge vor dem österr. Kameradschaftsbund ehem. Angehöriger des I.R. 17", unveröffentlichtes Manuskript (o.J.) in „Donation Kiesewetter", KA, B/1861.

25. Anton Freiherr von Lehár, „Lehár Geschichten", unveröffentlichtes Manuskript, 2 Bde. (Wien 1942), KA, B/600, Nr. 1/I und II. Teilweise veröffentlicht in Anton Lehár, *Erinnerungen. Gegenrevolution und Restaurationsversuche in Ungarn 1918-1921*, hg. Peter Broucek (München 1973).

26. Ernst Palombini, Freiherr von Jedina, „Erinnerungen", unveröffentlichtes Manuskript, KA, B/959.

27. Kurt von Schmedes, „Jugend- und Kriegserinnerungen", unveröffentlichtes Manuskript (1949), KA, B/1044: 2.

28. Franz Xaver Schubert, „Mein Lebenslauf", unveröffentlichtes Manuskript, KA, B/833, Nr. 2.

29. Adolf Stillfried von Rathenitz, „Erinnerungen aus meinem Leben", unveröffentlichtes Manuskript (1940), KA, B/862.
Erst nach Beendigung der Arbeiten an der englischen Auflage dieses Buches erhielt ich ein Exemplar des Werkes von Ernst Wurmbrand, *Ein Leben für Alt-Österreich*, hg. von Lorenz Mikoletzky (Wien 1988), das sich als eine der faszinierendsten österreichisch-ungarischen Militärbiographien herausstellte. Graf Ernst Wurmbrand (1838-1917) stammte aus einer Soldatenfamilie und war aufgrund seiner geistigen und körperlichen Fähigkeiten zu einer großen Karriere bestimmt. Stattdessen aber wurde er wegen seiner Disziplinlosigkeit aus der Militärakademie hinausgeworfen. Als einfacher Soldat angelobt, durchlief er rasch die einzelnen Ränge, wurde Offizier und tat sich bei Magenta, Solferino und schließlich Königgrätz hervor, wo er schwer verwundet wurde. Als Kriegsinvalider pensioniert, hatte er zunächst den Posten eines niederen Beamten inne, wurde aber später in die Erste Arcióren-Leibgarde aufgenommen und ging schließlich 1906 in den Ruhestand. Erstaunlicherweise trat er noch einmal in den militärischen Dienst ein, nämlich während des Ersten Weltkrieges, als er schon hoch in den Siebzigern stand. Kurz vor seinem Tod erhielt er das Ritterkreuz des Leopold-Ordens mit Kriegsdekoration. Zweifellos tapfer und dem Haus Österreich bedingungslos ergeben, war Wurmbrand andererseits ein schrecklicher Snob und grober Mensch, der Zivilisten verprügelte und sich bei jeder geringsten Provokation duellierte. Auch hegte er starke ethni-

sche Vorurteile und war ein Antisemit. Hätte ich früher die Gelegenheit gehabt, diese Autobiographie zu lesen, wäre ich vielleicht weniger begeistert von einem Offizierskorps gewesen, das solch erschreckende Charakterzüge und ein solches Verhalten nicht nur tolerierte, sondern sogar akklamierte.

30. August Urbański von Ostrymiecz, „Das Tornisterkind. Lebenserinnerungen", unveröffentlichtes Manuskript (o.J.), KA, B/58, Nr. 4. Siehe auch sein *Conrad von Hötzendorf. Soldat und Mensch* (Graz-Leipzig-Wien 1938; 2. Aufl. 1939).

31. Theodor R. von Zeynek, „Das Leben eines Ö.-U. Generalstabsoffiziers", unveröffentlichtes Manuskript (1940), KA, B/151, Nr. 2.

32. Carl Freiherr von Bardolff, *Soldat im alten Österreich. Erinnerungen aus meinem Leben* (Jena 1938). Das Zitat befindet sich auf S. 21.

33. Lothar Rendulić, *Gekämpft, gesiegt, geschlagen* (Wels 1952), und *Soldat in stürzenden Reichen* (München 1965).

34. Broucek (Hg.), *Ein General im Zwielicht.*

35. Edmund von Glaise-Horstenau, *Franz Josephs Weggefährte. Das Leben des Generalstabschefs Grafen Beck. Nach seinen Aufzeichnungen und hinterlassenen Dokumenten* (Zürich-Leipzig-Wien [1930]), und *Die Katastrophe. Die Zertrümmerung Österreich-Ungarns* (Wien 1929). Glaise war auch Mitherausgeber, gemeinsam mit Rudolf Kiszling, von *Österreich-Ungarns letzter Krieg 1914-1918*, 7 Bde. mit 10 Ergänzungsbänden (Wien 1930-1938). Eine vollständige Liste der Arbeiten Glaises findet sich in Broucek (Hg.), *Ein General im Zwielicht*, 1: 52-62.

36. Die österreichische Militärgeschichtsschreibung über den Ersten Weltkrieg wird behandelt in einem kurzen Aufsatz von Kurt Peball, „Österreichische militärhistorische Forschung zum Ersten Weltkrieg zwischen 1918 und 1968" in Richard Georg Plaschka und Karlheinz Mack (Hgg.), *Die Auflösung des Habsburgerreiches. Zusammenbruch und Neuorientierung im Donauraum* (Wien 1970), S. 308-317. In Ungarn beschäftigen sich vor allem Tibor Hajdu, Gábor Bona und Sándor Szakály mit der habsburgischen Militärgeschichte. Sie alle sind spezialisiert auf die Sozialgeschichte der ungarischen Offiziere in der k.u.k. Armee und der Honvéd-Offiziere. In Österreich forscht Manfried Rauchensteiner derzeit über diese Periode.

37. Siehe z.B. Béla K. Király und Gunther E. Rothenberg (Hgg.), *War and Society in East Central Europe*, Bd. 1, *Special Topics and Generalizations on the 18th and 19th Centuries* („War and Society in East Central Europe", Bd. 1; New York 1979); Béla K. Király (Hg.), *East Central European Society and War in the Era of Revolutions, 1776-1856* („War and Society in East Central Europe", Bd. 4; New York 1984); Béla K. Király (Hg.), *The Crucial Decade: East Central European Society and National Defense, 1859-1870* („War and Society in East Central Europe", Bd. 14; New York 1984); Béla K. Király and Nándor F. Dreisziger (Hgg.), *East Central European Society in World War I* („War and Society in East Central Europe", Bd. 19; New York 1985); und Béla K. Király und Walter S. Dillard (Hgg.), *The East*

Central European Officer Corps, 1740-1920s: Social Origins, Selection, Education, and Training („War and Society in East Central Europe", Bd. 24; New York 1988). Einige der wichigsten Beiträge vom Standpunkt dieses Buches aus gesehen stammen von den Österreichern Horst Haselsteiner und Richard G. Plaschka; den Ungarn József M. Borus, Zoltán Bárcy, Márton Farkas, Tibor Hajdu, István Nemeskürty, György Szabad, Zoltán Szász und Aladár Urbán; den Polen Eligiusz Kozlowski, Leonhard Ratajczyk und Jerzy Skowronek; den Italienern Raimondo Luraghi und Paolo Santarcangeli, den ungarisch-stämmigen Amerikanern István Deák, János Decsy und László Deme; dem jugoslawisch-stämmigen Amerikaner Dimitrije Djordjevic; und dem amerikanischen Historiker Richard B. Spence.

38. Johann Christoph Allmayer-Beck und Erich Lessing, *Die kaiserlichen Kriegsvölker von Maximilian I. bis Prinz Eugen 1479-1718* (München-Gütersloh-Wien 1978); *Das Heer unter dem Doppeladler, Habsburgs Armeen 1718-1848* (München-Gütersloh-Wien 1981); und *Die k.(u.)k. Armee 1848-1918* (München-Gütersloh-Wien 1974).

39. Herbert St. Fürlinger und Ludwig Jedlicka (Hgg.), *Unser Heer. 300 Jahre österreichisches Soldatentum in Krieg und Frieden* (Wien-München-Zürich 1963); und Herbert Patera, *Unter Österreichs Fahnen. Ein Buch vom österreichischen Soldaten* (Graz 1960).

40. Hermann Meynert, *Geschichte der k.k. österreichischen Armee, ihrer Heranbildung und Organisation sowie ihrer Schicksale, Thaten und Feldzügen von der frühesten bis auf die neuere Zeit*, 4 Bde. (Wien 1854); und Oskar Teuber und Rudolf von Ottenfeld, *Die österreichische Armee von 1700 bis 1867*, 2 Bde. (Wien 1895).

41. Alphons Freiherr von Wrede, *Geschichte der k.und k. Wehrmacht. Die Regimenter, Corps, Branchen und Anstalten von 1618 bis zum Ende des XIX. Jahrhunderts*, 5 Bde. (Wien 1898-1905).

42. Wandruszka und Urbanitsch (Hgg.), *Die bewaffnete Macht.*

43. Gunter E. Rothenberg, *The Army of Francis Joseph* (West Lafayette, Indiana, 1976); *The Austrian Military Border in Croatia, 1522-1747* („Illinois Studies in the Social Sciences", Bd. 48; Urbana, Illinois, 1960); *The Military Border in Croatia, 1740-1881: A Study of an Imperial Institution* (Chicago 1966); und *Napoleon's Great Adversaries: The Archduke Charles and the Austrian Army, 1792-1814* (Bloomington, Indiana, 1982).

44. *Sechzig Jahre Wehrmacht 1848-1908* (Wien 1908); und Alfons Danzer et al., *Unter den Fahnen. Die Völker Österreich-Ungarns in Waffen* (Prag-Wien-Leipzig 1889).

45. Rudolf Kiszling et al., *Die Revolution im Kaisertum Österreich 1848-1849*, 2 Bde. (Wien 1948); Wilhelm Rüstow, *Geschichte des ungarischen Insurrektionskrieges in den Jahren 1848 und 1849*, 2 Bde. (Zürich 1860); István Deák, *Die rechtmäßige Revolution: Lajos Kossuth und die Ungarn 1848-1849*. Aus dem Ungarischen übersetzt von Géza Engl (Budapest-Wien 1989); und Alan Sked, *The Survival of the Habsburg Empire: Radetzky, the Imperial Army and the Class War, 1848* (London-New York 1979).

46. Antonio Schmidt-Brentano, *Die Armee in Österreich. Militär, Staat und Gesellschaft*

1848-1867 (Boppard am Rhein 1975); Gordon A. Craig, *The Battle of Königgrätz. Prussia's Victory over Austria, 1866* (Philadelphia-New York 1964); und Walter Wagner, *Geschichte des k.k. Kriegsministeriums*, 2 Bde.; Bd. 1, 1848-1866, und Bd. 2, 1866-1888 (Graz-Wien-Köln 1966, 1971).

47. Oskar Regele, *Feldmarschall Radetzky. Leben-Leistung-Erbe* (Wien-München 1957); *Feldzeugmeister Benedek* (Wien 1960); und *Feldmarschall Conrad. Auftrag und Erfüllung 1906-1918* (Wien-München 1955).

48. Urbański, *Conrad von Hötzendorf*; und Glaise-Horstenau, *Franz Josephs Weggefährte.*

49. Nikolaus von Preradovich, *Die Führungsschichten in Österreich und Preussen (1804-1918), mit einem Ausblick bis zum Jahre 1945* (Wiesbaden 1955).

50. Oskar Regele, *Generalstabschefs aus vier Jahrhunderten. Das Amt des Chefs des Generalstabes in der Donaumonarchie. Seine Träger und Organe von 1529 bis 1918* (Wien-München 1966), und *Der österreichische Hofkriegsrat 1556-1848* (Wien 1949).

51. Glaise und Kiszling, *Österreich-Ungarns letzter Krieg*; Richard G. Plaschka, *Cattaro-Prag. Revolte und Revolution* (Graz 1963); und Richard G. Plaschka, Horst Haselsteiner und Arnold Suppan, *Innere Front. Militärassistenz, Widerstand und Umsturz in der Donaumonarchie 1918*, 2 Bde. (Wien 1974).

52. Sándor Varga (Tinódi) (Hg.), *Budapest volt háziezredének, a cs. és kir. 32. gyalogezrednek története (1741-1918)* (Geschichte des ehemaligen Budapester Haus-Regiments, des k.u.k. Infanterie-Regiments Nr. 32) (Budapest 1929). Im folgenden eine Zufallsauswahl verschiedener Regimentsgeschichten: Ludwig Kirchthaler, *Geschichte des k.u.k. Infanterie-Regimentes Nr. 2 für immerwährende Zeiten Alexander I. Kaiser von Rußland* (Wien 1893); Friedrich Mandel, *Geschichte des k.u.k. Infanterie-Regimentes Guidobald Graf von Starhemberg*, 2 Bde. (Krakau 1893); Karl Sirowy, *Kurze Geschichte des Warasdiner Infanterie-Regimentes Freiherr von Giesl Nr. 16* (Agram 1903); Franz von Branko, *Geschichte des k.k. Infanterie-Regimentes Nr. 44 Feldmarschall Erzherzog Albrecht von seiner Errichtung in 1744 bis 1875* (Wien 1875); Leopold Freund, *Geschichte des k.und k. Feld-Jäger-Bataillons Nr. 25* (Mosty Wielkie 1902); und Ernst Wengraf (Hg.), *Feuerbereit! Kriegsalbum des Feldartillerie-Regimentes Nr. 104, Wien* (Wien 1919).

Namenregister

Abbot, Vivian 13
Adler, Friedrich 241
Aehrenthal, Aloys Lexa Graf 90, 93ff.
Albrecht, Erzherzog 63, 68f., 70f., 76, 79, 81, 86f., 199, 262
Alexander I., Kaiser von Rußland 30
Alexander II., Zar von Rußland 80
Andrássy, Gyula (od. Julius) Graf 58, 70, 79ff.
Angeli, Moriz Edler von 259 - 262
Artamonov, Victor A., russischer Militärattaché 96
Arz von Straußenburg, Arthur 241, 258, 263
Asbóth, Lajos 259
Auffenberg von Komarów, Moritz Ritter von 95, 170, 264

Bach, Alexander Freiherr von 60
Badeni, Kasimir Graf 86ff. 164
Baillet de la Tour (auch Latour), Theodor Graf 30, 48ff.
Bardolff, Carl Freiherr von 161f., 266
Bartha, Miklós 159
Bauer, Ferdinand Freiherr von 212
Bauer, Otto 127
Beck-Rzykowsky, Friedrich Graf 70, 77ff., 81, 84, 86, 90, 92, 94f., 136, 161f., 200, 267, 270
Beck, Max Wladimir Freiherr von 90
Bem, Józef 49, 52
Bence, György 12
Benda, Gyula 12
Benedek, Ludwig Ritter von 64, 68ff., 262, 270
Berchtold von und zu Ungarschütz, Frätting und Püllütz, Leopold Graf 95f.
Berger, Ludwig 164
Beust, Friedrich Ferdinand Freiherr von 70, 79f.
Bigot de St. Quentin, Karl Graf 191, 259f.
Bismarck, Otto von 66f., 69f., 79f.,
Black, Peter 13
Blomberg, Friedrich Freiherr von 48f.
Böhm-Ermolli, Eduard Freiherr von, Feldmarschall 228
Bolgar, Franz von 164
Bona, Gábor 12, 53
Bonkowski, Anton 155
Bor-Komorowski, Tadeusz 252
Boroević, Svetozar Freiherr von, Feldmarschall 228, 253
Brehm, Bruno 246
Broucek, Peter 11, 258, 261, 266f.
Brussilow, Alexei Alexejewitsch 232
Buol-Schauenstein, Karl Graf 60

Carl, Erzherzog 42, 63, 131, 141, 260, 270
Cavour, Camillo Graf 61
Chirot, Daniel 13
Chotek, Sophie Gräfin 91
Cohen, Gary 13
Conrad von Hötzendorf, Franz Graf, Feldmarschall 90-96, 136, 138f., 166, 176, 228, 230, 241, 258, 263, 266, 270
Cooper, James Fenimore 102
Craig, Gordon A. 270
Cramon, August von 263
Cristo, Cirillo 155
Csáky, Moritz 12
Csicskó, Mária 12
Csokor, Franz Theodor 222f., 257
Czermak, Wilhelm 235

Dahlen, Hermann Freiherr von 261
Damjanich (od. Damjanič), János 49
Danzer, Alfons 130, 270
Darwin, Charles R. 94
Deák, Ferenc (Franz) 69, 70
Deák, István (Stephan) 27
Dembinski, Henryk Graf 259f.
Deutsch, Julius 253
Dienstl, Edmund 159
Dippold, Péter 12
Dollfuß, Engelbert 253
Dreisziger, Nándor F. 13
Dunant, Henri 62

Egger, Rainer 11
Eichmann, Adolf 10, 255
Eichthal, Rudolf von 258, 263
Eiss, Alexander Ritter von 213
Elisabeth, Kaiserin von Österreich 9, 58, 70
Engels, Friedrich 67
Esterházy, Fürsten 188
Eugen, Erzherzog 228
Eugen, Prinz von Savoyen 40, 41, 54, 99, 105, 200

Fauland, Ferdinand von 258, 263
Fehér, Ferenc 13
Fejérváry, Géza Freiherr von 89f.
Fenner von Fenneberg, Ferdinand Daniel 129, 161, 172, 181, 262
Ferdinand I., römisch-deutscher Kaiser, König von Ungarn und Böhmen 40
Ferdinand I., Kaiser von Österreich 14, 44, 47, 49, 52
Ferdinand II., römisch-deutscher Kaiser, König von Böhmen und Ungarn 38
Fördransperg, Heinrich Ritter von 261f.
Franz I., römisch-deutscher Kaiser, siehe Franz I., Kaiser von Österreich
Franz I., Kaiser von Österreich 22, 42, 57, 161, 190
Franz Ferdinand, Erzherzog 84f., 88, 90, 94-96, 161, 176, 199, 212, 241, 266
Franz Joseph I., Kaiser von Österreich und König von Ungarn 9, 14f., 19, 21, 23, 27, 52, 57-60, 62, 64, 67-70, 77-81, 84ff., 87, 89-91, 94ff., 110, 127, 159, 162, 167, 171, 174, 188, 199, 212, 241, 249, 251f., 262, 270
Franz Karl, Erzherzog 57
Friedländer, Johann 253
Friedrich, Erzherzog 228, 234
Friedrich II. der Große, König von Preußen 41, 140
Frühling, Moritz 213f.
Fugger 38
Füstös, László 12

Gablenz, Ludwig Freiherr von 66
Garibaldi, Giuseppe 68
Glaise von Horstenau, Edmund 173, 265-267, 270f.
Glatz, Ferenc 12
Gogolák, Ludwig 12
Gömbös, Gyula (od. Julius), General 250
Görgey de Görgö et Toporcz, Arthur 51f., 54, 129, 144, 170, 191, 200, 259
Görgé et Toporcz, Görgey de 191
Goethe, Johann Wolfgang von 102
Grabscheidt, Gustav 265
Gross von Stahlborn 191
Gründorf von Zebegény, Wilhelm Ritter von 173, 191, 261f., 266
Grünne, Karl Ludwig Graf 60-63
Gyömörey de Gyéri-Gyömöre et Teölvár 191
Gyulai von Maros-Németh und Nádasta, Franz Graf 61ff., 144, 262

Hafner, Cornelius Ritter von 174
Hajdu, Tibor 12
Haller, Stanisław Graf 251
Hanák, Péter 12
Hašek, Jaroslav 229, 257
Haselsteiner, Horst 12
Hauptmann, Ferdinand 261
Haynau, Ludwig Freiherr von 52, 56, 259, 261
Hazai (ursprünglich Kohn), Sámuel Freiherr von 214f., 237, 255
Heindl, Waltraud 12
Heine, Heinrich 102
Heinrich II., König von Frankreich 160
Henikstein, Alfred Freiherr von 69
Herczeg, Ferenc 257
Hergsell, Gustav 164
Herzl, Theodor 162
Hess, Heinrich Freiherr von 62, 64
Hesshaimr, Ludwig 263
Hindenburg, Paul von, Feldmarschall 231
Hirsch, Wilhelm, Edler von Stronstorff 170, 261f.
Hitler, Adolf 10, 250, 255, 267
Hofrichter, Adolf 138f., 173
Hompesch, Wilhelm Graf 261
Horinka, Stefan 176
Horthy de Nagy-Bánya, Miklós (Nikolaus) 9, 167, 243, 249ff., 254, 267

Ignatiev, russischer Außenminister 1878 80
Ingimundarson, Valur 13
Iwanski von Iwanina, Arthur 148
Izvolsky, Alexander 93

Jansa, Alfred 253, 265
Jelačić, Josip Freiherr von 23, 49f., 56, 228, 260f.
Jenuleszk, Maria 173
Johann Salvator, Erzherzog 199
John, Franz Freiherr von 76, 79
Jordan-Rozwadowski, Tadeusz Freiherr von 251
Joseph, Erzherzog 9, 199, 228, 246
Joseph II., römisch-deutscher Kaiser, König von Böhmen und Ungarn 41f., 57, 76, 100, 161, 169, 204, 208
Jovanović, Stephan Freiherr von 81, 228

Kandelsdorfer, Karl 192ff.
Karády, Victor 12
Karageorgevich, Dynastie 91
Karl I., Kaiser von Österreich und als König von Ungarn Karl IV. 14, 113, 167, 241f., 254f., 249, 265
Karl Albert, König von Piemont-Sardinien 45, 47
Károlyi, Mihály (Michael) Graf 243, 245
Katus, László 218, 220
Kautek, Johann 174
Kempen, Johann Freiherr von 60
Kennedy, Paul M. 97
Kéri, Kálmán 12
Kerr, Alphons 165
Khevenhüller, Fürsten 191
Kielhauser, A. 171
Kiesewetter, Otto von265
Király, Béla K. 13, 269
Kiss, Ernö (Ernst) 54
Kiszling, Rudolf 270f.
Klapka, György (Georg) 200, 259f.
Klobucar, Freiherr von 234
Kodály, Zoltan 257
Kolowrat-Krakowsky, Leopold Graf 259
Kolowrat-Liebsteinsky, Franz Anton Graf 43
Körner Edler von Siegringen, Theodor 253
Kossuth, Ferenc (Franz) 90
Kossuth, Ludwig 11, 48f., 51, 53f., 63, 205, 209, 259
Kovács, Alajos 236
Kovács, Mária M. 12
Kövess von Kövessháza, Hermann Freiherr von, Feldmarschall 228
Krauss, Alfred 263
Kress von Kressenstein, Carl Freiherr von 30
Krieghammer, Edmund Freiherr von 212
Krismanić, Gideon Ritter von 69
Krleža, Miroslav 257
Krobatin, Alexander Freiherr von,
Feldmarschall, deutscher Kriegsminister 1914 96, 228
Kronenschild, Nawratil Edler von 191
Krupp, Alfred 67
Krzeczunowicz 256
Kuhn von Kuhnenfeld, Franz Freiherr von 76, 78f., 267
Kun, Béla 237
Kurz, Karl Friedrich 1245, 183, 186
Kvaternik, Slavko 252

Lacy, Franz Moritz Graf 155
Lakatos, Géza, General 250
Landau, Ezechiel 208
Lane, Nancy 13
Lassalle, Ferdinand 162
Latour, siehe Baillet de la Tour, Theodor Graf
Leb, Josef 264
Ledóchowksi Graf 161
Lehár, Anton Freiherr von 110, 129, 171, 249, 254, 265f.
Leiningen-Westerburg, Karl Graf 53f.
Lenin, Wladimir Iljitsch 9, 248
Lenk von Treuenfeld 191
Leopold, Wilhelm Erzherzog 199
Lessing, Erich 269
Löhr, Alexander 254
Lorenz, Albert 258, 263
Lorenz, Konrad 263
Ludendorff, Erich 231, 242
Lukács, Georg 188
Lukan, Walter 12

Maczek, Stanislaw 251
Mader, Richard 138
Mailáth-Pokorny, Hans 55, 264
Maior, Liviu 12
Manin, Daniele 45
Márai, Sándor 257
Margutti, Albrecht Freiherr von 263
Maria Theresia, Erzherzogin von Österreich, Königin von Böhmen und Ungarn 39, 41f., 98f., 113, 128, 131, 133, 136, 140f., 160f., 169, 177, 186, 189f., 204
Marlborough, John Churchill 40
Masaryk, Thomas 242
Mayer, Curt Josef 174
Mayerhofer, Ferdinand Freiherr von 49
Mayr, Josef Karl 180
Melas, Michael Freiherr von 42
Messenhauser, Wenzel Cäsar 50
Mészáros, Lázár 53
Metternich-Winneburg, Klemens Fürst von 42, 44, 133, 142f., 146
Meynert, Hermann 269
Micgiel, John 13
Miklós, Béla Dálnoki (od. Miklós von Dálnok, Béla) General 250f.
Misčecvić, Gregor Edler von 170, 264
Móga, János (Johann) Freiherr von 49
Mollinary von Monte-Pastello, Anton Freiherr von 75f., 171f., 259-262
Moltke, Helmuth von 68
Montecuccoli, Raimondo Graf, Feldmarschall 40
Müller, Gerwin 170
Musil, Robert 257f.
Mussolini, Benito 167, 250

Nagysándor Nagy-Sándor, József 54
Napoleon I., Kaiser von Frankreich 42, 141, 181, 184, 257, 270
Napoleon III., Kaiser von Frankreich 61f., 69, 79
Neustädter, Joseph Freiherr von 261
Nietzsche, Friedrich 94
Nikolaus I., Zar von Rußland 54, 58
Nikolaus II., Zar von Rußland 241

Obrenovich, Alexander, König von Serbien 91

Örenkény, Antal 12
Ottinger, Franz Freiherr von 49
Ottlik, Géza 257

Palombini von Jedina, Ernst Freiherr von 265
Patera, Herbert 269
Patton George Smith 251
Pavlević, Ante 252
Philippović von Philippsberg, Josef Freiherr von 81, 228
Phleps, Arthur 252
Pieniažek, Ritter von Odrowaz 191
Pilsudski, Jósef 251, 265
Pitreich, Anton von 261
Plaks, Livia 13
Plaschka, Richard G. 271
Poelt von Poeltenberg, Ernst Ritter 54
Porch, Douglas 151
Potier des Échelles, Rudolf Freiherr von 144, 261f.
Preradovich, Nikolaus von 192f., 196, 270
Princip, Gavrilo 96

Rab, Gustaph 132
Radetzky von Radetz, Johann Joseph Wenzel Graf, Feldmarschall 45ff., 49, 51f., 56, 61, 64, 121, 132, 180, 200, 259, 261, 270
Ránki, György 12
Rauchensteiner, Manfried 11
Raus, Erhard 254
Reden, Alexander Sixtus von 206
Redl, Alfred 174ff., 266
Regele, Oskar 270
Rendulić, Lothar 254, 266
Richthausen von Chaos, Freiherr 99
Roda Roda, Alexander 257
Rohr, Franz Freiherr von, Feldmarschall 228
Rosner, Wilhelm Ritter von 166
Roth, Joseph 118, 162, 164, 229, 257
Rothenberg, Gunther E. 13, 38, 43, 88, 269
Rudolf, Kronprinz 84ff., 174, 189, 199
Rudolf I. von Habsburg, römisch-deutscher Kaiser 22
Rüstow 270
Rutkowski, Ernst Ritter von 236

Salis-Soglio, Daniel Freiherr von 261
Sandgruber, Roman 142
Sarkotić von Lovćen, Stefan Freiherr von 228
Schiller, Friedrich 102
Schlotthauer, Paul 13
Schmedes, Kurt von 265
Schmerling, Anton Ritter von 66
Schmidl, Erwin A. 11, 13
Schmidt, Anton 156
Schmidt, Heinrich 173f.
Schmidtbauer, Peter 12
Schmidt-Brentano, Antonio 270
Schnitzler, Arthur 159, 173, 257
Schöffel, F. V. 258
Schönerer, Georg Ritter von 83
Schönhals, Carl von 259
Schratt, Katharina 58
Schubert, Franz Xaver 134, 265
Schuschnigg, Kurt 253
Schuster, Leo 127
Schwarzenberg, Felix Fürst 51, 57f., 191
Schwarzenberg, Karl Fürst, Feldmarschall 42, 191
Schweitzer, Eduard Ritter von 213
Scott, Robert 13
Sereinigg, Ulf 145, 147, 149, 196, 203
Serényi, Margit 13
Seutter von Getzen, Rüdiger Freiherr 264
Seyss-Inquart, Arthur 267
Sgardelli, Caesar de 164
Sked, Alan 270
Smerczek, Carl 161
Smith, Leonard 13
Sophie, Erzherzogin 58, 60
Stalin, Jossif Wissarionowitsch (Dschugaschwili) 250f.
Starhemberg, Fürsten 191
Steip, Franz 11
Stillfried von Rathenitz, Adolf 170, 265
Stochmal, Josef 253
Strass (auch Strahs), Karl 209
Stromfeld, Aurél 249
Stürgkh, Karl Graf 96, 241
Szabó, István 175
Szálasi, Ferenc 251
Szász, Zoltán 12
Szeptycki, Stanislaw Graf 251
Szłtójay, Döme (auch Stojákovics, Demeter), General 250

Taaffe, Eduard Graf 82f., 86
Tegetthoff, Wilhelm von 68
Teppner, Friedrich 164
Teuber, Oskar 103, 258, 262, 269
Thielen, Max Ritter von 259
Thomka de Thomkaháza et Falkusfalva 191
Thürheim, Andreas 261
Thurn und Taxis, Fürsten 191
Tisza, István 89, 95f., 241f.
Tisza, Kálmán (Koloman) 82, 84, 86, 88
Torresani, Carl Freiherr von 258f., 261f.
Tóth, Károly 12
Trumbić, Anté 242
Tuider, Othmar 11

Ungár, András 12
Urbanitsch, Peter 12f. 220, 269
Urbański, August von 124, 172, 266, 270

Vas, Zoltán 12
Veress, Pál 12
Viktor Emanuel II., König von Italien 62
Vukovics (od. Vukovič), Sebö 49

Wagenbauer von Kampfruf 191
Wagner, Walter 11, 269f.
Waldstein, Edler von Heilwehr 191
Wallenstein, Albrecht von 38, 40, 99
Wallis, Grafen 191
Wallis, Wilson D. 167
Wandruszka, Adam 220, 269
Wank, Sol 13
Wattman de Maelcamp-Beaulieu, Ludwig von 261
Weigel, Augustin 155, 159
Welden, Ludwig Freiherr von 259f.
Welser, Familie 38
Welsersheimb, Zeno Graf 212
Went von Römö, Karl 261
Wiesinger, Albert 167
Wiesinger, Otto 139
Wilhelm, Erzherzog 199
Wilhelm I., Deutscher Kaiser und König von Preußen 69
Wilson, Thomas Woodrow 242, 248

Windisch-Graetz, Alfred Fürst zu, Feldmarschall 47, 50f., 55f., 209, 260f.
Winkler, Wilhelm 228
Wrede, Alphons von 269
Wurmb, Adolph von 107

Zeynek, Theodor Ritter von 266
Zweig, Stefan, 257

Abbildungsverzeichnis

S. 31: Oberleutnant des k.u.k. Infanterieregiments Nr. 4 „Hoch- u. Deutschmeister" in Paradeuniform, 1901. (BMLV/Heeresgeschichtliches Museum, Wien.)

S. 51: Ungarische Husaren im Kampf mit österreichischer Infanterie und Dragonern bei der Festung Komorn am 24. Februar 1849. (Lithographie von Vincenz Katzler. Historische Kunstgalerie des Ungarischen Nationalmuseums, Budapest.)

S. 56: Feldmarschalleutnant, mit Stab, Karikatur von Fritz Schönpflug, 1908.

S. 59: Kaiser Franz Joseph um 1850. (Bleistiftzeichnung von Franz Eybl. Historische Kunstgalerie des Ungarischen Nationalmuseums, Budapest.)

S. 67: Feldmarschalleutnant (später Feldzeugmeister) Ludwig Ritter von Benedek (1804-1881) im Jahre 1857. (Lithographie von Eduard Kaiser. Bildarchiv der Österreichischen Nationalbibliothek, Wien.)

S. 77: Feldzeugmeister (später Generaloberst) Graf Friedrich Beck-Rzikowsky (1830-1920). (Bildarchiv der Österreichischen Nationalbibliothek, Wien.)

S. 85: Der dreijährige Kronprinz Rudolf (links) als Oberstinhaber des k.k. Infanterie-Regimentes Nr. 19; Erzherzog Franz Ferdinand (rechts) als Admiral. (Beide: Bildarchiv der Österreichischen Nationalbibliothek, Wien.)

S. 93: Franz Conrad von Hötzendorf, langjähriger Chef des Generalstabes der gesamten bewaffneten Macht. (Bildarchiv der Österreichischen Nationalbibliothek, Wien.)

S. 97: Der berühmte 30,5 cm Mörser. (Bildarchiv der Österreichischen Nationalbibliothek, Wien.)

S. 100: Katholischer Militärgeistlicher. (BMLV/Heeresgeschichtliches Museum, Wien.)

S. 119: Offiziere des k.k. Husaren-Regiments Nr. 2 Kaiser Franz Joseph in Galizien 1860/62. (Aus drei Gruppenbildern vor einem gemalten Hintergrund zusammengestellt, ist dies eine der frühesten Fotographien habsburgischer Offiziere; Bildarchiv der Österreichischen Nationalbibliothek, Wien.)

S. 119: Feldhaubitzbatterie bei einem Manöver um 1905. Quelle: Sechzig Jahre Wehrmacht, S.207 (Österreichisches Kriegsarchiv, Wien.)

S. 136: Hauptmannauditor um 1900. (BMLV/Heeresgeschichtliches Museum, Wien.)

S. 137: Erzherzog Carl Franz Joseph, der spätere Kaiser, und König Carl als Oberleutnant der Siebener Dragoner bei einem Manöver, 1907. (Österreichisches Kriegsarchiv, Wien, Sechzig Jahre Wehrmacht.)

S. 153: Offiziere beim Kartenspiel um 1865 in Verona. (Bildarchiv der Österreichischen Nationalbibliothek, Wien.)

S. 157: Offiziere bei einer Lagebesprechung um 1910. Aquarell von Alfons Myrbach. (BMLV/Heeresgeschichtliches Museum, Wien.)

S. 195: Dragoner-Attacke beim Kaisermanöver im Waldviertel im September 1891. (Zeichnung von R. von Ottenfeld; Bildarchiv der Österreichischen Nationalbibliothek, Wien.)

S. 197: Ein Feldmarschalleutnant mit Adjudant um 1900. Gemälde von Myrbach. (BMLV/Heeresgeschichtliches Museum, Wien).

S. 205: Im Schatten seiner Majestät. Ausmusterung bei der Infanteriekadettenschule Wien. (Sechzig Jahre Wehrmacht.)

S. 214: Links Generaloberst Baron Sámuel Hazai (1851-1942), danach Chef des Ersatzwesens für die gesamte bewaffnete Macht, rechts der ungarische Landwirtschaftsminister. (BMLV/Heeresgeschichtliches Museum, Wien.)

S. 231: Fähnrich (später Oberleutnant) István Deák (vorne rechts), Vater des Autors, 1914 als Artillerie-Beobachter an der russischen Front. (Photo im Privatbesitz des Autors.)

S. 237: Jüdischer Gottesdienst für österr.-ung. Soldaten in der Militärsynagoge in Lublin im besetzten Russisch-Polen um 1916. (BMLV/Heeresgeschichtliches Museum, Wien.)

S. 238: Der Stab des XVI. Armeekorps im Jahre 1915. Sitzend, zweiter von links: Feldzeugmeister Wenzel Wurm; erster von rechts: Hauptmann der Reserve Leopold Graf Berchtold, 1914 k.u.k. Außenminister; vierter von links: Generalstabshauptmann (später Feldmarschalleutnant) Johann Friedländer, der - teilweise jüdischer Abstammung - um 1943 in einem KZ ums Leben kam.(Bildarchiv der Österreichischen Nationalbibliothek, Wien.)

S. 247: Österr.-Ung. Infanterie in einem Schützengraben im Ersten Weltkrieg (Bildarchiv der Österreichischen Nationalbibliothek, Wien.)

Umschlagbild: „Das k.k. Heer und die Österr. und Ung. Landwehren". Hauptmann, General-Auditoren, General-Intendant, Militär-Unter-Intendant, Hauptmann, Profos (v. links nach rechts). Gezeichnet von A.v. Maly. (BMLV/Heeresgeschichtliches Museum Wien.)

DEUTSCHES REICH
Reichenberg
Elbe
Prag
BÖHMEN
Moldau
SCHLE
MÄHREN
Troppau
Brünn
Donau
OBER-
Linz
NIEDER-
Wien
Preß-
burg
ÖSTERREICH
Leitha
Bregenz
VORARLBERG
Salzburg
SCHWEIZ
Inn
Innsbruck
SALZBURG
STEIERMARK
TIROL
Graz
KÄRNTEN
Klagenfurt
Plattens
Trient
Drau
Laibach
Görz
KRAIN
Agram
Triest
KÜSTEN-
LAND
Fiume
KROATIEN – SLAWONI
ITALIEN
BOSNI
Zara
DALMATIEN
HERZ
Mosta
Adriatisches Meer
100 50 0 100 200 Kilometer